westermann

Dipl.-Kfm. Dipl.-Hdl. Manfred Deitermann
Dipl.-Hdl. Wolf-Dieter Rückwart
Dipl.-Ök. Prof. Dr. Susanne Stobbe
Studiendirektor Björn Flader

Rechnungswesen für Industriekaufleute

Finanzbuchhaltung
Kosten- und Leistungsrechnung
Betriebswirtschaftliche Auswertungen
Grund- und Fachstufe

12. Auflage

Bestellnummer 221265

Vorwort

Dieses Buch ist auf die Inhalte des KMK-Rahmenlehrplans für den Ausbildungsberuf Industriekaufmann/Industriekauffrau ausgerichtet. Die Inhalte der folgenden Lernfelder werden umfassend dargestellt:
- Lernfeld 3: Werteströme erfassen und dokumentieren
- Lernfeld 4: Wertschöpfungsprozesse planen, steuern und kontrollieren
- Lernfeld 8: Jahresabschluss analysieren und bewerten

Zu den Inhalten des Lernfeldes 2: „Marktorientierte Geschäftsprozesse eines Industriebetriebes erfassen" und des Lernfeldes 11: „Investitions- und Finanzierungsprozesse planen" gibt das Buch situationsgebundene Grundlagen.

- Im Kapitel „E Statistik" werden die für den Ausbildungsberuf benötigten Darstellungsformen und Berechnungen zusammenfassend behandelt. Das Lehrbuch enthält im Kapitel F wichtige allgemeine Rechnungslegungsvorschriften nach HGB, die als sinnvolle Ergänzung und Vertiefung im Unterricht eingesetzt werden können.

Das Arbeitsheft (ISBN 978-3-14-**221269**-2) erleichtert die Arbeit des Lernenden.

Am Beispiel eines Industriebetriebes werden grundlegende Fragen der Finanzbuchhaltung, der Kosten- und Leistungsrechnung, des Jahresabschlusses und seiner betriebswirtschaftlichen Auswertung behandelt.

Praxisnahe Situationen führen – unterstützt durch zahlreiche Belege – in die einzelnen Lernabschnitte ein. Die betriebswirtschaftlichen Zusammenhänge werden ausführlich erläutert und durch Beispiele anschaulich untermauert. Zusammenfassungen am Ende eines jeden Kapitels sowie zahlreiche Aufgaben mit unterschiedlichen Schwierigkeitsgraden sichern den Lernerfolg. Der didaktische Ansatz des Buches ermöglicht somit weitgehend eigenständiges Lernen und unterstützt den Erwerb beruflicher Handlungskompetenz.

Vorwort zur 12. Auflage

Die 12. Auflage berücksichtigt alle wesentlichen Veränderungen im Handels- und Steuerrecht bis zum Frühjahr 2019. Die mit dem Bürokratieentlastungsgesetz II (BEG II) vorgenommene Anhebung der Wertgrenzen bei geringwertigen Wirtschaftsgütern wurde berücksichtigt und hat zu Anpassungen in den Themenbereichen Buchführung und Jahresabschluss sowie Auswertung des Jahresabschlusses geführt.

Der Themenbereich Kosten- und Leistungsrechnung wurde um ein Kapitel zum Kostenmanagement durch Target costing (Zielkostenrechnung) erweitert. In diesem Kapitel wird das Vorgehen des Target costing beschrieben und das Kostenmanagement mit Zielkosten hergeleitet. Das Kapitel zur Angebotskalkulation wurde um die Rückwärts- und Differenzkalkulation ergänzt.

Alle Texte wurden auf sprachliche Verständlichkeit und Klarheit sowie inhaltliche Vollständigkeit und Aktualität überprüft.

Manfred Deitermann Dr. Susanne Stobbe
Wolf-Dieter Ruckwart Björn Flader

service@westermann.de
www.westermann.de

Bildungshaus Schulbuchverlage Westermann Schroedel Diesterweg Schöningh Winklers GmbH, Postfach 33 20, 38023 Braunschweig

ISBN 978-3-14-**221265**-4

westermann GRÜPPE

C Die Kosten- und Leistungsrechnung (KLR) als Mittel zur Analyse und Bewertung der Wertschöpfungsprozesse (Lernfeld 4)   **LF 4**

Bildquellenverzeichnis

Haufe-Lexware GmbH & Co. KG, Freiburg: 108, 108, 109, 112. Hild, Claudia, Angelburg: 10, 14, 14, 15, 15, 20, 43, 45, 45, 46, 46, 46, 61, 61, 61, 69, 69, 69, 80, 80, 81, 82, 83, 97, 116, 117, 118, 118, 118, 119, 119, 120, 120, 121, 121, 122, 122, 122, 123, 124, 124, 125, 126, 126, 126, 126, 127, 131, 132, 134, 135, 136, 138, 140, 151, 154, 156, 158, 158, 195, 195, 195, 297, 299, 324, 327, 362, 363, 376, 376, 452, 454, 456, 456, 457, 459, 460, 461, 461, 474, 475, 476, 477. |iStockphoto.com, Calgary: hoodesigns Titel. Ringhut, Daniela, Dreieich: 209, 289, 290, 291, 452, 453, 453, 454, 455, 455, 457, 458, 458, 459, 460, 462, 462, 462. Sage Publications: 109, 110, 110, 111, 112. stock.adobe.com, Dublin: rod5150 1; stockyimages Titel.

Wir arbeiten sehr sorgfältig daran, für alle verwendeten Abbildungen die Rechteinhaberinnen und Rechteinhaber zu ermitteln. Sollte uns dies im Einzelfall nicht vollständig gelungen sein, werden berechtigte Ansprüche selbstverständlich im Rahmen der üblichen Vereinbarungen abgegolten.

Funktionen und Bereiche des industriellen Rechnungswesens im Überblick

A

Funktionen des Rechnungswesens

1

Das industrielle Rechnungswesen erfasst, überwacht und wertet das **Unternehmensgeschehen**[1] **zahlenmäßig aus,** vor allem

- die **Beschaffung** der Betriebsmittel (z. B. Maschinen) und Werkstoffe,
- die **Fertigung** (Produktion) der Erzeugnisse unter Einsatz der Arbeitskräfte sowie
- den **Absatz** (Verkauf) der Erzeugnisse und Waren.

Die Hauptaufgaben des Rechnungswesens in einem Industrieunternehmen sind somit:

Hauptaufgaben des Rechnungswesens

1 **Dokumentation** (Aufzeichnung) **aller Geschäftsfälle,** die Vermögen und Schulden sowie das Ergebnis (Gewinn und Verlust) des Unternehmens verändern.

2 **Information** der Unternehmenseigner, Finanzbehörden sowie ggf. der Kreditgeber (Gläubiger) **über die Vermögens-, Finanz- und Erfolgslage** des Unternehmens. Zu dieser **Rechenschaftslegung** sind die Unternehmen nach § 238 f. HGB gesetzlich verpflichtet.

3 **Kontrolle** aller wichtigen Daten des Unternehmens, wie z. B. Verzinsung (**Rentabilität**) des eingesetzten Kapitals, **Wirtschaftlichkeit** auf der Grundlage der Umsatzerlöse und Selbstkosten, Zahlungsfähigkeit (**Liquidität**) durch Vergleich der flüssigen (liquiden) Geldmittel mit den fälligen Verbindlichkeiten u. a.

4 **Planung** der zu erwartenden **Einnahmen und Ausgaben,** der **Investitionen** im Anlagenbereich (z. B. Anschaffung von maschinellen Anlagen, Fahrzeugen, Büroausstattung u. a.), der **Änderungen im Produktionsprogramm,** der **Einstellung von Arbeitskräften** u. v. m. aufgrund der vom Rechnungswesen erstellten Daten.

Bereiche des Rechnungswesens

2

Die Verschiedenheit der Aufgaben erfordert eine **Aufteilung des Rechnungswesens** in **vier Bereiche,** deren Ist- und Sollwerte durch das Controlling überwacht werden:

Buchführung	Kosten- und Leistungsrechnung	Statistik	Planungsrechnung
↓	↓	↓	↓
Controlling			

Buchführung

2.1

Die Buchführung zeichnet alle **Geschäftsfälle zeitlich und sachlich geordnet** aufgrund von **Belegen** auf. Am Ende einer Rechnungsperiode (Monat, Quartal oder Jahr) ermittelt sie die Höhe des Vermögens und des Eigen- und Fremdkapitals sowie das Ergebnis. Die Buchführung, die auch als **Finanz- oder Geschäftsbuchhaltung** bezeichnet wird, ist also eine **Zeitrechnung,** die in erster Linie der **Dokumentation** dient.

Im gesetzlich vorgeschriebenen **Jahresabschluss** (Bilanz und Gewinn- und Verlustrechnung) muss die Unternehmensleitung auf der Grundlage der Buchführungsdaten **Rechenschaft ablegen über Höhe und Zusammensetzung des Vermögens, des Kapitals** sowie **des Ergebnisses der Unternehmung** im abgelaufenen Geschäftsjahr.

---

1 Zu den Transaktionsbeziehungen des Unternehmens siehe www.schmolke-deitermann.de Beiträge/Downloads.

2.2 Kosten- und Leistungsrechnung

Im Gegensatz zur Buchführung, die unternehmensbezogen ist, indem sie die wirtschaftlichen Vorgänge des gesamten Unternehmens zahlenmäßig festhält, befasst sich die **Kosten- und Leistungsrechnung (KLR)** mit dem eigentlichen **Betriebszweck** des Industrieunternehmens, nämlich

- dem **Einsatz** von Werkstoffen, Betriebsmitteln und Arbeitskräften im Produktionsprozess,
- den **Betriebsabrechnungen** (Kalkulation der Herstellungs- und Selbstkosten) und
- der **Kalkulation** der Verkaufspreise der Erzeugnisse und Waren.

Grundlagen der KLR

Der entstandene **Werteverzehr**, also die **Kosten** (Verbrauch an Werkstoffen, Werbung, Löhne und Gehälter, Lager- und Vertriebskosten u. a.), und der **Wertezuwachs**, also die **Leistungen** (z. B. die Erlöse der verkauften Erzeugnisse), sind die wichtigsten **Grundlagen** der Kosten- und Leistungsrechnung. Um den Angebotspreis für ein bestimmtes Erzeugnis berechnen zu können, müssen dessen Kosten bekannt sein. Diese **Preiskalkulation** hat ein bestimmtes Schema und umfasst alle Kosten, die das Erzeugnis verursacht, zuzüglich eines angemessenen Gewinns.

Eine weitere wichtige Aufgabe der Kosten- und Leistungsrechnung besteht darin, die **für jede Erzeugnisgruppe** (z. B. Druckpapier in einer Papierfabrik) entstandenen Kosten zu ermitteln und von den Umsatzerlösen dieser Erzeugnisgruppe zu subtrahieren. So kann festgestellt werden, wie hoch der **Gewinn** (**oder Verlust**) bei jeder Erzeugnisgruppe gewesen ist, oder für eine Rechnungsperiode (z. B. Monat) das Betriebsergebnis insgesamt ermittelt werden.

Beispiel

Erlöse der im Januar verkauften Erzeugnisgruppe „Druckpapier"	650.000,00 €
– **Selbstkosten** der im Januar verkauften Erzeugnisgruppe „Druckpapier"	580.000,00 €
= **Gewinn** der Erzeugnisgruppe „Druckpapier" im Januar	**70.000,00 €**

2.3 Statistik

Die Statistik befasst sich mit der Aufbereitung und Auswertung der Ergebnisse der Buchführung und Kosten- und Leistungsrechnung. Beschaffungs-, Lager-, Erzeugnisgruppenumsatz- und Erfolgsstatistiken sowie Kosten- und Personalstatistiken werden erstellt und in **Tabellen** und **Diagrammen** anschaulich dargestellt. Sie dienen der **Planung, Steuerung und Überwachung** des Unternehmens.

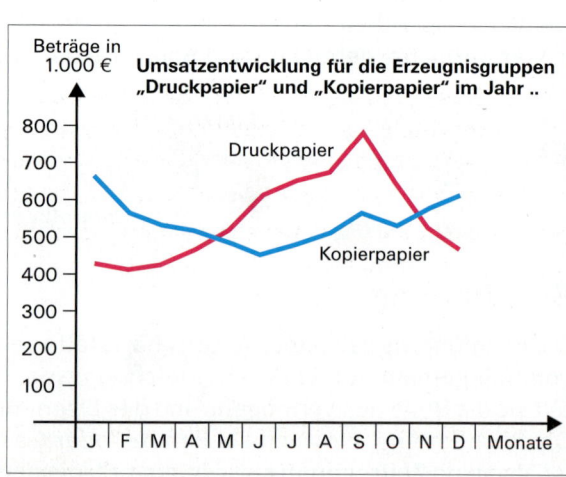

Vergleichsrechnung

Die Statistik wird eine sehr aussagefähige **Vergleichsrechnung**, wenn die statistischen Daten verschiedener Rechnungsperioden miteinander verglichen werden (**Zeitvergleich**). Wertvolle Erkenntnisse lassen sich auch aus einem Vergleich der betriebseigenen Zahlen mit den entsprechenden Zahlen branchengleicher Unternehmen erzielen (**Betriebsvergleich**).

Planungsrechnung

2.4

Die Planungsrechnung ist eine **Vorschaurechnung,** die auf den Zahlen der übrigen drei Bereiche des Rechnungswesens beruht und die **künftige Entwicklung** von **Investitionen, Personalbedarf, Beschaffung, Umsatz** und **Finanzen** in Form von **Soll-Zahlen** berechnet und entsprechende Pläne erstellt.

Von besonderer Bedeutung ist der **Finanzplan,** der alle Einnahmen und Ausgaben ausweist, die das Unternehmen in den nächsten Monaten oder Jahren erwartet. Er kann nur aufgrund der genannten Teilpläne erstellt werden.

Finanzplan

Controlling im Bereich des Rechnungswesens

2.5

Das Controlling übernimmt aus den vier Bereichen des Rechnungswesens, insbesondere aus der Kosten- und Leistungsrechnung sowie der Planungsrechnung, bestimmte **Ist- und Soll-Werte,** vergleicht diese am Ende der betreffenden Rechnungsperiode miteinander und analysiert die **Abweichungen,** um deren **Ursachen** aufdecken und beheben zu können.

Gegenstand des Soll-Ist-Vergleichs sind beispielsweise die **Umsatzerlöse** der einzelnen Erzeugnisgruppen in verschiedenen Absatzgebieten, die **Höhe der Kosten** in den Abteilungen (Kostenstellen) des Unternehmens, die **Einnahmen und Ausgaben** der Finanzplanung, die **Lagerumschlagsdauer** der Erzeugnisgruppen, die **Gewinnerwartungen** u. v. m. Aufgrund der **Ergebnisse der Soll-Ist-Analyse** hat das Controlling auch die entsprechenden **Lösungsvorschläge** zu erarbeiten.

Soll-Ist-Vergleich

■ Die Grundfunktionen des Rechnungswesens sind:

Zusammenfassung

Dokumentation	Information	Planung	Kontrolle

■ Das Rechnungswesen gliedert sich in vier Bereiche:
- – Buchführung → Zeitrechnung
- – Kosten- und Leistungsrechnung → Stück- und Zeitrechnung
- – Statistik → Vergleichsrechnung
- – Planungsrechnung → Vorschaurechnung

■ Das **Controlling** ist das **Kontroll- und Steuerungsinstrument** der Unternehmensleitung, das bestimmte **Soll- und Ist-Werte** aus den vier Bereichen des Rechnungswesens durch Vergleich **überwacht,** um **Abweichungsursachen** erkennen und gegebenenfalls beheben zu können:

Ist-Wert > Soll-Wert oder Ist-Wert < Soll-Wert

1. Nennen Sie jeweils die Hauptaufgabe der vier Bereiche des Rechnungswesens.
2. In der Finanz- oder Geschäftsbuchhaltung werden die Geschäftsfälle aufgrund von ••• aufgezeichnet, und zwar in ••• und ••• Ordnung.
3. Geschäftsfälle verändern ••• und ••• eines Unternehmens.
4. Wie lässt sich der Gewinn bzw. Verlust z. B. der Erzeugnisgruppe „Kopierpapier" für den Monat Februar ermitteln?

Aufgabe 1

B Die Finanzbuchhaltung als Mittel zur Erfassung und Dokumentation von Wertbeständen und Wertströmen (Lernfeld 3)

1 Einführung in das System der Finanzbuchhaltung

1.1 Die Finanzbuchhaltung als Grundlage des Rechnungswesens der Industriebetriebe

Vorbemerkung Das industrielle Rechnungswesen wird in den einzelnen Themenbereichen dieses Lehrbuches weitgehend am Beispiel eines Unternehmens der Metallindustrie behandelt. Dieser Industriebetrieb, der Sie nun bei der Erarbeitung der Stoffgebiete begleiten wird, soll zum besseren Verständnis der Lernsituationen zunächst kurz vorgestellt werden. Im Anschluss daran werden an typischen Situationen und Beispielen wichtige Aufgaben der Finanzbuchhaltung verdeutlicht.

1.1.1 Das Metallwerk Thomas Berg e. K.[1] als Beispielunternehmen

Unternehmenszweck Das Metallwerk Thomas Berg ist ein mittelständisches Unternehmen, das sich auf die **Herstellung von Stahlblechgehäusen** für elektronische Geräte (Computer, PC-Drucker, Unterhaltungselektronik) spezialisiert hat. Es wird in der Rechtsform eines Einzelunternehmens geführt. **Inhaber** des Unternehmens ist Dipl.-Ing. Thomas Berg.

Sitz des Unternehmens Die Anschrift des Unternehmens lautet: „Thomas Berg e. K., Metallwerk, Industriestraße 22–28, 70565 Stuttgart." Telefon 0711 245671-0, Telefax 0711 245671-62; Internet: www.berg-metall-wvd.de, E-Mail: service@berg-metall-wvd.de.

Bankverbindung Das Unternehmen hat ein Geschäftskonto bei der Baden-Würtembergische Landesbank, Kontonummer 723 544 32, IBAN: DE26 6005 0101 0072 3544 32, BIC: SOLADEST600.

Produktionsprogramm Das **Produktionsprogramm** des Unternehmens Berg e. K. umfasst die Herstellung von Stahlblechgehäusen in unterschiedlichen Abmessungen und Formgebungen.

Das Metallwerk Thomas Berg gliedert sich in folgende **Abteilungen**:

Verwaltung	Produktion	Vertrieb
– Geschäftsleitung – Einkauf – Rechnungswesen – Fuhrpark – Personalwesen	– Arbeitsvorbereitung – Werkstofflager – Stanzen/Schneiden – Pressen/Biegen – Bohren/Entgraten – Lackieren/Montieren	– Verkauf – Fertigwarenlager – Versand

Werkstoffe Das **Werkstofflager** enthält Roh-, Hilfs- und Betriebsstoffe:

■ **Rohstoffe** bilden jeweils den **Hauptbestandteil** eines Fertigprodukts. Für die Herstellung der Stahlblechgehäuse werden warm- und kaltgewalzte Breitstahlbänder unterschiedlicher Breite und Stärke benötigt.

■ **Hilfsstoffe** sind **Nebenbestandteile** eines Erzeugnisses. Das sind bei der Produktion der Stahlblechgehäuse vor allem Schrauben, Nieten, Klebstoffe, Farben und Lacke.

■ **Betriebsstoffe** werden nur mittelbar für die Herstellung der Erzeugnisse benötigt und stellen somit **keine Bestandteile** des Erzeugnisses dar. Im Metallwerk Thomas Berg handelt es sich dabei vor allem um Trenn- und Polierscheiben, Schweißmaterial, Verbrauchswerkzeuge (z. B. Sägeblätter), Schmierstoffe, Treibstoffe und Heizöl.

---

1 Aus Gründen des besseren Leseflusses wurde im laufenden Text hin und wieder auf den lt. Handelsrecht vorgeschriebenen Firmenzusatz verzichtet.

Das Metallwerk Thomas Berg beschäftigt 29 Arbeitnehmer, davon sieben Angestellte in den kaufmännischen Abteilungen und 22 Arbeiter/Kraftfahrer in der Produktion und im Vertrieb.

Personal

Zu den **Kunden** des Metallwerks Thomas Berg gehören folgende Großabnehmer:

Kunden

- Computer GmbH, Flensburger Straße 2–10, 18109 Rostock,
- Elektronische Geräte Synon AG, Speyerer Straße 31–35, 76199 Karlsruhe,
- Unterhaltungselektronik Weinert GmbH, Bebelstraße 50–58, 74076 Heilbronn.

Von folgenden **Lieferanten** erhält das Metallwerk Thomas Berg die Werkstoffe:

Lieferanten

- Die Walzwerke Sauerland AG, Gewerbestraße 40–52, 58730 Fröndenberg, und der
- Stahlhandel Brückner GmbH, Saarstraße 83–87, 66953 Pirmasens, liefern die warm- und kaltgewalzten Breitstahlbänder.
- Der Industriebedarf Glöckner GmbH, Geislinger Straße 62–64, 73033 Göppingen, liefert die benötigten Hilfs- und Betriebsstoffe.

Am Ende des letzten Geschäftsjahres (31. Dezember 01) hatte das Metallwerk Thomas Berg folgende **Vermögenswerte** und **Schulden:**

Vermögenswerte	€	Schulden	€
– Grundstücke und Gebäude	4.025.000,00	– Hypothekendarlehen	2.000.000,00
– Technische Anlagen und Maschinen	2.130.000,00	– Langfristige Bankverbindlichkeiten	787.500,00
– Betriebs- und Geschäfts-ausstattung	665.000,00	– Verbindlichkeiten aus Lieferungen und Leistungen (a. LL)	1.552.500,00
– Vorräte an Roh-, Hilfs- und Betriebsstoffen	650.000,00		
– Vorräte an unfertigen Erzeugnissen	585.864,00		
– Vorräte an fertigen Erzeugnissen	979.136,00		
– Forderungen aus Lieferungen und Leistungen (a. LL)	1.380.000,00		
– Bankguthaben	1.956.000,00		
– Kassenbestand	29.000,00		

Die **Umsatzerlöse** aus dem Verkauf der Stahlblechgehäuse betrugen im vergangenen Geschäftsjahr 10.320.000,00 €. Die Stahlblechgehäuse für Computer hatten einen Anteil von 50 %, für PC-Drucker von 30 % und für Hi-Fi-Geräte von 20 %.

Umsatzerlöse

Bearbeiten Sie die folgenden Aufgaben aufgrund der vorstehenden Angaben:

Aufgabe 2

1. Beschreiben Sie die wesentlichen Aufgaben eines Industriebetriebs.

2. Nennen Sie die Abteilungen, in die das Unternehmen Berg aufgeteilt ist.

3. Überlegen Sie, welche Tätigkeiten in den einzelnen Abteilungen anfallen.

4. Berechnen Sie das Gesamtvermögen, über das das Metallwerk Berg am Ende des letzten Geschäftsjahres verfügt hat, sowie die Gesamtschulden, die auf dem Unternehmen lasten.

5. Berechnen Sie, wie viel Euro Umsatz im vorhergehenden Geschäftsjahr auf jede der drei Erzeugnisgruppen entfielen.

6. Nach einer Statistik entfällt in der Metallindustrie auf jeden Mitarbeiter durchschnittlich ein Umsatz von 660.000,00 €. Wie viel Euro je Mitarbeiter sind es im Metallwerk Berg? Was schließen Sie daraus?

7. Erläutern Sie folgende Begriffe: a) Rohstoffe, b) Hilfsstoffe und c) Betriebsstoffe. Nennen Sie dazu jeweils Beispiele aus einer Möbelfabrik.

1.1.2 Die Finanzbuchhaltung als System zur planmäßigen Aufzeichnung der Geschäftsfälle

Situation 1

Die Einkaufsabteilung des Metallwerks Berg hat bei der Stahlhandel Brückner GmbH, Pirmasens, 100 Tonnen Breitstahlband TX 2500 im Gesamtwert von 120.000,00 € bestellt. Nach zehn Tagen erhält das Metallwerk Berg die Rohstoffe und zugleich die Rechnung über 120.000,00 €.

Wie wirken sich diese Vorgänge in der Finanzbuchhaltung von Thomas Berg aus?

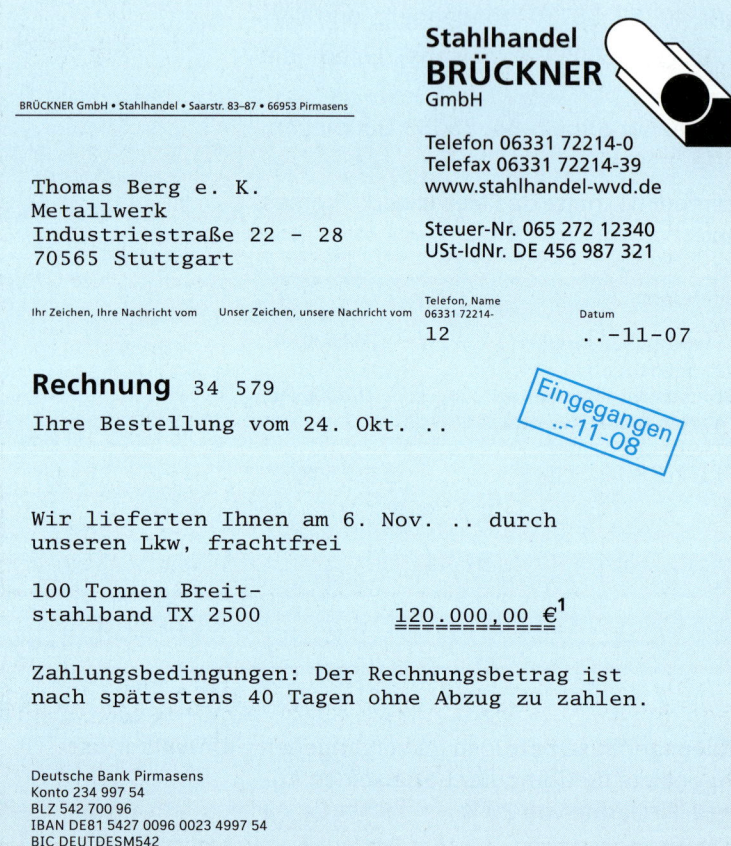

Durch die **Bestellung** hat sich das Unternehmen **verpflichtet**, die Rohstoffe anzunehmen und zu bezahlen. Dies hat **kein Aufzeichnen** in der Finanzbuchhaltung zur Folge.

Erst durch den Lieferschein und die **Rechnung des Lieferanten (Eingangsrechnung)** wird belegt, dass das Unternehmen Rohstoffe (Breitstahlbänder) im Wert von 120.000,00 € erhalten hat. Die **Vorräte an Rohstoffen** haben also um 120.000,00 € **zugenommen**. Dieser Zugang muss in der Buchhaltung aufgezeichnet werden.

Zugleich hat das Unternehmen Berg den Gegenwert (Rechnungsbetrag) für die erhaltenen Rohstoffe noch zu bezahlen. Solange die Rechnung des Lieferanten nicht bezahlt ist, hat das Unternehmen Thomas Berg e. K. **Schulden (Verbindlichkeiten aus Lieferungen und Leistungen [a. LL])** gegenüber der Stahlhandel Brückner GmbH. Auch diese Lieferantenschulden müssen in der Buchhaltung verzeichnet werden.

Die Rechnung der Stahlhandel Brückner GmbH wird kurz vor Ablauf der Zahlungsfrist **durch Banküberweisung beglichen**. Der **Kontoauszug** bildet in der Buchhaltung des Metallwerks Berg den **Beleg** für die termingerechte Bezahlung der Lieferantenrechnung. Es muss aufgezeichnet werden, dass sich die Lieferantenschulden und das Bankguthaben um 120.000,00 € vermindert haben.

---

1 Die Umsatzsteuer wird in den Belegen aus methodischen Gründen erst nach Behandlung des Abschnitts 1.10 (siehe S. 63 ff.) ausgewiesen.

Die Verkaufsabteilung des Metallwerks Thomas Berg erhält von der Computer GmbH, Rostock, eine Bestellung über 5 000 Stahlblechgehäuse PC 24 je 42,50 € im Gesamtwert von 212.500,00 €. Der zuständige Sachbearbeiter beauftragt die Versandabteilung mit der Auslieferung der Gehäuse mit eigenem Lkw und schickt dem Kunden eine Rechnung über 212.500,00 €.

Situation 2

Durch die **Rechnung an den Kunden (Ausgangsrechnung)** wird belegt, dass ein Verkauf von fertigen Erzeugnissen stattgefunden hat. Es ist also ein Umsatz getätigt worden, der zu **Umsatzerlösen** führt, und in der Buchhaltung erfasst werden muss.

Zugleich hat das Metallwerk Berg den Gegenwert (Rechnungsbetrag) für die an den Kunden gelieferten Erzeugnisse noch nicht erhalten. Solange das Geld für die Lieferung nicht eingegangen ist, hat das Unternehmen Thomas Berg e. K. **Forderungen aus Lieferungen und Leistungen (a. LL)** an die Computer GmbH, Rostock. Auch diese Forderung muss in der Buchführung vermerkt werden.

Zahlt der Kunde den Rechnungsbetrag durch Überweisung auf das Geschäftskonto des Metallwerks Berg müssen der **Zahlungseingang** auf dem Bankkonto und das dadurch bedingte **Erlöschen der Forderung** wiederum in der Buchhaltung aufgezeichnet werden.

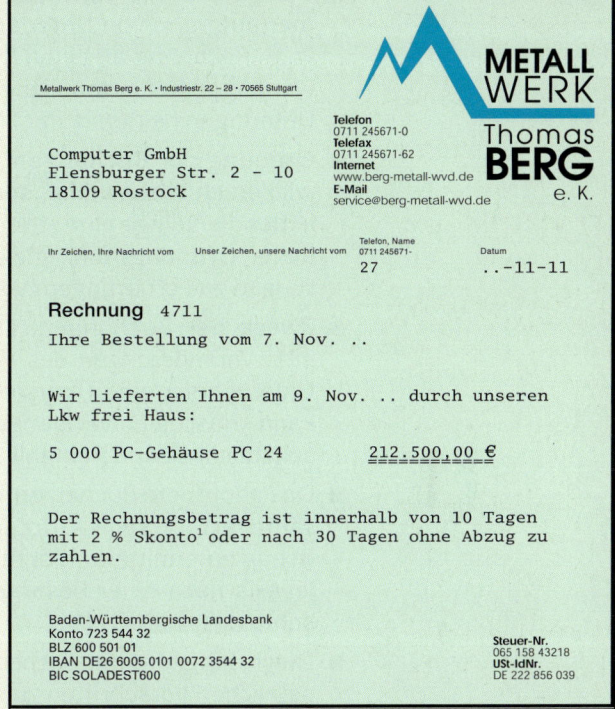

Zum Ende des Monats November sind **Lohn- und Gehaltszahlungen** an die 29 Mitarbeiter auf deren Bankkonten zu überweisen. Hierzu erstellt die Sachbearbeiterin im Lohnbüro eine **Sammel-Überweisung** im Gesamtbetrag von z. B. 72.500,00 € mit anhängenden Einzelüberweisungen für jeden Mitarbeiter. Sie leitet diese Überweisungen an die Bank weiter.

Situation 3

Sobald die Bank die Überweisungen ausgeführt hat, erhält das Metallwerk Berg einen **Kontoauszug,** aus dem hervorgeht, dass 72.500,00 € abgebucht wurden. Diese **Verringerung des Guthabens** bei der Bank muss in der Buchhaltung aufgezeichnet werden.

Zusätzlich sind die **Gründe für die Verringerung des Bankguthabens (Löhne und Gehälter)** zu verzeichnen: Das Metallwerk Thomas Berg hat die Arbeitsleistungen seiner Mitarbeiter in Anspruch genommen. Dafür erhalten die Mitarbeiter eine Vergütung in Form von Löhnen und Gehältern.

				Baden-Württembergische Landesbank			
Kontoauszug							
Konto-Nr.	Datum	Ausz.-Nr.	Blatt	Buchungstag	PN-Nr.	Wert	Umsatz
723 544 32	..-11-28	321	1				
SAMMELÜBERWEISUNG				11-25	8744	11-25	72.500,00 S

THOMAS BERG E. K.
METALLWERK
INDUSTRIESTRASSE 22 – 28
70565 STUTTGART

Alter Saldo
H 296.500,00 EUR

Neuer Saldo
H 224.000,00 EUR

---

1 Siehe S. 173 f.

15

Zusammen-
fassung

- **Geschäftsfälle.** Aus den vorhergehenden Beispielen wird deutlich, dass in der Finanzbuchhaltung alle Vorgänge **aufgezeichnet** bzw. **gebucht** werden, die **das Vermögen und/oder die Schulden einer Unternehmung verändern.** Diese Vorgänge heißen **Geschäftsfälle.**

- **Belege.** Das **Aufzeichnen** bzw. **Buchen der Geschäftsfälle** geschieht **immer** aufgrund von Unterlagen, die im Unternehmen selbst erstellt werden (z. B. Rechnung an einen Kunden) oder von Geschäftspartnern zugeschickt werden (z. B. Kontoauszug der Bank, Rechnung eines Lieferanten). Solche Unterlagen heißen in der Finanzbuchhaltung **Belege.**

- **Ordnung der Buchungen.** Das Buchen der Geschäftsfälle geschieht nicht willkürlich und zufällig, sondern zum einen in der **zeitlichen Reihenfolge,** in der die Belege eintreffen oder erstellt werden, und zum anderen in **sachlicher Ordnung,** d.h., gleiche Vorgänge gehören zusammen (z. B. Forderungen zu Forderungen/Verbindlichkeiten zu Verbindlichkeiten usw.).

- **Zweck der Buchungen.** Durch das geordnete Aufzeichnen bzw. Buchen aller Veränderungen des Vermögens und der Schulden verschafft sich der Unternehmer eine **Übersicht über seine Vermögens- und Finanzlage** und kann kritische Entwicklungen (z. B. Zahlungsunfähigkeit, nachlassende Wirtschaftlichkeit und Rentabilität) rechtzeitig erkennen.

- Das geordnete Buchen ermöglicht es dem Unternehmer, den **Monats- oder Jahreserfolg** seines Unternehmens (**Gewinn oder Verlust**) schnell und richtig zu ermitteln. Hierzu ist es erforderlich, dass die Finanzbuchhaltung jeweils nach einer bestimmten Zeitperiode (z. B. Monat oder Jahr) **abgeschlossen** wird.

- Durch das geordnete Buchen der Geschäftsfälle erfüllt der Unternehmer die **gesetzlichen Vorschriften** zur Buchhaltung, wie sie z. B. im **Handelsgesetzbuch (HGB)** und in der **Abgabenordnung (AO)** verankert sind. Die Buchhaltung ist damit auch die **Grundlage zur Berechnung der Steuern.**

Aufgabe 3

1. Erläutern Sie, wie sich in den drei Situationen aus Kapitel 1.1.2 das Vermögen und/oder die Schulden verändern und aufgrund welcher Belege aufgezeichnet bzw. gebucht wird.

2. In der obigen Zusammenfassung wird auf die gesetzlichen Grundlagen verwiesen. **Lesen Sie hierzu die §§ 238, 239 HGB sowie § 145 AO. (Die entsprechenden Gesetze sind im Internet und teilweise auch in Kapitel F dieses Buchs vorhanden).**

3. Denken Sie sich weitere Situationen oder Vorgänge im Unternehmen Berg aus, durch die das Vermögen oder die Schulden verändert werden und die deswegen in der Finanzbuchhaltung aufgezeichnet bzw. gebucht werden müssen.

4. Welche Posten des Vermögens und der Schulden eines Industriebetriebs werden durch folgende Geschäftsfälle wie verändert?

   a) Rohstoffe werden für 1.500,00 € gegen Banküberweisung eingekauft.
   b) An den Kunden Schneider werden Erzeugnisse im Wert von 5.600,00 € mit einem Zahlungsziel von 30 Tagen verkauft.
   c) Der Kunde Schneider (Fall b) begleicht die Rechnung termingerecht durch Banküberweisung.

Die Ermittlung der Vermögenswerte und Schulden durch Inventur 1.2

> **§ 240 (1, 2) HGB**
>
> *Jeder Kaufmann hat zu Beginn seines Handelsgewerbes sowie jeweils für den Schluss des Geschäftsjahres seine Grundstücke, seine Forderungen und Schulden, den Betrag seines baren Geldes sowie seine sonstigen Vermögensgegenstände genau zu verzeichnen und dabei den Wert der einzelnen Vermögensgegenstände und Schulden anzugeben.*

Jedes Unternehmen verfügt über **Vermögen** und **Schulden**.

Handelsgesetzbuch (§ 240 HGB) und **Abgabenordnung** (§§ 140 und 141 AO) verpflichten den Kaufmann, zu bestimmten Anlässen die Höhe seines Vermögens und seiner Schulden zu ermitteln. Die hierzu erforderliche **Tätigkeit der Bestandsaufnahme** heißt **Inventur** (lat. invenire = vorfinden).

Die Inventur, also die **Bestandsaufnahme aller Vermögensposten und Schulden,** ist

Wesen der Inventur

■ bei der **Gründung** oder **Übernahme** (Kauf) eines Unternehmens,

■ regelmäßig zum **Schluss des Geschäftsjahres** (meist zum 31. Dezember) und

■ letztlich bei der **Auflösung** oder dem **Verkauf** des Unternehmens durchzuführen.

Sie dient der **Überprüfung der Buchführung,** weil Differenzen zwischen dem tatsächlichen Istbestand laut Inventur und dem buchmäßigen Sollbestand (Buchbestand) laut Finanzbuchhaltung ersichtlich werden und korrigiert werden können (Inventurdifferenzen[1]).

Zusammensetzung von Vermögen und Schulden 1.2.1

Das Vermögen besteht aus Anlagevermögen und Umlaufvermögen. Schulden sind das Kapital, das dem Unternehmen von „Fremden", also in der Regel von den Kreditinstituten (Banken) sowie den Lieferanten, zur Verfügung gestellt wird. Die **Schulden** werden deshalb auch als **Fremdkapital** bezeichnet.

Anlagevermögen

Zum Anlagevermögen des Metallwerks Berg gehören alle Güter, die dem Unternehmen **dauernd oder für längere Zeit** zur Verfügung stehen und somit die **Grundlage der Geschäftstätigkeit** bilden. Grundstücke dienen dem Unternehmen ständig, sie nutzen sich jedoch nicht ab. Die Geschäftsgebäude unterliegen dagegen der Abnutzung und haben deshalb für das Unternehmen auch nur eine begrenzte Nutzungsdauer von 25 bis 33 Jahren. Gegenstände der Betriebs- und Geschäftsausstattung, wie z. B. Büro- und Lagereinrichtungen, dienen dem Unternehmen drei bis 13 Jahre. Bei Geschäftsfahrzeugen wird in der Regel von einer Nutzungsdauer von sechs bis neun Jahren ausgegangen. Allgemein ist somit zu sagen: Vermögensgegenstände, die **mittel- und langfristig** im Unternehmen eingesetzt werden, gehören stets zum **Anlagevermögen.**

Anlagevermögen des Metallwerks Thomas Berg e. K. lt. Inventur vom 31. Dez. 01

1. Grundstücke und Gebäude lt. Anlagenverzeichnis AV 1		
– Bebaute Grundstücke, Industriestraße 22–28	380.000,00 €	
– Betriebsgebäude	2.400.000,00 €	
– Verwaltungsgebäude	1.245.000,00 €	4.025.000,00 €
2. Technische Anlagen und Maschinen lt. AV 2		2.130.000,00 €
3. Betriebs- und Geschäftsausstattung		
– Werkstätteneinrichtung lt. AV 3	155.000,00 €	
– Lagereinrichtung lt. AV 4	110.000,00 €	
– Fuhrpark lt. AV 5	245.000,00 €	
– Büro- und EDV-Ausstattung lt. AV 6	155.000,00 €	665.000,00 €

---

1 Siehe S. 366 f. und Kurzaufsatz unter www.schmolke-deitermann.de Beiträge/Downloads.

Umlaufvermögen **Zum Umlaufvermögen** zählen alle Vermögensgegenstände des Metallwerks Berg, die sich in ihrer Höhe **kurzfristig** verändern, wie die Vorräte an Roh-, Hilfs- und Betriebsstoffen sowie an fertigen Erzeugnissen, der Kassenbestand (Bargeld) und das Bankguthaben. Auch die Forderungen an die Kunden des Metallwerks, denen Erzeugnisse „auf Ziel", also mit einem Zahlungsziel von beispielsweise 30 Tagen, geliefert wurden, gehören zum Umlaufvermögen des Unternehmens. Die Vermögensposten des Umlaufvermögens werden somit **ständig umgesetzt.** Sie befinden sich „im Umlauf". Roh-, Hilfs- und Betriebsstoffe werden bei der Herstellung der Erzeugnisse verbraucht. Die fertigen Erzeugnisse werden in der Regel auf Ziel (auf Kredit) an die Kunden verkauft, wodurch sich die Vorräte vermindern und sich gleichzeitig der Vermögensposten „Forderungen aus Lieferungen und Leistungen" (**Forderungen a. LL**) erhöht. Wenn die Kunden zum Ende der Zahlungsfrist den Rechnungsbetrag auf das Bankkonto des Metallwerks Berg überweisen, erhöht sich das Bankguthaben. Mit diesem Geld können dann wiederum Roh-, Hilfs- und Betriebsstoffe eingekauft werden.

Die Posten des Umlaufvermögens befinden sich „im Umlauf":

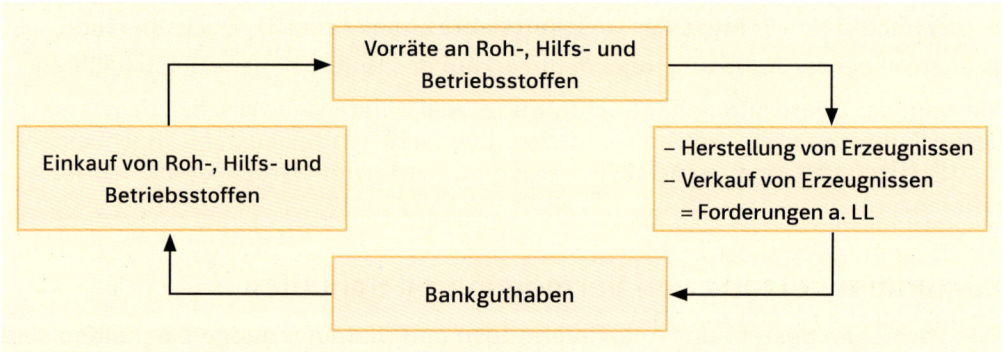

Umlaufvermögen des Metallwerks Thomas Berg e. K. lt. Inventur

1. **Roh-, Hilfs- und Betriebsstoffe** lt. Inventurliste IL 1		650.000,00 €
2. **Unfertige Erzeugnisse** lt. Inventurliste IL 2		585.864,00 €
3. **Fertige Erzeugnisse**		
– 14768 Stück PC-Druckergehäuse DC 44 je 32,50 € Herstellungswert	479.960,00 €	
– 5 384 Stück PC-Gehäuse PC 24 je 39,00 €	209.976,00 €	
– 4 820 Stück Hi-Fi-Gehäuse HF12 je 60,00 €	289.200,00 €	979.136,00 €
4. **Forderungen a. LL** lt. Kundenverzeichnis		
– Computer GmbH, Rostock	713.000,00 €	
– Elektronische Geräte Synon AG, Karlsruhe	322.000,00 €	
– Unterhaltungselektronik Weinert GmbH, Heilbronn	345.000,00 €	1.380.000,00 €
5. **Bankguthaben** bei der Baden-Württembergische Landesbank lt. Kontoauszug vom 31. Dezember		1.956.000,00 €
6. **Kassenbestand** lt. Kassenbericht		29.000,00 €

Fremdkapital **Die Schulden,** also die Verbindlichkeiten oder das **Fremdkapital** eines Unternehmens, können kurzfristig oder langfristig sein.

Langfristige Verbindlichkeiten bestehen meist gegenüber Kreditinstituten (Banken). Sie haben eine **Kreditdauer von mindestens einem Jahr.** So würde das Metallwerk Berg beispielsweise zur Finanzierung eines neuen Lagergebäudes bei Banken **Hypothekendarlehen** aufnehmen, die erst im Laufe von fünf, zehn oder 20 Jahren getilgt werden. Zur Sicherung des Gläubigers wird eine Grundschuld oder Hypothek im **Grundbuch** eingetragen, das bei dem für das Grundstück zuständigen Amtsgericht geführt wird. Darüber hinaus können bei den Kreditinstituten auch **Darlehen** aufgenommen werden, die in der Regel nach einem, drei oder fünf Jahren zurückgezahlt werden müssen.

Kurzfristige Verbindlichkeiten haben lediglich eine **Kreditdauer von bis zu einem Jahr.** Sie entstehen meist gegenüber den Lieferanten des Metallwerks Berg, wenn Roh-, Hilfs- und Betriebsstoffe auf Ziel, also mit einem Zahlungsziel von 30 oder 60 Tagen, eingekauft werden. Durch diesen **Zieleinkauf** erhöhen sich bei Thomas Berg die Vorräte an Roh-, Hilfs- und Betriebsstoffen und zugleich auch die „Verbindlichkeiten aus Lieferungen und Leistungen" (**Verbindlichkeiten a. LL**), wie die Schulden bei den Lieferanten bezeichnet werden. Kurzfristig sind alle Kredite, die Kreditinstitute für wenige Monate, also in der Regel bis zu einem Jahr, einräumen. Sie entstehen auch, wenn Unternehmen kurzfristig ihre Bankkonten im vorher vereinbarten Rahmen „überziehen" (Überziehungs- oder Dispositionskredit).

Zu den Schulden des Metallwerks Th. Berg e. K. rechnen zum 31. Dezember (1. Jahr):

1. **Verbindlichkeiten gegenüber Kreditinstituten**
   Hypothekendarlehen der Baden-Württembergische Landesbank .... 2.000.000,00 €
   Langfristige Bankverbindlichkeiten .... 787.500,00 €

2. **Verbindlichkeiten a. LL** lt. Lieferantenverzeichnis
   – Walzwerke Sauerland AG, Fröndenberg .... 483.000,00 €
   – Stahlhandel Brückner GmbH, Pirmasens .... 667.000,00 €
   – Industriebedarf Glöckner GmbH, Göppingen .... 402.500,00 €   1.552.500,00 €

Durchführung der Inventur

1.2.2

Das Geschäftsjahr eines Unternehmens deckt sich in der Regel mit dem Kalenderjahr. Es ist Aufgabe der Inventur regelmäßig zum Schluss eines Geschäftsjahres (Abschlussstichtag), also z. B. zum 31. Dezember, die Höhe des Vermögens und der Schulden des Unternehmens zu ermitteln.

Geschäftsjahr

Bei einer Reihe von „körperlichen" Vermögensposten, also Rohstoffen, Bargeld u. a., erfordert die Inventur zunächst die Feststellung der **Menge,** bevor der Wert des jeweiligen Postens errechnet werden kann. Diese **„körperliche Inventur" geschieht** je nach Art des Vermögensgegenstands **durch Zählen, Messen, Wiegen oder Schätzen.**

Körperliche Inventur

Die körperliche Bestandsaufnahme kann bei allen **beweglichen** Anlagegütern (z. B. Maschinen, Fahrzeuge, Computer, Schreibtische u. a.) entfallen, wenn ein **Anlagenverzeichnis** laufend geführt wird (Anlagenbuchführung). Für jeden Anlagegegenstand muss ein gesonderter Datensatz mit folgenden Angaben vorhanden sein: Bezeichnung, Zeitpunkt der Anschaffung, Anschaffungswert, voraussichtliche Nutzungsdauer in Jahren, jährlicher Abschreibungsbetrag[1], Buchwert zum Abschlussstichtag, ggf. Tag des Abgangs u. a.

Anlagenverzeichnis

Inventar-Nr. 0860/567		Bezeichnung der Anlage EDV-Anlage 486 S		Standort (Kostenstelle) Finanzbuchhaltung
Anschaffungszeitpunkt 15. Jan. (1. Jahr)		Anschaffungskosten 30.000,00 €		Instandhaltungen –
Nutzungsjahre: 6		Jährlicher Abschreibungsbetrag: 5.000,00 €		
Datum	Zugang	Abschreibung		Buchwert (Restwert)
15. Jan. (1. Jahr)	30.000,00 €	–		–
31. Dez. (1. Jahr)	–	5.000,00 €		25.000,00 €
31. Dez. (2. Jahr)	–	5.000,00 €		20.000,00 €
usw.				

---

1 Siehe S. 72 ff. und S. 388 ff.

Bewertung der Menge

Im Rahmen der körperlichen Inventur wird der **Bestand** an Roh-, Hilfs- und Betriebsstoffen sowie an unfertigen und fertigen Erzeugnissen zunächst **mengenmäßig erfasst**. Im Anschluss daran ist die **jeweilige Menge** zu **bewerten**, d. h. in Euro (€) auszudrücken. Dabei ist zu beachten, dass **von zwei zur Verfügung stehenden Werten**, nämlich den ursprünglichen **Anschaffungs- oder Herstellungskosten** und dem **Tageswert** am Abschlussstichtag, **der niedrigere Wert** angesetzt wird. Das Handelsgesetzbuch (§ 252 HGB) verlangt von allen Unternehmern eine **niedrige und damit vorsichtige Bewertung der Vermögensgegenstände** (Niederstwertprinzip).

Beispiel

Das Metallwerk Berg hat zum 31. Dezember des Geschäftsjahres noch 434 Tonnen Breitstahlband TX 2500 auf Lager. Die Anschaffungskosten betrugen je Tonne 1.100,00 €. Am 31. Dezember ist der Anschaffungswert auf 1.160,00 € gestiegen. Nach dem **Niederstwertprinzip** ist das Stahlband mit 1.100,00 € je Tonne zu bewerten.

Der Wertansatz beträgt somit:

434 Tonnen Breitstahlband · 1.100,00 € = 477.400,00 €

Buchinventur

Die Werte aller **nicht körperlichen** Vermögensposten und der Schulden ergeben sich zum Abschlussstichtag aus den entsprechenden **Belegen** (siehe unten stehende Beispiele) **oder buchhalterischen Aufzeichnungen**. So ergibt sich der Wert des Bankguthabens aus dem vorliegenden **Kontoauszug oder der Kontrollmitteilung der Bank**. Die Höhe der Forderungen an Kunden sowie die Höhe der Verbindlichkeiten gegenüber Lieferanten werden anhand des **Kunden- bzw. Lieferantenverzeichnisses** ermittelt, in dem für jeden einzelnen Kunden und Lieferanten die Geschäftsbeziehungen kontomäßig festgehalten werden. Der Stand der langfristigen und kurzfristigen Bankschulden ergibt sich aus den entsprechenden Kontoauszügen. Der Arbeitsaufwand der buchmäßigen Inventur ist daher im Vergleich zur körperlichen Inventur, wie z. B. bei den Rohstoffen, gering.

Beispiele

1.

Kundenkonto-Nr.: 10001		Computer GmbH, Flensburger Straße 2–10, 18109 Rostock			
Zahlungsbedingungen: 10 Tage: 2 % Skonto oder 30 Tage: netto Kasse					
Datum	**Beleg**	**Buchungstext**	**Zugang** (€)	**Abgang** (€)	**Stand** (Saldo)
1. Jan. 02[1]	Inventar v. 31. Dez. 01[1]	Anfangsbestand	–	–	713.000,00 €
5. Jan. 02	Kontoauszug 2	Überweisung der Ausgangsrechnung 456	–	598.000,00	115.000,00 €
10. Jan. 02	Ausgangsrechnung 68	Verkauf v. Stahlblechgehäusen G III	230.000,00	–	345.000,00 €

2.

Hypothekendarlehen-Kontoauszug

Baden-Württembergische Landesbank

Konto-Nr.	Datum	Ausz.-Nr.	Blatt	Buchungstag	PN-Nr.	Wert	Umsatz
723 544 32	01-12-31						

Darlehensstand als Nachweis für das Finanzamt

THOMAS BERG E. K.
METALLWERK
INDUSTRIESTRASSE 22 – 28
70565 STUTTGART

Alter Kontostand
| 00ᴸ-12-31 | 2.985.500,00 EUR |

Neuer Kontostand
| 01ᴸ-12-31 | 2.787.500,00 EUR |

---

1 In diesem Lehrbuch bedeuten die Ziffern „00" = Vorjahr, „01" = 1. Jahr, „02" = 2. Jahr usw.

Möglichkeiten der Vereinfachung der Inventur des Vorratsvermögens

1.2.3

Das Vorratsvermögen eines Industriebetriebs besteht in der Regel aus Beständen an Roh-, Hilfs- und Betriebsstoffen sowie an unfertigen und fertigen Erzeugnissen. Die mengenmäßige (körperliche) Bestandsaufnahme ist mit einem erheblichen Arbeitsaufwand verbunden und bedarf deshalb einer **sorgfältigen Vorbereitung des organisatorischen Ablaufs.** In der Regel wird zunächst ein **Inventurleiter** ernannt, der einen **Aufnahmeplan** für die Durchführung der Inventurarbeiten erstellt. Dieser Plan legt die einzelnen **Inventurbereiche** (z. B. nach Erzeugnis- und Werkstoffgruppen) fest, benennt die **Personen** der Aufnahmegruppen, die zu verwendenden **Aufnahmeformulare** und **Hilfsmittel** (z. B. mobile Datenerfassungsgeräte/Barcodescanner) sowie den jeweiligen **Zeitpunkt** für die Durchführung der Inventur. Wichtig ist, dass auch Aufsichtspersonen benannt werden, die durch Stichproben die **Bestandsaufnahmen überprüfen.**

Organisation der Inventurarbeiten

Zur Vereinfachung der Inventur des Vorratsvermögens sind nach § 241 HGB und R 5.3 EStR (Einkommensteuerrichtlinien) **folgende Verfahren erlaubt:**

Inventurverfahren

■ **Stichtagsinventur = zeitnahe körperliche Bestandsaufnahme**

Die körperliche Bestandsaufnahme muss nicht unmittelbar am Abschlussstichtag (z. B. 31. Dezember) erfolgen, sondern kann zeitnah innerhalb einer Frist von **zehn Tagen vor oder nach dem Abschlussstichtag** durchgeführt werden.

Dieses Verfahren setzt voraus, dass **alle Zu- und Abgänge** zwischen dem Tag der Inventur, also z. B. zwischen dem 21. Dezember bzw. dem 10. Januar, und dem 31. Dezember als Abschlussstichtag anhand von Belegen (Rechnungen) **mengen- und wertmäßig** auf den Abschlussstichtag **fortgeschrieben oder zurückgerechnet** werden. Auch wenn die Stichtagsinventur in der **10-Tage-Frist** vorgenommen werden darf, sind bei großen Unternehmen **Betriebsschließungen** nicht ausgeschlossen.

■ **Verlegte Inventur = vor- oder nachverlegte körperliche Bestandsaufnahme**

In diesem Fall darf die Inventur an beliebigen Tagen innerhalb der letzten **drei Monate vor oder der ersten zwei Monate nach dem Abschlussstichtag** erfolgen.

Ein großer Vorteil besteht darin, dass der am Inventurtag ermittelte Bestand nur noch **wertmäßig,** also nicht mengenmäßig, auf den Abschlussstichtag fortgeschrieben oder zurückgerechnet werden muss.

Vorverlegte Inventur am 15. Nov. (1. Jahr)	Nachverlegte Inventur am 8. Jan. (2. Jahr)
Wert der Rohstoffe am 15. Nov. 125.000,00	Wert der Rohstoffe am 8. Jan. 200.000,00
+ Wert der Zugänge 15. Nov. – 31. Dez. 45.000,00	– Wert der Zugänge 1. Jan. – 8. Jan. 80.000,00
– Wert der Abgänge 15. Nov. – 31. Dez. 60.000,00	+ Wert der Abgänge 1. Jan. – 8. Jan. 50.000,00
= **Rohstoffwert am 31. Dez. (1. Jahr)** **110.000,00**	= **Rohstoffwert am 31. Dez. (1. Jahr)** **170.000,00**
Wertfortschreibung	**Wertrückrechnung**

Beispiel

■ **Permanente Inventur = laufende Inventur anhand der Lagerbuchführung**

Der **mengenmäßige Bestand** eines Postens des Vorratsvermögens kann **jederzeit buchmäßig,** also ohne körperliche Inventur, nachgewiesen werden, wenn die Menge des jeweiligen Zugangs und Abgangs anhand der Liefer- oder Entnahmescheine in der Lagerbuchhaltung laufend erfasst wird. Aufgrund dieser Aufzeichnungen ist der Mengenbestand permanent „buchmäßig" feststellbar.

Allerdings muss der **Buchbestand wenigstens einmal im Geschäftsjahr überprüft** und gegebenenfalls korrigiert werden. Die hierzu erforderliche körperliche Bestandsaufnahme kann **an jedem beliebigen Tag des Jahres**, z. B. in arbeits- oder auftragsschwachen Phasen, durchgeführt werden. Die Durchführung dieser Inventur ist zu protokollieren. Die Inventuraufzeichnungen müssen unterschrieben werden.

Lagerbuchhaltung

Auszug aus der Lagerbuchhaltung des Metallwerks Thomas Berg e. K.					
Rohstoff: Breitstahl T 400		Lieferant: Stahlhandel		Mindestbestand: 120 Tonnen	
Nr.: 2281		Brückner GmbH		Höchstbestand: 600 Tonnen	
Datum	Beleg	Preis je Tonne	Zugang	Abgang	Bestand
1. Jan. ..	Anfangsbestand	1.150,00 €	–	–	150
6. Jan. ..	Eingangsrechnung ER 12	1.150,00 €	80	–	230
7. Jan. ..	Materialentnahmeschein ME 1	–	–	40	190
8. Jan. ..	Eingangsrechnung ER 18	1.200,00 €	100	–	290
9. Jan. ..	Materialentnahmeschein ME 2	–	–	60	230
usw.					

Einlagerungsinventur

Bei vollautomatisch gesteuerten Lagersystemen (z. B. Hochregallager) kann eine **Einlagerungsinventur** die körperliche Inventur ersetzen, wenn eine zuverlässige Fortschreibung der Lagerbuchführung entsprechend der automatischen Lagersteuerung gewährleistet ist.

1.2.4 Aufstellung des Inventars

Ergebnisse der Inventur

Die **Ergebnisse der Inventur** als Bestands**aufnahme** werden in einem besonderen Bestands**verzeichnis,** dem **Inventar,** zusammengestellt und übersichtlich gegliedert.

> **A. Vermögen**
>   I. Anlagevermögen
>   II. Umlaufvermögen
>
> **B. Schulden**
>   I. Langfristige Verbindlichkeiten
>   II. Kurzfristige Verbindlichkeiten
>
> **C. Eigenkapital** (Reinvermögen)

Das Inventar besteht in der Regel aus drei Teilen:

- **Die Posten des Anlage- und Umlaufvermögens bilden das Vermögen (A).** Sie werden nach ihrer **Geldnähe oder Liquidität** geordnet, also wie schnell sie in Geld umgesetzt werden können. So sind die weniger liquiden (flüssigen) Vermögensposten, wie z. B. Grundstücke und Gebäude, im Inventar zuerst und die bereits **liquiden** Mittel, wie Bankguthaben und Kassenbestand, zuletzt aufzuführen.

- **Die Schulden (B),** also das im Unternehmen arbeitende Fremdkapital, werden nach ihrer **Fälligkeit** in langfristige und kurzfristige Verbindlichkeiten gegliedert.

- **Das Eigenkapital (C)** oder Reinvermögen des Unternehmens ergibt sich, wenn die Schulden, also das Fremdkapital, vom Vermögen abgezogen werden. Das Eigenkapital entspricht dem Wert der Vermögensgegenstände, die der Unternehmer in das Unternehmen eingebracht hat. Es ist kein Pflichtbestandteil des Inventars.

> **A. Vermögen – B. Schulden = C. Eigenkapital**

Aufbewahrung

Inventare sind **zehn Jahre** aufzubewahren (§ 257 [4] HGB, § 147 [3] AO). Die Aufbewahrung kann auch auf einem **Bildträger** (Mikrofilm) oder auf einem anderen **Datenträger** erfolgen. Die Daten müssen **jedoch jederzeit** lesbar gemacht werden können (§§ 239 [4], 257 [3] HGB, § 147 [2] AO).

Inventar
des Metallwerks Thomas Berg e. K., Stuttgart, zum 31. Dezember 01

A. Vermögen   €   €

I. Anlagevermögen

1. Grundstücke und Gebäude lt. Anlagenverzeichnis AV 1

Bebaute Grundstücke, Industriestraße 22–28 .... 380.000,00

Betriebsgebäude 2.400.000,00

Verwaltungsgebäude 1.245.000,00   4.025.000,00

2. Technische Anlagen und Maschinen lt. Anlagenverzeichnis AV 2 .... 2.130.000,00

3. Betriebs- und Geschäftsausstattung

Werkstätteneinrichtung lt. Anlagenverzeichnis AV 3... 155.000,00

Lagereinrichtung lt. Anlagenverzeichnis AV 4 .... 110.000,00

Fuhrpark lt. Anlagenverzeichnis AV 5 .... 245.000,00

Büro- und EDV-Ausstattung lt. Anlagenverzeichnis AV 6   155.000,00   665.000,00

II. Umlaufvermögen

1. Roh-, Hilfs- und Betriebsstoffe lt. Inventurliste IL 1 .... 650.000,00

2. Unfertige Erzeugnisse lt. Inventurliste IL 2 .... 585.864,00

3. Fertige Erzeugnisse

14 768 Stück PC-Druckergehäuse DC 44

je 32,50 € Herstellungswert 479.960,00

5 384 Stück PC-Gehäuse PC 24 je 39,00 € 209.976,00

4 820 Stück Hi-Fi-Gehäuse HF 12 je 60,00 € 289.200,00   979.136,00

4. Forderungen a. LL lt. Kundenverzeichnis

Computer GmbH, Rostock 713.000,00

Elektronische Geräte Synon AG, Karlsruhe 322.000,00

Unterhaltungselektronik Weinert GmbH, Heilbronn .. 345.000,00   1.380.000,00

5. Bankguthaben bei der Baden-Württembergische Landesbank

lt. Kontoauszug vom 31. Dezember 1.956.000,00

6. Kassenbestand lt. Kassenbericht 29.000,00

Summe des Vermögens **12.400.000,00**

B. Schulden

I. Verbindlichkeiten gegenüber Kreditinstituten

Hypothekendarlehen der Baden-Württembergische Landesbank 2.000.000,00

Langfristige Bankverbindlichkeiten 787.500,00

II. Verbindlichkeiten a. LL lt. Lieferantenverzeichnis

1. Walzwerke Sauerland AG, Fröndenberg 483.000,00

2. Stahlhandel Brückner GmbH, Pirmasens 667.000,00

3. Industriebedarf Glöckner GmbH, Göppingen 402.500,00   1.552.500,00

Summe der Schulden **4.340.000,00**

C. Ermittlung des Eigenkapitals

Summe des Vermögens 12.400.000,00

– Summe der Schulden 4.340.000,00

= Eigenkapital (Reinvermögen) **8.060.000,00**

Zusammen-fassung

■ **Inventur** ist die **Bestandsaufnahme aller Vermögensgegenstände und Schulden** eines Unternehmens, und zwar **nach Art, Menge und Wert.** Sie ist gesetzlich vorgeschrieben regelmäßig zum Ende des Geschäftsjahres, bei Gründung, Verkauf und Auflösung eines Unternehmens.

■ **Das Vermögen** eines Unternehmens gliedert sich in **Anlage- und Umlaufvermögen.** Das **Anlagevermögen** bildet die Grundlage der Geschäftätigkeit und enthält Vermögen mit **langjähriger Nutzungsdauer.** Zum **Umlaufvermögen** gehören alle Vermögensposten, die sich **kurzfristig verändern.** Die Vermögensgegenstände werden nach dem Grad ihrer **Liquidität** geordnet.

■ **Die Schulden (Fremdkapital)** werden nach der Fälligkeit in **lang- und kurzfristige** Verbindlichkeiten gegliedert.

■ **Die körperliche Inventur** ermittelt den Bestand der körperlichen Vermögensposten nach **Art, Menge und Wert.**

■ **Die Buchinventur** erfasst den Bestand aller **nicht körperlichen Vermögensposten und Schulden** anhand der buchmäßigen Aufzeichnungen **nach Art und Wert.**

■ Im Rahmen der Inventur müssen die Vermögensposten nach dem **Niederstwertprinzip** bewertet werden: **Von zwei Werten,** dem Anschaffungswert und dem Tageswert am Abschlussstichtag, **ist der niedrigere anzusetzen.** Diese Bewertung entspricht dem **Grundsatz kaufmännischer Vorsicht.**

■ **Verfahren der Inventurerleichterung:** Die verlegte Inventur und die permanente Inventur sind gesetzlich erlaubte Verfahren, die die zeitraubende Bestandsaufnahme des Vorratsvermögens vereinfachen.

■ **Die Stichtagsinventur** darf **zeitnah,** d. h. innerhalb von **zehn Tagen vor oder nach dem Abschlussstichtag** (z. B. 31. Dezember), durchgeführt werden.

■ **Die verlegte Inventur** darf innerhalb der letzten **drei Monate vor oder der ersten zwei Monate nach** dem Abschlussstichtag erfolgen.

■ **Die permanente Inventur** weist durch Erfassung aller Zu- und Abgänge eines Postens des Vorratsvermögens jederzeit den Lagerbestand **buchmäßig (Lagerbuchführung)** nach. Zur Kontrolle muss **einmal im Jahr eine körperliche Inventur** erfolgen.

■ **Anlagenverzeichnis:** Die körperliche Inventur des **beweglichen** Anlagevermögens kann entfallen, wenn das Unternehmen ein Anlagenverzeichnis mit einem gesonderten Datensatz für jeden Anlagegegenstand laufend führt.

■ **Kunden- und Lieferantenverzeichnis:** Der Bestand der Forderungen und Verbindlichkeiten aus Lieferungen und Leistungen (a. LL) wird buchmäßig anhand des Kunden- und Lieferantenverzeichnisses ermittelt.

■ **Kontoauszüge** bilden den Beleg für alle kurz- und langfristigen Kreditverbindlichkeiten und Bankguthaben.

■ **Gliederung des Inventars:** Das **Inventar oder Bestandsverzeichnis** ist der schriftliche Niederschlag der Inventur. **Es besteht in der Regel aus drei Teilen:** A. Vermögen, B. Schulden und C. Eigenkapital (Reinvermögen).

■ **Das Eigenkapital** ergibt sich als Überschuss des Vermögens über die Schulden. Es stellt das Kapital dar, das der Unternehmer als „eigene Mittel" in das Unternehmen eingebracht hat.

■ **Aufbewahrung des Inventars:** Das Inventar ist **zehn Jahre** aufzubewahren. Die Aufbewahrung kann auch auf einem Bild- oder Datenträger erfolgen. Es wird nicht unterschrieben.

Zum Geschäftsvermögen der Möbelfabrik Peter Lenz e. K., Frankfurt, gehören zum 31. Dezember eines Geschäftsjahres lt. Inventur folgende Posten:

Aufgabe 4

200.000,00 € Bankguthaben bei der Sparkasse Frankfurt,
1.600.000,00 € Grundstücke und Gebäude lt. Anlagenverzeichnis 1,
15.000,00 € Kassenbestand,
172.500,00 € Forderungen a. LL lt. Kundenverzeichnis,
186.000,00 € Technische Anlagen und Maschinen lt. Anlagenverzeichnis 2,
226.500,00 € Betriebs- und Geschäftsausstattung lt. Anlagenverzeichnis 3 und
1.100.000,00 € Roh-, Hilfs- und Betriebsstoffe lt. Inventurliste 1.

Ordnen Sie die Vermögensposten nach steigender Liquidität (Flüssigkeit) dem Anlage- und Umlaufvermögen zu und ermitteln Sie die Höhe des Geschäftsvermögens der Möbelfabrik Peter Lenz e. K.

Zu den Schulden der Möbelfabrik Peter Lenz e. K. (Aufgabe 4) rechnen am 31. Dezember lt. Inventur:

Aufgabe 5

800.000,00 € Hypothekendarlehen der Sparkasse Frankfurt,
130.000,00 € Steuerverbindlichkeiten beim Finanzamt,
600.000,00 € Verbindlichkeiten a. LL lt. Lieferantenverzeichnis und
395.000,00 € Darlehen der Deutschen Bank, Frankfurt.

Ordnen Sie die Schuldposten nach ihrer Fälligkeit jeweils den lang- und kurzfristigen Verbindlichkeiten zu. Ermitteln Sie die Höhe der Schulden zum 31. Dezember.

1. **Ermitteln Sie aus den Angaben der Aufgaben 4 und 5 das Eigenkapital der Möbelfabrik Peter Lenz e. K.**

Aufgabe 6

2. **Erstellen Sie nunmehr für das Unternehmen Lenz, Frankfurt, zum 31. Dezember .. ein Inventar. Beachten Sie dabei Form und Gliederung des Musterinventars im Lehrbuch auf S. 23.**

Das Vermögen der Möbelfabrik Peter Lenz e. K. beträgt lt. Inventar vom 31. Dezember ••• €. Dieses Vermögen hat Peter Lenz mit eigenen Mitteln in Höhe von ••• € finanziert („bezahlt"). Die fremden Mittel in Höhe von ••• € haben ebenfalls einen sehr großen Teil seines Vermögens finanziert.

Aufgabe 7

1. **Ermitteln Sie jeweils den Anteil des Eigen- und Fremdkapitals in Prozent des Gesamtvermögens.**

2. **Welche Vorteile sehen Sie, wenn das Vermögen eines Unternehmens überwiegend mit eigenen Mitteln finanziert ist?**

3. **Ermitteln Sie für das Unternehmen Thomas Berg e. K. (siehe Musterinventar auf S. 23) jeweils den Anteil des Eigen- und Fremdkapitals am Gesamtvermögen.**

4. **Vergleichen Sie die Ergebnisse der beiden Unternehmen.**

Eine Möbelfabrik hat am Abschlussstichtag lt. Inventur noch 900 m² Eichenfurnier auf Lager. Die Anschaffungskosten betrugen 20,00 € je m². Der Tageswert am 31. Dezember beträgt a) 17,50 € und b) 21,00 € je m².

Aufgabe 8

Bewerten Sie die Inventurmenge und ermitteln Sie jeweils den Wertansatz für das Inventar. Begründen Sie Ihre Bewertungsentscheidung.

Aufgabe 9

Ergänzen Sie die folgenden Aussagen:

1. Zum Anlagevermögen rechnen Güter, die dem Unternehmen ••• dienen. Das Umlaufvermögen besteht dagegen aus Gütern, die sich ••• verändern.

2. Anlagegüter können einerseits beweglich oder ••• und andererseits abnutzbar oder ••• sein. Abnutzbare Anlagegüter haben nur eine begrenzte Nutzungs•••. Die jährliche Wertminderung eines Anlagegutes wird zum 31. Dezember abgeschrieben, indem die Anschaffungskosten auf die Nutzungs••• verteilt werden.[1]

3. Die verlegte Inventur kann innerhalb von ••• Monaten ••• oder ••• Monaten ••• dem Abschlussstichtag durchgeführt werden. In diesem Fall wird nicht die Menge des jeweiligen Postens des Vorratsvermögens, sondern nur der ••• anhand der Rechnungen fortgeschrieben oder •••.

4. Die Stichtagsinventur kann zeit••• innerhalb von ••• Tagen ••• oder ••• dem Abschlussstichtag erfolgen.

5. Die permanente Inventur kann ••• den mengenmäßigen Buchbestand eines Postens des Vorratsvermögens nachweisen. Das geschieht mithilfe der Lager••• durch ••• aller Zu- und ••• des Postens des Vorratsvermögens. Mindestens ••• im Jahr muss aber eine tatsächliche ••• Bestandsaufnahme durchgeführt werden, über die ein ••• anzufertigen ist.

6. Inventur ist die Bestands•••, Inventar ist das Bestands•••.

Aufgabe 10

1. Das Vermögen eines Unternehmens beträgt 600.000,00 €. Das Eigenkapital beläuft sich auf 450.000,00 €. **Wie hoch ist das im Unternehmen arbeitende Fremdkapital?**

2. Ein Unternehmen hat ein Eigenkapital von 700.000,00 € und Schulden in Höhe von 500.000,00 €. **Wie hoch ist das Vermögen des Unternehmens?**

3. Das Anlagevermögen eines Unternehmens beträgt 300.000,00 € und das gesamte Vermögen 900.000,00 €. **Wie hoch ist das Umlaufvermögen?**

4. Das Vermögen eines Unternehmens beträgt 1.500.000,00 € und das Fremdkapital 700.000,00 €. **Wie hoch ist das Eigenkapital?**

5. **Ergänzen Sie:**

    a) Vermögen = ••• und •••   c) Fremdkapital = ••• – •••
    b) Eigenkapital = ••• – •••   d) Anlagevermögen = ••• – •••

Aufgabe 11

Ermitteln Sie für das Betonwerk Schneider KG jeweils im Rahmen der vorverlegten und nachverlegten Inventur den Vorratsbestand an Zement 4403 zum 31. Dezember:

a) Die körperliche Inventur wurde am 1. Oktober 01 durchgeführt und ergab einen Bestand an Zement in Höhe von 32.800,00 €. Zwischen dem 1. Oktober und dem 31. Dezember wurde lt. Eingangsrechnungen Zement im Wert von 58.300,00 € eingekauft. Aufgrund der Materialentnahmescheine wurde im gleichen Zeitraum Zement 4403 für 76.300,00 € verbraucht.

b) Die körperliche Inventur erfolgt am 20. Februar des Folgejahres und ergibt einen Bestand an Zement von 43.600,00 €. In der Zeit vom 1. Januar bis 20. Februar 02 betrugen der Zementverbrauch insgesamt 22.800,00 € und die Einkäufe 15.200,00 €.

Aufgabe 12

Im Metallwerk Thomas Berg e. K. beträgt der Inventurbestand an Kleber 24 Gebinde zu je 10 kg. Da nicht mehr feststellbar ist, aus welchen Lieferungen der aufgrund der körperlichen Inventur ermittelte Bestand besteht, müssen zunächst die durchschnittlichen Anschaffungskosten je Gebinde aus allen Lieferungen ermittelt werden:

---

1 Siehe auch S. 17, 19, 72 f. und 366 f.

Datum	Menge	Einzelpreis
1. Jan.	14 Gebinde	22,50 €
5. März	40 Gebinde	22,60 €
12. Juni	50 Gebinde	22,80 €

Datum	Menge	Einzelpreis
21. Aug.	30 Gebinde	22,90 €
9. Okt.	40 Gebinde	23,00 €
10. Dez.	20 Gebinde	23,10 €

1. Ermitteln Sie den Inventurwert des Klebers aufgrund der durchschnittlichen Anschaffungskosten.

2. Der Tagespreis zum Abschlussstichtag 31. Dezember beträgt für den Kleber a) 22,00 € und b) 23,50 €. Ermitteln Sie den Wertansatz für das Inventar und begründen Sie die Bewertung.

Aufgabe 13

Die Inventur der Textilfabrik Werner Gruppe e. K., Essen, ergab zum 31. Dezember 01 und zum 31. Dezember 02 folgende Werte:

	31. Dez. 01	31. Dez. 02
Grundstücke und Gebäude lt. Anlagenverzeichnis 1		
Bebaute Grundstücke	100.000,00	100.000,00
Gebäude: Betriebsgebäude	420.000,00	411.600,00
Verwaltungsgebäude	135.000,00	132.300,00
Bankguthaben bei der		
Spar- und Darlehnsbank Essen	126.700,00	131.000,00
Essener Hypothekenbank	18.900,00	29.400,00
Roh-, Hilfs- und Betriebsstoffe lt. Inventurliste	355.100,00	397.000,00
Kassenbestand	2.800,00	2.600,00
Technische Anlagen und Maschinen		
lt. Anlagenverzeichnis 2	170.000,00	236.400,00
Unfertige Erzeugnisse lt. Inventurliste	42.000,00	51.600,00
Fertige Erzeugnisse lt. Inventurliste	86.200,00	92.800,00
Forderungen a. LL lt. Kundenverzeichnis		
Busch GmbH, Bochum	52.800,00	72.800,00
Heike Dörsam e. Kffr., Duisburg	33.500,00	61.500,00
Hypothekenschulden bei der		
Essener Hypothekenbank	290.000,00	260.000,00
Darlehensschulden bei der		
Spar- und Darlehnsbank Essen	281.000,00	210.750,00
Verbindlichkeiten a. LL lt. Lieferantenverzeichnis	89.500,00	146.800,00
Betriebs- und Geschäftsausstattung		
lt. Anlagenverzeichnis 3		
Lagereinrichtung	44.500,00	48.700,00
Fuhrpark	45.000,00	38.000,00
Geschäftsausstattung	47.100,00	28.200,00

1. Erstellen Sie die Inventare der beiden aufeinander folgenden Geschäftsjahre.

2. Vergleichen Sie die beiden Inventare und erklären Sie die Veränderungen im Anlage- und Umlaufvermögen, in den Schulden und im Eigenkapital.

Aufgabe 14

1. Unterscheiden Sie zwischen Buchinventur und körperlicher Inventur.

2. Nennen Sie die Nachteile der Stichtagsinventur und die Vorteile der permanenten Inventur.

3. Erläutern Sie die vor- und nachverlegte Inventur.

4. Die körperliche Bestandsaufnahme erfolgt durch Zählen, Messen, Wiegen und gegebenenfalls Schätzen. Nennen Sie jeweils ein Beispiel.

5. Was beinhaltet das Niederstwertprinzip für die Inventur?

1.3 Die Ermittlung des Unternehmungserfolgs durch Eigenkapitalvergleich[1]

Situation

Im Inventar des Metallwerks Thomas Berg (siehe S. 23) wurde zum 31. Dezember 01 ein Eigenkapital von 8.060.000,00 € ermittelt. Im darauf folgenden Geschäftsjahr, also zum 31. Dezember 02, weist das Inventar ein Eigenkapital von 9.269.000,00 € aus (siehe folgendes Beispiel).

Erfolgsermittlung Eine wichtige Aufgabe der Buchführung ist es, den Erfolg des Geschäftsjahres, also den **Gewinn oder Verlust**, festzustellen. Schließlich will der Unternehmer wissen, ob sich seine Arbeit und der Einsatz seines Kapitals gelohnt haben. Das lässt sich einfach ermitteln, indem das Eigenkapital von zwei aufeinander folgenden Geschäftsjahren miteinander verglichen wird. Hat sich das Eigenkapital erhöht, ist das positiv zu sehen und lässt grundsätzlich auf Gewinn schließen (siehe Beispiel). Eine Verminderung des Eigenkapitals deutet dagegen grundsätzlich auf Verlust hin.

Beispiel

Eigenkapital zum 31. Dezember 02 .... 9.269.000,00 €
– Eigenkapital zum 31. Dezember 01 .... 8.060.000,00 €

= **Erhöhung des Eigenkapitals = Gewinn** .... **1.209.000,00 €**

Privatentnahmen Die Erhöhung des Eigenkapitals kann nur dann als Gewinn bezeichnet werden, wenn der Unternehmer Berg während des Geschäftsjahres weder Geld noch Erzeugnisse oder andere Vermögensgegenstände dem Geschäftsvermögen für seine privaten Zwecke entzogen hat. Hat Herr Berg – wie im nächsten Beispiel – im **Vorgriff auf den erwarteten Gewinn** für seinen Lebensunterhalt monatlich 8.000,00 € der Geschäftskasse – jeweils gegen Quittung (Beleg) – entnommen, fehlen am Ende des Jahres 96.000,00 € in der Kasse. Zum 31. Dezember 02 wird somit auch im Inventar die Summe des Vermögens und damit des Eigenkapitals um diesen Betrag geringer ausgewiesen.

Zur korrekten Ermittlung des Jahresgewinns müssen die Privatentnahmen wieder hinzugerechnet werden. Der Gewinn erhöht sich deshalb um diesen Betrag.

Beispiel

Eigenkapital zum 31. Dezember 02 .... 9.269.000,00 €
– Eigenkapital zum 31. Dezember 01 .... 8.060.000,00 €

= Erhöhung des Eigenkapitals .... 1.209.000,00 €
+ **Privatentnahmen** .... **96.000,00 €**

= **Gewinn zum 31. Dezember 02** .... **1.305.000,00 €**

Privateinlagen Hat der Unternehmer während des Geschäftsjahres Geld- oder Sachwerte aus seinem Privatvermögen in das Unternehmen eingebracht, sind diese Werte bei der Ermittlung des Gewinns durch Eigenkapitalvergleich abzuziehen, da sie **nicht vom Unternehmen erwirtschaftet** worden sind.

Beispiel

Herr Berg, der ein geerbtes Grundstück im Wert von 146.000,00 € auf sein Unternehmen übertragen hat, muss diesen Betrag wieder abziehen:

Eigenkapital zum 31. Dezember 02 .... 9.269.000,00 €
– Eigenkapital zum 31. Dezember 01 .... 8.060.000,00 €

= Erhöhung des Eigenkapitals .... 1.209.000,00 €
+ Privatentnahmen .... 96.000,00 €
– **Privateinlagen** .... **146.000,00 €**

= **Gewinn zum 31. Dezember 02** .... **1.159.000,00 €**

---

1 Lt. § 4 [1] Einkommensteuergesetz auch „Betriebsvermögensvergleich" genannt.

Natürlich fragt sich Herr Berg nach der Ermittlung des Gewinns zum Schluss des Geschäftsjahres, ob sich der Kapitaleinsatz gelohnt hat. Das Verhältnis zwischen dem erzielten Gewinn[1] und dem durchschnittlichen Eigenkapital (durchschn. EK) des Geschäftsjahres ergibt die Verzinsung (Rentabilität) des Eigenkapitals. Diese kann mit der Rendite von anderen langfristigen Kapitalanlagen, z. B. von festverzinslichen Wertpapieren, verglichen werden.

Hat sich der Kapitaleinsatz gelohnt?

$8.664.500,00 €$ Durchschn. EK $\triangleq$ 100 %
$1.159.000,00 €$ Gewinn $\triangleq$ x %

$x\,\% = \dfrac{1.159.000,00\,€}{8.664.500,00\,€} = 0,1338 = 13,38\,\%$

Durchschn. EK $= \dfrac{\text{EK Jahr 01 + EK Jahr 02}}{2}$

Rentabilität des Eigenkapitals $= \dfrac{\text{Gewinn}}{\text{Durchschn. EK}}$

Beispiel

Zusammenfassung

- Der **Erfolg eines Geschäftsjahres** kann positiv oder negativ sein. Im ersten Fall handelt es sich um einen **Gewinn**, im zweiten um einen **Verlust**.
- **Gewinn und Verlust ergeben sich durch den Vergleich des Eigenkapitals** von zwei aufeinanderfolgenden Geschäftsjahren.
- Grundsätzlich bedeuten **Eigenkapitalerhöhung** → **Gewinn** und **Eigenkapitalverminderung** → **Verlust**.
- **Privatentnahmen** von Geld- oder Sachwerten stellen einen **Vorgriff auf den erwarteten Gewinn** dar. Sie sind dem Eigenkapital hinzuzurechnen.
- **Privateinlagen** sind kein Gewinn. Sie sind daher vom Eigenkapital abzuziehen.
- **Erfolgsermittlung:** Eigenkapital am Ende des Geschäftsjahres 02
  – Eigenkapital am Ende des Geschäftsjahres 01
  + Privatentnahmen
  – Privateinlagen
  = **Gewinn** oder **Verlust des Geschäftsjahres 02**

Das Unternehmen Maschinenbau Tim Kurz e. K. weist im Inventar zum 31. Dezember 02 ein Eigenkapital von 580.000,00 € aus. Am 31. Dezember 01 betrug das Eigenkapital 530.000,00 €. Im 2. Geschäftsjahr hatte Tim Kurz vom Bankkonto des Unternehmens 72.000,00 € für private Zwecke abgehoben.
1. Wie hoch ist der Gewinn des Unternehmens zum 31. Dezember 02?
2. Mit wie viel Prozent hat sich das durchschnittliche Eigenkapital verzinst?

Aufgabe 15

Die Möbelfabrik Lutz Klein e. Kfm. verfügt lt. Inventar vom 31. Dez. 02 über ein Eigenkapital von 600.000,00 €. Zu Beginn des Geschäftsjahres 02 hatte das Unternehmen noch ein Eigenkapital von 690.000,00 €. Für seinen Lebensunterhalt hat Herr Klein während des Geschäftsjahres 5.000,00 € monatlich der Geschäftskasse gegen Quittung entnommen. Außerdem hat er einen Schrank im Wert von 2.000,00 € für sich und seine Familie gegen Beleg dem Lager entnommen. Aus einer Erbschaft hat er 15.000,00 € auf das Bankkonto seines Unternehmens eingezahlt. **Ermitteln Sie den Erfolg des Unternehmens zum 31. Dezember 02.**

Aufgabe 16

Die Privatentnahmen betragen in der Textilfabrik Werner Gruppe e. K. im 2. Geschäftsjahr 60.000,00 €, die privaten Einlagen belaufen sich auf 30.000,00 €. **Ermitteln Sie auf der Grundlage der beiden Inventare der Aufgabe 13 den Unternehmenserfolg zum 31. Dezember 02.**

Aufgabe 17

---

1 Aus methodischen Gründen wird zur Berechnung der Rentabilität hier der Jahresgewinn statt des bereinigten Jahresgewinns verwendet (siehe S. 438 f.).

1.4 Die Bilanz als Kurzfassung des Inventars

Situation

Das Inventar ist eine ausführliche Darstellung der einzelnen Vermögens- und Schuldenwerte nach Art, Menge, Einzel- und Gesamtwert, das – je nach Größe des Vorratsvermögens – ganze Bände umfassen kann und dadurch **unübersichtlich** wird. **§ 242 HGB** verlangt deshalb, dass aus dem Inventar eine **kurz gefasste Übersicht** über Vermögen und Kapital des Unternehmens erstellt wird.

Bilanz

Die Bilanz ist eine Kurzfassung des Inventars, die es erlaubt, mit einem Blick das **Verhältnis zwischen Vermögen und Kapital** eines Unternehmens zu überschauen. In **Form und Umfang** unterscheidet sie sich deutlich vom Inventar. Während im Inventar Vermögen, Schulden und Eigenkapital in **Staffelform,** also untereinander, stehen, werden in der Bilanz **Vermögen und Kapital** (Eigen- und Fremdkapital) in **T-Kontoform** (siehe Beispiel unten) **gegenübergestellt.** Die Bilanz enthält **keine Mengenangaben und Namen** der Banken, Kunden und Lieferanten. Außerdem fasst sie **gleichartige** Vermögensgegenstände und Schulden zu einzelnen Bilanzposten zusammen, wobei nur deren **Gesamtwert** ausgewiesen wird. So erscheint beispielsweise bei den Werkstoffvorräten und der Betriebs- und Geschäftsausstattung lediglich der jeweilige Gesamtwert.

Aktivseite

Die linke Seite oder Aktivseite der Bilanz enthält alle Vermögensgegenstände (**Aktiva**) des Anlage- und Umlaufvermögens eines Unternehmens. Die **Vermögensposten** werden wie im Inventar **nach steigender Liquidität geordnet.**

Passivseite

Die rechte Seite oder Passivseite der Bilanz enthält das Kapital (**Passiva**) des Unternehmens, das in Eigenkapital und Fremdkapital unterteilt wird. Die Gliederung der Passivseite erfolgt nach der **Rechtsstellung der Kapitalgeber** (Eigentümer oder Gläubiger).

Unterschreiben der Bilanz

Die Richtigkeit (Wahrheit) der Bilanz muss durch Datum und persönliche Unterschrift der Inhaber des Unternehmens bestätigt werden.

Beispiel

Bilanz

Aktiva	des Metallwerks Thomas Berg e. K. zum 31. Dezember 01		Passiva
I. Anlagevermögen		**I. Eigenkapital** 8.060.000,00	
1. Grundstücke und Gebäude 4.025.000,00		**II. Fremdkapital**	
2. Technische Anlagen und Maschinen 2.130.000,00		1. Verbindlichkeiten gegenüber Kreditinstituten 2.787.500,00	
3. Betriebs- und Geschäftsausstattung 665.000,00		2. Verbindlichkeiten a. LL 1.552.500,00	
II. Umlaufvermögen			
1. Roh-, Hilfs- und Betriebsstoffe 650.000,00			
2. Unfertige Erzeugnisse 585.864,00			
3. Fertige Erzeugnisse 979.136,00			
4. Forderungen a. LL 1.380.000,00			
6. Bankguthaben 1.956.000,00			
5. Kassenbestand 29.000,00			
12.400.000,00		**12.400.000,00**	
Stuttgart, 20. März 02		*Thomas Berg*	

Die Aktivseite der Bilanz weist die Summe des Vermögens aus, die Passivseite die Summe des Kapitals. **Aktiva und Passiva** sind **summenmäßig gleich hoch. Die Bilanzseiten halten sich die Waage (ital. bilancia = Waage).** Diese rechnerische **Gleichheit beider Bilanzseiten,** also von Vermögen (Aktiva) und Kapital (Passiva), kommt in folgenden **Bilanzgleichungen** zum Ausdruck.

Bilanzwaage

Bilanzgleichungen		
Aktiva	= Passiva	
Vermögen	= Kapital	
Vermögen	= Eigenkapital	+ Fremdkapital
Eigenkapital	= Vermögen	− Fremdkapital
Fremdkapital	= Vermögen	− Eigenkapital

Die Bilanz des Metallwerks Berg (siehe Beispiel S. 30) lässt auf einen Blick erkennen, woher das im Unternehmen arbeitende Kapital stammt und wo es im Einzelnen angelegt (investiert) ist:

Worüber gibt die Bilanz Auskunft?

■ **Die Passivseite** der Bilanz zeigt die Herkunft des im Unternehmen arbeitenden Kapitals, nämlich das Eigen- und Fremdkapital als Finanzierungsquellen. Die Passivseite gibt Auskunft über die **Mittelherkunft oder Finanzierung.**

■ **Die Aktivseite** zeigt dagegen die Verwendung oder Anlage des Eigen- und Fremdkapitals im Anlage- und Umlaufvermögen des Unternehmens. Die Aktivseite gibt also Auskunft über die **Mittelverwendung oder Investition** der finanziellen Mittel in Vermögenswerte.

Aktiva	Bilanz		Passiva
Wo ist das Kapital angelegt?		**Woher** stammt das Kapital?	
Anlagevermögen	6.820.000,00	Eigenkapital	8.060.000,00
Umlaufvermögen	5.580.000,00	Fremdkapital	4.340.000,00
Vermögen	**12.400.000,00**	**Kapital**	**12.400.000,00**
Mittelverwendung (Investition)		**Mittelherkunft** (Finanzierung)	

Der Aufbau (die Struktur) der Bilanz wird noch deutlicher und damit aussagefähiger, wenn jeweils der Prozentanteil des Anlage- und Umlaufvermögens am Gesamtvermögen sowie des Eigen- und Fremdkapitals am Gesamtkapital errechnet wird [1], wobei die **Bilanzsumme** den Grundwert (= **100 %**) bildet:

Bilanzstruktur

Aktiva	Bilanzstruktur				Passiva
Vermögensstruktur		%	Kapitalstruktur		%
Anlagevermögen	6.820.000,00	55 %	Eigenkapital	8.060.000,00	65 %
Umlaufvermögen	5.580.000,00	45 %	Fremdkapital	4.340.000,00	35 %
Gesamtvermögen	12.400.000,00	100 %	Gesamtkapital	12.400.000,00	100 %

Die **Kapitalstruktur** des Metallwerks Berg macht deutlich, dass das Unternehmen **überwiegend mit eigenen Mitteln (65 %)** arbeitet. Das Fremdkapital beträgt nur 35 % des Gesamtkapitals. Der Unternehmer Berg bewahrt damit seine **Unabhängigkeit gegenüber seinen Gläubigern.** Außerdem ist seine Zinsbelastung nicht so hoch. Die solide Ausstattung des Unternehmens mit Kapital, also die Finanzierung, zeigt sich insbesondere darin, dass nicht nur das Anlagevermögen (55 %), sondern auch ein großer Teil des Umlaufvermögens (10 %) durch Eigenkapital (65 %) gedeckt bzw. finanziert sind. Aufgrund des **hohen** Eigenkapitals kann das Unternehmen **Krisenzeiten besser überstehen.**

Beurteilung

1 Siehe auch Kapitel D 2, S. 430 ff.

Zusammenfassung

■ **Die Bilanz ist eine Kurzfassung des Inventars in Kontenform.** Grundlage der Bilanzerstellung sind Inventur und Inventar:

Inventur → Inventar → Bilanz

■ **Inventar und Bilanz unterscheiden sich in Form und Umfang** der Darstellung des Vermögens und des Kapitals:

Inventar	Bilanz
– **Ausführliche** Darstellung der einzelnen Vermögens- und Schuldenwerte.	– **Kurz gefasste** überschaubare Darstellung des Vermögens und des Kapitals.
– Angabe der **Mengen, Einzelwerte und Gesamtwerte.**	– **Nur** Angabe der **Gesamtwerte** der einzelnen Bilanzposten.
– Darstellung des Vermögens und des Kapitals **untereinander: Staffelform**	– Darstellung des Vermögens und des Kapitals **nebeneinander: Kontoform**

■ **Bilanzgleichung.** Die Bilanz muss auf der Aktiv- und Passivseite jeweils die gleiche Summe ausweisen. Die Bilanzgleichung lautet stets:

Aktiva = Passiva oder Vermögen = Kapital.

■ **Inhalt der Bilanzseiten.** Die Bilanz zeigt auf ihrer Passivseite die Herkunft des Kapitals (Eigen- und Fremdkapital) und auf der Aktivseite die Verwendung oder Investition dieses Kapitals (Anlage- und Umlaufvermögen).

■ Die **Bilanzstruktur** ergibt sich, wenn Eigen- und Fremdkapital sowie Anlage- und Umlaufvermögen auf die Bilanzsumme bezogen und die jeweiligen prozentualen Anteile ermittelt werden. Sie verdeutlicht, ob das Unternehmen vorwiegend mit eigenen oder fremden Mitteln arbeitet und ob das Anlagevermögen überwiegend mit Eigen- oder Fremdkapital finanziert ist.

■ **Unterzeichnung und Aufbewahrung der Bilanz.** Die Bilanz bildet mit der Gewinn- und Verlustrechnung den **Jahresabschluss** des Unternehmens, der persönlich zu unterzeichnen und nach § 257 [4] HGB bzw. nach § 147 [3] AO **zehn Jahre** aufzubewahren ist. Es unterschreiben bei der:

– Einzelunternehmung (e. K. usw.) → Inhaber persönlich
– Offenen Handelsgesellschaft (OHG) → alle Gesellschafter
– Kommanditgesellschaft (KG) → alle persönlich haftenden Gesellschafter

– Aktiengesellschaft (AG) → alle Mitglieder des Vorstands
– Kommanditgesellschaft auf Aktien (KGaA) → alle persönlich haftenden geschäftsführenden Gesellschafter
– Gesellschaft mit beschränkter Haftung (GmbH) → alle Geschäftsführer

Aufgabe 18

Die Bilanz der Tuchfabrik Rainer Stolz e. K. weist zum 31. Dezember .. folgende Gesamtwerte aus:

Anlagevermögen .... 620.000,00 €   Fremdkapital .... 500.000,00 €
Umlaufvermögen .... 1.320.000,00 €   Eigenkapital .... ? €

1. Erstellen Sie die Bilanz zum 31. Dezember ..

2. Wie viel Prozent der Bilanzsumme (= 100 %) beträgt a) das Anlagevermögen, b) das Umlaufvermögen, c) das Eigenkapital und d) das Fremdkapital?

3. Wie beurteilen Sie die Kapitalausstattung des Unternehmens?

4. Reicht das Eigenkapital zur Deckung (Finanzierung) des Anlagevermögens aus?

Das Inventar der Furnierfabrik Karin Fest e. Kffr. weist zum 31. Dezember .. folgende Gesamtwerte aus:

Aufgabe 19

Grundstücke und Gebäude ..	340.000,00	Forderungen a. LL	35.000,00
Betriebs- und Geschäfts-		Bankguthaben	32.000,00
ausstattung (BGA)	45.000,00	Kassenbestand	3.000,00
Roh-, Hilfs- und		Darlehensschulden	290.000,00
Betriebsstoffe	485.000,00	Verbindlichkeiten a. LL	50.000,00

1. Erstellen Sie nach dem Muster auf Seite 30 die Bilanz.
2. Mit welchem Gesamt-, Eigen- und Fremdkapital arbeitet das Unternehmen?
3. Stellen Sie die Bilanzstruktur in Prozent dar.
4. Wie beurteilen Sie das Verhältnis zwischen Eigen- und Fremdkapital?
5. Reichten die eigenen Mittel zur Beschaffung des Anlagevermögens aus?

Die Werkzeugfabrik Ralf Vogel e. K. weist in ihrem Inventar zum 31. Dezember .. folgende Gesamtwerte aus:

Aufgabe 20

Roh-, Hilfs- und Betriebsst. .	320.000,00	Darlehensschulden	150.000,00
Verbindlichkeiten a. LL	90.000,00	Bankguthaben	96.000,00
Kassenbestand	4.000,00	Hypothekenschulden	210.000,00
Forderungen a. LL	70.000,00	Betriebs- und Geschäfts-	
Grundstücke und Gebäude...	400.000,00	ausstattung	170.000,00

1. Erstellen Sie eine ordnungsmäßig gegliederte Bilanz zum 31. Dezember ..
2. Wie beurteilen Sie die Kapitalausstattung bzw. Finanzierung des Unternehmens?
3. Stellen Sie die Bilanzstruktur in Prozent dar.
4. Wie viel Eigenkapital verbleibt nach Deckung des Anlagevermögens noch für das Umlaufvermögen?
5. Welche Vorteile hat es, wenn das Anlagevermögen voll mit eigenen Mitteln finanziert worden ist?

Aufgabe 21

1. Stellen Sie aufgrund der Inventare der Unternehmen P. Lenz (Aufgabe 6) und W. Gruppe (Aufgabe 13) jeweils die Bilanz zum Abschlussstichtag auf.
2. Ermitteln Sie jeweils die Bilanzstruktur.
3. Beurteilen Sie die Mittelherkunft und Mittelverwendung.

Untersuchen Sie, ob die folgenden Aussagen falsch oder richtig sind. Verbessern Sie gegebenenfalls:

Aufgabe 22

1. Bilanz und Inventar unterscheiden sich nur in der Form.
2. Inventar und Bilanz sind vom Inhaber des Unternehmens persönlich zu unterschreiben.
3. Anlagevermögen + Umlaufvermögen = Eigenkapital – Fremdkapital
4. Die Bilanz ist eine Gegenüberstellung von Vermögen und Kapital.
5. Die Passivseite der Bilanz zeigt die Mittelverwendung, die Aktivseite die Mittelherkunft.
6. Je höher das Eigenkapital im Verhältnis zum Fremdkapital ist, umso abhängiger ist das Unternehmen gegenüber seinen Gläubigern.
7. Fremdkapital = Vermögen – Eigenkapital
8. Die Vermögenswerte des Umlaufvermögens sind langfristig angelegt.
9. Es ist für die Sicherheit des Unternehmens wichtig, wenn das Eigenkapital nicht nur das Anlagevermögen, sondern auch einen Teil des Umlaufvermögens (z. B. Teile des Vorratsvermögens) deckt.
10. Inventar und Bilanz haben nichts gemeinsam.

1.5 Geschäftsfälle verändern die Werte in der Bilanz

Situation

Im Metallwerk Thomas Berg fallen täglich zahlreiche Geschäftsfälle an. Roh-, Hilfs- und Betriebsstoffe sowie Werkzeuge werden bei den verschiedenen Lieferanten auf Ziel eingekauft. Die Rechnungen der Lieferanten und Kunden werden durch Banküberweisungen beglichen. Für die Geschäftskasse wird Bargeld vom Bankkonto abgehoben oder es erfolgen Bareinzahlungen auf das Bankkonto usw.

Allen oben genannten **Geschäftsfällen** ist gemeinsam, dass sie **mindestens zwei Posten der Bilanz verändern.** Je nachdem, welche Bilanzseite dabei verändert wird, können vier Möglichkeiten der Wertveränderung in der Bilanz unterschieden werden:

1 Aktivtausch **3** Aktiv-Passivmehrung

2 Passivtausch **4** Aktiv-Passivminderung

Bilanzidentität

Die **Schlussbilanz** eines Geschäftsjahres (31. Dezember 01) ist **zugleich** die **Eröffnungsbilanz** des folgenden Geschäftsjahres (1. Januar 02). Beide Bilanzen müssen **inhaltlich identisch (gleich)** sein. Der Grundsatz der Bilanzidentität lautet:

Schlussbilanz des Geschäftsjahres = Eröffnungsbilanz des nächsten Geschäftsjahres

Aktiva		Eröffnungsbilanz		Passiva
I. Anlagevermögen		I. Eigenkapital	8.060.000,00	
1. Grundstücke und Gebäude	4.025.000,00	II. Fremdkapital		
2. Techn. Anlagen u. Masch.	2.130.000,00	1. Hypothekendarlehen	2.000.000,00	
3. Betriebs- u. Geschäftsausstg.	665.000,00	2. Langfr. Bankverbindlichkeiten	787.500,00	
II. Umlaufvermögen		3. Verbindlichkeiten a. LL	1.552.500,00	
1. Roh-/Hilfs-/Betr.-Stoffe	650.000,00			
2. Unfertige Erzeugnisse	585.864,00			
3. Fertige Erzeugnisse	979.136,00			
4. Forderungen a. LL	1.380.000,00			
6. Bankguthaben	1.956.000,00			
5. Kassenbestand	29.000,00			
	12.400.000,00		**12.400.000,00**	

1 Aktivtausch

Geschäftsfall	
Kauf einer EDV-Anlage gegen	
Banküberweisung..................	15.500,00 €

Wertveränderungen in der Bilanz	
BGA	+ 15.500,00 €
Bank	– 15.500,00 €

Der Geschäftsfall löst nur Wertveränderungen auf der Aktivseite aus: Es wird lediglich **zwischen zwei Aktivposten getauscht.** Der Aktivposten „Betriebs- und Geschäftsausstattung (BGA)" nimmt zu, der Aktivposten „Bankguthaben" nimmt um den gleichen Betrag ab. **Dadurch verändert sich die Bilanzsumme nicht:**

Aktiva		Bilanz		Passiva
I. Anlagevermögen		I. Eigenkapital	8.060.000,00	
1. Grundstücke und Gebäude	4.025.000,00	II. Fremdkapital		
2. Techn. Anlagen u. Masch.	2.130.000,00	1. Hypothekendarlehen	2.000.000,00	
3. Betriebs- u. Geschäftsausstg.	680.500,00	2. Langfr. Bankverbindlichkeiten	787.500,00	
II. Umlaufvermögen		3. Verbindlichkeiten a. LL	1.552.500,00	
1. Roh-/Hilfs-/Betr.-Stoffe	650.000,00			
2. Unfertige Erzeugnisse	585.864,00			
3. Fertige Erzeugnisse	979.136,00			
4. Forderungen a. LL	1.380.000,00			
5. Bankguthaben	1.940.500,00			
6. Kassenbestand	29.000,00			
	12.400.000,00		**12.400.000,00**	

2 Passivtausch

Geschäftsfall	Wertveränderungen in der Bilanz
Verbindlichkeiten a. LL beim Rohstofflieferanten Seibel KG werden durch eine langfristige Bankverbindlichkeit abgelöst .... 30.000,00 €	Langfristige Bankverbindlichkeiten .... + 30.000,00 € Verbindlichkeiten a. LL .... – 30.000,00 €

Dieser Geschäftsfall bewirkt einen reinen **Tauschvorgang auf der Passivseite** der Bilanz: Der Passivposten „Verbindlichkeiten a. LL" nimmt ab, der Passivposten „Langfristige Bankverbindlichkeiten" nimmt um den gleichen Betrag zu. Deshalb bleibt auch hier die **Bilanzsumme unverändert:**

Aktiva	Bilanz		Passiva
I. Anlagevermögen		**I. Eigenkapital**	8.060.000,00
1. Grundstücke und Gebäude	4.025.000,00	**II. Fremdkapital**	
2. Techn. Anlagen u. Masch.	2.130.000,00	1. Hypothekendarlehen	2.000.000,00
3. Betriebs- u. Geschäftsausstg.	680.500,00	2. Langfr. Bankverbindlichkeiten	817.500,00
II. Umlaufvermögen		3. Verbindlichkeiten a. LL	1.522.500,00
1. Roh-/Hilfs-/Betr.-Stoffe	650.000,00		
2. Unfertige Erzeugnisse	585.864,00		
3. Fertige Erzeugnisse	979.136,00		
4. Forderungen a. LL	1.380.000,00		
5. Bankguthaben	1.940.500,00		
6. Kassenbestand	29.000,00		
	12.400.000,00		**12.400.000,00**

3 Aktiv-Passivmehrung

Geschäftsfall	Wertveränderungen in der Bilanz
Kauf von Rohstoffen auf Ziel. Die Rechnung (ER 268) des Lieferanten Helmer GmbH lautet über .... 64.400,00 €	Rohstoffe .... + 64.400,00 € Verbindlichkeiten a. LL .... + 64.400,00 €

Dieser Geschäftsfall berührt **beide Seiten der Bilanz.** Der Aktivposten „Rohstoffe" und der Passivposten „Verbindlichkeiten a. LL" erhöhen sich um den gleichen Betrag. Deshalb muss auch die **Bilanzsumme** um diesen Betrag **zunehmen:**

Aktiva	Bilanz		Passiva
I. Anlagevermögen		**I. Eigenkapital**	8.060.000,00
1. Grundstücke und Gebäude	4.025.000,00	**II. Fremdkapital**	
2. Techn. Anlagen u. Masch.	2.130.000,00	1. Hypothekendarlehen	2.000.000,00
3. Betriebs- u. Geschäftsausstg.	680.500,00	2. Langfr. Bankverbindlichkeiten	817.500,00
II. Umlaufvermögen		3. Verbindlichkeiten a. LL	1.586.900,00
1. Roh-/Hilfs-/Betr.-Stoffe	714.400,00		
2. Unfertige Erzeugnisse	585.864,00		
3. Fertige Erzeugnisse	979.136,00		
4. Forderungen a. LL	1.380.000,00		
5. Bankguthaben	1.940.500,00		
6. Kassenbestand	29.000,00		
	12.464.400,00		**12.464.400,00**

4 Aktiv-Passivminderung

Geschäftsfall	Wertveränderungen in der Bilanz
Begleichung der Lieferantenrechnung ER 234 der Herz OHG durch Banküberweisung............................ 46.000,00 €	Verbindlichkeiten a. LL .... − 46.000,00 € Bankguthaben .... − 46.000,00 €

Der **Geschäftsfall betrifft beide Bilanzseiten:** Der Aktivposten „Bankguthaben" und der Passivposten „Verbindlichkeiten a. LL" nehmen um den gleichen Betrag ab. Deshalb vermindert sich auch die Bilanzsumme um diesen Betrag:

Aktiva		**Bilanz**		Passiva
I. Anlagevermögen		I. Eigenkapital	8.060.000,00	
1. Grundstücke und Gebäude	4.025.000,00	II. Fremdkapital		
2. Techn. Anlagen u. Masch.	2.130.000,00	1. Hypothekendarlehen	2.000.000,00	
3. Betriebs- u. Geschäftsausstg.	680.500,00	2. Langfr. Bankverbindlichkeiten	817.500,00	
II. Umlaufvermögen		3. Verbindlichkeiten a. LL	1.540.900,00	
1. Roh-/Hilfs-/Betr.-Stoffe	714.400,00			
2. Unfertige Erzeugnisse	585.864,00			
3. Fertige Erzeugnisse	979.136,00			
4. Forderungen a. LL	1.380.000,00			
5. Bankguthaben	1.894.500,00			
6. Kassenbestand	29.000,00			
	12.418.400,00			**12.418.400,00**

Zusammenfassung

■ **Jeder Geschäftsfall verändert wertmäßig mindestens zwei Bilanzposten.** Das Gleichgewicht der Bilanz (**Aktiva = Passiva**) bleibt erhalten.

■ **Man unterscheidet vier Möglichkeiten der Wertveränderung in der Bilanz:**

Aktivtausch .... Tauschvorgang auf der Aktivseite:
Aktivposten +   Aktivposten −

Passivtausch .... Tauschvorgang auf der Passivseite:
Passivposten +   Passivposten −

Aktiv-Passivmehrung .... Mehrung auf beiden Bilanzseiten:
Aktivposten +   Passivposten +

Aktiv-Passivminderung .... Minderung auf beiden Bilanzseiten:
Aktivposten −   Passivposten −

■ **Bei jedem Geschäftsfall sind folgende Fragen zu beantworten:**

1. Welche Posten der Bilanz werden durch den Geschäftsfall berührt?

2. Handelt es sich dabei um Aktiv- oder/und Passivposten der Bilanz?

3. Erhöht oder vermindert der Geschäftsfall die einzelnen Bilanzposten?

4. Um welche Art der vier möglichen Bilanzänderungen handelt es sich?

Aufgabe 23

Beantworten Sie zu den folgenden Geschäftsfällen die oben gestellten Fragen:

1. Wir heben von unserem Bankkonto 800,00 € ab.

2. Wir verkaufen einen nicht mehr benötigten Computer bar für 200,00 €.

3. Wir wandeln ein Darlehen in Höhe von 50.000,00 € in ein Hypothekendarlehen um.

4. Wir kaufen Rohstoffe auf Ziel. Die Eingangsrechnung (ER 345) lautet über 57.500,00 €.

5. 5.000,00 € unseres Darlehens tilgen wir durch Banküberweisung.

6. Wir zahlen auf unser Postbankkonto 1.500,00 € bar ein.

7. Ein Kunde begleicht die Rechnung (AR 567) in Höhe von 15.000,00 € durch Postbanküberweisung.
8. Kauf eines Schreibtischs für 1.200,00 € gegen Banküberweisung.
9. Ein Kunde überweist den fälligen Rechnungsbetrag von 12.000,00 €.
10. Überweisung des fälligen Rechnungsbetrags von 2.500,00 € an einen Lieferanten.
11. Zum Ausgleich von ER 345 (Fall 4) überweisen wir 57.500,00 €.
12. Umwandlung einer Lieferantenschuld in eine Darlehensschuld: 23.000,00 €.

Wie wirken sich die 12 Geschäftsfälle der Aufgabe 23 auf die Bilanzsumme aus?

Aufgabe 24

Erstellen Sie nach den folgenden Angaben die Bilanz:

Aufgabe 25

Aktiva: Technische Anlagen (TA) und Maschinen 80.000,00 €, Betriebs- und Geschäftsausstattung (BGA) 40.000,00 €, Rohstoffe 250.000,00 €, Forderungen a. LL 57.000,00 €, Bankguthaben 85.000,00 €, Kassenbestand 12.000,00 €.

Passiva: Eigenkapital ? €, Darlehensschulden 210.500,00 €, Verbindlichkeiten a. LL 80.500,00 €.

Beantworten Sie zu den folgenden Geschäftsfällen zuerst die oben genannten Fragen 1 bis 4 und machen Sie sich so die Auswirkungen der Geschäftsfälle auf die Bilanzposten deutlich. Wie sieht die Bilanz danach aus?

1. Zielkauf von Rohstoffen lt. ER 678 .... 46.000,00 €
2. Umwandlung einer Verbindlichkeit a. LL in eine Darlehensschuld ..... 23.000,00 €
3. Kauf einer EDV-Anlage gegen Banküberweisung .... 12.000,00 €
4. Wir begleichen die ER 678 (Fall 1) lt. Kontoauszug .... 46.000,00 €

Erstellen Sie nach den folgenden Angaben die Bilanz:

Aufgabe 26

Grundstücke und Gebäude 840.000,00 €, BGA 520.000,00 €, Rohstoffe 350.000,00 €, Forderungen a. LL 120.000,00 €, Bankguthaben 148.000,00 €, Kassenbestand 22.000,00 €, Eigenkapital ? €, Hypothekenschulden 410.000,00 €, Darlehensschulden 150.000,00 €, Verbindlichkeiten a. LL 240.000,00 €.

Nennen Sie zu jedem folgenden Geschäftsfall die Art der Wertveränderung. Wie sieht die Bilanz danach aus?

1. Ein Darlehen wird in ein Hypothekendarlehen umgewandelt .... 70.000,00 €
2. Wir nehmen bei unserer Bank ein neues Darlehen auf .... 150.000,00 €
3. Wir begleichen Lieferantenrechnung ER 789. Kontoauszug .... 57.500,00 €
4. Wir zahlen die Tilgungsrate für das Hypothekendarlehen. Kontoauszug 8.000,00 €
5. Rohstoffeinkauf auf Ziel lt. ER 792 .... 46.000,00 €
6. Verkauf eines nicht mehr benötigten Lkw auf Ziel .... 39.000,00 €

1. **Warum ist die Art der Erfassung von Geschäftsfällen in den Aufgaben 25/26 sehr aufwändig?**

Aufgabe 27

2. **Vergleichen Sie in Aufgabe 26 die Endbilanz mit der Ausgangsbilanz. Welche wesentlichen Veränderungen stellen Sie auf der Aktiv- und Passivseite fest?**

1. **Vervollständigen Sie:**

Aufgabe 28

Geschäftsfälle verändern zwar die ••• der Bilanzposten, jedoch nicht die Gleichheit von ••• und •••. Das Bilanz••• bleibt also stets gewahrt.

2. **Nennen Sie je zwei Beispiele zu den vier Arten der Bilanzveränderung.**

1.6 Die Buchung der Geschäftsfälle auf Aktiv- und Passivkonten

Situation

Thomas Berg macht sich die Veränderungen im Vermögen und in den Schulden nicht unmittelbar an den Bilanzposten klar, sondern anhand von Konten, auf denen die Bestände und Veränderungen der Vermögenswerte und Schulden erfasst werden.

Für jeden aktiven und passiven Bilanzposten werden Konten (ital. conto = Rechnung) eingerichtet, auf denen die Geschäftsfälle zu erfassen, d. h. zu buchen ist. Nach den Bilanzseiten werden **Aktivkonten (Vermögenskonten)** und **Passivkonten (Kapitalkonten)** unterschieden.

Übernahme der Anfangsbestände (AB)

Zu Beginn des Geschäftsjahres wird die Eröffnungsbilanz in die einzelnen Aktiv- und Passivkonten aufgelöst. Da Aktivkonten in der Bilanz auf der linken Seite stehen, übernimmt auch jedes **Aktivkonto** den Anfangsbestand (AB) auf seiner **linken Kontoseite, die Soll-Seite (S)** genannt wird. Passivkonten stehen in der Bilanz rechts. Deshalb wird der Anfangsbestand bei jedem **Passivkonto** auf der **rechten Kontoseite – Haben-Seite (H)** genannt – erfasst.

Soll	Aktivkonto	Haben		Soll	Passivkonto	Haben
Anfangsbestand						Anfangsbestand

Buchung der Zugänge und Abgänge

Die Erhöhung des Anfangsbestands durch einen Geschäftsfall (Zugang) wird auf der Seite gebucht, auf der der Anfangsbestand steht. **Zugänge** (Bestandserhöhungen) werden deshalb bei **Aktivkonten auf der Soll-Seite** und bei **Passivkonten auf der Haben-Seite** erfasst. **Abgänge** (Bestandsminderungen) stehen jeweils auf der entgegengesetzten Kontoseite, also bei **Aktivkonten** im **Haben** und bei **Passivkonten** im **Soll**.

Soll	Aktivkonto	Haben		Soll	Passivkonto	Haben
Anfangsbestand		Abgänge		Abgänge		Anfangsbestand
Zugänge						Zugänge

Ermittlung der Schlussbestände (SB)

Zum Abschlussstichtag werden die Aktiv- und Passivkonten abgeschlossen. Dazu ist zunächst der Schlussbestand (SB) für jedes Konto zu ermitteln und mit dem Inventurbestand abzustimmen:

Anfangsbestand + Zugänge – Abgänge = Schlussbestand (SB)

Der **Schlussbestand** entspricht dem **Saldo**, der zum **Ausgleich** der beiden Kontenseiten auf die wertmäßig **kleinere** Kontoseite eingetragen wird:

Soll	Aktivkonto	Haben		Soll	Passivkonto	Haben
Anfangsbestand (AB)		– Abgänge		– Abgänge		Anfangsbestand (AB)
+ Zugänge		= Schlussbestand (SB)		= Schlussbestand (SB)		+ Zugänge

Der Schlussbestand eines Kontos (Buchbestand) muss mit dem Bestand laut Inventur (Istbestand) abgeglichen werden.[1] Er wird auf die Aktiv- bzw. Passivseite der Schlussbilanz übertragen.

Buchung der Geschäftsfälle

Die Buchung der vier Geschäftsfälle (siehe S. 34-36) erfolgt nun auf den entsprechenden Aktiv- und Passivkonten. Vorab sind die **Anfangsbestände vorzutragen.** Bei der Buchung eines Geschäftsfalls auf einem Konto wird jeweils das **Gegenkonto angegeben,** damit die Buchung nachvollzogen werden kann. **Ein Geschäftsfall ist zuerst im Soll und dann im Haben** zu buchen.

---

1 Inventurdifferenzen sind zu berichtigen, siehe S. 366 f.

Buchung der vier Geschäftsfälle (vgl. Seiten 34 bis 36)

Aktiva	Eröffnungsbilanz		Passiva
I. Anlagevermögen		I. Eigenkapital	8.060.000,00
1. Grundstücke und Gebäude	4.025.000,00	II. Fremdkapital	
2. Techn. Anlagen u. Masch.	2.130.000,00	1. Hypothekendarlehen	2.000.000,00
3. Betriebs- u. Geschäftsausstg.	665.000,00	2. Langfr. Bankverbindlichkeiten	787.500,00
II. Umlaufvermögen		3. Verbindlichkeiten a. LL	1.552.500,00
1. Roh-/Hilfs-/Betr.-Stoffe	650.000,00		
2. Unfertige Erzeugnisse	585.864,00		
3. Fertige Erzeugnisse	979.136,00		
4. Forderungen a. LL	1.380.000,00		
5. Bankguthaben	1.956.000,00		
6. Kassenbestand	29.000,00		
	12.400.000,00		**12.400.000,00**

S	Grundstücke und Gebäude		H
AB	4.025.000,00	SB	4.025.000,00

S	Techn. Anlagen und Maschinen		H
AB	2.130.000,00	SB	2.130.000,00

S	Betriebs- und Geschäftsausstattung		H
AB	665.000,00	SB	680.500,00
❶ Bank	15.500,00		
	680.500,00		680.500,00

S	Roh-/Hilfs-/Betriebsstoffe		H
AB	650.000,00	SB	714.400,00
❸ Verb. a. LL	64.400,00		
	714.400,00		714.400,00

S	Unfertige Erzeugnisse		H
AB	585.864,00	SB	585.864,00

S	Fertige Erzeugnisse		H
AB	979.136,00	SB	979.136,00

S	Forderungen a. LL		H
AB	1.380.000,00	SB	1.380.000,00

S	Bank		H
AB	1.956.000,00	❶ BGA	15.500,00
		❹ Verb. a. LL	46.000,00
		SB	1.894.500,00
	1.956.000,00		1.956.000,00

S	Kasse		H
AB	29.000,00	SB	29.000,00

S	Eigenkapital		H
SB	8.060.000,00	AB	8.060.000,00

S	Hypothekendarlehen		H
SB	2.000.000,00	AB	2.000.000,00

S	Langfristige Bankverbindlichkeiten		H
SB	817.500,00	AB	787.500,00
		❷ Verb. a. LL	30.000,00
	817.500,00		817.500,00

S	Verbindlichkeiten a. LL		H
❷ Lfr. BV	30.000,00	AB	1.552.500,00
❹ Bank	46.000,00	❸ Rohst.	64.400,00
SB	1.540.900,00		
	1.616.900,00		1.616.900,00

Aktiva	Schlussbilanz		Passiva
I. Anlagevermögen		I. Eigenkapital	8.060.000,00
1. Grundstücke und Gebäude	4.025.000,00	II. Fremdkapital	
2. Techn. Anlagen u. Masch.	2.130.000,00	1. Hypothekendarlehen	2.000.000,00
3. Betriebs- u. Geschäftsausstg.	680.500,00	2. Langfr. Bankverbindlichkeiten	817.500,00
II. Umlaufvermögen		3. Verbindlichkeiten a. LL	1.540.900,00
1. Roh-/Hilfs-/Betr.-Stoffe	714.400,00		
2. Unfertige Erzeugnisse	585.864,00		
3. Fertige Erzeugnisse	979.136,00		
4. Forderungen a. LL	1.380.000,00		
5. Bankguthaben	1.894.500,00		
6. Kassenbestand	29.000,00		
	12.418.400,00		**12.418.400,00**

---

1 Siehe auch erweiterte Darstellung auf S. 50.

Zusammenfassung

- **Die Auflösung der Bilanz** in Aktiv- und Passivkonten erfolgt zu Beginn des Geschäftsjahres mit den Werten der Eröffnungsbilanz.

- **Bestandskonten.** Aktiv- und Passivkonten enthalten Bestände von Vermögen und Kapital. Daher werden sie als Bestandskonten bezeichnet.

- **Die Anfangsbestände** werden bei **Aktivkonten im Soll** und bei **Passivkonten im Haben** vorgetragen. Das entspricht den Seiten in der Eröffnungsbilanz.

- **Zugänge** stehen im Konto auf der Seite der Anfangsbestände, weil sie die Bestände erhöhen. **Abgänge** stehen jeweils auf der entgegengesetzten Seite.

- **Der Schlussbestand** ergibt sich als **Saldo** auf der kleineren Seite eines Kontos. Er muss **mit dem Inventurbestand abgestimmt werden** und steht bei **Aktivkonten im Haben** und bei **Passivkonten im Soll.**

- **Die Schlussbilanz** übernimmt auf ihrer **linken** Seite die Schlussbestände der Aktivkonten und auf der **rechten** Seite die der Passivkonten.

- **Grundsatz der Bilanzidentität.** Die **Schlussbilanz** eines Geschäftsjahres **ist zugleich die Eröffnungsbilanz des neuen Geschäftsjahres.** Schlussbilanz und Eröffnungsbilanz müssen identisch (gleich) sein.

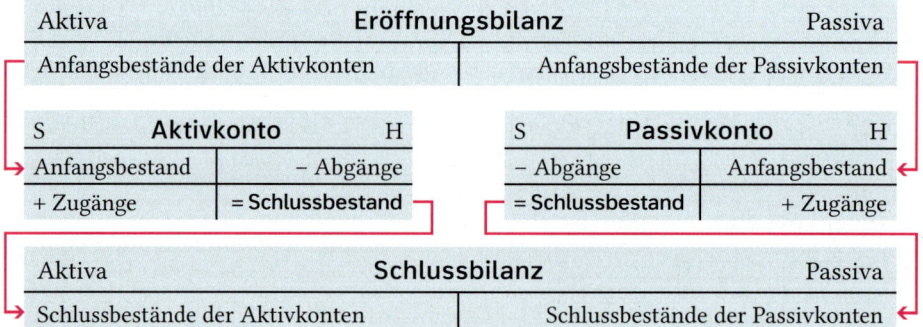

- **Der Abschluss eines Kontos** vollzieht sich in folgenden Schritten:

  1 Addition der wertmäßig größeren Seite.

  2 Übertragen dieser Summe auf die andere, wertmäßig kleinere Kontoseite.

  3 Ermitteln des Schlussbestands (SB) als Unterschiedsbetrag zwischen Soll und Haben, Abstimmung mit dem Inventurbestand und Eintragung des Saldos auf der kleineren Kontoseite, damit das Konto im Soll und im Haben summenmäßig gleich ist.[1]

S	Bank		H
Anfangsbestand	42.000,00	Verbindlichkeiten a. LL	33.000,00
Darlehensschulden	80.000,00	Schlussbestand **3**	149.000,00
Forderungen a. LL	57.000,00		
Kasse	3.000,00		
1	182.000,00	**2**	182.000,00

---

1 Siehe erweiterte Darstellung auf Seite 50.

1. Eröffnungsbilanz aufstellen

2. Anfangsbestände auf Aktiv- und Passivkonten vortragen

3. Geschäftsfälle buchen. Dazu vorab folgende Überlegungen anstellen:

   a) Welche Konten werden durch den Geschäftsfall berührt?

   b) Sind es Aktiv- und/oder Passivkonten?

   c) Liegt ein Zugang (+) oder ein Abgang (–) auf dem jeweiligen Konto vor?

   d) Sind auf beiden Konten Zugänge oder Abgänge zu buchen?

   e) Auf welcher Kontoseite (S oder H) ist demnach jeweils zu buchen?

4. Schlussbestände ermitteln, mit den Inventurwerten abstimmen und bei Abweichungen um Inventurdifferenzen korrigieren

5. Konten abschließen und Schlussbilanz aufstellen

Reihenfolge der Buchungsarbeiten

AR = Ausgangsrechnung   KA = Kontoauszug   ME = Materialentnahmeschein
ER = Eingangsrechnung   KB = Kassenbeleg (z. B. Quittung)

Belegabkürzungen

Aufgabe 29

Anfangsbestände	€		€
TA und Maschinen	125.000,00	Kassenbestand	13.500,00
BGA	55.000,00	Eigenkapital	350.000,00
Rohstoffe	340.000,00	Darlehensschulden	143.500,00
Forderungen a. LL	57.500,00	Verbindlichkeiten a. LL	207.000,00
Bankguthaben	109.500,00		

Geschäftsfälle — €

1. Rohstoffeinkauf auf Ziel lt. ER 483 ..... 69.000,00

2. Banküberweisung an den Lieferanten Baier KG für ER 482 ..... 46.000,00

3. Umwandlung unserer Lieferantenschuld bei der Sänger OHG in eine Darlehensschuld 86.250,00

4. Unser Kunde Bern begleicht AR 459 durch Banküberweisung. 23.000,00

5. Kauf eines EDV-Druckers gegen Banküberweisung. Kontoauszug 550,00

Abschlussangabe

Die Schlussbestände auf den Bestandskonten stimmen mit den Inventurwerten überein.

Aufgabe 30

Anfangsbestände	€		€
TA und Maschinen	285.000,00	Kassenbestand	4.500,00
BGA	145.000,00	Eigenkapital	?
Rohstoffe	132.250,00	Darlehensschulden	200.000,00
Forderungen a. LL	28.750,00	Verbindlichkeiten a. LL	69.000,00
Bankguthaben	46.000,00		

Geschäftsfälle — €

1. Kauf einer EDV-Anlage gegen Banküberweisung 6.500,00

2. Zieleinkauf von Rohstoffen aufgrund von ER 678 ..... 82.800,00

3. Tilgung der Darlehensschuld durch Bankabbuchung. 7.500,00

4. Banküberweisung unseres Kunden Barth GmbH für AR 456 ..... 17.250,00

5. Begleichung der ER 678 durch Banküberweisung. 11.500,00

6. Verkauf eines gebrauchten Gabelstaplers gegen Banküberweisung .. 2.700,00

7. Barabhebung von der Bank. 2.500,00

Abschlussangabe

Die Schlussbestände der Aktiv- und Passivkonten entsprechen den Inventurwerten.

Aufgabe 31

Welche Geschäftsfälle liegen den Buchungen im folgenden Konto zugrunde?

S	Bank		H
Anfangsbestand	68.600,00	5. Verbindlichkeiten a. LL	33.000,00
1. Darlehensschulden	150.000,00	6. Hypothekenschulden	12.000,00
2. Forderungen a. LL	23.000,00	7. BGA	45.000,00
3. Kasse	4.600,00	Schlussbestand	157.000,00
4. BGA	800,00		
	247.000,00		247.000,00

Aufgabe 32

Welche Geschäftsfälle liegen den Buchungen im folgenden Konto zugrunde?

S	Verbindlichkeiten a. LL		H
3. Bank	57.000,00	Anfangsbestand	230.000,00
4. Darlehensschulden	150.000,00	1. Rohstoffe	115.000,00
Schlussbestand	161.000,00	2. BGA	23.000,00
	368.000,00		368.000,00

Aufgabe 33

1. Warum werden Aktiv- und Passivkonten als Bestandskonten bezeichnet?

2. Was ist unter einem Saldo zu verstehen?

3. Warum müssen die Salden der Aktiv- und Passivkonten mit den Inventurwerten abgestimmt werden?

4. Erläutern Sie den Zusammenhang zwischen Inventur, Inventar und Schlussbilanz.

5. Bei welchem Konto handelt es sich um ein Aktiv- oder Passivkonto? Vervollständigen Sie:

a)
S	?	H
?	?	
?	Zugänge	

b)
S	?	H
?	Abgänge	
?	?	

Aufgabe 34

Anfangsbestände	€		€
Grundstücke und Gebäude	245.000,00	Postbankguthaben	3.500,00
TA und Maschinen	88.000,00	Kassenbestand	5.600,00
BGA	53.000,00	Eigenkapital	400.000,00
Rohstoffe	162.000,00	Darlehensschulden	194.600,00
Forderungen a. LL	46.000,00	Verbindlichkeiten a. LL	57.500,00
Bankguthaben	49.000,00		

Geschäftsfälle	€
1. Begleichung der Lieferantenrechnung ER 402 durch Banküberweisung	6.900,00
2. Rohstoffeinkauf auf Ziel lt. ER 478	23.000,00
3. Überweisung vom Bankkonto auf das Postbankkonto	12.000,00
4. Rechnungsausgleich (AR 501) des Kunden Heine. Kontoauszug	11.500,00
5. Tilgungsrate für das Darlehen. Kontoauszug	5.000,00
6. Verkauf einer gebrauchten Frankiermaschine gegen Banküberweisung. Kontoauszug	250,00
7. Verkauf eines nicht mehr benötigten Geschäfts-Lkw auf Ziel	28.750,00
8. Unsere Bareinzahlung auf das Bankkonto. Kontoauszug	2.500,00
9. Umwandlung unserer Verbindlichkeit a. LL beim Lieferanten Werner Theuer e. Kfm. in eine Darlehensschuld	33.000,00
10. Verkauf eines Grundstücks gegen Banküberweisung. Kontoauszug	60.000,00

Abschlussangabe: Die Schlussbestände auf den Konten entsprechen der Inventur.

Der Buchungssatz
1.7

Der einfache Buchungssatz
1.7.1

In einer ordnungsmäßigen Buchführung müssen die Buchungen sowohl sachlich als auch zeitlich geordnet vorgenommen werden. Die sachliche Ordnung der Buchungen erfolgt durch die Erfassung der Geschäftsfälle auf „**Sachkonten**". So werden beispielsweise alle Bargeschäfte dem Sachkonto „Kasse" zugeordnet. Geschäftsfälle mit Kunden werden auf dem Sachkonto „Forderungen a. LL" gebucht, Geschäftsvorgänge mit Lieferanten werden auf dem Sachkonto „Verbindlichkeiten a. LL" erfasst usw. Die **Sachkonten bilden** das wichtigste „Buch" der Buchführung: das „**Hauptbuch**".

Sachliche und zeitliche Ordnung der Buchungen

Bevor die **Buchungen** auf den Sachkonten erfolgen, müssen sie **in zeitlicher (chronologischer) Reihenfolge** in Form von „Buchungssätzen" **fortlaufend** aufgezeichnet werden. Das geschieht in einem „Buch", das die Grundlage aller Buchungen im Hauptbuch bildet, dem „**Grundbuch**", auch „Tagebuch" oder „Journal" (frz. jour = Tag) genannt.

Aufzeichnung der Buchungen

Der Buchungssatz gibt die Konten an, auf denen zu buchen ist. Er nennt **zuerst** das Konto, in dem im **Soll** gebucht wird, und **dann** das Konto, in dem die Buchung im **Haben** erfolgt. Beide Konten verbindet das Wort „**an**". Außer dem Buchungssatz werden noch Buchungsdatum, Bezeichnung und Nummer des Belegs in das Grundbuch eingetragen.

Buchungssatz

Rohstoffeinkauf aufgrund der folgenden Eingangsrechnung:

Beispiel

Im Hauptbuch erfolgt nun die Eintragung der Buchung auf den **Sachkonten**:

Grundbuch

Grundbuch				
Datum	Beleg	Buchungssatz	Soll	Haben
..-12-17	ER 407	Rohstoffe	38.640,00	
		an Verbindlicheiten a. LL		38.640,00

Hauptbuch

S	Rohstoffe	H		S	Verbindlichkeiten a. LL	H
Verb. a. LL 38.640,00						Rohstoffe 38.640,00

Zusammen-fassung

- **Der Buchungssatz** nennt die Konten, auf denen der Geschäftsfall zu buchen ist. Zuerst wird das Konto mit der Soll-Buchung genannt, dann – nach dem Verbindungswort „an" – das Konto mit der Haben-Buchung. **Keine Buchung ohne Gegenbuchung: Soll an Haben**

- Zur Bildung des Buchungssatzes sind **vier Fragen** zu beantworten (siehe S. 36).

- Die Buchungen werden zunächst im **Grundbuch** erfasst und danach auf die entsprechenden **Sachkonten des Hauptbuchs** übertragen.

- Das **Grundbuch** erfasst die Buchungen **in zeitlicher Reihenfolge**. Das **Haupt-buch** übernimmt die **sachliche Ordnung** der Buchungen auf den **Sachkonten**.

Aufgabe 35

Im Metallwerk Thomas Berg e. K. liegen folgende Geschäftsfälle vor:

1. **Nennen Sie jeweils den Beleg und den entsprechenden Buchungssatz.**

2. **Tragen Sie die Buchungssätze in das Grundbuch ein und addieren Sie zur Kontrolle die Soll- und die Haben-Spalte.**

		€
1.	Einkauf von diversen Hilfsstoffen auf Ziel bei der Glöckner GmbH, Göppingen	80.500,00
2.	Barabhebung vom Bankkonto	12.500,00
3.	Kauf von 15 Tonnen Stahl auf Ziel bei der Walzwerke AG	18.400,00
4.	Anschaffung eines Lastwagens. Zahlungsziel: 30 Tage	120.000,00
5.	Überweisung vom Bankkonto auf das Postbankkonto	25.000,00
6.	Aufnahme eines Hypothekendarlehens bei der Bank	150.000,00
7.	Stahlhandel Brückner GmbH stundet als Lieferant den Rechnungsbetrag für zwei Jahre	115.000,00
8.	Verkauf eines nicht mehr benötigten Gabelstaplers zum Buchwert gegen Banküberweisung	5.200,00
9.	Kauf eines Baugrundstücks gegen Banküberweisung	120.000,00
10.	Lastschrift der Bank für Tilgungsrate des Darlehens	7.000,00
11.	Begleichung der Rechnung der Walzwerke (Fall 3). Kontoauszug	18.400,00
12.	Metallwerk Berg begleicht Rechnung (Fall 1). Kontoauszug	80.500,00

Aufgabe 36

Welche Geschäftsfälle liegen den folgenden Buchungssätzen zugrunde?

		€
1.	Darlehensschulden an Bank	8.500,00
2.	Bank an Forderungen a. LL	5.750,00
3.	Betriebs- und Geschäftsausstattung an Postbank	23.000,00
4.	Hilfsstoffe an Verbindlichkeiten a. LL	34.500,00
5.	Bank an Postbank	15.000,00
6.	Bank an Hypothekenschulden	200.000,00
7.	Kasse an Bank	5.000,00
8.	Kasse an Betriebs- und Geschäftsausstattung	6.700,00
9.	Verbindlichkeiten a. LL an Darlehensschulden	57.500,00
10.	Bank an Kasse	6.500,00

Aufgabe 37

Nennen Sie jeweils den Geschäftsfall zu den Buchungen im folgenden Konto:

S	Bank		H
Anfangsbestand	120.000,00	2. Hypothekenschulden	5.800,00
1. BGA	4.500,00	3. Kasse	4.500,00
4. Forderungen a. LL	5.750,00	5. Verbindlichkeiten a. LL	11.500,00
6. Darlehensschulden	55.000,00	Schlussbestand	163.450,00
	185.250,00		185.250,00

Als Buchhalter/-in des Metallwerks Thomas Berg e. K. liegen Ihnen die folgenden Belege zur Buchung vor.

1. Erläutern Sie, welcher Geschäftsfall dem jeweiligen Beleg zugrunde liegt.

2. Nennen Sie die Buchungssätze und tragen Sie diese in das Grundbuch ein:

Buchungsdatum	Beleg Nr.	Buchungssatz		Soll	Haben

Beleg 1 (Buchung am 15. Juli ..)

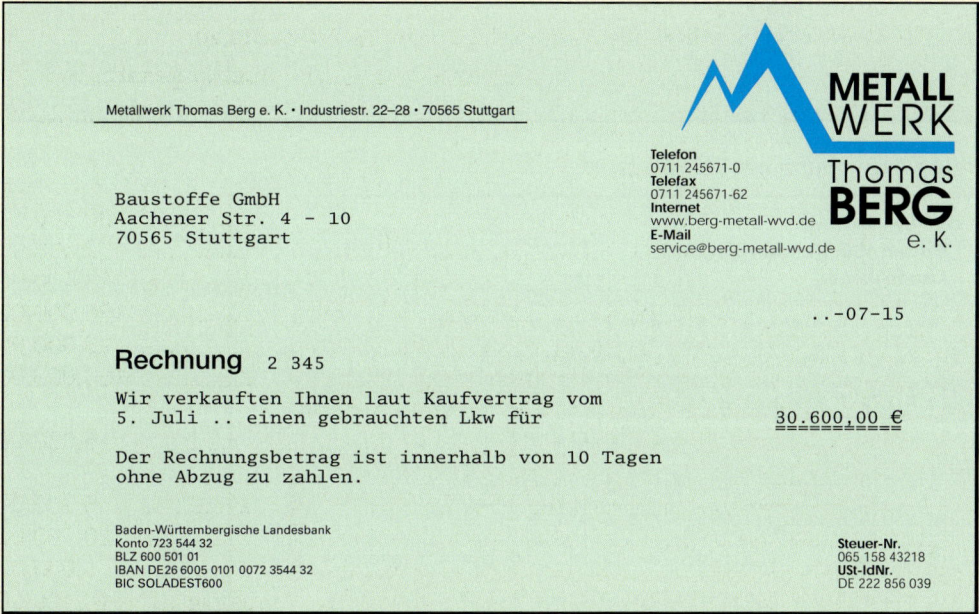

Beleg 2 (Buchung am 17. Juli ..)

45

Beleg 3 (Buchung am 31. Juli ..)

Kontoauszug

Baden-Württembergische Landesbank

Konto-Nr.	Datum	Ausz.-Nr.	Blatt	Buchungstag	PN-Nr.	Wert	Umsatz
723 544 32	..-07-28	235	1				

GUTSCHRIFT   07-28   8744   07-28   30.600,00 H
BAUSTOFFE GMBH, STUTTGART
RE 2 345 VOM 15. JULI ..

THOMAS BERG E. K.
METALLWERK
INDUSTRIESTRASSE 22 - 28
70565 STUTTGART

Alter Saldo
H 320.000,00 EUR

Neuer Saldo
H 350.600,00 EUR

Beleg 4 (Buchung am 31. Juli ..)

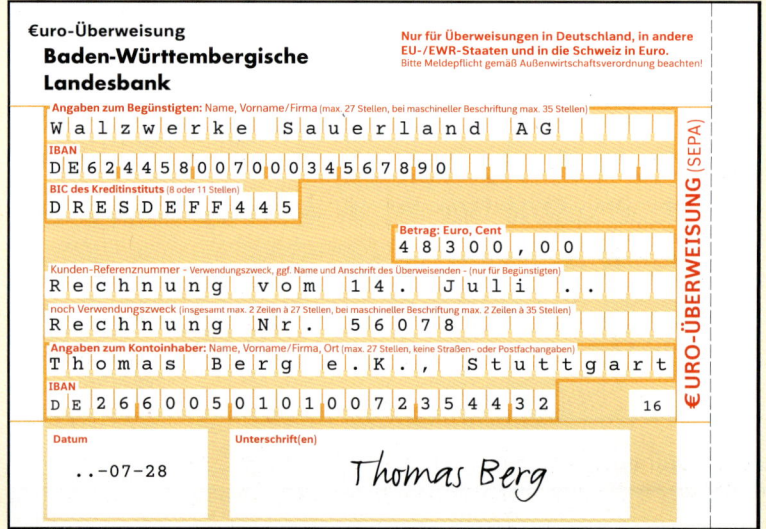

€uro-Überweisung
Baden-Württembergische Landesbank

Nur für Überweisungen in Deutschland, in andere EU-/EWR-Staaten und in die Schweiz in Euro.
Bitte Meldepflicht gemäß Außenwirtschaftsverordnung beachten!

Angaben zum Begünstigten: Name, Vorname/Firma (max. 27 Stellen, bei maschineller Beschriftung max. 35 Stellen)
Walzwerke Sauerland AG

IBAN
DE62 4458 0070 0034 5678 90

BIC des Kreditinstituts (8 oder 11 Stellen)
DRESDEFF445

Betrag: Euro, Cent
48300,00

Kunden-Referenznummer - Verwendungszweck, ggf. Name und Anschrift des Überweisenden – (nur für Begünstigten)
Rechnung vom 14. Juli ..

noch Verwendungszweck (insgesamt max. 2 Zeilen à 27 Stellen, bei maschineller Beschriftung max. 2 Zeilen à 35 Stellen)
Rechnung Nr. 56078

Angaben zum Kontoinhaber: Name, Vorname/Firma, Ort (max. 27 Stellen, keine Straßen- oder Postfachangaben)
Thomas Berg e. K., Stuttgart

IBAN
DE26 6005 0101 0072 3544 32   16

€URO-ÜBERWEISUNG (SEPA)

Datum
..-07-28

Unterschrift(en)
Thomas Berg

Kontoauszug zu Beleg 4

Kontoauszug

Baden-Württembergische Landesbank

Konto-Nr.	Datum	Ausz.-Nr.	Blatt	Buchungstag	PN-Nr.	Wert	Umsatz
723 544 32	..-07-29	236	1				

ÜBERWEISUNG   07-29   0678   07-29   48.300,00 S
WALZWERKE SAUERLAND AG, FRÖNDENBERG
RE 56 078 VOM 14. JULI ..

THOMAS BERG E. K.
METALLWERK
INDUSTRIESTRASSE 22 - 28
70565 STUTTGART

Alter Saldo
H 350.600,00 EUR

Neuer Saldo
H 302.300,00 EUR

Der zusammengesetzte Buchungssatz 1.7.2

Einfache Buchungssätze liegen vor, wenn die Geschäftsfälle lediglich zwei Konten betreffen. Werden durch einen Geschäftsfall **mehr als zwei Konten** angesprochen, entstehen **zusammengesetzte Buchungssätze.** Hierbei ist besonders darauf zu achten, dass die Summe der Soll-Buchungen immer der Summe der Haben-Buchungen entsprechen muss.

Die Rechnung eines Lieferanten (ER 66) über 3.000,00 € wird durch Banküberweisung 2.600,00 € (KA 44) und Postbanküberweisung 400,00 € (KA 45) beglichen.

Beispiel 1

Buchung: Soll: Haben:
Verbindlichkeiten a. LL Bank, Postbank

Grundbuch				
Datum	Beleg	Buchungssatz	Soll	Haben
..-06-20	ER 66	Verbindlichkeiten a. LL	3.000,00	
	KA 44	an **Bank**		2.600,00
	KA 45	an **Postbank**		400,00

Buchung auf den Konten des Hauptbuches:

S	Verbindlichkeiten a. LL		H
Bank/ Postbank 3.000,00		AB	12.000,00

S	Bank		H
AB	14.000,00	Verb. a. LL 2.600,00	

S	Postbank		H
AB	800,00	Verb. a. LL 400,00	

Ein Kunde begleicht eine Rechnung (AR 1401) über 1.000,00 €, und zwar durch Banküberweisung (KA 45) über 700,00 € und bar 300,00 € (KB 86).

Beispiel 2

Buchung: Soll: Haben:
Bank, Kasse Forderungen a. LL

Grundbuch				
Datum	Beleg	Buchungssatz	Soll	Haben
..-06-24	KA 45	**Bank**	700,00	
	KB 86	**Kasse**	300,00	
	AR 1401	an **Forderungen a. LL**		1.000,00

Übertragen Sie die Buchung auf die Konten des Hauptbuches.

■ Bei einfachen und zusammengesetzten Buchungssätzen gilt stets:
Summe der **Soll-Buchung(en)** = Summe der **Haben-Buchung(en)**

Zusammenfassung

Aufgabe 39

Wie lauten die Buchungssätze für folgende Geschäftsfälle? Tragen Sie die Buchungssätze in das Grundbuch ein.

		€	€
1. Kauf von Hilfsstoffen	gegen bar	500,00	
	auf Ziel	11.500,00	12.000,00
2. Kauf eines Baugrundstücks	gegen Banküberweisung	168.000,00	
	gegen bar	2.000,00	170.000,00
3. Verkauf eines gebrauchten Lkw	gegen bar	2.000,00	
	gegen Banküberweisung	14.000,00	16.000,00
4. Kunde begleicht Rechnung	durch Banküberweisung	12.000,00	
	bar	500,00	12.500,00
5. Kauf von Büromöbeln	gegen bar	1.500,00	
	gegen Banküberweisung	4.000,00	5.500,00
6. Tilgung eines Hypothekendarlehens	durch Banküberweisung	17.000,00	
	durch Postbanküberweisung	2.000,00	
	bar	1.000,00	20.000,00
7. Wir begleichen Rechnungen unseres Lieferanten	durch Banküberweisung	8.000,00	
	durch Postbanküberweisung	1.000,00	
	bar	500,00	9.500,00
8. Tilgung einer Darlehensschuld	durch Banküberweisung	15.000,00	
	durch Postbanküberweisung	1.000,00	16.000,00
9. Kauf einer EDV-Anlage	gegen Postbanküberweisung	3.000,00	
	gegen Banküberweisung	17.000,00	
	gegen bar	1.000,00	21.000,00

Aufgabe 40

Welche Geschäftsfälle liegen folgenden Buchungssätzen zugrunde?

	Soll	Haben
1. Kasse	1.000,00	
Bank	12.000,00	
an Betriebs- und Geschäftsausstattung		13.000,00
2. Betriebsstoffe	8.000,00	
an Kasse		1.000,00
an Bank		7.000,00
3. Betriebs- und Geschäftsausstattung	4.000,00	
an Bank		3.000,00
an Postbank		1.000,00
4. Darlehensschulden	7.000,00	
an Kasse		1.000,00
an Bank		6.000,00
5. Bank	7.000,00	
Postbank	1.000,00	
Kasse	1.000,00	
an Forderungen a. LL		9.000,00
6. Technische Anlagen und Maschinen	14.000,00	
an Kasse		2.000,00
an Bank		12.000,00
7. Verbindlichkeiten a. LL	22.000,00	
an Bank		19.000,00
an Postbank		2.000,00
an Kasse		1.000,00

Eröffnungsbilanzkonto (EBK) und Schlussbilanzkonto (SBK) 1.8

In der **doppelten** Buchführung steht einer Soll-Buchung immer eine Haben-Buchung in gleicher Höhe gegenüber. Dieses **Prinzip der Doppik** muss auch bei der **Eröffnung der Aktiv- und Passivkonten** berücksichtigt werden.

Situation

Die **Anfangsbestände** aus der Eröffnungsbilanz des Geschäftsjahres sind mit einer „doppelten" Buchung auf die Aktiv- und Passivkonten zu übernehmen. Dazu muss im Hauptbuch ein **Hilfskonto** eingerichtet werden, das die jeweilige Gegenbuchung aufnimmt, das

Buchung der Anfangsbestände

„Eröffnungsbilanzkonto (EBK)".

Die Buchungssätze zur Eröffnung der Aktiv- und Passivkonten lauten:

- Aktivkonten   an Eröffnungsbilanzkonto (EBK)

- Eröffnungsbilanzkonto (EBK) an Passivkonten

Das **Eröffnungsbilanzkonto** weist die Aktivposten im Haben und die Passivposten im Soll aus und ist das **Spiegelbild der Eröffnungsbilanz**.

Aktiva	Eröffnungsbilanz	Passiva
AB der Aktivposten		AB der Passivposten

S	Eröffnungsbilanzkonto (EBK)	H
AB der Passivposten		AB der Aktivposten

S	Aktivkonto	H
Anfangsbestand		

S	Passivkonto	H
		Anfangsbestand

Zum Abschluss des Geschäftsjahres werden die Aktiv- und Passivkonten des Hauptbuchs nach Abstimmung mit den Inventurwerten abgeschlossen über das

Abschluss der Aktiv- und Passivkonten

„Schlussbilanzkonto (SBK)".

Die Buchungssätze zum Abschluss der Aktiv- und Passivkonten lauten:

- Schlussbilanzkonto (SBK) an Aktivkonten

- Passivkonten   an Schlussbilanzkonto (SBK)

Soll	Aktivkonto	Haben
Anfangsbestand		Abgänge
Zugänge		Schlussbestand (SB)
Summe	=	Summe

Soll	Passivkonto	Haben
Abgänge		Anfangsbestand
Schlussbestand (SB)		Zugänge
Summe	=	Summe

S	Schlussbilanzkonto (SBK)	H
SB der Aktivposten		SB der Passivposten

Die Salden der Aktiv- und Passivkonten sind mit den sich aus der Inventur ergebenden Werten abzugleichen um sicherzugehen, dass die ausgewiesenen Schlussbestände tatsächlich vorhanden sind.

Abstimmung mit den Inventurwerten

Inventur zum 31. Dezember 01

↓

Inventar zum 31. Dezember 01

↓

Schlussbilanz zum 31. Dezember 01 ist zugleich die

↓

Aktiva	**Eröffnungsbilanz** zum 1. Januar 02		Passiva
Rohstoffe	28.000,00	Eigenkapital	50.000,00
Bankguthaben	47.000,00	Verbindlichkeiten a. LL	25.000,00
	75.000,00		75.000,00
Ort, Datum			Unterschrift

Hauptbuch

S	**Eröffnungsbilanzkonto (EBK)**		H
Eigenkapital	50.000,00	Rohstoffe	28.000,00
Verbindlichkeiten a. LL	25.000,00	Bank	47.000,00
	75.000,00		75.000,00

S	**Rohstoffe**		H
AB	28.000,00	SBK	48.000,00
❶	20.000,00		
	48.000,00		48.000,00

S	**Eigenkapital**		H
SBK	50.000,00	EBK	50.000,00

S	**Bank**		H
EBK	47.000,00	❷	10.000,00
		SBK	37.000,00
	47.000,00		47.000,00

S	**Verbindlichkeiten a. LL**		H
❷	10.000,00	EBK	25.000,00
SBK	35.000,00	❶	20.000,00
	45.000,00		45.000,00

S	**Schlussbilanzkonto (SBK)**		H
Rohstoffe	48.000,00	Eigenkapital	50.000,00
Bank	37.000,00	Verbindlichkeiten a. LL	35.000,00
	85.000,00		85.000,00

Inventur zum 31. Dezember 02

↓

Inventar zum 31. Dezember 02

↓

Aktiva	**Schlussbilanz** zum 31. Dezember 02		Passiva
Rohstoffe	48.000,00	Eigenkapital	50.000,00
Bankguthaben	37.000,00	Verbindlichkeiten a. LL	35.000,00
	85.000,00		85.000,00
Ort, Datum			Unterschrift

Nennen Sie die Geschäftsfälle, die den Buchungen ❶ und ❷ auf den Konten des Hauptbuchs zugrunde liegen.

Zusammen-fassung

- **Die Schlussbilanz** wird auf der Grundlage des Inventars erstellt. Sie ist zugleich die **Eröffnungsbilanz** des neuen Geschäftsjahres (**Bilanzidentität**).

- **Die Seiten der Schluss- und Eröffnungsbilanz heißen „Aktiva" und „Passiva".**

- **Das Eröffnungsbilanzkonto mit den Seiten „Soll" und „Haben" ist ein Hilfskonto** zur buchhalterischen Eröffnung der Bestandskonten im Hauptbuch. **Es ermöglicht die doppelte Buchung (Soll und Haben) der Anfangsbestände** auf den Aktiv- und Passivkonten.

- Das Eröffnungsbilanzkonto ist das **Spiegelbild** der Eröffnungsbilanz.

- Das **Schlussbilanzkonto** mit den Seiten „Soll" und „Haben" ist das **Abschlusskonto** aller Bestandskonten **des Hauptbuchs**.

- **Vor dem buchhalterischen Abschluss** der Bestandskonten über das Schlussbilanzkonto **bedarf es der Inventur** und der **Abstimmung der Schlussbestände** der Konten **mit den Inventurwerten**.

1. Erstellen Sie zunächst die Eröffnungsbilanz (= Schlussbilanz des Vorjahres).

2. Eröffnen Sie die Bestandskonten mithilfe des Eröffnungsbilanzkontos (EBK).

3. Buchen Sie die Geschäftsfälle auf den jeweiligen Bestandskonten.

4. Schließen Sie die Bestandskonten über das Schlussbilanzkonto (SBK) ab.

5. Erstellen Sie eine ordnungsgemäß gegliederte Schlussbilanz.

Aufgabe 41

Anfangsbestände	€		€
Grundstücke und Gebäude ..	270.000,00	Forderungen a. LL	35.000,00
TA und Maschinen	92.000,00	Bankguthaben	32.000,00
BGA	48.000,00	Kassenbestand	6.000,00
Rohstoffe	135.000,00	Verbindlichkeiten a. LL	88.000,00
Hilfsstoffe	25.000,00	Eigenkapital	555.000,00

Geschäftsfälle	€
1. ER 410: Kauf von Rohstoffen auf Ziel	12.200,00
2. KB 189: Barkauf einer Büroschrankwand	1.600,00
3. Kunde begleicht Rechnung (AR 512) mit Banküberweisung	1.800,00
4. ER 411: Zielkauf von Schreibtischen	2.100,00
5. Unsere Bareinzahlung auf Bankkonto	1.300,00
6. Wir begleichen die Rechnung eines Lieferanten (ER 399) durch Banküberweisung	1.700,00
7. ER 412: Kauf von Hilfsstoffen	4.000,00
8. Kunde begleicht Rechnung (AR 508) durch Banküberweisung	2.400,00

Abschlussangabe
Die Schlussbestände auf den Konten entsprechen den Inventurwerten.

Aufgabe 42

Anfangsbestände	€		€
Grundstücke und Gebäude ..	570.000,00	Bankguthaben	39.000,00
TA und Maschinen	168.000,00	Postbankguthaben	13.400,00
BGA	62.000,00	Kassenbestand	6.000,00
Rohstoffe	140.000,00	Darlehensschulden	240.000,00
Hilfsstoffe	44.000,00	Verbindlichkeiten a. LL	55.000,00
Forderungen a. LL	34.000,00	Eigenkapital	781.400,00

Geschäftsfälle   **€**

1. Aufnahme eines Darlehens bei der Bank 42.600,00
2. Kauf von Rohstoffen lt. ER 510 .... 4.000,00
3. Zielverkauf einer gebrauchten EDV-Anlage 2.100,00
4. Zielkauf von Hilfsstoffen lt. ER 511 .... 2.950,00
5. Banküberweisung an Lieferanten zum Ausgleich von ER 499 .... 8.150,00
6. Barkauf eines Aktenschranks lt. KB 76 900,00
7. Unsere Bareinzahlung auf Bankkonto 1.200,00
8. Barkauf von Hilfsstoffen lt. KB 77 .... 1.200,00
9. Überweisung vom Postbankkonto auf Bankkonto 1.400,00
10. Unsere Darlehensrückzahlung durch Banküberweisung 14.000,00
11. Kunde begleicht Rechnung (AR 919) durch Banküberweisung 4.400,00

Abschlussangabe

Die Schlussbestände auf den Konten entsprechen den Inventurwerten.

Aufgabe 43

1. Begründen Sie, weshalb Aktiv- und Passivkonten Bestandskonten darstellen.
2. Unterscheiden Sie zwischen a) Grundbuch und b) Hauptbuch.
3. Erklären Sie den Unterschied zwischen der Schlussbilanz des Vorjahres und dem Eröffnungsbilanzkonto.
4. Worin unterscheiden sich a) Eröffnungsbilanz und Eröffnungsbilanzkonto und b) Schlussbilanz und Schlussbilanzkonto?

Aufgabe 44

Welche der folgenden Aussagen treffen a) nur auf Aktivkonten, b) nur auf Passivkonten und c) auf Aktiv- und Passivkonten zu?

1. Sie geben Auskunft über die Vermögensstruktur des Unternehmens.
2. Der Anfangsbestand steht auf der Haben-Seite.
3. Das Gleichgewicht der Bilanz muss gewahrt sein.
4. Die Zugänge stehen auf der Soll-Seite.
5. Die Abgänge stehen auf der Soll-Seite.
6. Die Zugänge steht auf der Haben-Seite.
7. Der Schlussbestand im Konto muss dem Inventurbestand entsprechen.
8. Das Eröffnungsbilanzkonto ist ein Eröffnungshilfskonto und steht im Hauptbuch.
9. Das Schlussbilanzkonto ist ein Abschlusskonto im Hauptbuch.

Aufgabe 45

Ergänzen Sie:

1. Die Schlussbilanz eines Geschäftsjahres ist zugleich die ••• des folgenden Geschäftsjahres. Beide sind inhaltlich •••.
2. Das Prinzip der ••• besagt, dass einer ••••-Buchung immer eine ••• in gleicher Höhe gegenüberstehen muss.
3. Das Eröffnungsbilanzkonto ist das ••• der Eröffnungsbilanz.
4. Die Seiten der Eröffnungs- und Schlussbilanz heißen ••• und ••••. Die Seiten des Eröffnungs- und Schlussbilanzkontos heißen ••• und ••••.
5. Eröffnungsbilanzkonto und Schlussbilanzkonto sind Konten des •••buchs.
6. Die Schlussbilanz ist die Kurzfassung des ••• in anderer Form.
7. Buchungssätze stehen im •••buch, Aktiv- und Passivkonten im •••.
8. Anfangsbestände stehen bei Aktivkonten im ••• und bei Passivkonten im •••.

Die Buchung der Aufwendungen und Erträge auf Erfolgskonten (Ergebniskonten) 1.9

Die bisherigen Geschäftsfälle veränderten lediglich Vermögens- und Schuldposten der Bilanz; das Eigenkapital blieb also unberührt. Nun ist es aber Aufgabe des Metallwerks Thomas Berg, durch **Einsatz von Werkstoffen, Arbeitskräften, Maschinen und Kapital** Stahlblechgehäuse herzustellen und zu verkaufen. Dabei entstehen Geschäftsfälle, die **als Aufwand das Eigenkapital mindern oder als Ertrag erhöhen.**

Situation

Zahlt das Metallwerk Berg beispielsweise Löhne durch Banküberweisung, vermindert sich durch diesen **Aufwand** das Bankguthaben und zugleich das Eigenkapital. Schreibt die Bank dem Unternehmen Berg dagegen Zinsen gut, erhöht sich durch diesen **Ertrag** das Bankguthaben und damit auch das Eigenkapital.

Aufwendungen mindern, Erträge erhöhen das Eigenkapital

Zu den **Aufwendungen** gehören beispielsweise Aufwendungen für Roh-, Hilfs- und Betriebsstoffe, Löhne und Gehälter, Mietaufwendungen für Betriebsgebäude, Zinsaufwendungen, Büromaterial, die Abnutzung der Anlagegüter, Instandsetzungen (Reparaturen) u. a.

Zu den **Erträgen** gehören insbesondere die Erlöse der verkauften eigenen Erzeugnisse und die Erlöse aus Warenverkäufen, ferner Zinserträge, Mieterträge aus vermieteten Betriebsräumen, Erträge aus Provisionen u. a.

Aus Gründen der Übersichtlichkeit und Klarheit in der Buchführung werden die **Aufwendungen und Erträge** nicht unmittelbar auf dem Eigenkapitalkonto, sondern **auf gesonderten Unterkonten des Eigenkapitalkontos** gebucht, den

Aufwandskonten und Ertragskonten.

Aktiv- und Passivkonten sind „Bestandskonten", Aufwands- und Ertragskonten sind „Erfolgskonten". **Auf den Erfolgskonten wird wie auf dem Passivkonto „Eigenkapital" gebucht:** Eine **Verminderung** des Eigenkapitals wird **auf der Soll-Seite der Aufwandskonten** und eine **Erhöhung** des Eigenkapitals **im Haben der Ertragskonten** gebucht.

Erfolgskonten

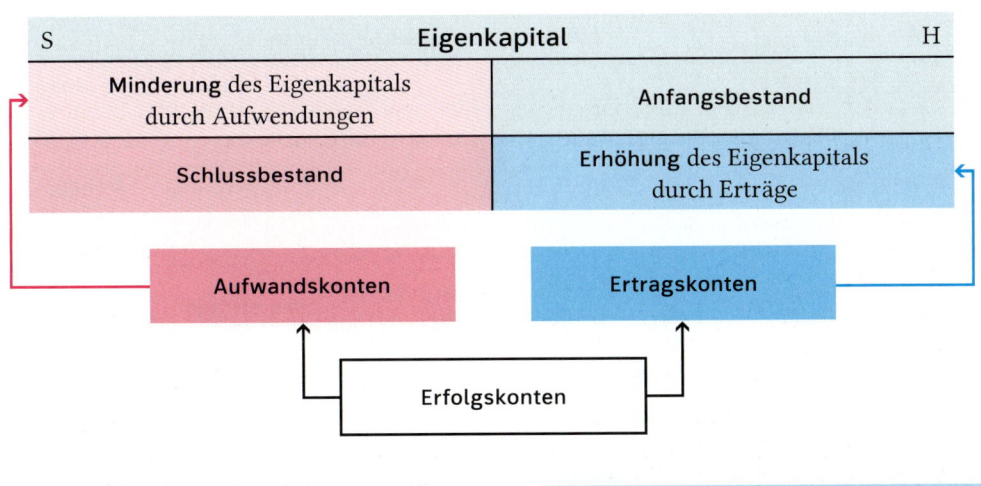

Beispiel

Im Metallwerk Berg sind folgende Aufwendungen und Erträge zu buchen:

1. Lt. Materialentnahmeschein ME 01 wird Breitstahlband
   in die Fertigung gegeben .... 272.000,00 €

Buchungssatz	Soll	Haben
Aufwendungen für Rohstoffe	272.000,00	
an Rohstoffe		272.000,00

S	Aufwendungen für Rohstoffe	H		S	Rohstoffe	H
Rohst.	272.000,00			AB	450.000,00	AfR	272.000,00

2. Gehälter werden durch Banküberweisung gezahlt .... 78.000,00 €

Buchungssatz	Soll	Haben
Gehälter	78.000,00	
an Bank		78.000,00

S	Gehälter	H		S	Bank	H
Bank	78.000,00			AB	320.000,00	Gehälter	78.000,00

3. Banküberweisung für Gebäudereparaturrechnung .... 16.000,00 €

Buchungssatz	Soll	Haben
Fremdinstandhaltung	16.000,00	
an Bank		16.000,00

S	Fremdinstandhaltung	H		S	Bank	H
Bank	16.000,00			AB	320.000,00	Gehälter	78.000,00
						Fremdinst.	16.000,00

4. Verkauf von Blechgehäusen lt. AR 0001 an Computer GmbH .... 765.400,00 €

Buchungssatz	Soll	Haben
Forderungen a. LL	765.400,00	
an Umsatzerlöse für eigene Erzeugnisse		765.400,00

S	Forderungen a. LL	H		S	Umsatzerlöse für eigene Erzeugnisse	H
UE	765.400,00				Ford. a. LL	765.400,00

5. Für die Vermietung einer Lagerhalle gehen auf dem Bankkonto ein ... 12.000,00 €

Buchungssatz	Soll	Haben
Bank	12.000,00	
an Mieterträge		12.000,00

S	Bank	H		S	Mieterträge	H
AB	320.000,00	Gehälter	78.000,00		Bank	12.000,00
Mietertr.	12.000,00	Fremdinst.	16.000,00			

6. Der Kontoauszug weist eine Zinsgutschrift aus .... 8.600,00 €

Buchungssatz	Soll	Haben
Bank	8.600,00	
an Zinserträge		8.600,00

S	Bank	H		S	Zinserträge	H
AB	320.000,00	Gehälter	78.000,00		Bank	8.600,00
Mietertr.	12.000,00	Fremdinst.	16.000,00			
Zinsertr.	8.600,00					

Am Ende des Geschäftsjahres werden die Aufwands- und Ertragskonten nicht direkt über das Eigenkapitalkonto, sondern zunächst über ein **Sammelkonto**, das

Gewinn- und Verlustkonto (GuV-Konto),

abgeschlossen. **Die Abschlussbuchungssätze für die Erfolgskonten lauten:**

■ **GuV-Konto**   an **Aufwandskonten**
■ **Ertragskonten**   an **GuV-Konto**

Aus der Gegenüberstellung der Aufwendungen und Erträge im GuV-Konto ergibt sich als **Saldo** entweder ein Gewinn oder ein Verlust des Geschäftsjahres.

■ **Erträge > Aufwendungen = Gewinn**
■ **Erträge < Aufwendungen = Verlust**

Der **Gewinn oder Verlust** wird auf das Konto **Eigenkapital** übertragen. Ein Gewinn erhöht das Eigenkapital, ein Verlust vermindert das Eigenkapital. Das **GuV-Konto** ist somit das unmittelbare **Unterkonto des Eigenkapitalkontos.**

Die Abschlussbuchungen des GuV-Kontos lauten

■ **bei Gewinn:** GuV-Konto   an Eigenkapital
■ **bei Verlust:** Eigenkapital an GuV-Konto

Abschluss der Erfolgskonten

Gewinn oder Verlust?

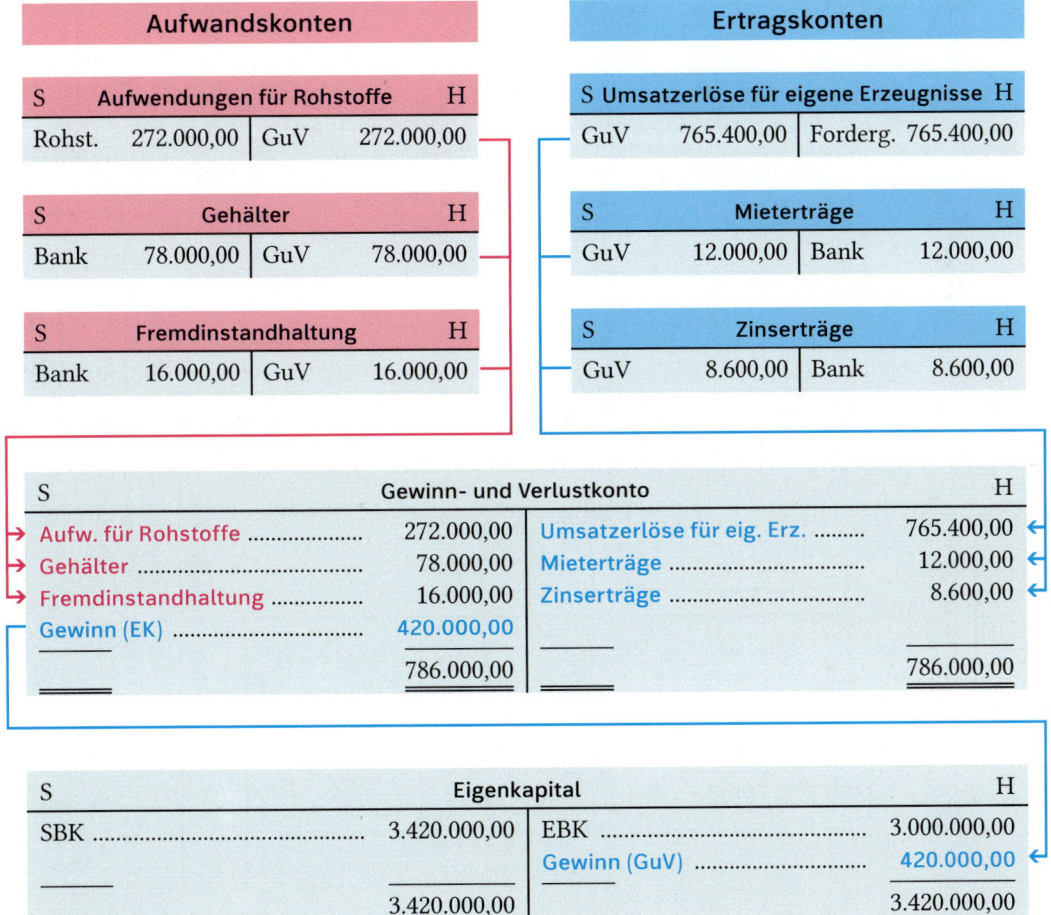

Wie lautet im obigen Beispiel der Buchungssatz zum Abschluss des GuV-Kontos?

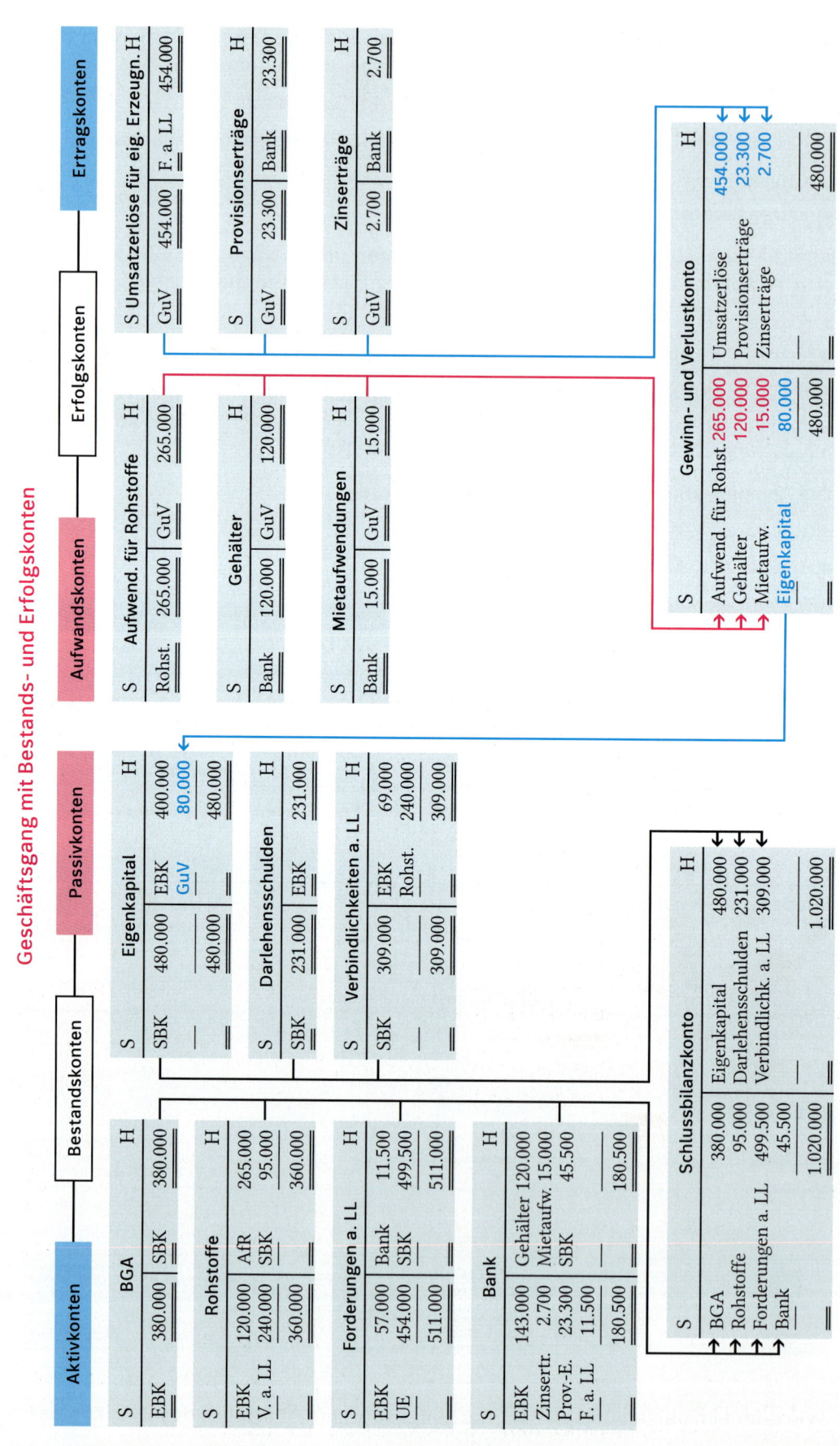

Geschäftsgang mit Bestands- und Erfolgskonten

Ausgangspunkt: Schlussbilanz des Vorjahres = Eröffnungsbilanz des Folgejahres:

Reihenfolge der buchungstechnischen Arbeiten

Aktiva	Schlussbilanz zum 31. Dezember des Vorjahres		Passiva
BGA	380.000,00	Eigenkapital	400.000,00
Rohstoffe	120.000,00	Darlehensschulden	231.000,00
Forderungen a. LL	57.000,00	Verbindlichkeiten a. LL	69.000,00
Bankguthaben	143.000,00		
	700.000,00		**700.000,00**

I. Eröffnung der Bestandskonten über Eröffnungsbilanzkonto (EBK)

1. Eröffnung der Aktivkonten: BGA an EBK 380.000,00
   Rohstoffe an EBK 120.000,00
   Ford. a. LL an EBK 57.000,00
   Bank an EBK 143.000,00
2. Eröffnung der Passivkonten: EBK an Eigenkapital 400.000,00
   EBK an Darlehensschulden 231.000,00
   EBK an Verbindlichk. a. LL 69.000,00

S	Eröffnungsbilanzkonto		H
Eigenkapital	400.000,00	BGA	380.000,00
Darlehensschulden	231.000,00	Rohstoffe	120.000,00
Verbindlichkeiten a. LL	69.000,00	Forderungen a. LL	57.000,00
		Bank	143.000,00
	700.000,00		**700.000,00**

II. Buchung der Geschäftsfälle in der Finanzbuchhaltung

1. Zieleinkauf von Breitstahlband lt. ER 01–05: 240.000,00 € €
   Buchung: Rohstoffe an Verbindlichkeiten a. LL 240.000,00
2. Lt. ME 01–10 wurde Breitstahlband i. d. Fertigung gegeben: 265.000,00 €
   Buchung: Aufwendungen für Rohstoffe an Rohstoffe 265.000,00
3. Zahlung der Gehälter lt. Kontoauszug KA 01: 120.000,00 €
   Buchung: Gehälter an Bank 120.000,00
4. Zielverkauf von fertigen Stahlblechgehäusen an die Computer GmbH, Rostock, lt. AR 01: 454.000,00 €
   Buchung: Forderungen a. LL an Umsatzerlöse für eig. Erzeugnisse . 454.000,00
5. Zahlung der Miete für die Betriebsräume lt. KA 02: 15.000,00 €
   Buchung: Mietaufwendungen an Bank 15.000,00
6. Lt. KA 03 Eingang einer Vermittlungsprovision: 23.300,00 €
   Buchung: Bank an Provisionserträge 23.300,00
7. Gutschrift der Bank für Zinsen lt. KA 04: 2.700,00 €
   Buchung: Bank an Zinserträge 2.700,00
8. Die Weinert GmbH begleicht die AR 456 d. Vorj. lt. KA 05: 11.500,00 €
   Buchung: Bank an Forderungen a. LL 11.500,00

III. Abschluss der Erfolgskonten

1. Abschluss der **Aufwandskonten:** GuV an Aufwendungen für Rohstoffe 265.000,00
   GuV an Gehälter 120.000.00
   GuV an Mietaufwendungen 15.000,00
2. Abschluss der **Ertragskonten:** Umsatzerlöse für eigene Erzeugnisse an GuV 454.000,00
   Provisionserträge an GuV 23.300,00
   Zinserträge an GuV 2.700,00
3. Abschluss des **GuV-Kontos:** bei Gewinn: GuV an Eigenkapital .. 80.000,00

IV. Abschluss der Bestandskonten nach Abstimmung mit den Inventurergebnissen

1. Abschluss der **Aktivkonten:** SBK an vier Aktivkonten
2. Abschluss der **Passivkonten:** drei Passivkonten an SBK

Zusammenfassung

■ **Aktiv- und Passivkonten** zählen zu den **Bestandskonten, Aufwands- und Ertragskonten** zu den **Erfolgskonten.**

■ **Aufwands- und Ertragskonten sind Unterkonten des Eigenkapitalkontos,** weil Aufwendungen das Eigenkapital vermindern und Erträge das Eigenkapital erhöhen. Deshalb wird auf den **Aufwandskonten im Soll** und auf den **Ertragskonten im Haben** gebucht.

■ **Die Erfolgskonten werden über das Gewinn- und Verlustkonto abgeschlossen.** Dort ergibt sich aus der Gegenüberstellung aller Aufwendungen und Erträge als **Saldo** entweder ein **Gewinn oder Verlust,** je nachdem, ob die Erträge oder die Aufwendungen überwiegen.

■ **Das Gewinn- und Verlustkonto zeigt die Quellen des Unternehmungserfolgs,** und zwar jeden einzelnen Ertrags- und Aufwandsposten.

■ **Ein Gewinn erhöht das Eigenkapital, ein Verlust vermindert das Eigenkapital.** Deshalb muss das GuV-Konto über das Eigenkapitalkonto abgeschlossen werden:

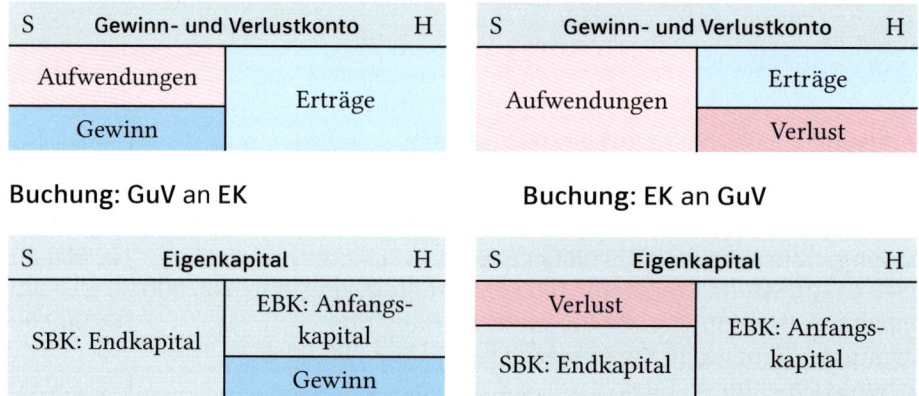

Zwei Kontenkreise

Die **Bestands- und Erfolgskonten** bilden in der Buchhaltung jeweils einen **eigenen Kontenkreis.** Das Konto „**Eigenkapital**" ist das **Bindeglied** beider Kontenkreise.

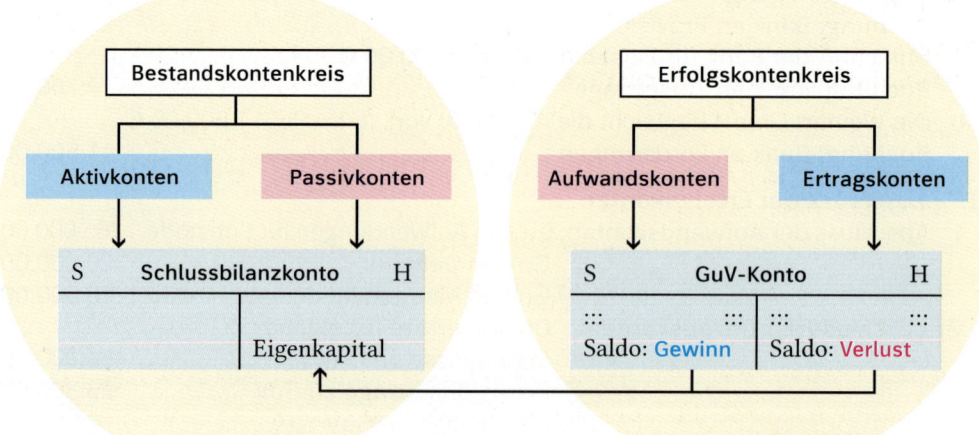

Das Metallwerk Thomas Berg e. K. erstellt Stahlblechgehäuse für elektronische Geräte und verarbeitet Breitstahlbänder als Rohstoffe und Schrauben, Kleber und Lacke als Hilfsstoffe.

Aufgabe 46

Richten Sie die Konten mit ihren Soll-/Haben-Summen ein:

	Soll	Haben
Rohstoffe	350.000,00	220.000,00
Hilfsstoffe	60.000,00	45.000,00
Betriebsstoffe	42.000,00	31.000,00
Forderungen a. LL	799.000,00	610.000,00
Bankguthaben	850.000,00	595.000,00
Eigenkapital	–	850.000,00
Verbindlichkeiten a. LL	218.000,00	297.000,00
Aufwendungen für Rohstoffe	220.000,00	–
Aufwendungen für Hilfsstoffe	45.000,00	–
Aufwendungen für Betriebsstoffe	31.000,00	–
Löhne	285.000,00	–
Gehälter	198.000,00	–
Mietaufwendungen	160.000,00	–
Umsatzerlöse für eigene Erzeugnisse	–	610.000,00

Buchen Sie auf den Bestands- und Erfolgskonten die folgenden Geschäftsfälle: €

1. Eingangsrechnungen (ER) für Breitstahlbänder 72.000,00
   Kleber 2.000,00

2. Materialentnahmescheine (ME) für Breitstahlbänder 80.000,00
   Schrauben 4.000,00
   Treibstoffe 2.000,00

3. Lastschriften der Bank für Lohnzahlungen 16.000,00
   Gehälter 8.000,00
   Miete 12.000,00

4. Ausgangsrechnungen (AR): Zielverkäufe von Stahlblechgehäusen 590.000,00

Schließen Sie die Erfolgskonten über das GuV-Konto ab, ermitteln und buchen Sie den Gewinn. Schließen Sie danach die Bestandskonten über das Schlussbilanzkonto ab.

Haben sich Produktion und Absatz der Stahlblechgehäuse „gelohnt"? Vergleichen Sie den Gewinn mit dem durchschnittlichen Eigenkapital, ermitteln und beurteilen Sie die Verzinsung (Rentabilität) des Eigenkapitals.

1. **Ermitteln Sie in der vorhergehenden Aufgabe auch den Unternehmungserfolg durch Eigenkapitalvergleich:**

Aufgabe 47

   Schlussbestand des Eigenkapitals .... ••• €
   – Anfangsbestand des Eigenkapitals .... ••• €
   = Gewinn bzw. Verlust .... ••• €

2. In der doppelten Buchführung kann der Gewinn also ••• ermittelt werden, einmal durch Gegenüberstellung der Aufwendungen und Erträge im ••••-Konto, zum anderen durch •••.

3. **Welche Methode der Gewinn- bzw. Verlustermittlung ist aussagefähiger? Begründen Sie.**

Aufgabe 48

Richten Sie zunächst folgende Konten ein:

Bestandskonten: Rohstoffe 75.000,00 €, Hilfsstoffe 25.000,00 €, Forderungen a. LL 23.000,00 €, Bank 54.000,00 €, Verbindlichkeiten a. LL 57.500,00 €, Eigenkapital 119.500,00 €.

Erfolgskonten: Aufwendungen für Rohstoffe, Aufwendungen für Hilfsstoffe, Löhne, Mietaufwendungen, Büromaterial, Fremdinstandhaltung, Zinserträge, Umsatzerlöse für eigene Erzeugnisse.

Abschlusskonten: Schlussbilanzkonto, Gewinn- und Verlustkonto.

Nennen Sie zu den folgenden Geschäftsfällen den Buchungssatz und buchen Sie auf Konten: €

1. Zieleinkauf von Rohstoffen lt. Eingangsrechnung (ER) 25.000,00
2. Verbrauch von Hilfsstoffen lt. Materialentnahmeschein (ME) 12.000,00
3. Kontoauszug (KA): Lastschrift der Bank für Löhne 18.000,00
4. Ausgangsrechnung (AR): Zielverkauf von eigenen Erzeugnissen 84.000,00
5. Lt. ME Verbrauch von Rohstoffen in der Fertigung 38.000,00
6. Lt. ER Kauf von Büromaterial gegen Banküberweisung 450,00
7. Lastschriften der Bank lt. KA für Miete des Lagergebäudes 4.500,00
                     für Maschinenreparatur 850,00
8. Lt. KA Gutschrift der Bank für Zinsen 600,00

Schließen Sie zunächst die Aufwands- und Ertragskonten über das Gewinn- und Verlustkonto ab, ermitteln Sie danach den Gewinn im GuV-Konto und übertragen Sie ihn auf das Eigenkapitalkonto. Zum Schluss schließen Sie die Bestandskonten zum Schlussbilanzkonto ab.

Aufgabe 49

In einem Industriebetrieb weisen die Erfolgskonten und das Eigenkapitalkonto folgende Zahlen aus: € €

Umsatzerlöse für eigene Erzeugnisse	–	562.000,00
Mieterträge	–	24.000,00
Provisionserträge	–	2.380,00
Zinserträge	–	5.450,00
Aufwendungen für Rohstoffe	240.000,00	–
Aufwendungen für Hilfsstoffe	26.000,00	–
Aufwendungen für Betriebsstoffe	12.400,00	–
Fremdinstandhaltung	8.600,00	–
Löhne	189.000,00	–
Gehälter	87.000,00	–
Büromaterial	1.250,00	–
Portokosten	1.780,00	–
Kosten der Telekommunikation	3.200,00	–
Kraftfahrzeugsteuer	2.870,00	–
Zinsaufwendungen	2.340,00	–
Eigenkapital	–	200.000,00

1. Übertragen Sie die Summen auf die entsprechenden Konten.

2. Schließen Sie die Erfolgskonten ab, ermitteln Sie den Erfolg der Rechnungsperiode und schließen Sie das GuV-Konto ab.

3. Weisen Sie den Erfolg der Rechnungsperiode auch durch Eigenkapitalvergleich nach.

Im Metallwerk Thomas Berg e. K. fallen u. a. folgende Belege an. **Nennen Sie jeweils den Buchungssatz.**

Aufgabe 50

Beleg 1

Beleg 2

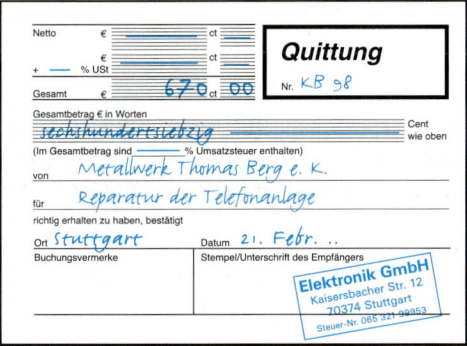

Beleg 3

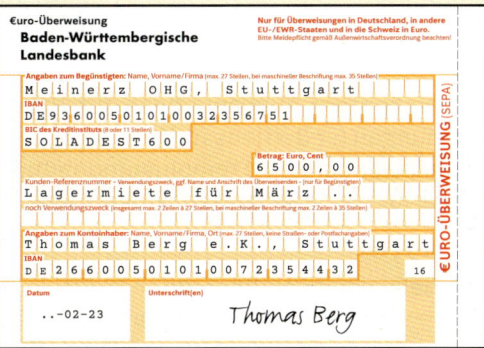

Bilden Sie die Buchungssätze für den Abschluss   €

Aufgabe 51

1. der Aufwandskonten:	Löhne	36.000,00
	Zinsaufwendungen	1.500,00
2. der Ertragskonten:	Umsatzerlöse für eigene	
	Erzeugnisse	87.900,00
	Mieterträge	6.700,00
3. des Gewinn- und Verlustkontos bei Gewinn		250.000,00
4. des Gewinn- und Verlustkontos bei Verlust		12.000,00
5. der aktiven Bestandskonten:	BGA	167.000,00
	Rohstoffe	55.000,00
6. der passiven Bestandskonten:	Darlehensschulden	250.000,00
	Verbindlichkeiten a. LL	57.500,00

Ergänzen Sie die fehlenden Beträge und Bezeichnungen:

Aufgabe 52

1. 200.000,00 € Erträge, 150.000,00 € Aufwend. =   •••   €   •••

2. 450.000,00 € Erträge, 500.000,00 € Aufwend. =   •••   €   •••

3.   •••   € Erträge, 650.000,00 € Aufwend. =   50.000,00 € Gewinn

4. 850.000,00 € Aktiva,   550.000,00 € Schulden =   •••   €   •••

5. 760.000,00 € Aktiva,   •••   € Schulden = 300.000,00 € Eigenkapital

Reihenfolge der Buchungsarbeiten

1. Richten Sie die Bestands- und Erfolgskonten ein.

2. Eröffnen Sie die Bestandskonten über das Eröffnungsbilanzkonto (EBK).

3. Bilden Sie zu den Geschäftsfällen die Buchungssätze (Grundbuch).

4. Übertragen Sie die Buchungen auf die Bestands- und Erfolgskonten (Hauptbuch).

5. Schließen Sie die Erfolgskonten über das GuV-Konto ab und übertragen Sie den Gewinn oder Verlust auf das Eigenkapitalkonto.

6. Erst zum Schluss werden alle Bestandskonten zum Schlussbilanzkonto (SBK) abgeschlossen, sofern die Inventur keine Abweichungen zwischen Buch- und Istbeständen ergibt.

Aufgabe 53

Anfangsbestände

	€		€
Techn. Anlagen und Masch.	150.000,00	Bankguthaben	25.000,00
Rohstoffe	60.000,00	Kassenbestand	3.000,00
Hilfsstoffe	30.000,00	Eigenkapital	200.000,00
Betriebsstoffe	15.000,00	Darlehensschulden	60.000,00
Forderungen a. LL	10.000,00	Verbindlichkeiten a. LL	33.000,00

Bestandskonten: TA und Maschinen, Rohstoffe, Hilfsstoffe, Betriebsstoffe, Forderungen a. LL, Bank, Kasse, Darlehensschulden, Verbindlichkeiten a. LL, Eigenkapital, Schlussbilanzkonto;

Erfolgskonten: Aufwendungen für Rohstoffe, Aufwendungen für Hilfsstoffe, Aufwendungen für Betriebsstoffe, Löhne, Gehälter, Büromaterial, Werbeaufwendungen, Mietaufwendungen, Fremdinstandhaltung, Kosten der Telekommunikation, Umsatzerlöse für eig. Erzeugnisse, Zinserträge, GuV-Konto.

Geschäftsfälle €

1. Zieleinkauf von Rohstoffen lt. ER 4.500,00
   von Hilfsstoffen lt. ER 1.500,00
   von Betriebsstoffen lt. ER 1.200,00

2. Barkauf von Büromaterial lt. KB 250,00

3. Banküberweisung für Maschinenreparatur lt. KA 400,00

4. Verkauf von eigenen Erzeugnissen lt. AR   auf Ziel 19.500,00
   gegen Barzahlung 700,00

5. Lt. KA Banküberweisung für Löhne 8.700,00
   für Gehälter 4.300,00

6. Lt. KA Banküberweisung von Kunden 9.500,00

7. Kontoauszug:
   Unsere Banküberweisung für Miete 1.800,00
   für Telekommunikationskosten 350,00
   für Werbeanzeigen 780,00
   für Ausgleich einer Lieferantenrechnung... 4.520,00

8. Verkauf aller eigenen Erzeugnisse auf Ziel lt. AR 38.000,00

9. Bank schreibt uns lt. KA Zinsen gut 600,00

10. Materialentnahmescheine für Rohstoffe 36.500,00
    für Hilfsstoffe 8.800,00
    für Betriebsstoffe 4.600,00

Abschlussangabe: Die Buchwerte der Bestandskonten entsprechen der Inventur.

Auswertung

1. Worauf könnte der Verlust des Unternehmens zurückzuführen sein?

2. Was würden Sie zur Verbesserung des Unternehmenserfolgs vorschlagen?

Die Umsatzsteuer **1.10**

Umsatzsteuerpflichtige Umsätze **1.10.1**

Der Umsatzsteuer unterliegen nach § 1 UStG:

§ 1 Umsatz-steuergesetz

1 **alle Lieferungen und Leistungen, die im Rahmen eines Unternehmens im Inland gegen Entgelt** ausgeführt werden, wie z. B. der Verkauf von eigenen Erzeugnissen und Handelswaren, Instandhaltungsarbeiten und Reparaturen, Werbung u. a.,

2 **die unentgeltlichen Entnahmen von Sachgütern und sonstigen Leistungen des Unternehmens durch den Unternehmer zu unternehmensfremden Zwecken** (z. B. für Privatzwecke) (siehe S. 82 f.),

3 **die Einfuhr von Gegenständen aus Nicht-EU-Staaten,** wie z. B. aus den USA, und

4 **der gewerbliche Erwerb von Gütern aus EU-Staaten gegen Entgelt,** der so genannte „innergemeinschaftliche Erwerb". Beispiel: Ein deutsches Unternehmen bezieht Waren aus Belgien und unterliegt damit der deutschen Umsatzsteuer.

Steuerfrei sind Ausfuhrlieferungen (Exporte), Vermietungen und Verpachtungen, der Kredit- und Zahlungsverkehr der Banken u. a.

Die Umsatzsteuer beträgt im **Regelfall 19 %** der berechneten Lieferung oder Leistung. Für bestimmte Umsätze, wie z. B. Lebensmittel, Bücher u. a., gilt der **ermäßigte Steuersatz von 7 %.**

Steuersatz

Die Umsatzsteuer ist wie die Kaffee- oder Tabaksteuer ausschließlich **vom Endverbraucher zu tragen,** also in der Regel von einer Privatperson. Sie belastet den Unternehmer nicht, verursacht ihm also keine Kosten. Nach dem Umsatzsteuergesetz hat er die **Umsatzsteuer** beim Verkauf von eigenen Erzeugnissen und Handelswaren **in Rechnung zu stellen,** von seinen Kunden zu **vereinnahmen** und **an das Finanzamt abzuführen.** Für das Unternehmen ist die Umsatzsteuer somit nur ein **durchlaufender Posten.**

Träger der Umsatzsteuer

Buchung von Vorsteuer und Umsatzsteuer **1.10.2**

Die Umsatzsteuer muss auf Rechnungen gesondert ausgewiesen werden, wenn diese auf Unternehmen oder Selbstständige ausgestellt sind. Der Rechnungsbetrag setzt sich aus dem Warenwert bzw. dem Wert der erbrachten Leistung und der entsprechenden Umsatzsteuer zusammen. **Bei Kleinbetragsrechnungen bis zu 250,00 €** einschließlich Umsatzsteuer (z. B. Tankstellenquittung) genügt die Angabe des Steuersatzes für die im Rechnungsbetrag enthaltene Umsatzsteuer.

Ausweis der Umsatzsteuer

Die Brückner GmbH, Stahlhandel, verkauft an das Metallwerk Thomas Berg Breitstahlbänder aufgrund der folgenden Rechnung:

Beispiel

Ausgangsrechnung der Brückner GmbH	
Breitstahlbänder, netto	20.000,00 €
+ 19 % Umsatzsteuer	3.800,00 €
= Rechnungsbetrag	23.800,00 €

Die Brückner GmbH, Stahlhandel, bucht die Ausgangsrechnung

Die Lieferung der Rohstoffe unterliegt nach § 1 UStG der Umsatzsteuer. Die Brückner GmbH **schuldet deshalb dem Finanzamt** 19 % Umsatzsteuer vom reinen Warenwert 20.000,00 € = 3.800,00 €, die sie auf dem

Umsatzsteuer in der Ausgangsrechnung

Passivkonto „Umsatzsteuer"

ausweisen muss. Da sie die Umsatzsteuer von ihrem Kunden zurückhaben will, muss sie diese dem Metallwerk Thomas Berg „offen" in Rechnung stellen. Das Metallwerk Berg hat also neben dem Warenwert auch die darauf entfallende Umsatzsteuer zu zahlen. In der Brückner GmbH ist deshalb auf dem Konto „Forderungen a. LL" der volle Rechnungsbetrag von 23.800,00 € zu buchen.

Buchungssatz	Soll	Haben
Forderungen a. LL	23.800,00	
an Umsatzerlöse für eigene Erzeugnisse		20.000,00
an Umsatzsteuer		3.800,00

S	Forderungen a. LL	H
UE, USt	23.800,00	

S	Umsatzerlöse für eigene Erzeugnisse	H
		Ford. a. LL 20.000,00

S	Umsatzsteuer	H
		Ford. a. LL 3.800,00

Das Metallwerk Thomas Berg e. K. bucht die Eingangsrechnung

Vorsteuer in der Eingangsrechnung

Die oben genannte **Ausgangsrechnung** der Brückner GmbH ist **zugleich** die **Eingangsrechnung** des Metallwerks Berg. Das Metallwerk Berg hat nicht nur den Warenwert von 20.000,00 € zu zahlen, sondern zusätzlich die Umsatzsteuer in Höhe von 3.800,00 €. Damit schuldet es der Brückner GmbH 23.800,00 €.

Die in der **Eingangsrechnung** ausgewiesene Umsatzsteuer wird „**Vorsteuer**" genannt, weil das Metallwerk Berg sie „vorab", also vor dem Verkauf der eigenen Erzeugnisse, an seinen Lieferanten Brückner GmbH zahlt. Thomas Berg kann sie **vom Finanzamt zurückfordern,** da er nicht Endverbraucher, sondern Unternehmer ist, der umsatzsteuerpflichtige Lieferungen und Leistungen ausführt. Seine Umsatzsteuerschuld gegenüber dem Finanzamt entsteht erst, wenn er die aus den eingekauften Breitstahlbändern hergestellten Stahlblechgehäuse an seine Kunden verkauft. Die **Vorsteuer** stellt deshalb für das Metallwerk Thomas Berg eine **Forderung an das Finanzamt** dar, die auf dem

Aktivkonto „Vorsteuer"

gebucht wird. Der Warenwert wird auf dem Bestandskonto „Rohstoffe" erfasst, der Rechnungsbetrag wird im Haben des Kontos „Verbindlichkeiten a. LL" gebucht.

Buchungssatz	Soll	Haben
Rohstoffe	20.000,00	
Vorsteuer	3.800,00	
an Verbindlichkeiten a. LL		23.800,00

S	Rohstoffe	H
Verb. a. LL 20.000,00		

S	Verbindlichkeiten a. LL	H
		Rohst./VSt 23.800,00

S	Vorsteuer	H
Verb. a. LL 3.800,00		

Das Metallwerk Thomas Berg e. K. bucht die Ausgangsrechnung

Beispiel

Das Metallwerk Berg verkauft 600 Stahlblechgehäuse zum Warenwert (Nettowert) an die Computer GmbH, Rostock, und stellt folgende Rechnung aus:

Ausgangsrechnung des Metallwerks Berg	
Stahlblechgehäuse, netto	30.000,00 €
+ 19 % Umsatzsteuer	5.700,00 €
= Rechnungsbetrag	35.700,00 €

Buchungssatz	Soll	Haben
Forderungen a. LL	35.700,00	
an Umsatzerlöse für eigene Erzeugnisse		30.000,00
an Umsatzsteuer		5.700,00

S	Forderungen a. LL	H
UE, USt	35.700,00	

S Umsatzerlöse für eigene Erzeugnisse H
Ford. a. LL 30.000,00

S	Umsatzsteuer	H
	Ford. a. LL	5.700,00

Das Metallwerk Thomas Berg e. K. ermittelt die Umsatzsteuer-Zahllast

Aus dem Verkauf der Stahlblechgehäuse **schuldet** das Metallwerk Berg dem Finanzamt zunächst **5.700,00 € Umsatzsteuer.** Da es aber bereits beim Einkauf der Breitstahlbänder an seinen Lieferanten 3.800,00 € „Vorsteuer" zahlen musste, hat es auch ein entsprechendes **Guthaben beim Finanzamt. Umsatzsteuerschuld und Vorsteuerguthaben** werden am Ende des **USt-Voranmeldungszeitraums** (Kalendervierteljahr bzw. Monat)[1] **verrechnet,** um die **USt-Zahllast** zu ermitteln. Für diesen Zeitraum muss dem Finanzamt **online** eine USt-Voranmeldung eingereicht werden (§ 18 [2] UStG), die verkürzt Folgendes ausweist:

Umsatzsteuervoranmeldung

Umsatzsteuerschuld aufgrund der Ausgangsrechnung	5.700,00 €
– Vorsteuerguthaben aufgrund der Eingangsrechnung	3.800,00 €
= USt-Zahllast	1.900,00 €

Beispiel

Die USt-Zahllast ist bis zum 10. des folgenden Monats zu überweisen.

Zur buchhalterischen Ermittlung der USt-Zahllast wird das Aktivkonto „Vorsteuer" über das Passivkonto „Umsatzsteuer" abgeschlossen. Der **Saldo** im Konto „Umsatzsteuer" zeigt dann die **USt-Zahllast.**

Ermittlung der USt-Zahllast

Buchungssatz	Soll	Haben
Umsatzsteuer	3.800,00	
an Vorsteuer		3.800,00

S	Vorsteuer	H
Verb. a. LL	3.800,00	USt 3.800,00

S	Umsatzsteuer	H
VSt	3.800,00	Ford. a. LL 5.700,00
USt-Zahllast	1.900,00	

Bei Überweisung der USt-Zahllast an das Finanzamt wird wie folgt gebucht:

Überweisung der USt-Zahllast

Buchungssatz	Soll	Haben
Umsatzsteuer	1.900,00	
an Bank		1.900,00

S	Bank	H
AB	...	USt 1.900,00

S	Umsatzsteuer	H
VSt	3.800,00	Ford. a. LL 5.700,00
Bank	1.900,00	

---

1 USt-Voranmeldungszeitraum ist in der Regel das Kalendervierteljahr und bei einer Vorjahres-USt von mehr als 7.500,00 € der Monat. Das Lehrbuch berücksichtigt die monatliche USt-Voranmeldung.

1.10.3 Ermittlung und Buchung von Zahllast und Vorsteuerüberhang zum Jahresabschluss

Passivierung der USt-Zahllast

Die **Umsatzsteuer-Zahllast** des Monats **Dezember** wird erst im Januar des nächsten Jahres (bis zum 10. Januar) überwiesen. Sie muss deshalb **im Schlussbilanzkonto** auf der Haben-Seite und in der Bilanz auf der Passivseite **als Umsatzsteuerverbindlichkeit** ausgewiesen werden: Die Umsatzsteuer ist zu **passivieren**.

S	Vorsteuer		H
...	120.000,00	USt	120.000,00

S	Umsatzsteuer		H
VSt	120.000,00	...	140.000,00
SBK	20.000,00		
	140.000,00		140.000,00

S	Schlussbilanzkonto		H
		USt	20.000,00

Buchungen zum 31. Dezember

❶ Umsatzsteuer an Vorsteuer 120.000,00
❷ Umsatzsteuer an Schlussbilanzkonto 20.000,00

Aktivierung des Vorsteuerüberhangs

Sollte im **Dezember** die Vorsteuer höher sein als die Umsatzsteuer, ist dieser Vorsteuerüberhang auf der Soll-Seite des Schlussbilanzkontos und auf der Aktivseite der Bilanz als **Forderungsposten** einzusetzen: Der Vorsteuerüberhang ist zu **aktivieren**.

S	Vorsteuer		H
...	80.000,00	USt	50.000,00
		SBK	30.000,00
	80.000,00		80.000,00

S	Umsatzsteuer		H
VSt	50.000,00	...	50.000,00

S	Schlussbilanzkonto		H
VSt	30.000,00		

Buchungen zum 31. Dezember

❶ Umsatzsteuer an Vorsteuer 50.000,00
❷ Schlussbilanzkonto an Vorsteuer 30.000,00

1.10.4 Umsatzsteuer als Mehrwertsteuer

Ermittlung des Mehrwertes

Viele zum Verkauf angebotene Güter durchlaufen einen langen Produktionsprozess: Vom Betrieb der Urerzeugung über Betriebe der Herstellung und Weiterverarbeitung, des Groß- und Einzelhandels bis zum Endverbraucher. Auf jeder Stufe des Warenwegs schaffen Menschen und das eingesetzte Kapital „mehr Wert". Dieser **Wertzuwachs** oder „Mehrwert" kommt im **Unterschied zwischen Einkaufspreis und Verkaufspreis** der Ware zum Ausdruck. Im Beispiel des Metallwerks Thomas Berg ergibt sich auf dieser Stufe des Warenwegs folgender Mehrwert:

Beispiel

Verkaufspreis der Stahlblechgehäuse	30.000,00 €
– Einkaufspreis der Breitstahlbänder	20.000,00 €
= Mehrwert	10.000,00 €

Der **Staat besteuert** den Mehrwert auf jeder Stufe mit 19 % Umsatzsteuer:

19 % von 10.000,00 € Mehrwert = 1.900,00 € USt

Das ist genau die Zahllast, die das Metallwerk Berg an das Finanzamt abführen musste (siehe oben). **Der Vorsteuerabzug bewirkt, dass auf jeder Stufe des Warenwegs nur der auf dieser Stufe geschaffene Mehrwert besteuert wird.**

Beispiel

Umsatzsteuer	19 % vom Verkaufspreis 30.000,00 €	5.700,00 €
– Vorsteuer	19 % vom Einkaufspreis 20.000,00 €	3.800,00 €
= USt-Zahllast	....	1.900,00 €

Das Mehrwertsteuersystem besteuert den Mehrwert jeder Stufe. Die Umsatzsteuer wird deshalb auch „Mehrwertsteuer" genannt.

■ Die **Umsatzsteuer ist** ausschließlich **vom Endverbraucher zu tragen. Unternehmen** und **Selbstständige** (Industrie- und Handelsunternehmen, Handwerker, Notare, Anwälte, Handelsvertreter u. a.) müssen die Umsatzsteuer im Namen des Finanzamtes in Rechnung stellen, vereinnahmen und an das Finanzamt abführen. Da sie **vorsteuerabzugsberechtigt** sind, belastet sie die Umsatzsteuer nicht. Die Umsatzsteuer ist ihrer Wirkung nach eine Endverbrauchersteuer.

■ **Der Umsatzsteuer unterliegen vor allem alle Lieferungen und Leistungen,** die im Rahmen eines **Unternehmens** im **Inland** gegen **Entgelt**[1] ausgeführt werden (§ 1 UStG).

■ Die **Umsatzsteuer auf Ausgangsrechnungen** (Verkäufe) stellt eine **Schuld** gegenüber dem Finanzamt dar, die auf dem **Passivkonto „Umsatzsteuer"** zu buchen ist. Die **Umsatzsteuer auf Eingangsrechnungen** (Einkäufe) ist die **Vorsteuer.** Sie stellt eine **Forderung** an das Finanzamt dar und wird deshalb auf dem **Aktivkonto „Vorsteuer"** gebucht.

■ **Nur Unternehmen oder Selbstständige sind zum Vorsteuerabzug berechtigt.**

■ Die **USt-Voranmeldung** wird **online** in der Regel monatlich eingereicht:

Umsatzsteuer des Monats Januar	12.000,00 €
– Vorsteuer des Monats Januar	8.000,00 €
= Umsatzsteuerzahllast für Januar	4.000,00 €

Bis zum 31. Juli des Folgejahres ist eine **Jahresumsatzsteuererklärung** abzugeben.

■ **Ermittlung der USt-Zahllast.** Der Saldo des Kontos Vorsteuer ist auf das Umsatzsteuerkonto zu übertragen, sofern die geschuldete Umsatzsteuer höher ist. Der Saldo im Umsatzsteuerkonto ergibt dann die Umsatzsteuerzahllast.

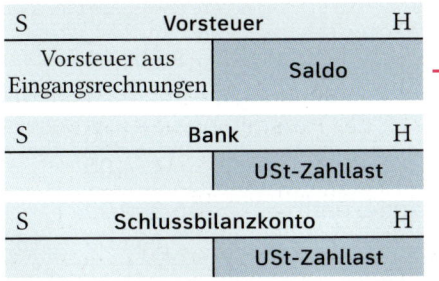

Die **USt-Zahllast ist** bis zum 10. des Folgemonats an das Finanzamt **zu überweisen. Zum Jahresabschluss** ist sie in der Bilanz **zu passivieren.**

■ **Ist die Vorsteuer höher** als die Umsatzsteuerverbindlichkeit, **wird der Saldo des Umsatzsteuerkontos auf das Vorsteuerkonto übertragen.** Der **Saldo des Vorsteuerkontos** weist dann den **Vorsteuerüberhang** aus.

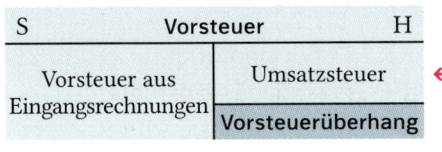

Der **Vorsteuerüberhang** wird vom Finanzamt **überwiesen oder verrechnet** und in der Schlussbilanz **aktiviert.**

■ Durch den **Vorsteuerabzug** wird erreicht, dass lediglich der **Mehrwert auf jeder Stufe** des Warenwegs **besteuert** wird.

---

1 Nach § 10 UStG ist Entgelt alles, was der Leistungsempfänger aufwendet, um die Leistung zu erhalten, jedoch abzüglich der Umsatzsteuer.

Aufgabe 54

1. **Bilden Sie zu folgenden Geschäftsfällen die Buchungssätze und buchen Sie auf den Konten:**

Rohstoffe, Vorsteuer, Verbindlichkeiten a. LL, Forderungen a. LL, Umsatzerlöse für eigene Erzeugnisse, Umsatzsteuer, Bank (AB 160.000,00 €).

a) ER 407:

Rohstoffe, netto	40.000,00 €
+ Umsatzsteuer	7.600,00 €
= Rechnungsbetrag	47.600,00 €

b) AR 354:

Eigene Erzeugnisse, netto	60.000,00 €
+ Umsatzsteuer	11.400,00 €
= Rechnungsbetrag	71.400,00 €

2. **Ermitteln Sie buchhalterisch die Zahllast und nennen Sie den Buchungssatz.**

3. **Nennen Sie den Buchungssatz für die Überweisung der Zahllast zum 10. des Folgemonats.**

4. **Buchen Sie auf den entsprechenden Konten.**

Aufgabe 55

Bilden Sie zu den Geschäftsfällen des Metallwerks Berg die Buchungssätze:

	€	€
1. Einkauf von Stahlblech lt. ER 234, netto	25.000,00	
+ Umsatzsteuer	4.750,00	29.750,00
2. ER 235: Inspektion des Lkw, netto	1.600,00	
+ Umsatzsteuer	304,00	1.904,00
3. Verkauf von Blechgehäusen lt. AR 345, netto	45.000,00	
+ Umsatzsteuer	8.550,00	53.550,00
4. AR 346: Verkauf von Stahlblechgehäusen gegen Banküberweisung, netto	8.500,00	
+ Umsatzsteuer	1.615,00	10.115,00
5. ER 236: Kauf eines Farbplotters, netto	600,00	
+ Umsatzsteuer	114,00	714,00
6. ER 237: Dachreparatur am Betriebsgebäude, netto	15.600,00	
+ Umsatzsteuer	2.964,00	18.564,00
7. ER 238: Kauf eines Geschäftswagens, netto	36.500,00	
+ Umsatzsteuer	6.935,00	43.435,00
8. ER 239: Kauf von Gehäuse-Lack, netto	450,00	
+ Umsatzsteuer	85,50	535,50

Aufgabe 56

Das Metallwerk Thomas Berg e. K. hat lt. KB 123 Büromaterial für brutto 297,50 €, also einschließlich 19 % Umsatzsteuer, gegen Barzahlung erworben.

Ermitteln Sie aus dem Bruttopreis (= 119 %)

1. die darin enthaltene Umsatzsteuer (= 19 %) und

2. den Nettopreis (= 100 %).

Aufgabe 57

Das Metallwerk Thomas Berg e. K. hat in der Buchhandlung Badicke das Fachbuch „Die Umsatzbesteuerung im innergemeinschaftlichen Warenverkehr" für brutto 64,20 € gegen Barzahlung erworben. Der Beleg enthält den Hinweis: „Im Betrag sind 7 % Umsatzsteuer enthalten."

Ermitteln Sie aus dem Bruttobetrag 1. den Nettowert und

2. die Umsatzsteuer.

Buchen Sie den folgenden Beleg

1. als Ausgangsrechnung und   2. als Eingangsrechnung:

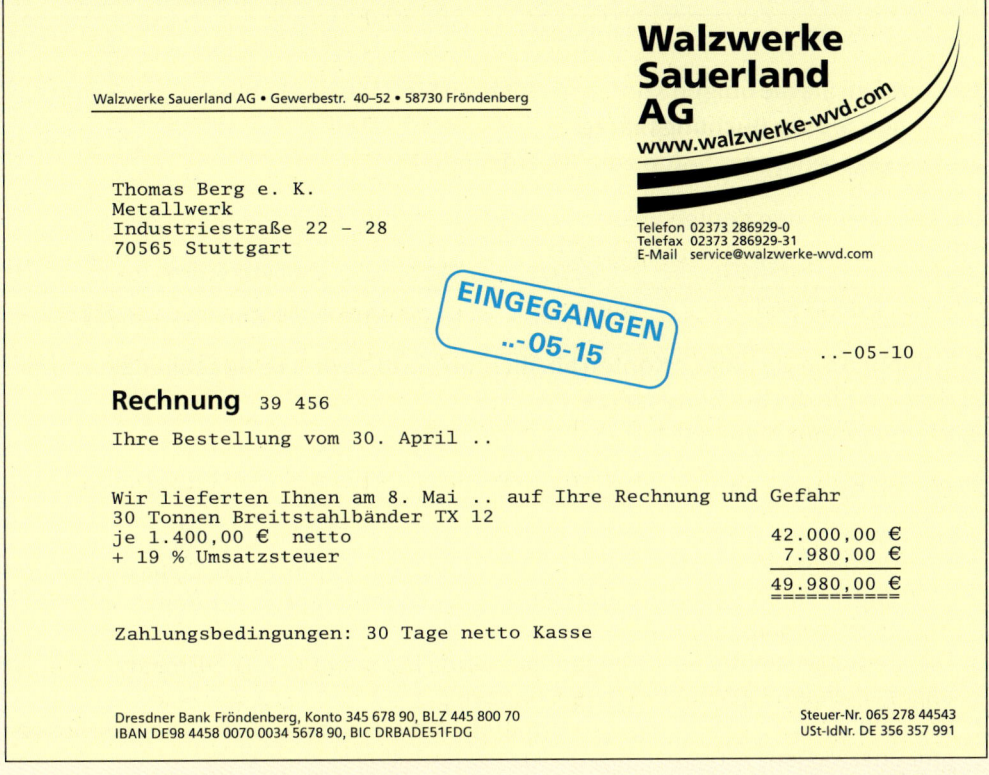

Walzwerke Sauerland AG • Gewerbestr. 40–52 • 58730 Fröndenberg

Walzwerke Sauerland AG
www.walzwerke-wvd.com

Thomas Berg e. K.
Metallwerk
Industriestraße 22 – 28
70565 Stuttgart

Telefon 02373 286929-0
Telefax 02373 286929-31
E-Mail   service@walzwerke-wvd.com

EINGEGANGEN ..-05-15

..-05-10

Rechnung 39 456

Ihre Bestellung vom 30. April ..

Wir lieferten Ihnen am 8. Mai .. auf Ihre Rechnung und Gefahr
30 Tonnen Breitstahlbänder TX 12
je 1.400,00 € netto   42.000,00 €
+ 19 % Umsatzsteuer   7.980,00 €
                                       49.980,00 €

Zahlungsbedingungen: 30 Tage netto Kasse

Dresdner Bank Fröndenberg, Konto 345 678 90, BLZ 445 800 70
IBAN DE98 4458 0070 0034 5678 90, BIC DRBADE51FDG

Steuer-Nr. 065 278 44543
USt-IdNr. DE 356 357 991

Im Metallwerk Thomas Berg e. K. liegen folgende Belege zur Buchung vor:

Beleg 1   **Beleg 2**

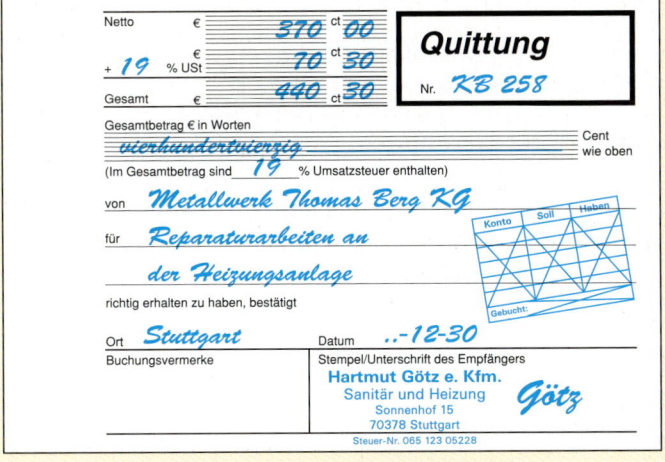

Netto   €   370 00   **Quittung**
+ 19 % USt   €   70 30   Nr. KB 258
Gesamt   €   440 30

Gesamtbetrag € in Worten
vierhundertvierzig   Cent wie oben
(Im Gesamtbetrag sind 19 % Umsatzsteuer enthalten)

von   Metallwerk Thomas Berg KG
für   Reparaturarbeiten an
      der Heizungsanlage

richtig erhalten zu haben, bestätigt

Ort   Stuttgart   Datum   ..-12-30
Buchungsvermerke   Stempel/Unterschrift des Empfängers
                        Hartmut Götz e. Kfm.
                        Sanitär und Heizung
                        Sonnenhof 15   Götz
                        70378 Stuttgart
                        Steuer-Nr. 065 123 05228

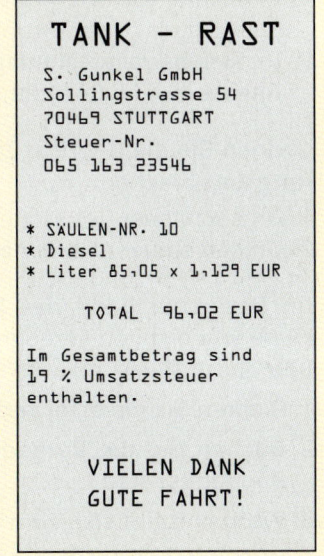

TANK - RAST

S. Gunkel GmbH
Sollingstrasse 54
70469 STUTTGART
Steuer-Nr.
065 163 23546

* SÄULEN-NR. 10
* Diesel
* Liter 85,05 x 1,129 EUR

  TOTAL 96,02 EUR

Im Gesamtbetrag sind
19 % Umsatzsteuer
enthalten.

VIELEN DANK
GUTE FAHRT!

Nennen Sie zu den Belegen 1 und 2 jeweils den Buchungssatz.

Aufgabe 60

Zum 31. Dezember weisen die Konten „Vorsteuer" und „Umsatzsteuer" folgende Beträge aus:

S	Vorsteuer		H
...	230.000,00	...	200.000,00

S	Umsatzsteuer		H
...	520.000,00	...	600.000,00

1. Schließen Sie die obigen Konten ab. Richten Sie dazu das Schlussbilanzkonto ein.
2. Nennen Sie die Buchungssätze.
3. Was sagt Ihnen der Saldo zum 31. Dezember?

Aufgabe 61

Die nachstehenden Konten weisen zum 31. Dezember folgende Summen aus:

S	Vorsteuer		H
...	450.000,00	...	360.000,00

S	Umsatzsteuer		H
...	730.000,00	...	770.000,00

1. Schließen Sie die obigen Konten ab. Richten Sie dazu das Schlussbilanzkonto ein.
2. Nennen Sie die Buchungssätze.
3. Was sagt Ihnen der Saldo zum 31. Dezember?

Aufgabe 62

Ergänzen Sie folgende Aussagen:

1. Die Umsatzsteuer ist nur vom ••• zu tragen. Sie belastet das ••• nicht.
2. Nur Unternehmen und Personen, die umsatzsteuerpflichtige Lieferungen und Leistungen im ••• gegen ••• im Rahmen des Unternehmens erbringen, sind zum Abzug der ••• berechtigt.
3. Die Vorsteuer stellt eine ••• gegenüber dem Finanzamt dar. Die Umsatzsteuer ist dagegen eine ••• gegenüber dem Finanzamt.
4. Die Zahllast wird in der Regel ••• ermittelt und bis zum ••• des ••• an das Finanzamt überwiesen.
5. Die Zahllast des Monats Dezember ist in der Schlussbilanz zu •••. Ein Vorsteuerüberhang ist zum 31. Dezember zu •••.
6. Mehrwert ist der ••• zwischen dem Nettoverkaufs- und Nettoeinkaufspreis. Durch den Vorsteuerabzug wird erreicht, dass auf jeder Stufe des Warenwegs nur der ••• dieser Stufe besteuert wird.
7. In Rechnungen an ••• ist die Umsatzsteuer ••• auszuweisen. Die Rechnungen enthalten den •••, die ••• und den •••.
8. In Kleinbetragsrechnungen bis ••• € (einschließlich Umsatzsteuer) genügt die Angabe des im Rechnungsbetrag enthaltenen •••.

Aufgabe 63

Ordnen Sie die Begriffe Zahllast, Vorsteuerüberhang, Aktivierung und Passivierung entsprechend zu.

1. Umsatzsteuer des Monats Dezember > Vorsteuer des Monats Dezember
2. Umsatzsteuer des Monats Dezember < Vorsteuer des Monats Dezember

Aufgabe 64

Im Dezember hatte das Metallwerk Thomas Berg e. K. folgende Umsätze: Verkäufe von eigenen Erzeugnissen netto 600.000,00 €, Einkäufe von Roh-, Hilfs- und Betriebsstoffen u. a. netto 800.000,00 €, allgemeiner Steuersatz.

1. Richten Sie die erforderlichen Konten ein.
2. Buchen Sie die Vorgänge summarisch und nennen Sie die entsprechenden Buchungssätze.
3. Warum ergibt sich zum 31. Dezember keine Zahllast?
4. Wohin gelangt der Vorsteuerüberhang beim Jahresabschluss? Buchen Sie.
5. Inwiefern stellt die Vorsteuer eine Forderung an das Finanzamt dar? Begründen Sie.

Aufgabe 65

Anfangsbestände €

TA und Maschinen .... 136.000,00   Bankguthaben 35.000,00

BGA .... 64.000,00   Kassenbestand 6.000,00

Rohstoffe .... 128.000,00   Verbindlichkeiten a. LL 43.000,00

Hilfsstoffe .... 20.000,00   Eigenkapital 380.000,00

Forderungen a. LL 34.000,00

Kontenplan

Bestandskonten: TA und Maschinen, BGA, Rohstoffe, Hilfsstoffe, Forderungen a. LL, Vorsteuer, Bank, Kasse, Verbindlichkeiten a. LL, Umsatzsteuer, Eigenkapital, SBK.

Erfolgskonten: Aufwendungen für Rohstoffe, Aufwendungen für Hilfsstoffe, Löhne, Büromaterial, Umsatzerlöse für eigene Erzeugnisse, GuV-Konto.

Geschäftsfälle €

1. ER 11–14: Zieleinkauf von Rohstoffen, Nettopreis 11.000,00
   + Umsatzsteuer 2.090,00
   Rechnungsbeträge 13.090,00

2. ER 15: Kauf einer EDV-Anlage, Nettopreis 40.000,00
   + Umsatzsteuer 7.600,00
   Rechnungsbetrag 47.600,00

3. KA 1: Banküberweisung an Lieferanten, Rechnungsbeträge 8.925,00

4. KA 2: Überweisung von Löhnen 14.400,00

5. ER 16: Kauf von Hilfsstoffen, Nettopreis 2.500,00
   + Umsatzsteuer 475,00
   Rechnungsbetrag 2.975,00

6. AR 10–12: Verkauf von eigenen Erzeugnissen, Nettopreis 23.000,00
   + Umsatzsteuer 4.370,00
   Rechnungsbeträge 27.370,00

7. KA 3: Banküberweisung von Kunden, Rechnungsbeträge.................. 5.950,00

8. AR 13–18: Verkauf von eigenen Erzeugnissen, Nettopreis 60.400,00
   + Umsatzsteuer 11.476,00
   Rechnungsbeträge 71.876,00

9. KA 4: Banküberweisung für ER 15, vgl. Geschäftsfall 2 .... 47.600,00

10. KB 9: Barkauf von Büromaterial 800,00
    + Umsatzsteuer 152,00
    Rechnungsbetrag 952,00

11. ME 1: Verbrauch von Rohstoffen 60.000,00
    ME 2: Verbrauch von Hilfsstoffen 12.000,00

Abschlussangabe: Die Zahllast für die Umsatzsteuer ist zu ermitteln und auf die Habenseite des Schlussbilanzkontos einzustellen, d. h. zu passivieren.

Aufgabe 66

1. **Wie ist die USt-Zahllast zu berechnen? Für welchen Zeitraum wird sie in der Regel ermittelt? Bis zu welchem Termin ist die USt-Zahllast abzuführen?**

2. **Im Monat Dezember beträgt die Vorsteuer 156.000,00 €, die Umsatzsteuer 104.000,00 €. Buchen Sie zum 31. Dezember den Abschluss der Konten.**

3. **Erläutern Sie, inwiefern die Umsatzsteuer für das Unternehmen grundsätzlich ein „durchlaufender" Posten ist.**

1.11 Lineare Abschreibung der Sachanlagen[1]

1.11.1 Ermittlung der Anschaffungskosten

Situation

Das Metallwerk Berg erwirbt am 5. Januar einen Lkw aufgrund nebenstehender **Rechnung:**

Wie hoch sind die Anschaffungskosten des Lkw?

Lkw HS 404, netto		140.600,00
+ Sonderzubehör	8.100,00	
+ Überführungskosten	850,00	
+ Zulassungskosten	450,00	9.400,00
		150.000,00
+ 19 % Umsatzsteuer		28.500,00
= Rechnungsbetrag		178.500,00

Sachanlagen

Zu den **Sachanlagen** eines Unternehmens zählen vor allem Grundstücke, Gebäude, Technische Anlagen und Maschinen, Betriebs- und Geschäftsausstattung, Fuhrpark u. a. Wie alle anderen Vermögensgegenstände (z. B. Rohstoffe) sind auch die **Sachanlagen zum Zeitpunkt ihrer Anschaffung** zu ihren **Anschaffungskosten** zu **aktivieren,** d. h. auf der Sollseite des entsprechenden Aktivkontos zu buchen.

Anschaffungskosten

Zu den Anschaffungskosten eines Anlagegutes **rechnen nach § 255 [1] HGB** außer dem **Kaufpreis** (netto) auch alle **Nebenkosten** (netto), die anfallen, um den Vermögensgegenstand zu erwerben **und** in Betrieb zu nehmen, wie z. B. Bezugs- und Montagekosten, Zulassungsgebühren, Notarkosten und Grunderwerbsteuer beim Erwerb eines Grundstücks u. a. m. Die Umsatzsteuer zählt nicht zu den Anschaffungskosten, da sie als Vorsteuer voll abzugsfähig ist. **Nachträgliche Preisnachlässe,** z. B. aufgrund von Mängelrügen und Skonto, **mindern die Anschaffungskosten.**

Beispiel

Anschaffungspreis (netto)	140.600,00 €
+ Anschaffungsnebenkosten (netto)	9.400,00 €
− Anschaffungspreisminderungen (netto), z. B. Skonto[2]	−
= **Anschaffungskosten**	**150.000,00 €**

Buchungssatz	Soll	Haben
Fuhrpark	150.000,00	
Vorsteuer	28.500,00	
an Verbindlichkeiten a. LL		178.500,00

S	Fuhrpark	H
Verb. a. LL 150.000,00		

S	Verbindlichkeiten a. LL	H
		Fuhrp./VSt 178.500,00

S	Vorsteuer	H
Verb. a. LL 28.500,00		

1.11.2 Notwendigkeit der Sachanlagenabschreibung

Wertminderung der Sachanlagen

Sachanlagen sind dazu bestimmt, dem Unternehmen **langfristig** zu dienen. Im Gegensatz zu den **nicht abnutzbaren** Sachanlagen (z. B. Grundstücke) verringert sich der Anschaffungswert der **abnutzbaren** Sachanlagen (z. B. o. g. Lkw) ständig.

Die **Wertminderung der Sachanlagen** ist technisch oder wirtschaftlich bedingt. Die **technische Entwertung** tritt während des Gebrauchs durch **Abnutzung** oder durch **Natureinflüsse** (z. B. Verrosten) ein. Die **wirtschaftliche Wertminderung** ergibt sich beispielsweise durch **technischen Fortschritt** (das Anlagegut ist technisch überholt), **Preissenkung** am Markt oder durch **höhere Gewalt** (z. B. Brandschaden).

---

1 Siehe auch Kapitel D 1.3.4 Die Bewertung des Anlagevermögens.
2 Siehe S. 173 f.

Abnutzbare Sachanlagen sind in ihrer **Nutzung zeitlich begrenzt.** Für jedes Anlagegut muss daher die **betriebsgewöhnliche Nutzungsdauer** bestimmt werden. Darunter ist die Zeitspanne zu verstehen, in der das Anlagegut unter Berücksichtigung seiner Zweckbestimmung und wirtschaftlicher Aspekte im Unternehmen genutzt werden kann. Davon ist die Lebensdauer des Anlagegutes zu unterscheiden. **Steuerliche Abschreibungstabellen** weisen die Nutzungsdauer der Anlagegüter aus:

Branchenneutrale Anlagegüter (Auszug)	Nutzungsdauer in Jahren	Lineare Abschreibung
Betriebsgebäude	25 – 33	4 – 3,03 %
Krananlagen	14 – 21	7,14 – 4,76 %
Be- und Verarbeitungsmaschinen	5 – 16	20 – 6,25 %
Pkw	6[1]	16,67 %
Lkw	9[1]	11,11 %
Büromöbel	13	7,69 %
Großrechner	7	14,28 %
Personal Computer, Drucker, Scanner	3	33,33 %

Berechnung und Buchung der jährlichen Abschreibung 1.11.3

Der oben genannte Lkw hat eine betriebsgewöhnliche Nutzungsdauer von acht Jahren. Er soll in jährlich gleichen (linearen) Beträgen abgeschrieben werden. **Wie berechnet sich der jährliche (lineare) Abschreibungsbetrag, der Abschreibungssatz in Prozent sowie der Buch- bzw. Restwert des Lastkraftwagens?**

Situation

$$\text{Abschreibungsbetrag in €} = \frac{\text{Anschaffungskosen}}{\text{Nutzungsjahre}} = \frac{150.000,00\ €}{8\ \text{Jahre}} = 18.750,00\ €/\text{Jahr}$$

$$\text{Abschreibungssatz in \%} = \frac{1}{\text{Nutzungsjahre}} = \frac{1}{8\ \text{Jahre}} = 0,125/\text{Jahr} = 12,5\ \%/\text{Jahr}$$

Ermittlung des Buchwertes bei linearer Abschreibung	12,5 % Abschreibung von den Anschaffungskosten
Anschaffungskosten	150.000,00 €
– Abschreibung zum 31. Dez. (1. Jahr)	18.750,00 €
= Buchwert zum 31. Dez. (1. Jahr)	131.250,00 €
– Abschreibung zum 31. Dez. (2. Jahr)	18.750,00 €
= Buchwert zum 31. Dez. (2. Jahr)	112.500,00 €
– Abschreibung zum 31. Dez. (3. Jahr)	18.750,00 €
= Buchwert zum 31. Dez. (3. Jahr)	93.750,00 €
– Abschreibung zum 31. Dez. (4. Jahr)	18.750,00 €
= Buchwert zum 31. Dez. (4. Jahr)	75.000,00 €
– Abschreibung zum 31. Dez. (5. Jahr)	18.750,00 €
= Buchwert zum 31. Dez. (5. Jahr)	56.250,00 €
– Abschreibung zum 31. Dez. (6. Jahr)	18.750,00 €
= Buchwert zum 31. Dez. (6. Jahr)	37.500,00 €
– Abschreibung zum 31. Dez. (7. Jahr)	18.750,00 €
= Buchwert zum 31. Dez. (7. Jahr)	18.750,00 €
– Abschreibung zum 31. Dez. (8. Jahr)	18.750,00 €
= Restbuchwert zum 31. Dez. (8. Jahr)	0,00 €

Die Tabelle zeigt, dass der **Abschreibungsbetrag** in jedem Nutzungsjahr **gleichhoch** (**linear**) ist. Deshalb wird am Ende der Nutzungsdauer der **Nullwert** erreicht. Wird der Lkw weiterhin genutzt, werden im letzten Jahr häufig nur 18.749,00 € abgeschrieben, sodass der Lkw noch mit einem **Erinnerungswert** von 1,00 € ausgewiesen wird. Die **Abschreibung** abnutzbarer Anlagegüter wird als Aufwand auf dem Konto Abschreibungen auf Sachanlagen (SA) erfasst.

Lineare Abschreibung

Das **Steuerrecht** spricht von Absetzung für Abnutzung, kurz **AfA. Durch lineare Abschreibung** werden die **Anschaffungskosten** eines Anlagegutes **planmäßig** als Aufwand **auf seine Nutzungsjahre verteilt** (§ 253 [3] HGB). Deshalb wird jedes Nutzungsjahr mit dem **gleichen** Abschreibungsbetrag in der **GuV-Rechnung** belastet.

1 Bei besonders starker Belastung ist eine Verkürzung der Nutzungsdauer möglich.

Buchung der Abschreibung zum 31. Dezember des ersten Nutzungsjahres:

Buchungssatz	Soll	Haben
❶ Abschreibungen auf SA	18.750,00	
an Fuhrpark		18.750,00

Abschlussbuchungen	Soll	Haben
❷ Gewinn- und Verlustkonto	18.750,00	
an Abschreibungen auf SA		18.750,00
❸ Schlussbilanzkonto	131.250,00	
an Fuhrpark		131.250,00

Nach Buchung der Abschreibung weist das Konto „Fuhrpark" den **Lkw-Restwert** aus:

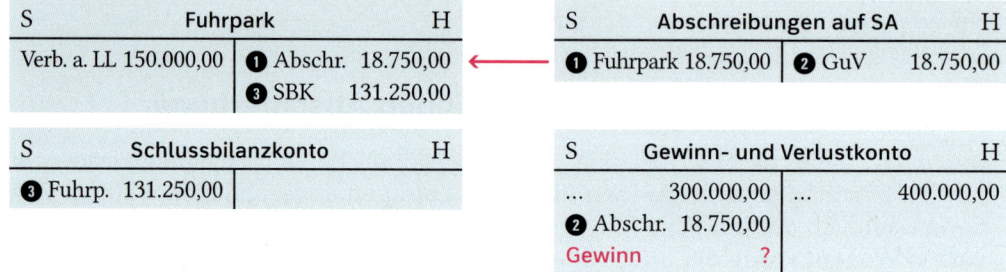

Der **Abschreibungsaufwand mindert den Gewinn und** damit **die Steuerlast** des Unternehmers (z. B. die Einkommensteuer). **Wie hoch ist im vorstehenden Beispiel der Gewinn mit und ohne Berücksichtigung der Abschreibung?**

Anlagenverzeichnis   **Für die buchhalterische Verwaltung des vielfältigen Sachanlagevermögens** muss eine **Anlagenbuchhaltung als Nebenbuchhaltung** eingerichtet werden. Das geschieht in Form eines **Anlagenverzeichnisses,** in dem für jeden Sachanlagegegenstand ein gesonderter **Datensatz mit folgenden Angaben** zu führen ist (siehe auch S. 19):

Inventarnummer, Kontonummer in der Hauptbuchhaltung, Bezeichnung der Sachanlage, Anschaffungszeitpunkt, Anschaffungskosten, betriebsgewöhnliche Nutzungsdauer, Abschreibungsbetrag, Buchwert. Zusätzlich werden technische Angaben festgehalten: Lieferant der Sachanlage, Garantie, Instandsetzungen, Versicherungswert u. a. m.

Konto-/Inventar-Nr. 0840/41		Bezeichnung der Anlage Lkw HS 404		Standort (Kostenstelle) Versandlager	
Anschaffungszeitpunkt . .-01-05		Anschaffungskosten 150.000,00 €		Instandhaltungen –	
Nutzungsjahre: 8		Jährlicher Abschreibungsbetrag: 18.750,00 €			
Datum	Zugang		Abschreibung (linear)		Buchwert (Restwert)
. .-01-05 . .-12-31 usw.	150.000,00 € –		– 18.750,00 €		– 131.250,00 €

Die Datensätze werden im Anlagenverzeichnis **nach Sachanlagekonten geordnet.** Zum Abschlussstichtag wird die **Summe der Abschreibungen jeder Anlagengruppe** (Gebäude, TA und Maschinen, BGA, Fuhrpark u. a.) aus den entsprechenden Datensätzen des Anlagenverzeichnisses sowie die **Gesamtabschreibung aller Sachanlagen** ermittelt.

Die **Buchung** der Abschreibung kann **in einem zusammengesetzten Buchungssatz** vorgenommen werden:

Abschreibungen auf SA an Gebäude, TA und Maschinen, BGA u. a.

Ein ordnungsmäßiges **Anlagenverzeichnis ersetzt die körperliche Inventur** der Sachanlagen. Die Buchwerte der Sachanlagegruppen können **direkt in das Inventar und das Schlussbilanzkonto übertragen** werden.

Die Bedeutung der Abschreibung 1.11.4

In der **Gewinn- und Verlust-rechnung** sind **Abschreibungen Aufwand,** der den Gewinn und damit die Gewinnsteuern (z. B. Einkommensteuer) mindert. In der **Kalkulation der Verkaufspreise** der Erzeugnisse werden Abschreibungen als **Kosten** angesetzt. **Über die Umsatzerlöse fließen die einkalulierten Abschreibungen in Form von liquiden Mitteln zurück,** sofern die Verkaufspreise die Selbstkosten decken. **Abschreibungsrückflüsse** stehen somit zur **Finanzierung der Ersatzbeschaffungen** zur Verfügung.

- **Vermögensgegenstände** sind zum Zeitpunkt ihres Erwerbs mit ihren tatsächlichen **Anschaffungskosten** zu erfassen (**zu aktivieren**). Dazu zählen nach § 255 [1] HGB:

   Anschaffungspreis (netto): Einkaufspreis ohne Umsatzsteuer
– **Preisminderungen** (netto): z. B. Skonti, nachträgliche Preisnachlässe
+ **Nebenkosten** (netto):   z. B. Bezugs-, Montage-, Notariatskosten, Gebühren, Grunderwerbsteuer, Umbaukosten u. a.

= **Anschaffungskosten** (aktivierungspflichtig)

- **Wertminderungen** der Sachanlagen können **technische** (z. B. Abnutzung) oder **wirtschaftliche** (z. B. Preisverfall durch technischen Fortschritt) **Ursachen** haben. Sie werden zum Jahresabschluss durch **Abschreibungen** erfasst.

- **Abnutzbare Sachanlagen** sind in ihrer **Nutzung zeitlich begrenzt.** Sie werden deshalb **planmäßig, d. h. nach ihrer Nutzungsdauer,** abgeschrieben. Bei **linearer** Abschreibung sind die jährlichen **Abschreibungsbeträge gleich hoch. Außergewöhnliche Wertminderungen** (z. B. Brandschaden) müssen über eine **außerplanmäßige Abschreibung** berücksichtigt werden.

- Bei **linearer** Abschreibung werden die **Anschaffungskosten** einer Sachanlage in **gleichen** Beträgen **auf die** einzelnen **Nutzungsjahre** als Aufwand **verteilt. Vorteil: Die Gewinn- und Verlustrechnungen** der Nutzungsjahre werden **gleichmäßig belastet.**

- **Abschreibungen** sind ein bedeutendes **Mittel der Finanzierung.** Als Aufwand **mindern** sie den Gewinn und somit die **gewinnabhängigen Steuern** (z. B. Einkommensteuer, Gewerbesteuer[1]) **und die Gewinnausschüttung. Über die Umsatzerlöse fließen** die als Kosten in die Verkaufspreise **einkalulierten Abschreibungen** in Form **liquider Mittel** in das Unternehmen zurück.

- **Das Anlagenverzeichnis ergänzt und erläutert** als Nebenbuchhaltung die Sachanlagekonten. Es ist Voraussetzung für eine rationelle **Sammelabschreibung** und **befreit von der körperlichen Bestandsaufnahme** der Sachanlagen.

---

1 Siehe Fußnote auf S. 77.

Aufgabe 67

Dem Metallwerk Thomas Berg e. K. wurde die Anschaffung eines Lkw zum Preis von 133.070,00 € netto + Umsatzsteuer sowie das Aufbringen der üblichen Werbeaufschrift[1] auf dem Lkw für 5.000,00 € + Umsatzsteuer in Rechnung gestellt. Die Zulassungsgebühren werden mit 80,00 € und die Nummernschilder mit 50,00 € + Umsatzsteuer bar bezahlt.

1. Ermitteln Sie die Anschaffungskosten des Lkw.
2. Warum zählen die Zulassungskosten zu den Anschaffungsnebenkosten, nicht aber die Kraftfahrzeugsteuer und Kraftfahrzeugversicherung?
3. Buchen Sie auf den entsprechenden Konten.
4. Wie hoch wären die Anschaffungskosten des Lkw, wenn der Lieferant 2 % Skonto auf den Preis des Lkw gewährt hätte?

Aufgabe 68

Der in der Aufgabe 67 genannte Lkw hat eine betriebsgewöhnliche Nutzungsdauer von neun Jahren und soll in gleichen Jahresbeträgen abgeschrieben werden.

1. Ermitteln Sie den jährlichen Abschreibungsbetrag.
2. Wie hoch ist der Buchwert des Lkw am Ende des ersten Nutzungsjahres?
3. Nennen Sie den Buchungssatz für die Abschreibung.
4. Wie lauten die Abschlussbuchungssätze? Buchen Sie auf den Konten Fuhrpark, Abschreibungen auf SA, GuV, SBK.

Aufgabe 69

Anschaffung einer Hebebühne im Metallwerk Thomas Berg e. K. Die Rechnung lautet über 160.000,00 € + Umsatzsteuer. Die Transportkosten werden vom Spediteur mit 5.000,00 € + Umsatzsteuer in Rechnung gestellt. Für Installationsarbeiten werden 25.000,00 € + Umsatzsteuer berechnet. Die TÜV-Gebühr wird durch Bankeinzug beglichen: 500,00 € + Umsatzsteuer.

1. Ermitteln Sie die Anschaffungskosten der Hebebühne.
2. Nennen Sie die Buchungssätze und buchen Sie auf den Konten Technische Anlagen und Maschinen, Vorsteuer, Bank, Verbindlichkeiten a. LL.

Aufgabe 70

Die Hebebühne in Aufgabe 69 hat eine Nutzungsdauer von 20 Jahren.

1. Berechnen Sie die jährliche AfA bei gleichen Abschreibungsbeträgen.
2. Nennen Sie den Buchungssatz für die Abschreibung am Ende des ersten Nutzungsjahres.
3. Buchen Sie die Abschreibung auf Konten und schließen Sie diese ab.
4. Wie hoch ist der Buchwert der Hebebühne nach fünf Nutzungsjahren?

Aufgabe 71

Die Anschaffungskosten einer Verpackungsanlage betragen 400.000,00 €, die Nutzungsdauer wird auf zehn Jahre geschätzt.

1. Ermitteln Sie bei linearer Abschreibung jeweils den Abschreibungsbetrag und Abschreibungssatz.
2. Erstellen Sie die Abschreibungstabelle.
3. Buchen Sie für das erste Jahr die Abschreibung. Richten Sie dazu folgende Konten ein: Technische Anlagen und Maschinen, Abschreibungen auf Sachanlagen, Schlussbilanzkonto, GuV-Konto.

Aufgabe 72

Folgende Konten sind einzurichten: Technische Anlagen u. Maschinen 220.000,00 €, Betriebs- und Geschäftsausstattung 90.000,00 €, Fuhrpark 140.000,00 €, Abschreibungen auf Sachanlagen, GuV-Konto, Schlussbilanzkonto.

---

1 Werbeaufschriften gehören nicht zu den Anschaffungskosten, sondern werden als Betriebsausgabe (6870 Werbung) gebucht (vgl. FG München, 10.05.2006 – 1 K 5521/04).

Buchen Sie die Abschreibungen, wenn lt. Inventur folgende Schlussbestände vorhanden sind: Technische Anlagen und Maschinen 196.000,00 €, Betriebs- und Geschäftsausstattung 81.000,00 €, Fuhrpark 113.000,00 €.

Führen Sie den Abschluss der Konten durch.

Aufgabe 73

Anfangsbestände: TA und Maschinen 120.000,00 €, Betriebs- und Geschäftsausstattung 35.000,00 €, Fuhrpark 30.000,00 €, Rohstoffe 44.000,00 €, Forderungen a. LL 9.000,00 €, Bankguthaben 48.000,00 €, Kassenbestand 8.000,00 €, Darlehensschulden 30.000,00 €, Verbindlichkeiten a. LL 24.000,00 €, Eigenkapital 240.000,00 €.

Bestandskonten: TA und Maschinen, Betriebs- und Geschäftsausstattung, Fuhrpark, Rohstoffe, Forderungen a. LL, Bank, Kasse, Darlehensschulden, Verbindlichkeiten a. LL, Eigenkapital, Umsatzsteuer, Vorsteuer, Schlussbilanzkonto.

Erfolgskonten: Aufwendungen für Rohstoffe, Löhne, Betriebliche Steuern, Abschreibungen auf Sachanlagen, Umsatzerlöse für eigene Erzeugnisse, Gewinn- und Verlustkonto.

Geschäftsfälle	€
1. Kauf von Rohstoffen auf Ziel lt. ER 410, netto	3.800,00
+ Umsatzsteuer	722,00
2. Banküberweisung eines Kunden zum Ausgleich von AR 313	3.200,00
3. Banküberweisung an einen Lieferanten zum Ausgleich von ER 409	3.300,00
4. Banküberweisung für Gewerbesteuer[1] lt. Kontoauszug KA 42..............	950,00
5. Lohnzahlung durch Banküberweisung lt. KA 43....................................	4.100,00
6. KA 44: Teilrückzahlung eines Darlehens durch Banküberweisung	3.500,00
7. AR 316: Verkauf von eigenen Erzeugnissen auf Ziel, netto....................	68.200,00
+ Umsatzsteuer	12.958,00
8. Verbrauch von Rohstoffen lt. ME 25	32.350,00

Abschlussangabe: Abschreibungen: TA und Maschinen 12.000,00 €, BGA 2.500,00 €, Fuhrpark 3.000,00 €.

Ergänzen Sie die folgenden Aussagen in Ihrem Arbeitsheft:

Aufgabe 74

1. In der Erfolgsrechnung eines Unternehmens stellen Abschreibungen auf Sachanlagen ••• dar, die den ••• vermindern oder den ••• erhöhen.
2. Durch ••• Abschreibungen werden die Ausgaben für die Anschaffungskosten auf die ••• als ••• verteilt, wodurch die Erfolgsrechnungen der einzelnen ••• ••• belastet werden.
3. Planmäßige Abschreibung bedeutet Abschreibung nach der ••• der Sachanlage.
4. Abschreibungen auf Sachanlagen haben ••• und/oder ••• Ursachen.
5. Außergewöhnliche Wertminderungen bedürfen einer ••• Abschreibung.
6. AfA bedeutet: ••• für •••.
7. Das Anlagenverzeichnis ist eine •••buchhaltung, die die •••konten der Hauptbuchhaltung erläutert. Es ••• die ••• Inventur der Sachanlagen.
8. Abschreibungen vermindern den Bestand in den Sachanlagekonten und im Konto •••. Diese Art der Wertveränderung heißt Aktiv-Passiv•••.

Aufgabe 75

1. **Wie wirken sich Abschreibungen auf die Sachanlagekonten und das Eigenkapital aus?**
2. Abschreibungen sind ein bedeutendes Mittel der Finanzierung. **Begründen Sie.**

---

1 Beachten Sie: Die Gewerbesteuer muss handelsrechtlich als Aufwand gebucht werden (§ 242 [2] HGB) und mindert damit den Gewinn der Handelsbilanz. Zur Ermittlung des steuerpflichtigen Gewinns muss aber die Gewerbesteuer, die keine Betriebsausgabe ist (§ 4 [5] EStG), außerhalb der Buchführung dem handelsrechtlichen Gewinn wieder hinzugerechnet werden.

1.12 Das Privatkonto

1.12.1 Buchung von Privatentnahmen und Privateinlagen

Situation

Für seinen Lebensunterhalt entnimmt Herr Berg Geldbeträge der Geschäftskasse und begleicht private Zahlungen über das betriebliche Bankkonto.

Privatentnahmen

Der Unternehmer Thomas Berg setzt Kapital und seine Arbeitskraft ein, um in seinem Unternehmen Gewinn zu erzielen. Der Gewinn ist sein Einkommen, aus dem er seinen Lebensunterhalt bestreiten muss. Im **Vorgriff auf diesen Gewinn** entnimmt Herr Berg monatlich Haushaltsgeld aus seiner Geschäftskasse. Außerdem begleicht er private Zahlungen über das betriebliche Bankkonto, wie z. B. Arztrechnungen, Einkommen- und Kirchensteuern, Spenden u. a. Diese Privatentnahmen sind keine Aufwendungen seines Unternehmens. Sie **mindern** jedoch sein **Eigenkapital**.

Privateinlagen

Privateinlagen liegen vor, wenn Herr Berg aus seinem Privatvermögen Geld- oder Sachwerte (z. B. Grundstücke, Privat-Pkw u. a.) in das Vermögen seines Unternehmens einbringt. Diese Privateinlagen **erhöhen** sein **Eigenkapital**.

Privatentnahmen und Privateinlagen verändern das Eigenkapital und könnten deshalb direkt über das Eigenkapitalkonto gebucht werden. Da eine Vielzahl dieser Buchungen das Eigenkapitalkonto jedoch unübersichtlich machen würde, wird ein

Privatkonto

als **Unterkonto des Eigenkapitalkontos** eingerichtet.

Buchungen auf dem Privatkonto

Auf dem Privatkonto ist wie auf dem Eigenkapitalkonto zu buchen. Privatentnahmen werden auf der Soll-Seite als Eigenkapitalminderung gebucht. Auf der Haben-Seite sind die Privateinlagen als eigenkapitalerhöhende Beträge zu erfassen.

Das Privatkonto wird zum Abschlussstichtag **über das Eigenkapitalkonto abgeschlossen.**

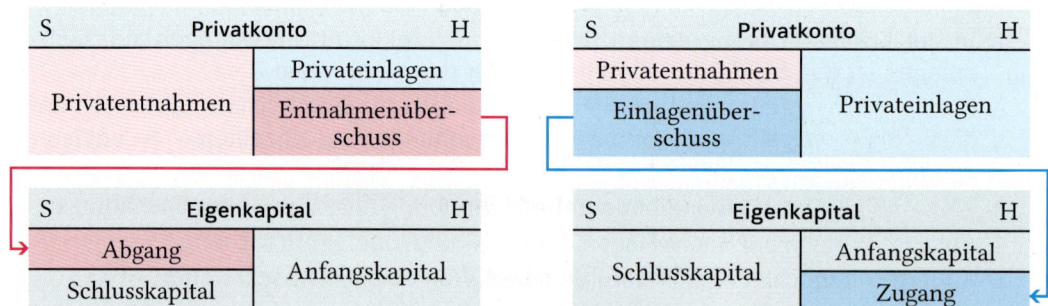

Ein Privatkonto wird nur für den Einzelunternehmer (e. K., e. Kfm., e. Kffr.) und für den unbeschränkt haftenden Gesellschafter einer Personengesellschaft, wie Offene Handelsgesellschaft (OHG), Kommanditgesellschaft (KG), geführt.

Beispiele

❶ Herr Berg hebt von seinem betrieblichen Bankkonto 12.000,00 € für private Ausgaben bar ab.

❷ Herr Berg überweist seine Einkommen- und Kirchensteuer in Höhe von 63.000,00 € an das Finanzamt.

❸ Aus einer Erbschaft werden Herrn Berg 30.000,00 € auf sein betriebliches Bankkonto überwiesen.

Buchungssätze	Soll	Haben
❶ Privatkonto	12.000,00	
an Bank		12.000,00
❷ Privatkonto	63.000,00	
an Bank		63.000,00
❸ Bank	30.000,00	
an Privatkonto		30.000,00
❹ Eigenkapital	45.000,00	
an Privatkonto		45.000,00

S	Privatkonto		H		S	Eigenkapital		H
❶ Bank	12.000,00	❸ Bank	30.000,00		❹ Privat	45.000,00	AB	3.000.000,00
❷ Bank	63.000,00	❹ EK	45.000,00		SBK	2.955.000,00		
	75.000,00		75.000,00			3.000.000,00		3.000.000,00

S	Bank		H
AB	165.000,00	❶ Privat	12.000,00
❸ Privat	30.000,00	❷ Privat	63.000,00

Zusammenfassung

■ **Privatentnahmen** in Form von Geld- und Sachwerten erfolgen in der Regel im Vorgriff auf den erwarteten Jahresgewinn. Sie **mindern das Eigenkapital.**

■ **Privateinlagen** in Form von Geld- und Sachwerten **erhöhen das Eigenkapital.**

■ Private Entnahmen und Einlagen werden aus Gründen der Klarheit auf dem **Privatkonto** gebucht, das ein **Unterkonto des Eigenkapitalkontos** ist.

Aufgabe 76

Bilden Sie die Buchungssätze zu den folgenden Geschäftsfällen der Elektrowerke Leon Hein e. K. und erläutern Sie deren Auswirkung:

1. Der Unternehmer Leon Hein überweist über das betriebliche Bankkonto 2.600,00 € für seine Urlaubsreise.

2. Herr Hein entnimmt der Geschäftskasse 2.000,00 € Haushaltsgeld.

3. Die Elektrowerke Hein überweisen eine Spende an das Rote Kreuz in Höhe von 1.200,00 € vom Geschäftsbankkonto.

4. Der Unternehmer Hein zahlt aus seinem privaten Sparguthaben 4.000,00 € auf das betriebliche Bankkonto ein.

5. Leon Hein überweist die Miete für seine Wohnung vom Geschäftsbankkonto: 1.100,00 €.

6. Leon Hein überweist vom Geschäftsbankkonto den Kaufpreis für den Privatwagen: 38.000,00 €.

Aufgabe 77

1. **Richten Sie für die Elektrowerke Leon Hein e. K. folgende Konten ein:**
   Privatkonto, Bank (AB 90.000,00 €), Kasse (AB 4.600,00 €), Eigenkapital (AB 200.000,00 € + 30.000,00 € Gewinn lt. GuV-Konto).

2. **Übertragen Sie die Buchungen der Aufgabe 76 auf die entsprechenden Konten.**

3. **Schließen Sie das Privatkonto ab. Nennen Sie den Buchungssatz.**

4. **Wie hoch ist das Eigenkapital beim Abschluss? Erläutern Sie die Eigenkapitaländerungen.**

Aufgabe 78

Richten Sie die Konten Eigenkapital, Gewinn und Verlust und Privat ein und übertragen Sie die folgenden Buchungsbeträge:

	a) €	b) €
Anfangsbestand des Eigenkapitalkontos	500.000,00	400.000,00
Gesamtaufwendungen	650.000,00	580.000,00
Gesamterträge	790.000,00	540.000,00
Privatentnahmen	120.000,00	60.000,00
Privateinlagen	40.000,00	50.000,00

1. Schließen Sie das Gewinn- und Verlustkonto und das Privatkonto ab.

2. Ermitteln Sie im Eigenkapitalkonto den Schlussbestand.

3. Erläutern Sie die Auswirkungen der privaten Vorgänge und des Gewinn- und Verlustkontos auf den Anfangsbestand des Eigenkapitals.

Aufgabe 79

Erläutern Sie jeweils die Auswirkung auf das Anfangseigenkapital:

1. Gewinn > Entnahmen   3. Verlust < Einlagen
2. Gewinn < Entnahmen   4. Verlust > Einlagen

Aufgabe 80

Buchen Sie für die Textilfabrik Ulrike Brandt e. Kffr. auf den Konten Bank (AB 187.000,00 €), Unbebaute Grundstücke (AB 0,00 €), Eigenkapitalkonto (AB 300.000,00 € + 60.000,00 € Gewinn lt. GuV-Konto) und Privatkonto folgende Geschäftsfälle:

1. Die Unternehmerin U. Brandt hat ein Grundstück im Wert von 120.000,00 € geerbt, das sie in das Betriebsvermögen eingebracht hat.

2. Für die Anmietung eines Ferienhauses hat Frau Brandt 2.800,00 € vom Geschäftsbankkonto überwiesen.

3. Für private Ausgaben entnimmt U. Brandt 6.000,00 € dem Geschäftsbankkonto.

4. Die Arztrechnung für ihren Sohn überweist U. Brandt mit 450,00 € vom Geschäftsbankkonto.

1. Schließen Sie das Privatkonto unter Nennung des Buchungssatzes ab und ermitteln Sie den Schlussbestand im Eigenkapitalkonto.

2. Erläutern Sie die Auswirkungen des GuV-Kontos und des Privatkontos auf das Anfangseigenkapital.

Aufgabe 81

Nennen Sie als Buchhalter/-in des Metallwerks Thomas Berg e. K. die Buchungssätze zu folgenden drei Belegen:

Beleg 1

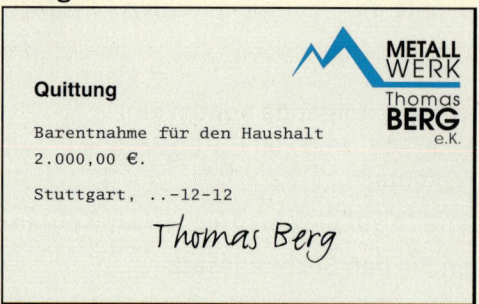

Beleg 2

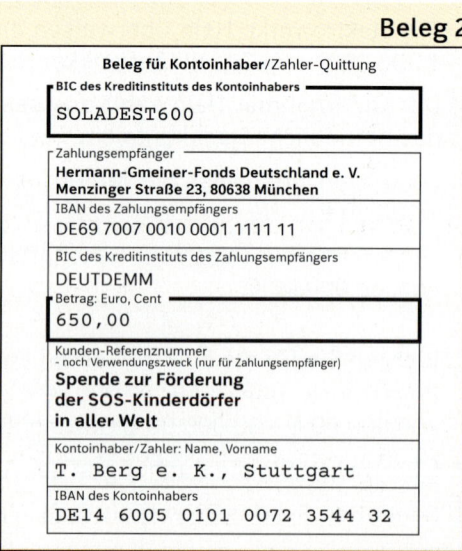

Beleg 3

Anfangsbestände   €

TA und Maschinen	300.000,00	Kassenbestand	12.000,00
BGA	120.000,00	Eigenkapital	400.000,00
Rohstoffe	230.000,00	Darlehensschulden	286.500,00
Forderungen a. LL	115.000,00	Verbindlichkeiten a. LL	172.500,00
Bankguthaben	82.000,00		

Konten: EBK, TA und Maschinen, BGA, Rohstoffe, Forderungen a. LL, Vorsteuer, Bank, Kasse, Eigenkapital, Privat, Darlehensschulden, Verbindlichkeiten a. LL, Umsatzsteuer, Umsatzerlöse für eigene Erzeugnisse, Zinserträge, Aufwendungen für Rohstoffe, Löhne, Fremdinstandhaltung, Büromaterial, Abschreibungen auf SA, GuV-Konto, SBK.

Geschäftsfälle   €   €

1. Begleichung der Lieferantenrechnung ER 456 durch Banküberweisung 23.800,00
2. Verkauf von eigenen Erzeugnissen lt. AR 552, netto 60.000,00
   + Umsatzsteuer 11.400,00   71.400,00
3. Geschäftsinhaber entnimmt der Kasse (KB 113) für Urlaubsreise .. 2.500,00
4. Einkauf von Rohstoffen lt. ER 482, netto 12.000,00
   + Umsatzsteuer 2.280,00   14.280,00
5. KA 1: Banküberweisung für eine Spende an UNICEF 600,00
6. Bareinkauf von Büromaterial lt. KB 114, netto 700,00
   + Umsatzsteuer 133,00   833,00
7. KA 2: Lastschrift der Bank für Lohnüberweisungen 15.000,00
8. KA 3: Wohnungsmiete des Geschäftsinhabers wird vom Geschäftsbankkonto überwiesen 1.200,00
9. KA 4: Zinsgutschrift der Bank 1.500,00
10. Reparatur des Geschäftswagens wird bar bezahlt lt. KB 115, netto 680,00
    + Umsatzsteuer 129,20   809,20
11. Verkauf von eigenen Erzeugnissen lt. AR 553, netto 88.000,00
    + Umsatzsteuer 16.720,00   104.720,00
12. KA 5: Überweisung für Reparatur am Privathaus 595,00
13. Verbrauch von Rohstoffen lt. ME 1 .... 97.000,00

Abschlussangabe: Abschreibungen auf TA und Maschinen: 8.000,00; auf BGA: 4.000,00.

1. Das Eigenkapital des Betonwerks Patrick Schnell e. K. betrug zu Beginn des Geschäftsjahres 500.000,00 € und am Abschlussstichtag 580.000,00 €. Die Privatentnahmen betrugen 60.000,00 € und die Privateinlagen 40.000,00 €. **Wie hoch war der Jahreserfolg?**

2. Der Jahresgewinn der Werkzeugfabrik Timm KG betrug 140.000,00 € bei Privatentnahmen von 160.000,00 €. **Wie beurteilen Sie die Situation?**

1.12.2 Zahlung der Umsatzsteuer bei Entnahmen

Umsatzsteuer-pflichtige Entnahmen

Der Umsatzsteuer unterliegen nicht nur Lieferungen und Leistungen eines Unternehmens gegen Entgelt, sondern auch **unentgeltliche Entnahmen von Sachgütern und sonstigen Leistungen** des Unternehmens durch den Unternehmer **zu unternehmensfremden (z. B. privaten) Zwecken** (§ 3 [1b] und [9a] UStG). Dabei handelt es sich im Wesentlichen um

- Privatentnahmen von Gegenständen wie Erzeugnissen und Anlagegütern,
- den privaten Einsatz betrieblicher Gegenstände wie Fahrzeuge, Werkzeuge, Maschinen,
- die private Inanspruchnahme betrieblicher Leistungen wie Reparaturarbeiten,

sofern die entnommenen oder genutzten Gegenstände zum Vorsteuerabzug berechtigt haben. Der **Unternehmer** wird dadurch umsatzsteuerlich **dem Endverbraucher gleichgestellt.** Die genannten Vorgänge werden im Haben des Ertragskontos

Entnahme von Gegenständen und sonstigen Leistungen (kurz: Entnahme v. G. u. s. L.)

gebucht. Für jede Entnahme ist ein **Eigenbeleg** zu erstellen, der den Nettoentnahmewert sowie die Umsatzsteuer ausweist. Der Nettoentnahmewert wird im Haben des Ertragskontos „**Entnahme v. G. u. s. L.**" erfasst, was eine schnelle **Umsatzsteuerverprobung** ermöglicht (§ 22 [2] UStG).

Beispiel 1

Herr Berg entnimmt für seinen Sohn, der in Köln studiert, 5 000 Blatt Kopierpapier aus dem Büromaterialvorrat seines Unternehmens zum Anschaffungswert (= Einkaufspreis + Bezugskosten) von 60,00 € zuzüglich 11,40 € Umsatzsteuer.

Buchungen	Soll	Haben
❶ Privatkonto	71,40	
an Entnahme v. G. u. s. L.		60,00
an Umsatzsteuer		11,40
❷ Entnahme v. G. u. s. L.	60,00	
an GuV-Konto		60,00

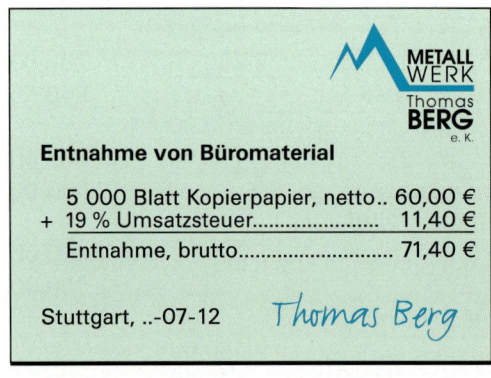

S	Privatkonto	H
❶ Entn./USt 71,40		

S	Entnahme v. G. u. s. L.	H
❷ GuV 60,00	❶ Privat	60,00

S	Umsatzsteuer	H
	❶ Privat	11,40

S	GuV-Konto	H
	❷ Entnahme v. G. u. s. L.	60,00

Entnahme von Büromaterial

5 000 Blatt Kopierpapier, netto.. 60,00 €
+ 19 % Umsatzsteuer..................... 11,40 €
Entnahme, brutto........................... 71,40 €

Stuttgart, ..-07-12   *Thomas Berg*

Beispiel 2

Herr Berg lässt seine Privatwohnung durch seinen Betrieb (Hausmeister) renovieren. Der Buchungsbeleg muss diese Dienstleistung des Betriebes (2.300,00 €) als Entnahme und die darauf entfallende Umsatzsteuer (437,00 €) gesondert ausweisen.

Buchungen	Soll	Haben
❶ Privatkonto	2.737,00	
an Entnahme v. G. u. s. L.		2.300,00
an Umsatzsteuer		437,00
❷ Entnahme v. G. u. s. L.	2.300,00	
an GuV-Konto		2.300,00

S	Privatkonto	H
❶ Entn./USt 2.737,00		

S	Entnahme v. G. u. s. L.	H
❷ GuV 2.300,00	❶ Privat 2.300,00	

S	Umsatzsteuer	H
	❶ Privat 437,00	

S	GuV-Konto	H
	❷ Entnahme v. G. u. s. L. 2.300,00	

Private Pkw-Nutzung

Bei der **Anschaffung eines betrieblich genutzten Fahrzeugs** wird der **volle Vorsteuerabzug** geltend gemacht durch die **Buchung:** Fuhrpark und Vorsteuer an Verbindlichkeiten a. LL. **Bei der Ermittlung des USt-pflichtigen privaten Nutzungsanteils an den Fahrzeugkosten** bleiben die **vorsteuerfreien** Kosten (z. B. Kraftfahrzeugsteuer/-versicherung) außer Ansatz.

Der private Nutzungsanteil an den Geschäftswagenkosten kann **ermittelt werden**

Ermittlung des privaten Nutzungsanteils

1 durch **Einzelnachweis**, indem die zurückgelegten Kilometer für Dienst- und Privatfahrten getrennt in einem **Fahrtenbuch** ordnungsgemäß aufgeführt werden, oder

2 mit der **Bruttolistenpreisregelung**, bei der bei Elektro- und Hybridfahrzeugen monatlich **0,5 %**[1], bei übrigen Fahrzeugen **1 % des inländischen Listenpreises zum Zeitpunkt der Erstzulassung zuzüglich Sonderausstattung und einschließlich Umsatzsteuer** angesetzt werden.[2]

Ein Geschäftswagen des Metallwerks verursacht 500,00 € umsatzsteuerfreie Kosten (Kfz-Versicherung) und 10.000,00 € umsatzsteuerpflichtige Kosten (AfA, Wartung, Treibstoff) im Jahr. Herr Berg nutzt das Fahrzeug lt. Fahrtenbuch zu 25 % privat.

Beispiel 3

Nutzungsentnahme netto ([500,00 € + 10.000,00 €] · 25 %)	2.625,00 €
+ 19 % Umsatzsteuer (10.000,00 € · 25 % · 19 %)	475,00 €
Nutzungsentnahme brutto	3.100,00 €

Buchung: Privatkonto ...... 3.100,00   an Entnahme v. G. u. s. L. ... 2.625,00
                                                         an Umsatzsteuer 475,00

Zusammenfassung

■ Die private **Entnahme und Nutzung von Gegenständen** des Unternehmens sowie die **private Inanspruchnahme von betrieblichen Leistungen sind Privatentnahmen,** die der Umsatzsteuer unterliegen.

■ Eine **Entnahme** ist buchhalterisch **gesondert** auf dem Konto „Entnahme von Gegenständen und sonstigen Leistungen" zu **erfassen.**

Zusatzinformation

■ Die private **Nutzung des Geschäftstelefons** stellt **keine umsatzsteuerpflichtige Leistungsentnahme** dar (A 3.4 [4] UStAE). Deshalb sind die monatlich in Rechnung gestellten **Gebühren** (Miete für die Telefonanlage, Grund- und Gesprächsgebühren) **und die Vorsteuer** um den privaten Anteil zu korrigieren. **Buchung:** Privat an Konto „Kosten der Telekommunikation" und Vorsteuer.

---

1 Für nach dem 01.01.2019 angeschaffte Fahrzeuge. Für ältere Fahrzeuge vermindert sich der Listenpreis um die darin enthaltenen Kosten des Batteriesystems (§6 [1] Nr. 4 S. 2 EStG).

2 Die Pauschalmethode kann nur angewandt werden, wenn die betriebliche Nutzung des Firmenwagens mehr als 50 % beträgt.

83

Aufgabe 84

Bilden Sie die Buchungssätze zu folgenden Geschäftsfällen des Textilwerks Danielle Herz e. Kffr.:

	€
1. Überweisung für die Lebensversicherung von Frau Herz	1.200,00
2. Die Unternehmerin entnimmt Erzeugnisse für den privaten Verbrauch, netto	600,00
+ Umsatzsteuer	114,00

3. Die Telekommunikationsrechnung für Januar wird mit 952,00 € (800,00 € + 152,00 € USt) durch Bankabbuchung beglichen. Der private Nutzungsanteil beträgt 200,00 € + USt.

4. Die Heizungsreparatur im Einfamilienhaus der Unternehmerin Herz wird durch den eigenen Betrieb durchgeführt. Kosten	350,00
+ Umsatzsteuer	66,50

Aufgabe 85

Als Mitarbeiter/-in des Elektrowerks H. Pesch KG bilden Sie zu folgenden Geschäftsfällen die Buchungssätze und führen dazu die Konten Fuhrpark, Verbindlichkeiten a. LL, Privat, Entnahme v. G. u. s. L., Vorsteuer, Umsatzsteuer, Gewinn und Verlust, Eigenkapital (AB 300.000,00 €).

	€
1. Privatentnahme eines Kühlschranks, Herstellungswert	300,00
+ Umsatzsteuer	57,00
2. Banküberweisung für eine Urlaubsreise	2.450,00

3. a) Anschaffung eines Geschäfts-Pkw, der vom Unternehmer auch privat genutzt wird, gegen Rechnung: 62.000,00 € + 11.780,00 € USt
   b) lt. Fahrtenbuch 25 % private Nutzung, 12.000,00 € umsatzsteuerpflichtige Gesamtkosten

4. Die Elektroinstallation im Einfamilienhaus des Firmeninhabers erfolgt durch den Betriebselektriker. 120 Arbeitsstunden je 40,00 €	4.800,00
+ Umsatzsteuer	912,00
5. Banküberweisung für die Einkommen- und Kirchensteuer	23.000,00
6. Abschluss der Konten Privat und Entnahme v. G. u. s. L.	•••

Aufgabe 86

Das Eigenkapital eines Industrieunternehmens betrug zum Beginn des Geschäftsjahres 600.000,00 € und zum Abschlussstichtag 670.000,00 €. Während des Geschäftsjahres tätigte der Unternehmer 70.000,00 € Privatentnahmen und 30.000,00 € Einlagen.

Wie hoch war der Jahreserfolg des Unternehmens?

Aufgabe 87

Die Finanzbuchhaltung des Elektronikwerks Hans Albrecht e. K. weist zum 31. Dezember .. folgende Daten aus:

	€
Anlagevermögen	980.000,00
Umlaufvermögen	520.000,00
Fremdkapital	500.000,00
Privatentnahmen	120.000,00
Privateinlagen	40.000,00
Gewinn lt. GuV-Konto	180.000,00

Ermitteln Sie das Eigenkapital a) zum 31. Dez. und b) zum 1. Jan. des Geschäftsjahres.

Aufgabe 88

1. **Was rechnet im Einzelnen zu den Entnahmen v. G. u. s. L.?**
2. **Begründen Sie, weshalb die Entnahme v. G. u. s. L. umsatzsteuerpflichtig ist.**
3. **Private Entnahmen von Handelswaren dürfen nur zum Bezugspreis (Anschaffungskosten) und nicht zum höheren Verkaufspreis erfolgen. Warum?**
4. **Sehen Sie einen Zusammenhang zwischen Privatentnahmen und Gewinn?**

Organisation der Finanzbuchhaltung 2

Aufgaben der Finanzbuchhaltung 2.1

Die Buchführung oder Finanzbuchhaltung muss **alle Geschäftsfälle aufgrund von Belegen** laufend, lückenlos, **zeitlich und sachlich geordnet erfassen** und aufzeichnen, also buchen. Die **zeitliche Ordnung** der Geschäftsfälle erfolgt **im Grundbuch,** die **sachliche** auf den **Sachkonten des Hauptbuchs.** Ohne diese **ordnungsmäßige Aufzeichnung der Geschäftsfälle** würde Herr Berg in kürzester Zeit den Überblick über Vermögen, Schulden und Erfolg seines Unternehmens verlieren. Außerdem fehlten ihm dann die Zahlen für seine Vorhaben und Entscheidungen.

Aufgaben der Buchführung

Die wichtigsten Aufgaben der Buchführung:

- Sie stellt den
  Stand des Vermögens und der Schulden fest.

- Sie zeichnet
  alle Veränderungen der Vermögens- und Schuldenwerte aufgrund von Geschäftsfällen lückenlos und planmäßig auf.

- Sie gibt beispielsweise einen
  Überblick über folgende Daten:
  - Umsatzerlöse für eigene Erzeugnisse
  - Werkstoffaufwendungen
  - Personalaufwendungen
  - Privatentnahmen, u. a.

- Sie ermittelt den
  Erfolg des Unternehmens, also den **Gewinn** oder den **Verlust,** indem sie alle Aufwendungen (Werteverzehr) und Erträge (Wertezuwachs) im Einzelnen erfasst.

- Sie liefert die Zahlen für die
  Preisberechnung (Kalkulation) der Erzeugnisse und Handelswaren.

- Sie stellt Zahlen für
  innerbetriebliche Kontrollen zur Verfügung, die der Steigerung der Wirtschaftlichkeit dienen.

- Sie ist die Grundlage zur
  Berechnung der Steuern.

- Sie ist wichtiges
  Beweismittel bei Rechtsstreitigkeiten mit Kunden, Lieferanten, Banken, Behörden (Finanzamt, Gerichte) u. a.

Handels- und steuerrechtliche Vorschriften der Finanzbuchhaltung 2.2

Die obige Übersicht zeigt, dass die Buchführung nicht nur für das Unternehmen selbst von großer Bedeutung ist, sondern auch für bestimmte **Institutionen des Staates** (Finanzamt, Gerichte u. a.) sowie zur Information und zum **Schutz der Gläubiger** bei Kreditbewilligungen. Deshalb **verpflichten** das **Handelsgesetzbuch** (§ 238 [1] HGB) und die **Abgabenordnung** (§ 140 AO) alle Kaufleute (vgl. §§ 1 bis 6 HGB) zur Buchführung.

Buchführungspflicht nach HGB

„Jeder Kaufmann ist verpflichtet, Bücher zu führen und in diesen seine Handelsgeschäfte und die Lage seines Vermögens nach den Grundsätzen ordnungsmäßiger Buchführung ersichtlich zu machen." **(§ 238 [1] HGB)**

Die Vorschriften zur Buchführungspflicht betreffen den Kaufmann, der im Handelsregister eingetragen ist. Befreit von der Buchführungspflicht des § 238 [1] HGB sind Einzelkaufleute (e. K., e. Kfm., e. Kffr.), die in zwei aufeinander folgenden Geschäftsjahren nicht mehr als jeweils 600.000,00 € Jahresumsatz und jeweils 60.000,00 € Jahresgewinn erzielen (§ 241a HGB). Sie dürfen den Gewinn bzw. Verlust des Geschäftsjahres durch einfache Einnahmen-Überschuss-Rechnung (Betriebseinnahmen abzüglich Betriebsausgaben) ermitteln.

Neben der steuerrechtlichen Buchführungspflicht nach § 140 AO (siehe S. 85) sind nach § 141 AO auch Nichtkaufleute (z. B. Kleingewerbetreibende) zur Buchführung verpflichtet, wenn deren Jahresumsatz 600.000,00 € oder Jahresgewinn 60.000,00 € im Wirtschaftsjahr übersteigt.

Handelsrechtliche Rechnungslegungsvorschriften der Buchführung und des Jahresabschlusses enthält vor allem das **Handelsgesetzbuch** in seinem „Dritten Buch: Handelsbücher". Es gliedert sich in sechs Abschnitte:

- Der 1. **Abschnitt (§§ 238–263 HGB)**[1] enthält Vorschriften, die auf **alle Kaufleute** anzuwenden sind. Zu diesen **grundlegenden Vorschriften** zählen die Buchführungspflicht, die Führung von Handelsbüchern, das Inventar, die Pflicht zur Aufstellung des Jahresabschlusses (Bilanz und Gewinn- und Verlustrechnung), die Bewertung der Vermögensgegenstände und Schulden sowie die Aufbewahrung von Buchführungsunterlagen u. a. m.
- Der 2. **Abschnitt (§§ 264–335c HGB)**[1] beinhaltet **ergänzende** Vorschriften für **Kapitalgesellschaften und haftungsbeschränkte Personenhandelsgesellschaften**[2], insbesondere über die **Gliederung, Prüfung und Veröffentlichung des Jahresabschlusses.**
- Der 3. **Abschnitt (§§ 336–339 HGB)** enthält ergänzende Vorschriften für **eingetragene Genossenschaften.**
- Der 4. **Abschnitt (§§ 340–341y HGB)** umfasst ergänzende Vorschriften für **Unternehmen bestimmter Geschäftszweige** (Banken, Versicherungen, Rohstoffsektor u. a.).
- Der 5. und 6. **Abschnitt (§§ 342–342e HGB)** beinhaltet Vorschriften über die Anerkennung und die Aufgaben **privater Institutionen der Rechnungslegung.**

Besondere Rechnungslegungsvorschriften für Aktiengesellschaften, Gesellschaften mit beschränkter Haftung und Genossenschaften sind enthalten im

- Aktiengesetz (AktG), ■ GmbH-Gesetz (GmbHG), ■ Genossenschaftsgesetz (GenG).

Steuerrechtliche Vorschriften

Die Buchführung ist zugleich **Grundlage für die Besteuerung** des Unternehmens und der Unternehmensinhaber. Besondere steuerrechtliche Buchführungsvorschriften sind in folgenden **Gesetzen** enthalten:

- Abgabenordnung (AO),
- Einkommensteuergesetz (EStG),
- Körperschaftsteuergesetz (KStG),
- Gewerbesteuergesetz (GewStG),
- Umsatzsteuergesetz (UStG).

Zu den Steuergesetzen gibt es noch entsprechende **Durchführungsverordnungen** (EStDV, KStDV, UStDV), **Richtlinien** (EStR, KStR) und **Erlasse** (z. B. UStAE[3]).

Zusammenfassung

- **Das HGB unterscheidet** zwischen dem **Kaufmann (im Handelsregister eingetragen) und dem Nichtkaufmann.**
- **Das Dritte Buch des HGB enthält** in sechs Abschnitten eine **geschlossene Darstellung** der **handelsrechtlichen Rechnungslegungsvorschriften** (siehe auch Kapitel F).

---

1 Siehe HGB-Rechnungslegungsvorschriften, S. 494 ff.
2 Z. B. GmbH + Co. KG.
3 Umsatzsteueranwendungserlass

Grundsätze ordnungsmäßiger Buchführung 2.3

Nach § 238 [1] HGB muss der Kaufmann bei der Buchführung die **Grundsätze ordnungsmäßiger Buchführung (GoB)** beachten. Dabei handelt es sich um **allgemein anerkannte und sachgerechte Regeln und Handelsbräuche**, die aus den Aufgaben der Rechnungslegung abgeleitet sind. Beispielsweise muss die Buchführung so beschaffen sein, dass sie einem sachverständigen Dritten (Steuerberater, Betriebsprüfer der Finanzbehörde) in angemessener Zeit einen Überblick über die Geschäftsfälle und Lage des Unternehmens vermitteln kann.

GoB

Für DV-gestützte Buchführungssysteme präzisieren die **Grundsätze zur ordnungsmäßigen Führung und Aufbewahrung von Büchern, Aufzeichnungen und Unterlagen in elektronischer Form sowie zum Datenzugriff (GoBD)**[1] die GoB. Sie enthalten z. B. Anforderungen in Bezug auf das interne Kontrollsystem und die Verfahrensdokumentation, die Datensicherheit, die Aufbewahrung von steuerrechtlich relevanten elektronischen Daten und Papierdokumenten sowie Regeln zum elektronischen Datenzugriff.

GoBD

Quellen der GoB sind Wissenschaft, Praxis, Rechtsprechung sowie Empfehlungen der Wirtschaftsverbände. Teilweise haben die GoB Niederschlag im Handels- und Steuerrecht gefunden. Die **GoBD** sind eine durch das Bundesfinanzministerium erlassene Verwaltungsvorschrift.

Quellen der GoB

Aufgabe der GoB ist es, Eigentümer und Gläubiger des Unternehmens vor falschen Informationen und Verlusten zu schützen.

Aufgabe der GoB

Wesentliche Grundsätze ordnungsmäßiger Buchführung (GoB):

■ **Klarheit und Übersichtlichkeit der Buchführung**
 – Sachgerechte und überschaubare Organisation der Buchführung (§ 238 [1] HGB, § 145 [1] AO).
 – Verwendung einer lebenden Sprache und eindeutiger Abkürzungen, Ziffern, Buchstaben oder Symbole (§ 239 [1] HGB, § 146 [3] AO).
 – Übersichtliche Gliederung des Jahresabschlusses (§§ 243 [2], 266, 275 HGB).
 – Verrechnungsverbot von Vermögensgegenständen und Schulden sowie von Aufwendungen und Erträgen (§ 246 [2] HGB).
 – Nachvollziehbarkeit der Veränderung von Buchungen, so dass der ursprüngliche Inhalt feststellbar ist (Protokolle von Änderungen/Löschungen § 239 [3] HGB, § 146 [4] AO).

■ **Ordnungsmäßige Erfassung aller Geschäftsfälle**
 Geschäftsfälle müssen vollständig, richtig, zeitgerecht und geordnet erfasst werden (§ 239 [2] HGB, § 146 [1] AO). Kasseneinnahmen/-ausgaben sind täglich aufzuzeichnen (§ 146 [1] AO).

■ **Keine Buchung ohne Beleg (Belegprinzip)**
 Sämtliche Buchungen müssen anhand der Belege jederzeit nachprüfbar sein.

■ **Ordnungsmäßige Aufbewahrung der Buchführungsunterlagen**
 Buchungsbelege, Buchungsprogramme, Konten, Bücher, Inventare, Eröffnungsbilanzen, Jahresabschlüsse und Lageberichte sind **10 Jahre**, empfangene und Kopien verschickter Handelsbriefe sind **6 Jahre** geordnet aufzubewahren. Die Aufbewahrungsfrist beginnt mit dem Schluss des Kalenderjahrs (§ 257 HGB, § 147 AO).

 Mit Ausnahme der Eröffnungsbilanzen und der Jahresabschlüsse dürfen die Buchführungsunterlagen auf einem Bild- oder Datenträger aufbewahrt werden, wenn sie jederzeit lesbar gemacht werden können (§§ 239 [4], 257 [3] HGB, § 147 [2] AO).

Verstöße gegen die GoB oder GoBD können eine **Schätzung der Besteuerungsgrundlagen** (Umsatz, Gewinn) durch die Finanzbehörden (§ 162 AO) sowie **Freiheits- oder Geldstrafen** (§ 331 HGB, § 370 AO, § 283 Strafgesetzbuch) zur Folge haben.

Verstöße gegen die GoB/GoBD

---

1 Zu den GoBD siehe www.schmolke-deitermann.de Beiträge/Downloads.

Aufgabe 89

1. Nennen Sie vier wichtige Aufgaben der Finanzbuchhaltung.
2. Warum wird jeder Unternehmer bereits aus eigenem Interesse Bücher führen?
3. Was bedeutet zeitgerechte Ordnung in der Buchführung?
4. Nennen Sie Beispiele für die sachliche Ordnung der Geschäftsfälle.

Aufgabe 90

1. Welche Gesetze regeln die Buchführungspflicht?
2. In welchem Gesetz sind die handelsrechtlichen Vorschriften über die Buchführung und den Jahresabschluss geregelt?
3. Bestimmte Rechtsformen der Unternehmung, wie z. B. die Aktiengesellschaft, haben rechtsformspezifische Gesetze für ihre Rechnungslegung. Nennen Sie solche Gesetze.
4. In welchen Steuergesetzen sind Vorschriften zur Buchführung enthalten?
5. Begründen Sie die Bedeutung der Buchführung für den Staat.
6. Welchen Zweck haben die Buchführungsvorschriften für den Gläubiger des Unternehmens?

Aufgabe 91

Begründen Sie, ob bei den Unternehmen A, B, C und D eine steuerrechtliche Pflicht zur Führung von Büchern besteht:

Kriterien nach § 141 AO	A	B	C	D
Umsatzerlöse	550.000,00 €	612.000,00 €	598.000,00 €	600.000,00 €
Gewinn	48.000,00 €	63.000,00 €	61.000,00 €	60.000,00 €

Aufgabe 92

Untersuchen Sie die folgenden Aussagen auf ihre Richtigkeit:

1. Nach dem HGB ist jeder Unternehmer zur Buchführung verpflichtet.
2. Buchführungsvorschriften enthält lediglich das Handelsgesetzbuch.
3. Die handelsrechtlichen Vorschriften zur Buchführung sind im Dritten Buch des Handelsgesetzbuches „Handelsbücher" enthalten.
4. Das HGB verpflichtet nur den im Handelsregister eingetragenen Kaufmann zur Führung von Büchern.
5. Das Grundgesetz enthält die Grundsätze ordnungsmäßiger Buchführung.
6. Kasseneinnahmen und Kassenausgaben sind wöchentlich zu erfassen.
7. Vermögenswerte und Schulden sowie Aufwendungen und Erträge dürfen verrechnet werden.
8. Alle Bilanzen und alle Buchungsunterlagen dürfen auf Bild- oder Datenträgern aufbewahrt werden.
9. Verstöße gegen die Grundsätze ordnungsmäßiger Buchführung führen beim Finanzamt zu einer Schätzung der Besteuerungsgrundlagen, wie z. B. Umsatzerlöse, Gewinn u. a.
10. Bei einer EDV-Buchführung müssen die gespeicherten Daten jederzeit durch Bildschirm oder Ausdruck lesbar gemacht werden können.
11. Konten können nach sechs Jahren vernichtet werden.
12. Der Jahresabschluss, also Bilanz und Gewinn- und Verlustrechnung, dürfen von Prokuristen unterschrieben werden.
13. Inventare sind vom Geschäftsinhaber zu unterschreiben und acht Jahre lang aufzubewahren.
14. Buchungsbelege sind zehn Jahre aufzubewahren.
15. Die sachliche Ordnung der Buchungen erfolgt im Grundbuch.

Der Kontenrahmen – ein unentbehrliches Organisationsmittel der Finanzbuchhaltung

2.4

Aufgaben und Aufbau des Industrie-Kontenrahmens (IKR)

2.4.1

Die geordnete Aufzeichnung der Zahlen in der Buchführung ist Voraussetzung für eine sachgerechte Planung der Unternehmensleitung. Sie ermöglicht den innerbetrieblichen **Vergleich wichtiger Bilanz-, Aufwands- und Ertragsposten** in mehreren Rechnungsperioden (Monate, Quartale, Jahre). Um die Lage des eigenen Unternehmens noch besser beurteilen zu können, ist jedoch außer diesem **Zeitvergleich** auch ein Vergleich mit **branchengleichen Betrieben** von großer Bedeutung (**Betriebsvergleich**). Dazu ist Folgendes erforderlich:

Kontenrahmen[1] als Kontenordnungssystem

- Die **Konten** sind nach einem **einheitlichen System** zu gliedern.

- Die **Konten** müssen **inhaltlich und namentlich gleich** sein.

Der Kontenrahmen ist ein solches Kontenordnungssystem. Jeder Wirtschaftszweig (Industrie, Großhandel, Einzelhandel, Banken u. a.) hat seinen **branchenspezifischen Kontenrahmen.**

In den Bundesländern Baden-Württemberg und Nordrhein-Westfalen gibt es für Ausbildungszwecke auch einen **„Schulkontenrahmen",** der grundlegend dem „Industrie-Kontenrahmen" (IKR) entspricht.

Diesem Lehrbuch liegt im Wesentlichen der vom **Bundesverband der Deutschen Industrie** herausgegebene **„Industrie-Kontenrahmen (IKR) für Aus- und Fortbildung"** zugrunde.

Wie alle Kontenrahmen ist auch der Industrie-Kontenrahmen **nach dem dekadischen System** (Zehnersystem) aufgebaut. Die Konten werden zunächst eingeteilt in

Aufbau des Kontenrahmens

10 Klassen von 0 bis 9,

wobei im **Industrie- und Schulkontenrahmen** die **Kontenklassen 0 bis 8** der **Finanzbuchhaltung** zugeordnet werden. Die **Kontenklasse 9** kann für eine buchhalterische Verankerung **der Kosten- und Leistungsrechnung** genutzt werden. Beide Zweige des Rechnungswesens haben also im genannten Kontenrahmen ihren eigenen Kontenkreis (**Zweikreissystem**).

		Kontenklasse	Inhalt der Kontenklasse
Finanzbuchhaltung	Bestandskonten	0	Immaterielle Vermögensgegenstände und Sachanlagen
		1	Finanzanlagen
		2	Umlaufvermögen und aktive Rechnungsabgrenzung
		3	Eigenkapital und Rückstellungen
		4	Verbindlichkeiten und passive Rechnungsabgrenzung
	Erfolgskonten	5	Erträge
		6	Betriebliche Aufwendungen
		7	Weitere Aufwendungen
		8	Ergebnisrechnungen (Eröffnungs- und Abschlusskonten)
KLR		9	Buchhalterische Abwicklung der Kosten- und Leistungsrechnung (KLR)

1 Siehe Anlage im Anhang des Lehrbuches.

Gliederung der Konten nach dem Jahresabschluss

Bilanz und Gewinn- und Verlustrechnung bilden den Jahresabschluss der Finanzbuchhaltung. Um die **Abschlussarbeiten zu vereinfachen,** wurden die Konten im Kontenrahmen auf den Jahresabschluss ausgerichtet. **In Reihenfolge und Bezeichnung der Posten entsprechen die Konten der**

- **Gliederung der Bilanz** im § 266 HGB[1] und der
- **Gliederung der Gewinn- und Verlustrechnung** im § 275 HGB[1].

Bilanz und Gewinn- und Verlustrechnung lassen sich nach Abstimmung mit den Inventurwerten somit **direkt aus** den Salden der **Bestands- und Erfolgskonten** der Finanzbuchhaltung erstellen:

S	8010 Schlussbilanzkonto		H
Kontenklasse	Aktiva	Passiva	Kontenklasse
0	Immaterielle Vermögensgegenstände Sachanlagen	Eigenkapital Rückstellungen	3
1	Finanzanlagen	Verbindlichkeiten Passive Rechnungsabgrenzung	4
2	Umlaufvermögen Aktive Rechnungsabgrenzung		

S	8020 Gewinn- und Verlustkonto		H
Kontenklasse	Aufwendungen	Erträge	Kontenklasse
6	Betriebliche Aufwendungen	Erträge	5
7	Weitere Aufwendungen		

Die Abschlussbuchungssätze lauten somit für die

Bestandskonten:	8010 Schlussbilanzkonto an **Aktivkonten** der Klassen 0, 1 und 2
	Passivkonten der Klassen 3 und 4 an 8010 Schlussbilanzkonto
Erfolgskonten:	**Ertragskonten** der Klasse 5 an 8020 Gewinn- und Verlustkonto
	8020 Gewinn- und Verlustkonto an **Aufwandskonten** der Klassen 6 und 7

Der abschlussorientierte Industrie-Kontenrahmen, also die Ausrichtung der Konten auf die Bilanz und Gewinn- und Verlustrechnung, führt zu einer wesentlichen **Vereinfachung der Abschlussarbeiten** und damit zu einer **rationellen Erstellung des Jahresabschlusses.**

---

1 Vgl. §§ 266, 275 HGB auf der Rückseite des Industrie-Kontenrahmens (IKR) im Anhang des Lehrbuches.

Erläuterung der Kontenklassen 0 bis 8

Immaterielle Vermögensgegenstände und Sachanlagen — Klasse 0

Die Kontenklasse 0 enthält v. a. die **Sachanlagen** (Kontengruppen 05 bis 09), die die Betriebs-bereitschaft herstellen, wie Grundstücke, Gebäude, technische Anlagen und Maschinen, Betriebs- und Geschäftsausstattung u. a. Die Kontengruppen 02 und 03 erfassen **immateri-elle Anlagewerte** (Lizenzen, Konzessionen, Geschäfts- oder Firmenwert).

Finanzanlagen — Klasse 1

Hier werden die **langfristigen Finanzanlagen** eines Unternehmens erfasst, wie z. B. **Kapital-beteiligungen** an anderen Unternehmen, **langfristige Ausleihungen** sowie **Wertpapiere,** die als **langfristige Kapitalanlage** angeschafft wurden.

Umlaufvermögen und aktive Rechnungsabgrenzung — Klasse 2

Diese Klasse enthält die Bestandskonten für **Roh-, Hilfs- und Betriebsstoffe, unfertige und fertige Erzeugnisse** sowie **Handelswaren,** die **Forderungen a. LL,** die **Vorsteuer,** als **kurzfri-stige Anlage** erworbene **Wertpapiere** sowie die **flüssigen Mittel** (z. B. Bank, Kasse). Die **aktive Rechnungsabgrenzung** dient der **periodengerechten** Abgrenzung des Jahreserfolges.

Eigenkapital und Rückstellungen — Klasse 3

Die Klasse 3 enthält die **Eigenkapitalkonten** der Einzelunternehmen (e. K.) und Personenge-sellschaften (OHG, KG) sowie der Kapitalgesellschaften (AG, KGaA, GmbH). Das **Privatkonto** wird als Unterkonto den Eigenkapitalkonten der Personenunternehmen zugeordnet. **Rücklagen** werden in Form der **Kapital- und Gewinnrücklagen** in der Klasse 3 erfasst und **offen** in der Bilanz der **Kapitalgesellschaft** – getrennt vom „Gezeichneten Kapital" – aus-gewiesen. Gewinnrücklagen entstehen durch Einbehaltung von Teilen des Gewinns, Kapi-talrücklagen durch Zuzahlung der Gesellschafter der Kapitalgesellschaft. Verbindlichkeiten, deren Höhe oder Fälligkeit zum Bilanzstichtag noch nicht feststehen, werden in der Klasse 3 als **Rückstellungen** geführt: Pensions-, Steuer- und sonstige Rückstellungen.

Verbindlichkeiten und passive Rechnungsabgrenzung — Klasse 4

In der Kontenklasse 4 werden **alle kurz- und langfristigen Verbindlichkeiten** gegenüber Banken, Lieferanten, Finanzamt u. a. sowie die **passive Rechnungsabgrenzung** erfasst.

Erträge — Klasse 5

Die **Kontengruppen 50, 51 und 54** enthalten die **eigentlichen betrieblichen Erträge** der Unternehmen: Die **Umsatzerlöse für eigene Erzeugnisse und Handelswaren** werden ein-schließlich der **Unterkonten** z. B. für Miet-, Provisions-, Lizenzerträge[1] in der Klasse 5 erfasst. Die Kontengruppe 54 enthält die Konten der **„sonstigen" betrieblichen Erträge,** wie Erträge aus Anlagenabgängen, der Auflösung von Rückstellungen, abgeschriebenen Forderungen und unentgeltliche Entnahmen durch den Unternehmer u. a. In den übrigen Kontengruppen werden sowohl Erträge aus Beteiligungen als auch **Zinserträge** berücksichtigt.

Betriebliche Aufwendungen — Klasse 6

Insbesondere **Aufwendungen für Roh-, Hilfs- und Betriebsstoffe und Handelswaren,** Per-sonalaufwand, Abschreibungen und diverse „Sonstige betriebliche Aufwendungen".

Weitere Aufwendungen — Klasse 7

Die Klasse 7 enthält insbesondere **alle Steuern und Zinsen.**

Ergebnisrechnungen — Klasse 8

Die Klasse 8 dient vor allem der Eröffnung und dem Abschluss der Konten:
- 8000 Eröffnungsbilanzkonto
- 8010 Schlussbilanzkonto
- 8020 GuV-Konto

---

1 Vgl. Industrie-Kontenrahmen (IKR) im Anhang des Lehrbuches.

2.4.2 Der Kontenplan – eine Übersicht der betriebsindividuellen Konten

Im **Kontenrahmen** werden alle Konten in

10 Konten**klassen** (= einstellige Ziffer) eingeteilt, von denen jede in

    10 Konten**gruppen** (= zweistellige Ziffer) unterteilt wird und diese wiederum in je

        10 Konten**arten** (= dreistellige Ziffer). Jede Kontenart kann untergliedert werden in

            10 Konten**unterarten** (= vierstellige Ziffer).

Beispiel

Die Kontennummer **2801** bezeichnet z. B. die

■ Konten**klasse:**	**2** Umlaufvermögen und ARA	**Kontenrahmen**
■ Konten**gruppe:**	**28** Flüssige Mittel	
■ Konten**art:**	**280** Guthaben bei Kreditinstituten	
■ Konten**unterarten:**	**2800** Kreissparkasse **2801** Deutsche Bank	**Kontenplan**

Kontenplan

Der Kontenrahmen bildet die einheitliche **Grundordnung** für die Aufstellung **betriebsindividueller Kontenpläne** der Unternehmen eines Wirtschaftszweiges. **Aus dem Kontenrahmen** entwickelt jedes Unternehmen seinen **eigenen Kontenplan,** der auf seine **besonderen Belange** (Branche, Struktur, Größe, Rechtsform) ausgerichtet ist. So lässt sich im Kontenplan eine weitere Untergliederung der Kontenarten in Kontenunterarten entsprechend den Bedürfnissen des Unternehmens vornehmen. Der Kontenplan enthält somit nur die im Unternehmen geführten Konten.

Vereinfachung der Buchungsarbeit

Der Kontenplan vereinfacht die Buchungen in den Konten, da die Kontenbezeichnungen durch Kontennummern ersetzt werden.

Beispiel

Geschäftsfall: Herr Berg entnimmt der Geschäftskasse für Privatzwecke 1.800,00 €.

Buchungssatz	statt	Privat an Kasse	1.800,00
	nunmehr kurz: 3001	an 2880	1.800,00

S	3001 Privat	H		S	2880 Kasse	H
2880	1.800,00			...	7.500,00	3001 1.800,00

EDV-Kontenrahmen

Soll der Kontenrahmen zugleich auch als EDV-Kontenrahmen verwendet werden (wie für dieses Lehrbuch vorgesehen), ist jedes **Sachkonto des Hauptbuchs** mit einer **vierstelligen** Kontenziffer zu versehen. **Personenkonten** (Kunden- und Lieferantenkonten) haben in der Regel **fünfstellige** Kontenziffern.

■ **Der Industrie-Kontenrahmen (IKR)**

– bildet einen **einheitlichen** Rahmen für alle wichtigen Konten der Unternehmen eines **Wirtschaftszweiges,**

– **ordnet** die Konten systemgerecht und rationell **entsprechend der Gliederung der Bilanz und Gewinn- und Verlustrechnung (Abschlussgliederungsprinzip),**

– **trennt** Finanzbuchhaltung (Kontenklassen 0–8) und Kosten- und Leistungsrechnung (Kontenklasse 9) in zwei Rechnungskreise (= **Zweikreissystem**),

– ermöglicht eine **EDV-gerechte Organisation** des Rechnungswesens und

– schafft die Voraussetzung für **Zeit- und Betriebsvergleiche** zur Überwachung der **Wirtschaftlichkeit.**

■ **Der Kontenplan** enthält nur die **vom Unternehmen** geführten Konten.

---

1. **In welcher Kontenklasse stehen die nachfolgenden Konten?**

Aufgabe 93

2. **Ordnen Sie den Konten die entsprechende Kontennummer zu.**

Bankguthaben,	Verbindlichkeiten a. LL,	Forderungen a. LL,
Vorsteuer,	Eigenkapital,	Gehälter,
Rohstoffe,	Umsatzerlöse für eig. Erzeugn.,	Umsatzsteuer,
Entnahme v. G. u. s. L.,	Aufwendungen für Rohstoffe,	Büromaterial,
Fuhrpark,	Geschäftsausstattung,	Kosten der
Zinsaufwendungen,	Zinserträge,	Telekommunikation,
EBK,	GuV-Konto,	Privatkonto,
Löhne,	Abschreib. auf Sachanlagen,	SBK.

Welche Geschäftsfälle liegen den folgenden Buchungssätzen zugrunde?

Aufgabe 94

				€
1. 2800		an 2400	11.900,00
2. 2880		an 2800	5.800,00
3. 2000	8.500,00		
2600	1.615,00	an 4400	10.115,00
4. 2400	23.800,00	an 5000	20.000,00
		an 4800	3.800,00
5. 6300		an 2800	68.000,00
6. 6800	550,00		
2600	104,50	an 2880	654,50
7. 3001	714,00	an 5420	600,00
		an 4800	114,00

Nennen Sie jeweils den Buchungssatz in Form der Kontennummern zur Eröffnung folgender Konten zum 1. Januar:

Aufgabe 95

	€
1. Geschäftsausstattung	240.000,00
2. Eigenkapital	300.000,00
3. Waren	80.000,00
4. Verbindlichkeiten a. LL	45.000,00
5. Bankguthaben	55.000,00
6. Umsatzsteuerverbindlichkeit	30.000,00

Aufgabe 96

Nennen Sie jeweils den Abschlussbuchungssatz mit den entsprechenden Kontennummern für die Salden folgender Bestands- und Erfolgskonten zum 31. Dezember:

		€
1.	Rohstoffe	540.000,00
2.	Verbindlichkeiten a. LL	230.000,00
3.	Umsatzerlöse für eigene Erzeugnisse	450.000,00
4.	Aufwendungen für Rohstoffe	340.000,00
5.	Portokosten	2.500,00
6.	Bankguthaben	234.000,00
7.	Zinsaufwendungen	23.000,00
8.	Entnahme v. G. u. s. L.	1.200,00

Aufgabe 97

Nennen Sie mit den entsprechenden Kontennummern jeweils den Abschlussbuchungssatz folgender Konten:

1. Privatkonto bei Überschuss der Entnahmen
2. Gewinn- und Verlustkonto bei Gewinn
3. Eigenkapital

Aufgabe 98

Wie lauten die Kontenbezeichnungen und die zugrunde liegenden Geschäftsfälle?

1. 0840 und 2600 an 2800
2. 2000 und 2600 an 4400
3. 2400 an 5000 und 4800
4. 6300 an 2800
5. 2800 an 0840 und 4800

6. 6870 und 2600 an 2850
7. 4400 an 2800
8. 3001 an 5420 und 4800
9. 2850 an 2400
10. 7510 an 2800

Aufgabe 99

Nennen Sie jeweils den Geschäftsfall der folgenden Buchungen auf dem Bankkonto:

S	2800 Bank		H
1. 8000	86.000,00	5. 4400	18.400,00
2. 2880	5.000,00	6. 4800	12.300,00
3. 4250	25.000,00	7. 6300	24.300,00
4. 2400	12.000,00	8. 8010	73.000,00
	128.000,00		**128.000,00**

Aufgabe 100

Bilden Sie unter Angabe der Kontennummern die Buchungssätze:

		€
1.	Umwandlung einer Lieferantenschuld in eine Darlehensschuld	11.900,00
2.	Lastschrift der Bank für Geschäftsmiete	7.500,00
3.	Banküberweisung zum Ausgleich der Lieferantenrechnung ER 4 567	17.850,00
4.	Entnahme von Erzeugnissen für private Verwendung: netto 2.000,00 € + 380,00 € Umsatzsteuer	2.380,00
5.	Kunde begleicht Rechnung (AR 1 234) durch Postbanküberweisung	9.520,00
6.	ER 4 589 für Hilfsstoffe: 22.000,00 € netto + 4.180,00 € Umsatzsteuer	26.180,00
7.	AR 1 278 für eigene Erzeugnisse: 35.000,00 € netto + 6.650,00 € Umsatzsteuer	41.650,00
8.	Gutschrift der Bank für Zinsen	1.800,00
9.	Reparaturen im Wohnhaus des Unternehmers durch den eigenen Betrieb: 2.500,00 € netto + 475,00 € Umsatzsteuer	2.975,00
10.	ER 4 590: Kauf von Büromaterial: 600,00 € netto + 114,00 € Umsatzsteuer	714,00

Aufgabe **101**

Anfangsbestände €

0700 TA und Maschinen 242.000,00

0800 Andere Anlagen/BGA 88.000,00

2000 Rohstoffe 160.000,00

2020 Hilfsstoffe 20.000,00

2400 Forderungen a. LL 98.000,00

2800 Bank 142.000,00

2880 Kasse 5.800,00

3000 Eigenkapital 479.800,00

4250 Darlehensschulden 150.000,00

4400 Verbindlichkeiten a. LL 112.600,00

4800 Umsatzsteuer 13.400,00

Kontenplan

0700, 0800, 2000, 2020, 2400, 2600, 2800, 2880, 3000, 3001, 4250, 4400, 4800, 5000, 5420, 5710, 6000, 6020, 6160, 6200, 6300, 6520, 6700, 6820, 6870, 7510, 8000, 8010, 8020.

Geschäftsfälle €

1. Banküberweisung der Umsatzsteuer-Zahllast 13.400,00

2. Banklastschrift für Darlehenstilgung 22.000,00

3. Unsere Banküberweisung für Miete: Produktionshalle 16.500,00

                                               Privatwohnung 1.200,00

4. Rohstoffeinkäufe lt. ER 79–83, brutto 29.155,00

5. Barzahlung der Heizungsreparatur, brutto 595,00

6. Verkäufe von eigenen Erzeugnissen lt. AR 97–103, brutto 173.264,00

7. Banküberweisung der Löhne 7.300,00

                   der Gehälter 4.100,00

8. Barentnahme des Unternehmers für den Haushalt 800,00

9. Bezahlung von Werbeanzeigen durch Banküberweisung, brutto 2.082,50

10. Barzahlung der Wertmarken für Frankiermaschine 1.200,00

11. Banküberweisung von Kunden zum Ausgleich von AR 95–96 .... 14.280,00

12. Lastschrift der Bank für Darlehenszinsen 2.400,00

13. Entnahme von Erzeugnissen für Privatzwecke, Warenwert 2.500,00

14. Zinsgutschrift der Bank 2.300,00

15. Betrieb belastet Unternehmer für private Lkw-Nutzung mit netto 1.500,00

16. Privateinlage des Unternehmers durch Bankeinzahlung 20.000,00

17. ME 201 für Rohstoffe 72.300,00

    ME 202 für Hilfsstoffe 12.200,00

Abschlussangabe: Abschreibungen auf 0700: 6.000,00 €; auf 0800: 2.000,00 €.

Aufgabe **102**

1. Worin unterscheiden sich Kontenrahmen und Kontenplan?

2. Unterscheiden Sie im Kontenrahmen und Kontenplan zwischen Kontenklasse, Kontengruppe, Kontenart, Kontenunterart.

3. Begründen Sie die Notwendigkeit eines Kontenrahmens.

4. Welches Prinzip liegt dem Aufbau des Industrie-Kontenrahmens (IKR) zugrunde?

5. Vergleichen Sie die Kontenklassen und Kontengruppen des Industrie-Kontenrahmens (IKR) mit den Posten der Bilanz (§ 266 HGB) und der GuV-Rechnung (§ 275 HGB) (siehe Anhang des Lehrbuches).

6. Welche Kontenklassen werden im Kontenrahmen a) der Finanzbuchhaltung und b) der Kosten- und Leistungsrechnung zugeordnet?

7. Begründen Sie das „Zweikreissystem" im Kontenrahmen.

2.5 Die Belegorganisation

2.5.1 Bedeutung und Arten der Belege

Die Richtigkeit der Buchungen kann nur anhand der Belege überprüft werden. Deshalb muss jeder Buchung ein entsprechender Beleg zugrunde liegen. Der wichtigste **Grundsatz ordnungsmäßiger Buchführung** (§ 238 [2] HGB) lautet deshalb:

Keine Buchung ohne Beleg!

Herkunft der Belege   **Nach der Herkunft der Belege** werden **externe** Belegen (Fremdbelege) und interne Belege (Eigenbelege) unterschieden.

Belegarten

Externe Belege fallen im Geschäftsverkehr mit Außenstehenden an.	Interne Belege entstehen aus innerbetrieblichen Geschäftsfällen.
Beispiele – Eingangsrechnungen – Quittungen – Gutschriftsanzeige des Lieferanten für Werkstoffrücksendung und nachträglichen Preisnachlass – Begleitbriefe zu erhaltenen Schecks – Erhaltene sonstige Geschäftsbriefe über z. B. nachträgliche Belastungen – Bankbelege (z. B. Kontoauszüge, Kontrollmitteilungen u. a.) – Postbelege (z. B. Quittungen über Einzahlungen, Versand u. a.)	**Beispiele** – Kopien von Ausgangsrechnungen – Quittungsdurchschriften – Durchschrift der Gutschriftsanzeige an Kunden für Rücksendung von Erzeugnissen und nachträglichen Preisnachlass – Durchschriften von Begleitbriefen zu weitergegebenen Schecks – Durchschriften von abgesandten sonstigen Geschäftsbriefen – Lohn- und Gehaltslisten – Belege über Privatentnahmen (Entnahme v. G. u. s. L.) – Belege über Storno- und Umbuchungen sowie Abschlussbuchungen

Einzel- und Sammelbelege   Nach der Anzahl der in den Belegen erfassten Geschäftsfälle können Einzelbelege und Sammelbelege unterschieden werden. Während der Einzelbeleg für einen Geschäftsfall erstellt wird (z. B. Gutschriftsanzeige, Quittung), beinhaltet ein Sammelbeleg mehrere gleichartige Geschäftsfälle (z. B. Lohn- und Gehaltsliste).

Ersatzbelege   **Ersatzbelege** sind auszustellen, wenn ein **Originalbeleg abhanden gekommen** ist oder ein Fremdbeleg nicht zu erhalten war. Bei verloren gegangenen Fremdbelegen wird man in der Regel eine Abschrift erbitten. Fehlen z. B. über eine Taxifahrt, Telefongespräche, Parkgebühren oder Trinkgelder die erforderlichen Belege, so ist ein Ersatzbeleg zu erstellen, der **Zeitpunkt, Grund und Höhe der Ausgabe** enthält.

2.5.2 Bearbeitung der Belege

Folgende Arbeitsstufen umfasst die Bearbeitung der Belege in der Buchhaltung:

- **Vorbereitung** der Belege zur Buchung
- **Buchung** der Belege im Grund- und Hauptbuch
- **Ablage** und Aufbewahrung der Belege

Die sorgfältige Vorbereitung der Belege ist unerlässliche Voraussetzung ordnungsmäßiger Buchführung. Dazu gehören:

- **Überprüfung der Belege** auf ihre **sachliche und rechnerische Richtigkeit.**

- **Bestimmung des Buchungsbelegs.** Gehören zu einem Geschäftsfall mehrere Belege (z. B. bei Banküberweisungen: Überweisungsvordruck und Kontoauszug), muss vorab bestimmt werden, welcher Beleg als Buchungsunterlage verwendet werden soll, um mehrfache Buchungen zu vermeiden.

- **Ordnen der Belege nach Belegarten (Belegsortierung)** als **Voraussetzung für Sammelbuchungen** und eine ordnungsmäßige Ablage und **Aufbewahrung** der Belege, z. B.:
  - Ausgangsrechnungen
  - Gutschriften an Kunden
  - Eingangsrechnungen
  - Gutschriften von Lieferanten
  - Lohn- und Gehaltslisten
  - Bankbelege
  - Kassenbelege
  - Privatentnahmen/-einlagen

- **Fortlaufende Nummerierung** der Belege innerhalb jeder Belegart.

- **Vorkontierung der Belege**, indem die Buchungssätze mithilfe eines Kontierungsstempels auf den Belegen oder gesondert auf einem Kontierungsformular angegeben werden.

Jede Buchung im Grund- und Hauptbuch muss zugleich die jeweilige Belegart und die Belegnummer enthalten. Dieser **Belegvermerk** (z. B. PE 48) stellt sicher, dass zu jeder Buchung der zugehörige Beleg sofort auffindbar ist. Umgekehrt muss nach jeder Buchung der **Buchungsvermerk auf dem Beleg** eingetragen werden, der die Journalseite, das Buchungsdatum sowie das Zeichen des Buchhalters angibt. Durch diese **wechselseitigen Hinweise** wird der Beleg zum **Bindeglied** zwischen Geschäftsfall und Buchung.

Belegvermerk:
PE = Belegart „Privatentnahme"
48 = Belegnummer

Vorkontierung

Buchungsvermerk
J XII/3 = Eintragung im Grundbuch (Journal = J) für Dezember (= XII) auf Seite 3

R = Kurzzeichen des Buchhalters

Nach der Buchung müssen die Belege sorgfältig abgelegt und **10 Jahre** aufbewahrt werden, **gerechnet vom Schluss des Kalenderjahres**, in dem der Beleg entstanden ist (§ 257 [4] HGB, § 147 [3] AO). **Für jede Belegart** werden in der Regel **Ordner** angelegt, in denen die Belege nach fortlaufender Nummer abgeheftet sind. Bei einer **Mikrofilmablage** oder der **Speicherung auf Datenträgern** muss die jederzeitige Wiedergabe der mikroverfilmten oder eingescannten Belege bzw. der gespeicherten Daten sichergestellt sein (vgl. S. 87). In elektronischer Form empfangene Belege müssen ebenso wie die in der elektronischen Buchführung erzeugten Daten und Dokumente grundsätzlich im Ursprungsformat aufbewahrt werden.

2.6 Die Bücher der Finanzbuchhaltung

Ordnung der Buchungen

Die Buchungen müssen **jederzeit nachprüfbar** sein. Sie sind deshalb jeweils

- in **zeitlicher Reihenfolge** zu erfassen,
- nach **sachlichen Gesichtspunkten** zu ordnen und
- gegebenenfalls **durch Nebenaufzeichnungen zu erläutern.**

Diese Ordnung der Buchungen erfolgt in bestimmten „Büchern" der Buchführung.

2.6.1 Das Grundbuch

Im Grundbuch (**Journal**) werden die Buchungen in zeitlicher (**chronologischer**) Reihenfolge erfasst. Im Einzelnen nimmt das Grundbuch folgende Buchungen auf:

1 Eröffnungsbuchungen über EBK

2 **Laufende Buchungen** aufgrund der vorkontierten Belege

3 **Vorbereitende Abschlussbuchungen,** die auch **Umbuchungen** genannt werden:
- Buchung der Abschreibungen (siehe S. 72 f.)
- Abschluss der Unterkonten (z. B. Privatkonto)
- Verrechnung der Vor- und Umsatzsteuer

4 **Abschlussbuchungen**
- Abschluss der **Erfolgskonten** über das GuV-Konto
- Abschluss des **GuV-Kontos** über das Eigenkapitalkonto
- Abschluss der **Bestandskonten** nach Abstimmung mit den Inventurbeständen über das Schlussbilanzkonto

Wichtige Daten sind im Grundbuch bzw. Journal auszuweisen: Belegdatum, Belegvermerk, Buchungstext, Kontierung und der Buchungsbetrag:

Journal			Monat November ..				Seite ...
Datum	Beleg		Buchungstext	Kontierung		Betrag in €	
				Soll	Haben	Soll	Haben
12. Nov. ...			Übertrag von Seite ...			...	...
12. Nov. ...	KA 158		Überweisung an Vits KG	4400	2800	4.760,00	4.760,00
13. Nov. ...	AR 896		Verkauf an Holzen OHG	2400	5000	7.140,00	6.000,00
					4800		1.140,00
14. Nov. ...	KA 159		Überweisung von Decker AG	2800	2400	2.856,00	2.856,00
.	.		...				
.	.		...				

Bedeutung des Grundbuches

Die chronologischen Aufzeichnungen im Journal ermöglichen es, jeden einzelnen Geschäftsfall während der Aufbewahrungsfristen schnell bis zum Beleg zurückzuverfolgen und damit nachzuweisen.

Buchungsverfahren

Jede Grundbuchung muss auf dem entsprechenden Sachkonto des Hauptbuchs und gegebenenfalls auf dem Konto eines Nebenbuchs (Lagerbuchführung, Kunden- und Lieferantenkonten u. a.) erfasst werden. Im Rahmen der EDV-Buchführung erfolgen die Buchungen auf den Sachkonten des Hauptbuchs gleichzeitig automatisch mit der Eingabe im Grundbuch.

Das Hauptbuch

Aus dem Grundbuch lässt sich der Stand der einzelnen Vermögensteile und Schulden **nicht** erkennen. Deshalb müssen die Geschäftsfälle noch in **sachlicher** Ordnung auf entsprechenden **Sachkonten** gebucht werden, z. B. alle Gehaltszahlungen auf einem Konto „Gehälter", alle Bargeschäfte auf einem Kassenkonto u. a. Die Sachkonten stellen wegen ihrer Bedeutung für die Buchführung das **Hauptbuch** dar. Sie werden in der Regel EDV-mäßig geführt.

Sachliche Ordnung

Die Sachkonten sind die im **Kontenplan** des Betriebes **verzeichneten Bestands- und Erfolgskonten.** Ihr Abschluss führt über das Gewinn- und Verlustkonto zur Gewinn- und Verlustrechnung und über das Schlussbilanzkonto zur Bilanz. Bei jeder Buchung auf einem Sachkonto des Hauptbuches müssen ähnlich wie im Grundbuch vermerkt werden: Datum, Belegvermerk, Buchungstext, Gegenkonto, Betrag im Soll und im Haben:

Sachkonten

Konto: 2800 Bank					
Beleg-datum	Beleg-vermerk	Buchungstext	Gegenkonto	Betrag in €	
				Soll	Haben
12. Nov. …	KA 158	Überweisung an Vits KG	4400	–	4.760,00
14. Nov. …	KA 159	Überweisung von Decker AG	2400	2.856,00	–
.	.	…			
.	.	…			

Zusammenhang zwischen Belegen, Grund- und Hauptbuch

2.6.3 Die Nebenbücher im Überblick

Bestimmte Sachkonten des Hauptbuchs müssen näher erläutert werden, um wichtige Einzelheiten zu erfahren. Das geschieht in entsprechenden Nebenbüchern.

Sachkonten		Nebenbücher
Forderungen a. LL, Verbindlichkeiten a. LL	⟷	**Kontokorrentbuch** erfasst den unbaren Geschäftsverkehr mit jedem einzelnen Kunden und Lieferanten.
Bestandskonten für Roh-, Hilfs- und Betriebsstoffe, unfertige und fertige Erzeugnisse sowie Handelswaren	⟷	**Lagerbuchführung** erfasst für jede einzelne Werkstoff- und Warenart Zugänge und Abgänge und ermittelt jederzeit (permanent) den Buchbestand (siehe Seite 22).
Löhne und Gehälter	⟷	**Lohn-/Gehaltsbuchhaltung** Für jeden Arbeitnehmer wird ein Lohn- bzw. Gehaltskonto geführt (siehe Seite 183 f).
Anlagekonten	⟷	**Anlagenverzeichnis** Für jeden Anlagegegenstand gibt es einen Datensatz mit Bezeichnung, Tag der Anschaffung, Anschaffungskosten, Nutzungsdauer, Abschreibung und Buchwert zum 31. Dezember (siehe Seite 19, 74).

2.6.4 Die Kontokorrentbuchhaltung erfasst den Geschäftsverkehr mit Kunden und Lieferanten

Personenkonten

Die Einrichtung von Personenkonten für Kunden und Lieferanten ist erforderlich, weil aus den Sachkonten „2400 Forderungen a. LL" und „4400 Verbindlichkeiten a. LL" nicht zu ersehen ist, wie hoch die Forderungen gegenüber den einzelnen Kunden (Debitoren) und die Schulden gegenüber den einzelnen Lieferanten (Kreditoren) sind. Die Kunden- und Lieferantenkonten dienen vor allem der Überwachung der Zahlungstermine. Sie bilden das Kontokorrentbuch[1].

Kundenkonto: Computer GmbH, Rostock						Kontonummer: 10001
Datum	**Beleg**	**Buchungstext**	**Journalseite**	**Soll**	**Haben**	**Saldo**
2. Jan. . .	–	Saldovortrag	J 1	4.760,00	–	4.760,00
4. Jan. . .	KA 1	Banküberweisung	J 1	–	3.570,00	1.190,00
12. Jan. . .	AR 38	Verkauf Artikel-Nr. 567 ...	J 3	2.856,00	–	4.046,00

In der EDV-Buchführung wird nur auf den Personenkonten gebucht. Die dort erfassten Beträge werden beim Abschluss der Konten automatisch auf den Sachkonten „2400 Forderungen a. LL" bzw. „4400 Verbindlichkeiten a. LL" ausgewiesen. Die Summe der Personenkonten ergibt also den Bestand des entsprechenden Sachkontos.

---

1 ital.: conto corrente = laufende Rechnung

Sachkonten sind in der Regel vierstellig, **Personenkonten fünfstellig:**

Debitoren: 10000-59999 → z. B. 10000 Kunde A, 10001 Kunde B, usw.
Kreditoren: 60000-99999 → z. B. 60000 Lieferant A, 60001 Lieferant B, usw.

Kundenkonten erhalten z. B. an der **fünften** Stelle (die EDV-Anlage liest die Kennziffern von rechts nach links) die **Kennziffern** 1 bis 5, **Lieferantenkonten** die Ziffern 6 bis 9.

Im Metallwerk Berg weisen die Saldenlisten der Kunden- und Lieferantenkonten sowie die Sachkonten 2400 und 4400 zum 31. Dezember folgende Zahlen aus: **Beispiel**

Konto-Nr.	Kunden	Salden
10001	Computer GmbH	115.000
10002	Synon AG	86.250
10003	Weinert GmbH	165.000
	Saldensumme	366.250

Konto-Nr.	Lieferanten	Salden
60001	Sauerland AG	135.000
60002	Brückner GmbH	247.250
60003	Glöckner GmbH	143.750
	Saldensumme	526.000

2400 Forderungen a. LL				
Datum	Beleg	Text	Soll	Haben
31. Dez.	–	...	2.875.000	2.508.750
		Saldo	–	366.250
			2.875.000	2.875.000

4400 Verbindlichkeiten a. LL				
Datum	Beleg	Text	Soll	Haben
31. Dez.	–	...	1.889.000	2.415.000
		Saldo	526.000	–
			2.415.000	2.415.000

■ Eine **ordnungsmäßige Buchführung** benötigt eine gute **Belegorganisation.**
■ Es werden **externe** und **interne** Belege unterschieden.

Zusammenfassung

Bearbeitungsstufen der Belege in der Buchführung		
Aufbereiten der Belege – Prüfen der Belege – Ordnen der Belege – Vorkontieren der Belege	**Buchung der Belege im** – Grundbuch – Hauptbuch – Nebenbuch	**Aufbewahrung der Belege** **10 Jahre** – Ablage in Ordnern – Mikrofilmablage – Ablage auf sonstigen Datenträgern

Die Bücher der Finanzbuchhaltung			
Inventar- und Bilanzbuch enthält das Inventar sowie die Schlussbilanz einschließlich Gewinn- und Verlustrechnung.	**Grundbuch (Journal)** erfasst die Geschäftsfälle anhand vorkontierter Belege in zeitlicher Folge.	**Hauptbuch** erfasst die Geschäftsfälle nach sachlichen Gesichtspunkten auf Sachkonten.	**Nebenbücher** ergänzen und erläutern bestimmte Sachkonten.
10 Jahre Aufbewahrung			

Aufgabe 103

In der Finanzbuchhaltung des Metallwerks Thomas Berg e. K. weisen die **Kundenkonten** Computer GmbH und Synon AG folgende **offene Posten,** also noch nicht bezahlte Rechnungen, aus:

S	10001 Computer GmbH		H
AR 407	23.800,00		
AR 409	11.900,00		

S	10002 Synon AG		H
AR 408	35.700,00		
AR 410	5.950,00		

Richten Sie außer den Kundenkonten noch folgende Sachkonten ein: 2400 Forderungen a. LL (AB 77.350,00 €), 2800 Bank (AB 109.500,00 €), 4800 Umsatzsteuer, 5000 Umsatzerlöse für eigene Erzeugnisse.

Buchen Sie die folgenden Geschäftsfälle auf den Sachkonten und nehmen Sie zugleich die entsprechenden Eintragungen auf den Kundenkonten vor:

€

1. Kunde Computer GmbH begleicht AR 407 lt. KA 12 .... 23.800,00
2. Verkauf von Stahlblechgehäusen G III lt. AR 411 an die
   Synon AG, netto 50.000,00
   + Umsatzsteuer 9.500,00   59.500,00
3. Kunde Synon AG begleicht lt. KA 13 die fällige AR 408 .... 35.700,00
4. Verkauf von Blechgehäusen G I an die Computer GmbH
   lt. AR 412, netto 15.000,00
   + Umsatzsteuer 2.850,00   17.850,00

1. **Ermitteln Sie die Salden der Kundenkonten und stellen Sie diese in einer Saldenliste „Debitoren" zusammen.**

2. **Ermitteln Sie den Saldo im Sachkonto 2400 Forderungen a. LL und stimmen Sie diesen mit der Summe der Salden der Debitoren-Saldenliste ab.**

Aufgabe 104

Die **Lieferantenkonten** Walzwerke Sauerland AG und Stahlhandel Brückner GmbH des o. g. Metallwerks Berg weisen folgende **offene Posten** aus:

S	60001 Walzwerke Sauerland AG		H
		ER 580	29.750,00
		ER 582	14.280,00

S	60002 Stahlhandel Brückner GmbH		H
		ER 581	47.600,00
		ER 583	20.230,00

Richten Sie noch folgende Sachkonten ein: 2000 Rohstoffe, 2600 Vorsteuer, 2800 Bank (AB 167.000,00 €), 4400 Verbindlichkeiten a. LL (AB 111.860,00 €).

Buchen Sie die folgenden Geschäftsfälle auf den erforderlichen Sachkonten und ergänzen Sie entsprechend die beiden Lieferantenkonten:

€

1. ER 580 wird bei Fälligkeit beglichen. KA 45 .... 29.750,00
2. Einkauf von Breitstahlband TK 200 lt. ER 584
   bei Stahlhandel Brückner GmbH, netto 44.000,00
   + Umsatzsteuer 8.360,00   52.360,00
3. Ausgleich von ER 581 lt. KA 46 .... 47.600,00
4. Einkauf von Stahlprofilen P 202 bei den Walzwerken
   Sauerland AG lt. ER 585, netto 8.500,00
   + Umsatzsteuer 1.615,00   10.115,00

1. **Ermitteln Sie die Salden der Lieferantenkonten und des Kontos 4400 Verbindlichkeiten a. LL.**

2. **Erstellen Sie die Kreditoren-Saldenliste und nehmen Sie die Abstimmung mit dem Sachkonto 4400 vor.**

Setzen Sie die fehlenden Begriffe ein:

Aufgabe 105

1. Das Grundbuch erfasst die Geschäftsfälle in ••• Ordnung.

2. Im Hauptbuch werden die Geschäftsfälle in ••• Ordnung gebucht.

3. Belege und Bücher sind ••• Jahre ••• aufzubewahren.

4. Das Kontokorrentbuch soll die Sachkonten 2400 und 4400 näher •••.

Die Elektroteile GmbH beliefert fünf Großkunden. Die Umsätze mit diesen Kunden betragen in zwei aufeinander folgenden Geschäftsjahren nach Angaben der Debitorenbuchhaltung:

Aufgabe 106

Konto-Nr.	Kunde	Umsatz in €	
		1. Jahr	2. Jahr
10000	Elektroexport GmbH, Köln	260.000,00	299.000,00
10001	Hausgeräte GmbH, Düsseldorf	350.000,00	392.000,00
10002	Kaufpark Elektra GmbH, Essen	120.000,00	150.000,00
10003	Elektronik Schütz KG, Duisburg	220.000,00	193.600,00
10004	Baumarkt Hans Heiler e. K., Köln	125.000,00	131.250,00

1. Wie hoch ist jeweils der Gesamtumsatz in den beiden Geschäftsjahren?

2. Ermitteln Sie für die beiden Geschäftsjahre in Prozent den Anteil des jeweiligen Kunden am Gesamtumsatz.

3. Stellen Sie die Veränderungen gegenüber dem Vorjahr in Prozent dar und deuten Sie diese.

1. Erläutern Sie Aufgaben und Bedeutung der Bücher der Buchführung:
   a) Grundbuch, b) Hauptbuch, c) Nebenbücher.

Aufgabe 107

2. Inwiefern ist der Beleg Bindeglied zwischen Geschäftsfall und Buchung?

3. Belege lassen sich nach ihrer Entstehung in a) Fremd- bzw. externe Belege und b) Eigen- bzw. interne Belege unterscheiden. Nennen Sie jeweils mindestens drei Beispiele.

4. Nennen Sie die Aufbewahrungsfrist für Geschäftsbelege, die Bücher der Buchführung, das Inventar und die Bilanz.

5. Von welchem Zeitpunkt an beginnt die Aufbewahrungsfrist?

6. Welche Möglichkeiten der Belegaufbewahrung bestehen?

Geschäftsgang mit Grund-, Haupt- und Kontokorrentbuch

Aufgabe 108

1. Führen Sie die genannten Bücher der Buchführung.

2. Richten Sie die Sachkonten ein und tragen Sie die Beträge der Summenbilanz vor.

3. Richten Sie die Personenkonten ein und tragen Sie die Soll- und Haben-Beträge vor.

4. Buchen Sie die Geschäftsfälle für Dezember auf den Sach- und Personenkonten.

5. Erstellen Sie zum 31. Dezember die Saldenlisten der Personenkonten und stimmen Sie diese mit den Sachkonten „2400 Forderungen a. LL" und „4400 Verbindlichkeiten a. LL" ab.

6. Führen Sie den kontenmäßigen Jahresabschluss im Hauptbuch durch.

7. Erstellen Sie einen ordnungsmäßig gegliederten Jahresabschluss (Bilanz und Gewinn- und Verlustrechnung) der Textilfabrik E. Tuch e. K., Köln.

Belegabkürzungen: AR (Ausgangsrechnung), ER (Eingangsrechnung), KA (Kontoauszug), KB (Kassenbeleg), ME (Materialentnahmeschein), PE (Privatentnahmebeleg), SB (Sonstige Belege).

Kundenkonten der Textilfabrik Edgar Tuch e. K.	Soll	Haben
10000 F. Walter e. Kffr., Leverkusen	344.500,00	322.400,00
10001 Kühn KG, Köln	241.250,00	221.400,00
10002 R. Schulze e. Kfm., Bergheim	225.000,00	175.580,00
Summe	810.750,00	719.380,00

Lieferantenkonten der Textilfabrik Edgar Tuch e. K.	Soll	Haben
60000 M. Blau e. K., Rheine	189.400,00	224.600,00
60001 S. Schneider e. K., Emsdetten	180.200,00	215.800,00
60002 Weber GmbH, Soest	155.400,00	184.480,00
Summe	525.000,00	624.880,00

Sachkonten der Textilfabrik Edgar Tuch e. K.	Soll	Haben
0700 TA und Maschinen	165.000,00	8.000,00
0800 Andere Anlagen/BGA	53.000,00	5.000,00
2000 Rohstoffe	189.000,00	–
2400 Forderungen a. LL	810.750,00	719.380,00
2600 Vorsteuer	99.586,50	63.640,00
2800 Bank	782.220,00	646.070,00
2850 Postbankguthaben	69.343,00	14.000,00
2880 Kasse	28.940,00	21.150,00
3000 Eigenkapital	–	429.000,00
3001 Privat	40.000,00	–
4400 Verbindlichkeiten a. LL	525.000,00	624.880,00
4800 Umsatzsteuer	71.048,00	150.907,50
5000 Umsatzerlöse für eigene Erzeugnisse	–	780.150,00
5420 Entnahme v. G. u. s. L.	–	14.100,00
6000 Aufwendungen für Rohstoffe	460.000,00	–
62–64 Personalkosten	102.000,00	–
6520 Abschreibungen auf Sachanlagen	–	–
6700 Mietaufwendungen	45.070,00	–
6800 Aufwendungen für Kommunikation	35.320,00	–
8010 Schlussbilanzkonto	–	–
8020 Gewinn- und Verlustkonto	–	–
Summen zum 17. Dezember	3.476.277,50	3.476.277,50

Geschäftsfälle ab 18. Dezember bis 31. Dezember ..

Datum	Beleg	Buchungstext	€
18. Dez.	AR 949	Verkauf von Erzeugn. an F. Walter e. Kffr., brutto	10.472,00
19. Dez.	ER 468	Rohstoffeinkauf bei M. Blau e. K., brutto	14.637,00
20. Dez.	KA 91	Überweisung von Kühn KG	13.685,00
		Überweisung an S. Schneider e. K.	23.205,00
21. Dez.	KB 248	Barkauf von Postwertzeichen	650,00
	PE 35	Private Erzeugnisentnahme, netto	750,00
23. Dez.	ER 469	Rohstoffeinkauf bei Weber GmbH, brutto	14.042,00
27. Dez.	KB 249	Privatentnahme, bar	800,00
28. Dez.	AR 950	Verkauf von Erzeugn. an R. Schulze e. Kfm., brutto	18.564,00
29. Dez.	KA 92	Überweisung von R. Schulze e. Kfm.	28.560,00
		Überweisung der Telekomm.-Gebühren einschl. USt	1.428,00
30. Dez.	KB 250	Barkauf von Büromaterial, brutto	535,50
31. Dez.	KB 251	Barverkäufe von Erzeugnissen, brutto	6.664,00
31. Dez.	ME 310	Verbrauch von Rohstoffen	45.100,00
31. Dez.		Anlagenkartei: Abschreibungen auf 0700	8.000,00
		Abschreibungen auf 0800	4.000,00

Abschlussangabe: Buchbestände am 31. Dez. = Inventurbestände lt. Inventar

Buchen mit Finanzbuchhaltungsprogrammen

2.7

Finanzbuchhaltung in der betrieblichen Praxis

2.7.1

Die Zahl der täglichen Geschäftsfälle ist selbst in kleineren Unternehmen so groß, dass nur eine EDV-gestützte Buchführung es ermöglicht,

Vorteile einer EDV-Buchführung

- eine Vielzahl von Buchungsdaten in kürzester Zeit zu erfassen,

- automatisch zu verarbeiten,

- auszuwerten und zu speichern sowie

- die Ergebnisse jederzeit abzurufen.

Drei Schritte kennzeichnen die **Arbeitsweise der EDV** in der Buchführung:

Eingabe	→	Verarbeitung	→	Ausgabe
der Daten über: – Bildschirm mit Eingabetastatur – CD-/DVD-Laufwerk – Magnetbandgerät – Belegleser		der Daten in der: Zentraleinheit ↓ – Hauptspeicher – Steuerwerk – Rechenwerk		der Daten über: – Bildschirm – Drucker

Merkmale kommerzieller Finanzbuchhaltungssoftware

2.7.1.1

Zur Steuerung und Verwaltung der betrieblichen Prozesse wird in der Praxis i. d. R. betriebswirtschaftliche **Standard- oder Individualsoftware** eingesetzt.[1] Diese **Programme** beinhalten neben den prozesssteuernden Modulen (Warenwirtschaftssystem, Produktions- und Planungssystem, Maschinensteuerung) auch kaufmännische Module wie die Finanzbuchhaltung, die Kostenrechnung oder das Personalwesen. Im Folgenden werden die Merkmale der betrieblichen Finanzbuchhaltungssoftware kurz dargestellt:

Anforderungen an eine Fibu-Software

1 Die Programme haben eine **komfortable Benutzerführung.** Die Menüstruktur ist schnell erkennbar, die Eingabemasken sind übersichtlich gestaltet. Eingabefehler werden teilweise durch Plausibilitätskontrollen abgefangen.

2 Die für den Betrieb einzurichtenden **Stammdaten** können **flexibel** gestaltet werden. Konten, Bilanzstruktur, GuV-Aufbau usw. lassen sich veränderten betrieblichen Bedingungen oder neuen gesetzlichen Bestimmungen schnell anpassen.

3 Das **Buchen von Eingangs- und Ausgangsrechnungen** erfolgt im Rahmen einer **Offene-Posten-Buchhaltung.** Es wird also nicht auf einem Konto „Forderungen" oder „Verbindlichkeiten" gebucht, sondern auf **einzelnen Debitoren- und Kreditorenkonten,** deren Salden in ihrer Summe den Forderungen bzw. Verbindlichkeiten entsprechen.

4 **Bestimmte Buchungen** werden **automatisch** durchgeführt. Die **Umsatzsteuer bzw. Vorsteuer,** aber auch die **Steuerberichtigungen** bei Skontozahlungen oder Gutschriften werden in der Regel automatisch aufgrund der Einstellungen in den Stammdaten gebucht.

5 Buchungen lassen sich als **Dialog-** oder als **Stapelbuchungen** erfassen. Bei einer **Dialogbuchung** wird jede Buchung **sofort** nach ihrer Eingabe **auf** die entsprechenden **Konten übertragen.** Die Erfassung als **Stapelbuchung** hat den Vorteil, dass die **erfassten Daten** zunächst nur als Text gespeichert werden und damit **ohne Stornierung korrigiert** werden können.

---

1 Anbieter für branchenneutrale betriebswirtschaftliche Software sind u. a. SAP, Sage und Lexware.

6 Die Programme bieten umfangreiche **Auswertungen.** Neben der Bilanz und der GuV-Rechnung werden **Saldenlisten, Offene-Posten-Listen, Mahnlisten, Fälligkeitslisten** usw. gedruckt. Die **Umsatzsteuer-Voranmeldung** (Voraussetzung für die Überweisung der Zahllast an das Finanzamt) und so genannte **betriebswirtschaftliche Auswertungen** wie Bilanzkennziffern können jederzeit erstellt werden.

7 Die **Benutzeroberfläche des Moduls Finanzbuchhaltung** entspricht den Oberflächen der anderen betriebswirtschaftlichen Anwendungen (Kostenrechnung, Bestellwesen, Fakturierung, Gehaltsabrechnung u. a.). Welcher Benutzer (Mitarbeiter, User) welches Modul mit welchen Rechten nutzen darf, wird über **Passwörter** geregelt.

8 Die **Daten sämtlicher betriebswirtschaftlicher Anwendungen** werden in einer **zentralen Datenbank** gehalten, sodass von vielen Arbeitsplätzen und unterschiedlichen Anwendungen auf aktuelle Daten zugegriffen werden kann. Zum Beispiel werden die Daten der mithilfe des Programmmoduls Fakturierung in der Verkaufsabteilung erstellten Ausgangsrechnungen an das Programmmodul Finanzbuchhaltung übergeben und dort automatisch gebucht.

9 Zu beachten sind bei der Arbeit mit Finanzbuchhaltungsprogrammen neben den **Grundsätzen ordnungsmäßiger Buchführung** (GoB, siehe S. 87) die **Grundsätze zur ordnungsmäßigen Führung und Aufbewahrung von Büchern, Aufzeichnungen und Unterlagen in elektronischer Form sowie zum Datenzugriff (GoBD).**[1]

2.7.1.2 Buchen der laufenden Geschäftsfälle

Arbeitsablauf   **Der typische Arbeitsablauf** für die Buchung der laufenden Geschäftsfälle **beinhaltet:**

- **Sortieren der Belege.** Belege gleicher Art bilden „Stapel". Ein Beispiel für einen sinnvollen Stapel sind die Eingangsrechnungen der beiden letzten Tage, die den Einkauf von Rohstoffen betreffen.

- **Vorkontierung der Belege.** Auf dem Beleg werden die Konten, i. d. R. auch die Kostenstellen, manuell vermerkt.

- **Ermitteln einer Buchungskontrollsumme.** Die Endbeträge der zu buchenden Belege des Stapels werden summenmäßig erfasst.

- **Erfassen der Kontierungsdaten am Bildschirmarbeitsplatz über „Stapelbuchen".** Das Modul Finanzbuchhaltung der betriebswirtschaftlichen Software wird aufgerufen und das **Menü „Buchungserfassung"** gewählt. Die Kontierungsdaten jedes einzelnen Beleges werden mithilfe der **Erfassungsmaske** eingegeben.

- **Abstimmen der Kontrollsumme.** Bei Abweichung ist eine Fehlersuche notwendig. Das heißt konkret: Eine Mitarbeiterin bzw. ein Mitarbeiter liest die Daten der gebuchten Belege vor, eine andere (ein anderer) hakt die Buchungen im Journal ab.

- **Übernahme der Buchungen und Drucken des Journals.** Sofern keine offensichtlichen Fehler vorliegen, wird der Stapel „ausgebucht", das heißt, die Buchungen werden in das Finanzbuchhaltungssystem übernommen. Anschließend kann das Journal (Grundbuch) gedruckt und abgeheftet werden.

Erstellung von Auswertungen   Das Erstellen von **Auswertungen** (Offene-Posten-Listen, Zahlungsvorschlagslisten, USt-Voranmeldung, vorläufige Bilanz, GuV-Rechnung u. a.) wird von den dafür jeweils zuständigen Mitarbeitern angefordert. Die Auswertungen können mithilfe der Finanzbuchhaltungssoftware jederzeit zur Verfügung gestellt werden.

---

1 **Zu den GoBD siehe** www.schmolke-deitermann.de **Beiträge/Downloads.**

- **In der betrieblichen Praxis** wird die Finanzbuchhaltung **mithilfe kommerzieller Finanzbuchhaltungssoftware** durchgeführt.
- Das Modul **Finanzbuchhaltung** ist Bestandteil **integrierter kaufmännischer Software.**
- **Konten, Bilanzstruktur und GuV-Aufbau können** über die Stammdatenpflege jederzeit **verändert werden.**
- **Wesentlicher Bestandteil** des Finanzbuchhaltungssystems ist die **Offene-Posten-Buchhaltung.**
- Buchungen werden in eine **Buchungserfassungsmaske** eingetragen. Die Auswirkungen der Buchungen werden von der Finanzbuchhaltungssoftware als **Auswertungen** erstellt.
- Für das **Erstellen von Auswertungen,** wie z. B. **Bilanz und GuV-Rechnung,** werden **keine Konten abgeschlossen.** Die Salden bleiben erhalten.

Zusammenfassung

Offene-Posten-Buchhaltung

2.7.2

Bei Buchung einer Eingangs- bzw. Ausgangsrechnung wird jeweils ein **offener Posten** angelegt. Bei der Buchung des Zahlungsausgangs bzw. Zahlungseingangs wird die **Belegnummer** des entsprechenden offenen Postens angegeben und der offene Posten wird ausgeglichen. Die Sachkonten **2400 Forderungen a. LL** und **4400 Verbindlichkeiten a. LL** können **nicht manuell** angebucht werden, da sie als **Sammelkonten** die Buchungen auf den Personenkonten **automatisch,** also softwarebedingt, aufnehmen.

Offene Posten

Das Metallwerk Thomas Berg e. K. (siehe Aufgabe 111) erhält am 15. Januar .. von dem Lieferanten Glöckner Industriebedarf GmbH die folgende **Rechnung,** die die **Belegnummer 101** erhält:

Beispiel

Menge	Bezeichnung	Einzelpreis in €	Gesamtpreis in €
100 Gebinde	Lack S 600	35,00	3.500,00
		Rechnungspreis netto	3.500,00
		+ 19 % Umsatzsteuer	665,00
		Rechnungspreis brutto	4.165,00

Das Metallwerk Berg bezahlt die Rechnung am 20. Januar per **Banküberweisung.** Die **Belegnummer des Kontoauszugs ist 102.**

Die Buchungen lauten:

Beleg	Buchung	Soll	Haben
101	2020 Hilfsstoffe	3.500,00	
	2600 Vorsteuer	665,00	
	an 60003 Glöckner GmbH (Kreditorenkonto)		4.165,00

Beleg	Buchung	Soll	Haben
102	60003 Glöckner GmbH (Kreditorenkonto)	4.165,00	
	an 2800 Bank		4.165,00

Sollen beide Buchungen **sofort** nacheinander erfasst werden, ist es sinnvoll, die Methode „**Dialogbuchen**" zu wählen.

Kontierungsbogen

Bevor die Buchungen mithilfe eines Finanzbuchhaltungsprogramms erfasst werden, sollten die Eingabedaten in einen **Kontierungsbogen** eingetragen werden. Der Kontierungsbogen ist wie die Buchungsmaske der eingesetzten Software aufgebaut.

2.7.2.1 Einsatz der Finanzbuchhaltungssoftware „Lexware Buchhalter"

Der Kontierungsbogen weist nach Eintragung der o. g. Buchungen Folgendes aus:

Datum	Beleg-Nr.	Buchungstext	Betrag in €	Soll-konto	Haben-konto	USt-Text	OP-Nr.
15. Jan.	101	Eingangsrechnung	4.165,00	2020	60003	VoSt19	
20. Jan.	102	Zahlungsausgang	4.165,00	60003	2800		101

Buchungs-erfassungs-maske

Die Buchungserfassungsmaske weist die erfassten **Daten der Eingangsrechnung** aus:

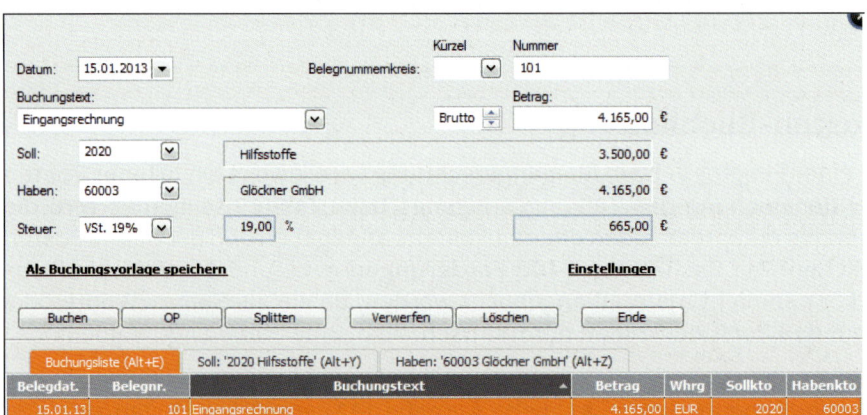

Der Schalter vor dem Betragsfeld ermöglicht die Eingabe des Brutto- oder Nettobetrages (**Voreinstellung „brutto"**). Mit der Eintragung der Kontonummern erscheinen die Kontobezeichnung und der Saldo einschl. der aktuell erfassten Buchung. In den Stammdaten des Kontos „2020 Hilfsstoffe" ist der **Steuertext VoSt. 19 %** (19 % Vorsteuer) eingetragen. Der Text erscheint **automatisch** im Feld „Steuer". Anhand des Steuertextes ermittelt die Software den Steuerbetrag. Steuersatz und Steuerbetrag werden angezeigt. Mit Betätigen der **Schaltfläche „Buchen"** wird die Buchung in das **Journal** übertragen und im unteren Teil angezeigt. Das unten stehende Bild zeigt die **Buchung des Zahlungsausgangs** vor Betätigen der OP-Schaltfläche:

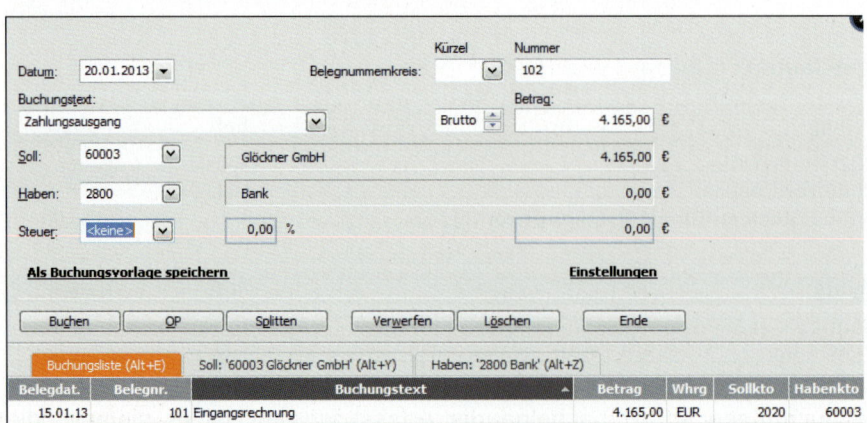

Nach Klicken auf die OP-Schaltfläche erscheinen in einem weiteren Fenster die **offenen Posten** des in der Buchung angegebenen **Personenkontos:**

Im obigen Beispiel liegt nur **ein** offener Posten vor. Erfasster Zahlungsbetrag und offener Posten sind identisch. Der offene Posten wird markiert und nach Klicken auf die Schaltfläche „Buchen" ist der Zahlungsausgang gebucht.

Sollte der Buchungsbetrag nicht mit dem Betrag des gewählten offenen Postens identisch sein, bietet das Programm in einem weiteren Fenster die Auswahl „Weiterführen" oder „Ausbuchen" an. **Weiterführen** wird gewählt, wenn der Restbetrag als offener Posten weiterhin bestehen soll. Es handelt sich um eine Teilzahlung. **Ausbuchen** wird gewählt, wenn der offene Posten ausgeglichen ist, zum Beispiel bei Skontoabzug.

Einsatz der Finanzbuchhaltungssoftware „Sage New Classic"

2.7.2.2

Kontierungsbogen

Die Eintragung in den Kontierungsbogen sollte folgendermaßen erfolgen:

Soll-konto	Beleg-Nr.	Beleg-datum	Haben-konto	Betrag	SA	SC	Buchungstext	OP-Nr.
S2020	101	15. Jan.	K60003	4.165,00	V	1	Eingangsrechnung	101
K60003	102	20. Jan.	S2800	4.165,00			Zahlungsausgang	101

Die unten stehende Darstellung zeigt die erfassten Daten der Eingangsrechnung in der **Buchungserfassungsmaske:**

Buchungs-erfassungs-maske

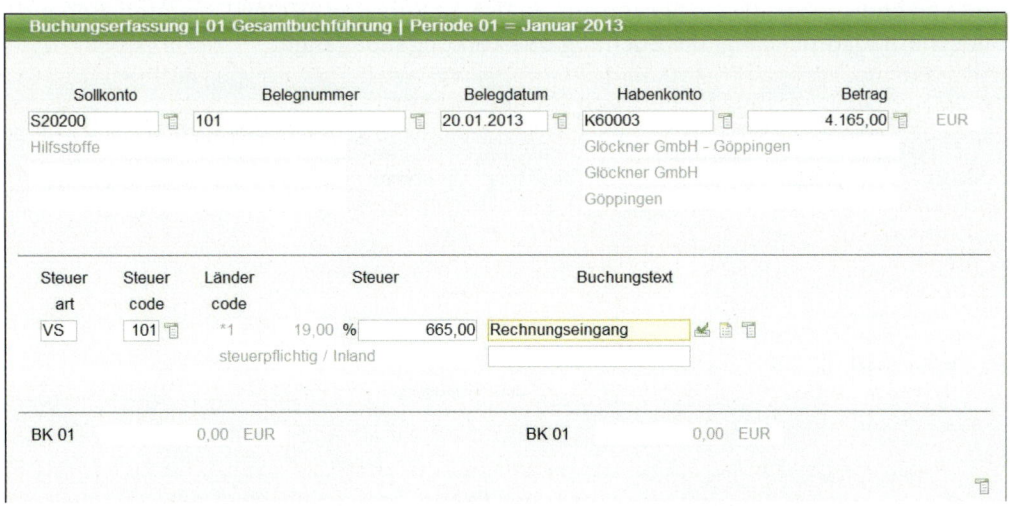

Nach Aufrufen der Buchungserfassungsmaske *(Finanzbuchhaltung → Buchen → Buchungserfassung → Buchungserfassung)* ist ein **Buchungskreis** (in der Regel 01) **und** die **Buchungsperiode** (aktueller Monat) einzutragen. Anschließend steht die Erfassungsmaske zur Verfügung.

Jede Eingabe in ein Datenfeld wird mit der Eingabetaste bestätigt. Nach **Eingabe der Kontonummer** wird die Bezeichnung des Kontos eingeblendet. Gleichzeitig wird am unterhalb der Buchungserfassungsmaske der **aktuelle Saldo des Kontos** angezeigt.

Bei Kontonummern brauchen nachfolgende Nullen nicht eingegeben zu werden. Die Kontonummern können vollständig über den numerischen Block der Tastatur eingegeben werden. Das „D" für **Debitoren** wird mit einer „1", das „K" für **Kreditoren** wird mit einer „2" und das „S" für **Sachkonten** wird mit einer „3" eingegeben.

Bei der **Anzeige der aktuellen Salden** werden Sollsalden ohne Vorzeichen und Habensalden mit einem Minuszeichen hinter dem Betrag dargestellt.

In den **Datenfeldern SA (Steuerart)** und **SC (Steuercode)** werden die **Voreinstellungen** (VS: Vorsteuer Soll) und 101 (Steuersatz: 19 %) aus den Stammdaten des Kontos „2020 Hilfsstoffe" angezeigt. Wird, wie in diesem Beispiel, bei der Buchung ein offener Posten angelegt, erscheint nach Eingabe des Buchungstextes ein weiteres Fenster für die **Daten des offenen Postens:**

Als OP-Nummer wird die vorher eingegebene **Belegnummer** vorgeschlagen. In der Praxis wird meist als Belehnummer die interne Nummer der Firma und als OP-Nummer die Belegnummer des Lieferanten angegeben.

Es kann eine **Zahlungsbedingung** erfasst werden (Tage Skonto 1, Skontosatz 1, Tage Skonto 2, Skontosatz 2, Tage Ziel). In den Feldern „Betrag" und „Valuta-Datum" werden die Voreinstellungen normalerweise übernommen. Bei der Buchung auf Personenkonten erscheint anschließend in einem weiteren Fenster die Frage: **„Buchung abschließen und speichern?".** Nach Klicken auf „Ja" ist die Buchung erfolgt. Der unten stehende Bildschirmausdruck zeigt die Buchung des Zahlungsausgangs:

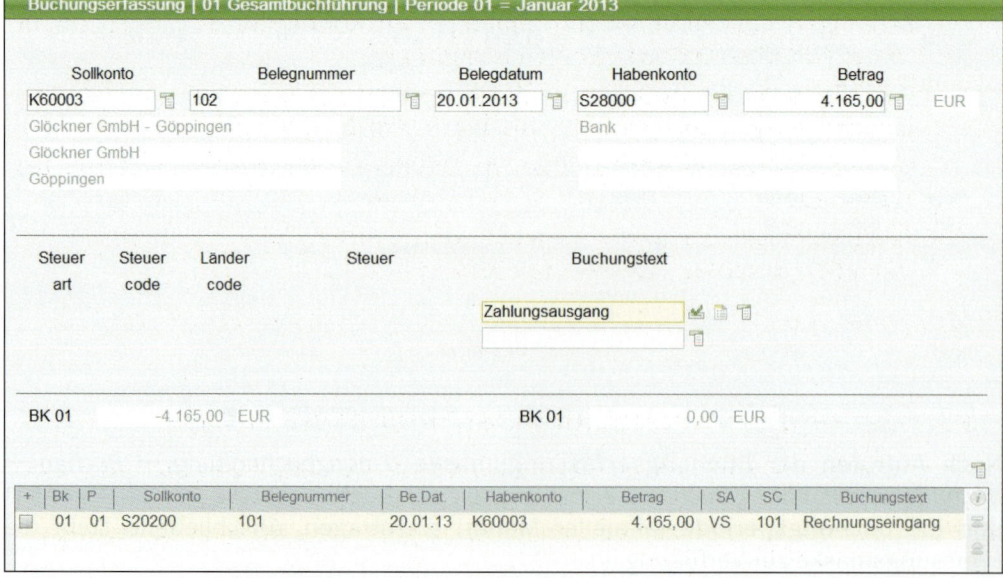

Die zuletzt erfassten Buchungen werden im unteren Teil des Erfassungsbildschirmes angezeigt. Nach Eingabe des Buchungstextes werden in einem gesonderten Fenster die **offenen Posten des Kreditorenkontos,** auf dem im Soll gebucht wird, angezeigt.

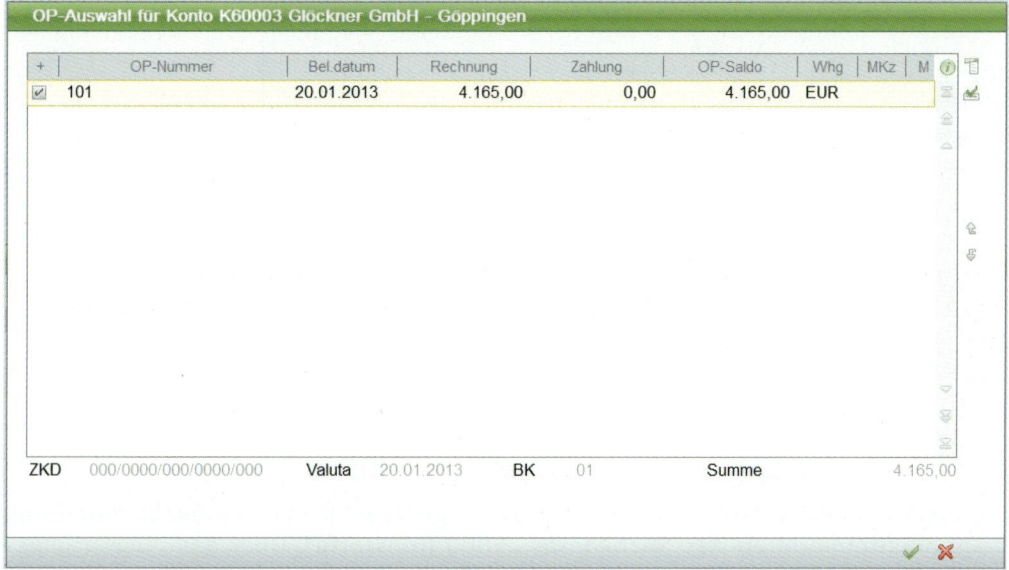

Die durch die Zahlung auszugleichende **Rechnung wird markiert.** Nach Bestätigen mit der Eingabetaste werden die **OP-Daten in die Buchungserfassungsmaske** übernommen. Mit Übernahme dieser Daten wird die **Buchung gespeichert.**

Falls Buchungsbetrag und Betrag des offenen Postens nicht übereinstimmen, wird der **Restbetrag** angezeigt. Soll dieser Restbetrag „ausgebucht" werden (OP ist ausgeglichen, Zahlung ist vollständig erfolgt), wird der **Restbetrag als Skonto** eingetragen. Wird in das Skontofeld nichts eingetragen, bleibt der **Restbetrag als Verbindlichkeit** (bei Kunden als Forderung) bestehen. Die Voreinstellung des Datenfeldes „Skonto" hängt von der erfassten Zahlungskondition bei Buchung der zu zahlenden Rechnung ab.

**Zusammen-
fassung**

- Bei der **Buchung von Eingangs- und Ausgangsrechnungen** werden **offene Posten** angelegt.
- **Zahlungen an Lieferanten und Zahlungen von Kunden** werden jeweils **einem** vorher gebuchten **offenen Posten zugeordnet.**
- Die Offene-Posten-Buchhaltung der **Kreditoren** (**Lieferanten**) unterstützt die **Entscheidungen bei eigenen Zahlungen** (Zeitpunkt, Nutzen von Skonto, ...).
- Die Offene-Posten-Buchhaltung der **Debitoren** (**Kunden**) unterstützt das **Mahnwesen.**
- **Alle Debitoren** werden dem **Sammelkonto „Forderungen a. LL",** alle **Kreditoren** dem **Sammelkonto „Verbindlichkeiten a. LL"** zugewiesen.

Stammdatenpflege im Rahmen der Finanzbuchhaltung 2.7.3

Kommerzielle Finanzbuchhaltungsprogramme zeichnen sich dadurch aus, dass der **Kontenplan** des Unternehmens völlig **frei gestaltet** werden kann. Das heißt, **Sachkonten, Debitoren und Kreditoren** können jederzeit **neu eingerichtet** bzw. **verändert** werden.

Das unten stehende Fenster zeigt **Daten des Kunden Computer GmbH des Metallwerks Thomas Berg e. K.**, erstellt mit der Software **„Lexware Buchhalter"**. Am linken Rand ist die Auswahl der Bearbeitungsmasken für die Kundenstammdaten aufgeführt.

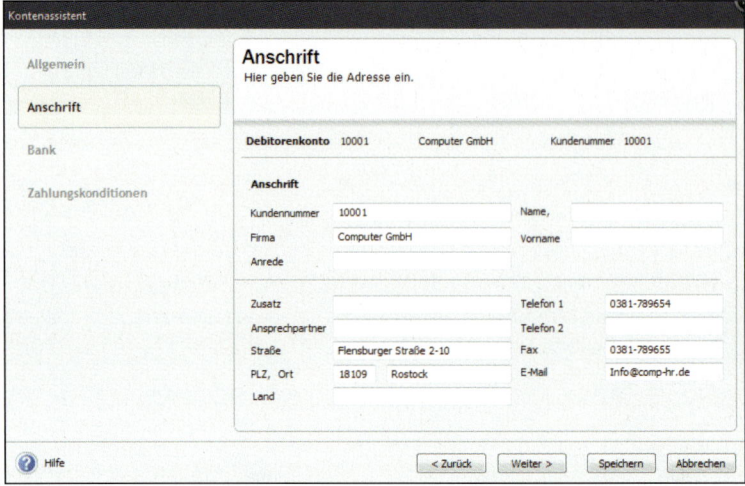

Das unten stehende Beispiel, erstellt mit der **„Sage New Classic"-Finanzbuchhaltung**, zeigt die **Stammdaten des Sachkontos „2000 Rohstoffe"**. Über das Auswertungskennzeichen BA032 wird gesteuert, dass der Saldo des Kontos in der Bilanz unter der Position „1. Roh-, Hilfs- und Betriebsstoffe" erscheint.

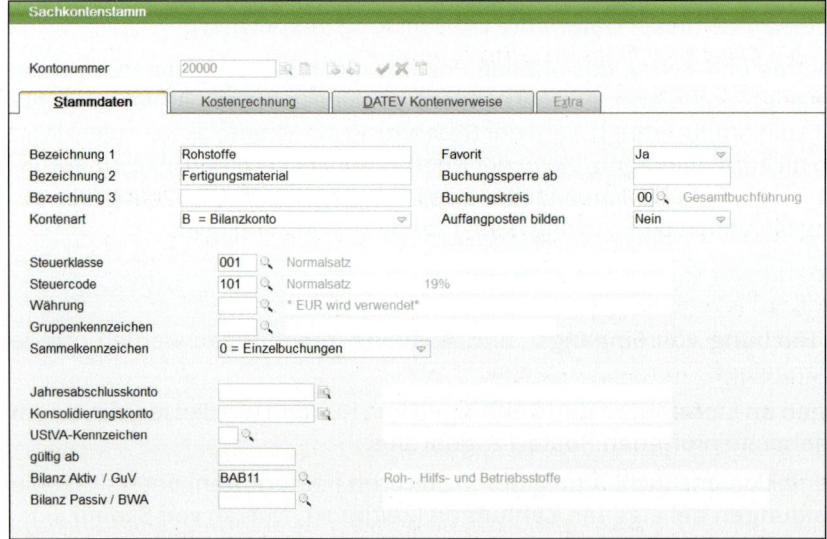

Zusammen-
fassung

- Die Konten (Debitoren, Kreditoren, Sachkonten) werden in der Finanzbuchhaltung als **Stammdaten** geführt.

- Bei der **Erfassung eines neuen Kunden** werden neben dem Debitorenkonto auch **Daten für andere Module** (Kundenadresse für die Fakturierung) erfasst.

- Alle **Sachkonten** müssen genau **einem Posten in der Bilanz** (Bestandskonten) oder **einem Posten in der GuV-Rechnung** (Erfolgskonten) **zugeordnet** werden.

- Weitere **wichtige Stammdaten** sind Steuerschlüssel, Zahlungsbedingungen und vorformulierte Buchungssätze.

Sie sind Mitarbeiter/-in in der Finanzbuchhaltung des Metallwerks Thomas Berg e. K. Der folgende Geschäftsgang ist im November des aktuellen Geschäftsjahres zu buchen. Den Kontenplan des Metallwerks Berg können Sie der Aufgabe 111 entnehmen.

Aufgabe 109

Geschäftsfälle (Hinweis: Der Umsatzsteuersatz beträgt in allen Fällen 19 %.)

Nr.	Datum	Text	€
101	10. Nov.	Ausgangsrechnung an die Computer GmbH für die Lieferung von eigenen Erzeugnissen, brutto	13.090,00
102	10. Nov.	Eingangsrechnung für Rohstoffe von der Stahlhandel Brückner GmbH, brutto	4.760,00
103	15. Nov.	Privateinlage des Inhabers bar	2.000,00
104	15. Nov.	Die Computer GmbH bezahlt AR 101 durch Banküberwsg..	13.090,00
105	15. Nov.	Zahlung einer Reparatur bar, brutto	59,50
106	15. Nov.	Verbrauch von Rohstoffen laut ME	3.500,00
107	15. Nov.	Banküberweisung an die Stahlhandel Brückner GmbH. Ausgleich der ER 102	4.760,00
108	15. Nov.	Eingangsrechnung für Hilfsstoffe von der Stahlhandel Brückner GmbH, brutto	1.785,00
109	17. Nov.	Eingangsrechnung für Rohstoffe von der Stahlhandel Brückner GmbH, brutto	3.927,00
110	20. Nov.	Banküberweisung der Löhne	1.120,00
111	20. Nov.	Privatentnahme des Inhabers bar	500,00
112	20. Nov.	Abbuchung der Bank für Zinsen	250,00

Arbeitsanweisungen

1. Buchen Sie die Geschäftsfälle im Grundbuch.

2. Führen Sie die Konten „Umsatzsteuer" und „Vorsteuer". Ermitteln Sie die Zahllast.

3. Tragen Sie die Buchungen in einen Kontierungsbogen ein. Die Struktur des Kontierungsbogens ist abhängig von der Software, die Ihnen zur Verfügung steht.

4. Erfassen Sie die Buchungen mithilfe eines kommerziellen Finanzbuchhaltungsprogramms (z. B. Lexware oder Sage).

5. Erstellen Sie folgende Auswertungen:

   a) Journal des Monats November,

   b) Saldenliste Sachkonten zum 30. November,

   c) Saldenliste Kreditoren zum 30. November,

   d) Offene-Posten-Liste Kreditoren zum 30. November,

   e) Umsatzsteuer-Voranmeldung für November.

Aufgabe 110

1. Sie richten für ein kommerzielles Finanzbuchhaltungsprogramm das Konto 6800 Büromaterial neu ein. Warum ist es sinnvoll, einen Steuertext bzw. Steuercode zu erfassen?

2. Kommerzielle Finanzbuchhaltungsprogramme kennen das Konto SBK nicht. Dafür lässt sich jederzeit eine Saldenliste erstellen. Worin unterscheidet sich die Auswertung „Saldenliste Sachkonten" von dem Konto SBK?

3. Welche Informationen enthält die Offene-Posten-Liste Kreditoren im Vergleich zur Saldenliste Kreditoren?

4. Die Sachkonten 2400 Forderungen a. LL und 4400 Verbindlichkeiten a. LL sind eingerichtet. Sie haben auf diesen Konten jedoch nicht gebucht. Trotzdem weisen diese Konten in der Saldenliste Buchungen auf. Welche sind das?

5. Die Umsatzsteuer-Voranmeldung weist die Zahllast bzw. den Vorsteuer-Überhang aus. Welche anderen wesentlichen Daten werden ausgedruckt?

2.8 Beleggeschäftsgang 1

Im **Metallwerk Thomas Berg e. K.** entspricht das Geschäftsjahr dem Kalenderjahr. Der Geschäftsinhaber möchte jedoch monatlich über die Lage des Unternehmens informiert werden. Deshalb werden in der Finanzbuchhaltung regelmäßig **Monatsabschlüsse** gemacht. In dem folgenden Beleggeschäftsgang soll der **Abschluss zum 31. Januar** erfolgen. Die **Sach- und Personenkonten** weisen die **Salden zum 27. Januar** .. aus. Für die Zeit vom 28. Januar bis 31. Januar sind noch die **Belege 1–21** zu buchen.

Eröffnung der Sach- und Personenkonten

Die Beträge der Sach-, Kunden- und Lieferantenkonten werden bei **konventioneller Buchführung** einfach auf die genannten Konten, also ohne Gegenbuchung, übertragen. Im **Arbeitsheft** sind die Konten entsprechend vorbereitet.

EDV-Buchführung

Der Beleggeschäftsgang kann auch mit einem EDV-Finanzbuchhaltungsprogramm (z. B. Sage, Lexware u. a.) gebucht werden. In diesem Fall erfolgen jedoch die Eröffnungsbuchungen nach dem System der Doppik über das Gegenkonto „8050 Saldenvorträge". Da alle Geschäftsfälle, die Kunden und Lieferanten betreffen, **direkt** auf den entsprechenden Personenkonten gebucht werden, sind auch nur die **Personenkonten** mit ihren Daten zu eröffnen, nicht dagegen die zugehörigen Sachkonten 2400 und 4400. Die auf den Personenkonten erfassten Beträge werden **automatisch** auf den Sachkonten 2400 und 4400 ausgewiesen.

Aufgabe 111

Kontenplan und Salden der Sachkonten des Metallwerks Thomas Berg e. K. zum 27. Januar ..	Soll	Haben
0500 Grundstücke und Gebäude	4.025.000,00	–
0700 Technische Anlagen und Maschinen	2.870.000,00	–
0800 Andere Anlagen/BGA	665.000,00	–
2000 Rohstoffe	840.000,00	–
2020 Hilfsstoffe	230.000,00	–
2030 Betriebsstoffe	48.000,00	–
2200 Fertige Erzeugnisse	745.000,00	–
2400 Forderungen a. LL	719.950,00	–
2600 Vorsteuer	131.871,00	–
2800 Bankguthaben	331.826,00	–
2880 Kasse	44.012,00	–
3000 Eigenkapital	–	8.060.000,00
3001 Privat	65.300,00	–
4250 Darlehensschulden	–	1.752.796,00
4400 Verbindlichkeiten a. LL	–	487.305,00
4800 Umsatzsteuer	–	159.828,00
5000 Umsatzerlöse für eigene Erzeugnisse	–	840.000,00
5420 Entnahme v. G. u. s. L.	–	1.200,00
5710 Zinserträge	–	3.500,00
6000 Aufwendungen für Rohstoffe	380.000,00	–
6020 Aufwendungen für Hilfsstoffe	46.700,00	–
6030 Aufwendungen für Betriebsstoffe	13.800,00	–
6160 Fremdinstandhaltung	10.000,00	–
6200 Löhne	56.000,00	–
6300 Gehälter	48.000,00	–
6520 Abschreibungen auf Sachanlagen	–	–
6820 Portokosten	2.200,00	–
6830 Kosten der Telekommunikation	4.700,00	–
6850 Reisekosten	1.470,00	–
7510 Zinsaufwendungen	25.800,00	–
Abschlusskonten: 8010 und 8020	11.304.629,00	11.304.629,00

Die Personenkonten weisen zum 27. Januar .. im Einzelnen die unten stehenden **offenen Posten** (= unbezahlte Rechnungen) und **Salden** aus:

Offene-Posten-Listen

Offene-Posten-Liste Kunden					
Konto-Nr.	Kunde	Datum	Rechnungs-Nr.	Betrag	Saldo
10 001	Computer GmbH Flensburger Straße 2–10 18109 Rostock	..-01-06 ..-01-19	201 204	238.000,00 53.550,00	291.550,00
10 002	Elektronische Geräte Synon AG Speyerer Straße 31–35 76199 Karlsruhe	..-01-18 ..-01-21	203 205	47.600,00 238.000,00	285.600,00
10 003	Unterhaltungselektronik Weinert GmbH Bebelstraße 50–58 74076 Heilbronn	..-01-07 ..-01-23	202 206	66.640,00 76.160,00	142.800,00
Saldensumme der Kundenkonten: Abstimmung mit Konto 2400					719.950,00

Offene-Posten-Liste Lieferanten					
Konto-Nr.	Lieferanten	Datum	Rechnungs-Nr.	Betrag	Saldo
60 001	Walzwerke Sauerland AG Gewerbestraße 40–52 58730 Fröndenberg	..-01-04 ..-01-10	25 190 25 340	85.680,00 107.100,00	192.780,00
60 002	Stahlhandel Brückner GmbH Saarstraße 83–87 66953 Pirmasens	..-01-21	4 403	245.140,00	245.140,00
60 003	Industriebedarf Glöckner GmbH Geislinger Straße 62–64 73033 Göppingen	..-01-19 ..-01-22	45 115 45 317	29.750,00 19.635,00	49.385,00
60 004	Verschiedene Lieferanten	–	–	–	–
Saldensumme der Lieferantenkonten: Abstimmung mit Konto 4400					487.305,00

1. Eröffnung der Sach- und Personenkonten mit den Salden zum 27. Januar ..
2. Vorkontierung der Belege im Grundbuch:

Aufgaben

Datum	Beleg	Text	Kontierung	Soll	Haben

3. Beleg 20: Umbuchung der Privatentnahmen und der Vorsteuer
4. Beleg 21: Abschreibungen auf Sachanlagen
5. Erstellung der Saldenlisten für die Debitoren und Kreditoren und Abstimmung mit den Sachkonten 2400 und 4400.
6. Der Monatsabschluss ist für das Metallwerk Thomas Berg e. K. in Form der Bilanz und Gewinn- und Verlustrechnung konventionell oder EDV-gestützt zu erstellen.

Beleg 1

Metallwerk Thomas Berg e. K. · Industriestr. 22 – 28 · 70565 Stuttgart

Telefon
0711 245671-0
Telefax
0711 245671-62
Internet
www.berg-metall-wvd.de
E-Mail
service@berg-metall-wvd.de

Computer GmbH
Flensburger Str. 2 - 10
18109 Rostock

Ihr Zeichen, Ihre Nachricht vom	Liefertag	Telefon, Name 0711 245671-	Datum
	..-01-26	27	..-01-28

Bitte bei Zahlung angeben:	
Rechnungs-Nr.:	Kunden-Nr.:
207	10 001

Rechnung

Auftrags-Nr.:	Lieferschein
192/..	146 826

Wir danken für Ihren Auftrag und berechnen Ihnen wie folgt:

Menge	Bezeichnung	Einzelpreis in €	Betrag in €
1 280	Stahlblechgehäuse G I	80,00	102.400,00
2 440	Stahlblechgehäuse G III	35,00	85.400,00
		Warenwert	187.800,00
		Umsatzsteuer 19 %	35.682,00
		Endsumme	223.482,00

Konto | Soll | Haben

Gebucht:

Zahlungsbedingung:
30 Tage netto

Baden-Württembergische Landesbank
Konto 723 544 32
BLZ 600 501 01
IBAN DE26 6005 0101 0072 3544 32
BIC SOLADEST600

Gerichtsstand: Stuttgart
Eigentumsvorbehalt
gem. § 455 BGB

Steuer-Nr.
065 158 43218
USt-IdNr.
DE 222 856 039

Beleg 2

**Walzwerke
Sauerland
AG**
www.walzwerke-wvd.com

Telefon 02373 286929-0
Telefax 02373 286929-31
E-Mail service@walzwerke-wvd.com

Walzwerke Sauerland AG • Gewerbestr. 40–52 • 58730 Fröndenberg

Metallwerk
Thomas Berg KG
Industriestraße 22 – 28
70565 Stuttgart

EINGEGANGEN
..-01-28

Ihre Bestellung vom/Tag/Zeich.	Unsere Auftrags-Nr./Zeich.	Zeit der Leistung/Liefertag	Datum
..-01-23	RS 4 500 y	..-01-26	..-01-27

Rechnung 25 612

Wir sandten für Ihre Rechnung und auf Ihre Gefahr:

Zeichen und Nr.	Gegenstand	Tonnen	Preis je Einheit €	Betrag €	Für Empfänger-vermerke
KW 91	Breitstahlband kaltgewalzt, 3 mm	70	1.000,00	70.000,00	
WW 02	Breitstahlband warmgewalzt, 2 mm	30	1.300,00	39.000,00	
	Warenwert + 19 % Umsatzsteuer			109.000,00 20.710,00 129.710,00	

Zahlungsbedingung: 30 Tage rein netto

Konto Soll Haben

Gebucht:

Steuer-Nr. 065 278 44543
USt-IdNr. DE 356 357 991

Geschäftszeit
08:30–17:00 Uhr

Dresdner Bank Fröndenberg
Konto 345 678 90
BLZ 445 800 70
IBAN DE77 4458 0070 0034 5678 90
BIC DRESDEFF445

Beleg 3

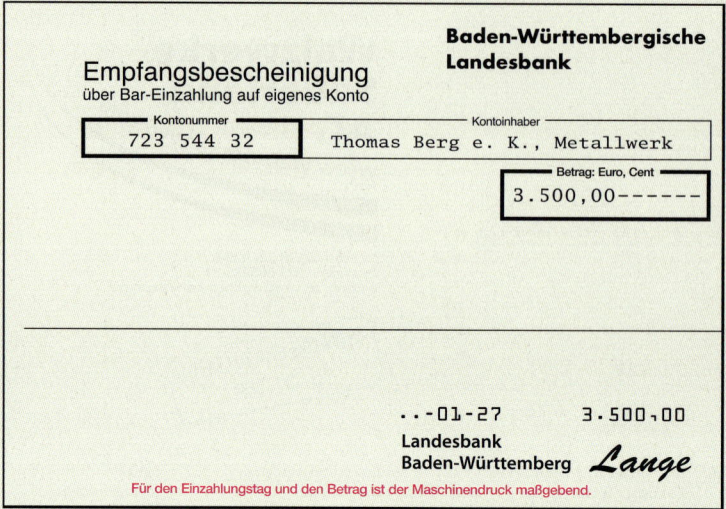

Kontoauszug zu Beleg 3

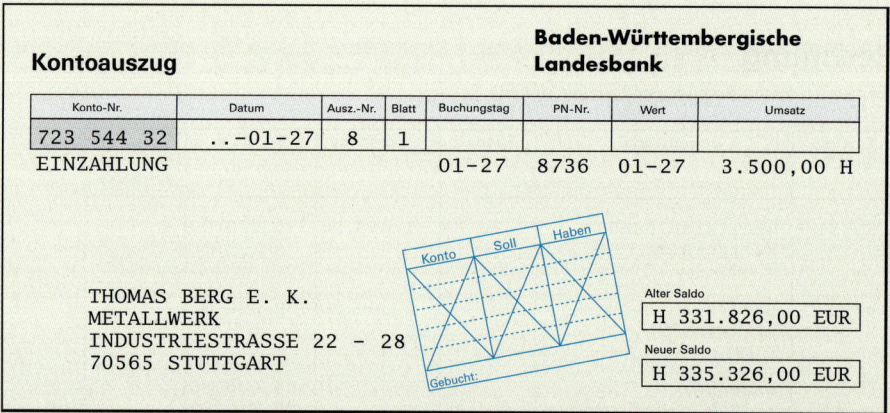

Beleg 4

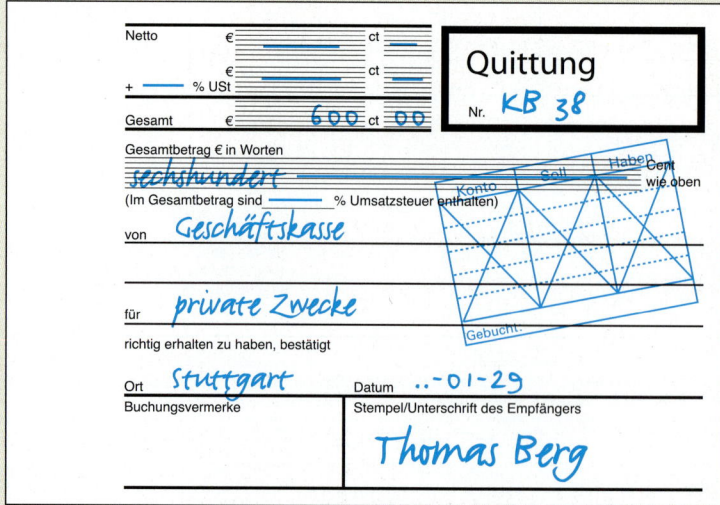

Beleg 5

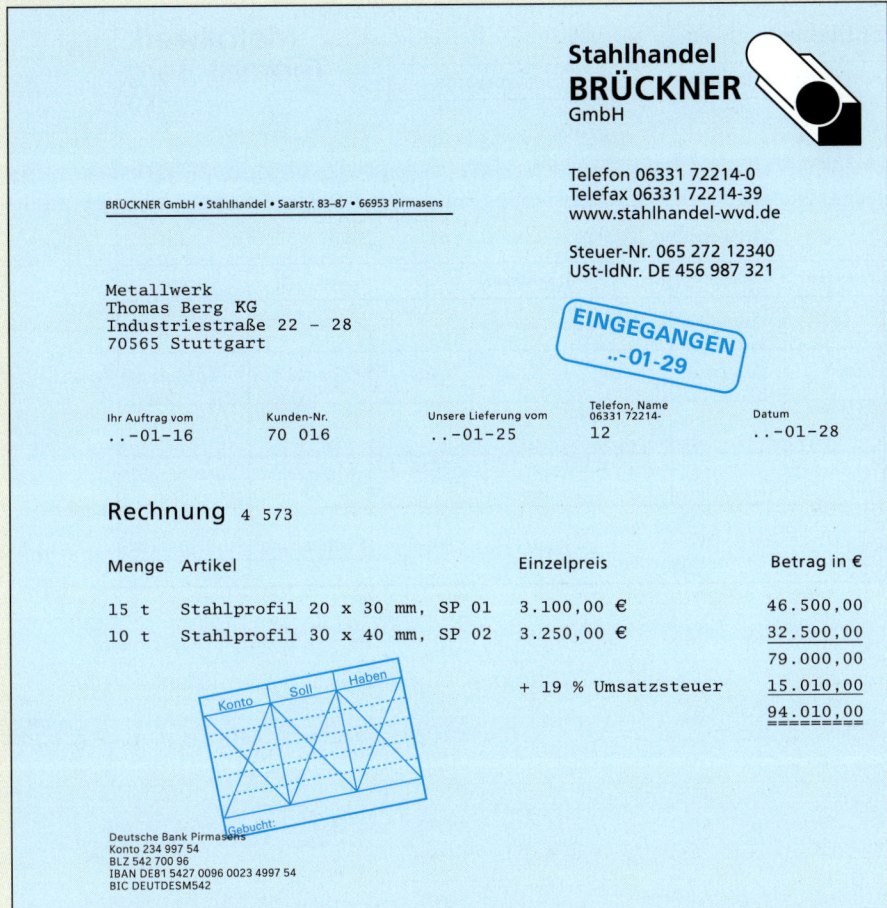

Stahlhandel
BRÜCKNER
GmbH

Telefon 06331 72214-0
Telefax 06331 72214-39
www.stahlhandel-wvd.de

Steuer-Nr. 065 272 12340
USt-IdNr. DE 456 987 321

BRÜCKNER GmbH • Stahlhandel • Saarstr. 83–87 • 66953 Pirmasens

Metallwerk
Thomas Berg KG
Industriestraße 22 – 28
70565 Stuttgart

EINGEGANGEN
..-01-29

Ihr Auftrag vom	Kunden-Nr.	Unsere Lieferung vom	Telefon, Name 06331 72214-	Datum
..-01-16	70 016	..-01-25	12	..-01-28

Rechnung 4 573

Menge	Artikel	Einzelpreis	Betrag in €
15 t	Stahlprofil 20 x 30 mm, SP 01	3.100,00 €	46.500,00
10 t	Stahlprofil 30 x 40 mm, SP 02	3.250,00 €	32.500,00
			79.000,00
		+ 19 % Umsatzsteuer	15.010,00
			94.010,00

Konto | Soll | Haben
Gebucht:

Deutsche Bank Pirmasens
Konto 234 997 54
BLZ 542 700 96
IBAN DE81 5427 0096 0023 4997 54
BIC DEUTDESM542

Beleg 6

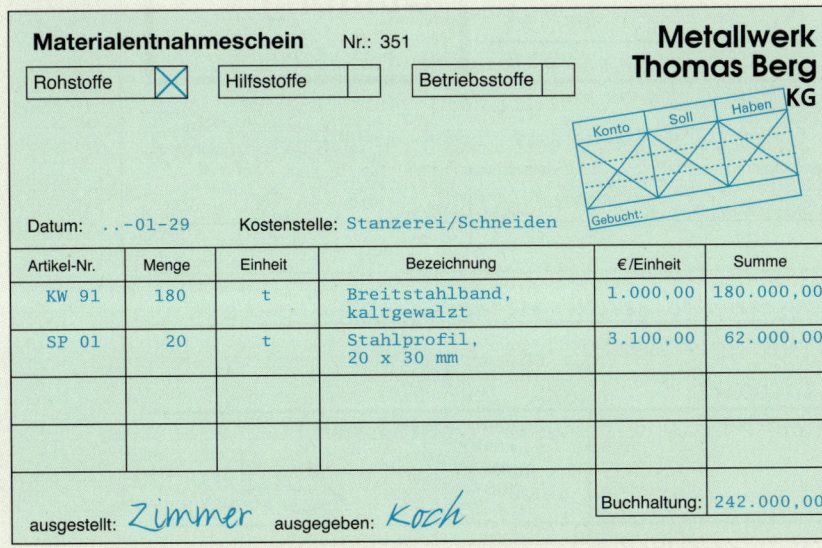

Materialentnahmeschein Nr.: 351

Rohstoffe ☒   Hilfsstoffe ☐   Betriebsstoffe ☐

Metallwerk Thomas Berg KG

Konto | Soll | Haben
Gebucht:

Datum: ..-01-29   Kostenstelle: Stanzerei/Schneiden

Artikel-Nr.	Menge	Einheit	Bezeichnung	€/Einheit	Summe
KW 91	180	t	Breitstahlband, kaltgewalzt	1.000,00	180.000,00
SP 01	20	t	Stahlprofil, 20 x 30 mm	3.100,00	62.000,00
				Buchhaltung:	242.000,00

ausgestellt: *Zimmer*   ausgegeben: *Koch*

119

Beleg 7

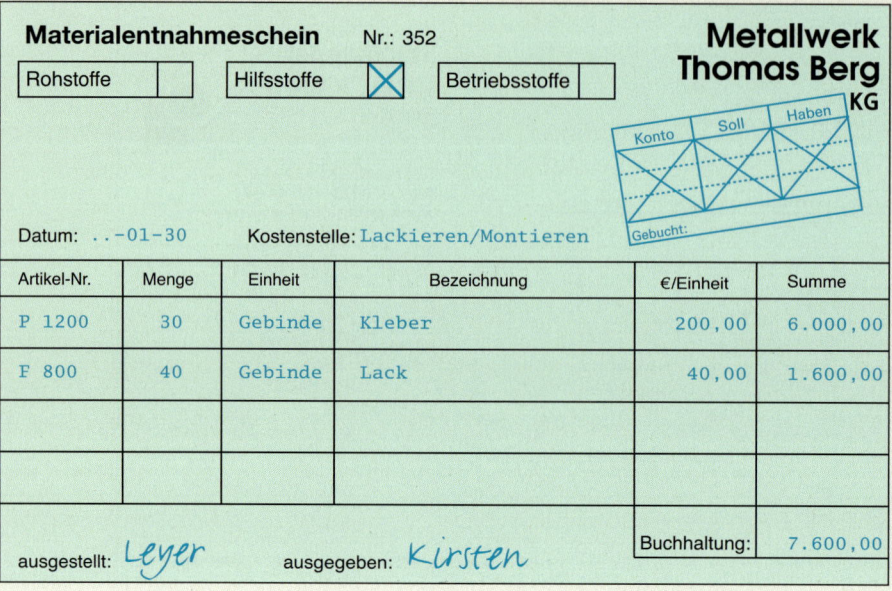

Beleg 8

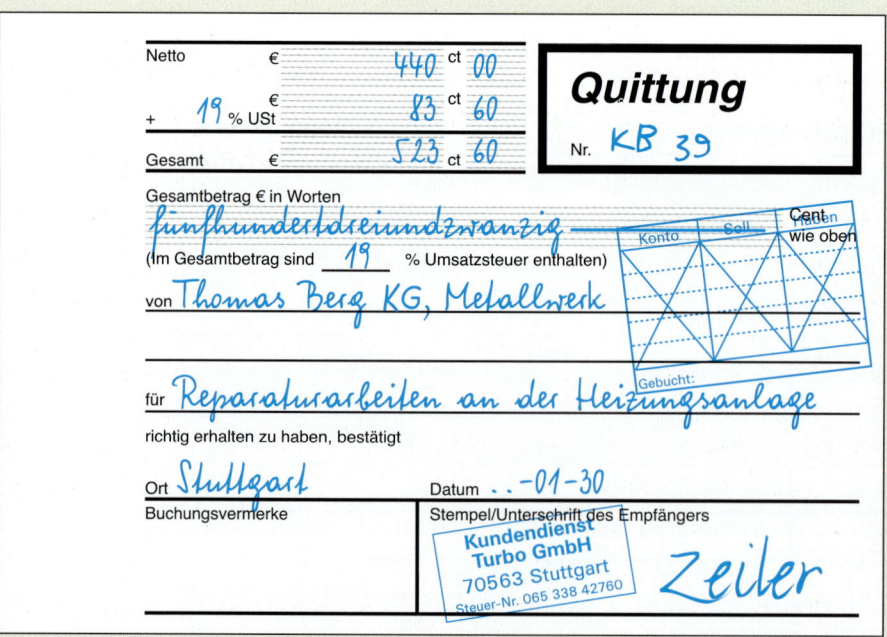

Belege 9 und 10

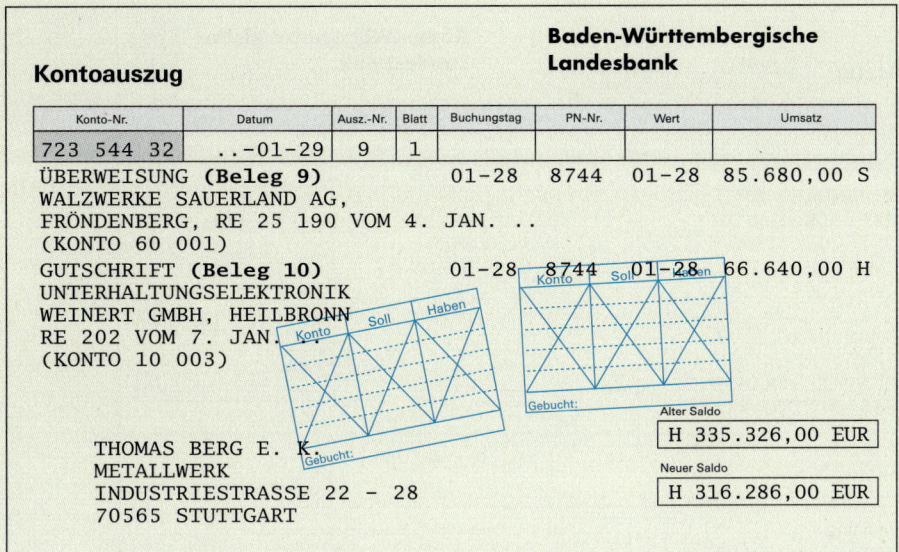

Kontoauszug

Baden-Württembergische Landesbank

Konto-Nr.	Datum	Ausz.-Nr.	Blatt	Buchungstag	PN-Nr.	Wert	Umsatz
723 544 32	..-01-29	9	1				

ÜBERWEISUNG **(Beleg 9)**   01-28   8744   01-28   85.680,00 S
WALZWERKE SAUERLAND AG,
FRÖNDENBERG, RE 25 190 VOM 4. JAN. ..
(KONTO 60 001)
GUTSCHRIFT **(Beleg 10)**   01-28   8744   01-28   66.640,00 H
UNTERHALTUNGSELEKTRONIK
WEINERT GMBH, HEILBRONN
RE 202 VOM 7. JAN.
(KONTO 10 003)

THOMAS BERG E. K.
METALLWERK
INDUSTRIESTRASSE 22 - 28
70565 STUTTGART

Alter Saldo
H 335.326,00 EUR

Neuer Saldo
H 316.286,00 EUR

Beleg 11

Deutsche Telefongesellschaft AG

Deutsche Telefongesellschaft AG
90426 Nürnberg

DV 12 0,70

Thomas Berg e. K.
Metallwerk
Industriestraße 22 - 28
70565 Stuttgart

Datum   : ..-01-22
Seite   : **1 von 4**

Kundennummer   : **908 100 0726**
Rechnungsnummer : **913 685 3071**
Ihr Buchungskonto : **476 020 3885**

Infos zur Rechnung : **www.telefonag.de/ hilfe-rechnung**

Info-Telefon   : **0800 33 01000**

Rechnung für Januar 20..

Leistungen	Beträge in EUR
monatliche Beträge	33,36
nutzungsabhängige Beträge	717,40
Beträge von Drittanbietern	4,24
Summe	755,00
19 % Umsatzsteuer	143,45
Rechnungsbetrag	**898,45**

Der Rechnungsbetrag wird ab dem 7. Tag
nach Zugang dieser Rechnung von Ihrem Konto
DE26 6005 0101 0072 3544 32, SOLADEST600 abgebucht.

Weitere Informationen finden Sie auf der Rückseite.

Kontoauszug zu Beleg 11 und Beleg 12

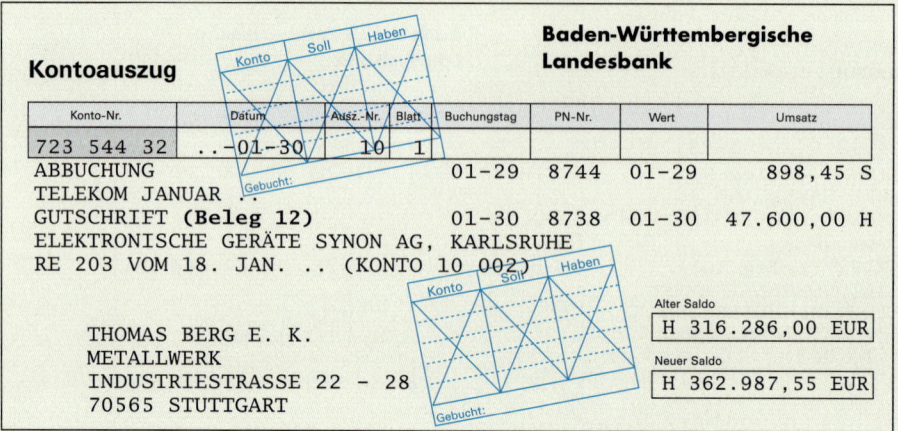

Kontoauszug

Baden-Württembergische Landesbank

Konto-Nr.	Datum	Ausz.-Nr.	Blatt	Buchungstag	PN-Nr.	Wert	Umsatz
723 544 32	..-01-30	10	1				

ABBUCHUNG   01-29   8744   01-29   898,45 S
TELEKOM JANUAR ..
GUTSCHRIFT **(Beleg 12)**   01-30   8738   01-30   47.600,00 H
ELEKTRONISCHE GERÄTE SYNON AG, KARLSRUHE
RE 203 VOM 18. JAN. .. (KONTO 10 002)

THOMAS BERG E. K.
METALLWERK
INDUSTRIESTRASSE 22 - 28
70565 STUTTGART

Alter Saldo: H 316.286,00 EUR
Neuer Saldo: H 362.987,55 EUR

Beleg 13

€uro-Überweisung
Baden-Württembergische Landesbank

Nur für Überweisungen in Deutschland, in andere EU-/EWR-Staaten und in die Schweiz in Euro.
Bitte Meldepflicht gemäß Außenwirtschaftsverordnung beachten!

Angaben zum Begünstigten: Name, Vorname/Firma (max. 27 Stellen, bei maschineller Beschriftung max. 35 Stellen)
Dr. med. Heinz Klein

IBAN
DE24 6005 0101 0065 0342 44

BIC des Kreditinstituts (8 oder 11 Stellen)
SOLADEST600

Betrag: Euro, Cent
450,00

Kunden-Referenznummer – Verwendungszweck, ggf. Name und Anschrift des Überweisenden - (nur für Begünstigten)
Behandlung meiner Tochter

noch Verwendungszweck (insgesamt max. 2 Zeilen à 27 Stellen, bei maschineller Beschriftung max. 2 Zeilen à 35 Stellen)
Ulrike, Re. vom 18.Jan...

Angaben zum Kontoinhaber: Name, Vorname/Firma, Ort (max. 27 Stellen, keine Straßen- oder Postfachangaben)
Thomas Berg e.K., Stuttgart

IBAN
DE26 6005 0101 0072 3544 32   16

Datum
..-01-29

Unterschrift(en)
Thomas Berg

€URO-ÜBERWEISUNG (SEPA)

Kontoauszug zu Beleg 13

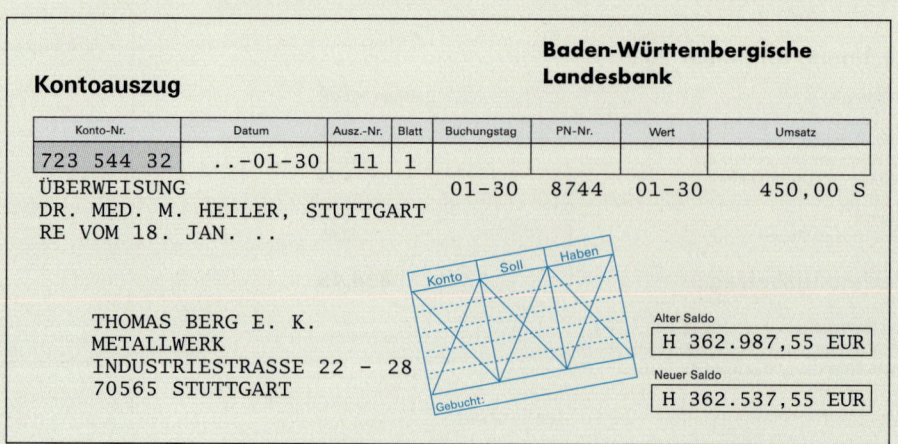

Kontoauszug

Baden-Württembergische Landesbank

Konto-Nr.	Datum	Ausz.-Nr.	Blatt	Buchungstag	PN-Nr.	Wert	Umsatz
723 544 32	..-01-30	11	1				

ÜBERWEISUNG   01-30   8744   01-30   450,00 S
DR. MED. M. HEILER, STUTTGART
RE VOM 18. JAN. ..

THOMAS BERG E. K.
METALLWERK
INDUSTRIESTRASSE 22 - 28
70565 STUTTGART

Alter Saldo: H 362.987,55 EUR
Neuer Saldo: H 362.537,55 EUR

Beleg 14

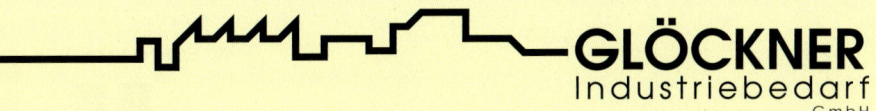

GLÖCKNER
Industriebedarf
GmbH

E-Mail   vertrieb@gloeckner-wvd.com
Internet   www.gloeckner-wvd.com

Glöckner GmbH • Industriebedarf • Geislinger Str. 62–64 • 73033 Göppingen

Thomas Berg e. K.
Metallwerk
Industriestraße 22 - 28
70565 Stuttgart

EINGEGANGEN
..- 01-31

Ihr Zeichen, Ihre Bestellung vom	Unser Zeichen, unsere Lieferung vom	Telefon, Name 07161 8511-	Datum
..-01-21	Z 812, ..-01-27	12	..-01-30

Rechnung 45 867

Wir sandten für Ihre Rechnung und auf Ihre Gefahr:

Artikel-Nr.	Gegenstand	Gebinde	Stückpreis €	Gesamtpreis €
P 1200	Kleber	176	200,00	35.200,00
F 800	Lack	690	40,00	27.600,00
				62.800,00
			- 5 % Mengenrabatt	3.140,00
			netto	59.660,00
			+ 19 % Umsatzsteuer	11.335,40
				70.995,40

Konto   Soll   Haben

Gebucht:

Telefon	Steuer-Nr. 065 111 65678	Deutsche Bank Göppingen	Postbank Stuttgart
07161 8511-0	USt-IdNr. DE 444 326 911	Konto 186 312 99, BLZ 610 700 78	Konto 4386 62-705, BLZ 600 100 70
Telefax		IBAN DE82 6107 0078 0018 6312 99	IBAN DE35 6001 0070 0438 6627 05
07161 8511-36		BIC DEUTDESS610	BIC PBNKDEFF600

Beleg 15

W. SCHREIBER E. K.

BÜROEINRICHTUNGEN

Walter Schreiber e. K. · Büroeinrichtungen · Kantstraße 12 · 70193 Stuttgart

Thomas Berg KG
Metallwerk
Industriestraße 22 - 28
70565 Stuttgart

EINGEGANGEN
..-01-30

Steuer-Nr. 065 326 18189
USt-IdNr. DE 876 765 654

Ihr Zeichen/Ihre Bestellung vom	Unser Auftrag Nr./Zeichen	Zeit der Leistung	Datum
..-12-21	US 8 012	..-01-30	..-01-30

Rechnung Nr. 679

Wir sandten für Ihre Rechnung und auf Ihre Gefahr:

Zeichen/Nr.	Gegenstand	Menge/Einheit	Preis je Einheit €	Betrag €
ST 43	Schreibtisch, Eiche 156/76 mit 6 Schubfächern	2	805,00	1.610,00
	+ 19 % Umsatzsteuer			305,90
				1.915,90

Telefon 0711 34625-0 Telefax 0711 32158	E-Mail vertrieb@schreiber-wvd.de Internet www.schreiber-wvd.de	Geschäftszeit: 08:30–18:30 Uhr	Postbank Stuttgart Konto 4012 52-705, BLZ 600 100 70 IBAN DE14 6001 0070 0401 2527 05 BIC PBNKDEFF600

Kontoauszug zu Beleg 15

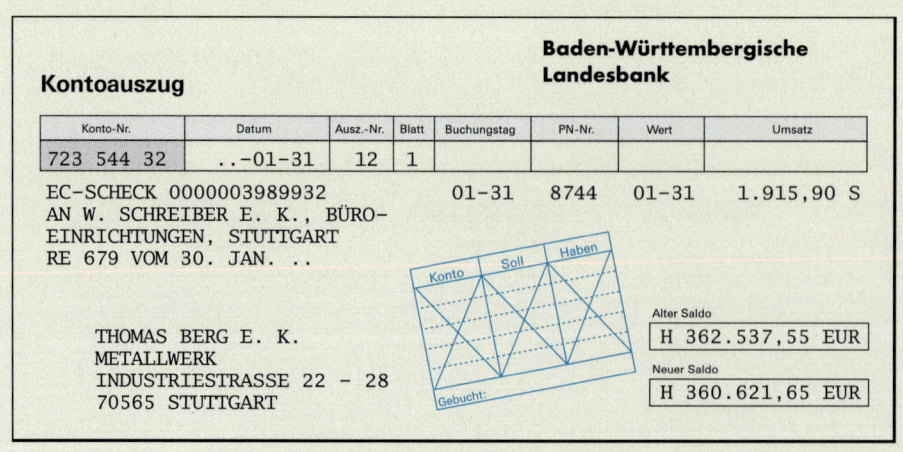

Kontoauszug

Baden-Württembergische Landesbank

Konto-Nr.	Datum	Ausz.-Nr.	Blatt	Buchungstag	PN-Nr.	Wert	Umsatz
723 544 32	..-01-31	12	1				

EC-SCHECK 0000003989932
AN W. SCHREIBER E. K., BÜRO-
EINRICHTUNGEN, STUTTGART
RE 679 VOM 30. JAN. ..

| | 01-31 | 8744 | 01-31 | 1.915,90 S |

Konto Soll Haben
Gebucht:

THOMAS BERG E. K.
METALLWERK
INDUSTRIESTRASSE 22 - 28
70565 STUTTGART

Alter Saldo
H 362.537,55 EUR

Neuer Saldo
H 360.621,65 EUR

Beleg 16

Metallwerk Thomas Berg **KG** · Industriestr. 22 – 28 · 70565 Stuttgart

METALL WERK
Thomas BERG KG

Telefon
0711 245671-0
Telefax
0711 245671-62
Internet
www.berg-metall-wvd.de
E-Mail
service@berg-metall-wvd.de

Unterhaltungselektronik
Weinert GmbH
Bebelstraße 50 - 58
74076 Heilbronn

Ihr Zeichen, Ihre Nachricht vom	Liefertag	Telefon, Name 0711 245671-	Datum
	..-01-28	27	..-01-31

Bitte bei Zahlung angeben:	
Rechnungs-Nr.:	Kunden-Nr.:
208	10 003

Rechnung

Auftrags-Nr.:	Lieferschein
193/..	146 827

Wir danken für Ihren Auftrag und berechnen Ihnen wie folgt:

Menge	Bezeichnung	Einzelpreis in €	Betrag in €
592	Stahlblechgehäuse G II	50,00	29.600,00
600	Stahlblechgehäuse G IV	33,00	19.800,00
		Warenwert	49.400,00
		Umsatzsteuer 19 %	9.386,00
		Endsumme	58.786,00

Konto | Soll | Haben
Gebucht:

Zahlungsbedingung:
30 Tage netto

Stuttgarter Privatbank AG
Konto 723 544 32
BLZ 600 201 01
IBAN DE172 6002 0101 0072 3544 32
BIC STPBDEXXX

Gerichtsstand: Stuttgart
Eigentumsvorbehalt
gem. § 455 BGB

Steuer-Nr.
065 158 43218
USt-IdNr.
DE 222 856 039

Beleg 17

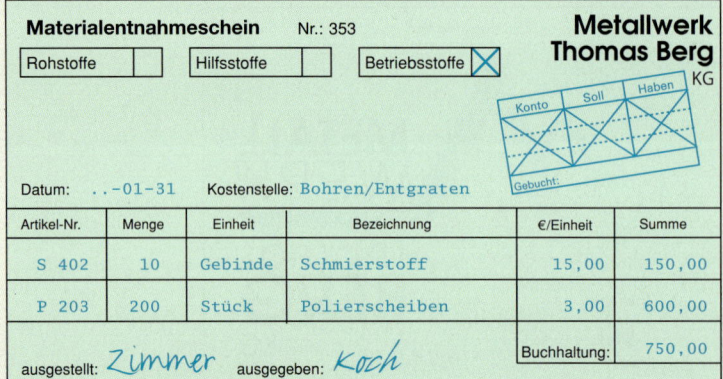

Materialentnahmeschein Nr.: 353   **Metallwerk Thomas Berg** KG

| Rohstoffe | | Hilfsstoffe | | Betriebsstoffe ☒ |

Konto | Soll | Haben

Datum: ..-01-31   Kostenstelle: Bohren/Entgraten   Gebucht:

Artikel-Nr.	Menge	Einheit	Bezeichnung	€/Einheit	Summe
S 402	10	Gebinde	Schmierstoff	15,00	150,00
P 203	200	Stück	Polierscheiben	3,00	600,00
				Buchhaltung:	750,00

ausgestellt: *Zimmer*   ausgegeben: *Koch*

Beleg 18

Deutsche Post AG   *KB 40*
70565 Stuttgart
82062580 ..-01-31

7204
Postwertzeichen ohne Zuschlag
*650,00 EUR   A

Bruttoumsatz   *650,00 EUR
mehrwertsteuerbefreit A
Nettoumsatz A   *650,00 EUR

Konto | Soll | Haben

Steuernummer der Deutschen
Post AG:
5205/5777/1510

Vielen Dank für Ihren Besuch.
Ihre Deutsche Post AG

Gebucht:

Beleg 19

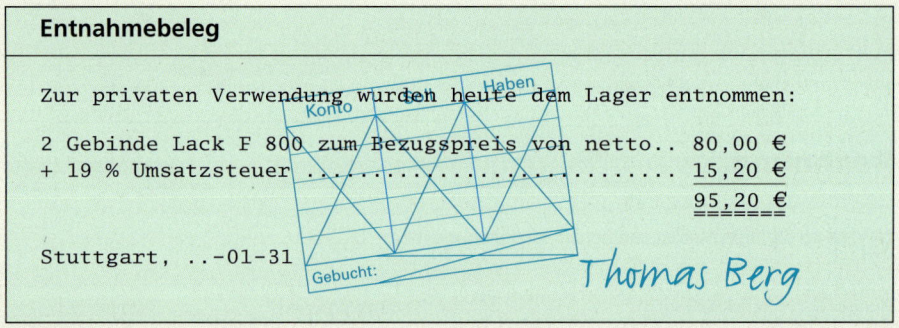

Entnahmebeleg

Zur privaten Verwendung wurden heute dem Lager entnommen:

Konto | Haben

2 Gebinde Lack F 800 zum Bezugspreis von netto.. 80,00 €
+ 19 % Umsatzsteuer .... 15,20 €
95,20 €

Stuttgart, ..-01-31   Gebucht: *Thomas Berg*

Beleg 20

Buchungsanweisung		Datum: ..-01-31		Beleg-Nr.:	
Betreff: Umbuchungen/				Gebucht:	
Vorbereitende Abschlussbuchungen				Datum:	
Buchungstext		Soll		Haben	
		Konto	Betrag	Konto	Betrag
Privatentnahmen		✕	✕	✕	✕
Vorsteuer....................					

Beleg 21

Buchungsanweisung		Datum: ..-01-31		Beleg-Nr.:	
Betreff: Abschreibungen auf				Gebucht:	
Sachanlagen lt. Anlagenkartei				Datum:	
Buchungstext		Soll		Haben	
		Konto	Betrag	Konto	Betrag
Abschreibungen für Januar:		✕	✕	✕	✕
- Gebäude 15.000,00					
- TA und Maschinen . 35.000,00					
- And. Anlagen/BGA . 8.000,00					

Berechnungen und Buchungen in wichtigen Funktionsbereichen des Industriebetriebes 3

Werkstoffbereich/Produktionsbereich 3.1

Kalkulation des Bezugspreises 3.1.1

Die Fertigung des Metallwerks Thomas Berg benötigt für einen Sonderauftrag 50 Tonnen kaltgewalztes Stahlblech in einer Stärke von 1 mm. Die Walzwerke Sauerland AG bieten das Stahlblech zu 970,00 € je Tonne an. Von der Stahlhandel Brückner GmbH wird ein Vergleichsangebot angefordert.

Situation

Welches Angebot ist günstiger?

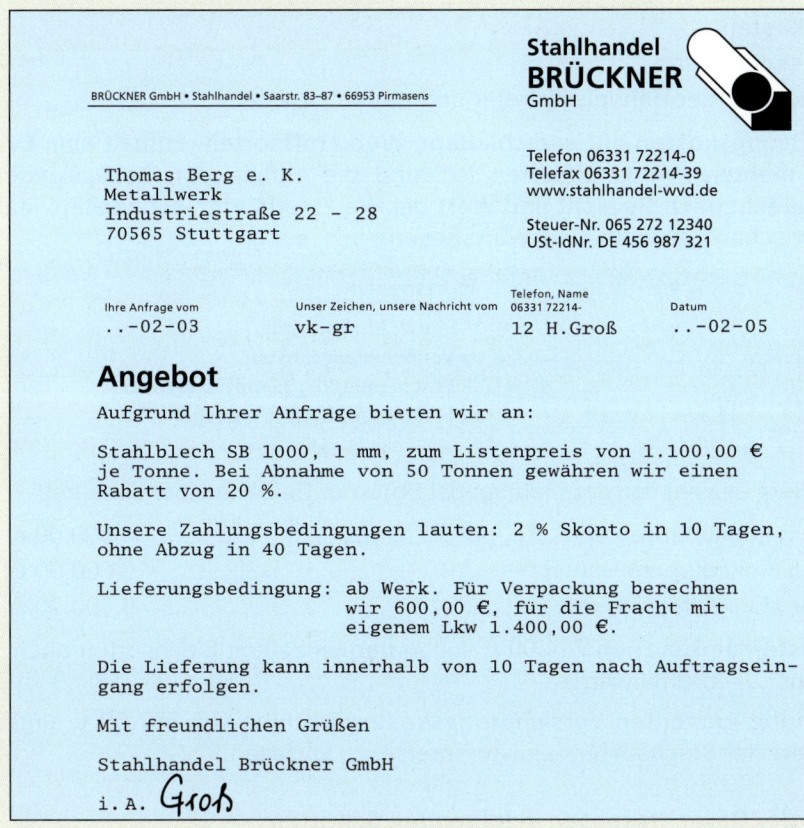

Aus den Angaben des Angebots der Brückner GmbH lässt sich der **Bezugs- bzw. Einstandspreis** für eine Tonne Stahlblech nach folgendem Schema **berechnen:**

Ermittlung des Bezugs- bzw. Einstandspreises

Bezugskalkulation		
Listeneinkaufspreis für 50 Tonnen Stahlblech je 1.100,00 €/t		**55.000,00 €**
− 20 % Lieferantenrabatt		11.000,00 €
= **Zieleinkaufspreis**		**44.000,00 €**
− 2 % Lieferantenskonto		880,00 €
= **Bareinkaufspreis**		**43.120,00 €**
+ Bezugskosten: Verpackung	600,00 €	
Lkw-Fracht	1.400,00 €	2.000,00 €
= **Bezugspreis** (= Anschaffungskosten) für 50 Tonnen		**45.120,00 €**
= **Bezugspreis** (= Anschaffungskosten) **für 1 Tonne:** 45.120,00 € : 50 t = ...		**902,40 €**

Der Bezugspreis in Höhe von **902,40 €** gibt an, wie viel Euro das Metallwerk Berg für eine Tonne Stahlblech nach **Abzug aller Nachlässe** und **Einrechnung aller Bezugskosten** zahlen muss.

Nachlässe

Typische Nachlässe auf den im Angebot genannten Listenpreis sind

- **Rabatte,** wie Mengen-, Treue-, Wiederverkäufer- oder Sonderrabatt, und
- **Skonto** als Abzug vom Rechnungspreis für fristgerechte Zahlung.

Bezugskosten

Typische Bezugskosten, die beim Einkauf von Werkstoffen und Handelswaren anfallen und die den Einkaufspreis erhöhen, sind

- **Frachten** (Lkw- und Bahnfracht),
- **Hausfracht** für die Zustellung der Ware ab Empfangsbahnhof,
- **Porto** der Post- und Paketdienste,
- **Verlade-, Umlade- und Lagerkosten,**
- **Verpackungskosten,**
- **Versicherungskosten** und
- **Vermittlungskosten** der Handelsvertreter und Handelsmakler.

Gewichts- und Wertspesen

Aufteilung der Bezugskosten auf verschiedene Werkstoffsorten. Enthält eine Eingangsrechnung mehrere Werkstoffsorten, so sind die anfallenden Bezugskosten verursachungsgerecht **nach Gewicht und Wert** der Werkstoffsorten aufzuteilen. Man unterscheidet zwischen Gewichts- und Wertspesen.

Gewichtsspesen	Wertspesen
– Porto – Lkw- und Bahnfracht – Hausfracht – Verlade-, Umlade- und Lagerkosten	– Verpackungskosten – Versicherungskosten – Provisionen der Handelsvertreter – Maklergebühren (Courtage)

Beispiel

Das Metallwerk Berg bezieht von der Stahlhandel Brückner GmbH in einer Lieferung

5 t Walzblech zum Einkaufspreis von .... 4.500,00 €

7 t Feinblech zum Einkaufspreis von .... 6.000,00 €

9 t Weißblech zum Einkaufspreis von .... 3.600,00 €

1. **Die Frachtkosten** in Höhe von 714,00 € sollen den einzelnen Blechsorten **nach ihrem Gewicht** zugeordnet werden.

2. **Die in Rechnung gestellten Versicherungskosten** in Höhe von 987,00 € sind **nach dem Wert der Blechsorten** (Einkaufspreise) zu verteilen.

Zu 1. Aufteilung der Gewichtsspesen in folgenden Schritten:

1. Eintragung der in der Aufgabe enthaltenen Größen in das unten stehende Lösungsschema.

2. Ermittlung des **Gesamtgewichts** der drei Blechsorten (21 Tonnen). Zwischen dieser Größe und **den gesamten Frachtkosten** (714,00 €) besteht ein **direktes Verhältnis.**

3. Berechnung der **Gewichtsspesen je Einheit** (Tonne):
714,00 € : 21 t = **34,00 €/t.**

4. Multiplikation der Gewichtsspesen je Tonne mit den Einzelgewichten der Blechsorten: **5 t, 7 t und 9 t.**

Blechsorten	Gewicht	Gewichtsspesen je t	Frachtkosten
Walzblech	5 t	34,00 €	170,00 €
Feinblech	7 t	34,00 €	238,00 €
Weißblech	9 t	34,00 €	306,00 €
	21 t		714,00 €

Zu 2. Aufteilung der Wertspesen in folgenden Schritten:

1. Eintragung der Blechsorten mit ihrem jeweiligen Einkaufspreis in das **Lösungsschema.**

2. Ermittlung des **Gesamteinkaufspreises** durch Addition der Einkaufspreise je Sorte.

3. Berechnung der **Wertspesen je 1,00 €** durch Division der Wertspesen durch den Gesamteinkaufspreis: 987,00 € : 14.100,00 € = **0,07 €.** Zwischen den **Einkaufspreisen der Sorten** und den **Wertspesen** bestehen **direkte Verhältnisse.**

4. Berechnung der Wertspesen je Sorte durch Multiplikation des Einkaufspreises je Sorte mit 0,07 €.

Blechsorten	Einkaufspreise	Wertspesen je 1,00 €	Versicherungskosten
Walzblech	4.500,00 €	0,07 €	315,00 €
Feinblech	6.000,00 €	0,07 €	420,00 €
Weißblech	3.600,00 €	0,07 €	252,00 €
	14.100,00 €		987,00 €

Berechnung der Bezugspreise der Werkstoffsorten

Bezugskalkulation	Walzblech	Feinblech	Weißblech
Einkaufspreis	4.500,00 €	6.000,00 €	3.600,00 €
+ Frachtkosten	170,00 €	238,00 €	306,00 €
+ Versicherungskosten	315,00 €	420,00 €	252,00 €
= Bezugspreis	4.985,00 €	6.658,00 €	4.158,00 €

■ Die **Bezugskalkulation** ermöglicht die **Ermittlung des günstigsten Angebotes.** Sie geht vom **Listenpreis** aus und schließt nach Berücksichtigung aller **Nachlässe** und aller **Bezugskosten** mit dem **Bezugspreis** (Einstandspreis) ab.

Zusammenfassung

Kalkulationsschema zur Berechnung des Bezugspreises		
Listeneinkaufspreis im Angebot	....	€
– **Lieferantenrabatt** ... %	....	€
= **Zieleinkaufspreis** (= Rechnungspreis)	....	€
– **Lieferantenskonto** ... %	....	€
= **Bareinkaufspreis**	....	€
+ **Bezugskosten:** z.B. Lkw-/Bahnfracht, z.B. Verpackungskosten, z.B. Versicherungsprämien	....	€
= **Bezugspreis** (= Einstandspreis)	....	€

■ Der Bezugspreis ist der vom Käufer zu zahlende Preis bis zum Eintreffen der Werkstoffe in seinem Lager. Er entspricht den **Anschaffungskosten** nach § 255 [1] HGB.

■ **Berechnung der Anschaffungskosten:**

Anschaffungspreis der Werkstoffe	(= Einkaufspreis)
– Anschaffungspreisminderungen	(= Nachlässe, Skonti, vgl. S. 138 f., S. 173 f.)
+ Anschaffungsnebenkosten	(= Bezugskosten)
= **Anschaffungskosten**	(= **Bezugspreis/Einstandspreis**)

Aufgabe 112

Das Metallwerk Thomas Berg e. K. hat zwei Angebote über Platinen vorliegen, die in die Stahlblechgehäuse eingebaut werden:

1. Lieferant Schramm GmbH, Berlin, bietet an:

   4 000 Platinen, Listenpreis 12,60 € je Platine.

   Der Lieferant gewährt 12,5 % Mengenrabatt und bei Zahlung innerhalb von 20 Tagen 1,5 % Lieferantenskonto.

   An Frachtkosten werden 26,00 € je 100 Platinen berechnet.

2. Lieferant Sauermann KG, Leipzig, bietet an:

   4 000 Platinen zum Listenpreis von je 14,20 €.

   Der Lieferant gewährt 15 % Mengenrabatt und bei Zahlung innerhalb von 20 Tagen 2 % Lieferantenskonto.

   Die Frachtkosten betragen 27,00 € je 100 Platinen.

Berechnen Sie den Bezugspreis für eine Platine und entscheiden Sie sich für einen Lieferanten.

Aufgabe 113

Die Fertigbeton GmbH bezieht von der Baustoffgroßhandlung Harry Dirksen e. K. 4 000 Sack Zement zu je 8,25 €/Sack. Sie erhält 25 % Rabatt und bei Zahlung innerhalb von zehn Tagen 2 % Skonto. Die Lkw-Fracht wird mit 350,00 € berechnet.

Berechnen Sie den Bezugspreis für einen Sack Zement.

Aufgabe 114

Die Möbelfabrik Dreiling OHG bezieht von der Furnierwerk GmbH 500 Eiche-Furnierplatten zu je 80,00 € und 300 Nussbaum-Furnierplatten zu je 60,00 € mit einem Rabatt von 10 %.

Die Lieferfirma berechnet für Verpackung 600,00 € und für die Transportversicherung 450,00 €. Die Lkw-Fracht wird mit 1.200,00 € in Rechnung gestellt.

Die Rechnung kann mit 2 % Skonto beglichen werden.

Berechnen Sie den Bezugspreis für eine Eiche- und eine Nussbaum-Furnierplatte.

Aufgabe 115

Das Karosseriewerk S. Schneider e. K. bezieht folgende Lacke in einer Sendung:

   100 Gebinde XS 400 zu je 78,00 €

   200 Gebinde XS 200 zu je 82,00 €

Der Lieferant gewährt 10 % Mengenrabatt und 2 % Skonto.

Für die Lieferung werden 860,00 € Fracht und 480,00 € Transportversicherung berechnet.

Wie hoch ist der Bezugspreis je Gebinde XS 400 und XS 200?

Aufgabe 116

1. **Wie wird der Bezugspreis häufig auch genannt?**

2. **Welche Wertabzüge sind in der Bezugskalkulation zu berücksichtigen?**

3. **Welche Nebenkosten können beim Bezug von Wirtschaftsgütern anfallen?**

4. **Wann sind Bezugskosten nach ihrem Gewicht und wann nach dem Wert zu verteilen?**

5. **Nennen Sie Beispiele für**

   a) **Gewichtsspesen und**

   b) **Wertspesen.**

1. **Was ist an dem folgenden Rechenschema zu beanstanden?**

2. **Hat die Anwendung des „falschen" Rechenschemas Auswirkung auf den Bezugspreis? (Begründung!)**

Aufgabe 117

Listenpreis für eine Tonne Edelstahl 2001	940,00 €
– 2,5 % Lieferantenskonto	23,50 €
= Zieleinkaufspreis	916,50 €
– 10 % Mengenrabatt	91,65 €
= Bareinkaufspreis	824,85 €
+ Bezugskosten (Fracht, Verpackung)	16,15 €
= Bezugspreis für eine Tonne Edelstahl 2001	841,00 €

Die Baustoffgroßhandlung Erich Wette OHG liefert an die Bauunternehmung A. Breidenbach KG Zement und Kalk. Die Rechnung lautet:

Aufgabe 118

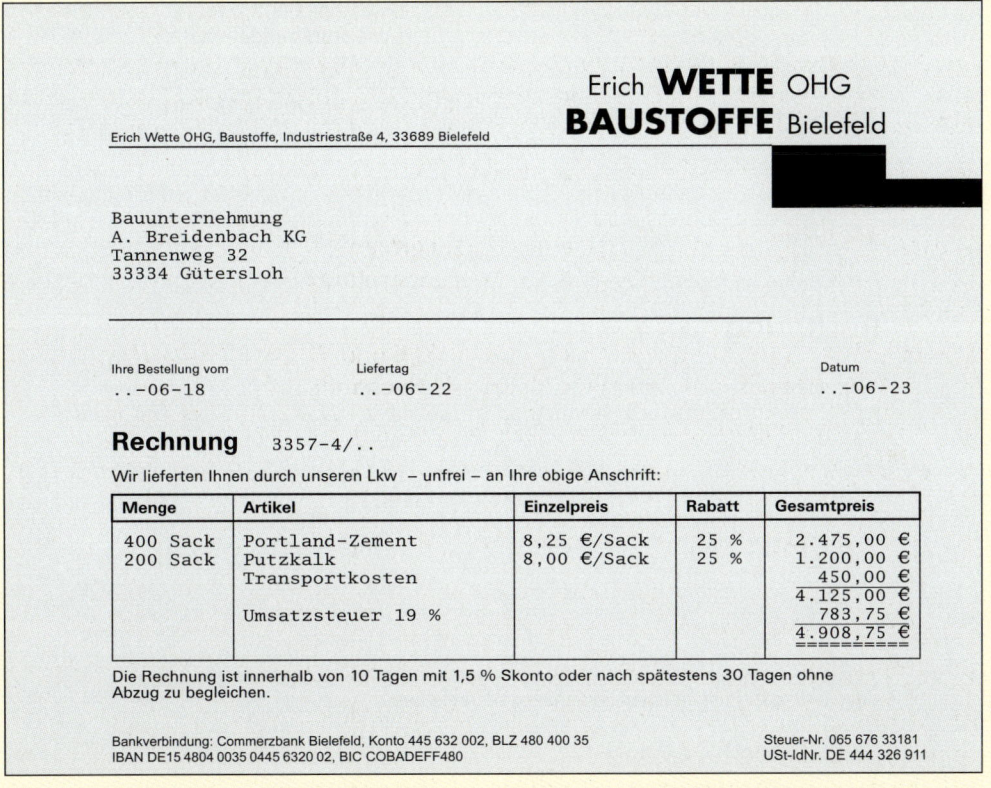

Berechnen Sie für die A. Breidenbach KG den Bezugspreis für je einen Sack Zement und Kalk.

Die Bauunternehmung Meyrich GmbH, Aachen, bezieht 200 Pakete Wandfliesen der Größe 16,5 x 16,5 cm von dem Fliesenhersteller Deutsche Keramik GmbH, Neuwied. In jedem Paket befinden sich 35 Fliesen. Der Hersteller gewährt 2 % Mengenabzug für Bruch und berechnet die Restmenge zu einem Preis von 31,50 € je Paket. Außerdem zieht der Hersteller 5 % Mengenrabatt ab. Bei Zahlung innerhalb von zehn Tagen erhält der Kunde 1 % Skonto auf den Nettorechnungsbetrag (Zieleinkaufspreis) der Wandfliesen. Die Lkw-Fracht berechnet der Hersteller mit insgesamt 820,00 €, die Transportversicherung mit 64,50 €.

Aufgabe 119

Berechnen Sie den Bezugspreis für ein Paket Fliesen.

3.1.2 Bestandsorientierte Buchung der Beschaffung und des Verbrauchs der Werkstoffe

3.1.2.1 Kontrolle und Buchung der Eingangsrechnung

Situation

Das Metallwerk Thomas Berg hat aufgrund des günstigen Angebotes der Brückner GmbH (siehe S. 127) 50 Tonnen Stahlblech SB 1000 bestellt. Mit der Rohstofflieferung erhält das Metallwerk folgende Rechnung (Eingangsrechnung).

Wie kontrolliert und bucht man diese Eingangsrechnung?

Stahlhandel
BRÜCKNER
GmbH

Telefon 06331 72214-0
Telefax 06331 72214-39
www.stahlhandel-wvd.de

BRÜCKNER GmbH • Stahlhandel • Saarstr. 83–87 • 66953 Pirmasens

Steuer-Nr. 065 272 12340
USt-IdNr. DE 456 987 321

Thomas Berg e. K.
Metallwerk
Industriestraße 22 - 28
70565 Stuttgart

Unser Angebot vom	Ihre Bestellung vom	Liefertag	Telefon, Name 06331 72214-	Datum
..-02-05	..-02-14	..-02-20	12	..-02-22

Rechnung 45 456/RS

Pos.	Menge	Artikel	Einzelpreis	Gesamtpreis
1	50 t	Stahlblech SB 1000	1.100,00 €	55.000,00 €
			- 20 % Rabatt	11.000,00 €
				44.000,00 €
			+ Verpackung	600,00 €
			+ Lkw-Fracht	1.400,00 €
				46.000,00 €
			+ 19 % Umsatzsteuer	8.740,00 €
				54.740,00 €

Zahlungsbedingungen: Der Rechnungsbetrag ist innerhalb von 10 Tagen mit 2 % Skonto oder nach spätestens 40 Tagen ohne Abzug zu begleichen.

Deutsche Bank Pirmasens
Konto 234 997 54
BLZ 542 700 96
IBAN DE81 5427 0096 0023 4997 54
BIC DEUTDESM542

Werkstoffkontrolle

Unmittelbar nach Eingang der Werkstoffe **kontrolliert** der Lagerverwalter deren **Menge** und stellt fest, ob die Werkstoffe **Mängel** aufweisen. Er vergleicht die kontrollierte Menge mit den Angaben auf der **Bestellungskopie** und dem **Lieferschein**. Wenn bestellte und gelieferte Menge übereinstimmen, schreibt er eine **Materialeingangsmeldung** aus, die er an die Einkaufsabteilung weiterleitet.

Rechnungskontrolle

In der Einkaufsabteilung **vergleicht** der Sachbearbeiter die inzwischen vorliegende **Rechnung mit der Bestellung** und prüft, ob die Rechnung rechnerisch richtig ist. Mit seinem **Prüfvermerk** versehen leitet er die Rechnung weiter an die **Buchhaltung**, in der die Rechnung gebucht und die Zahlung des Rechnungsbetrags (in der Regel unter Skontoausnutzung) veranlasst werden.

Werden die in einem Industriebetrieb eingekauften Werkstoffe nicht sofort in der Fertigung benötigt, erfasst man sie mit ihrem **Nettopreis** zunächst als **Lagerzugang** auf dem entsprechenden **Bestandskonto**[1] **der Klasse** 2. Rabatte, die bereits bei Rechnungserteilung vom Lieferanten gewährt werden, dürfen als so genannte „Sofortrabatte" nicht gesondert gebucht werden. Aufgrund der obenstehenden Eingangsrechnung sind die 50 Tonnen Stahlblech somit auf dem Bestandskonto

2000 Rohstoffe

mit 44.000,00 € zu erfassen.

Bezugskosten könnten mit dem Werkstoffwert unmittelbar auf dem Konto „2000 Rohstoffe" gebucht werden. Für die Kalkulation ist es jedoch zweckmäßiger, sie zunächst **gesondert** auf einem Unterkonto des Kontos „2000 Rohstoffe" zu erfassen, und zwar auf dem Konto

2001 Bezugskosten für Rohstoffe.

(Marginalie: Buchung der Werkstoffeinkäufe auf Bestandskonten)

(Marginalie: Buchung der Bezugskosten)

Die bestandsorientierte Buchung der Eingangsrechnung lautet:

❶ Buchung der Eingangsrechnung	Soll	Haben
2000 Rohstoffe	44.000,00	
2001 Bezugskosten für Rohstoffe	2.000,00	
2600 Vorsteuer	8.740,00	
an 4400 Verbindlichkeiten a. LL		54.740,00

Die Bezugskosten werden monatlich oder vierteljährlich auf das entsprechende Werkstoffbestandskonto umgebucht. Dadurch wird erreicht, dass auf dem Werkstoffbestandskonto – entsprechend der Bestimmung des § 255 [1] HGB – die **Anschaffungskosten** (Bezugspreise) ausgewiesen werden.

(Marginalie: Umbuchung der Bezugskosten)

❷ Umbuchung der Bezugskosten	Soll	Haben
2000 Rohstoffe	2.000,00	
an 2001 Bezugskosten für Rohstoffe		2.000,00

S	2000 Rohstoffe	H
❶	44.000,00	
❷	2.000,00	

S	4400 Verbindlichkeiten a. LL	H
		❶ 54.740,00

S	2001 Bezugskosten für Rohstoffe	H
❶	2.000,00	❷ 2.000,00

Anschaffungspreis	44.000,00 €
+ Anschaffungsnebenkosten ..	2.000,00 €
= **Anschaffungskosten**	**46.000,00 €**

S	2600 Vorsteuer	H
❶	8.740,00	

Die Werkstoffbestandskonten im Überblick

2000 Rohstoffe	2010 Vorprodukte/ Fremdbauteile	2020 Hilfsstoffe	2030 Betriebsstoffe
2001 Bezugskosten für Rohstoffe	2011 Bezugskosten für Vorprodukte/ Fremdbauteile	2021 Bezugskosten für Hilfsstoffe	2031 Bezugskosten für Betriebsstoffe

---

1 Siehe S. 145: Buchung der Werkstoffeinkäufe auf Aufwandskonten der Klasse 6.

Aufgabe 120

1. Richten Sie die Konten 2000 Rohstoffe und 2001 Bezugskosten für Rohstoffe ein und buchen Sie bei der Fertigbeton GmbH die Eingangsrechnung über die Zementlieferung (siehe Aufgabe 113, S. 130).

2. Buchen Sie die Bezugskosten entsprechend um.

Nennen Sie zu 1. und 2. jeweils auch den Buchungssatz.

Aufgabe 121

1. Buchen Sie in der Bauunternehmung A. Breidenbach KG die Eingangsrechnung auf den entsprechenden Konten (siehe Aufgabe 118, S. 131).

2. Buchen Sie die Bezugskosten um.

Nennen Sie zu 1. und 2. jeweils auch den Buchungssatz.

Aufgabe 122

Die Eingangsrechnung ER 1234 über 4.400,00 € Rohstoffwert, 100,00 € Fracht und 855,00 € Umsatzsteuer wurde wie folgt gebucht:

2000 Rohstoffe	4.400,00
2001 Bezugskosten	100,00
4800 Umsatzsteuer	855,00
an 4400 Verbindlichkeiten a. LL	5.355,00

Erstellen Sie einen Beleg für die Berichtigung der Falschbuchung und nennen Sie die Korrekturbuchung (Stornobuchung).

Aufgabe 123

Das Metallwerk Thomas Berg e. K. erhält für die Anschaffung von zwei PC die folgende Rechnung:

PC-ONLINE GMBH • Pestalozzistraße 44 • 70563 Stuttgart

Thomas Berg e. K.
Metallwerk
Industriestraße 22 - 28
70565 Stuttgart

P C
ONLINE GMBH
Stuttgart

Ihr Auftrag vom	Datum
..-10-23	..-11-12

Rechnung 21 544/..

Wir lieferten Ihnen am 10. Nov. .. durch unseren Lkw, unfrei:

2 Personalcomputer ONLINE-Pentium, komplett mit Bildschirm und Drucker, wie angeboten, zum Nettopreis von je 1.500,00 €	3.000,00 €
+ anteilige Frachtkosten	150,00 €
	3.150,00 €
+ 19 % Umsatzsteuer	598,50 €
	3.748,50 €

Die Rechnung ist innerhalb von 20 Tagen mit 1 % Skonto oder nach 40 Tagen ohne Abzug zu bezahlen.

Bankverbindung: Postbank Stuttgart, Konto 1136 42-701, BLZ 600 100 70   Steuer-Nr. 065 456 78901
IBAN DE98 6001 0070 0113 6427 01, BIC PBNKDEFF600

---

1. Buchen Sie die Eingangsrechnung für das Metallwerk Berg.

2. Warum erübrigt sich im vorliegenden Fall die Einrichtung eines Bezugskostenkontos?

3. Wie hoch sind die Anschaffungskosten der PC?

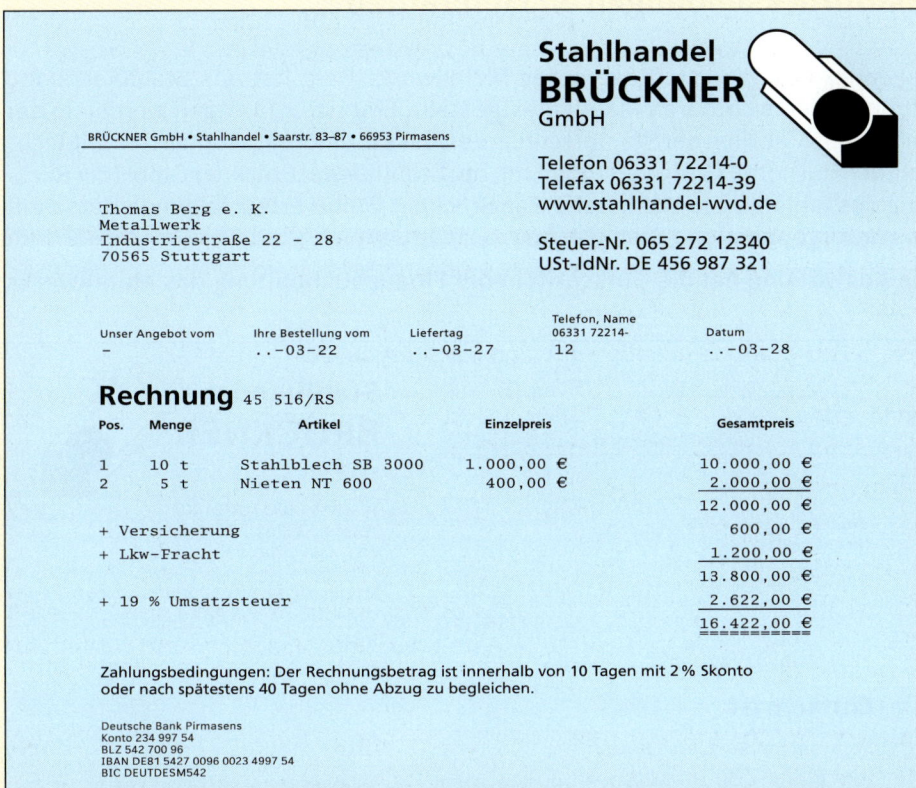

Stahlhandel
BRÜCKNER
GmbH

BRÜCKNER GmbH • Stahlhandel • Saarstr. 83–87 • 66953 Pirmasens

Telefon 06331 72214-0
Telefax 06331 72214-39
www.stahlhandel-wvd.de

Thomas Berg e. K.
Metallwerk
Industriestraße 22 – 28
70565 Stuttgart

Steuer-Nr. 065 272 12340
USt-IdNr. DE 456 987 321

Unser Angebot vom	Ihre Bestellung vom	Liefertag	Telefon, Name 06331 72214-	Datum
-	..-03-22	..-03-27	12	..-03-28

Rechnung 45 516/RS

Pos.	Menge	Artikel	Einzelpreis	Gesamtpreis
1	10 t	Stahlblech SB 3000	1.000,00 €	10.000,00 €
2	5 t	Nieten NT 600	400,00 €	2.000,00 €
				12.000,00 €
	+ Versicherung			600,00 €
	+ Lkw-Fracht			1.200,00 €
				13.800,00 €
	+ 19 % Umsatzsteuer			2.622,00 €
				16.422,00 €

Zahlungsbedingungen: Der Rechnungsbetrag ist innerhalb von 10 Tagen mit 2 % Skonto oder nach spätestens 40 Tagen ohne Abzug zu begleichen.

Deutsche Bank Pirmasens
Konto 234 997 54
BLZ 542 700 96
IBAN DE81 5427 0096 0023 4997 54
BIC DEUTDESM542

1. Ermitteln Sie jeweils die Summe aus Gewichts- und Wertspesen für die beiden Werkstoffe.

2. Buchen Sie die vorstehende Eingangsrechnung auf den Konten 2000 Rohstoffe, 2001 Bezugskosten für Rohstoffe, 2020 Hilfsstoffe und 2021 Bezugskosten für Hilfsstoffe.

3. Die Konten 2001 und 2021 sind entsprechend abzuschließen.

4. Nennen Sie die Buchungssätze zu 2. und 3.

In einer Möbelfabrik sind folgende Geschäftsfälle zu buchen:

	€
1. Zieleinkauf lt. ER 345: Eichenholzplatten, netto	58.000,00
+ Verpackungskosten	400,00
+ Lkw-Fracht	800,00
+ Umsatzsteuer	?
2. ER 346: Sägeblätter und Polierscheiben, netto	1.200,00
+ Fracht	80,00
+ Umsatzsteuer	?
3. ER 347: 200 Schrankschlösser je 14,00 €	?
− 20 % Rabatt	?
+ Verpackung	140,00
+ Transportversicherung	110,00
+ Umsatzsteuer	?
4. ER 348: Schmieröl, netto	1.300,00
+ Frachtkostenanteil	120,00
+ Umsatzsteuer	?

3.1.2.2 Werkstoffrücksendungen an Lieferanten

Situation

Der Verwalter des Werkstofflagers des Metallwerks Berg hat das Stahlblechband geprüft und keine sichtbaren Mängel festgestellt. Erst nach 14 Tagen werden in der Stanzerei nach Aufrollen der Stahlblechbänder Risse in einem 10-Tonnen-Stahlblechband entdeckt. Thomas Berg vereinbart mit der Stahlhandel Brückner GmbH die Rücksendung des fehlerhaften Werkstoffs. Die Brückner GmbH erteilt folgende Gutschrift für das zurückgenommene Stahlblech.

Welche Auswirkung hat die Gutschrift in der Finanzbuchhaltung des Metallwerks Berg?

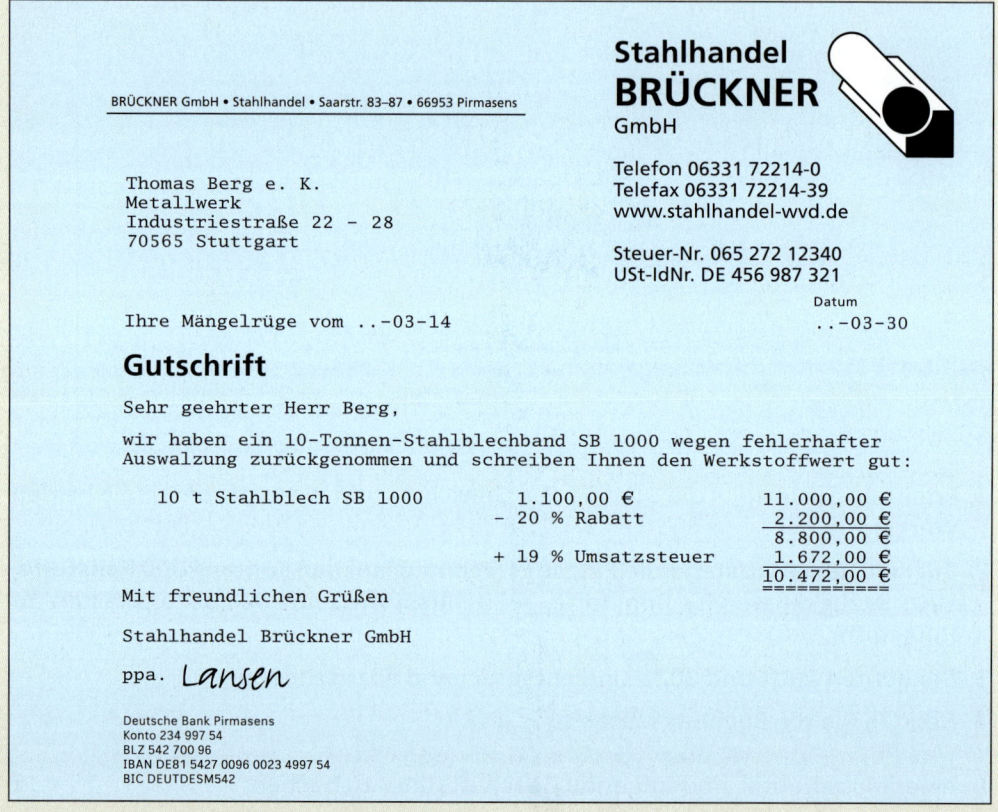

BRÜCKNER GmbH • Stahlhandel • Saarstr. 83–87 • 66953 Pirmasens

Stahlhandel
BRÜCKNER
GmbH

Telefon 06331 72214-0
Telefax 06331 72214-39
www.stahlhandel-wvd.de

Thomas Berg e. K.
Metallwerk
Industriestraße 22 – 28
70565 Stuttgart

Steuer-Nr. 065 272 12340
USt-IdNr. DE 456 987 321

Ihre Mängelrüge vom ..–03–14

Datum
..–03–30

Gutschrift

Sehr geehrter Herr Berg,

wir haben ein 10-Tonnen-Stahlblechband SB 1000 wegen fehlerhafter Auswalzung zurückgenommen und schreiben Ihnen den Werkstoffwert gut:

10 t Stahlblech SB 1000	1.100,00 €		11.000,00 €
	– 20 % Rabatt		2.200,00 €
			8.800,00 €
	+ 19 % Umsatzsteuer		1.672,00 €
			10.472,00 €

Mit freundlichen Grüßen

Stahlhandel Brückner GmbH

ppa. *Lansen*

Deutsche Bank Pirmasens
Konto 234 997 54
BLZ 542 700 96
IBAN DE81 5427 0096 0023 4997 54
BIC DEUTDESM542

Auswirkung einer erhaltenen Gutschrift

Die Gutschrift führt in der Buchhaltung Berg zu folgenden **Berichtigungen:** Der auf dem Konto „2000 Rohstoffe" im Soll gebuchte **Werkstoffwert** von 44.000,00 € (siehe S. 133) muss auf der Haben-Seite **um** die Gutschrift von **8.800,00 €** netto **berichtigt** werden. Durch diese Buchung wird der ursprüngliche Werkstoffwert nachträglich verringert. Um den anteiligen Betrag (19 % von 8.800,00 € = 1.672,00 €) muss auch die bereits gebuchte **Vorsteuer berichtigt** werden, indem der Betrag von 1.672,00 € im Haben des Kontos „2600 Vorsteuer" gebucht wird. Letztlich vermindern sich somit auch die Verbindlichkeiten aus der Werkstofflieferung im Soll des Kontos „4400 Verbindlichkeiten a. LL" um den Gesamtbetrag von 10.472,00 €.

Aus Gründen der Übersicht werden **alle Buchungen im Zusammenhang** dargestellt:

❶ Buchung der Eingangsrechnung (vgl. S. 133)	Soll	Haben
2000 Rohstoffe	44.000,00	
2001 Bezugskosten für Rohstoffe	2.000,00	
2600 Vorsteuer	8.740,00	
an 4400 Verbindlichkeiten a. LL		54.740,00

❷ Umbuchung der Bezugskosten (vgl. S. 133)	Soll	Haben
2000 Rohstoffe	2.000,00	
an 2001 Bezugskosten für Rohstoffe		2.000,00

❸ Buchung der Rücksendung aufgrund der Gutschrift des Lieferanten	Soll	Haben
4400 Verbindlichkeiten a. LL	10.472,00	
an 2000 Rohstoffe		8.800,00
an 2600 Vorsteuer		1.672,00

S	2000 Rohstoffe	H
❶ 44.000,00	❸	8.800,00
❷ 2.000,00		

S	4400 Verbindlichkeiten a. LL	H
❸ 10.472,00	❶	54.740,00

S	2001 Bezugskosten für Rohstoffe	H
❶ 2.000,00	❷	2.000,00

S	2600 Vorsteuer	H
❶ 8.740,00	❸	1.672,00

Aufgabe 126

Das Metallwerk Thomas Berg e. K. hat am 10. April von den Walzwerken Sauerland AG vier Tonnen Stahlprofil S 2003 zum Listenpreis von 1.500,00 €/t unter Abzug von 10 % Mengenrabatt bezogen.

1. **Erstellen Sie die Rechnung bei 19 % Umsatzsteuer.**

2. **Nennen Sie den Buchungssatz und buchen Sie im Metallwerk Berg.**

Aufgabe 127

In der Fertigung des Metallwerks Berg wurde festgestellt, dass eine Tonne des Stahlprofils (siehe Aufgabe 126) einen versteckten Mangel aufweist. Der Lieferant Sauerland AG erteilt nach Mängelrüge eine Gutschrift über die Rücksendung des beanstandeten Werkstoffs.

1. **Erstellen Sie die Gutschriftsanzeige rechnerisch.**

2. **Nennen Sie den Buchungssatz und buchen Sie im Metallwerk Berg.**

Aufgabe 128

Buchen Sie folgende Geschäftsfälle:	€
1. ER 405: Kauf von Hilfsstoffen, netto 2.600,00 € + Umsatzsteuer	?
2. Beschädigte Hilfsstoffe (siehe Fall 1) werden an den Lieferanten zurückgeschickt, und zwar im Nettowert von	750,00
3. Rücksendung mangelhafter Fremdbauteile an den Lieferanten. Listenpreis 8.600,00 € – 10 % Rabatt + Umsatzsteuer	?
4. ER 406: Kauf von Rohstoffen, Listenpreis	15.800,00
– 20 % Rabatt	?
+ Lkw-Fracht	350,00
+ Umsatzsteuer	?

Aufgabe 129

Bei Überprüfung der Rohstofflieferung (siehe Fall 4 der Aufgabe 128) wurde festgestellt, dass Rohstoffe zum Listenpreis von 2.500,00 € beschädigt sind. Nach Rücksendung der fehlerhaften Werkstoffe erhält der Kunde die Gutschriftsanzeige des Lieferanten.

1. **Erstellen Sie die Gutschriftsanzeige.**

2. **Wie bucht der Kunde?**

3.1.2.3 Nachträgliche Preisnachlässe von Lieferanten

Situation

Das Metallwerk Thomas Berg hat von der Industriebedarf Glöckner GmbH schnell trocknenden Lack bezogen. Die Eingangsrechnung ER 456 wurde bereits gebucht:

100 Gebinde Lack LS 200, schwarz, je 60,00 €	6.000,00 €
+ 19 % Umsatzsteuer	1.140,00 €
= **Rechnungsbetrag**	**7.140,00 €**

In der Lackiererei wird festgestellt, dass der Lack nicht in der zugesicherten Zeit trocknet. Das Metallwerk Thomas Berg rügt diesen Mangel unverzüglich und verlangt von der Glöckner GmbH nachträglich einen entsprechenden Preisnachlass.

Wie wirkt sich ein nachträglich gewährter Preisnachlass des Lieferanten aus?

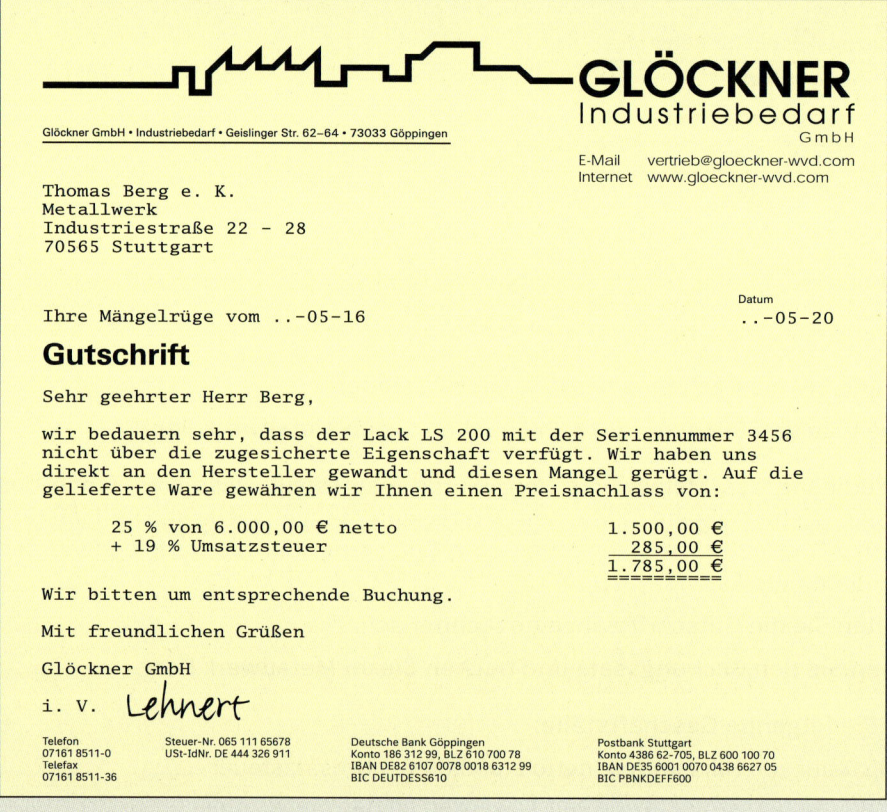

Auswirkung eines nachträglich erhaltenen Preisnachlasses

Preisnachlässe, die einem Kunden vom Lieferanten aufgrund einer Mängelrüge gewährt werden, **mindern nachträglich die Anschaffungskosten** der eingekauften Werkstoffe. Aus Gründen der Übersichtlichkeit werden diese Nachlässe nicht direkt auf der Haben-Seite des Werkstoffbestandskontos gebucht, sondern zunächst auf einem entsprechenden **Unterkonto „Nachlässe":**

2000 Rohstoffe	2010 Vorprodukte/ Fremdbauteile	2020 Hilfsstoffe	2030 Betriebsstoffe
2002 Nachlässe für Rohstoffe	2012 Nachlässe für Vorprodukte/ Fremdbauteile	2022 Nachlässe für Hilfsstoffe	2032 Nachlässe für Betriebsstoffe

Umbuchung

Zum Monats- oder Jahresabschluss werden die Unterkonten „Nachlässe" über die entsprechenden Werkstoffbestandskonten abgeschlossen. **Auf den Werkstoffbestandskonten** stehen danach die **berichtigten Anschaffungskosten** (Bezugspreise).

Die nachträgliche Minderung des Werkstoffwertes durch den Preisnachlass hat eine nachträgliche Verringerung der (bereits gebuchten) Vorsteuer zur Folge. Daher ist auf der Gutschrift des Lieferanten nicht nur der Preisnachlass, sondern auch **die darauf entfallende Vorsteuer** ausgewiesen (vgl. S. 138).

Berichtigung der Vorsteuer

❶ Buchung der Eingangsrechnung (vgl. S. 138)	Soll	Haben
2020 Hilfsstoffe	6.000,00	
2600 Vorsteuer	1.140,00	
an 4400 Verbindlichkeiten a. LL		7.140,00

❷ Buchung des Preisnachlasses aufgrund der Gutschrift des Lieferanten	Soll	Haben
4400 Verbindlichkeiten a. LL	1.785,00	
an 2022 Nachlässe für Hilfsstoffe		1.500,00
an 2600 Vorsteuer		285,00

❸ Umbuchung der Nachlässe am Ende der Rechnungsperiode	Soll	Haben
2022 Nachlässe für Hilfsstoffe	1.500,00	
an 2020 Hilfsstoffe		1.500,00

Wird die Buchhaltung über ein **Finanzbuchhaltungsprogramm** geführt, nimmt das Programm die Steuerberichtigung (vgl. Buchung ❷) **automatisch** vor. Auf dem Konto „2022 Nachlässe für Hilfsstoffe" wird nur der Gesamtbetrag von 1.785,00 € eingegeben. Das Fibu-Programm rechnet die zu berichtigende Vorsteuer aus und bucht sie automatisch im Haben des Kontos „2600 Vorsteuer".

Steuerberichtigung bei Datenverarbeitungsprogrammen

S	2020 Hilfsstoffe	H		S	4400 Verbindlichkeiten a. LL	H
❶	6.000,00	❸ 1.500,00		❷	1.785,00	❶ 7.140,00

S	2600 Vorsteuer	H		S	2022 Nachlässe für Hilfsstoffe	H
❶	1.140,00	❷ 285,00		❸	1.500,00	❷ 1.500,00

Das Konto „2020 Hilfsstoffe" zeigt nach der Umbuchung des Nachlasses den berichtigten Materialwert (Anschaffungskosten nach § 255 [1] HGB) für diese Bestellung:

Anschaffungspreis (Materialwert)	6.000,00 €
– Anschaffungspreisminderungen (Nachlässe)	1.500,00 €
= **Anschaffungskosten** (Bezugspreis)	4.500,00 €

Lieferanten gewähren oft nachträglich einen **Treue- oder Umsatzrabatt** (Bonus), der ebenfalls auf dem entsprechenden **Unterkonto „Nachlässe"** gebucht wird. Diese Boni werden meist **am Ende einer Rechnungsperiode** (Quartal oder Jahr) in einem Prozentsatz **vom erzielten Umsatz berechnet.**

Bonus

Nennen Sie die Buchungssätze zu folgenden Geschäftsfällen:

1. Zieleinkauf von Rohstoffen 20.000,00 € netto + Umsatzsteuer.

2. Der Rohstofflieferant (siehe Fall 1) gewährt 10 % Preisnachlass wegen Mängelrüge.

3. Ein Hilfsstofflieferant gewährt am Ende des Quartals einen Bonus von 1.428,00 € brutto.

Aufgabe 130

3.1.2.4 Erfassung und Buchung des Werkstoffverbrauchs

3.1.2.4.1 Laufende Erfassung des Werkstoffverbrauchs mithilfe von Materialentnahmescheinen

Situation

Der Leiter des Rechnungswesens des Metallwerks Thomas Berg möchte jederzeit über den mengen- und wertmäßigen Bestand und Verbrauch der verschiedenen Roh-, Hilfs- und Betriebsstoffe informiert werden. Er benötigt diese Zahlen insbesondere für die **Überwachung der Lagerbestände** und die **Erfassung des Werkstoffverbrauchs** für die Buchhaltung und Kostenrechnung (Kalkulation). Deshalb beauftragt er den Lagerverwalter mit der Einrichtung einer Lagerbuchführung.

Lagerbuchführung

Die Lagerbuchführung (Lagerbuch) ist eine **Nebenbuchführung** der Finanzbuchhaltung. Ihre **Aufgabe** besteht darin, alle **Zu- und Abgänge der Werkstoffe nach Art, Menge und Wert zu erfassen.** Zugänge der verschiedenen Roh-, Hilfs- und Betriebsstoffe werden aufgrund von **Lieferscheinen** erfasst, die Abgänge, also der Werkstoffverbrauch, mithilfe von **Materialentnahmescheinen,** die bei jedem Lagerabgang unter Angabe der empfangenden Kostenstelle und der Auftragsnummer ausgestellt werden. Der art-, mengen- und wertmäßige Nachweis des Werkstoffverbrauchs ist **Voraussetzung für die Richtigkeit der Buchführung und der Kalkulation** der Werkstoffkosten.

Materialentnahmeschein		Nr.: 342			**Metallwerk Thomas Berg** e. K.

Rohstoffe ☐ Hilfsstoffe ☒ Betriebsstoffe ☐

Konto / Soll / Haben / Gebucht

Datum: ..-01-09   Kostenstelle: Lackiererei   Auftrag: G 142

Artikel-Nr.	Menge	Einheit	Bezeichnung	€/Einheit	Summe
LS 101	40	Gebinde	Lack LS 200	60,00	2.400,00
ausgestellt: *Winkert*		ausgegeben: *Bender*		Buchhaltung:	2.400,00

Fortschreibung des Lagerbestands

Die laufende Fortschreibung (Skontration) der Lagerzu- und -abgänge wird für die einzelne Werkstoffart **EDV-mäßig** durchgeführt.[1] So kann der **Lagerbestand** eines Artikels **buchmäßig „permanent"** nachgewiesen werden. Dieser Sollbestand muss **einmal jährlich** durch eine **körperliche Inventur** überprüft werden (siehe S. 22). Durch Vergleich des Sollbestands mit dem Istbestand zeigt sich der Lagerverlust durch Schwund und Diebstahl. Somit bildet die Lagerbuchführung nicht nur die Grundlage für die Erfassung des Werkstoffverbrauchs, sondern auch für den Nachweis des Inventurbestands der Werkstoffbestände in Inventar und Bilanz.

Auszug Lagerbuchführung des Metallwerks Thomas Berg e. K.				Bereich: Hilfsstoffe L	
Artikel: Lack LS 200		Lieferant: Glöckner GmbH		Mindestbestand: 220 Gebinde	
Artikel-Nr.: LS 101				Höchstbestand: 500 Gebinde	
Datum	**Beleg**	**Preis je Gebinde**	**Zugang**	**Abgang**	**Bestand**
..-01-01	Anfangsbestand	60,00 €	–	–	240
..-01-06	Lieferschein L 01	60,00 €	120	–	360
..-01-07	Materialentnahmeschein 340	–	–	80	280
..-01-08	Lieferschein L 02	60,00 €	200	–	480
..-01-09 usw.	Materialentnahmeschein 342	–	–	40	440

---

1 In modernen Lagersystemen ist die Lagerbuchführung mit der automatischen Lagersteuerung synchronisiert.

Der Werkstoffverbrauch wird bei bestandsorientierter Buchung der Werkstoffeinkäufe in der Regel aufgrund von **Materialentnahmescheinen** erfasst und entsprechend als Aufwand in der Kontenklasse 6 gebucht. Im vorstehenden Beispiel lauten die Buchungen:

Erfassung des Werkstoffverbrauchs mit Materialentnahmescheinen

6020 Aufwendungen für Hilfsstoffe   an   2020 Hilfsstoffe

S	2020 Hilfsstoffe			H
8000	14.400,00	6020	4.800,00	
4400	7.200,00	6020	2.400,00	
4400	12.000,00			

S	6020 Aufwendungen für Hilfsstoffe			H
2020	4.800,00	8020	7.200,00	
2020	2.400,00			

Ermitteln Sie anhand der Lagerdatei auf Seite 140 den wertmäßigen Lagerbestand und stimmen Sie diesen mit dem Saldo im Bestandskonto „2020 Hilfsstoffe" ab.

Erfassung des Werkstoffverbrauchs durch Inventur

3.1.2.4.2

> Im Metallwerk Thomas Berg wurde der Verbrauch an Betriebsstoffen leider nicht aufgrund von Materialentnahmescheinen erfasst.
>
> **Wie kann der Werkstoffverbrauch noch nachträglich ermittelt werden?**

Situation

Der **Werkstoffverbrauch** kann auch jeweils am Ende einer Rechnungsperiode (Monat, Quartal oder Geschäftsjahr) **durch** eine **körperliche Inventur ermittelt** und **in einer Summe** auf die entsprechenden Werkstoffaufwandskonten der Kontenklasse 6 **umgebucht** werden. Diese Methode hat den **Nachteil,** dass der Werkstoffverbrauch nicht genau den verursachenden Kostenstellen oder Kostenträgern (Produkte) zugerechnet werden kann.

Nachträgliche Ermittlung des Werkstoffverbrauchs durch Inventur

Ermittlung des Betriebsstoffverbrauchs mithilfe der körperlichen Inventur:

Beispiel

Anfangsbestand an Betriebsstoffen zum 1. Jan.	56.000,00 €	
+ Betriebsstoffeinkäufe vom 2. Jan. bis 31. Dez.	82.500,00 €	138.500,00 €
– Schlussbestand lt. Inventur zum 31. Dez.		22.600,00 €
= **Verbrauch an Betriebsstoffen**		**115.900,00 €**

❶ **Buchung des Inventurbestands**	Soll	Haben
8010 Schlussbilanzkonto	22.600,00	
an 2030 Betriebsstoffe		22.600,00

❷ **Umbuchung des Betriebsstoffverbrauchs**	Soll	Haben
6030 Aufwendungen für Betriebsstoffe	115.900,00	
an 2030 Betriebsstoffe		115.900,00

S	2030 Betriebsstoffe			H
8000	56.000,00	8010	22.600,00	
4400	82.500,00	6030	115.900,00	
	138.500,00		138.500,00	

S	8010 Schlussbilanzkonto		H
2030	22.600,00		

S	6030 Aufwendungen für Betriebsstoffe		H
2030	115.900,00		

Auszug aus der Summenbilanz zum 31. Dez.	Soll	Haben
2000 Rohstoffe	450.600,00	15.700,00
2020 Hilfsstoffe	124.800,00	4.700,00

Aufgabe 131

Inventurbestände: 76.500,00 € Rohstoffe, 32.900,00 € Hilfsstoffe.

Buchen Sie auf den Konten 2000, 2020, 6000, 6020, 8010 und 8020.

Zusammen-fassung

- Bei **bestandsorientierter Buchung** werden die **Werkstoffeinkäufe als Lagerzugang** auf den entsprechenden **Bestandskonten der Klasse 2** gebucht.

- **Der Werkstoffverbrauch** wird bei bestandsorientierter Buchung der Lagerzugänge in der Regel mithilfe von **Materialentnahmescheinen** und – seltener – durch **körperliche Bestandsaufnahme** (Inventur) erfasst.

- **Eingangsrechnungen** sind zunächst auf **sachliche und rechnerische Richtigkeit** zu **prüfen,** bevor sie in der Finanzbuchhaltung gebucht werden.

- Die in der Eingangsrechnung aufgeführten **Bezugskosten** (z. B. Fracht, Verpackung, Versicherung, Zoll) werden zunächst gesondert auf einem **Unterkonto** des betreffenden Werkstoffbestandskontos gebucht. Nur so kann für die **Kalkulation** ermittelt werden, wie hoch der **Anteil** der Bezugskosten am Wert der z. B. in einem Monat bezogenen Rohstoffe **durchschnittlich** ist.

Beispiel

Im Januar hat das Metallwerk Berg für 400.000,00 € Stahlblech gekauft und hierauf insgesamt 8.000,00 € Bezugskosten gezahlt. Das sind durchschnittlich 2 %. Somit kann in der Bezugskalkulation mit einem Zuschlag für Bezugskosten von 2 % kalkuliert werden.

- **Die Umbuchung der Bezugskosten** auf das entsprechende Werkstoffbestandskonto erfolgt in der Regel monatlich. Nach der Umbuchung wird der Werkstoffbestand zu **Anschaffungskosten** (Bezugspreis) ausgewiesen.

- Werden **Werkstoffe** (Roh-, Hilfs- oder Betriebsstoffe) **an den Lieferanten zurückgeschickt,** weil diese falsch oder mit Mängeln behaftet geliefert wurden, **vermindert sich der Bestand im Haben** des jeweiligen Werkstoffbestandskontos um die Gutschrift des Lieferanten. Diese nachträgliche Verringerung des Werkstoffwertes bedingt auch eine **anteilige Berichtigung der Vorsteuer.**

- **Nachträgliche Preisnachlässe des Lieferanten** werden aufgrund einer **Mängelrüge** des Kunden oder als **Bonus** (Treue- oder Umsatzrabatt) gewährt.

- **Nachlässe mindern den Wert** der bereits eingekauften Roh-, Hilfs- und Betriebsstoffe **und** damit auch die auf sie entfallende **Vorsteuer.** In der Gutschriftsanzeige des Lieferanten werden in der Regel die Minderungen des Werkstoffwertes und der Vorsteuer gesondert ausgewiesen (siehe S. 138).

- Sollte in einer Gutschrift bis 250,00 € brutto der Betrag, um den die Vorsteuer zu berichtigen ist, nicht extra ausgewiesen sein, muss der Kunde sie berechnen:

Beispiel

Es soll angenommen werden, dass in einer Gutschrift nur der Bruttobetrag von 107,10 € und der Steuersatz von 19 % genannt worden sind. Dann muss der Betrag, um den die Vorsteuer zu berichtigen ist, wie folgt berechnet werden:

$$119\,\% = 107,10\,€$$
$$19\,\% = x\,€$$

$$x = \frac{107,10\,€ \cdot 19\,\%}{119\,\%} = \mathbf{17,10\,€}$$

- **Nachlässe** werden gesondert auf einem **Unterkonto** des betreffenden Werkstoffbestandskontos gebucht und in der Regel monatlich umgebucht.

- **Bestandsorientierte Buchung des Werkstoffeinkaufs und -verbrauchs:**

S	2000 Rohstoffe	H
Anfangsbestand	Verbrauch von Rohstoffen	
Einkauf von Rohstoffen	Rücksendungen	
	Nachlässe	
Bezugskosten	Schlussbestand	

S	6000 Aufwendungen für Rohstoffe	H
Aufwendungen für Rohstoffe	GuV-Konto	

Aufgabe 132

Eingangsrechnung

4 Stahlträger (Listenpreis je 3.000,00 €)	12.000,00 €	
− 10 % Rabatt	1.200,00 €	10.800,00 €
+ Verlade- und Entladekosten	550,00 €	
+ Frachtkosten	1.200,00 €	
+ Versicherung	195,00 €	1.945,00 €
= Nettobetrag		12.745,00 €
+ 19 % Umsatzsteuer		2.421,55 €
= Rechnungsbetrag		15.166,55 €

1. Weisen Sie für die Maschinenbau GmbH buchhalterisch die Anschaffungskosten der Stahlträger nach und nennen Sie die Buchungssätze.
2. Wie viel Prozent betragen die Bezugskosten vom Anschaffungspreis?

Aufgabe 133

Bei der Montage der Stahlträger (siehe Aufgabe 132) wird festgestellt, dass ein Träger nicht den bestellten Abmessungen entspricht und deshalb an den Lieferanten zurückgeschickt werden muss. Der Lieferant schickt folgende

Gutschriftsanzeige

Rücknahme eines Stahlträgers	2.700,00 €
+ 19 % Umsatzsteuer	513,00 €
= Gutschrift	3.213,00 €

Nennen Sie den Buchungssatz und buchen Sie auf Konten.

Aufgabe 134

Nennen Sie die Buchungssätze zu folgenden Geschäftsfällen:

	€	€
1. Zieleinkauf von Rohstoffen lt. ER 409, Rechnungsbetrag		59.500,00
2. Lieferant (ER 409) gewährt nachträglich Preisnachlass wegen Mängelrüge, netto		850,00
3. Zielverkauf von eigenen Erzeugnissen lt. AR 789, netto	45.000,00	
+ Umsatzsteuer	8.550,00	53.550,00
4. Verbrauch von Hilfsstoffen lt. Materialentnahmeschein 321		15.600,00
5. Rohstofflieferant gewährt uns einen Bonus, brutto		2.915,50
6. Rücksendung beschädigter Hilfsstoffe an den Lieferanten, netto		1.200,00

Aufgabe 135

Auszug aus der Summenbilanz der Bau GmbH	Soll	Haben
2000 Rohstoffe	456.000,00	25.000,00
2001 Bezugskosten für Rohstoffe	23.800,00	–
2002 Nachlässe für Rohstoffe	–	5.000,00
2020 Hilfsstoffe	67.800,00	800,00
2021 Bezugskosten für Hilfsstoffe	2.200,00	–
2022 Nachlässe für Hilfsstoffe	–	580,00
6000 Aufwendungen für Rohstoffe	–	–
6020 Aufwendungen für Hilfsstoffe	–	–
8010 Schlussbilanzkonto	–	–
8020 Gewinn- und Verlustkonto	–	–

1. Richten Sie die obigen Konten ein.
2. Führen Sie die Umbuchungen durch und nennen Sie die Buchungssätze.
3. Buchen Sie die Schlussbestände lt. Inventur: 78.800,00 € Rohstoffe, 22.600,00 € Hilfsstoffe. Ermitteln Sie jeweils den Werkstoffverbrauch.
4. Buchen Sie den Werkstoffverbrauch und nennen Sie die Buchungssätze.
5. Schließen Sie die Bestands- und Erfolgskonten entsprechend ab.

Aufgabe 136

Buchen Sie die Geschäftsfälle auf den Konten 2020, 2021, 2022, 2600 und 4400:

1. Zieleinkauf von Hilfsstoffen lt. ER 456. Der Listeneinkaufspreis beträgt 18.000,00 €. Der Lieferant gewährt einen Mengenrabatt von 8 %. Für Transport und Verpackung berechnet er 300,00 €. Umsatzsteuer: 19 %. **Erstellen Sie die Rechnung und buchen Sie.**

2. Beschädigte Hilfsstoffe (Fall 1) werden zurückgeschickt: Listeneinkaufspreis 2.500,00 €. **Erstellen Sie die Gutschrift und buchen Sie aus der Sicht des Kunden.**

3. Auf den Restbetrag gewährt der Lieferant aus Kulanz noch nachträglich einen Preisnachlass von 10 %. **Erstellen Sie eine neue Gutschriftsanzeige und buchen Sie. Wie hoch ist der Überweisungsbetrag an den Lieferanten?**

Aufgabe 137

Anfangsbestände

	€		€
0700 TA und Maschinen	450.000,00	2800 Bankguthaben	129.900,00
0800 Andere Anl./BGA	221.000,00	2880 Kasse	12.800,00
2000 Rohstoffe	234.000,00	3000 Eigenkapital	600.000,00
2020 Hilfsstoffe	67.800,00	4250 Darlehensschulden	383.250,00
2400 Forderungen a. LL	40.250,00	4400 Verbindlichkeiten a. LL	172.500,00

Kontenplan: 0700, 0800, 2000, 2001, 2002, 2020, 2021, 2400, 2600, 2800, 2880, 3000, 3001, 4250, 4400, 4800, 5000, 5420, 6000, 6020, 6160, 6200, 6300, 6520, 6800, 7510, 8000, 8010, 8020.

Geschäftsfälle

	€	€
1. ER 201: Zielkauf von Rohstoffen, Listenpreis ab Werk	55.600,00	
– 5 % Mengenrabatt	2.780,00	
+ Frachtkosten	880,00	
+ Umsatzsteuer	10.203,00	63.903,00
2. ER 202: Maschinenreparatur, netto	1.800,00	
+ Umsatzsteuer	342,00	2.142,00
3. KB 89: Barkauf von Büromaterial, netto	450,00	
+ Umsatzsteuer	85,50	535,50
4. KB 90: Barentnahme für Privatzwecke		1.500,00
5. AR 209: Zielverkauf von Erzeugnissen, netto	125.000,00	
+ Umsatzsteuer	23.750,00	148.750,00
6. Lieferant (Fall 1: ER 201) gewährt Preisnachlass wegen Mängelrüge, brutto		6.545,00
7. ER 203: Zielkauf von Hilfsstoffen	6.200,00	
+ Transportkosten	300,00	
+ Umsatzsteuer	1.235,00	7.735,00
8. KA 123: Banküberweisung von Kunden		89.250,00
9. Lieferantengutschrift auf ER 203: Rücksendung beschädigter Hilfsstoffe (Fall 7), brutto		1.785,00
10. ME 200: Entnahme von Rohstoffen für die Fertigung		28.000,00
11. PE 02: Entnahme eines Fertigerzeugnisses für Privatzwecke, netto		1.800,00
12. KA 124: Lastschrift für Gehaltsüberweisungen	12.800,00	
Lohnüberweisungen	15.200,00	
Darlehenszinsen	6.000,00	
Darlehenstilgung	5.000,00	39.000,00
13. ER 204: Kauf einer EDV-Anlage, netto	8.500,00	
+ Umsatzsteuer	1.615,00	10.115,00
Abschlussangaben: Inventurbestand an Hilfsstoffen		52.000,00

AfA: 0700: 12.000,00 €; 0800: 4.000,00 €.

Aufwandsorientierte Buchung der Beschaffung und des Verbrauchs von Werkstoffen

3.1.3

Das Controlling des Metallwerks Thomas Berg will die Lagerkosten, die durch eine zu lange Lagerdauer der Werkstoffe entstehen, dadurch senken, dass die Werkstoffe jeweils nur zum Zeitpunkt ihrer Verarbeitung in der Fertigung angeliefert werden. Diese „Just-in-time-Fertigung" erspart Zinsen für das bisher im Lager investierte Kapital und zugleich auch Lagerverwaltungskosten.

Situation

Welche Auswirkung hat das Just-in-time-Verfahren auf die Erfassung der Werkstoffeinkäufe in der Finanzbuchhaltung?

Werden Werkstoffe erst dann angeliefert, wenn sie in der Fertigung benötigt werden, kann die **Beschaffung der Roh-, Hilfs- und Betriebsstoffe** auch **direkt als Aufwand** auf den entsprechenden Werkstoffaufwandskonten der Klasse 6 **gebucht** werden.

Im Metallwerk Thomas Berg wurden im Geschäftsjahr .. Rohstoffe im Wert von netto 200.000,00 € eingekauft und jeweils zugleich in der Fertigung verarbeitet. Die **Eingangsrechnungen** lauteten insgesamt:

Beispiel

Rohstoffe, netto	200.000,00 €
+ 19 % Umsatzsteuer	38.000,00 €
= Rechnungsbetrag	238.000,00 €

Bei aufwandsorientierter Buchung der Werkstoffeinkäufe lauten die Buchungen:

❶ Buchung des Rohstoffeinkaufs	Soll	Haben
6000 Aufwendungen für Rohstoffe	200.000,00	
2600 Vorsteuer	38.000,00	
an 4400 Verbindlichkeiten a. LL		238.000,00

S	6000 Aufwendungen für Rohstoffe	H
❶ 4400	200.000,00	

S	4400 Verbindlichkeiten a. LL	H
		❶ 6000/
		2600 238.000,00

S	2600 Vorsteuer	H
❶ 4400	38.000,00	

Die Werkstoffbestandskonten der Klasse 2 weisen bei **aufwandsorientierter Buchung** der Werkstoffeinkäufe nur noch den **Anfangs- und Schlussbestand** der Roh-, Hilfs- und Betriebsstoffe sowie in der Regel auch noch einen **Saldo** aus, der auf eine **Veränderung** des Anfangsbestands hinweist, also auf eine **Erhöhung oder Verminderung des Lageranfangsbestands.**

S	2000 Rohstoffe	H
Anfangsbestand	Schlussbestand	
Bestandserhöhung		

S	2000 Rohstoffe	H
Anfangsbestand	Schlussbestand	
	Bestandsminderung	

Im Falle einer **Bestandserhöhung** wurden mehr Werkstoffe eingekauft als verbraucht. Bei einer **Bestandsminderung mussten** dagegen **zusätzlich** Werkstoffe aus dem Lagerbestand des Vorjahres in die Fertigung gegeben werden.

Im obigen Beispiel wird unterstellt, dass der Anfangsbestand an Rohstoffen zum 1. Januar .. 100.000,00 € und der Schlussbestand lt. Inventur zum 31. Dezember .. 120.000,00 € betragen.

Beispiel

Die Buchungen des Lagerbestands zu Beginn und zum Schluss des Geschäftsjahres lauten:

❷ Buchung des Rohstoffanfangsbestands	Soll	Haben
2000 Rohstoffe	100.000,00	
an 8000 Eröffnungsbilanzkonto		100.000,00

❸ Buchung des Rohstoffschlussbestands	Soll	Haben
8010 Schlussbilanzkonto	120.000,00	
an 2000 Rohstoffe		120.000,00

Mehrbestand

Die Buchungen ❷ und ❸ führen auf dem Rohstoffkonto zu einem **Mehrbestand an Rohstoffen in Höhe von 20.000,00 €**. Das bedeutet, dass im Geschäftsjahr **mehr Rohstoffe eingekauft als verbraucht** wurden. Die bisher auf dem Konto „6000 Aufwendungen für Rohstoffe" gebuchten Werkstoffeinkäufe müssen daher um den Lagermehrbestand an Rohstoffen gekürzt werden. Das geschieht buchhalterisch dadurch, dass der **Mehrbestand** auf dem Konto „2000 Rohstoffe" auf das Konto „6000 Aufwendungen für Rohstoffe" **umgebucht** wird.

❹ Umbuchung der Bestandsmehrung	Soll	Haben
2000 Rohstoffe	20.000,00	
an 6000 Aufwendungen für Rohstoffe		20.000,00

Nach der Umbuchung weist der **Saldo des Kontos „6000 Aufwendungen für Rohstoffe"** den **tatsächlichen Rohstoffverbrauch** im Geschäftsjahr aus, der auf das GuV-Konto übertragen wird.

Rohstoffeinkäufe während des Geschäftsjahres	200.000,00 €
– Lagermehrbestand an Rohstoffen zum 31. Dezember	20.000,00 €
= **Tatsächlicher Rohstoffverbrauch (Aufwand)**	**180.000,00 €**

❺ Abschluss des Kontos „6000 Aufwendungen für Rohstoffe"	Soll	Haben
8020 Gewinn- und Verlustkonto	180.000,00	
an 6000 Aufwendungen für Rohstoffe		180.000,00

S	6000 Aufwendungen für Rohstoffe		H		S	2000 Rohstoffe		H
❶ 4400	200.000,00	❹ 2000	20.000,00		❷ 8000	100.000,00	❸ 8010	120.000,00
		❺ 8020	180.000,00		❹ 6000	20.000,00		
	200.000,00		200.000,00			120.000,00		120.000,00

S	8020 Gewinn- und Verlustkonto		H		S	8010 Schlussbilanzkonto		H
❺ 6000	180.000,00				❸ 2000	120.000,00		

Beispiel

Die Angaben des vorstehenden Beispiels werden insofern geändert, als der Schlussbestand an Rohstoffen lt. Inventur nunmehr nur 60.000,00 € beträgt.

Minderbestand

Ist der **Schlussbestand** an Rohstoffen **kleiner als** der **Anfangsbestand,** wurden nicht nur die eingekauften Rohstoffe verbraucht, sondern auch ein Teil aus dem Lagerbestand des Vorjahres. Will man den tatsächlichen Rohstoffverbrauch ermitteln, müssen die bereits als Aufwand gebuchten Rohstoffeinkäufe um die **Lagerbestandsminderung** erhöht werden.

Rohstoffeinkäufe während des Geschäftsjahres	200.000,00 €
+ Lagerminderbestand an Rohstoffen zum 31. Dezember	40.000,00 €
= **Tatsächlicher Rohstoffverbrauch (Aufwand)**	**240.000,00 €**

❹ Umbuchung der Bestandsminderung	Soll	Haben
6000 Aufwendungen für Rohstoffe	40.000,00	
an 2000 Rohstoffe		40.000,00

S	6000 Aufwendungen für Rohstoffe	H
❶ 4400	200.000,00	❺ 8020	240.000,00
❹ 2000	40.000,00		
	240.000,00		240.000,00

S	2000 Rohstoffe	H
❷ 8000	100.000,00	❸ 8010	60.000,00
		❹ 6000	40.000,00
	100.000,00		100.000,00

S	8020 Gewinn- und Verlustkonto	H
❺ 6000	240.000,00	

S	8010 Schlussbilanzkonto	H
❸ 2000	60.000,00	

Rücksendungen beanstandeter Werkstoffe an den Lieferanten werden bei aufwandsorientierter Buchung der Werkstoffeinkäufe jeweils auf der **Haben-Seite der** betreffenden **Werkstoffaufwandskonten** der Klasse 6 gebucht.

Rücksendungen

Beschädigte Hilfsstoffe wurden an den Lieferanten zurückgeschickt. Die **Gutschriftsanzeige** des Lieferanten lautet:

Beispiel

Zurückgesandte Hilfsstoffe im Nettowert von	2.500,00 €
+ 19 % Umsatzsteuer	475,00 €
= Gutschrift	2.975,00 €

Buchung der Hilfsstoffrücksendung an den Lieferanten	Soll	Haben
4400 Verbindlichkeiten a. LL	2.975,00	
an 6020 Aufwendungen für Hilfsstoffe		2.500,00
an 2600 Vorsteuer		475,00

Bezugskosten und Preisnachlässe aufgrund von Mängelrügen oder als Boni werden nach der Just-in-time-Buchungsmethode der Werkstoffeinkäufe auf **Unterkonten** der jeweiligen **Werkstoffaufwandskonten** erfasst:

Bezugskosten/ Preisnachlässe

6000 Aufwendungen für Rohstoffe	6010 Aufwendungen für Vorprodukte/Fremdbauteile
6001 Bezugskosten für Rohstoffe	6011 Bezugskosten für Vorprodukte/Fremdbauteile
6002 Nachlässe für Rohstoffe	6012 Nachlässe für Vorprodukte/Fremdbauteile

6020 Aufwendungen für Hilfsstoffe	6030 Aufwendungen für Betriebsstoffe
6021 Bezugskosten für Hilfsstoffe	6031 Bezugskosten für Betriebsstoffe
6022 Nachlässe für Hilfsstoffe	6032 Nachlässe für Betriebsstoffe

In der Praxis wird der Einkauf von Werkstoffen und Handelswaren entweder auf Konten der Kontenklasse 2 (bestandsorientiert) oder als sofortiger Verbrauch auf Konten der Kontenklasse 6 (aufwandsorientiert) erfasst. Deshalb werden weiterhin beide Buchungsverfahren geprüft.

- Bei **Just-in-time-Fertigung** werden die Werkstoffe erst dann angeliefert, wenn sie in der Fertigung benötigt werden. Die **Werkstoffeinkäufe** können somit **direkt auf** den entsprechenden **Aufwandskonten** der Klasse 6 erfasst werden.
- Bei aufwandsorientierter Buchung der Werkstoffeinkäufe weisen die **Werkstoffbestandskonten der Klasse 2** in der Regel nur **drei Posten** aus, und zwar 1. den Anfangsbestand, 2. den Schlussbestand lt. Inventur und 3. die Bestandsveränderung.

Zusammenfassung

Zusammen-fassung

■ Die **Bestandsveränderungen** der Werkstoffbestandskonten der Klasse 2 **müssen auf** die entsprechenden **Aufwandskonten** der Klasse 6 **umgebucht werden**, um jeweils den **tatsächlichen Werkstoffverbrauch** zu ermitteln:

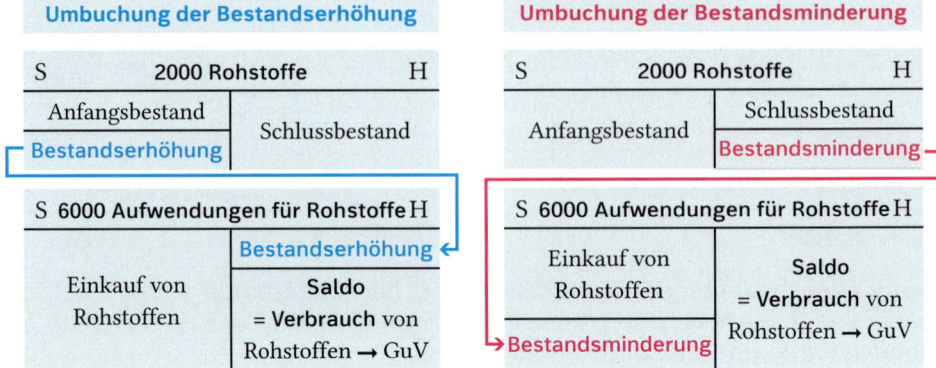

■ Bei aufwandsorientierter Buchung der Werkstoffeinkäufe werden **Werkstoffrücksendungen** an die Lieferanten im Haben der **Werkstoffaufwandskonten** gebucht.

■ Für **Bezugskosten und Nachlässe** werden entsprechende **Unterkonten der Werkstoffaufwandskonten** eingerichtet.

Aufgabe 138

In der Maschinenbau GmbH betrug zu Beginn des Geschäftsjahres der Bestand an Rohstoffen 70.000,00 € und an Hilfsstoffen 30.000,00 €. Zum Jahresabschluss ergab die Inventur bei Rohstoffen einen Bestand von 120.000,00 € und bei Hilfsstoffen von 10.000,00 €. Während des Geschäftsjahres wurden Rohstoffe für insgesamt 450.000,00 € netto + USt und Hilfsstoffe für 50.000,00 € netto + USt auf Ziel eingekauft.

1. Richten Sie folgende Konten ein: 2000, 2020, 2600, 4400, 6000, 6020, 8000, 8010, 8020.

2. Buchen Sie auf Konten und nennen Sie den Buchungssatz für die Buchung
   a) des Anfangs- und Schlussbestands der Roh- und Hilfsstoffe,
   b) der Werkstoffeinkäufe direkt als Aufwand,
   c) der Bestandsveränderungen bei Rohstoffen und Hilfsstoffen sowie
   d) zum Abschluss der Konten 6000 und 6020.

Aufgabe 139

Buchen Sie auf den Konten 2600, 4400, 6000, 6001, 6002, 8000, 8010 und 8020 folgende Geschäftsfälle nach der aufwandsorientierten Buchungsmethode:

1. Anfangsbestand an Rohstoffen 15.000,00
2. Zieleinkauf von Rohstoffen lt. ER 189, netto 50.000,00
   + Umsatzsteuer .... 9.500,00 · 59.500,00
3. Eingang der Speditionsrechnung zu 2. lt. ER 190, netto 2.000,00
   + Umsatzsteuer .... 380,00 · 2.380,00
4. Gutschrift des Lieferanten für Rohstoffrücksendung, brutto 3.570,00
5. Gutschriftsanzeige des Rohstofflieferanten über Bonus, brutto 4.760,00
6. Schlussbestand an Rohstoffen lt. Inventur 25.000,00

1. Nennen Sie jeweils den Buchungssatz und buchen Sie auf Konten.

2. Schließen Sie die Unterkonten unter Nennung des Buchungssatzes ab.

3. Ermitteln Sie den Rohstoffverbrauch. Schließen Sie das Konto 6000 ab.

4. Was bedeuten a) eine Erhöhung und b) eine Verminderung des Rohstoff-Schlussbestands?

Die Metall GmbH erfasst die Werkstoffeinkäufe aufwandsorientiert. **Buchen Sie die folgenden Geschäftsfälle, bilden Sie die Buchungssätze und schließen Sie die Konten 2000, 6000, 6001 und 6002 ab. Wie hoch ist der Rohstoffverbrauch?**

Auszug aus der Saldenbilanz der Metall GmbH	Soll	Haben
2000 Rohstoffe	150.000,00	–
2600 Vorsteuer	10.000,00	–
4400 Verbindlichkeiten a. LL	–	160.000,00
6000 Aufwendungen für Rohstoffe	280.000,00	–
6001 Bezugskosten für Rohstoffe	7.000,00	–
6002 Nachlässe für Rohstoffe	–	12.000,00

Geschäftsfälle

1. Zieleinkauf von Rohstoffen lt. ER 34: 60.000,00 € netto
   + 11.400,00 € USt 71.400,00
2. Bezugskosten hierauf lt. ER 35: 3.000,00 € netto
   + 570,00 € USt 3.570,00
3. Preisnachlass des Rohstofflieferanten wegen Mängelrüge, brutto 5.950,00
4. Rücksendung beschädigter Rohstoffe an den Lieferanten, netto ... 1.500,00
5. Schlussbestand an Rohstoffen lt. Inventur 180.000,00

Auszug aus der Saldenbilanz der Fertigbau GmbH	Soll	Haben
2000 Rohstoffe	450.000,00	–
2010 Vorprodukte/Fremdbauteile	80.000,00	–
2600 Vorsteuer	25.000,00	–
4400 Verbindlichkeiten a. LL	–	120.000,00
6000 Aufwendungen für Rohstoffe	320.000,00	–
6001 Bezugskosten für Rohstoffe	15.000,00	–
6002 Nachlässe für Rohstoffe	–	12.000,00
6010 Aufwendungen für Vorprodukte/Fremdbauteile	95.000,00	–
6011 Bezugskosten für Vorprodukte/Fremdbauteile	4.000,00	–
6012 Nachlässe für Vorprodukte/Fremdbauteile	–	5.000,00
Abschlusskonten: 8010 und 8020		

Schlussbestände lt. Inventur

Rohstoffe 150.000,00 €; Vorprodukte/Fremdbauteile 100.000,00 €

1. Buchen Sie noch folgende Geschäftsfälle:
   a) Einkauf von Fremdbauteilen lt. ER 456: 25.000,00 € + USt
   b) Nachträglicher Preisnachlass des Lieferanten auf ER 456: 10 %
   c) Rücksendungen beanstandeter Rohstoffe an den Lieferanten: 5.000,00 € netto
2. Welche betriebswirtschaftlichen Vorteile hat die aufwandsorientierte Anlieferung der Werkstoffe („just in time")?
3. a) Werkstoffverbrauch = Werkstoffeinkauf ? Mehrbestand an Werkstoffen
   b) Werkstoffverbrauch = Werkstoffeinkauf ? Minderbestand an Werkstoffen

In einem Geschäftsjahr beträgt der Rohstoffverbrauch 600.000,00 €.
Ermitteln Sie den Rohstoffeinkauf, wenn zum 31. Dezember 1. ein Mehrbestand an Rohstoffen in Höhe von 150.000,00 € und 2. ein Minderbestand an Rohstoffen über 100.000,00 € vorliegen.

Nennen Sie jeweils die Auswirkung auf den Rohstofflagerschlussbestand:
1. Einkaufsmenge = Verbrauchsmenge
2. Einkaufsmenge > Verbrauchsmenge
3. Einkaufsmenge < Verbrauchsmenge

Aufgabe 144

Für die **Erfassung der Werkstoffeinkäufe** gibt es **zwei Methoden:**

1. **Bestandskontenmethode:** Buchung auf Bestandskonten der Klasse 2
2. **Aufwandskontenmethode:** Buchung auf Aufwandskonten der Klasse 6
   Kontenplan für die **Bestandsmethode:** 2000, 2001, 2002, 2010, 2011, 2012.
   Kontenplan für die **Aufwandsmethode:** 6000, 6001, 6002, 6010, 6011, 6012.

Nennen Sie jeweils den Buchungssatz nach beiden Methoden.

	€	€
1. ER 465 über Rohstoffe	20.000,00	
+ Umsatzsteuer	3.800,00	23.800,00
2. Barzahlung der Fracht für Fall 1	800,00	
+ Umsatzsteuer	152,00	952,00
3. Rücksendung von Rohstoffen	700,00	
+ Umsatzsteuer	133,00	833,00
4. Lieferant gewährt Preisnachlass für Rohstoffe	600,00	
+ Umsatzsteuer	114,00	714,00
5. ER 467 für Fremdbauteile	60.000,00	
+ Umsatzsteuer	11.400,00	71.400,00
6. Barzahlung von Hausfracht für ER 467	200,00	
+ Umsatzsteuer	38,00	238,00
7. Rücksendung von Fremdbauteilen	1.500,00	
+ Umsatzsteuer	285,00	1.785,00
8. Lieferant gewährt Nachlass für Fremdbauteile	300,00	
+ Umsatzsteuer	57,00	357,00

Aufgabe 145

Buchen Sie die Geschäftsfälle a) nach der Bestands- und b) nach der Aufwands-methode.

Anfangsbestände

	€		€
2000 Rohstoffe	200.000,00	2800 Bankguthaben	45.000,00
2010 Vorprod./Fremdbauteile	130.000,00	3000 Eigenkapital	360.000,00
2400 Forderungen a. LL	25.000,00	4400 Verbindlichkeiten a. LL	40.000,00

Kontenplan

2000, 2010, 2400, 2600, 2800, 3000, 4400, 4800, 5000, 6000, 6010, 8000, 8010, 8020.

Zusatzkonten für **Bestands**methode: 2001, 2002, 2012.
für **Aufwands**methode: 6001, 6002, 6012.

Geschäftsfälle

	€	€
1. ER 720 über Rohstoffe	20.000,00	
+ Umsatzsteuer	3.800,00	23.800,00
2. Banküberweisung für Eingangsfracht (Fall 1)	500,00	
+ Umsatzsteuer	95,00	595,00
3. Lieferant gewährt uns aufgrund unserer Mängelrüge		
Preisnachlass für Rohstoffe	600,00	
für Fremdbauteile	700,00	
+ Umsatzsteuer	247,00	1.547,00
4. ER 721 über Fremdbauteile	15.000,00	
+ Umsatzsteuer	2.850,00	17.850,00
5. Rücksendung von Fremdbauteilen	800,00	
+ Umsatzsteuer	152,00	952,00
6. AR 508 für eigene Erzeugnisse	65.000,00	
+ Umsatzsteuer	12.350,00	77.350,00

Inventurbestände: Rohstoffe 180.000,00 €; Fremdbauteile 140.000,00 €.

Absatzbereich   3.2

Verkauf von eigenen Erzeugnissen und Handelswaren   3.2.1

Erfassung der Umsatzerlöse für eigene Erzeugnisse   3.2.1.1

Das Metallwerk Thomas Berg hat am 4. Januar einem Kunden, der Computer GmbH in Rostock, ein Angebot über die Lieferung von 1 000 Stahlblechgehäusen G II zum Stückpreis von 50,00 € bei 10 % Mengenrabatt **ab Werk** gemacht.

Situation

Am 12. Januar erhält das Metallwerk eine dem Angebot entsprechende Bestellung und beauftragt sogleich die Spedition R. Schnell mit dem Transport der Erzeugnisse. Die **Speditionsrechnung** über **800,00 € netto + 152,00 € Umsatzsteuer = 952,00 €** wird mit Banküberweisung bezahlt. Der Computer GmbH schickt das Metallwerk die folgende **Ausgangsrechnung,** in der die verauslagten Transportkosten weiterbelastet werden. **Wie lauten die Buchungen?**

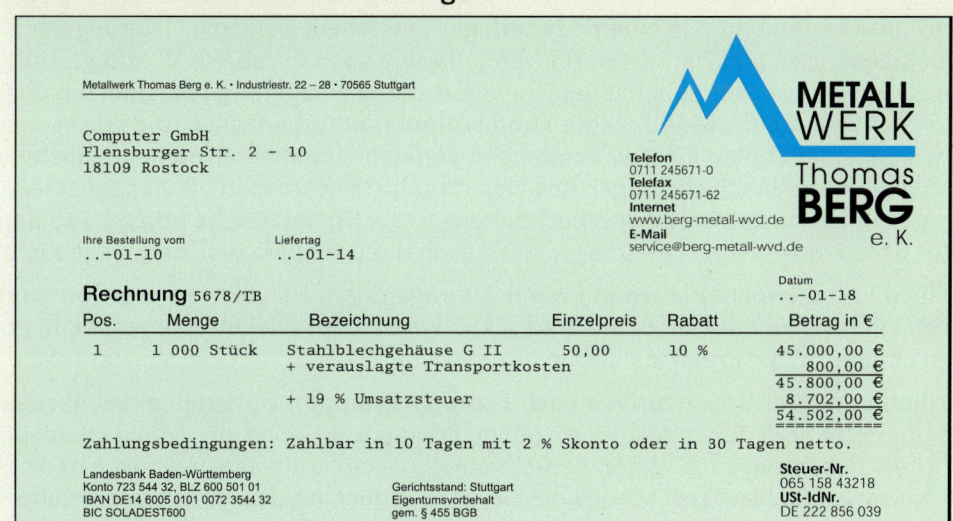

Ausgangsfrachten, die dem **Kunden in Rechnung** gestellt werden, **gehören zu den Umsatzerlösen** und unterliegen in der Ausgangsrechnung der Umsatzsteuer.

Ausgangsfrachten

❶ Buchung der über die Bank bezahlten Speditionsrechnung	Soll	Haben
6140 Frachten und Fremdlager	800,00	
2600 Vorsteuer	152,00	
an 2800 Bank		952,00

❷ Buchung der Ausgangsrechnung	Soll	Haben
2400 Forderungen a. LL	54.502,00	
an 5000 Umsatzerlöse für eigene Erzeugnisse		45.800,00
an 4800 Umsatzsteuer		8.702,00

S	6140 Frachten und Fremdlager	H		S	2400 Forderungen a. LL	H
❶	800,00			❷	54.502,00	

S	2600 Vorsteuer	H		S	5000 Umsatzerlöse für eig. Erzeugnisse	H
❶	152,00				❷	45.800,00

S	2800 Bank	H		S	4800 Umsatzsteuer	H
	❶	952,00			❷	8.702,00

151

Vertriebsneben-kosten

Beim Vertrieb der eigenen Erzeugnisse und Handelswaren fallen in einem Industriebetrieb in der Regel noch Nebenkosten an, die als **Aufwand** in der Kontenklasse 6 gebucht werden:

- **6040 Aufwendungen für Verpackungsmaterial,**
- **6140 Frachten und Fremdlager,**
- **6150 Vertriebsprovisionen.**

Verpackungs-material

Verpackungsmaterial (z. B. Kartons, Wellpappe, Verpackungsfolien) ist bei vielen Erzeugnissen und Waren erforderlich, um diese in einen **verkaufsreifen** Zustand zu versetzen. Diese Art von Verpackung geht über das **Konto „6040 Aufwendungen für Verpackungsmaterial" als Kosten in die Kalkulation** der Verkaufspreise ein. Das für den **Transport der Güter** benötigte Verpackungsmaterial wird ebenfalls auf dem vorgenannten Konto erfasst und in der Regel an den **Kunden weiterbelastet.** Dazu gehören auch Spezialverpackungen, die z. B. see- und tropenfest sind. **In Rechnung gestellte Verpackungskosten** werden buchhalterisch als **Umsatzerlöse** ausgewiesen.

Fracht- und Fremdlagerkosten

Fracht- und Lagerkosten in einem Fremdlager entstehen, wenn die Lieferung der eigenen Erzeugnisse und Handelswaren vereinbarungsgemäß „ab Werk" erfolgt. Übernehmen Speditionsunternehmen den Transport und die Lagerung der Güter, sind die Kosten auf dem Konto **„6140 Frachten und Fremdlager"** zu erfassen. Die Fracht- und Fremdlagerkosten fallen für jede Sendung in genau bestimmbarer Höhe an, auch bei Zustellung mit eigenen Fahrzeugen des Lieferanten. Sie werden in der Ausgangsrechnung gesondert ausgewiesen und buchhalterisch als **Umsatzerlöse** erfasst. Auf dem Konto „6140 Frachten und Fremdlager" wird auch die Transportversicherung gebucht.

Vertriebsprovisionen

Sie fallen in Industriebetrieben an, wenn Aufträge durch Handelsvertreter vermittelt worden sind. Sie werden auf dem Konto **„6150 Vertriebsprovisionen"** erfasst und gehen als **Kosten** in die **Preiskalkulation** ein.

Die Gliederung der Umsatzerlöse nach Erzeugnisgruppen vermittelt eine anschauliche Übersicht über den Anteil der einzelnen Erzeugnisgruppen am monatlichen oder jährlichen Gesamtumsatz. Unter Berücksichtigung der Selbstkosten der einzelnen Erzeugnisgruppen lässt sich schnell der Gewinn/Verlust je Erzeugnisgruppe ersehen:

Beispiel

Im Metallwerk Thomas Berg werden die Stahlblechgehäuse je nach Abmessung und Verwendung in drei Erzeugnisgruppen produziert und verkauft. Das Rechnungswesen stellt für Januar folgende Zahlen zur Verfügung:

	5010 Umsatzerlöse für Gehäuse G I	5020 Umsatzerlöse für Gehäuse G II	5030 Umsatzerlöse für Gehäuse G III	Gesamtrechnung
Umsatzerlöse	84.000,00	92.000,00	64.000,00	240.000,00
– Selbstkosten	73.920,00	78.200,00	69.400,00	221.520,00
= Gewinn/Verlust	10.080,00	13.800,00	– 5.400,00	18.480,00

1. Ermitteln Sie den Prozentanteil der Erzeugnisgruppen a) am Gesamtumsatz, b) an den gesamten Selbstkosten und c) am Gesamtgewinn.
2. Erläutern Sie die Ergebnisse und machen Sie Verbesserungsvorschläge.

Zusammen-fassung

- Die **Umsatzerlöskonten** können nach **Erzeugnisgruppen** gegliedert werden.
- **Vertriebskosten** (z. B. Verpackungsmaterial, Ausgangsfrachten, Vertriebsprovisionen) stellen **betriebliche Aufwendungen** dar. Sie werden zunächst in der Kontenklasse 6 erfasst und in der Regel dem Kunden in Rechnung gestellt. In diesem Fall sind sie buchhalterisch als **Umsatzerlöse** zu behandeln.

Nennen Sie die Buchungssätze zu folgenden Geschäftsfällen: €   €

Aufgabe 146

1. Ausgangsrechnung 4567: Nettowert 14.500,00
   + Transportversicherung 500,00
   + Umsatzsteuer 2.850,00   17.850,00
2. ER 2345: Verpackungsmaterialkauf für den Versand 7.500,00
   + Umsatzsteuer 1.425,00   8.925,00
3. ER 2347: Unser Handelsvertreter stellt uns
   an Verkaufsprovisionen in Rechnung, netto 4.500,00
   + Umsatzsteuer 855,00   5.355,00
4. ER 2348: Spediteur berechnet für Lieferung an
   Kunden (siehe Fall 1), netto 650,00
   + Umsatzsteuer 123,50   773,50

---

a) Barzahlung der Ausgangsfracht für AR 607: netto 350,00 € + 66,50 € Umsatzsteuer.
b)

Aufgabe 147

AR 607 der Stahlwerke AG		
7 t Stahl TX, Nettowert		7.650,00 €
Verpackungskosten	200,00 €	
Verladekosten	150,00 €	
Fracht	350,00 €	700,00 €
		8.350,00 €
+ 19 % Umsatzsteuer		1.586,50 €
= Rechnungsbetrag		9.936,50 €

1. Buchen Sie aus der Sicht des Lieferanten.

2. Wie hoch sind die Umsatzerlöse?

---

a) Die Aufgabe 147 b) ist als Rohstoffrechnung beim Kunden zu buchen.
b) Der Kunde zahlt die Hausfracht bar: 250,00 € netto + 47,50 € Umsatzsteuer.

Aufgabe 148

1. Wie lauten die Buchungssätze für die Fälle a) und b)?

2. Ermitteln Sie die Anschaffungskosten der Rohstoffe.

AR 608 der Chemiewerke GmbH		
10 Behälter Chlor zu je 250,00 €	2.500,00 €	
abzüglich 20 % Rabatt	500,00 €	2.000,00 €
Transportversicherung	80,00 €	
Fracht	220,00 €	300,00 €
		2.300,00 €
+ 19 % Umsatzsteuer		437,00 €
= Rechnungsbetrag		2.737,00 €

Aufgabe 149

1. Buchen Sie den Vorgang für den Verkäufer und erläutern Sie die Höhe und Zusammensetzung der Umsatzerlöse.

2. Buchen Sie die Aufgabe als Eingangsrechnung für Hilfsstoffe beim Kunden.

Erläutern Sie den Grundsatz „Warenschulden sind Holschulden" aus der Sicht des Verkäufers und schildern Sie die buchhalterischen Auswirkungen, wenn der Verkäufer Vertriebskosten in der Ausgangsrechnung geltend macht.

Aufgabe 150

3.2.1.1.1 Gutschriften an Kunden aufgrund von Rücksendungen

Situation

Das Metallwerk Thomas Berg hat der Computer GmbH in Rostock lt. AR 5678/TB vom 18. Januar d. J. 1 000 Stahlblechgehäuse G II (siehe S. 151) geliefert.

Nach Erhalt der Sendung teilt die Computer GmbH mit, dass bei einer ersten Überprüfung Beschädigungen an 52 Stahlblechgehäusen aufgrund unsachgemäßer Verpackung festgestellt wurden. Das Metallwerk Berg bittet telefonisch um **Rücksendung** der beanstandeten Gehäuse und erteilt schriftlich folgende **Gutschrift**.

Wie werden Gutschriften aufgrund von Rücksendungen gebucht?

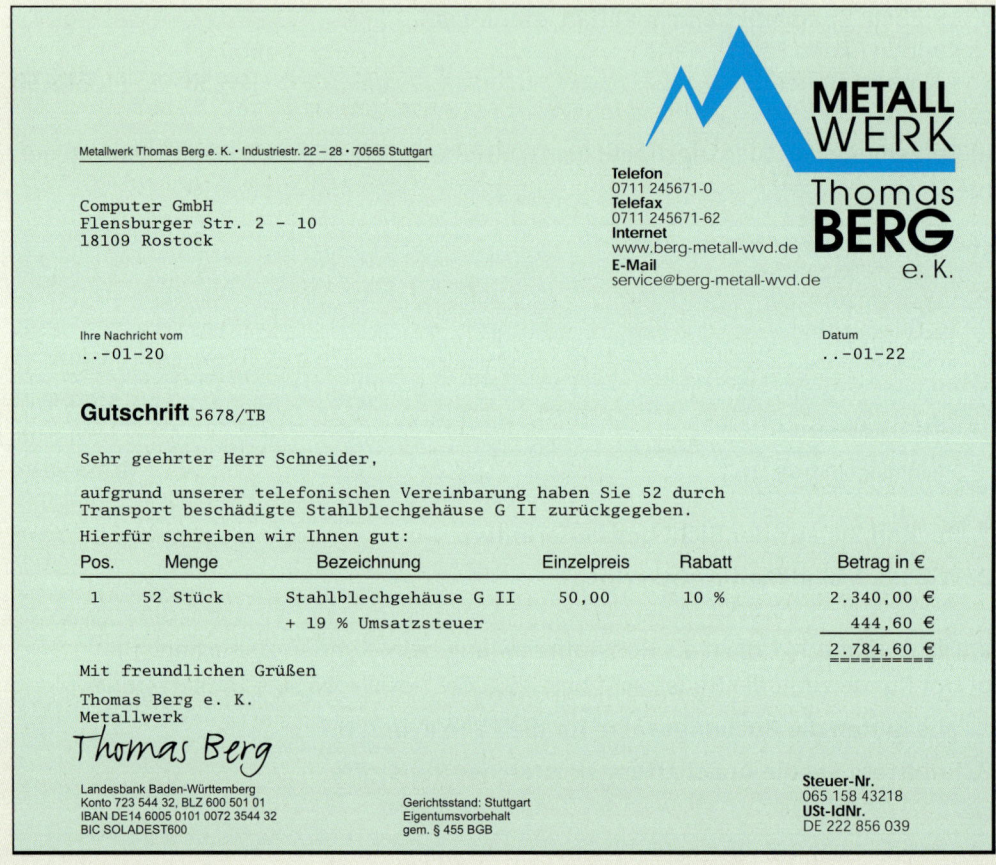

Auswirkung einer erteilten Gutschrift

Die vorstehende Gutschrift aufgrund einer Rücksendung bewirkt, dass die **Umsatzerlöse** in Höhe von 45.800,00 € (siehe S. 151) um den Betrag der Gutschriftsanzeige (2.340,00 €) berichtigt werden müssen. Deshalb muss auch die bereits gebuchte **Umsatzsteuer** um den anteiligen Betrag (19 % von 2.340,00 € = 444,60 €) gemindert werden. Die **Forderung** aus der Erzeugnislieferung verringert sich somit um insgesamt 2.784,60 €.

❶ Buchung der Ausgangsrechnung	Soll	Haben
2400 Forderungen a. LL	54.502,00	
an 5000 Umsatzerlöse für eigene Erzeugnisse		45.800,00
an 4800 Umsatzsteuer		8.702,00

❷ Buchung der Rücksendung aufgrund der Gutschrift an den Kunden	Soll	Haben
5000 Umsatzerlöse für eigene Erzeugnisse	2.340,00	
4800 Umsatzsteuer	444,60	
an 2400 Forderungen a. LL		2.784,60

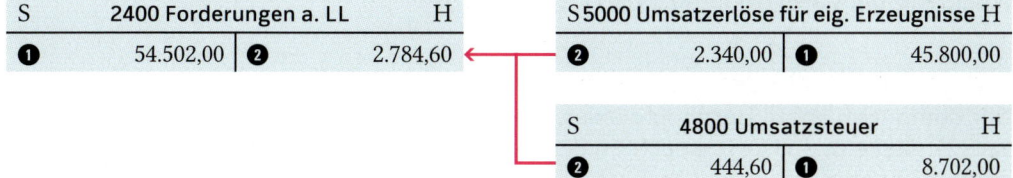

Zusammenfassung

- **Mangelhaft gelieferte Erzeugnisse,** die der Kunde nicht verwenden kann, werden – nach vorheriger Vereinbarung mit dem Lieferanten – an den Lieferanten zurückgeschickt.

- Der Lieferant erteilt dem Kunden eine **Gutschrift** über den Wert der zurückgenommenen Erzeugnisse und die anteilige Umsatzsteuer.

- Auf der Grundlage dieser Gutschrift nimmt der Lieferant eine **Rückbuchung** vor, durch die die Umsatzerlöse der jeweiligen Erzeugnisgruppe, die Umsatzsteuer und die Forderungen a. LL berichtigt werden.

Kontenplanauszug

2400, 2600, 4400, 4800, 5000, 6000, 6020, 6021.

Aufgabe 151

Ermitteln Sie für die folgenden Geschäftsfälle jeweils den Rechnungs- bzw. Gutschriftsbetrag, nennen Sie den Buchungssatz und buchen Sie auf den entsprechenden Konten.

1. ER 2356 für Rohstoffe: Listenpreis .... 20.000,00 €
   Gewährter Mengenrabatt .... 15 %
   + Umsatzsteuer .... ?

2. Rücksendung beschädigter Rohstoffe (ER 2356), Nettowert .... 5.000,00 €
   + Umsatzsteuer .... ?

3. AR 3456: Verkauf von eigenen Erzeugnissen, Listenpreis .... 40.000,00 €
   Gewährter Wiederverkäuferrabatt .... 25 %
   + Umsatzsteuer .... ?

4. Kunde (AR 3456) sendet beschädigte Erzeugnisse zurück,
   Nettowert .... 4.000,00 €

5. ER 2358: 12 Fässer Schmieröl (Hilfsstoffe) zum Stückpreis
   von 125,00 €, netto .... 1.500,00 €
   Verpackung .... 300,00 €
   + Umsatzsteuer .... ?

6. AR 3457: Verkauf von eigenen Erzeugnissen, Nettowert .... 2.500,00 €
   + Umsatzsteuer .... ?

7. Kunde (AR 3457) erhält Gutschrift wegen Falschlieferung,
   netto .... 1.300,00 €

1. **Wie lautet der Abschlussbuchungssatz für das Konto 6021?**

2. **Begründen Sie, warum in Gutschriftsanzeigen die Umsatzsteuer gesondert auszuweisen ist.**

3. **Warum rechnen Verpackungskosten zu den Bezugskosten?**

4. **Welche Rechte können im Falle einer rechtzeitigen Mängelrüge geltend gemacht werden?**

3.2.1.1.2 Nachträgliche Preisnachlässe an Kunden

Situation

Am 26. Januar erhält das Metallwerk Berg telefonisch vom Leiter der Einkaufsabteilung der Computer GmbH, Herrn Schneider, die Mitteilung, dass in der Lieferung vom 18. Januar (siehe S. 151) auch noch an 32 Stahlblechgehäusen G II Lackschäden festgestellt wurden.

Herr Schneider sieht sich in der Lage, diese Gehäuse noch zu verwenden, sofern nachträglich ein **Preisnachlass von 10,00 €** je Gehäuse gewährt wird. Das Metallwerk Berg erteilt daraufhin der Computer GmbH folgende **Gutschrift**.

Wie werden Preisnachlässe aufgrund von Mängelrügen der Kunden gebucht?

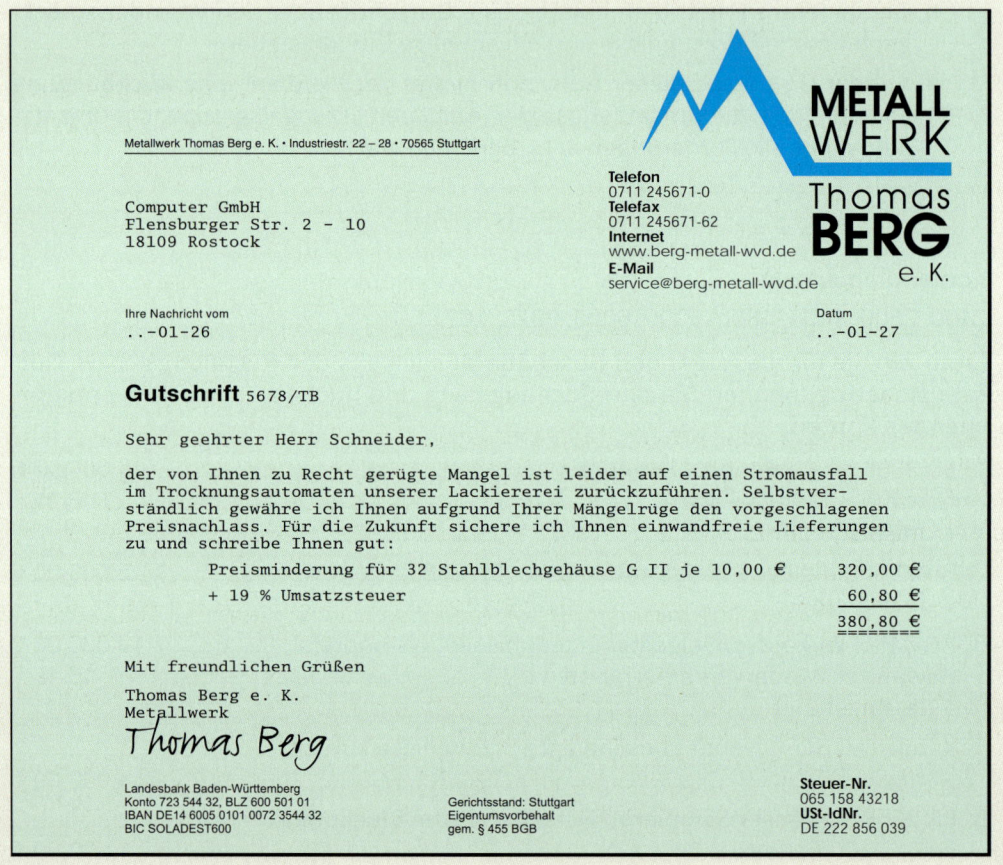

Auswirkung eines nachträglich gewährten Preisnachlasses

Preisnachlässe, die der Lieferant einem Kunden aufgrund einer **Mängelrüge** gewährt, **mindern** nachträglich die **Umsatzerlöse** (siehe S. 151). Aus Gründen einer besseren **Übersicht** und **Kontrolle** werden sie mit ihrem **Nettobetrag** zunächst auf dem Konto

5001 Erlösberichtigungen für eigene Erzeugnisse

gesondert gebucht, das ein **Unterkonto** des Umsatzerlöskontos ist. Am Ende der Rechnungsperiode erfolgt die **Umbuchung** der Erlösberichtigungen auf das Hauptkonto „5000 Umsatzerlöse für eigene Erzeugnisse".

Berichtigung der Umsatzsteuer

Die nachträgliche Verminderung der bereits gebuchten Umsatzerlöse hat auch eine nachträgliche Minderung der Umsatzsteuer zur Folge.

156

❶ Buchung der Ausgangsrechnung (siehe S. 151)	Soll	Haben
2400 Forderungen a. LL	54.502,00	
an 5000 Umsatzerlöse für eigene Erzeugnisse		45.800,00
an 4800 Umsatzsteuer		8.702,00

❷ Buchung des Preisnachlasses aufgrund der Gutschrift	Soll	Haben
5001 Erlösberichtigungen für eigene Erzeugnisse	320,00	
4800 Umsatzsteuer	60,80	
an 2400 Forderungen a. LL		380,80

❸ Umbuchung der Preisnachlässe am Ende der Rechnungsperiode	Soll	Haben
5000 Umsatzerlöse für eigene Erzeugnisse	320,00	
an 5001 Erlösberichtigungen für eigene Erzeugnisse		320,00

S	2400 Forderungen a. LL	H
❶ 54.502,00	❷	380,80

S 5000 Umsatzerlöse für eig. Erzeugnisse H
❸ 320,00 | ❶ 45.800,00

S	5001 Erlösberichtigungen für eig. Erzeugnisse	H
❷ 320,00	❸	320,00

S	4800 Umsatzsteuer	H
❷ 60,80	❶	8.702,00

In der EDV-Buchführung wird die **Steuerberichtigung** durch das Programm **automatisch** durchgeführt (siehe Buchung ❷). Auf dem Konto „5001 Erlösberichtigungen" wird lediglich der Bruttobetrag von 380,80 € eingegeben. Das Fibu-Programm errechnet die zu berichtigende Umsatzsteuer und bucht sie automatisch im Soll des Kontos „4800 Umsatzsteuer".

EDV-Buchführung

Im Metallwerk Berg weisen die Umsatzerlöse der Erzeugnisgruppen folgende **Unterkonten** aus:

Erlösberichtigungen bei Erzeugnisgruppenkonten

5010 Umsatzerlöse für Stahlblechgehäuse G I	5020 Umsatzerlöse für Stahlblechgehäuse G II	5030 Umsatzerlöse für Stahlblechgehäuse G III
5011 Erlösberichtigungen	5021 Erlösberichtigungen	5031 Erlösberichtigungen

- ■ **Nachträgliche Preisnachlässe** gewährt der Lieferant in der Regel aufgrund einer **Mängelrüge des Kunden.**

- ■ Nachlässe werden zunächst auf einem **Unterkonto „Erlösberichtigungen"** des entsprechenden Umsatzerlöskontos gebucht und meist monatlich oder spätestens am Jahresende auf das jeweilige Umsatzerlöskonto **umgebucht.**

- ■ **Nachlässe mindern den Erlös** der verkauften Erzeugnisse **und** damit auch die auf sie entfallende **Umsatzsteuer** sowie die **Forderungen a. LL.** Die Umsatzsteuer ist um den in der Gutschrift genannten Betrag zu berichtigen.

- ■ Der Lieferant kann auch **nachträglich** einen **Mengen-, Treue- oder Umsatzrabatt** gewähren. Dieser **Bonus** wird am Ende einer Rechnungsperiode vom insgesamt erreichten Umsatz berechnet und ebenfalls auf dem **Konto „Erlösberichtigungen"** gebucht.

Zusammenfassung

Aufgabe 152

Buchen Sie die folgenden Geschäftsfälle auf den Konten 2400, 2600, 4400, 4800, 5000, 5001, 6000, 6002 und ermitteln Sie jeweils die erforderlichen Steuerberichtigungen.

1. Zieleinkauf von Rohstoffen, Nettowert lt. ER 567: 5.800,00 €.
2. Rücksendung beschädigter Rohstoffe an den Lieferanten (ER 567): Nettowert 1.800,00 €.
3. Auf die übrigen Rohstoffe (ER 567) gewährt der Lieferant noch 20 % Nachlass.
4. Zielverkauf von eigenen Erzeugnissen, Nettowert lt. AR 859: 6.000,00 €.
5. Kunde sendet beschädigte Erzeugnisse (AR 859) zurück: 2.000,00 € netto.
6. Kunde (AR 859) erhält im Übrigen noch einen Preisnachlass von brutto 238,00 €.

Aufgabe 153

In der Finanzbuchhaltung der Möbelfabrik Jörg Breuer e. K. haben Sie den unten stehenden Beleg zu buchen:

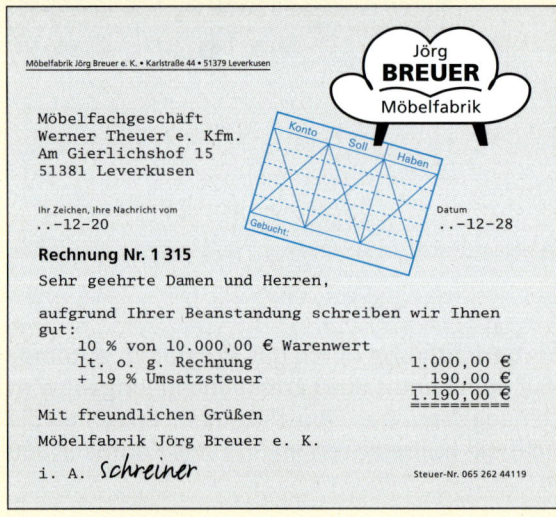

Aufgabe 154

Buchen Sie den unten stehenden Beleg in der Finanzbuchhaltung der Möbelfabrik Jörg Breuer e. K.

Aufgabe 155

Buchen Sie die Belege der Aufgaben 153 und 154 in den Buchhaltungen von Werner Theuer und Max Kaiser.

Buchen Sie im Grund- und Hauptbuch. Erstellen Sie den Jahresabschluss.

Kontenplan und vorläufige Summenbilanz zum 27. Dezember ..	Soll	Haben
0700 TA und Maschinen	198.000,00	–
0800 Andere Anlagen/BGA	68.110,00	–
2000 Rohstoffe	150.000,00	–
2400 Forderungen a. LL	108.214,00	–
2600 Vorsteuer	171.432,00	–
2800 Bank	140.000,00	–
2880 Kasse	19.200,00	–
3000 Eigenkapital	–	450.000,00
3001 Privat	72.000,00	–
4400 Verbindlichkeiten a. LL	–	130.490,00
4800 Umsatzsteuer	–	249.166,00
5000 Umsatzerlöse für eigene Erzeugnisse	–	1.357.500,00
5001 Erlösberichtigungen für eigene Erzeugnisse	58.400,00	–
5420 Entnahme v. G. u. s. L.	–	12.300,00
6000 Aufwendungen für Rohstoffe	808.400,00	–
6001 Bezugskosten für Rohstoffe	25.400,00	–
6002 Nachlässe für Rohstoffe	–	10.000,00
6040 Aufwendungen für Verpackungsmaterial	30.000,00	–
6050 Aufwendungen für Energie	99.500,00	–
6140 Frachten und Fremdlager	28.500,00	–
6200 Löhne	120.000,00	–
6300 Gehälter	50.300,00	–
6520 Abschreibungen auf Sachanlagen	–	–
6700 Mietaufwendungen	62.000,00	–
Abschlusskonten: 8010 und 8020	2.209.456,00	2.209.456,00

Geschäftsfälle vom 27. Dez. bis 31. Dez. . . €   €

1. Zieleinkäufe von Rohstoffen, ab Werk, ER 460–466
   Nettowert 18.900,00
   + Verpackung 200,00
   + Umsatzsteuer 3.629,00   22.729,00
2. Eingangsfrachten hierauf bar, Nettofrachtbetrag 850,00
   + Umsatzsteuer 161,50   1.011,50
3. Rücksendung mangelhafter Rohstoffe (ER 462)
   Nettowert 900,00
   + Umsatzsteuer 171,00   1.071,00
4. Zielverkäufe von Erzeugnissen, frei dort, AR 962–968
   Nettowert 52.400,00
   + Verpackungskosten 800,00
   + Umsatzsteuer 10.108,00   63.308,00
5. Ausgangsfrachten hierauf bar, brutto 1.666,00
6. Lastschrift der Bank für Mietüberweisung 6.500,00
   Darin enthalten ist die Miete für die Wohnung des Inhabers 900,00
7. Gutschriftsanzeige (Mängelrüge) an Kunden (AR 963), brutto 714,00
8. Kunde erhält von uns einen Bonus, netto 1.500,00
9. Gutschrift (Mängelrüge) eines Lieferanten (ER 465), brutto 416,50
10. Kunde sendet mangelhafte Erzeugnisse zurück, brutto 952,00
11. Rohstofflieferant gewährt einen Bonus von netto 2.000,00

Schlussbestände lt. Inventur: Rohstoffe 200.000,00
   TA und Maschinen 180.000,00
   Andere Anlagen/BGA 60.110,00

3.2.1.2 Erfassung der Umsatzerlöse für Handelswaren

Situation

Die Büromöbelfabrik Hartmann KG bezieht von der Leyhausen OHG Schreibtischsets, die sie ihren Kunden, die Schreibtische bestellen, zusätzlich anbietet. Zum 1. Januar .. waren noch 200 Sets zu je 10,40 € = 2.080,00 € am Lager. Im laufenden Geschäftsjahr wurden bei der Leyhausen OHG lt. ER 1023 auf Ziel eingekauft:

ER:		
	1000 Sets je 12,50 €	12.500,00 €
	– 20 % Mengenrabatt	2.500,00 €
		10.000,00 €
	+ Verpackung	100,00 €
	+ Lkw-Fracht	300,00 €
		10.400,00 €
	+ 19 % Umsatzsteuer	1.976,00 €
	= Rechnungsbetrag	**12.376,00 €**

Im laufenden Geschäftsjahr wurden 900 Sets jeweils auf Ziel verkauft:

AR:		
	900 Sets je 16,21 € (vgl. S. 163)	14.589,00 €
	– 10 % Mengenrabatt	1.458,90 €
		13.130,10 €
	+ 19 % Umsatzsteuer	2.494,72 €
	= Rechnungsbetrag	**15.624,82 €**

Zum 31. Dezember .. beträgt der Schlussbestand lt. Inventur 300 Sets je 10,40 € = 3.120,00 €.

Wie wird diese Art von Artikeln bezeichnet, kalkuliert und gebucht?

Was sind Handelswaren?

Industriebetriebe beziehen zuweilen auch Artikel, die zur sinnvollen **Abrundung des Verkaufsprogramms** unverändert, also **ohne Be- oder Verarbeitung**, weiterverkauft werden. Diese Güter heißen **Handelswaren**. Dabei handelt es sich oft um Zubehör zu den eigenen Erzeugnissen, wie z. B. die o. g. Schreibtischsets.

3.2.1.2.1 Ein- und Verkauf von Handelswaren

3.2.1.2.1.1 Buchungen bei bestandsorientierter Beschaffung

Bei **bestandsorientierter** Beschaffung der Handelswaren werden die **Einkäufe** auf dem Konto

2280 Waren (Handelswaren)

gebucht. Dieses **Bestandskonto** erfasst im Soll den Anfangsbestand und die Wareneinkäufe. Nach Eintragung des Schlussbestands lt. Inventur ergibt sich im Haben als Saldo der **Wareneinsatz (Warenaufwand),** der auf das Konto

6080 Aufwendungen für Waren

umgebucht wird. Der **Wareneinsatz** wird also **durch Inventur ermittelt.**

Anfangsbestand an Waren + Wareneinkäufe – Schlussbestand lt. Inventur = Wareneinsatz

Warenrücksendungen werden direkt im Haben des Warenbestandskontos gebucht.

Für **Bezugskosten und Nachlässe** gibt es entsprechende **Unterkonten** des Hauptkontos „2280 Waren":

2281 Bezugskosten für Waren und
2282 Nachlässe für Waren.

Die Erlöse aus Handelswaren werden – getrennt von den Umsatzerlösen aus eigenen Erzeugnissen – erfasst auf dem Konto

5100 Umsatzerlöse für Waren.

Bilden Sie die Buchungssätze 1. bestandsorientiert und 2. aufwandsorientiert: €

Aufgabe 158

1. Zieleinkauf von Handelswaren, netto.. 40.000,00
2. Unser Handelswarenlieferant gewährt uns einen Bonus, brutto 2.380,00
3. Zielverkauf von Handelswaren, netto.. 25.000,00
4. Wir schicken unserem Kunden Gutschrift über mangelhafte
   Waren, netto 4.500,00
5. Wir erhalten vom Handelswarenlieferanten Gutschrift über
   Warenrücksendung, netto 1.500,00
6. Wir schicken unserem Kunden Gutschrift über
   Warenrücksendung, netto 700,00

Buchen Sie auf den Konten 2280, 2281, 2282, 2400, 2600, 4400, 4800, 5100, 5101, 6080, 8000 unter Angabe der Buchungssätze die folgenden Geschäftsfälle und schließen Sie die Konten über 8010 SBK und 8020 GuV ab:

Aufgabe 159

€

1. Anfangsbestand an Handelswaren 46.000,00
2. Zieleinkauf von Handelswaren lt. ER 234, Warenwert 25.000,00
3. Eingang der Speditionsrechnung 245 für ER 234, netto 450,00
4. Zielverkauf von Handelswaren lt. AR 456, Warenwert 48.500,00
   + Verpackungskosten 500,00
   + Umsatzsteuer 9.310,00   58.310,00
5. Gutschrift unseres Lieferanten für Warenrücksendung, brutto 1.011,50
6. Unser Lieferant gewährt Bonus auf Warenumsatz, brutto 952,00
7. Gutschriftsanzeige an Kunden für Warenrücksendung, netto 1.500,00
8. Gutschriftsanzeige an Kunden wegen Mängelrüge, netto 750,00
9. Schlussbestand an Handelswaren 27.800,00

1. **Buchen Sie die Geschäftsfälle der vorstehenden Aufgabe aufwandsorientiert auf den Konten 2280, 2400, 2600, 4400, 4800, 5100, 5101, 6080, 6081, 6082, 8000 und nennen Sie jeweils den Buchungssatz.**

Aufgabe 160

2. **Führen Sie unter Angabe der Buchungssätze die Umbuchungen durch und schließen Sie die Konten über 8010 und 8020 ab.**

Die Kartonagenfabrik Pütz GmbH ergänzt ihr Verkaufsprogramm durch Verpackungsfolie, die sie zum Bezugspreis von 230,00 € je 100 m einkauft. Sie kalkuliert die Ware mit 30 % Handlungskosten, 2 % Gewinn, 3 % Kundenskonto und – bei Abnahme von 10 000 m – mit einem Mengenrabatt von 15 %.

Aufgabe 161

Berechnen Sie den Angebotspreis für 100 m Folie.

Die Kartonagenfabrik Pütz GmbH verkauft 10 000 m Folie (siehe Aufgabe 161) mit der Lieferungsbedingung „ab Lager" an die Hansen KG. Sie bezahlt die Speditionsrechnung mit 400,00 € + 76,00 € Umsatzsteuer bar und belastet den Kunden Hansen KG mit 400,00 € Frachtkosten sowie 200,00 € Verpackungskosten.

Aufgabe 162

1. **Erstellen Sie die Ausgangsrechnung für die Kartonagenfabrik Pütz GmbH.**

2. **Buchen Sie die Speditionsrechnung und die Ausgangsrechnung.**

Berechnen Sie den Angebots- bzw. Listenverkaufspreis einer Ware:

Aufgabe 163

Listeneinkaufspreis netto 120,00 €, Lieferantenrabatt 20 %, Lieferantenskonto 2 %, Frachtkosten 12,00 €, Handlungskostenzuschlag 25 %, Gewinn 15 %, Kundenskonto 3 % und Kundenrabatt 20 %.

3.3 Bestandsveränderungen bei unfertigen und fertigen Erzeugnissen

3.3.1 Bestandserhöhung

Situation 1

Das Metallwerk Thomas Berg hat im ersten Geschäftsjahr **10000** Stahlblechgehäuse G II zu je 42,00 € Herstellungsaufwand (= Material, Löhne u. a.) **produziert,** davon jedoch **nur 9000** Stück zu je 50,00 € **verkauft.** Zum Schluss des ersten Geschäftsjahres befanden sich somit **noch 1000** Stahlblechgehäuse unverkauft **im Lager,** was auch durch körperliche Inventur bestätigt wurde. Das Gewinn- und Verlustkonto weist zum Jahresschluss – zusammengefasst – Folgendes aus:

S	8020 Gewinn- und Verlustkonto		H
Herstellungsaufwendungen für **10000 Stück** je 42,00 € 420.000,00	Umsatzerlöse für **9000 Stück** je 50,00 € 450.000,00		

Wie kann die Lagerbestandszunahme von 1000 Stahlblechgehäusen bei der Jahreserfolgsrechnung des Metallwerks Berg berücksichtigt werden?

Bestandserhöhung

Eine **Bestandserhöhung** entsteht, wenn in einem Geschäftsjahr **mehr Erzeugnisse hergestellt** (10000 Stück) **als verkauft** (9000 Stück) wurden, sodass die nicht verkauften Erzeugnisse (1000 Stück) auf Lager genommen werden müssen. Für das Metallwerk Berg errechnet sie sich für den Schluss des ersten Geschäftsjahres wie folgt:

Schlussbestand lt. Inventur: 1000 Stück je 42,00 €	42.000,00 €
– Anfangsbestand: 0 Stück	0,00 €
= **Bestandserhöhung** (Lagerbestandszunahme)	**42.000,00 €**

Das **Bestandskonto „2200 Fertige Erzeugnisse"** weist den Mehrbestand an fertigen Stahlblechgehäusen aus:

S	2200 Fertige Erzeugnisse		H
Anfangsbestand 0,00	Schlussbestand lt. Inventur 42.000,00		
Bestandserhöhung 42.000,00			

Die **Lagerbestandszunahme** von 1000 Stahlblechgehäusen stellt für das Metallwerk Berg einen **Ertrag** dar, der dadurch gebildet wurde, dass Erzeugnisse im Herstellungswert von 42.000,00 € als Lagervorrat produziert wurden. Dieser **Ertrag** ist auf der Haben-Seite des GuV-Kontos **dem** auf ihn entfallenden **Herstellungsaufwand gegenüberzustellen,** der auf der Soll-Seite des GuV-Kontos ausgewiesen wird:

S	8020 Gewinn- und Verlustkonto		H
Aufwand der im Geschäftsjahr hergestellten 10000 Stück je 42,00 € 420.000,00	Umsatzerlöse der im Geschäftsjahr verkauften 9000 Stück je 50,00 € 450.000,00		
	+		
	im Geschäftsjahr auf Lager produzierter Mehrbestand von		
Gewinn 72.000,00	1000 Stück je 42,00 € 42.000,00		
492.000,00	492.000,00		

Zum Schluss des **ersten** Geschäftsjahres sind im Metallwerk Berg **folgende Buchungen** vorzunehmen:

❶ Buchung des Schlussbestands an fertigen Erzeugnissen	Soll	Haben
8010 Schlussbilanzkonto	42.000,00	
an 2200 Fertige Erzeugnisse		42.000,00

Nach dieser Buchung ergibt sich im Konto „2200 Fertige Erzeugnisse" als Saldo eine Bestandserhöhung von 42.000,00 €, die aber nicht direkt auf die Haben-Seite des GuV-Kontos, sondern zunächst auf das **Sammelkonto „5200 Bestandsveränderungen[1]"** übertragen wird. Dieses Konto, das auch die Bestandsveränderungen des Kontos „2100 Unfertige Erzeugnisse" übernimmt, wird dann zum GuV-Konto abgeschlossen.

❷ Umbuchung der Bestandserhöhung an fertigen Erzeugnissen	Soll	Haben
2200 Fertige Erzeugnisse	42.000,00	
an 5200 Bestandsveränderungen		42.000,00

❸ Abschluss des Kontos „Bestandsveränderungen" bei Bestandserhöhung	Soll	Haben
5200 Bestandsveränderungen	42.000,00	
an 8020 Gewinn- und Verlustkonto		42.000,00

S	2200 Fertige Erzeugnisse		H
8000	0,00	❶ 8010	42.000,00
❷ 5200	42.000,00		
	42.000,00		42.000,00

S	8010 Schlussbilanzkonto		H
❶ 2200	42.000,00		

S	5200 Bestandsveränderungen		H
❸ 8020	42.000,00	❷ 2200	42.000,00

S	8020 Gewinn- und Verlustkonto		H
Aufwendungen	420.000,00	Umsatzerlöse für eig. Erzeugnisse	450.000,00
Gewinn	72.000,00	❸ Bestandserhöhung FE	42.000,00
	492.000,00		492.000,00

Bestandsverminderung

3.3.2

Situation 2

Im zweiten Geschäftsjahr hat das Metallwerk Berg **12000** Stahlblechgehäuse G II zu je 42,00 € **hergestellt**. Im gleichen Zeitraum wurden jedoch **12800** Stahlblechgehäuse zu je 50,00 € **verkauft**. Folglich mussten **800 Stück** aus dem **Vorjahresbestand** (1 000 Stück je 42,00 € = 42.000,00 €) verkauft werden. Zum Schluss des zweiten Geschäftsjahres ergab die Inventur noch einen Lagerbestand von 200 fertigen Stahlblechgehäusen zu je 42,00 € (Herstellungswert = 8.400,00 €). Das GuV-Konto weist zum Jahresschluss folgende Zahlen – zusammengefasst – aus:

S	8020 Gewinn- und Verlustkonto		H
Herstellungsaufwendungen für **12 000 Stück** fertige Erzeugnisse	504.000,00	Umsatzerlöse für **12 800 Stück** eigene Erzeugnisse	640.000,00

Wie kann die Lagerbestandsverminderung von 800 Stahlblechgehäusen bei der Jahreserfolgsrechnung des Metallwerks Berg berücksichtigt werden?

Eine **Bestandsverminderung** liegt vor, wenn in einem Geschäftsjahr **mehr Erzeugnisse verkauft** (12 800 Stück) **als hergestellt** (12 000 Stück) wurden. Somit mussten zusätzlich Erzeugnisse aus dem Lagerbestand des Vorjahres verkauft werden (800 Stück), was zu einer Bestandsverminderung an fertigen Erzeugnissen führte.

Bestandsverminderung

---

1 Nach dem Industriekontenrahmen (IKR) können die Bestandsveränderungen auch auf getrennten Konten gebucht werden: „5201 Bestandsveränderungen an unfertigen Erzeugnissen" und „5202 Bestandsveränderungen an fertigen Erzeugnissen".

Anfangsbestand: 1000 Stück je 42,00 €	42.000,00 €
– Schlussbestand lt. Inventur: 200 Stück je 42,00 €	8.400,00 €
= **Bestandsverminderung** (Lagerbestandsverminderung)	**33.600,00 €**

S	2200 Fertige Erzeugnisse		H
Anfangsbestand 42.000,00	Schlussbestand lt. Inventur 8.400,00		
	Bestandsverminderung 33.600,00		

Im Gewinn- und Verlustkonto des Metallwerks Berg stehen den Erlösen für die verkauften 12800 Stahlblechgehäuse bisher nur die Aufwendungen der im zweiten Geschäftsjahr hergestellten 12000 Stahlblechgehäuse gegenüber, nicht aber auch die im Vorjahr angefallenen Aufwendungen für die vom Lager verkauften 800 Stück. Um den Erfolg aus dem Verkauf der Stahlblechgehäuse richtig zu ermitteln, muss **den Umsatzerlösen** auch die **Lagerbestandsminderung als Aufwand auf der Soll-Seite des GuV-Kontos gegenübergestellt werden.**

S	8020 Gewinn- und Verlustkonto		H
Aufwand der im Geschäftsjahr hergestellten 12000 Stück je 42,00 € .... 504.000,00 + Aufwand der im Vorjahr hergestellten 800 St. (Minderbestand) je 42,00 € 33.600,00	Umsatzerlöse der im Geschäftsjahr verkauften 12800 Stück je 50,00 € 640.000,00		
Gewinn 102.400,00			
640.000,00	640.000,00		

Zum Schluss des **zweiten** Geschäftsjahres sind **folgende Buchungen** durchzuführen:

❶ Buchung des Schlussbestands an fertigen Erzeugnissen	Soll	Haben
8010 Schlussbilanzkonto	8.400,00	
an 2200 Fertige Erzeugnisse		8.400,00

❷ Umbuchung der Bestandsminderung an fertigen Erzeugnissen	Soll	Haben
5200 Bestandsveränderungen	33.600,00	
an 2200 Fertige Erzeugnisse		33.600,00

❸ Abschluss des Kontos „Bestandsveränderungen" bei Bestandsminderung	Soll	Haben
8020 Gewinn- und Verlustkonto	33.600,00	
an 5200 Bestandsveränderungen		33.600,00

S	2200 Fertige Erzeugnisse		H
8000	42.000,00	❶ 8010	8.400,00
		❷ 5200	33.600,00
	42.000,00		42.000,00

S	8010 Schlussbilanzkonto	H
❶ 2200	8.400,00	

S	5200 Bestandsveränderungen		H
❷ 2200	33.600,00	❸ 8020	33.600,00

S	8020 Gewinn- und Verlustkonto		H
Aufwendungen	504.000,00	Umsatzerlöse für eig. Erzeugnisse	640.000,00
❸ Bestandsverminderung FE	33.600,00		
Gewinn	102.400,00		
	640.000,00		640.000,00

Buchung der Bestandsveränderungen im Überblick

3.3.3

Im dritten Geschäftsjahr wurden im Metallwerk Berg 14 000 Stahlblechgehäuse G II hergestellt, jedoch 14 150 verkauft. Während der Anfangsbestand an fertigen Stahlblechgehäusen 8.400,00 € betrug, beläuft sich der Schlussbestand lt. Inventur nur noch auf 2.100,00 €. Im Rahmen der Inventur wurde festgestellt, dass sich noch 400 Stahlblechgehäuse in der Lackiererei befinden. Der Herstellungsaufwand dieser unfertigen Erzeugnisse wird zum 31. Dezember mit 12.000,00 € angesetzt. Das Gewinn- und Verlustkonto des Metallwerks Berg weist zum Schluss des dritten Geschäftsjahres folgende zusammengefasste Werte aus:

Situation 3

S	8020 Gewinn- und Verlustkonto	H
Herstellungsaufwendungen für Erzeugnisse 600.000,00	Umsatzerlöse für eigene Erzeugnisse 707.500,00	

Wie hoch ist zum Schluss des dritten Geschäftsjahres der Erfolg des Metallwerks Berg aus der Herstellung und dem Verkauf von Stahlblechgehäusen?

Nach Buchung der Schlussbestände an unfertigen und fertigen Erzeugnissen (8010 an 2100 ... 12.000,00 € und 8010 an 2200 ... 2.100,00 €) **ergibt sich folgender Abschluss der Konten.**

Nennen Sie jeweils den Buchungssatz zu ❶, ❷ und ❸.

S	2200 Fertige Erzeugnisse		H
8000	8.400,00	8010	2.100,00
		❶ 5200	6.300,00
―			
	8.400,00		8.400,00

S	2100 Unfertige Erzeugnisse		H
8000	0,00	8010	12.000,00
❷ 5200	12.000,00		
―		―	
	12.000,00		12.000,00

S	5200 Bestandsveränderungen		H
❶ 2200	6.300,00	❷ 2100	12.000,00
❸ 8020	5.700,00		
		―	
	12.000,00		12.000,00

S	8020 Gewinn- und Verlustkonto		H
Aufwendungen	600.000,00	Umsatzerlöse f. eig. Erzeugnisse	707.500,00
Gewinn	113.200,00	❸ 5200	5.700,00
	713.200,00		713.200,00

Zusammenfassung

■ **Bestandsveränderungen** entstehen, wenn in einer Rechnungsperiode **Produktions- und Absatzmenge** der Erzeugnisse **nicht übereinstimmen,** was eine Erhöhung oder Verminderung des **Lageranfangsbestands** zur Folge hat.

S	2200 Fertige Erzeugnisse	H
Anfangsbestand	Schlussbestand lt. Inventur	
Bestandserhöhung		

S	2200 Fertige Erzeugnisse	H
Anfangsbestand	Schlussbestand lt. Inventur	
	Bestandsminderung	

■ Eine **Bestandserhöhung** liegt vor, wenn in einer Rechnungsperiode **mehr** Erzeugnisse **hergestellt** als verkauft wurden. Die Erhöhung des Lagerbestands ist im Gewinn- und Verlustkonto als **Ertrag** dem auf ihn entfallenden Herstellungsaufwand des Geschäftsjahres gegenüberzustellen.

Zusammenfassung

■ Eine **Bestandsminderung** liegt vor, wenn in einer Abrechnungsperiode mehr Erzeugnisse **verkauft** als hergestellt wurden. Die Verminderung des Lagerbestands muss im Gewinn- und Verlustkonto als **Aufwand** den Erlösen der aus dem Vorjahresbestand verkauften Erzeugnisse gegenübergestellt werden.

■ Bestandsveränderungen der unfertigen und fertigen Erzeugnisse werden auf das Konto „5200 Bestandsveränderungen" umgebucht. Der Saldo des Bestandsveränderungskontos wird auf das Gewinn- und Verlustkonto übertragen, um den tatsächlichen Erfolg aus der Herstellung und dem Verkauf der Erzeugnisse zu ermitteln.

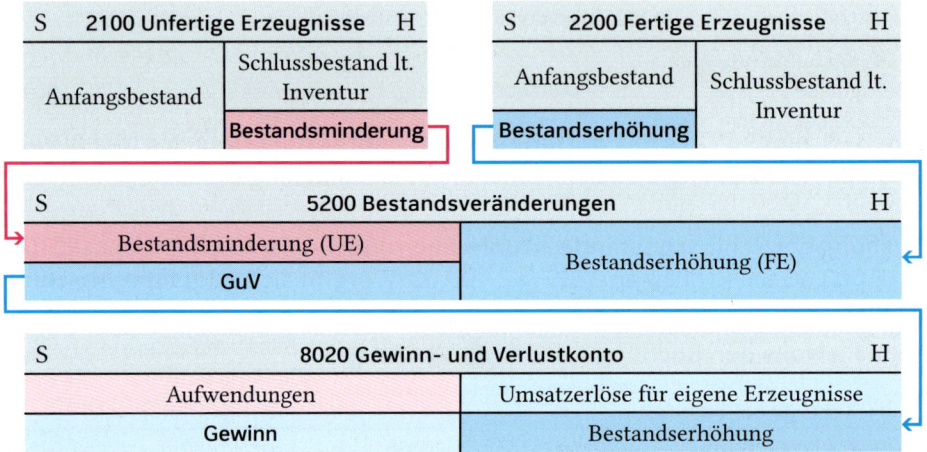

Aufgabe 164

1. **Richten Sie die Konten 2100, 2200, 5200, 8010, 8020 ein und übernehmen Sie folgende Zahlen:**
   €
   Aufwendungen des Geschäftsjahres 980.000,00
   Umsatzerlöse für eigene Erzeugnisse 1.120.000,00
   Anfangsbestand der unfertigen Erzeugnisse 60.000,00
   Anfangsbestand der fertigen Erzeugnisse 150.000,00

2. **Buchen Sie die Schlussbestände lt. Inventur:**
   Unfertige Erzeugnisse 40.000,00
   Fertige Erzeugnisse 220.000,00

3. **Ermitteln und buchen Sie die Bestandsveränderungen.**

4. **Ermitteln Sie den Erfolg des Geschäftsjahres.**

5. **Erläutern Sie die Auswirkung der Bestandsveränderung auf den Unternehmenserfolg.**

Aufgabe 165

1. **Richten Sie die Konten 2100, 2200, 3000, 5200, 8010, 8020 ein und übernehmen Sie folgende Zahlen:**
   €
   Aufwendungen des Geschäftsjahres 820.000,00
   Umsatzerlöse für eigene Erzeugnisse 1.030.000,00
   Anfangsbestand der unfertigen Erzeugnisse 40.000,00
   Anfangsbestand der fertigen Erzeugnisse 120.000,00
   Anfangsbestand des Eigenkapitals 500.000,00

2. **Buchen Sie die Schlussbestände lt. Inventur:** Unfertige Erzeugnisse 70.000,00
   Fertige Erzeugnisse ... 50.000,00

3. **Ermitteln und buchen Sie die Bestandsveränderungen.**

4. **Ermitteln Sie den Erfolg des Geschäftsjahres.**

5. **Erläutern Sie die Auswirkung der Bestandsveränderung auf den Erfolg.**

1. Erläutern und begründen Sie folgende Vorgänge:

   a) Produktionsmenge der fertigen Erzeugnisse > Verkaufsmenge = ?

   b) Produktionsmenge der fertigen Erzeugnisse < Verkaufsmenge = ?

2. Warum ist die Zunahme des Lagerbestands an fertigen Erzeugnissen auf der Haben-Seite des Gewinn- und Verlustkontos auszuweisen?

3. Warum muss die Lagerbestandsabnahme der fertigen Erzeugnisse auf der Soll-Seite des Gewinn- und Verlustkontos ausgewiesen werden?

4. Erläutern und begründen Sie:

   a) Umsatzerlöse für eigene Erzeugnisse + Bestandserhöhung > Aufwendungen = ?

   b) Umsatzerlöse für eigene Erzeugnisse < Aufwendungen + Bestandsminderung = ?

Salden der Sachkonten des Industriebetriebes Hörster KG	Soll	Haben
0700 TA und Maschinen	160.000,00	–
0800 Andere Anlagen/BGA	85.000,00	–
2000 Rohstoffe (Anfangsbestand)	87.500,00	–
2020 Hilfsstoffe (Anfangsbestand)	24.800,00	–
2100 Unfertige Erzeugnisse (Anfangsbestand)	45.900,00	–
2200 Fertige Erzeugnisse (Anfangsbestand)	70.600,00	–
2400 Forderungen a. LL	230.000,00	–
2800 Bankguthaben	243.000,00	–
3000 Eigenkapital	–	800.000,00
4400 Verbindlichkeiten a. LL	–	221.200,00
5000 Umsatzerlöse für eigene Erzeugnisse	–	997.000,00
5001 Erlösberichtigungen für eigene Erzeugnisse	12.800,00	–
5200 Bestandsveränderungen	–	–
6000 Aufwendungen für Rohstoffe	667.000,00	–
6001 Bezugskosten für Rohstoffe	15.500,00	–
6002 Nachlässe für Rohstoffe	–	10.700,00
6020 Aufwendungen für Hilfsstoffe	84.800,00	–
6200 Löhne	216.000,00	–
6520 Abschreibungen auf Sachanlagen	–	–
6700 Mietaufwendungen	86.000,00	–
8010 Schlussbilanzkonto	–	–
8020 Gewinn- und Verlustkonto	–	–
	2.028.900,00	2.028.900,00

Schlussbestände lt. Inventur €

TA und Maschinen ... 150.000,00

Andere Anlagen/BGA ... 80.000,00

Rohstoffe ... 65.000,00

Hilfsstoffe ... 42.000,00

Unfertige Erzeugnisse ... 28.200,00

Fertige Erzeugnisse ... 109.000,00

Aufgaben

1. Richten Sie die obigen Sachkonten mit ihren Salden ein.

2. Buchen Sie die Schlussbestände lt. Inventur und nehmen Sie die Umbuchungen vor.

3. Führen Sie den Abschluss der Konten durch und ermitteln Sie den Erfolg.

4. Ermitteln Sie die Herstellungsaufwendungen für die verkauften Erzeugnisse.

Aufgabe 168

Salden der Sachkonten des Textilwerks E. Tuch e. K.	Soll	Haben
0700 TA und Maschinen	200.000,00	–
0800 Andere Anlagen/BGA	110.000,00	–
2000 Rohstoffe (Anfangsbestand)	97.500,00	–
2100 Unfertige Erzeugnisse (Anfangsbestand)	35.900,00	–
2200 Fertige Erzeugnisse (Anfangsbestand)	90.600,00	–
2280 Handelswaren (Anfangsbestand)	34.800,00	–
2400 Forderungen a. LL	229.161,00	–
2600 Vorsteuer	130.338,00	–
2800 Bankguthaben	283.000,00	–
3000 Eigenkapital	–	700.000,00
4400 Verbindlichkeiten a. LL	–	200.340,00
4800 Umsatzsteuer	–	202.559,00
5000 Umsatzerlöse für eigene Erzeugnisse	–	997.000,00
5001 Erlösberichtigungen für eigene Erzeugnisse	15.900,00	–
5100 Umsatzerlöse für Handelswaren	–	85.000,00
6000 Aufwendungen für Rohstoffe	578.000,00	–
6001 Bezugskosten für Rohstoffe	16.600,00	–
6002 Nachlässe für Rohstoffe	–	12.900,00
6080 Aufwendungen für Handelswaren	74.000,00	–
6200 Löhne	206.000,00	–
6700 Mietaufwendungen	96.000,00	–
Weitere Konten: 5200, 6520, 8010, 8020	2.197.799,00	2.197.799,00

Geschäftsfälle (aufwandsorientierte Erfassung der Rohstoffe/Handelswaren) €

1. Zieleinkauf von Rohstoffen lt. ER 345, netto ... 40.000,00
   + Fracht und Verpackung ... 2.000,00
   + Umsatzsteuer ... 7.980,00 49.980,00
2. Zieleinkauf von Handelswaren lt. ER 346, netto ... 15.000,00
   + Umsatzsteuer ... 2.850,00 17.850,00
3. Lastschriften der Bank lt. KA 56 für Geschäftsmiete ... 18.000,00
   für Lohnzahlungen ... 12.000,00 30.000,00
4. Zielverkauf von eigenen Erzeugnissen lt. AR 406, netto .. 38.000,00
   + Fracht und Verpackung ... 2.000,00
   + Umsatzsteuer ... 7.600,00 47.600,00
5. Gutschrift des Lieferanten für Warenrücksendung ... 800,00
   + Umsatzsteuer ... 152,00 952,00
6. Zielverkauf von Handelswaren lt. AR 407, netto ... 25.000,00
   + Verpackung ... 500,00
   + Umsatzsteuer ... 4.845,00 30.345,00
7. Gutschrift an Kunden für mangelhafte Erzeugnisse ... 750,00
   + Umsatzsteuer ... 142,50 892,50
8. KA 57: Überweisung zum Ausgleich von ER 342 ... 23.800,00
9. Gutschriftsanzeige des Rohstofflieferanten für Bonus ... 2.500,00
   + Umsatzsteuer ... 475,00 2.975,00

Schlussbestände lt. Inventur
Rohstoffe ... 75.000,00 € Handelswaren ... 44.800,00 €
Unfertige Erzeugnisse ... 30.000,00 € Fertige Erzeugnisse ... 110.000,00 €

Abschreibungen: TA und Maschinen: 15.000,00 €; Andere Anlagen/BGA: 7.000,00 €.

Aufgaben: 1. Richten Sie die obigen Konten mit ihren Salden ein und buchen Sie die Geschäftsfälle 1. bis 9.
2. Führen Sie den Abschluss der Konten durch.
3. Ermitteln Sie die Rentabilität des durchschnittlichen Eigenkapitals.

Zahlungsbereich 3.4

Effektiver Zinssatz bei Lieferantenskonto 3.4.1

Das Metallwerk Thomas Berg hat von der Stahlhandel Brückner GmbH in Pirmasens Breitstahlband bezogen. Die **Eingangsrechnung ER 455** lautet:

Situation 1

20 t Breitstahlband TS 02 je 1.000,00 €	20.000,00 €
+ 19 % Umsatzsteuer	3.800,00 €
= **Rechnungsbetrag**	**23.800,00 €**

Zahlungsbedingungen: Zahlbar innerhalb von zehn Tagen abzüglich 2 % Skonto oder innerhalb von 30 Tagen ohne Abzug.

Lohnt sich die vorzeitige Zahlung der Rechnung unter Abzug von 476,00 € Skonto (= 2 % von 23.800,00 €)?

Bei Zahlungsbedingungen mit Skontoabzug **belastet der Lieferant den Kunden mit** einem **Zinszuschlag für** die Zeit, die er den **Lieferantenkredit** in Anspruch nimmt:

Skonto = Zinszuschlag für Kreditgewährung

1 Im Beispiel gelten die ersten zehn Tage als **Barzahlungszeitraum,** in dem der Kunde den **in den Rohstoffwert eingerechneten Zinszuschlag (= Skonto) nicht bezahlen muss.**

2 Zahlt der Kunde erst nach Ablauf von zehn Tagen und bis spätestens 30 Tage nach Rechnungserhalt, hat er den **vollen Rechnungsbetrag** (einschließlich Zinszuschlag) zu zahlen.

3 Der Lieferant räumt also ein **Zahlungsziel von 20 Tagen** ein (30 Tage – 10 Tage) und berechnet **für diese Zeit einen Skontozuschlag von 2 %.**

0. Tag	10. Tag	30. Tag
10 Tage	20 Tage	
← Zahlung **mit** Skontoabzug →	← Zahlung des vollen Rechnungsbetrags **ohne** Skontoabzug = **Kreditgewährung** des Lieferanten	→

Zur Beantwortung der oben gestellten Frage muss der **Skontosatz in einen effektiven Zinssatz umgerechnet** werden, und zwar alternativ als Überschlagslösung mithilfe des Dreisatzes oder genau mithilfe der Zinsformel.

Bei der Überschlagslösung werden der tatsächliche Zahlungsbetrag und der Skontoabzug in Euro nicht berücksichtigt, sondern nur der **Skontosatz und** die **Kreditzeit:**

Errechnung des effektiven Zinssatzes

$$\begin{array}{ll} 20 \text{ Tage} & \triangleq \quad 2\text{ % Skonto} \\ 360 \text{ Tage} & \triangleq \quad p\text{ % Skonto} \end{array} \qquad p\text{ %} = \frac{2\text{ % } \cdot 360 \text{ Tage}}{20 \text{ Tage}} = 0{,}36 = 36\text{ %}$$

Der auf **ein Jahr** umgerechnete Skontosatz beträgt **36 %.**

Die genaue Lösung mithilfe der Zinsformel berücksichtigt den Skontoabzug in Euro (476,00 €) und die tatsächliche Zahlung von 23.324,00 € (23.800,00 € – 476,00 €):

$$p\text{ %} = \frac{Z \cdot 360}{K \cdot t} = \frac{476{,}00 \text{ € } \cdot 360 \text{ Tage}}{23.324{,}00 \text{ € } \cdot 20 \text{ Tage}} = 0{,}3673 = 36{,}73\text{ %}$$

Das Unternehmen Berg hat eine Rohstoffrechnung über 28.560,00 € zu begleichen: „Zahlbar innerhalb von zehn Tagen mit 1,5 % Skonto oder spätestens nach 50 Tagen ohne Abzug." Da das Unternehmen zur Begleichung der Rechnung zurzeit über kein ausreichendes Bankguthaben verfügt, wird überlegt,

Situation 2

- ob sich die Inanspruchnahme eines Kontokorrentkredits zur Begleichung der Rechnung unter Skontoabzug lohnt oder

- ob es günstiger wäre, den vollen Rechnungsbetrag nach Ablauf der Zahlungsfrist zu begleichen, um die Zinsen des Kredits (**12,5 %/Jahr**) einzusparen.

Lösung **Berechnung des effektiven Zinssatzes bei Skonto**

❶ 28.560,00 € − 428,40 € Skonto = 28.131,60 € tatsächliche Zahlung

❷ Zeitraum des Lieferantenkredits = 50 Tage − 10 Tage = 40 Tage

❸ $p \% = \dfrac{428,40 \text{ €} \cdot 360 \text{ Tage}}{28.131,60 \text{ €} \cdot 40 \text{ Tage}} = 0,137 = 13,7 \%$ **effektiver Zinssatz**

Das Ergebnis besagt, dass das Unternehmen Berg bei **Skontoausnutzung einen Zinsvorteil von 13,7 %** hat, während die Bank nur einen Zins von 12,5 % verlangt. In diesem Fall ist es günstiger, den Kontokorrentkredit in Anspruch zu nehmen und die Rechnung unter Ausnutzung von Skonto innerhalb von zehn Tagen zu begleichen.

❹ **Berechnung des Finanzierungsvorteils:**

Skontoabzug (1,5 % von 28.560,00 €) = ... 428,40 €

− Kreditzinsen $\left(\dfrac{28.131,60 \text{ €} \cdot 40 \text{ Tage} \cdot 12,5 \%}{100 \% \cdot 360 \text{ Tage}}\right) =$ .... 390,72 €

= **Finanzierungsvorteil durch Skontoausnutzung** .... 37,68 €

Zusammenfassung

■ Der **effektive Zinssatz bei Skonto** kann **überschlagsmäßig** bestimmt werden, indem der für die Laufzeit des Lieferantenkredits geltende Skontosatz (Zeitprozentsatz) auf den Jahreszinssatz umgerechnet wird.

■ Für die **genaue Bestimmung** des effektiven Skontosatzes sind Skontobetrag und tatsächliche Zahlung zu berücksichtigen.

■ Die Ausnutzung von Skonto lohnt sich auch dann, wenn der Rechnungsausgleich durch einen kurzfristigen Kredit finanziert werden muss, sofern **der effektive Skontosatz höher als der Kreditzinssatz ist.**

Aufgabe 169

Die Zahlungsbedingungen auf einer Rechnung lauten: „Zahlbar innerhalb von 15 Tagen mit 2,5 % Skonto oder nach spätestens 40 Tagen ohne Abzug."

1. **Bestimmen Sie – nach vereinfachter Rechnung – den effektiven Skontosatz.**

2. Die Rechnung lautet über brutto 18.564,00 €. **Wie hoch ist der effektive Skontosatz?**

3. Für die Begleichung der Rechnung soll ein Kontokorrentkredit zu 13 %/Jahr aufgenommen werden. **Weisen Sie nach, dass sich die Kreditaufnahme zur Skontoausnutzung lohnt, und berechnen Sie den Finanzierungsvorteil.**

Aufgabe 170

Das Unternehmen Müller GmbH schuldet aus einer Rohstofflieferung 19.278,00 €. Die Rechnung ist innerhalb von zehn Tagen mit 1 % Skonto oder nach 60 Tagen ohne Abzug zu begleichen.

Die Müller GmbH überlegt, ob zur Skontoausnutzung ein Kontokorrentkredit zu 11,5 %/Jahr aufgenommen werden soll oder ob es günstiger ist, auf den Skontoabzug zu verzichten und die Rechnung erst nach 60 Tagen zu begleichen.

Zeigen Sie, welche Zahlungsmöglichkeit günstiger ist.

Ausgleich von Lieferantenrechnungen mit Skontoabzug 3.4.2

Situation

Das Metallwerk Berg begleicht die **Eingangsrechnung ER 455** der Brückner GmbH (siehe S. 173) **innerhalb der Skontofrist** von zehn Tagen durch Banküberweisung. Auf der Rechnung wird Folgendes für die Finanzbuchhaltung vermerkt:

Gesamtbetrag der Rechnung	23.800,00 €
− 2 % Skonto (23.800,00 € · 0,02 =)	476,00 €
= **Überweisungsbetrag** an die Brückner GmbH	**23.324,00 €**

Lieferantenskonto

Wie der Preisnachlass aufgrund einer Mängelrüge führt auch der vom Lieferanten gewährte Skonto **nachträglich zu einer Verringerung** des **Warenwertes** auf den betreffenden Aufwands- bzw. Bestandskonten für Rohstoffe, Hilfsstoffe, Betriebsstoffe, Vorprodukte/Fremdbauteile und Waren sowie der **Vorsteuer.** Lieferantenkonti werden bei **aufwandsorientierter** Beschaffung auf dem entsprechenden **Unterkonto „Nachlässe"** der **Klasse 6** gebucht, bei bestandsorientierter Beschaffung auf dem Unterkonto „Nachlässe" der **Klasse 2.**

Vorsteuer-berichtigung

Der Skontoabzug mindert nachträglich den Warenwert und damit auch die darauf entfallende Vorsteuer. Im obigen Beispiel **enthält der Skontoabzug von 476,00 € die anteilige Vorsteuer,** da er vom Gesamtbetrag der Rechnung berechnet wurde. Die zu berichtigende Vorsteuer muss deshalb noch aus dem Skontoabzug herausgerechnet werden:

119 % Skontoabzug	≙	476,00 €	
19 % Vorsteuer	≙	x €	

$$x\ € = \frac{476,00\ € \cdot 19\ \%}{119\ \%} = 76,00\ €$$

Die Buchungen im Zeitablauf lauten:

Buchungen bei Lieferantenskonto

❶ Buchung der Eingangsrechnung	Soll	Haben
6000 Aufwendungen für Rohstoffe	20.000,00	
2600 Vorsteuer	3.800,00	
an 4400 Verbindlichkeiten a. LL		23.800,00

❷ Buchung des Rechnungsausgleichs bei Nettobuchung des Lieferantenkontos	Soll	Haben
4400 Verbindlichkeiten a. LL	23.800,00	
an 2800 Bank		23.324,00
an 6002 Nachlässe für Rohstoffe		400,00
an 2600 Vorsteuer		76,00

❸ Umbuchung des Lieferantenkontos	Soll	Haben
6002 Nachlässe für Rohstoffe	400,00	
an 6000 Aufwendungen für Rohstoffe		400,00

S 6000 Aufwendungen für Rohstoffe H			S 4400 Verbindlichkeiten a. LL H		
❶	20.000,00	❸ 400,00	❷ 23.800,00	❶	23.800,00

S 2600 Vorsteuer H			S 6002 Nachlässe für Rohstoffe H		
❶	3.800,00	❷ 76,00	❸ 400,00	❷	400,00

S 2800 Bank H	
	❷ 23.324,00

Nettoverfahren

Auf dem obigen Konto „6002 Nachlässe für Rohstoffe" ist **der Skontobetrag ohne Vorsteueranteil,** also sofort netto, gebucht worden. Dieses Verfahren heißt **Nettoverfahren.**

Bruttoverfahren

Beim Bruttoverfahren wird der **Skonto** brutto, also **einschließlich Steueranteil,** auf dem betreffenden Konto „Nachlässe" gebucht. Spätestens **beim monatlichen Abschluss** (Ende des Umsatzsteuervoranmeldungszeitraums) wird der Steuerbetrag aus der Kontensumme herausgerechnet und als **Sammelberichtigung** gebucht.

Bei der Anwendung des **Bruttoverfahrens** lautet die o. g. Buchung ❷ wie folgt:

❷ Buchung des Rechnungsausgleichs bei Bruttobuchung des Lieferantenskontos	Soll	Haben
4400 Verbindlichkeiten a. LL	23.800,00	
an 6002 Nachlässe für Rohstoffe		476,00
an 2800 Bank		23.324,00

Die Buchung der **Steuerberichtigung** zum Monatsende lautet dann:

❸ Buchung der Vorsteuerberichtigung am Monatsende	Soll	Haben
6002 Nachlässe für Rohstoffe	76,00	
an 2600 Vorsteuer		76,00

S	4400 Verbindlichkeiten a. LL	H
❷	23.800,00	❶ 23.800,00

S	2800 Bank	H
		❷ 23.324,00

S	6002 Nachlässe für Rohstoffe	H
❸	76,00	❷ 476,00

S	2600 Vorsteuer	H
❶	3.800,00	❸ 76,00

EDV-Buchführung

Bei der Verwendung eines Fibu-Programms wird die **Steuerberichtigung automatisch errechnet und gebucht.** Auf dem Konto „6002 Nachlässe für Rohstoffe" wird lediglich der Bruttoskontobetrag von 476,00 € eingegeben. Das Programm rechnet die Steuerberichtigung (76,00 €) heraus und bucht diese direkt im Haben des Kontos „2600 Vorsteuer".

Zusammenfassung

■ **Lieferantenskonto** wird als Prozentabzug **vom Rechnungsbetrag** berechnet und bei **aufwandsorientierter** Beschaffung auf dem entsprechenden Unterkonto „Nachlässe" gebucht:

6000 Aufwendungen für Rohstoffe	6010 Aufwendungen für Vorprodukte/ Fremdbauteile	6020 Aufwendungen für Hilfsstoffe	6030 Aufwendungen für Betriebsstoffe	6080 Aufwendungen für Waren
6001 Bezugskosten für Rohstoffe	6011 Bezugskosten für Vorprodukte/ Fremdbauteile	6021 Bezugskosten für Hilfsstoffe	6031 Bezugskosten für Betriebsstoffe	6081 Bezugskosten für Waren
6002 Nachlässe für Rohstoffe	6012 Nachlässe für Vorprodukte/ Fremdbauteile	6022 Nachlässe für Hilfsstoffe	6032 Nachlässe für Betriebsstoffe	6082 Nachlässe für Waren

■ Bei **Lieferantenskonto** ist die **Vorsteuer** nach folgender Rechnung zu berichtigen:

$$\text{Steuerberichtigungsbetrag} = \frac{\text{Skontoabzug} \cdot 19\,\%}{119\,\%}$$

■ Nach der **Umbuchung** des Nettoskontobetrages weist das Konto „**6000 Aufwendungen für Rohstoffe**" die Anschaffungskosten aus (siehe S. 175):

Anschaffungspreis	20.000,00 €
– Lieferantenskonto	400,00 €
= **Anschaffungskosten**	**19.600,00 €**

■ Bei Verwendung eines **EDV-Buchführungsprogramms** wird die **Steuerberichtigung mit Eingabe des Bruttoskontobetrages automatisch** errechnet und entsprechend gebucht.

Ausgleich von Kundenrechnungen mit Skontoabzug

3.4.3

Die Computer GmbH begleicht die Ausgangsrechnung Nr. 5678/TB (siehe S. 151) durch Überweisung auf das Konto des Metallwerks Berg. Die Gutschrift enthält folgenden Vermerk:

Ausgleich der Rechnung Nr. 5678/TB	54.502,00 €
– 2 % Skonto (54.502,00 € · 0,02 =)	1.090,04 €
= Überweisungsbetrag	**53.411,96 €**

Wie beim Preisnachlass aufgrund einer Mängelrüge führt der **Kundenskonto** nachträglich zu einer **Verringerung der Umsatzerlöse und** damit zu einer **anteiligen** Verringerung der (bereits gebuchten) **Umsatzsteuer.**

Kundenskonto

Im obigen Beispiel enthält der Skontoabzug von 1.090,04 € die anteilige Umsatzsteuer, da er vom Rechnungsbetrag berechnet wurde. Die zu berichtigende Umsatzsteuer ist deshalb aus dem Bruttoskontobetrag herauszurechnen:

Umsatzsteuerberichtigung

$$119\,\% \text{ Skontoabzug} \; \hat{=} \; 1.090,04\,€$$
$$19\,\% \text{ Vorsteuer} \; \hat{=} \; x \; €$$

$$x\,€ = \frac{1.090,04\,€ \cdot 19\,\%}{119\,\%} = 174,04\,€$$

Der **reine Skontoabzug** beträgt also (1.090,04 € – 174,04 € =) **916,00 €**; das sind genau 2 % des Umsatzerlöses von 45.800,00 €.

Der **Kundenskonto** wird auf dem Konto „5001 Erlösberichtigungen" in der Regel **netto** gebucht. Im Zeitablauf ergeben sich folgende Buchungen:

Buchungen bei Kundenskonto (Nettoverfahren)

❶ Buchung der Ausgangsrechnung	Soll	Haben
2400 Forderungen a. LL	54.502,00	
an 5000 Umsatzerlöse für eig. Erzeugnisse		45.800,00
an 4800 Umsatzsteuer		8.702,00

❷ Buchung des Zahlungseingangs	Soll	Haben
2800 Bank	53.411,96	
5001 Erlösberichtigungen für eig. Erzeugnisse	916,00	
4800 Umsatzsteuer	174,04	
an 2400 Forderungen a. LL		54.502,00

❸ Umbuchung des Kundenskontos	Soll	Haben
5000 Umsatzerlöse für eig. Erzeugnisse	916,00	
an 5001 Erlösberichtigungen für eig. Erzeugnisse		916,00

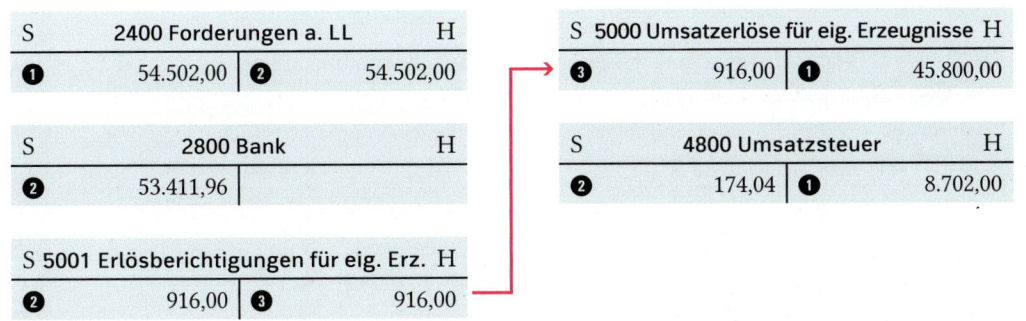

Bruttoverfahren

Bei Bruttobuchung des Kundenskontos wird die Steuerberichtigung erst am Ende des Umsatzsteuervoranmeldungszeitraums vorgenommen:

❷ Buchung des Zahlungseingangs	Soll	Haben
2800 Bank	53.411,96	
5001 Erlösberichtigungen für eig. Erzeugnisse	1.090,04	
an 2400 Forderungen a. LL		54.502,00

❸ Buchung der Umsatzsteuerberichtigung am Monatsende	Soll	Haben
4800 Umsatzsteuer	174,04	
an 5001 Erlösberichtigungen für eig. Erzeugnisse		174,04

S	2800 Bank	H
❷ 53.411,96		

S	2400 Forderungen a. LL	H
❶ 54.502,00	❷	54.502,00

S 5001 Erlösberichtigungen für eig. Erz.	H
❷ 1.090,04	❸ 174,04

S	4800 Umsatzsteuer	H
❸ 174,04	❶	8.702,00

Zusammen-fassung

■ Kundenskonto wird als Prozentsatz vom **Rechnungsbetrag** berechnet und auf dem entsprechenden **Unterkonto „Erlösberichtigungen"** gebucht:

5000 Umsatzerlöse für eigene Erzeugnisse	**5100 Umsatzerlöse für Waren**
5001 Erlösberichtigungen für eig. Erzeugnisse	5101 Erlösberichtigungen für Waren

■ Bei **Kundenskonto** ist die **Umsatzsteuer** zu berichtigen:

$$\text{Steuerberichtigungsbetrag} = \frac{\text{Skontoabzug} \cdot 19\,\%}{119\,\%}$$

■ Nach der Umbuchung des Nettoskontobetrages weist das Konto „Umsatzerlöse" die **berichtigten Umsatzerlöse** aus.

■ Bei **Verwendung eines EDV-Buchführungsprogramms** wird die **Umsatzsteuerberichtigung** nach Eingabe des Bruttoskontobetrages automatisch herausgerechnet und gebucht.

■ Bei **Nettobuchung des Kundenskontos** wird die **Berichtigung der Umsatzsteuer sofort** im Soll des Kontos „4800 Umsatzsteuer" gebucht.

■ Die **Umsatzsteuer-Zahllast** kann am Monatsende erst nach Vornahme der anteiligen Berichtigungen auf den Steuerkonten ermittelt werden:

S	2600 Vorsteuer	H
Vorsteuerbeträge aufgrund von Eingangsrechnungen	Berichtigungen: – Rücksendungen an Lieferanten, – Preisnachlässe von Lieferanten, – Lieferantenboni, – Lieferantenskonti	

S	4800 Umsatzsteuer	H
Berichtigungen: – Rücksendungen von Kunden, – Preisnachlässe an Kunden, – Kundenboni, – Kundenskonti	Umsatzsteuerbeträge aufgrund von Ausgangsrechnungen	

Zusammenfassende Aufgaben zum Beschaffungs-, Absatz- und Zahlungsbereich

3.4.4

In den folgenden Aufgaben sind Preisnachlässe nach dem Nettoverfahren zu buchen, wenn keine anderslautende Angabe vorliegt.

Die Eingangsrechnung 8857 über 2.975,00 € (Rohstoffwert 2.500,00 € + 475,00 € Umsatzsteuer) wird unter Abzug von 2 % Skonto durch Banküberweisung an den Lieferanten beglichen.

Aufgabe 171

Konten: 2600, 2800 (AB 85.000,00 €), 4400, 6000, 6002.

1. Buchen Sie den Eingang der Rohstoffe aufgrund der ER 8857.

2. Buchen Sie beim Rechnungsausgleich den Skonto
   a) netto und b) brutto.

3. Ermitteln und buchen Sie die Steuerberichtigung beim Bruttoverfahren.

4. Wie lauten die entsprechenden Buchungen beim Lieferanten?

Der Kunde begleicht unsere Ausgangsrechnung 4459 über 17.850,00 € (Erzeugniswert 15.000,00 € + 2.850,00 € Umsatzsteuer) abzüglich 2 % Skonto durch Postbanküberweisung.

Aufgabe 172

Konten: 2400, 2850, 4800, 5000, 5001.

1. Buchen Sie den Verkauf der eigenen Erzeugnisse aufgrund der AR 4459.

2. Buchen Sie den Skonto beim Zahlungseingang nach dem Nettoverfahren.

3. Nennen Sie die entsprechenden Buchungen zu 1. und 2. auch beim Kunden.

Auszug aus der vorläufigen Summenbilanz	Soll	Haben
2600 Vorsteuer	52.500,00	48.350,00
4800 Umsatzsteuer	72.150,00	83.450,00
5001 Erlösberichtigungen (einschl. Umsatzsteuer)	2.975,00	?
6002 Nachlässe (einschl. Umsatzsteuer)	?	3.808,00

Aufgabe 173

1. Ermitteln Sie am Monatsende die Steuerberichtigungen und buchen Sie.

2. Ermitteln Sie nach den Berichtigungsbuchungen die Umsatzsteuer-Zahllast.

Auszug aus der vorläufigen Summenbilanz	Soll	Haben
2600 Vorsteuer	28.640,00	14.450,00
4800 Umsatzsteuer	43.560,00	66.350,00
5001 Erlösberichtigungen (einschl. Umsatzsteuer)	6.307,00	?
6002 Nachlässe (einschl. Umsatzsteuer)	?	5.474,00

Aufgabe 174

Ermitteln und buchen Sie die Steuerberichtigungen. Wie hoch ist die Zahllast?

Buchen Sie die Skonti in der folgenden Aufgabe netto.

Aufgabe 175

Bestände: Forderungen a. LL 29.000,00 €, Bankguthaben 225.600,00 €, Vorsteuer 2.400,00 €, Verbindlichkeiten a. LL 27.840,00 €, Umsatzsteuer 5.800,00 €.

Konten: 2400, 2600, 2800, 4400, 4800, 5001, 6002.

Geschäftsfälle   €

1. Kunde begleicht AR 256 durch Banküberweisung
   abzüglich 2 % Skonto, Rechnungsbetrag 5.950,00

2. Banküberweisung an den Lieferanten zum Ausgleich von ER 456
   abzüglich 2 % Skonto, Rechnungsbetrag 26.775,00

3. Banküberweisung der Umsatzsteuer-Zahllast an das Finanzamt .... ?

Aufgabe 176

Kontenplan und vorläufige Saldenbilanz	Soll	Haben
0700 TA und Maschinen	123.000,00	–
0800 Andere Anlagen/BGA	65.000,00	–
2000 Rohstoffe	80.000,00	–
2200 Fertige Erzeugnisse	20.000,00	–
2400 Forderungen a. LL	155.426,00	–
2600 Vorsteuer	179.898,00	–
2800 Bank	158.380,00	–
3000 Eigenkapital	–	300.000,00
3001 Privat	76.000,00	–
4400 Verbindlichkeiten a. LL	–	104.410,00
4800 Umsatzsteuer	–	277.894,00
5000 Umsatzerlöse für eigene Erzeugnisse	–	1.535.000,00
5001 Erlösberichtigungen für eigene Erzeugnisse	72.400,00	–
5200 Bestandsveränderungen	–	
6000 Aufwendungen für Rohstoffe	919.200,00	–
6001 Bezugskosten für Rohstoffe	18.800,00	–
6002 Nachlässe für Rohstoffe	–	31.200,00
7800 Diverse Aufwendungen	380.400,00	–
Weitere Konten: 6520, 8010, 8020	2.248.504,00	2.248.504,00

Geschäftsfälle (aufwandsorientierte Werkstoffbeschaffung)   €   €

1. Banküberweisungen von Kunden:
   Rechnungsbeträge 33.320,00
   – Skonti (2 %) 666,40   32.653,60
2. Gutschriftsanzeige an Kunden für Bonus:
   2,5 % von 480.000,00 € Jahres-Nettoumsatz 12.000,00
   + Umsatzsteuer 2.280,00   14.280,00
3. Die Eingangsrechnung ER 1406, Rohstoffwert 22.500,00
   + Umsatzsteuer 4.275,00   26.775,00
   wurde versehentlich als Ausgangsrechnung gebucht.
   Stornieren Sie die Falschbuchung.
4. Buchen Sie die Eingangsrechnung 1406.
5. AR 1450–1460 für eigene Erzeugnisse, netto.................. 78.600,00
   + Transportkosten 3.400,00
   + Umsatzsteuer 15.580,00   97.580,00
6. Banküberweisungen an Lieferanten: Rechnungsbeträge 29.750,00
   – Skonti (2 %) 595,00   29.155,00
7. Kunde erhält Preisnachlass wegen Mängelrüge, brutto 595,00
8. Rohstofflieferant schreibt uns Bonus gut:
   3 % auf den Umsatz von 680.000,00 € 20.400,00
   + Umsatzsteuer 3.876,00   24.276,00
9. Rücksendung beschädigter Rohstoffe an Lieferanten, netto .. 3.500,00
   + Umsatzsteuer 665,00   4.165,00

Abschlussangaben: 1. Schlussbestand an Rohstoffen lt. Inventur 60.000,00
                     Schlussbestand an fertigen Erzeugnissen 35.000,00
           2. Abschreibungen auf 0700: 14.000,00 €; auf 0800: 6.000,00 €.

Auswertung

1. Ermitteln und beurteilen Sie die Rentabilität (Verzinsung) des Eigenkapitals in Prozent, indem Sie den Reingewinn nach Abzug eines jährlichen Unternehmerlohns in Höhe von 100.000,00 € zum durchschnittlichen Eigenkapital in Beziehung setzen.

2. Wie beurteilen Sie das Verhältnis zwischen Eigenkapital und Fremdkapital?

3. Welche Vermögensteile sind durch eigene Mittel (Eigenkapital) gedeckt?

Gutschrift über eine Umsatzvergütung von 3 % auf den Handelswarenumsatz des 2. Halbjahres in Höhe von 350.000,00 € netto.

Aufgabe 177

1. **Erstellen Sie die Gutschriftsanzeige.**

2. **Wie bucht a) der Lieferant und b) der Kunde?**

3. **Erläutern Sie die Auswirkung der Boni im Ein- und Verkaufsbereich.**

a) Ein Rohstofflieferant gewährt uns wegen Mängelrüge einen Preisnachlass von 10 % des Rechnungsbetrages. Der Rechnungsbetrag (ER 488) lautete über 11.900,00 €.

Aufgabe 178

b) Wir gewähren einem Kunden aufgrund seiner Mängelrüge nachträglich einen Preisnachlass von 20 % des Rechnungsbetrages für gelieferte eigene Erzeugnisse. Die Ausgangsrechnung (AR 811) weist einen Rechnungsbetrag von 17.850,00 € aus.

1. **Ermitteln Sie jeweils die Gutschrift und die Steuerberichtigung.**

2. **Erstellen Sie die entsprechende Gutschriftsanzeige.**

3. **Nennen Sie den Buchungssatz aufgrund der Gutschriftsanzeige der Fälle a) und b).**

Buchen Sie den folgenden Beleg in der Finanzbuchhaltung der Textilfabrik Ulrike Brandt e. K.

Aufgabe 179

Ulrike Brandt e. K.
HERSTELLUNG VON TEXTILIEN
www.textilbrandt-wvd.de

Ulrike Brandt e. K. · Statthalterhofweg 27 · 50858 Köln

Textilgroßhandlung
Evi Martin e. Kffr.
Am Rosengarten 45
50858 Köln

Ihr Zeichen, Ihre Nachricht vom	Unser Zeichen	Telefon, Name 0221 56358-	Datum
EM/..-10-20	B/ks	42	..-10-28

Rechnung   4 167

Sehr geehrte Damen und Herren,

aufgrund Ihrer Beanstandung schreiben wir Ihnen gut:

10 % von 10.000,00 € Warenwert lt. o. g. Rechnung	1.000,00 €
+ 19 % Umsatzsteuer	190,00 €
	1.190,00 €

Mit freundlichen Grüßen

ULRIKE BRANDT E. K.
TEXTILFABRIK

U. Brandt

Telefon 0221 56358-0   Steuer-Nr.065 126 33785   Sparkasse KölnBonn   Postbank Köln
Telefax 0221 56739   USt-IdNr. DE 119 586 327   Konto 532 611 78, BLZ 370 501 98   Konto 9987 96-500, BLZ 370 100 50
                                                       IBAN DE16 3705 0198 0053 2611 78   IBAN DE49 3701 0050 0998 7365 00
                                                       BIC COLSDE33XXX   BIC PBNKDEFF370

Aufgabe 180

Anfangsbestände € €

0700	TA und Maschinen	400.000,00	2400	Forderungen a. LL	29.000,00
0800	Andere Anlagen/BGA	60.000,00	2800	Bankguthaben	68.000,00
2000	Rohstoffe	50.000,00	2880	Kasse	3.000,00
2020	Hilfsstoffe	20.000,00	3000	Eigenkapital	470.000,00
2100	Unfertige Erzeugnisse	10.000,00	4250	Darlehensschulden	145.000,00
2200	Fertige Erzeugnisse	30.000,00	4400	Verbindlichkeiten a. LL	55.000,00

Kontenplan: 0700, 0800, 2000, 2020, 2100, 2200, 2400, 2600, 2800, 2880, 3000, 3001, 4250, 4400, 4800, 5000, 5001, 5200, 5420, 5710, 6000, 6001, 6002, 6020, 6021, 6022, 6200, 6520, 6700, 8000, 8010, 8020.

Geschäftsfälle (aufwandsorientierte Werkstoffbeschaffung) € €

1. ER 621–624 über Rohstoffe ... 30.000,00
   ER 625–626 über Hilfsstoffe ... 10.000,00
   + Umsatzsteuer ... 7.600,00 | 47.600,00
2. Barzahlung der Bezugskostenfür Rohstoffe ... 1.200,00
   für Hilfsstoffe ... 800,00
   + Umsatzsteuer ... 380,00 | 2.380,00
3. Banküberweisung von Kunden, Rechnungsbetrag ... 5.950,00
   – 2 % Skonto (brutto) ... 119,00 | 5.831,00
4. Gutschrift für Rücksendung beschädigter Rohstoffe, brutto ... 952,00
5. Banküberweisung an Rohstofflieferanten,
   Rechnungsbetrag ... 11.900,00
   – 2 % Skonto (brutto) ... 238,00 | 11.662,00
6. Gutschrift des Hilfsstofflieferanten wg. Mängelrüge, brutto ... 1.785,00
7. Privatentnahme von Erzeugnissen, Nettowert ... 700,00
8. Zinsgutschrift der Bank ... 600,00
9. Banküberweisung der Löhne ... 6.300,00
10. AR 728–736 über unsere Erzeugnisse ... 65.000,00
    + Umsatzsteuer ... 12.350,00 | 77.350,00
11. Bonusgutschrift des Rohstofflieferanten, brutto ... 1.190,00
12. Unsere Banküberweisung für Miete der Betriebsstätte ... 8.000,00
13. Banklastschrift für Darlehenstilgung ... 4.000,00

Schlussbestände lt. Inventur: TA und Maschinen 390.000,00 €,
Andere Anlagen/BGA 55.000,00 €,
Rohstoffe 60.000,00 €,
Hilfsstoffe 8.000,00 €,
Unfertige Erzeugnisse 15.000,00 €,
Fertige Erzeugnisse 22.000,00 €.

Aufgabe 181

Die Papierfabrik Korb OHG erhält die Anfrage eines Kunden, ob sie 40 Paletten Umschlagkarton liefern könne. Sie kann diesen Karton von einer Papiermühle zu folgenden Bedingungen erhalten: Listeneinkaufspreis je Palette 1.300,00 €, Mengenrabatt 5 %, Lieferantenskonto 1 %, Bezugskosten 12,50 € je Palette. Betriebsintern kalkuliert das Unternehmen Korb OHG mit 25 % Handlungskosten, 2,5 % Gewinnzuschlag, 2 % Kundenskonto und 10 % Kundenrabatt. Die Papierfabrik Korb OHG erhält den Auftrag von ihrem Kunden. Sie bestellt die Ware daraufhin bei der Papiermühle.

1. Kalkulieren Sie den Angebotspreis/Palette.
2. Erstellen Sie die Eingangs- und Ausgangsrechnungen und buchen Sie den gesamten Vorgang bei Zahlungsausgleich unter Skontoabzug.

Personalbereich
3.5

Grundlagen der Lohn- und Gehaltsabrechnung
3.5.1

Die Personalkosten eines Unternehmens setzen sich wie folgt zusammen:

Was sind Personalkosten?

1 **Löhne und Gehälter** einschließlich Urlaubs- und Weihnachtsgeld, Überstundenvergütung, Sachbezüge u. a.

2 **Gesetzliche soziale Aufwendungen,** wie der Arbeitgeberanteil (50 %)[1] zur gesetzlichen Kranken-, Pflege-, Renten- und Arbeitslosenversicherung und der Beitrag zur gesetzlichen Unfallversicherung (Berufsgenossenschaft).

3 **Freiwillige soziale Aufwendungen,** wie z. B. Essen- und Fahrtkostenzuschüsse u. a.

Tarifvertrag
3.5.1.1

Als Entgelt der Arbeitsleistung bezieht der Arbeiter Lohn und der Angestellte Gehalt. Löhne und Gehälter sind für die Arbeitnehmer **Einkommen** und für die Arbeitgeber **Aufwendungen,** die als Kosten in die Preiskalkulation der Erzeugnisse eingehen.

Löhne und Gehälter als Entgelt der Arbeitsleistung

Alle Fragen zur Entlohnung werden **rechtlich geregelt** entweder in

- einem **Einzelarbeitsvertrag** zwischen Arbeitgeber und Arbeitnehmer oder
- im Rahmen einer **Betriebsvereinbarung** zwischen Arbeitgeber und Betriebsrat oder
- in Form eines **Tarifvertrags** zwischen Arbeitgeberverband und Gewerkschaft.

Beim Tarifvertrag unterscheidet man **folgende Arten:**

Arten der Tarifverträge

- **Der Manteltarifvertrag,** auch Rahmentarifvertrag genannt, **enthält** die allgemeinen **Arbeitsbedingungen,** die für längere Zeit gleich bleiben, wie z. B.
  - Arbeitszeit,
  - Zuschläge für Mehrarbeit,
  - Sonn- und Feiertagsarbeit,
  - Urlaub,
  - Kündigungsfristen,
  - Schiedsverfahren u. a.

- **Der Lohn- und Gehaltstarifvertrag** teilt die Arbeitnehmer jeweils **nach** ihren **Fachkenntnissen oder nach dem Schwierigkeitsgrad ihrer Tätigkeit** in **unterschiedliche Entgeltgruppen** ein und nennt die **Vergütung für die einzelnen Gruppen** in einer besonderen **Lohn- und Gehaltstafel.**

Entgeltgruppen Metall verarbeitendes Handwerk Niedersachsen (Auswahl aus 11 Entgeltgruppen)	
Entgeltgruppe 2	Tätigkeiten, die geringe berufsfachliche Kenntnisse und Fertigkeiten erfordern, wie sie in der Regel durch mehrwöchiges betriebliches Anleiten oder Anlernen erworben werden oder der Nachweis einer einjährigen fachbezogenen Tätigkeit.
Entgeltgruppe 4	Tätigkeiten, die eine einschlägige gewerblich-technische Berufsausbildung oder kaufmännische Berufsausbildung mit Abschluss und zweijähriger Berufspraxis (ab 3. Berufsjahr) im Ausbildungsberuf erfordern oder für die gleichwertige vertiefte Fachkenntnisse vorausgesetzt werden, wie sie durch Fortbildung und mehrjährige Berufspraxis erworben werden.
Entgeltgruppe 6	Hochwertige Tätigkeiten und die Fähigkeiten andere Mitarbeiter/innen anzuleiten oder Tätigkeiten, die spezielle gleichwertige Fachkenntnisse erfordern, die durch Fortbildung und mehrjährige Berufspraxis erworben werden.
Entgeltgruppe 8	Selbständige und verantwortliche Tätigkeiten mit Leitungsbefugnis für einen Arbeitsbereich. Tätigkeiten in anordnender und beaufsichtigender betrieblicher Funktion in einem schwierigen und verantwortungsvollen Aufgabengebiet oder Tätigkeiten in betrieblichen Funktionen, die im Rahmen betrieblicher Erfordernisse selbständige und eigenverantwortliche Entscheidungen verlangen.

---

1 Siehe S. 187 f.

183

3.5.1.2 Die Ermittlung der Abzüge vom Bruttoverdienst

Abzüge vom Bruttoverdienst

Der Arbeitgeber ist gesetzlich verpflichtet, vom Bruttoverdienst der Arbeitnehmer

- die Lohnsteuer, den Solidaritätszuschlag und die Kirchensteuer sowie
- den Anteil der Arbeitnehmer an der gesetzlichen Kranken-, Pflege-, Renten- und Arbeitslosenversicherung (50 % + Zuschläge)[1]

einzubehalten. Nach Abzug der o. g. Posten ergibt sich der Nettoverdienst des Arbeitnehmers.

Bruttolohn/-gehalt	
– Steuern	– Lohnsteuer (LSt) – Solidaritätszuschlag (5,5 % der LSt) – Kirchensteuer (8 % bzw. 9 % der LSt)
– Arbeitnehmeranteil zur gesetzlichen Sozialversicherung (+ Zuschläge[1])	– Krankenversicherung – Pflegeversicherung – Rentenversicherung – Arbeitslosenversicherung
= Nettolohn/-gehalt = Auszahlung	

Die Sozialversicherungsbeiträge (Arbeitnehmer- und Arbeitgeberanteil) sind spätestens am drittletzten Bankarbeitstag des laufenden Monats fällig. Bis zu diesem Zeitpunkt muss die zuständige Krankenkasse die Sozialbeiträge durch Bankeinzug (Lastschriftverfahren) vereinnahmt haben. Deshalb sind die Arbeitgeber gesetzlich verpflichtet, den betreffenden Kassen die fälligen Sozialbeiträge rechtzeitig und papierlos, also durch Datenübertragung mittels spezieller Software[2], zu melden. Die abgebuchte SV-Vorauszahlung wird auf dem Konto „2640 SV-Vorauszahlung" erfasst und bei der Buchung der Löhne und Gehälter und des SV-Arbeitgeberanteils verrechnet.[3]

Die einbehaltenen Steuerabzüge werden auf dem Konto „4830 FB-Verbindlichkeiten" gebucht und bis zum 10. des Folgemonats an das Finanzamt überwiesen.[4]

3.5.1.2.1 Die Ermittlung der Steuerabzüge

Lohnsteuer

Der Lohnsteuer unterliegen alle Einkünfte aus nicht selbstständiger Arbeit. Sie richtet sich nach Lohnhöhe, Steuerklasse und möglichen Freibeträgen (z. B. für Behinderte). Das Existenzminimum (Grundfreibetrag) ist lohnsteuerfrei: 9.168,00 €[4] für Ledige und 18.336,00 €[4] für Verheiratete und Lebenspartner. Es gibt sechs Lohnsteuerklassen:

Steuerklasse	Zuordnung der Arbeitnehmer[5]
I	Nicht verheiratete, verwitwete oder geschiedene Arbeitnehmer sowie Verheiratete, die ständig getrennt leben.
II	(Alleinerziehende) Arbeitnehmer der Steuerklasse I, sofern sie mindestens ein Kind haben.
III	Verheiratete, jedoch nicht ständig getrennt lebende Arbeitnehmer, deren Ehegatte keinen Arbeitslohn bezieht oder die Steuerklasse V hat.
IV	Verheiratete, nicht ständig getrennt lebende Arbeitnehmer, wenn beide Arbeitslohn beziehen.
V	Verheiratete, nicht ständig getrennt lebende Ehegatten, die beide Arbeitslohn beziehen, wobei ein Ehegatte auf gemeinsamen Antrag in Steuerklasse III ist.
VI	Arbeitnehmer, die Arbeitslohn von mehreren Arbeitgebern beziehen, für den Steuerabzug aus dem zweiten und weiteren Dienstverhältnissen.

1 Siehe S. 187. 2 Z. B. Lexware, LODAS (Datev) 3 Siehe S. 190 f. 4 Stand Januar 2019
5 Die Klassifizierung von Verheirateten bzw. Ehegatten ist auch auf Lebenspartner und Lebenspartnerschaften anzuwenden.

Grundsätzlich sind alle Einnahmen, die ein Arbeitnehmer aus einem Arbeitsverhältnis erzielt, lohnsteuerpflichtig.

Steuerpflichtiges Arbeitsentgelt

Lohnsteuerpflichtiger Arbeitslohn	
– Löhne und Gehälter	– Urlaubsgeld
– Zulagen (z. B. Schmutzzulage)	– Weihnachtsgratifikationen
– Zuschläge (z. B. für Überstunden)[1]	– Beihilfen jeder Art

Zusätzlich wird ein **Solidaritätszuschlag** in Höhe von zurzeit **5,5 %**[2] der Lohnsteuer erhoben.

Solidaritätszuschlag

Die **Kirchensteuer** ist nicht in allen Bundesländern einheitlich hoch. Sie beträgt

Kirchensteuer

■ in Baden-Württemberg und Bayern **8 %** und

■ in den übrigen Bundesländern **9 %** der Lohnsteuer.

Im Gegensatz zur Lohnsteuer wird **bei der Bemessung der Kirchensteuer und des Solidaritätszuschlags** die **Anzahl der Kinder einbezogen.** Jedes Kind wird mit dem Zähler 0,5 (= 317,50 € monatlicher Kinderfreibetrag einschließlich Bedarfsfreibetrag) berücksichtigt. Der Zähler erhöht sich auf 1,0 (= 635,00 €) bei verheirateten und nicht dauernd getrennt lebenden Arbeitnehmern.[2]

Kinderfreibetrag

Das Kindergeld wird von der Familienkasse der Agentur für Arbeit ausgezahlt. Es beträgt für das erste und das zweite Kind je 204,00 €, für das dritte Kind 210,00 € und für jedes weitere Kind je 235,00 €; § 66 [1] EStG).[3]

Kindergeld

Der Arbeitgeber benötigt die **Lohnsteuerabzugsmerkmale** seines Arbeitnehmers, um die Lohnsteuer und ggf. die Kirchensteuer berechnen und an das Finanzamt abführen zu können. Dabei handelt es sich um Informationen wie Steuerklasse, Anzahl der Kinder, Höhe der Freibeträge und Religionszugehörigkeit des Arbeitnehmers.

Elektronische Lohnsteuerkarte

Für die **Arbeitgeber** werden diese Elektronischen LohnSteuerAbzugsMerkmale (**ELStAM**) in einer **Datenbank der Finanzverwaltung** beim Bundeszentralamt für Steuern zur Verfügung gestellt. Der Zugriff auf die gespeicherten Daten setzt eine einmalige Registrierung des Arbeitgebers im ElsterOnline-Portal voraus. Danach können die Lohnsteuerabzugsmerkmale mit Angabe der Steuernummer des Betriebs sowie des Geburtsdatums und der steuerlichen Identifikationsnummer des Arbeitnehmers abgerufen werden.

Elektronische LohnSteuerAbzugs-Merkmale (ELStAM)

Für **Arbeitnehmer** sind die Änderungen der Elektronischen Lohnsteuerabzugsmerkmale aus der Lohn- bzw. Gehaltsabrechnung ersichtlich. Außerdem können die gespeicherten Lohnsteuerabzugsmerkmale bei den Finanzämtern erfragt oder im ElsterOnline-Portal nach Authentifizierung mit der persönlichen steuerlichen Identifikationsnummer abgerufen werden. Dort ist für den Arbeitnehmer auch ersichtlich, welche Arbeitgeber seine Lohnsteuerabzugsmerkmale innerhalb der letzten zwei Jahre abgerufen haben.

---

1 Außer Zuschläge für Sonn-, Feiertags- und Nachtarbeit bei einem Stundenlohn bis 50,00 €, soweit sie den Grundlohn nicht um die im § 3b EStG genannten Grenzen übersteigen (z. B. 25 % für Nachtarbeit, 50% für Sonntagsarbeit usw.).

2 Stand Januar 2019.   3 Stand Juli 2019.

Die **Änderung der Lohnsteuerabzugsmerkmale** (z. B. Steuerklassenänderung, Eintragung von Freibeträgen) muss der Arbeitnehmer seinem Finanzamt mitteilen. Anschriftenänderungen und standesamtliche Veränderungen wie Eheschließung, Geburt eines Kindes, Kircheneintritt oder Kirchenaustritt werden von den Bürgerbüros der Städte und Gemeinden an die Finanzverwaltung übermittelt, damit dort die entsprechende Änderung der persönlichen Lohnsteuerabzugsmerkmale des Arbeitnehmers erfolgen kann. Der Arbeitgeber wird durch Änderungslisten von der Finanzverwaltung darüber informiert.

Zu Beginn des Arbeitsverhältnisses hat der Arbeitnehmer dem Arbeitgeber sein Geburtsdatum und seine steuerliche Identifikationsnummer mitzuteilen sowie anzugeben, ob es sich um ein Hauptarbeitsverhältnis (Steuerklasse I bis V) oder ein Nebenarbeitsverhältnis (Steuerklasse VI) handelt. Der Arbeitgeber muss den Arbeitnehmer im ELStAM-Verfahren anmelden, dessen Lohnsteuerabzugsmerkmale abrufen und diese in das Lohnkonto übernehmen. **Nach Beendigung des Arbeitsverhältnisses** meldet der Arbeitgeber den Arbeitnehmer ab.

Steuer- und Sozialversicherungsabzüge

Die Höhe der Steuer- und Sozialversicherungsabzüge kann mithilfe von EDV-Programmen oder Abgabenrechnern **individuell** für jeden Lohn/jedes Gehalt **berechnet** werden.

Beispiel

Der kaufmännische Angestellte Herbert Till, geb. 1976, wohnhaft In den Mummelswiesen 30 in 64380 Roßdorf, ist verheiratet und hat ein Kind. Seine Ehefrau bezieht keinen Arbeitslohn. Beide Ehepartner gehören der katholischen Kirche an. Lohn- und Kirchensteuer sowie der Solidaritätszuschlag (SolZ) ergeben sich wie folgt:[1]

Tarifgehalt nach der Gehaltstafel	2.985,00 €
Steuerklasse	III
Kinderfreibetragszahl	1,0
Lohnsteuer	171,50 €
Solidaritätszuschlag	0,00 €
Kirchensteuer (9 %)	3,56 €
Steuerabzüge insgesamt	**175,06 €**

Lohnkonto

In der Lohn- und Gehaltsbuchhaltung wird **für jeden Arbeitnehmer** ein besonderes **Lohnkonto** geführt, das monatlich **folgende Daten** erfasst:

Lohn bzw. Gehalt, Zulagen, Zuschläge, Bruttoverdienst; Abzüge: Lohnsteuer, Solidaritätszuschlag, Kirchensteuer, Krankenversicherung, Pflegeversicherung, Rentenversicherung, Arbeitslosenversicherung; Vorschuss, Nettoauszahlung.

Lohn-/Gehaltsliste

Lohnabrechnungen werden in **Lohnlisten,** Gehaltsabrechnungen in **Gehaltslisten** zusammengestellt. Lohn- und Gehaltslisten bilden die **Sammelbelege für die Buchung der Löhne und Gehälter** (siehe Beispiel auf S. 193).

Für die **schnelle Ermittlung der Steuerlast** steht unter www.bmf-steuerrechner.de ein Werkzeug des Bundesministeriums der Finanzen zur Verfügung. Hier lässt sich unter Berücksichtigung der jeweiligen Steuerklasse, der Freibeträge und der zu berücksichtigenden Familienangehörigen **die persönliche Lohnsteuer** errechnen, ebenso wie **die Gesamtbelastung,** bei der die individuellen Sozialversicherungsbeiträge berücksichtigt werden.

---

1 Der Berechnung liegt ein Zusatzbeitragssatz der gesetzlichen Krankenversicherung von 0,9 % zugrunde (siehe S. 187).

Im Metallwerk Thomas Berg e. K. sind sieben Angestellte beschäftigt. Die folgende Tabelle weist für den Monat Januar das jeweilige Bruttogehalt und die persönlichen Daten der Angestellten aus:

Aufgabe 182

Nr.	Name	Geb.-Jahr	Tarifgehalt	Familienstand	Sonstige Hinweise
1	W. Beyer	1980	2.990,00 €	verheiratet, 1,0 Kinder-Freibetrag	St.-Kl. V für Ehefrau
2	A. Fellner	1995	2.970,00 €	ledig, keine Kinder	–
3	B. Hübner	1974	2.985,00 €	geschieden, 0,5 Kinder-Freibetrag	–
4	G. Lamper	1968	3.000,00 €	verheiratet, keine Kinder	St.-Kl. IV für Ehefrau
5	R. Schmidt	1964	2.975,00 €	ledig, keine Kinder	–
6	J. Steiner	1958	2.995,00 €	verheiratet, keine Kinder	St.-Kl. V für Ehefrau
7	H. Winter	1956	2.980,00 €	verwitwet, keine Kinder	–

1. Bestimmen Sie für jeden Angestellten die Lohnsteuerklasse.

2. Ermitteln Sie anhand **www.bmf-steuerrechner.de** für jeden Angestellten
   a) die Lohnsteuer, b) den Solidaritätszuschlag und c) die Kirchensteuer. Der Zusatzbeitrag zur Krankenversicherung beträgt 0,9 %.

Die Ermittlung der Sozialversicherungsabzüge

3.5.1.2.2
Gesetzliche Sozialversicherung

Die gesetzliche Sozialversicherung besteht aus der Krankenversicherung, der Pflegeversicherung, der Rentenversicherung und der Arbeitslosenversicherung. Der **Sozialversicherungsbeitrag** für den einzelnen Arbeiter und Angestellten wird im Allgemeinen **je zur Hälfte** vom Arbeitnehmer und Arbeitgeber getragen. Der **Arbeitnehmeranteil** wird vom Bruttoverdienst **einbehalten**. Der **Arbeitgeberanteil** zum Sozialversicherungsbeitrag **ist zusätzlicher Personalaufwand**, ebenso die Beiträge zur **gesetzlichen Unfallversicherung** der Arbeitnehmer bei der Berufsgenossenschaft.

Für die Berechnung der Beiträge werden in der Regel von Jahr zu Jahr bestimmte **Beitragsprozentsätze** und **Beitragsbemessungsgrenzen** (Höchstgrenzen) festgelegt:

Versicherungszweig	Beitragssatz in %[1]	Beitragsbemessungsgrenze[1]
– Krankenversicherung (KV)	14,6 %	4.537,50 € monatlich
– Pflegeversicherung (PV)	3,05 %	4.537,50 € monatlich
– Rentenversicherung (RV)	18,6 %	6.700,00 € monatlich
– Arbeitslosenversicherung (AV)	2,5 %	6.700,00 € monatlich

Die Beiträge zu den o. g. Sozialversicherungen werden unter Beachtung der Beitragsbemessungsgrenzen vom **Bruttoarbeitsentgelt** berechnet und vom Arbeitnehmer und Arbeitgeber mit Ausnahme des Zuschlags zur Pflegeversicherung zu gleichen Teilen getragen.[2]

Zusätzlich zu dem allgemeinen Beitragssatz von 14,6 % können die Krankenkassen Zusatzbeiträge erheben, die jeweils zur Hälfte vom Arbeitnehmer und Arbeitgeber zu tragen sind. Die Höhe des Zusatzbeitrags wird von der jeweiligen Krankenkasse individuell festgelegt. Als Richtgröße dient dabei der durchschnittliche Zusatzbeitragssatz für 2019 von 0,9 % des sozialversicherungspflichtigen Einkommens.

Zusatzbeitrag zur Krankenversicherung

Kinderlose Arbeitnehmer zwischen 23 und 64 Jahren müssen außerdem einen um 0,25 % erhöhten Beitrag zur Pflegeversicherung leisten. Der Arbeitnehmeranteil steigt dadurch von 1,525 % auf 1,775 %.

Zuschlag zur Pflegeversicherung

---

1 Stand 2019. In den neuen Bundesländern beträgt die Bemessungsgrenze für die Renten- und Arbeitslosenversicherung zz. 6.150,00 €.

2 In Sachsen wird die Pflegeversicherung von 3,05 % zu 2,025 % vom Arbeitnehmer und zu 1,025 % vom Arbeitgeber getragen.

Beispiel

Herbert Till (vgl. S. 186) ist im Außendienst eines in Hessen angesiedelten Unternehmens, der Küchengeräte GmbH, angestellt. Er bezieht ein steuerpflichtiges Bruttogehalt von 2.985,00 € je Monat. Er ist verheiratet, hat ein Kind und gehört der katholischen Religionsgemeinschaft an. Seine Frau ist nicht berufstätig. Zusätzlich zu seinem Bruttogehalt hat er im Abrechnungsmonat August ein Urlaubsgeld von 250,00 € erhalten. Seine Krankenkasse erhebt einen Zusatzbeitrag von 0,9 %

Für den Monat August 01 erstellt sein Arbeitgeber die folgende Gehaltsabrechnung:

Gehaltsabrechnung August 01 Herbert Till, III/1,0, kath.		
Bruttogehalt	2.985,00 €	
Urlaubsgeld	250,00 €	
Steuer- und sozialversicherungspflichtiges Gehalt		**3.235,00 €**
– Lohnsteuer	222,50 €	
– Solidaritätszuschlag	0,00 €	
– Kirchensteuer (9 %)	7,02 €	
= Steuern insgesamt		**229,52 €**
– Krankenversicherung	236,16 €	
– Zusatzbeitrag zur Krankenversicherung	14,56 €	
– Pflegeversicherung	49,33 €	
– Rentenversicherung	300,85 €	
– Arbeitslosenversicherung	40,44 €	
= Sozialabgaben insgesamt		**641,34 €**
Nettogehalt		
= Auszahlungsbetrag/Überweisung		**2.364,14 €**

Übersicht über die vom Arbeitnehmer Herbert Till und von seinem Arbeitgeber zu zahlenden Sozialversicherungsbeiträge:

Steuer- und sozialversicherungspflichtiges Gehalt 3.235,00 €	Arbeitnehmer		Arbeitgeber		insgesamt
Krankenversicherung einschl. Zusatzbeitrag	7,75 %	250,72 €	7,75 %	250,72 €	501,44 €
Pflegeversicherung	1,525 %	49,33 €	1,525 %	49,33 €	98,66 €
Rentenversicherung	9,3 %	300,85 €	9,3 %	300,85 €	601,70 €
Arbeitslosenversicherung	1,25 %	40,44 €	1,25 %	40,44 €	80,88 €
Summe		**641,34 €**		**641,34 €**	**1.282,68 €**

Die nachfolgenden Aufgaben 183–186 sind mit einem online-Lohnrechner-Programm, z. B. www.bmf-steuerrechner.de, zu lösen.

Aufgabe 183

Berechnen Sie für die in Aufgabe 182, Seite 187, genannten Angestellten W. Beyer und A. Fellner die Sozialversicherungsbeiträge Der Zuschlag zur Krankenversicherung beträgt 0,9 %.

1. Wie viel Euro Nettogehalt werden beiden Angestellten überwiesen?

2. Wie viel Prozent betragen jeweils die Gesamtabzüge vom Bruttogehalt?

Aufgabe 184

Der Angestellte Dirk Schneider, geb. 1990, bezieht ein Bruttogehalt von 2.995,00 €. Er ist verheiratet und hat zwei Kinder. Seine Ehefrau ist nicht berufstätig, da sie den gemeinsamen Haushalt führt. Beide Ehegatten sind evangelisch.

1. In welche Lohnsteuerklasse ist Dirk Schneider einzuordnen?

2. Ermitteln Sie die Steuerabzüge: a) Lohnsteuer, b) Solidaritätszuschlag, c) Kirchensteuer (9 %), d) Steuerabzüge insgesamt.

3. Berechnen Sie – unter Berücksichtigung möglicher Zuschläge – die Beiträge für a) die Krankenversicherung (Zusatzbeitrag 0,9 %), b) die Pflegeversicherung, c) die Rentenversicherung, d) die Arbeitslosenversicherung und e) den Arbeitnehmeranteil zur Sozialversicherung insgesamt.

4. Nennen Sie die Höhe des Arbeitgeberanteils zur Sozialversicherung.

5. Wie hoch ist bei Dirk Schneider a) der Sozialversicherungsbeitrag insgesamt und b) das Nettogehalt?

Aufgabe 185

Der kaufmännische Angestellte R. Hemmerle (geb. 1983) ist in der Textilfabrik Seiler KG tätig. Sein Tarifgehalt beträgt 2.975,00 €. Er ist verheiratet und hat ein Kind. Seine Ehefrau ist nicht erwerbstätig. Für seine mehr als 10-jährige Betriebszugehörigkeit erhält Herr Hemmerle eine monatliche Treueprämie von 30,00 €.

1. Ermitteln Sie die von Herrn Hemmerle zu zahlende Lohn- und Kirchensteuer (9 %) sowie den Solidaritätszuschlag.

2. Bestimmen Sie die Sozialversicherungsbeiträge für Herrn Hemmerle (Zusatzbeitrag 0,9 %).

3. Berechnen Sie den Prozentsatz der Gesamtabzüge vom Bruttogehalt.

4. Stellen Sie in einer Gehaltsabrechnung das Nettogehalt fest.

Aufgabe 186

Das Unternehmen Schätzke GmbH beschäftigt den Angestellten A. Wagner im Außendienst. Herr Wagner ist 36 Jahre alt (St.-Kl. I/0). Sein Tarifgehalt beträgt 4.455,00 €. Zusätzlich zum Tarifgehalt erhält er einen steuerpflichtigen Zuschuss für Kleidung von monatlich 50,00 €. Als lohnsteuerpflichtiger Sachbezug sind monatlich 195,00 € für die kostenlose Unterkunft in einer Werkswohnung anzusetzen.

Für die Berechnung der Sozialversicherungsbeiträge wird das steuerpflichtige Bruttogehalt zugrunde gelegt. Kirchensteuersatz 9 %; Zusatzbeitrag zur Krankenversicherung 0,9 %.

1. Berechnen Sie das steuerpflichtige Bruttogehalt.

2. Ermitteln Sie das Nettogehalt und den Auszahlungsbetrag.

Aufgabe 187

1. Welche vertraglichen Grundlagen hat die Gehaltsberechnung?

2. Was zählt im Einzelnen zum steuerpflichtigen Arbeitseinkommen?

3. Nennen Sie Beispiele für „Zulagen" und „Zuschläge".

4. Nennen Sie die in die Lohnsteuertabelle eingearbeiteten Freibeträge.

5. Welche Merkmale liegen vor, wenn ein Arbeitnehmer nach Steuerklasse III besteuert wird?

6. Erläutern Sie den Begriff „Beitragsbemessungsgrenze".

7. Welches sind die wesentlichen Merkmale des Beitrags zu einer gesetzlichen Krankenkasse und des Zusatzbeitrags zu einer gesetzlichen Krankenkasse?

3.5.2 Der Einsatz von Lohnberechnungsprogrammen

Vereinfachte Lohn- und Gehaltsberechnung mithilfe von PC-Programmen

Die Lohnberechnung am PC mithilfe eines geeigneten Programms ist in Personalabteilungen der Unternehmen sowie in Steuerberaterpraxen unverzichtbar. Sie ermöglicht nicht nur eine schnelle und übersichtliche Lohn- und Gehaltsabrechnung der Mitarbeiter bzw. Klientel, sondern liefert auch aussagefähige Zahlen für die Belastung des Arbeitgebers. Alle erforderlichen **Abzugstabellen für Steuern und Sozialabgaben** (Grund-, Splitting- und Gesamtabzugstabellen) sind in das Programm **integriert** und gewähren z. B. durch Vergleich der Steuerklassen oder bei geplanten Tariferhöhungen rationelle Fallentscheidungen. Die Zahlen der Lohnbuchhaltung werden gespeichert und stehen damit dem betrieblichen Rechnungswesen für unternehmerische Entscheidungen zur Verfügung.

Die vielfältigen Lohnberechnungsprogramme unterscheiden sich weniger in der Systematik ihres Aufbaues als in der Praktikabilität ihrer Einsatzmöglichkeiten. Sie sind grundsätzlich nach dem gleichen Schema aufgebaut, wobei der **Bildschirm in zwei Bereiche** aufgeteilt ist. Im **linken** Bereich befindet sich das Fenster, in dem die persönlichen **Daten zur Lohnberechnung** des Mitarbeiters eingegeben werden, während im **rechten** Fenster nach jeder Dateneingabe sofort das jeweilige **Ergebnis der Lohnberechnung**, z. B. die errechnete Lohnsteuer, ausgewiesen wird. Die Lohnberechnung führt somit in wenigen Minuten vom Ausweis des Bruttolohnes und der einzelnen Steuer- und Sozialabgaben bis zum **Nettolohnausweis**. Mit der Speicherung wird die Lohn- bzw. Gehaltsabrechnung des Mitarbeiters ausgedruckt. Mit einem Klick auf ein bestimmtes Symbol erscheint sofort die **Gesamtbelastung des Arbeitgebers**.

Bildschirm

Dateneingabe zur Lohnberechnung	Ausgabe der Berechnungsergebnisse
– Name des Mitarbeiters	– Bruttogehalt
– Monat, Jahr	– Einmalzahlungen
– Bundesland (8 %/9 % KiSt)	– Dienstwagen
– Bruttogehalt	– Gesamt-Brutto
– weitere Zulagen, Abzüge	– LSt, SolZ, KiSt
– Steuerklasse, Kinder	– KV, PV, RV, AV
– LSt, SolZ, KiSt	– Zuschlag zur PV
– KV, PV, RV, AV	– Summe der Abzüge
– Zuschlag zur PV	– **Nettoauszahlung**

3.5.3 Die Buchung der Löhne und Gehälter

Der **Bruttobetrag** der Löhne und Gehälter wird monatlich als **Aufwand** gebucht:

6200 Löhne und 6300 Gehälter.

Überweisung der Steuerabzüge

Die einbehaltenen **Steuerabzüge** (Lohn- und Kirchensteuer, Solidaritätszuschlag) werden als „Sonstige Verbindlichkeiten gegenüber Finanzbehörden" auf dem Konto „4830 FB-Verbindlichkeiten" erfasst und zum **10. des Folgemonats** überwiesen.

Bankeinzug der Sozialabgaben

Der einzubehaltende **Arbeitnehmeranteil zur SV** wird mit dem **Arbeitgeberanteil** der Krankenkasse **vorzeitig gemeldet** und von dieser spätestens bis zum drittletzten Bankarbeitstag des laufenden Monats durch **Bankeinzug** vereinnahmt (siehe auch S. 184). Diese Vorauszahlung wird auf dem Konto „2640 SV-Vorauszahlung" erfasst und bei der Buchung der Gehälter bzw. Löhne und des Arbeitgeberanteils jeweils **verrechnet**.

Arbeitgeberanteil

Der **Arbeitgeberanteil zur SV** wird als zusätzlicher Aufwand gesondert auf dem Konto „6400 Arbeitgeberanteil zur SV" gebucht und auf dem Verrechnungskonto „2640 SV-Vorauszahlung" gegengebucht.

Auszug aus der Gehaltsliste Monat August: Gehaltsabrechnung Herbert Till (S. 188)

Beispiel

Name	Steuer-klasse	Brutto-gehalt	Abzüge					Gesamt-abzüge	Netto-gehalt (Ausz.)
			LSt	SolZ	KiSt	Steuer-abzüge	SV		
Till, H.	III/1,0	3.235,00	222,50	0,00	7,02	229,52	641,34	870,86	2.364,14

SV-Meldung an die Krankenkasse: 641,34 € AN-Anteil + 641,34 € AG-Anteil (siehe S. 188)

SV-Bankeinzug der Krankenkasse: 1.282,68 €

❶ Buchung des Bankeinzugs der SV-Beiträge	Soll	Haben
2640 SV-Vorauszahlung	1.282,68	
an 2800 Bank		1.282,68

❷ Buchung bei Gehaltszahlung	Soll	Haben
6300 Gehälter	3.235,00	
an 4830 FB-Verbindlichkeiten		229,52
an 2640 SV-Vorauszahlung		641,34
an 2800 Bank		2.364,14

❸ Buchung des Arbeitgeberanteils	Soll	Haben
6400 Arbeitgeberanteil zur SV	641,34	
an 2640 SV-Vorauszahlung		641,34

❹ Überweisung der einbehaltenen und noch abzuführenden Steuerabzüge	Soll	Haben
4830 FB-Verbindlichkeiten	229,52	
an 2800 Bank		229,52

S	6300 Gehälter	H
❷	3.235,00	

S	4830 FB-Verbindlichkeiten	H
❹ 229,52	❷	229,52

S	6400 Arbeitgeberanteil zur SV	H
❸	641,34	

S	2640 SV-Vorauszahlung	H
❶ 1.282,68	❷	641,34
	❸	641,34

Bruttogehalt 3.235,00
+ Arbeitgeberanteil SV 641,34
= Personalkosten 3.876,34

S	2800 Bank	H
	❶	1.282,68
	❷	2.364,14
	❹	229,52

Die Buchung von Vorschusszahlungen an Mitarbeiter

Vorschüsse sind Darlehen, die Arbeitnehmern kurzfristig gewährt und bei späteren Lohn- und Gehaltszahlungen verrechnet werden. Sie werden gebucht auf dem Konto

2650 Forderungen an Mitarbeiter.

3.5.4

Verrechnung von Vorschüssen

Beispiel

Der Angestellte Herbert Till (vgl. S. 186) erhält im Februar 01 einen Vorschuss von 1.500,00 € bar, der bei den folgenden Gehaltszahlungen mit 300,00 € einbehalten wird.

Buchung im Februar 01	Soll	Haben
2650 Forderungen an Mitarbeiter	1.500,00	
an 2880 Kasse		1.500,00

Monatliche Verrechnung des Vorschusses (300,00 €):

Bruttogehalt März 01	2.985,00 €
– Lohn- und Kirchensteuer (kein Solidaritätszuschlag)	175,06 €
– Arbeitnehmeranteil zur Sozialversicherung	591,78 €
= Nettogehalt	2.218,16 €
– Vorschuss	300,00 €
= Auszahlung (Bank)	1.918,16 €[1]

Buchungssatz	Soll	Haben
6300 Gehälter	2.985,00	
an 4830 FB-Verbindlichkeiten		175,06
an 2640 SV-Vorauszahlung		591,78
an 2650 Forderungen an Mitarbeiter		300,00
an 2800 Bank		1.918,16

3.5.5 Die Verrechnung von Sachwerten

Sachwerte Erwerben Angestellte oder Arbeiter Erzeugnisse oder Waren des eigenen Industriebetriebes zum Vorzugspreis, die **mit ihrem Gehalt oder Lohn verrechnet** werden, so sind sie umsatzsteuerlich Käufern gleichzustellen. Der Nettowert der Erzeugnisse oder Waren ist als Umsatzerlös auszuweisen. Die Umsatzsteuer ist entsprechend zu buchen.

Beispiel

Herbert Till ist Angestellter der Küchengeräte GmbH. Er erhält von seinem Arbeitgeber einen Kühlschrank zum Vorzugspreis von 250,00 € netto zuzüglich 47,50 € Umsatzsteuer, der mit seinem Gehalt verrechnet wird:

Bruttogehalt	2.985,00 €
– Lohn- und Kirchensteuer (kein Solidaritätszuschlag)	175,06 €
– Arbeitnehmeranteil zur Sozialversicherung	591,78 €
= Nettogehalt	2.218,16 €
– Erzeugniswert	250,00 €
– Umsatzsteuer	47,50 €
= Auszahlung (Bank)	1.920,66 €[1]

Buchungssatz	Soll	Haben
6300 Gehälter	2.985,00	
an 4830 FB-Verbindlichkeiten		175,06
an 2640 SV-Vorauszahlung		591,78
an 5000 Umsatzerlöse für eig. Erzeugnisse		250,00
an 4800 Umsatzsteuer		47,50
an 2800 Bank		1.920,66

Lohn- und Gehaltspfändungen Die aufgrund von Lohn- und Gehaltspfändungen einbehaltenen Beträge werden auf der Haben-Seite des Kontos „**4890 Übrige sonstige Verbindlichkeiten**" gebucht.

---

1 SV-Bankeinzug und Verrechnung eines Arbeitgeberanteils werden vorausgesetzt.

- **Arbeitnehmer** sind mit ihrem Lohn oder Gehalt **lohnsteuer- und sozialversicherungspflichtig.**
- Die **Höhe der Lohnsteuer** ist abhängig von der Höhe des Bruttoverdienstes und der jeweiligen Lohnsteuerklasse.
- **Zur Sozialversicherung zählen** die – Krankenversicherung, – Pflegeversicherung, – Rentenversicherung, – Arbeitslosenversicherung.
- **Arbeitnehmer und Arbeitgeber** tragen die **Sozialversicherungsbeiträge jeweils zur Hälfte.** Nur bei der Pflegeversicherung bestehen Ausnahmen bei dem Zuschlag für Kinderlose und bei der Aufteilung der Beiträge in Sachsen.
- Der **Arbeitnehmeranteil** zur Sozialversicherung wird vom Lohn bzw. Gehalt **einbehalten.**
- Der **Arbeitgeberanteil** zur Sozialversicherung ist für den Arbeitgeber zusätzlicher **Aufwand.**
- Die **einzubehaltenden Sozialabgaben** sowie der Arbeitgeberanteil zur Sozialversicherung müssen in voraussichtlicher Höhe spätestens bis zum drittletzten Bankarbeitstag des Monats, in dem die Beschäftigung ausgeübt wird, von der jeweiligen Krankenkasse im Lastschriftverfahren vereinnahmt werden. Vorab sind die Daten vom Arbeitgeber mittels Software an die Kasse zu übertragen.
- Die **einbehaltenen Steuern** sind **bis zum 10. des Folgemonats** an das **Finanzamt** abzuführen.
- Zu den **Personalkosten des Unternehmens** zählen: Bruttoarbeitsentgelt der Arbeitnehmer, Arbeitgeberanteil zur Sozialversicherung, Gesetzliche Unfallversicherung der Arbeitnehmer (Beiträge zur Berufsgenossenschaft), Freiwillige soziale Aufwendungen des Unternehmens (betriebliche Altersversorgung, Unterstützung u. a.).

Zusammenfassung

Gehaltsliste Monat Januar

Aufgabe 188

Name	Steuerklasse	Bruttogehalt	Abzüge					Nettogehalt
			Lohnsteuer	Solidaritätszuschlag	Kirchensteuer (9 %)	Steuerabzüge	Sozialversicherung	
1. Tierjung, V.	III/2,0	3.540,00	286,50	0,00	1,13	287,63	701,81	2.550,56
2. Steinbring, W.	I/0	2.770,00	359,08	19,74	32,31	411,13	556,08	1.802,79
3. Walter, F.	II/0,5	3.296,00	446,33	19,30	31,58	497,21	653,43	2.145,36
		9.606,00	1.091,91	39,04	65,02	1.195,97	1.911,32	6.498,71

AG-Anteil zur Sozialversicherung: 1.904,39 €, SV-Bankeinzug: 3.815,71 €.

Buchen Sie auf den Konten 2640, 2800 (AB 35.000,00 €), 4830, 6300 und 6400

1. den SV-Bankeinzug,
2. die Gehaltsabrechnung lt. Gehaltsliste zum 31. Januar (Banküberweisung),
3. den Arbeitgeberanteil zur Sozialversicherung,
4. die Überweisung der einbehaltenen Steuerabzüge im Februar.

Wie hoch sind die Personalkosten des Betriebs?

Zum 31. Dezember weisen die nachstehenden Konten folgende Salden aus: €

Aufgabe 189

2650 Forderungen an Mitarbeiter 16.000,00

4830 FB-Verbindlichkeiten 12.600,00

Bilden Sie die Abschlussbuchungssätze.

Aufgabe 190

Buchen Sie auf den Konten 2640, 2650, 2800 (AB 32.000,00 €), 4830, 6200 und 6400

1. Zahlung eines Lohnvorschusses durch Banküberweisung: 4.000,00 €,

2. SV-Bankeinzug 3.200,00 €,

3. Lohnabrechnung mit Verrechnung des Vorschusses in Höhe von monatlich 250,00 €:

Bruttolöhne	LSt/SolZ/KiSt	Sozialvers.	Verrechneter Vorschuss	Auszahlung (Bank)	Arbeitgeber- anteil
7.800,00	860,00	1.630,00	250,00	5.060,00	1.570,00

4. Banküberweisung der einbehaltenen Steuerabzüge im Folgemonat.

Aufgabe 191

Zahlung der Gehälter durch Banküberweisung zum 31. Dezember. **Buchen Sie auf den Konten 2640, 2650 (AB 8.000,00 €), 2800 (AB 160.000,00 €), 4830, 6300, 6400, 8000, 8010 und 8020:**

€

1. SV-Bankeinzug .... ?

2. Gehälter lt. Gehaltsliste für den Monat Dezember:

Bruttobeträge 55.800,00

Lohn- und Kirchensteuer sowie Solidaritätszuschlag 10.050,00

Sozialversicherungsbeiträge der Arbeitnehmer 11.765,00

3. Verrechnung von Vorschüssen 2.500,00

4. Arbeitgeberanteil 11.245,00

5. Die einbehaltenen Steuerabzüge werden erst Anfang Januar nächsten Jahres an das Finanzamt überwiesen.

1. **Nennen Sie die Buchungen bis zum Jahresabschluss.**

2. **Wie lauten a) die Eröffnungsbuchung zum 1. Januar nächsten Jahres und**

    b) die Überweisungsbuchung?

3. **Wie hoch sind die gesamten Personalkosten des Betriebes für Dezember?**

Aufgabe 192

Der Angestellte Stefan Stein der Textilwerke GmbH, geb. 1970, bezieht ein Bruttogehalt von 2.780,00 €. Seine Abzüge für Steuern (St.-Kl. III/0) betragen 141,13 € und für Sozialabgaben 558,08 € (Arbeitgeberanteil: 551,14 €). Bei der Gehaltsabrechnung ist ein Anzug mit 150,00 € netto zuzüglich 28,50 € Umsatzsteuer zu verrechnen, den Stefan Stein im Abrechnungszeitraum von seinem Betrieb erworben hat. Die Gehaltszahlung erfolgt als Banküberweisung.

1. **Erstellen Sie die Gehaltsabrechnung. Wie hoch ist der SV-Bankeinzug?**

2. **Buchen Sie auf den entsprechenden Konten.**

3. **Wie lautet die Buchung für den Arbeitgeberanteil zur Sozialversicherung?**

4. **Wie hoch sind die Personalkosten für den Angestellten Stefan Stein?**

Aufgabe 193

Die Miete der Arbeitnehmer für Werkswohnungen wird mit den Gehältern verrechnet. Die Nettogehälter werden durch Banküberweisung ausgezahlt:

€

Bruttogehälter lt. Gehaltsliste 66.300,00

Lohn- und Kirchensteuer sowie Solidaritätszuschlag 11.300,00

Sozialversicherungsbeiträge der Arbeitnehmer 12.600,00

des Arbeitgebers 11.950,00

Einbehaltene Mieten für Werkswohnungen 3.600,00

Ermitteln Sie den SV-Bankeinzug sowie die Nettoauszahlung und buchen Sie auf den entsprechenden Konten die Gehaltsabrechnung, den Arbeitgeberanteil zur Sozialversicherung und die Überweisung der Steuerabzüge.

Konten: 2640, 2800 (50.000,00 € Bestand), 4830, 5081, 6300 und 6400.

Bilden Sie die Buchungssätze:

Aufgabe **194**

1. Banküberweisung der Beiträge zur Berufsgenossenschaft: 1.200,00 €.

2. Ein Angestellter erhält Vorschuss durch Banküberweisung: 2.000,00 €.

3. **Beurteilen Sie:** Eine Angestellte erhält als Geburtsbeihilfe 300,00 € (Banküberweisung).

4. **Beurteilen Sie:** Einem Arbeiter wird eine Heiratsbeihilfe überwiesen: 200,00 €.

Buchen Sie für das Metallwerk Thomas Berg e. K. folgende Belege:

Aufgabe **195**

Beleg 1

Kontoauszug

Baden-Württembergische Landesbank

Konto-Nr.	Datum	Ausz.-Nr.	Blatt	Buchungstag	PN-Nr.	Wert	Umsatz
723 544 32	..−07−09	356	1	07−09	8364	07−09	28.829,00 S

ÜBERWEISUNG
FINANZAMT STUTTGART
STEUERNUMMER: 06515843218
LOHNSTEUER JUNI ..

METALLWARENGROSSHANDLUNG
THOMAS BERG E. K.
INDUSTRIESTRASSE 22 − 28
70565 STUTTGART

Konto | Soll | Haben
Gebucht:

Alter Saldo
H 276.079,00 EUR
Neuer Saldo
H 247.250,00 EUR

Beleg 2

Kontoauszug

Baden-Württembergische Landesbank

Konto-Nr.	Datum	Ausz.-Nr.	Blatt	Buchungstag	PN-Nr.	Wert	Umsatz
723 544 32	..−07−09	357	1	07−09	8364	07−09	9.600,00 S

ÜBERWEISUNG
ALLGEMEINE VERSICHERUNG AG
HAFTPFLICHTVERSICHERUNG NR.: HPV 1234

METALLWARENGROSSHANDLUNG
THOMAS BERG E. K.
INDUSTRIESTRASSE 22 − 28
70565 STUTTGART

Konto | Soll | Haben
Gebucht:

Alter Saldo
H 247.250,00 EUR
Neuer Saldo
H 237.550,00 EUR

Lohnsteueranmeldung zu Beleg 1 (Auszug)

	Arbeitgeber - Anschrift der Betriebsstätte - Telefonnummer - E-Mail				EUR	Ct
11		19 04 Apr.	19 10 Okt.	19 44 IV. Kalendervierteljahr		
12	Thomas Berg e. K.	19 05 Mai	19 11 Nov.	bei jährlicher Abgabe bitte ankreuzen		
13	Industriestraße 22-28	19 06 Juni ☒	19 12 Dez.	19 19 Kalenderjahr		
14	70565 Stuttgart					
15	Telefon 0711/245671-0	Berichtigte Anmeldung (falls ja, bitte eine „1" eintragen)........	10			
	service@berg-metall-wvd.de	Zahl der Arbeitnehmer (einschl. Aushilfs- und Teilzeitkräfte).......	86	29		
16		zu Zeile 22: Zahl der Arbeitnehmer mit BAV-Förderbetrag.................	90			
17					EUR	Ct
18	Summe der einzubehaltenden Lohnsteuer 1) 2)		42	25.400	00	
19	Summe der pauschalen Lohnsteuer - ohne § 37b EStG - 1)		41	—	—	
20	Summe der pauschalen Lohnsteuer nach § 37b EStG 1)		44	—	—	
21	abzüglich Kürzungsbetrag für Besatzungsmitglieder von Handelsschiffen		33	—	—	
22	abzüglich Förderbetrag zur betrieblichen Altersversorgung nach § 100 EStG (BAV-Förderbetrag) 1)		45	—	—	
23	Verbleiben 1)		48	25.400	00	
24	Solidaritätszuschlag 1) 2)		49	1.397	00	
25	pauschale Kirchensteuer im vereinfachten Verfahren		47	—	—	
26	Evangelische Kirchensteuer - ev 1) 2)		61	576	00	
27	Römisch-Katholische Kirchensteuer - rk 1) 2)		62	1.456	00	
28						
29						
30						
31						
32						
33	**Gesamtbetrag** 1)	1) Negativen Beträgen ist ein **Minuszeichen** voranzustellen. 2) Nach Abzug der im Lohnsteuer-Jahresausgleich erstatteten Beträge	83	28.829	00	

Aufgabe 196

Anfangsbestände

		€				€
0510	Beb. Grundstücke	180.000,00	2650	Ford. an Mitarbeiter		12.000,00
0530	Betriebsgebäude	420.000,00	2800	Bankguthaben		95.000,00
0700	TA und Maschinen	160.000,00	3000	Eigenkapital		721.000,00
0800	Andere Anlagen/BGA	87.000,00	4250	Darlehensschulden		380.000,00
2000	Rohstoffe	200.000,00	4400	Verbindlichkeiten a. LL		131.080,00
2200	Fertige Erzeugnisse	10.000,00	4800	Umsatzsteuer		12.000,00
2400	Forderungen a. LL	87.000,00	4830	FB-Verbindlichk.		6.920,00

Kontenplan: 0510, 0530, 0700, 0800, 2000, 2200, 2400, 2600, 2640, 2650, 2800, 3000, 3001, 4250, 4400, 4800, 4830, 5000, 5200, 5420, 5710, 6000, 6200, 6300, 6400, 6420, 6520, 7510, 8000, 8010, 8020.

Geschäftsfälle

	€
1. Angestellter erhält Gehaltsvorschuss (Banküberweisung)	2.000,00
2. Banküberweisung des Beitrags an die Berufsgenossenschaft	850,00
3. Banküberweisung der Lohn- und Kirchensteuer	
sowie des Solidaritätszuschlags ... 6.920,00	
Umsatzsteuer-Zahllast ... 12.000,00	18.920,00
4. Privatentnahmen von eigenen Erzeugnissen, netto	800,00
5. SV-Bankeinzug durch gesetzliche Krankenkasse	5.350,00
6. Lohnzahlung durch Banküberweisung lt. Lohnliste:	

Bruttolöhne	LSt/SolZ/KiSt	Sozialvers.	Auszahlung	Arbeitgeberanteil
5.400,00	760,00	1.100,00	3.540,00	1.045,00

	€
7. Rohstoffeinkäufe auf Ziel lt. ER 01–09	45.000,00
+ Umsatzsteuer	8.550,00
8. Zinsgutschrift der Bank	1.200,00
9. Kunde wird mit Verzugszinsen belastet	80,00
10. Banküberweisung der Gehälter lt. Gehaltsliste:	

Bruttogehälter	LSt/SolZ/KiSt	Sozialver-sicherung	Verrechneter Vorschuss	Netto-auszahlung	Arbeitgeber-anteil
7.800,00	1.050,00	1.600,00	500,00	4.650,00	1.520,00

	€
11. Zielverkäufe von eigenen Erzeugnissen lt. AR 01–12	88.000,00
+ Umsatzsteuer	16.720,00
12. Lastschrift der Bank für Darlehenszinsen	7.200,00
13. Geschäftsinhaber überweist seine Lebensversicherungsprämie	
durch Banküberweisung	1.500,00
14. Ein Lieferant belastet uns mit Verzugszinsen	40,00

Abschlussangaben

	€
Schlussbestände lt. Inventur: Rohstoffe	225.000,00
Fertige Erzeugnisse	15.000,00

Abschreibungen: 0530: 3.000,00 €; 0700: 14.000,00 €; 0800: 7.000,00 €.

Aufgabe 197

1. Welche Bedeutung haben die Steuerklassen für den Arbeitnehmer?

2. Welche Zweige der Sozialversicherung unterscheidet man?

3. Warum werden Sondervergütungen in der Praxis direkt auf dem Lohn- bzw. Gehaltskonto des betreffenden Arbeitnehmers gebucht?

4. Nennen Sie den Zeitpunkt der Überweisung der einbehaltenen Steuerabzüge.

5. Woraus setzen sich die gesamten Personalkosten des Betriebs zusammen?

Die Kosten- und Leistungsrechnung (KLR) als Mittel zur Analyse und Bewertung der Wertschöpfungsprozesse (Lernfeld 4)

C

Einordnung der Kosten- und Leistungsrechnung

1

Ausgangslage

Herr Berg organisiert sein Rechnungswesen in zwei Bereichen,

- der **Finanzbuchhaltung (FB)** und
- der **Kosten- und Leistungsrechnung (KLR)**.

Die **Finanzbuchhaltung** zur Dokumentation aller vermögens- und erfolgswirksamen Geschäftsfälle führt er in den Kontenklassen 0 bis 8 des Kontenrahmens und zeichnet dort außer den Vermögens- und Schuldenposten sowie dem Eigenkapital (Klassen 0 bis 4) auch **alle Arten von Erträgen** (Klasse 5) **und Aufwendungen** (Klassen 6 und 7) – jeweils auf eine Rechnungsperiode bezogen – auf. Im Gewinn- und Verlustkonto (Klasse 8) ermittelt er schließlich aus allen Aufwendungen und Erträgen das **Gesamtergebnis** einer Rechnungsperiode, das ihm eine Aussage über den **Unternehmensgewinn** oder **Unternehmensverlust** liefert.

Die **Kosten- und Leistungsrechnung** zur Dokumentation und zur Analyse der Erfolgssituation aus der betrieblichen Wertschöpfung könnte Herr Berg auch auf Konten in der Klasse 9 organisieren. In der Praxis haben sich jedoch **tabellarische Formen der KLR** außerhalb des Kontenrahmens – und damit außerhalb der FB – bewährt. Diesen Formen schließt sich Herr Berg im Folgenden an, um so in übersichtlicher Weise diejenigen Aufwendungen und Erträge der FB zu erfassen, die im Zusammenhang mit der betrieblichen Wertschöpfung seines Industriebetriebes, also

der **Beschaffung von Werkstoffen** und **Betriebsmitteln,** der **Produktion und dem Absatz von fertigen Erzeugnissen sowie der Bereitstellung von Serviceleistungen**

entstanden sind. **Die betrieblichen Aufwendungen** – z. B. Stoffaufwendungen, Personalaufwendungen, Mietaufwendungen, Steuern, Beiträge, Werbe- und Reisekosten, sonstige betriebliche Aufwendungen, Abschreibungen u. a. – **bilden die Grundlage der Kostenrechnung** und werden in der KLR als **„Kosten", die betrieblichen Erträge** – z. B. Umsatzerlöse, Provisionserträge, Eigenleistungen, unentgeltliche Entnahme von Erzeugnissen u. a. – als **„Leistungen"** bezeichnet.

Aus der Gegenüberstellung der Kosten und Leistungen ergibt sich in der KLR das Ergebnis aus der betrieblichen Wertschöpfung, nämlich das **Betriebsergebnis**.

Zusammenfassung

- Die **Finanzbuchhaltung** ist auf das gesamte Unternehmen bezogen. Sie schließt die Erfolgsrechnung (GuV-Konto) mit dem **Gesamtergebnis** ab.
- Die **Kosten- und Leistungsrechnung** ist auf die betriebliche Wertschöpfung bezogen. Sie erfasst alle **Kosten und Leistungen** einer Rechnungsperiode und ermittelt daraus das **Betriebsergebnis**.
- Die Erfassung aller Kosten und Leistungen ist die Grundlage für weiter reichende Aufgaben der KLR, so z. B. die **Errechnung der Selbstkosten** für eine Abrechnungsperiode oder für eine Erzeugniseinheit, die Bewertung der fertigen und unfertigen Erzeugnisse sowie die **Kontrolle der Rentabilität und Wirtschaftlichkeit** der betrieblichen Prozesse.

2 Grundlagen der Kosten- und Leistungsrechnung

2.1 Zielsetzung und Zahlenmaterial der KLR

Situation

Herr Berg richtet seine Kosten- und Leistungsrechnung auf drei ihm bedeutende Ziele aus. Zum einen will er die KLR so **gestalten,** dass sie ihm einen schnellen und zutreffenden **Einblick in die betrieblichen Wertschöpfungsprozesse** gibt. Die so gewonnenen Zahlen will er im Hinblick auf wichtige betriebliche Aspekte – z. B. **Erfolgswirksamkeit, Wirtschaftlichkeit, Rentabilität – analysieren;** und schließlich ist ihm daran gelegen, das betriebliche Geschehen im Abgleich mit **Planzahlen** oder **überbetrieblichen Vergleichszahlen** zu **bewerten.** Sein erster Schritt in diese Arbeit besteht darin, alle notwendigen Zahlen aus der Produktion und der Finanzbuchhaltung dafür zusammenzustellen.

Aus der **Produktion** stehen Herrn Berg folgende Angaben für das abgelaufene Geschäftsjahr 01 zur Verfügung:

Das Metallwerk Thomas Berg e. K. hat sich auf die Herstellung von Stahlblechgehäusen für elektronische Geräte (Computer, Drucker, Geräte der Unterhaltungselektronik) spezialisiert. Die Fertigung ist nach dem Werkstättenprinzip angeordnet. Dies ermöglicht es Herrn Berg, ein breites Produktionsprogramm anzubieten und flexibel auf Kundenwünsche zu reagieren.

Im abgelaufenen Geschäftsjahr betrug die Produktion 160 000 Gehäuse, von denen 154 500 Gehäuse abgesetzt werden konnten. Der Mehrbestand von 5 500 Gehäusen wurde zu 50,00 €/Stück Einzelkosten (einschließlich anteiliger Fertigungsgemeinkosten) bewertet, was zu einem wertmäßigen Mehrbestand von 275.000,00 € führte.

Aus der **Finanzbuchhaltung** steht ihm zunächst das **Gewinn- und Verlustkonto** (GuV-Konto) zur Verfügung. Das zeigt ihm den **Unternehmensgewinn** oder **-verlust** aus der Gegenüberstellung **aller** Aufwendungen und Erträge des abgelaufenen Geschäftsjahres; im vorliegenden Fall weist es einen **Jahresüberschuss** von 1.250.000,00 € aus:

S	8020 Gewinn- und Verlustkonto			H
6000 Aufwend. f. Rohstoffe		1.980.000,00	5000 Umsatzerlöse für eig. Erz.	10.320.000,00
6020 Aufwend. f. Hilfsstoffe ...		720.000,00	5202 Mehrbest. an Erzeugnissen	275.000,00
6030 Aufwend. f. Betriebsstoffe		85.000,00	5410 Erlöse aus Anlagenabgängen	130.000,00
6200 Löhne		3.200.000,00	5431 Erträge aus Versicherungs-	
6300 Gehälter		600.000,00	entschädigungen..........	40.000,00
6400 Soziale Abgaben		800.000,00	5710 Zinserträge	50.000,00
6520 Abschr. auf Sachanlagen		650.000,00		
6800 Büromaterial		150.000,00		
6870 Werbung		205.000,00		
6940 Sonstige Aufwendungen		245.000,00		
6979 Anlagenabgänge		200.000,00		
70/77 Betriebliche Steuern		190.000,00		
7510 Zinsaufwendungen		540.000,00		
Jahresüberschuss		1.250.000,00		
		10.815.000,00		10.815.000,00

Um die Existenz seines Unternehmens dauerhaft zu sichern und um abschätzen zu können, ob sein Unternehmen erfolgreich gearbeitet hat, genügt nicht die Kenntnis der Aufwendungen und Erträge. Vielmehr muss Herr Berg die angefallenen **Kosten aus der betrieblichen Wertschöpfung** kennen. Im Wesentlichen sind dies die Kosten, die im Zusammenhang mit der Werkstoffbeschaffung sowie der Produktion und dem Absatz seiner Erzeugnisse entstehen.

Erfolgreich ist seine Arbeit und die Arbeit seiner Mitarbeiterinnen und Mitarbeiter dann gewesen, wenn die in einem Zeitraum aus dem Verkauf von Erzeugnissen erzielten Erlöse, die auch **Leistungen** seines Unternehmens genannt werden, höher gewesen sind als die angefallenen Kosten. Dann hat sein Unternehmen einen **Betriebsgewinn** erwirtschaftet.

Beides – Kosten und Leistungen – sind in den Aufwendungen und Erträgen des GuV-Kontos enthalten. Herrn Bergs vordringliche Aufgabe wird es also sein, das GuV-Konto so umzugestalten, dass er die gewünschten Aussagen zum Betriebsgewinn erhält (vgl. S. 206 f.).

Zusätzlich zum GuV-Konto zieht er für seine Analyse auch die **Bilanz** zum 31. Dezember des abgelaufenen Geschäftsjahres heran. Sie liefert ihm zusätzliche Zahlen, die er für die Beurteilung der Rentabilität des Eigenkapitals oder der Lagerhaltung benötigt.

Aktiva	Bilanz Thomas Berg e. K. zum 31. Dezember ..			Passiva
A. Anlagevermögen			A. Eigenkapital	6.630.000,00
I. Sachanlagen			Jahresüberschuss	1.250.000,00
1. Grundst./Bauten	4.025.000,00		B. Rückstellungen, kurzfristig	180.000,00
2. TA und Maschinen	2.130.000,00		C. Verbindlichkeiten	
3. BGA	665.000,00		1. gegenüber Kreditinstituten	2.787.500,00
B. Umlaufvermögen			2. aus Lieferungen	1.552.500,00
I. Vorräte				
1. Roh-, Hilfs-, Betriebsst.	650.000,00			
2. Erzeugnisse	1.565.000,00			
II. Forderungen a. LL	1.380.000,00			
III. Kassenbestand	29.000,00			
IV. Bankguthaben	1.956.000,00			
	12.400.000,00			12.400.000,00
Stuttgart, 20. Januar ..			*Thomas Berg*	

So gerüstet kann ein **wesentliches Ziel** der Kosten- und Leistungsrechnung erreicht werden:

Mithilfe der Kosten- und Leistungsrechnung werden die in einer Rechnungsperiode (z. B. monatlich oder jährlich) angefallenen Kosten und Leistungen vollständig und nach Kosten- und Leistungsarten gegliedert errechnet, um daraus das Betriebsergebnis bestimmen zu können:

- **Leistungen > Kosten = Betriebsgewinn**
- **Leistungen < Kosten = Betriebsverlust**

- Unverzichtbare **Grundlage der Kosten- und Leistungsrechnung sind die vollständigen und geordneten Aufzeichnungen der Finanzbuchhaltung,** so wie sie in der Gewinn- und Verlustrechnung und der Bilanz vorliegen.

2.2 Grundbegriffe der Kosten- und Leistungsrechnung

2.2.1 Einnahmen und Ausgaben

Geldvermögen In einem Industriebetrieb stellt die Summe des jederzeit verfügbaren Geldes, d. h. die Summe aus Kassenbestand und Guthaben bei Kreditinstituten, den Zahlungsmittelbestand dar. Der **Zahlungsmittelbestand** ist **Teil des Geldvermögens.** Das Geldvermögen wird darüber hinaus durch kurzfristige **Forderungen** und **Verbindlichkeiten** beeinflusst.

Beispiel

Aufgrund der Bilanz von Seite 199 verfügt das Unternehmen Berg zum 31. Dezember .. über folgendes Geldvermögen:

	Zahlungsmittelbestand	1.985.000,00 €
+	kurzfristige Forderungen	1.380.000,00 €
−	kurzfristige Verbindlichkeiten	1.552.500,00 €
=	**Geldvermögen**	**1.812.500,00 €**

Wird dieses Geldvermögen durch **Geschäftsfälle** verändert, so sprechen wir von **Einnahmen und Ausgaben.**

Einnahmen Alle Geschäftsfälle, die das **Geldvermögen erhöhen**, führen zu **Einnahmen.** So gehören z. B. **Bar- und Zielverkäufe von Erzeugnissen** zu einnahmewirksamen Vorgängen. Eine Kreditaufnahme bei einer Bank dagegen führt zwar zu einer Erhöhung des Zahlungsmittelbestandes, gleichzeitig erhöhen sich aber auch die Verbindlichkeiten; das Geldvermögen bleibt also gleich.

Ausgaben Alle Geschäftsfälle, die das **Geldvermögen vermindern,** führen zu **Ausgaben.** Typische Ausgaben sind **Bar- und Zielkäufe von Roh-, Hilfs- und Betriebsstoffen,** nicht dagegen die Banküberweisung an einen Lieferanten.

2.2.2 Erträge und Aufwendungen

Eigenkapital Das Eigenkapital oder Reinvermögen eines Industriebetriebes ergibt sich vereinfacht nach folgender Rechnung:

Geschäftsfälle, die das **Eigenkapital ändern,** führen zu **Aufwendungen** oder **Erträgen.**

	Anlagevermögen
+	Vorräte
+	**Geldvermögen**
−	langfristige Schulden
=	**Eigenkapital** (Reinvermögen)

Aufwendungen **Sie vermindern das Eigenkapital.** Folgende Geschäftsfälle führen u. a. zu Aufwendungen:

■ Unternehmer Berg zahlt für einen aufgenommenen Kredit Zinsen. Die **Zinszahlung** verringert das Geldvermögen und damit zugleich das Eigenkapital.

■ Auf einen betrieblich genutzten Pkw wird eine Abschreibung vorgenommen. Die **Abschreibung** vermindert das Anlagevermögen und damit zugleich das Eigenkapital.

Erträge **Sie erhöhen das Eigenkapital.** Folgende Geschäftsfälle führen u. a. zu Erträgen:

■ Ein Bankguthaben wird verzinst. Die **Zinsgutschrift der Bank** erhöht das Geldvermögen und damit zugleich das Eigenkapital.

■ Ein Grundstück ist im Vorjahr aufgrund fehlender Verkehrsanbindung außerplanmäßig abgeschrieben worden. Nach einer Änderung des Flächennutzungsplanes steigt der Wert des Grundstücks im folgenden Jahr. Dies führt zu einer **Zuschreibung,** die das Anlagevermögen und damit zugleich das Eigenkapital erhöht.

Aufwendungen – Kosten

Zur vorläufigen Klärung der Begriffe „Aufwendungen" und „Kosten" ziehen wir das Gewinn- und Verlustkonto von Seite 198 heran. Das GuV-Konto zeigt auf der Soll-Seite (linke Seite) die gesamten Aufwendungen des Abrechnungsjahres. Im Einzelnen ist abzulesen, wie hoch die Aufwendungen durch den Einsatz von Roh-, Hilfs- und Betriebsstoffen, durch die Beanspruchung von Diensten anderer Unternehmungen und von Mitarbeitern des eigenen Unternehmens, durch die Wertminderung der Anlagen, durch gesetzlich vorgeschriebene Abgaben und durch sonstige Vorkommnisse waren. Dabei spielt es keine Rolle, ob diese Aufwendungen für betriebliche oder nicht betriebliche Zwecke entstanden sind.

> **Aufwendungen** bezeichnen den gesamten Eigenkapital mindernden Werteverzehr im Unternehmen an Gütern, Diensten und Abgaben während einer Abrechnungsperiode.

Im Gewinn- und Verlustkonto des Metallwerks Thomas Berg (vgl. S. 198) sind auf der Soll-Seite (ohne den Jahresüberschuss) Aufwendungen in Höhe von **9.565.000,00 €** verzeichnet.

Beispiel

Für die Zwecke der Kostenrechnung werden die Aufwendungen unterschieden nach

- **betrieblichen** (kalkulierbaren) **Aufwendungen**= **Kosten** und
- **neutralen Aufwendungen**   = **Nichtkosten.**

Betriebliche Aufwendungen stehen in unmittelbarem Zusammenhang mit der betrieblichen Wertschöpfung. Sie erfassen den Wert an Gütern, Diensten und Abgaben, der im Rahmen der **geplanten betrieblichen Leistungserstellung** (= Produktion) und **Leistungsverwertung** (= Absatz) anfällt. Solche Aufwendungen werden in der Regel als **Kosten** in die Kosten- und Leistungsrechnung übernommen.

Kosten entstehen,

- wenn ein **mengenmäßiger Verbrauch** (z. B. kg, t, m, h) oder eine **gesetzliche Abgabe** vorliegen,
- die zur **Leistungserstellung und -verwertung** getätigt werden und
- die in **Geldbeträgen** bewertet sind.

Von den Aufwendungen des GuV-Kontos der Unternehmung Thomas Berg (vgl. S. 198) können die folgenden als **Kosten** in die Kosten- und Leistungsrechnung eingehen:

Beispiel

60..	Aufwendungen für Roh-, Hilfs- und Betriebsstoffe	2.785.000,00 €
6200	Löhne	3.200.000,00 €
6300	Gehälter	600.000,00 €
6400	Soziale Abgaben	800.000,00 €
6520	Abschreibungen auf Sachanlagen[1]	650.000,00 €
6800	Büromaterial	150.000,00 €
6870	Werbung	205.000,00 €
70/77	Betriebliche Steuern	190.000,00 €
7510	Zinsaufwendungen[1]	540.000,00 €
	Gesamtkosten des Betriebes	**9.120.000,00 €**

---

1 Vgl. hierzu die Erläuterungen auf S. 215 zu „Kalkulatorische Abschreibungen" und auf S. 218 zu „Kalkulatorische Zinsen".

Neutrale Aufwendungen

Außer den Kosten gibt es im Industriebetrieb in der Regel auch Aufwendungen, die in **keinem Zusammenhang mit der Beschaffung, der Produktion und dem Absatz** stehen oder dabei **unregelmäßig oder in außergewöhnlicher Höhe** anfallen. Sie werden als **neutrale Aufwendungen** bezeichnet und nicht oder nicht in der angefallenen Höhe in die Kosten- und Leistungsrechnung übernommen, da sie bei der Ermittlung des Betriebsergebnisses und der Selbstkosten der Erzeugnisse nicht berücksichtigt werden dürfen. **Neutrale Aufwendungen entstehen**

- bei der **Verfolgung betriebsfremder Ziele** (z. B. Verluste aus Wertpapierverkäufen),
- durch **Aufwendungen aus dem Abgang von Vermögensgegenständen** und durch **Verluste aus Schadensfällen,**
- aus **betrieblichen periodenfremden Vorgängen** (z. B. Nachzahlung von Löhnen und betrieblichen Steuern),
- als **außerordentliche Aufwendungen aufgrund ungewöhnlicher und selten vorkommender Geschäftsfälle** (z. B. Verluste aus der Insolvenz von Geschäftspartnern oder aus dem Verkauf von Betriebsteilen). Sie haben als sonstige betriebliche Aufwendungen neutralen Charakter.

Beispiel

Neutrale Aufwendungen dürfen nicht zu den Kosten gerechnet werden. Unter den Aufwendungen des GuV-Kontos des Metallwerks Thomas Berg gelten die folgenden als **neutrale Aufwendungen:**

6940 Sonstige Aufwendungen	245.000,00 €
6979 Anlagenabgänge	200.000,00 €
Gesamte neutrale Aufwendungen	**445.000,00 €**

Erläuterung

Anlagenabgänge lassen sich nicht vermeiden und werden auch im Zusammenhang mit betrieblichen Vorgängen verursacht. Ihnen fehlt aber die für Leistungsprozesse typische **Planmäßigkeit** und **Zweckgerichtetheit**, sodass sie nicht als Kosten in die Kostenrechnung eingebracht werden dürfen. Die außerordentlichen Aufwendungen (z. B. aus dem Verkauf eines Teilbetriebes oder aus nicht versicherten Brandschäden) gelten grundsätzlich **als nicht kalkulierbar** und werden daher von der KLR ferngehalten.

2.2.4 Erträge – Leistungen

Das GuV-Konto einer Unternehmung zeigt auf der Haben-Seite (rechte Seite) die **gesamten Erträge** des Abrechnungsjahres. Im Einzelnen ist abzulesen, wie hoch z. B. die Erträge aus dem Verkauf fertiger Erzeugnisse (= Umsatzerlöse), aus der Zunahme des Lagerbestandes (= Mehrbestand), aus Miet- und Zinserträgen, aus Erlösen aus Anlagenabgängen u. a. waren. Dabei spielt es keine Rolle, ob es sich um betriebliche oder neutrale Erträge handelt (vgl. S. 198).

Erträge bezeichnen den gesamten erfolgswirksamen (Eigenkapital erhöhenden) Wertezufluss in ein Unternehmen innerhalb einer Abrechnungsperiode.

Beispiel

Im Gewinn- und Verlustkonto des Metallwerks Thomas Berg sind auf der Haben-Seite Erträge in Höhe von insgesamt **10.815.000,00 €** verzeichnet.

Für die Zwecke der Kosten- und Leistungsrechnung werden die Erträge unterschieden nach

- **betrieblichen Erträgen** = **Leistungen** und
- **neutralen Erträgen.**

Als betriebliche Erträge sind Leistungen das **Ergebnis der geplanten betrieblichen Leistungserstellung und -verwertung.** Zu den Leistungen eines Industriebetriebes zählen: **Leistungen**

- **Absatzleistungen, d. h. Umsatzerlöse aus dem Verkauf und der Vermietung oder Verpachtung von Erzeugnissen, Waren und Dienstleistungen;**
- **Lagerleistungen**, d. h. = in der Abrechnungsperiode hergestellte **Mehrbestände** an Erzeugnissen, die noch nicht abgesetzt worden sind;
- **Aktivierte Eigenleistungen**, d. h. = selbst erstellte Anlagen, die im eigenen Betrieb Verwendung finden;
- **Unentgeltliche Entnahme** von Erzeugnissen für private Zwecke.

Beispiel

Unter den Erträgen des Gewinn- und Verlustkontos der Unternehmung Thomas Berg sind folgende Erträge **Leistungen:**

5000 Umsatzerlöse für eigene Erzeugnisse	10.320.000,00 €
5202 Mehrbestand an Erzeugnissen	275.000,00 €
Gesamtleistung des Betriebes	**10.595.000,00 €**

Außer den Leistungen gibt es im Industriebetrieb auch Erträge, die in **keinem Zusammenhang mit der Beschaffung, der Produktion und dem Absatz** stehen oder dabei **unregelmäßig oder in außergewöhnlicher Höhe** anfallen. Sie werden als **neutrale Erträge** bezeichnet und **von den Leistungen abgegrenzt.** Neutrale Erträge sind in den Kontengruppen „54 Sonstige betriebliche Erträge", „55/56 Erträge aus Beteiligungen und Wertpapieren" und „57 Sonstige Zinsen" enthalten. **Sie entstehen also** **Neutrale Erträge**

- bei der **Verfolgung betriebsfremder Ziele** (z. B. Mieterträge, Zinserträge, Erträge aus Wertpapierverkäufen),
- durch **Erträge aus dem Abgang von Vermögensgegenständen** und durch Wertkorrekturen (z. B. Erlöse aus Anlagenabgängen),
- aus zwar **betrieblichen, aber periodenfremden Erträgen** (z. B. Steuerrückerstattung für vergangene Geschäftsjahre),
- als **außerordentliche Erträge aufgrund ungewöhnlicher und selten vorkommender Geschäftsvorgänge** (z. B. Erträge aus Gläubigerverzicht). Sie haben als sonstige betriebliche Erträge neutralen Charakter.

Beispiel

Unter den Erträgen des Gewinn- und Verlustkontos des Metallwerks Thomas Berg zählen die folgenden zu den **neutralen Erträgen:**

5410 Erlöse aus Anlagenabgängen	130.000,00 €
5431 Erträge aus Versicherungsentschädigungen	40.000,00 €
5710 Zinserträge	50.000,00 €
Gesamte neutrale Erträge	**220.000,00 €**

Erträge aus Versicherungsentschädigungen liegen Vorgänge zugrunde, die nicht betriebsbedingt sind, z. B. Vermögensschäden aus Unfällen. Zinserträge haben im Industriebetrieb **betriebsfremden Charakter;** sie gehören somit grundsätzlich nicht zu den Leistungen. Zinserträge ergeben sich bei sehr guter Liquidität aus der vorübergehenden Geldanlage nicht benötigter Finanzmittel. Erlöse aus Anlagenabgängen entstehen immer dann, wenn ganz oder teilweise abgeschriebene Anlagegegenstände gegen Entgelt veräußert werden. Liegt hierbei der Erlös über dem Buchwert, entsteht ein Gewinn, im anderen Fall ein Verlust aus Anlagenabgängen. Solche Erlöse sind zwar betriebsbedingt, ihnen fehlt aber die für Leistungsprozesse typische Zweckbindung und Planmäßigkeit, sodass sie nicht zu den Leistungen des Betriebes gehören. **Erläuterung**

Zusammen-fassung

- Unter **Aufwendungen** wird der gesamte Werteverzehr im Unternehmen an Gütern, Diensten und Abgaben während einer Abrechnungsperiode verstanden. Aufwendungen lassen sich in **betriebliche** und **neutrale Aufwendungen** einteilen.

- Unter **Erträgen** versteht man den gesamten erfolgswirksamen Wertezufluss im Unternehmen innerhalb einer Abrechnungsperiode. Erträge lassen sich in **betriebliche** und **neutrale Erträge** einteilen.

- **Betriebliche Aufwendungen** werden als **Kosten, betriebliche Erträge** als **Leistungen** bezeichnet. Unter Kosten versteht man den Teil der Aufwendungen und unter Leistungen den Teil der Erträge, der im Rahmen der geplanten betrieblichen Beschaffungs-, Produktions- und Absatzprozesse anfällt.

- **Neutrale Aufwendungen** bzw. **Erträge** fallen im Unternehmen als **betriebsfremde, periodenfremde** und **außerordentliche** Aufwendungen bzw. Erträge an. Sie werden nicht in die Kosten- und Leistungsrechnung übernommen.

Aufgabe 198

In der Kosten- und Leistungsrechnung unterscheidet man zwischen Aufwendungen und Kosten.

Geben Sie je ein Beispiel an für

a) Aufwendungen, die zugleich Kosten sind,

b) Aufwendungen, die keine Kosten sind.

Aufgabe 199

In der Kosten- und Leistungsrechnung unterscheidet man zwischen Erträgen und Leistungen.

Geben Sie je ein Beispiel an für

a) Erträge, die zugleich Leistungen sind,

b) Erträge, die nicht zugleich Leistungen sind.

Aufgabe 200

Entscheiden Sie, ob folgende Fälle Einnahmen oder Ausgaben darstellen:

1. Zieleinkauf von Rohstoffen
2. Zielverkauf von fertigen Erzeugnissen
3. Bank belastet uns mit Zinsen
4. Mieter überweist die Miete für ein von uns vermietetes Gebäude
5. Lohnzahlung durch Banküberweisung

Aufgabe 201

1. **Nennen Sie die wichtigsten Aufgaben**

   a) **der Finanzbuchhaltung,**

   b) **der Kosten- und Leistungsrechnung.**

2. Die Aufwendungen und Erträge der FB können betrieblich oder neutral sein.

   a) **Nennen Sie die Unterschiede und die Auswirkungen auf die KLR.**

   b) **Geben Sie typische Beispiele mit den zugehörigen Konten für neutrale Aufwendungen und Erträge sowie für Kosten und Leistungen an.**

3. **Wie wird**

   a) **das Gesamtergebnis der Unternehmung,**

   b) **das eigentliche Betriebsergebnis errechnet?**

1. Die Gesamtleistung des Industriebetriebes besteht aus

   a) Absatzleistungen,

   b) Lagerleistungen,

   c) Aktivierten Eigenleistungen,

   d) Unentgeltlichen Entnahmen.

   Nennen Sie Beispiele zu a) bis d).

2. In der FB spricht man von Aufwendungen und Erträgen, in der KLR dagegen von Kosten und Leistungen.

   Welcher Zusammenhang besteht zwischen

   a) Aufwendungen und Kosten,

   b) Erträgen und Leistungen?

3. **Welche Geschäftsvorgänge führen zu neutralen Aufwendungen?**

4. **Warum gehört die Kreditaufnahme bei einem Kreditinstitut nicht zu den einnahmewirksamen Vorgängen im Industriebetrieb?**

5. Der Industriekontenrahmen trennt in den Kontenklassen die beiden Hauptbereiche des Rechnungswesens in den RK I (= FB) und in den RK II (= KLR).

   Welche Gründe sprechen für die Trennung der beiden Rechnungskreise?

Prüfen Sie, ob folgende Aussagen richtig oder falsch sind:

1. Aufwendungen und Erträge sind Begriffe der Erfolgsrechnung der FB.
2. Aufwendungen sind zugleich auch immer Ausgaben des Unternehmens.
3. Einnahmen sind zugleich auch immer Erträge des Unternehmens.
4. Neutrale Aufwendungen entstehen bei der Verfolgung betriebsfremder Ziele.
5. Unter Aufwendungen versteht man den Werteverzehr im Unternehmen für betriebliche Zwecke.
6. Die Banküberweisung an einen Lieferanten stellt eine Ausgabe dar.
7. Das Betriebsergebnis wird aus der Gegenüberstellung der neutralen Aufwendungen und der Leistungen ermittelt.
8. Das Gesamtergebnis der Unternehmung im RK I enthält sowohl das Betriebsergebnis als auch das Neutrale Ergebnis (vgl. S. 206 f.).
9. Ein Betriebsgewinn wird erwirtschaftet, wenn die Leistungen höher sind als die Kosten.

Ordnen Sie folgende Aufwands- und Ertragsarten den

1. **neutralen Aufwendungen,**
2. **neutralen Erträgen,**
3. **betrieblichen Aufwendungen,**
4. **betrieblichen Erträgen zu.**

a) Lohnzahlung

b) Verlust aus Wertpapierverkauf

c) Aufwendungen für Rohstoffe

d) Abschreibung auf ein nicht betriebsnotwendiges Mietshaus

e) Brandschaden im Hilfsstofflager

f) Abschreibungen auf Sachanlagen

g) Instandhaltungsaufwendungen für Maschinen

h) Hoher Forderungsausfall durch Insolvenz eines Kunden

i) Mietzahlung für gemietetes Lagergebäude

j) Zinsaufwendungen[1]

k) Soziale Abgaben

l) Erträge aus Versicherungsentschädigungen

m) Umsatzerlöse für Erzeugnisse

n) Mehrbestand an unfertigen Erzeugnissen

o) Erstattung zu viel entrichteter Betriebsteuern für vergangene Geschäftsjahre durch das Finanzamt

p) Unentgeltliche Entnahme von Erzeugnissen

q) Erlöse aus dem Abgang eines Vermögensgegenstandes

r) Selbst erstellte Maschine für die Verwendung im eigenen Betrieb

s) Erträge aus Beteiligungen

---

1 Siehe Erläuterungen auf S. 218.

3 Abgrenzungsrechnung

Situation

Unternehmer Berg ist sehr daran interessiert, das Ergebnis aus der betrieblichen Wertschöpfung (= Betriebsgewinn oder Betriebsverlust) zu erfahren. Aus dem Gewinn- und Verlustkonto (vgl. S. 198) kennt er bisher lediglich seinen Jahresüberschuss von 1.250.000,00 €. Diese Zahl sagt noch nichts darüber aus, wie hoch das **Betriebsergebnis** gewesen ist. Dazu muss ihm die Höhe der Kosten und Leistungen bekannt sein. Um diese Aussage zu erhalten, filtert er aus allen Aufwendungen und Erträgen des GuV-Kontos die neutralen Aufwendungen und Erträge heraus und führt sie in einer besonderen Rechnung, der **Abgrenzungsrechnung,** zusammen. So bleiben die Kosten und Leistungen übrig, die er zur **Betriebsergebnisrechnung** zusammenfasst. Als Instrument für diese Rechnungen verwendet er die **Ergebnistabelle.**

3.1 Ergebnistabelle als Hilfsmittel der Abgrenzungsrechnung

Ziel der Abgrenzungsrechnung

Die Ergebnistabelle dient dazu, die neutralen Aufwendungen und Erträge von den Kosten und Leistungen abzugrenzen. Damit erfüllt sie ein wesentliches **Ziel der Abgrenzungsrechnung:** Kosten und Leistungen einer Abrechnungsperiode vollständig und nach Kosten- und Leistungsarten gegliedert zu erfassen sowie das Betriebsergebnis auszuweisen.

Die Ergebnistabelle ist folgendermaßen aufgebaut:

Aufbau der Abgrenzungsrechnung

❶ Sie spiegelt das **Zweikreissystem** des Kontenrahmens (vgl. S. 209) wider: In ihrem **linken Teil** mit der Überschrift „Finanzbuchhaltung (= Rechnungskreis I)" nimmt sie **alle Aufwands- und Ertragskonten mit ihren jeweiligen Salden** aus den Kontenklassen 5, 6 und 7 der Finanzbuchhaltung auf. Damit wird in diesem Teil der Inhalt des GuV-Kontos aus dem Rechnungskreis I (= RK I) wiedergegeben und das **Gesamtergebnis der Unternehmung ausgewiesen.**

❷ Der **rechte Teil** der Tabelle ist der **Kosten- und Leistungsrechnung** (= Rechnungskreis II) vorbehalten. Er wird unterteilt in die Abgrenzungsrechnung und die Betriebsergebnisrechnung.

❸ Die **Abgrenzungsrechnung** übernimmt aus dem linken Teil der Tabelle, dem RK I, die **neutralen Aufwendungen und Erträge.** Sie schließt mit dem **Neutralen Ergebnis** (Neutraler Gewinn oder Neutraler Verlust) ab.

❹ Die **Betriebsergebnisrechnung** übernimmt aus dem linken Teil der Tabelle **alle Kosten und Leistungen** und ermittelt daraus das **Betriebsergebnis.**

❺ Durch dieses Verfahren lassen sich in einer Tabelle das Gesamtergebnis der FB sowie das Neutrale Ergebnis und das Betriebsergebnis der KLR übersichtlich darstellen. Ebenso ist es möglich, die Ergebnisse der beiden Rechnungskreise auf ihre Richtigkeit hin abzustimmen.

Ergebnistabelle						
❶ Finanzbuchhaltung (= Rechnungskreis I)			❷ Kosten- und Leistungsrechnung (= Rechnungskreis II)			
Gesamtergebnisrechnung der FB			❸ Abgrenzungsrechnung		❹ Betriebsergebnisrechnung	
Kontenklassen 5, 6, 7	Aufwendungen (Klassen 6, 7)	Erträge (Klasse 5)	neutrale Aufwendungen	neutrale Erträge	Kosten	Leistungen
❺ Abstimmung:	Gesamtergebnis		= Neutrales Ergebnis (Abgrenzungsergebnis)		+ Betriebsergebnis	

Abgrenzung der neutralen Aufwendungen und Erträge von den Kosten und Leistungen (Unternehmensbezogene Abgrenzung) 3.2

Unternehmer Berg erstellt aus seinem Gewinn- und Verlustkonto (vgl. S. 198) für das abgelaufene Geschäftsjahr eine Ergebnistabelle, um das Neutrale Ergebnis und das Betriebsergebnis errechnen zu können. Hierbei untersucht er jede Position des GuV-Kontos daraufhin, ob sie dem Betriebszweck diente und somit als Leistung oder Kosten in die Betriebsergebnisrechnung hineingehört oder ob sie „neutral" ist und somit in die Abgrenzungsrechnung gehört. Bei der Aufstellung der Ergebnistabelle berücksichtigt Herr Berg folgende Vorgänge:

Beispiel

1 Still gelegte Anlagen sind im Geschäftsjahr mit 40.000,00 € abgeschrieben worden. Dieser Betrag ist in den Abschreibungen auf Sachanlagen enthalten.

2 Die GuV-Position „Betriebliche Steuern" enthält auch gezahlte Grundsteuern, von denen 10.000,00 € auf ein brach liegendes Grundstück entfallen.

Ergebnistabelle						
Finanzbuchhaltung (= Rechnungskreis I)			Kosten- und Leistungsrechnung (= Rechnungskreis II)			
Gesamtergebnisrechnung der FB			Abgrenzungsrechnung		Betriebsergebnisrechnung	
Konto	Aufwendungen	Erträge	neutrale Aufwendungen	neutrale Erträge	Kosten	Leistungen
5000		10.320.000				10.320.000
5202		275.000				275.000
5410		130.000		130.000		
5431		40.000		40.000		
5710		50.000		50.000		
6000	1.980.000				1.980.000	
6020	720.000				720.000	
6030	85.000				85.000	
6200	3.200.000				3.200.000	
6300	600.000				600.000	
6400	800.000				800.000	
6520	650.000		40.000		610.000	
6800	150.000				150.000	
6870	205.000				205.000	
6940	245.000		245.000			
6979	200.000		200.000			
70/77	190.000		10.000		180.000	
7510	540.000				540.000	
	9.565.000	10.815.000	495.000	220.000	9.070.000	10.595.000
	1.250.000			275.000	1.525.000	
	10.815.000	10.815.000	495.000	495.000	10.595.000	10.595.000
	Gesamtergebnis		Neutrales Ergebnis		Betriebsergebnis	

Abstimmung der Ergebnisse

1. Gesamtergebnis im Rechnungskreis I			(+) 1.250.000,00 €
2. Neutraler Verlust	(−)	275.000,00 €	
3. Betriebsgewinn	(+)	1.525.000,00 €	
4. Gesamtergebnis im Rechnungskreis II			(+) 1.250.000,00 €

3.3 Erläuterungen zur Ergebnistabelle

Übertragung der Salden

Nachdem die **Salden aller Erfolgskonten** – in der Reihenfolge ihrer Kontennummern – in die linken Spalten der Ergebnistabelle (Aufwendungen und Erträge der FB = RK I) übernommen und zum **Gesamtergebnis** zusammengefasst worden sind, erfolgt die **Übertragung** dieser Salden in die Betriebsergebnisrechnung oder in die Abgrenzungsrechnung nach folgenden Überlegungen:

1 In die Betriebsergebnisrechnung werden die Salden aus dem RK I dann übertragen,
- wenn es sich um **Erträge** handelt, die in voller Höhe **Leistungen** darstellen, oder
- wenn es sich um **Aufwendungen** handelt, die in voller Höhe **Kosten** darstellen.

So werden z. B. die Umsatzerlöse (Konto 5000) aus der Ertragsspalte im RK I in die Spalte „Leistungen" der Betriebsergebnisrechnung des RK II übertragen, ebenso der Mehrbestand an fertigen Erzeugnissen (Konto 5202). Die Salden der Konten 6000 bis 6400, 6800, 6870, 7510 werden aus der Aufwandsspalte im RK I in die Spalte „Kosten" der Betriebsergebnisrechnung übernommen.

Zinsaufwendungen

Nicht einheitlich sind die Auffassungen dazu, wie die Zinsaufwendungen der Finanzbuchhaltung (Konto 7510) in der Ergebnistabelle aufzuführen sind. Unstrittig ist die Auffassung, dass Zinskosten generell in die Kostenrechnung einfließen müssen. Strittig ist, ob die Zinsen für das dem Unternehmen zur Verfügung gestellte Fremdkapital als Zinskosten in der KLR angesetzt werden können oder ob es der Berechnung so genannter kalkulatorischer Zinsen bedarf. Wir entscheiden uns an dieser Stelle dafür, in der Ergebnistabelle vorübergehend die Fremdkapitalzinsen als Kosten anzusetzen, um deren grundsätzlichen Kostencharakter zu betonen. In einem nachfolgenden Kapitel wird die Korrektur in Form der kalkulatorischen Zinsen vorgenommen.

2 In die Abgrenzungsrechnung werden die Salden aus dem RK I dann übertragen,
- wenn sie in voller Höhe **neutrale Erträge oder neutrale Aufwendungen** sind.

So gehen die Salden der Konten 5410, 5431 und 5710 in die Ertragsspalte der Abgrenzungsrechnung über und werden somit **von der Kosten- und Leistungsrechnung ferngehalten.** Entsprechend ist bei den Aufwendungen zu verfahren: Die Konten 6940 und 6979 enthalten nicht kalkulierbare (= unternehmensbezogene) Aufwendungen, die in die Aufwandsspalte der Abgrenzungsrechnung übertragen werden.

3 Besondere Beachtung verdienen das Konto „6520 Abschreibungen auf Sachanlagen" und die Kontengruppe „70/77 Betriebliche Steuern": Von den bilanzmäßigen Abschreibungen in Höhe von 650.000,00 € sind zunächst 40.000,00 € als neutraler Aufwand in die Abgrenzungsrechnung einzustellen. Dieser Betrag hat mit den Abschreibungen auf das **betrieblich genutzte** Anlagevermögen nichts zu tun; er wird über den **Filter „Unternehmensbezogene Abgrenzungen"** von der Kosten- und Leistungsrechnung ferngehalten. In die Spalte „Kosten" der Betriebsergebnisrechnung ist nur der Restbetrag von 610.000,00 € einzusetzen. Entsprechend ist bei der Kontengruppe 70/77 zu verfahren: Hier werden 10.000,00 € Grundsteuer auf das brach liegende Grundstück als neutraler Aufwand abgegrenzt; der Restbetrag von 180.000,00 € gilt als Kosten.

4 Ergebnisspaltung im Rechnungskreis II. Während das **GuV-Konto** auf Seite 198 nur das **Gesamtergebnis** der Unternehmung (= Jahresüberschuss) in Höhe von **1.250.000,00 €** ausweist, lassen sich aus der **Ergebnistabelle** auf Seite 207 zusätzlich die **Teilergebnisse**
- Neutrales Ergebnis (Neutraler Verlust) .... – 275.000,00 €
- Betriebsergebnis (Betriebsgewinn) .... + 1.525.000,00 €

ablesen. Die Ergebnistabelle macht damit in der Spalte „Betriebsergebnisrechnung" eine für die Unternehmensleitung wichtige Aussage über das Ergebnis aus der betrieblichen Wertschöpfung. Im obigen Beispiel stammt der **gesamte unternehmerische Erfolg aus der betrieblichen Wertschöpfung.** Die sonstigen Vorgänge, die **nichts mit planvollen betrieblichen Geschäftsfällen** zu tun haben, führen zu einem **neutralen Verlust** von 275.000,00 €.

5 Kosten und Leistungen. Die Ergebnistabelle verdeutlicht, dass das Produktionsergebnis der Abrechnungsperiode (= Jahr) aus **Absatzleistungen** (= 10.320.000,00 €) und **Lagerleistungen** (= 275.000,00 €) besteht. Es wurde durch den Einsatz von insgesamt 9.070.000,00 € Kosten erzielt.

6 **Wirtschaftlichkeit.** Für Herrn Berg ist die Wirtschaftlichkeit, d. h. der sparsame Einsatz der Betriebsmittel und Werkstoffe, eine wichtige Kennzahl zur Beurteilung seines betrieblichen Handelns. Er berechnet diese Zahl, indem er die **Leistungen durch die Kosten dividiert**:

$$\text{Wirtschaftlichkeit} = \frac{\text{Leistungen}}{\text{Kosten}} = \frac{10.595.000,00\ \text{€}}{9.070.000,00\ \text{€}} = 1{,}17$$

Diese Zahl besagt, dass für je 1,00 € eingesetzte Kosten 1,17 € Umsatzerlöse ins Unternehmen zurückgeflossen sind.

Zusammenfassung

- Der Industrie-Kontenrahmen ist nach dem **Zweikreissystem** aufgebaut. Finanzbuchhaltung sowie Kosten- und Leistungsrechnung bilden je einen eigenen und in sich abgeschlossenen Rechnungskreis. Der Datenaustausch erfolgt über die **Abgrenzungsrechnung**.
- Die **Finanzbuchhaltung (FB)** bildet in den Kontenklassen 0 bis 8 den **Rechnungskreis I (RK I)**.
- Die Finanzbuchhaltung ist auf das gesamte Unternehmen bezogen und schließt die Ergebnisrechnung durch Gegenüberstellung aller Aufwendungen und Erträge im Gewinn- und Verlustkonto mit dem **Gesamtergebnis der Unternehmung** ab.
- Die **Kosten- und Leistungsrechnung (KLR)** bildet den **Rechnungskreis II (RK II)**. Sie wird außerhalb des Kontenrahmens in tabellarischer Form durchgeführt.
- Die Kosten- und Leistungsrechnung ist auf die betriebliche Wertschöpfung bezogen, erfasst alle Kosten und Leistungen einer Rechnungsperiode und ermittelt daraus das **Betriebsergebnis**.
- Die Erfassung aller Kosten und Leistungen ist die Grundlage für weiter reichende Aufgaben der KLR, so z. B. die **Kontrolle der Rentabilität** und der **Wirtschaftlichkeit** der betrieblichen Prozesse.
- Die **Abgrenzungsrechnung** stellt das Bindeglied zwischen Finanzbuchhaltung (FB) und Kosten- und Leistungsrechnung (KLR) dar. Sie wird in der Form der **Ergebnistabelle** geführt.
- In der Abgrenzungsrechnung werden die neutralen Aufwendungen und Erträge aus den gesamten Aufwendungen und Erträgen der FB **herausgefiltert** und somit von der KLR ferngehalten.
- Die Ergebnistabelle zeigt im RK II die Teilergebnisse „Neutrales Ergebnis" und „Betriebsergebnis". Sie macht darüber hinaus eine Aussage über die **Höhe der Kosten und Leistungen** und ermöglicht so die **Berechnung der Wirtschaftlichkeit**.

Zweikreissystem des Industriekontenrahmens

Rechnungskreis I (RK I)	Abgrenzungsrechnung	Rechnungskreis II (RK II)
Erfolgsrechnung der FB (Klassen 5, 6 und 7)	filtert nicht betriebliche Aufwendungen und Erträge heraus	Kosten- und Leistungsrechnung
unternehmensbezogen		betriebsbezogen
Gesamtergebnis	Abgrenzungsergebnis	Betriebsergebnis

Datenfluss von RK I nach RK II →

Aufgabe 205

1. Wozu dient die Abgrenzungsrechnung?

2. Erläutern Sie den Aufbau der Ergebnistabelle.

3. Welche Ergebnisse lassen sich aus der Ergebnistabelle ablesen?

4. Nennen Sie Beispiele für unternehmensbezogene Abgrenzungen.

Aufgabe 206

Der Finanzbuchhaltung der Möbelfabrik Schneider OHG, die sich auf Regalfertigung spezialisiert hat, entnehmen wir für den Monat Juni .. folgende Aufwendungen und Erträge: €

		€
5000	Umsatzerlöse für eigene Erzeugnisse	1.280.000,00
5202	Mehrbestand an fertigen Erzeugnissen	120.000,00
5410	Erlöse aus Anlagenabgängen	56.000,00
5431	Erträge aus Versicherungsentschädigungen	14.000,00
5500	Erträge aus Wertpapieren	30.000,00
5710	Zinserträge	4.000,00
60 ..	Aufwendungen für Roh- und Hilfsstoffe	330.000,00
6160	Fremdinstandhaltung	3.000,00
6200	Löhne	520.000,00
6300	Gehälter	130.000,00
6400	Soziale Abgaben	140.000,00
6520	Abschreibungen auf Sachanlagen	60.000,00
6979	Anlagenabgänge	47.000,00
7030	Kraftfahrzeugsteuer (für Betriebsfahrzeuge)	10.000,00
7460	Verluste aus Wertpapierverkäufen	16.000,00

Aufgaben für die Erstellung der Ergebnistabelle

1. Übernehmen Sie die Aufwendungen und Erträge der Finanzbuchhaltung in die Gesamtergebnisrechnung des Rechnungskreises I der Ergebnistabelle.

2. Führen Sie im Rechnungskreis II die Abgrenzungsrechnung durch, indem Sie die neutralen Aufwendungen und Erträge aus der Gesamtergebnisrechnung in die Abgrenzungsrechnung übertragen.

3. Die betrieblichen Aufwendungen und Erträge sind entsprechend als Kosten und Leistungen in die Betriebsergebnisrechnung einzubringen. Hierbei ist zu beachten, dass von den Abschreibungen auf Sachanlagen 5.000,00 € auf still gelegte Anlagen entfallen.

4. Errechnen Sie a) das Neutrale Ergebnis,
   b) das Betriebsergebnis,
   c) das Gesamtergebnis der Unternehmung.

5. Stimmen Sie das Gesamtergebnis des Rechnungskreises I mit dem Gesamtergebnis des Rechnungskreises II anhand des Schemas auf S. 207 ab.

Aufgabe 207

In der Buchhaltung eines Industriebetriebes schließen die Erfolgskonten mit folgenden Salden ab: €

		€
5000	Umsatzerlöse für eigene Erzeugnisse	800.000,00
5410	Erlöse aus Anlagenabgängen	10.000,00
5431	Erträge aus Versicherungsentschädigungen	45.000,00
5710	Zinserträge	20.000,00

6000 Aufwendungen für Rohstoffe 270.000,00
6020 Aufwendungen für Hilfsstoffe 50.000,00
6200 Löhne 350.000,00
6300 Gehälter 90.000,00
6400 Soziale Abgaben 40.000,00
6800 Aufwendungen für Büromaterial 3.000,00
6979 Anlagenabgänge 9.000,00
7510 Zinsaufwendungen 10.000,00
7700 Gewerbesteuer 25.000,00

Aufgaben für die Erstellung der Ergebnistabelle

1. Übernehmen Sie die Aufwendungen und Erträge der Finanzbuchhaltung in die Gesamtergebnisrechnung des Rechnungskreises I der Ergebnistabelle.

2. Führen Sie im Rechnungskreis II die Abgrenzungsrechnung durch, indem Sie die neutralen Aufwendungen und Erträge aus der Gesamtergebnisrechnung in die Abgrenzungsrechnung übertragen.

3. Die betrieblichen Aufwendungen und Erträge sind entsprechend als Kosten und Leistungen in die Betriebsergebnisrechnung einzubringen.

In der Buchhaltung eines Industriebetriebes schließen die Erfolgskonten mit folgenden Salden ab: €

Aufgabe 208

5000 Umsatzerlöse für eigene Erzeugnisse 1.450.000,00
5202 Erhöhung des Bestandes an fertigen Erzeugnissen 40.000,00
5431 Erträge aus Versicherungsentschädigungen 8.000,00
5710 Zinserträge 3.000,00
60 .. Aufwendungen für Roh-, Hilfs- und Betriebsstoffe 510.000,00
6200 Löhne 620.000,00
6300 Gehälter 175.000,00
6400 Soziale Abgaben 95.000,00
6700 Mietaufwendungen 15.000,00
6930 Verluste aus Schadensfällen 7.000,00
70/77 Betriebliche Steuern 34.000,00
7510 Zinsaufwendungen 12.000,00

Erstellen Sie die Ergebnistabelle nach den Angaben in Aufgabe 207.

Auszug aus der Ergebnistabelle der Meyer GmbH:

€

Aufgabe 209

5000 Umsatzerlöse für eigene Erzeugnisse 3.245.000,00
5431 Erträge aus Versicherungsentschädigungen 25.000,00
60 .. Aufwendungen für Roh-, Hilfs- und Betriebsstoffe 1.220.000,00
62–64 Personalaufwendungen 1.550.000,00
6520 Abschreibungen auf Sachanlagevermögen 215.000,00

Stellen Sie folgenden Vorgang in der Ergebnistabelle dar:

Herr Meyer hat eine zum Betriebsvermögen gehörende Anlage stillgelegt. Dieses Gebäude schreibt er mit 4.500,00 € ab; dieser Betrag ist in den Abschreibungen auf Sachanlagevermögen enthalten. Mit eigenen Arbeitskräften und Material aus dem Lager hat er die Anlage stillgelegt: Lohnkosten 24.000,00 €, Materialkosten 6.200,00 €.

Aufgabe 210

In der FB der Wilhelm KG, Kleiderfabrikation, sind für das 1. Quartal .. folgende Aufwendungen und Erträge erfasst worden:

		€
5000	Umsatzerlöse für eigene Erzeugnisse	1.870.500,00
5100	Umsatzerlöse für Waren	200.000,00
5201	Mehrbestand an unfertigen Erzeugnissen	42.000,00
5300	Andere aktivierte Eigenleistungen	31.500,00
5410	Erlöse aus Anlagenabgängen	1.900,00
5431	Erträge aus Versicherungsentschädigungen	5.200,00
5600	Erträge aus Finanzanlagen	8.200,00
5700	Zins- und Dividendenerträge	4.100,00
6000	Aufwendungen für Rohstoffe	300.000,00
6080	Aufwendungen für Waren	150.000,00
6200	Löhne	798.000,00
6300	Gehälter	401.000,00
6400	Soziale Abgaben	185.100,00
6510	Abschreibungen auf Wertpapiere des Anlagevermögens	31.200,00
6520	Abschreibungen auf Maschinen	92.500,00
6700	Aufwendungen für Mieten und Pachten	4.900,00
6870	Aufwendungen für Werbung	12.200,00
6979	Anlagenabgänge	55.600,00
7700	Gewerbesteuer	22.400,00

Erstellen Sie die Ergebnistabelle entsprechend der Aufgabenstellung in der Aufgabe 207 und beurteilen Sie die Erfolgslage des Unternehmens.

Aufgabe 211

Die FB der Fabrik für Bauelemente Heinz Schnell e. K. weist für das 1. Quartal .. folgende Aufwendungen und Erträge aus:

		€
5000	Umsatzerlöse für eigene Erzeugnisse	1.381.500,00
5202	Minderbestand an fertigen Erzeugnissen	14.200,00
5300	Andere aktivierte Eigenleistungen	13.700,00
5410	Erlöse aus Anlagenabgängen	24.800,00
5431	Erträge aus Versicherungsentschädigungen	16.300,00
5600	Erträge aus Finanzanlagen	22.500,00
5710	Zinserträge	7.800,00
5780	Erträge aus Wertpapieren des Umlaufvermögens	8.200,00
6000	Aufwendungen für Rohstoffe	225.000,00
6150	Provisionen für Handelsvertreter	28.500,00
6160	Instandhaltungsaufwendungen	39.600,00
6200	Fertigungs- und Hilfslöhne	375.000,00
6300	Gehälter	410.000,00
6400	Soziale Abgaben (gesetzliche)	165.000,00
6420	Beiträge zur Berufsgenossenschaft	13.200,00
6440	Aufwendungen für Altersversorgung	28.400,00
6520	Abschreibungen auf Maschinen	42.800,00
6700	Aufwendungen für Mieten und Pachten	21.200,00
6870	Aufwendungen für Werbung	36.100,00
6979	Anlagenabgänge	2.200,00
70 ..	Betriebliche Steuern	8.400,00
7400	Abschreibungen auf Finanzanlagen	5.200,00
7510	Zinsaufwendungen	33.900,00

Erstellen Sie die Ergebnistabelle und beurteilen Sie die Erfolgssituation.

Berücksichtigung kalkulatorischer Kosten in der Betriebsergebnisrechnung (Kostenrechnerische Korrekturen)
3.4

Situation 1

Bei der Aufstellung der Ergebnistabelle von Seite 207 ist Herrn Berg bewusst gewesen, dass er einige der dort in der Betriebsergebnisrechnung ausgewiesenen Kosten so noch nicht in die Kostenstellen- und Kostenträgerrechnung übernehmen kann, weil sie den Anforderungen der Kostenrechnung (z. B. an eine verursachungsgerechte Kostenermittlung) nicht entsprechen. Auch hat er das Ziel einer vollständigen Kostenerfassung noch nicht erreicht; es fehlen noch jene Kosten, die überhaupt nicht als Aufwendungen in der FB erscheinen:

1 So hat Herr Berg die Abschreibungen in der FB mit einem Wert berechnet und gebucht, der **für die Kostenrechnung ungeeignet** ist:

Bei der Berechnung der bilanzmäßigen Abschreibungen hat er sich an die handelsrechtlichen Vorschriften gehalten, also ausgehend von den **Anschaffungskosten** abgeschrieben.

In der KLR möchte er aus Gründen des Kostenvergleichs gleichmäßig – also linear – und von den zukünftigen (höheren) **Wiederbeschaffungskosten** abschreiben, damit er demnächst in der Lage ist, aus den über die Umsatzerlöse verdienten Abschreibungen die teureren Ersatzanlagen zu beschaffen.

Anstelle der bilanzmäßigen Abschreibungen will er also in der Betriebsergebnisrechnung **kalkulatorische Abschreibungen** als Kosten ansetzen.

2 Die Zinsaufwendungen hat Herr Berg mit 540.000,00 € als Kosten übernommen. In diesen Aufwendungen ist aber nur die Verzinsung des tatsächlichen langfristigen Fremdkapitals enthalten. Die Verzinsung des eingesetzten Eigenkapitals fehlt unter den Kosten. Ihm steht eine Verzinsung des Eigenkapitals – vergleichbar der Verzinsung einer langfristigen Geldanlage – zu.

Anstelle der tatsächlichen Fremdkapitalzinsen will er also **kalkulatorische Zinsen vom gesamten betriebsnotwendigen Kapital** als Kosten ansetzen.

3 Herr Berg hat bisher nicht berücksichtigt, dass er für seine Mitarbeit im eigenen Unternehmen eine „Entlohnung" zu beanspruchen hat, die aber nicht als Lohn oder Gehalt in der FB gebucht werden kann. (Es besteht ja kein Arbeitsvertrag zwischen ihm und seinem Unternehmen.)

Seine Arbeitskraft hat einen „Wert" – vergleichbar dem Gehalt eines leitenden Angestellten –, den er als **Kosten in der Betriebsergebnisrechnung** ansetzt. Dieser „Lohn" für die unternehmerische Tätigkeit heißt **Unternehmerlohn**. Herr Berg kalkuliert ihn in die Verkaufspreise ein und lässt sich so diesen Lohn über die Umsatzerlöse von seinen Kunden vergüten.

4 Um die Kalkulation der Verkaufspreise auf eine feste Grundlage zu stellen und um die Verkaufspreise über längere Zeit konstant halten zu können, will Herr Berg den Rohstoffaufwand nicht wie bisher zu aktuellen und schwankenden Bezugspreisen, sondern zu **festen Verrechnungspreisen** bewerten.

Mit dem Ansatz **kalkulatorischer Kosten** in der Betriebsergebnisrechnung – anstelle der tatsächlich entstandenen Aufwendungen aus der FB – folgt Herr Berg einem **wesentlichen Grundsatz der Kostenrechnung**:

In der Betriebsergebnisrechnung
werden alle Kosten verursachungs- und periodengerecht
in der für die Kostenrechnung geeigneten Höhe erfasst.

Für Herrn Berg stellt sich die Frage, **wie** er die kalkulatorischen Kosten in der Betriebsergebnisrechnung erfassen kann, ohne das Gesamtergebnis zu verändern. Hierzu übernimmt er einen Vorschlag der IHK zur Organisation der Ergebnistabelle und fügt in der Abgrenzungsrechnung zwei zusätzliche Spalten mit der Überschrift „**Kostenrechnerische Korrekturen**" ein; die linke Spalte trägt die Bezeichnung „betriebliche Aufwendungen", die rechte Spalte die Bezeichnung „verrechnete Kosten". Mit diesem Vorgehen erreicht Herr Berg, dass die kostenrechnerischen Korrekturen nicht mit den zuvor abgegrenzten neutralen Aufwendungen und Erträgen (= Unternehmensbezogene Abgrenzungen) vermischt werden.

Die so gestaltete Ergebnistabelle weist in der Abgrenzungsrechnung **zwei Teilergebnisse** aus:

- **Ergebnis aus unternehmensbezogenen Abgrenzungen und**
- **Ergebnis aus kostenrechnerischen Korrekturen.**

Beide Teilergebnisse fasst er zusammen zum

- **Neutralen Ergebnis.**

Die Ergebnistabelle des Metallwerks Thomas Berg hat nunmehr folgendes Aussehen:

Ergebnistabelle								
Finanzbuchhaltung (= RK I)			Kosten- und Leistungsrechnung (= RK II)					
Gesamtergebnisrechnung der FB			Abgrenzungsrechnung				Betriebsergebnis-rechnung	
			Unternehmensbezogene Abgrenzungen		Kostenrechnerische Korrekturen			
Konto	Aufwen-dungen	Erträge	neutrale Auf-wendungen	neutrale Erträge	betriebl. Auf-wendungen	verrechne-te Kosten	Kosten	Leis-tungen
			Ergebnis aus untern.-bezogenen Abgrenzungen		Ergebnis aus kosten-rechn. Korrekturen			
Gesamtergebnis		**=**	Neutrales Ergebnis				**+** Betriebsergebnis	

Zusammen-fassung

- Die Abgrenzungsrechnung wird außerhalb der Finanzbuchhaltung tabellarisch in zwei Bereichen durchgeführt:

  - In einem ersten Bereich – auch **unternehmensbezogene Abgrenzung** genannt – werden aus den gesamten Aufwendungen und Erträgen der FB die neutralen Aufwendungen und Erträge herausgefiltert und zum **Ergebnis aus unternehmensbezogenen Abgrenzungen** zusammengeführt.

  - In einem zweiten Bereich – den **kostenrechnerischen Korrekturen** – werden die korrekturbedürftigen betrieblichen Aufwendungen der FB (z. B. bilanzmäßige Abschreibungen, Zinsaufwendungen) von der Kostenrechnung ferngehalten. Ihnen sind kalkulatorische Kosten aus der Kostenrechnung gegenüberzustellen. Aus den korrekturbedürftigen betrieblichen Aufwendungen und den verrechneten Kosten wird das „**Ergebnis aus kostenrechnerischen Korrekturen**" errechnet.

- Die beiden Teilergebnisse der Abgrenzungsrechnung werden zum „**Neutralen Ergebnis**" zusammengefasst.

Kalkulatorische Abschreibungen

3.4.1

In der Ergebnistabelle auf Seite 207 wurden die bilanzmäßigen Abschreibungen in Höhe von 610.000,00 € als Kosten angesetzt. Das ist grundsätzlich korrekt, da dieser Aufwand **betriebsbedingt** ist. Es ist allerdings zu fragen, ob dieser Aufwand dem **tatsächlichen Werteverzehr der Anlagen** entspricht und damit **verursachungsgerechte Kosten** wiedergibt. Da bilanzmäßige Abschreibungen **im Rahmen handelsrechtlicher Vorschriften** nach **gewinnpolitischen Zweckmäßigkeiten** vorgenommen werden, eignen sie sich **nicht** für die Kostenrechnung, in der u. a. die **gleichmäßige Belastung** jeder Abrechnungsperiode mit Kosten angestrebt wird; dies wäre nur über die **lineare Abschreibung** möglich.

Bilanzmäßige Abschreibungen

In der Regel sind also die bilanzmäßigen Abschreibungen für die Kostenrechnung **ungeeignet** und werden dort mit einem **anderen Betrag** eingesetzt. Folgende **Gründe** sprechen für den unterschiedlichen Wertansatz von bilanzmäßigen und kalkulatorischen Abschreibungen:

Kalkulatorische Abschreibungen als Anderskosten

■ **Bilanzmäßig** abgeschrieben werden **alle** Wirtschaftsgüter des Anlagevermögens, unabhängig davon, ob sie dem eigentlichen Betriebszweck dienen oder nicht.

   Kalkulatorisch abgeschrieben werden dagegen **nur** solche **Anlagegüter, die betriebsnotwendig sind.** Als betriebsnotwendig gelten alle Anlagen, die **laufend** dem Betriebszweck und der Leistungserstellung und -verwertung dienen.

■ **Bilanzabschreibungen** werden auf der Grundlage der **Anschaffungs- oder Herstellungskosten** des Anlagegutes vorgenommen.

   Kalkulatorische Abschreibungen werden dagegen von den **gestiegenen Wiederbeschaffungskosten** des Anlagegutes berechnet, um in der Zukunft so viele Abschreibungsbeträge über die zufließenden Umsatzerlöse ansammeln zu können, dass Ersatzinvestitionen möglich sind.

■ **Bilanzmäßig** kann ein Anlagegut in der Finanzbuchhaltung nur bis zum Erinnerungswert von 1,00 € abgeschrieben werden.

   Kalkulatorische Abschreibungen werden dagegen so lange fortgesetzt, wie das betreffende Anlagegut noch im Betrieb verwendet wird, also unabhängig davon, ob es bilanziell bereits abgeschrieben ist oder nicht.

■ Unterschiede zwischen der bilanzmäßigen und der kalkulatorischen Abschreibung bestehen auch in der Anwendung der **Abschreibungsmethoden:**

   In der Finanzbuchhaltung ist der Kaufmann gehalten, nach handelsrechtlichen Vorschriften abzuschreiben (z. B. linear oder degressiv).

   In der Kosten- und Leistungsrechnung dagegen soll möglichst die tatsächliche Wertminderung der Anlagegüter durch die kalkulatorische Abschreibung berücksichtigt werden. Kalkulatorisch wird daher in der Regel linear abgeschrieben.

In der Unternehmung Thomas Berg werden die kalkulatorischen Abschreibungen linear aufgrund folgender Zahlen berechnet:

Beispiel

Sachanlagen	Wiederbesch.-Kosten	Abschreibg.-Satz	Abschr.-Betrag
Gebäude	2.500.000,00 €	4 %	100.000,00 €
Maschinen	4.000.000,00 €	10 %	400.000,00 €
Andere Anlagen	800.000,00 €	20 %	160.000,00 €
			660.000,00 €

Erfassung der kalkulatorischen und bilanzmäßigen Abschreibung

Die kalkulatorische Abschreibung wird mit 660.000,00 € in die Spalte „**Kosten**" der Betriebsergebnisrechnung eingesetzt und durch die **Buchung**

„**Kosten**" an „**Verrechnete Kosten**"

in der Spalte „**verrechnete Kosten**" des Abgrenzungsbereichs „Kostenrechnerische Korrekturen" **erfolgswirksam „gegengebucht**". Aus der Aufwandsspalte des Rechnungskreises I wird die bilanzmäßige Abschreibung (650.000,00 €) – nach Abfilterung der unternehmensbezogenen Abschreibung von 40.000,00 € für das vermietete Gebäude – mit 610.000,00 € in die Spalte „betriebliche Aufwendungen" des Abgrenzungsbereichs „Kostenrechnerische Korrekturen" übertragen. Hier stehen sich nun bilanzmäßige und kalkulatorische Abschreibung gegenüber. Beide Zahlen können zum Ergebnis aus kostenrechnerischen Korrekturen verrechnet werden. In diesem Fall ergibt sich ein **Ertrag aus kostenrechnerischen Korrekturen in Höhe von 50.000,00 €.**

Ergebnistabelle								
Finanzbuchhaltung (= RK I)			Kosten- und Leistungsrechnung (= RK II)					
Gesamtergebnisrechnung der FB			Abgrenzungsrechnung				Betriebsergebnis-rechnung	
			Unternehmensbezogene Abgrenzungen		Kostenrechnerische Korrekturen			
Konto	Aufwen-dungen	Erträge	neutrale Auf-wendungen	neutrale Erträge	betriebliche Aufwen-dungen	verrechnete Kosten	Kosten	Leistungen
5000 6520	650.000	660.000[1]	40.000		610.000	660.000	660.000	660.000[1]
	650.000 **10.000**	660.000	40.000	0 **40.000**	610.000 **50.000**	660.000	660.000	660.000 **0**
	660.000	660.000	40.000	40.000	660.000	660.000	660.000	660.000

Auf das Gesamtergebnis im RK I wirken sich die über die Umsatzerlöse „verdienten" kalkulatorischen Abschreibungen mit einem **Gewinn von 10.000,00 €** aus.

Die Abgrenzungsrechnung im RK II weist einen **Gewinn von 10.000,00 €** aus, der sich aus **40.000,00 € Verlust aus „Unternehmensbezogenen Abgrenzungen"** und **50.000,00 € Gewinn aus „Kostenrechnerischen Korrekturen"** zusammensetzt.

Das Betriebsergebnis wird durch die kalkulatorischen Abschreibungen **nicht beeinflusst**, sofern diese Abschreibungen über die Umsatzerlöse **voll** erstattet werden. Es stehen sich hier also Kosten und Leistungen in gleicher Höhe gegenüber.

Zusammenfassung

- Kalkulatorische Abschreibungen stellen Kosten dar, die die tatsächliche Wertminderung der Anlagen erfassen und in der Selbstkosten- und Betriebsergebnisrechnung verrechnet werden. Sofern sie **höher** als die bilanzmäßigen Abschreibungen sind und **über die Marktpreise abgegolten** werden, beeinflussen sie das Gesamtergebnis **positiv.**

- Bilanzmäßige Abschreibungen stellen Aufwand in der Gesamtergebnisrechnung der FB dar und werden meist nach steuerlichen Gesichtspunkten bemessen. Sie beeinflussen die Wertansätze des Anlagevermögens in der Bilanz.

---

1 über die Umsatzerlöse zurückgeflossene kalkulatorische Abschreibungen

Ein wesentliches Unternehmensziel muss die **Erhaltung der Vermögenssubstanz** sein; insbesondere geht es hierbei um die Erhaltung der im Anlagevermögen ruhenden Leistungsfähigkeit. Dies wird durch die **Ersatzbeschaffung** (= Reinvestition) **verbrauchter Anlagen** erreicht. Die **Finanzierung** solcher Anlagen hat grundsätzlich aus „verdienten" Kosten **ohne Zuführung von Eigenkapital** zu erfolgen. Um dies zu erreichen, bedarf es des **Ansatzes von Abschreibungen**

■ in der **Finanzbuchhaltung** als **Aufwand,** um zu verhindern, dass in der Gewinn- und Verlustrechnung **ein zu hoher Gewinn ausgewiesen** und möglicherweise **ausgeschüttet** wird (= Gefahr der Substanzausschüttung),

■ in der **Kosten- und Leistungsrechnung** als **Kosten,** um die Wertminderung der Anlagen zu erfassen und in die **Preisberechnung** einzubeziehen. In der Regel müssen dem Unternehmen im Preis für die Erzeugnisse **alle Kosten** zurückerstattet werden. In den Umsatzerlösen fließen also auch die Abschreibungsbeträge (= **Abschreibungsgegenwerte**) zurück und stehen in Form **flüssiger Mittel** für die Erneuerung von Anlagen zur Verfügung.

So ergibt sich – unter der Voraussetzung, dass die kalkulatorischen Abschreibungen vom Markt vergütet werden – folgender

Abschreibungskreislauf[1]

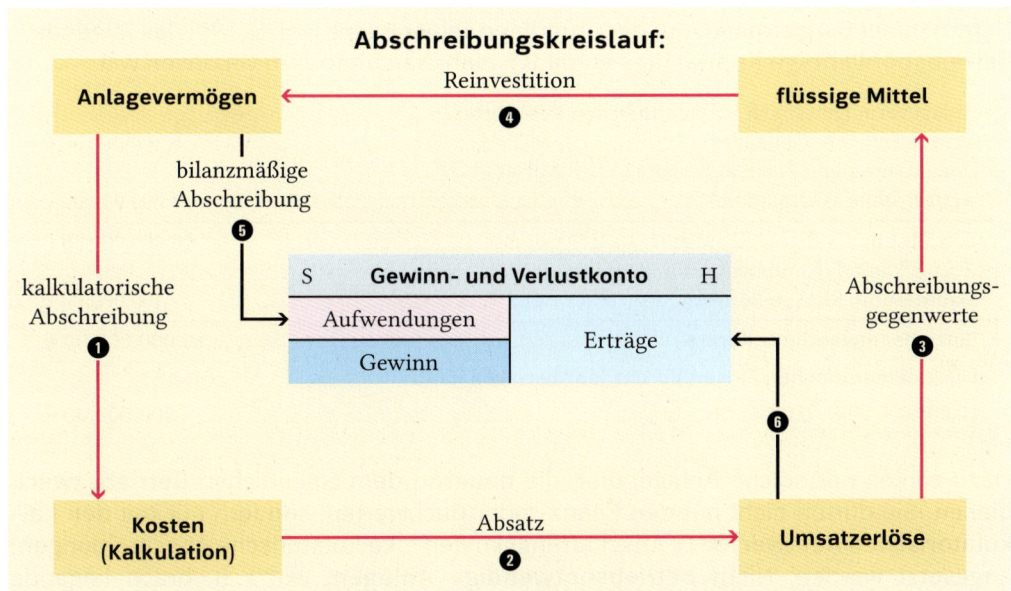

Aufgabe: Erläutern Sie den Abschreibungskreislauf ❶ bis ❻ anhand eines Zahlenbeispiels.

Die obige Darstellung macht deutlich, dass kein Unternehmen auf Abschreibungen als wesentliches Mittel der Finanzierung (= **Innenfinanzierung**) verzichten kann.

Finanzierung aus Abschreibungsgegenwerten

Bei der Finanzierungswirkung der Abschreibung lassen sich drei Fälle unterscheiden:

■ **Bilanzmäßige Abschreibungen und kalkulatorische Abschreibungen stimmen überein.** In diesem Fall findet eine **Vermögensumschichtung** vom Anlagevermögen zum Umlaufvermögen statt. Auf Dauer wird die Vermögenssubstanz nur **nominell** erhalten.

■ **Bilanzmäßige Abschreibungen sind höher als kalkulatorische Abschreibungen.** In diesem Fall führt der gebuchte Mehraufwand zu einer **verdeckten Finanzierung aus dem Gewinn.** Auf Dauer wird die Vermögenssubstanz aufgezehrt.

■ **Bilanzmäßige Abschreibungen sind niedriger als kalkulatorische Abschreibungen.** In diesem Fall führt der erzielte Mehrerlös zu einer **offenen Finanzierung aus dem Gewinn.** Dem Unternehmen stehen zusätzliche Mittel zur Finanzierung zur Verfügung.

---

1 Vgl. auch S. 75.

3.4.2 Kalkulatorische Zinsen

Zinsen vom betriebs-notwendigen Kapital

In der Ergebnistabelle auf Seite 207 hat Thomas Berg die in der Finanzbuchhaltung gebuchten Fremdkapitalzinsen in Höhe von 540.000,00 € als Kosten in die Kosten- und Leistungsrechnung übernommen. Das ist grundsätzlich richtig, da die Fremdkapital-zinsen einen **betrieblichen Aufwand** darstellen. Es stellt sich aber die Frage nach der Zweckmäßigkeit dieses Kostenansatzes. Herr Berg wird danach streben, dass ihm in den Umsatzerlösen auch eine angemessene **Verzinsung des eingesetzten Eigenkapitals** zufließt. Um das zu erreichen, werden in der Kostenrechnung Zinsen für das **gesamte bei der Leistungserstellung und -verwertung erforderliche Kapital** angesetzt. Dadurch werden alle Industriebetriebe in der Selbstkosten- und Betriebsergebnisrechnung gleichgestellt, unabhängig davon, in welchem Verhältnis sie mit Eigen- und Fremdkapi-tal ausgestattet sind. Außerdem wird die Kostenrechnung von zufälligen Schwankungen befreit, die durch die Änderungen der Zinssätze für aufgenommene Kredite entstehen.

Betriebsnotwen-diges Kapital

In der Kosten- und Leistungsrechnung werden somit anstelle der tatsächlich gezahlten Zinsen **kalkulatorische Zinsen** angesetzt und verrechnet. Sie werden auf der Grundlage des **betriebsnotwendigen Kapitals** ermittelt. Der kalkulatorische Zinssatz richtet sich meist nach dem im betreffenden Zeitraum üblichen Zinssatz für langfristige Darlehen.

Beispiel

Unternehmer Berg ermittelt auf der Grundlage seiner Bilanz (vgl. S. 199) das folgende **betriebsnotwendige Kapital,** das er mit 9 %/Jahr kalkulatorisch verzinsen will:

Anlagevermögen (nach kalkulatorischen Restwerten, ohne vermietete Gebäude)	6.200.000,00 €
+ Umlaufvermögen (nach kalkulatorischen Mittel-werten, ohne Wertpapiere)	4.200.000,00 €
= Betriebsnotwendiges Vermögen	10.400.000,00 €
– Abzugskapital (Kundenanzahlungen, Lieferantenkredite ohne Skontierung, Rückstellungen)	400.000,00 €
= **Betriebsnotwendiges Kapital**	**10.000.000,00 €**
Die **kalkulatorischen Zinsen** für das Jahr betragen dann:	
10.000.000,00 € · 0,09 = ...	**900.000,00 €**

Betriebsnotwendiges Anlagevermögen

Dazu zählen nur solche Anlagegüter, die **dauernd** dem eigentlichen **Betriebszweck** dienen. Sie dürfen nicht mit den Bilanz- oder Buchwerten, sondern nur mit den **kal-kulatorischen Restwerten** (= Anschaffungskosten – kalkulatorische Abschreibungen) angesetzt werden. **Nicht betriebsnotwendige Anlagen,** wie z. B. brach liegende Grundstücke, stillgelegte Anlagen u. a., bleiben **außer Ansatz.** Reserveanlagen (z. B. Reservemaschinen) gehören stets zum betriebsnotwendigen Anlagevermögen, da sie für die Aufrechterhaltung der Betriebsbereitschaft erforderlich sind.

Betriebsnotwendiges Umlaufvermögen

Es ist nach Ausgliederung der nicht betriebsbedingten Posten (z. B. Wertpapierbe-stände) mit den Beträgen anzusetzen, die während des Abrechnungszeitraumes **durch-schnittlich** im Umlaufvermögen gebunden sind (sog. kalkulatorische Mittelwerte).

Abzugskapital

Dieses besteht aus Kapitalposten, die dem Unternehmen **zinslos** zur Verfügung ste-hen, wie z. B. Anzahlungen von Kunden, sonstige Verbindlichkeiten, Rückstellungen, Lieferantenkredite, sofern keine Skontierungsmöglichkeit hierfür besteht.

Strittig ist, ob ein Abzugskapital vom betriebsnotwendigen Vermögen überhaupt sub-trahiert werden sollte. Für einen Abzug spricht, dass dadurch eine doppelte Anrechnung von Zinskosten verhindert wird. So ist z. B. in Lieferantenkrediten (= Verbindlichkeiten a. LL) der Zins bereits im Warenpreis enthalten und Kundenanzahlungen beinhalten eine Abzinsung – und damit einen Zinsvorteil für den Lieferanten – für eine erst später fällige Forderung. Lässt man das Abzugskapital aus der Berechnung heraus, so wird dadurch verhindert, dass die Höhe des betriebsnotwendigen Kapitals von Finanzierungsvorgän-gen beeinflusst wird. Wir haben uns hier entschieden, das Abzugskapital abzuziehen.

Die kalkulatorischen Zinsen werden mit 900.000,00 € (vgl. Beispiel S. 218) in die Spalte „**Kosten**" der Betriebsergebnisrechnung eingesetzt und in der Spalte „**verrechnete Kosten**" der „Kostenrechnerischen Korrekturen" **gegengebucht.** Aus dem RK I werden die dort als Aufwand gebuchten Fremdkapitalzinsen (vgl. S. 207) mit 540.000,00 € in die Spalte „betriebliche Aufwendungen lt. FB" der „Kostenrechnerischen Korrekturen" übertragen. Hier stehen sich Fremdkapitalzinsen und kalkulatorische Zinsen gegenüber und können zum „**Ergebnis aus kostenrechnerischen Korrekturen**" verrechnet werden. In diesem Fall ergibt sich ein neutraler Gewinn von 360.000,00 €. Er stimmt mit dem in der FB ausgewiesenen Gewinn bei **vollem Kostenersatz durch die Umsatzerlöse** überein.

Erfassung der kalkulatorischen Zinsen in der KLR

Ergebnistabelle								
Finanzbuchhaltung (= RK I)			Kosten- und Leistungsrechnung (= RK II)					
Gesamtergebnisrechnung der FB			Abgrenzungsrechnung				Betriebsergebnisrechnung	
			Unternehmensbezogene Abgrenzungen		Kostenrechnerische Korrekturen			
Konto	Aufwendungen	Erträge	neutrale Aufwendungen	neutrale Erträge	betriebliche Aufwendungen	verrechnete Kosten	Kosten	Leistungen
5000 7510	540.000	900.000[1]			→540.000	900.000 ← 900.000		900.000[1]
	540.000 360.000	900.000			540.000 360.000	900.000	900.000	900.000 0
	900.000	900.000			900.000	900.000	900.000	900.000

Zusammenfassung

- Kalkulatorische Zinsen stellen Kosten für die Nutzung des **betriebsnotwendigen Kapitals** dar. Ihre Verrechnung ermöglicht eine gleichmäßige Belastung der Abrechnungsperioden mit Zinskosten. In den Umsatzerlösen werden die Zinsen dem Unternehmen i. d. R. vergütet.

- Die gezahlten Fremdkapitalzinsen stellen Aufwand in der Finanzbuchhaltung dar. In der Abgrenzungsrechnung werden sie den verrechneten kalkulatorischen Zinsen gegenübergestellt.

Aufgabe 212

Ein Industriebetrieb verfügt über folgende betriebsnotwendige Vermögenswerte: €

Anlagevermögen:	Gebäude	750.000,00
	Maschinelle Anlagen	220.000,00
	Betriebs- und Geschäftsausstattung	170.000,00
	Fuhrpark	260.000,00
Umlaufvermögen:	Vorräte	530.000,00
	Kundenforderungen	280.000,00
	Zahlungsmittel	190.000,00

Das Abzugskapital besteht aus Lieferantenkrediten in Höhe von 200.000,00 €. Der kalkulatorische Zinssatz wird mit 9 % angesetzt. Die tatsächlich gezahlten Fremdkapitalzinsen betragen im Geschäftsjahr 135.000,00 €.

1. **Ermitteln Sie das betriebsnotwendige Kapital sowie die jährlichen und monatlichen kalkulatorischen Zinsen.**

2. **Erstellen Sie die Ergebnistabelle.**

---

1 über die Umsatzerlöse erstattete kalkulatorische Zinsen

3.4.3 Kalkulatorischer Unternehmerlohn

Kalkulatorischer Unternehmerlohn als Kostenbestandteil

In **Kapitalgesellschaften** beziehen die Vorstandsmitglieder (AG) und die Geschäftsführer (KGaA, GmbH) **Gehälter,** die als **Aufwand in der FB** gebucht werden und als **Kosten in die KLR** dieser Unternehmungsformen eingehen. In **Einzelunternehmungen** (e. K. usw.) **und Personengesellschaften** (OHG, KG) dagegen erhalten die mitarbeitenden Inhaber oder Gesellschafter keine Gehälter. Ihre Arbeitsleistung wird durch den Unternehmungsgewinn abgegolten. Ein angemessener Gewinn kann aber nur dann erzielt werden, wenn zuvor **für die Arbeitskraft des Unternehmers ein entsprechender Betrag als Kosten** (= Unternehmerlohn) **angesetzt** und **in die Preise für die Erzeugnisse einkalkuliert** wird. Nur dann können in den Umsatzerlösen die entsprechenden Finanzmittel in das Unternehmen zurückfließen.

Kostenvergleich

Durch die Einrechnung des Unternehmerlohnes in die Kosten wird erreicht, dass sowohl Kapitalgesellschaften als auch Personengesellschaften und Einzelunternehmungen in der Selbstkosten- und Betriebsergebnisrechnung **gleichgestellt** sind.

Die Höhe des kalkulatorischen Unternehmerlohns richtet sich nach dem Gehalt eines leitenden Angestellten in **vergleichbarer** Position.

Zusatzkosten

Der kalkulatorische Unternehmerlohn wird als Kostenbestandteil in die Kosten- und Leistungsrechnung eingebracht; er darf aber nicht – wie z. B. die Gehälter leitender Angestellter – in der Finanzbuchhaltung gebucht werden, da er nicht zu Aufwendungen und Ausgaben führt. Kosten mit dieser Eigenschaft heißen **Zusatzkosten** (vgl. S. 223).

Beispiel

In der Unternehmung Thomas Berg wird die Mitarbeit des Eigentümers mit einem Betrag von jährlich 150.000,00 € als Kosten in der KLR angesetzt.

Nachfolgend wird gezeigt, wie dieser Betrag in die Ergebnistabelle einzubringen ist. Zur Vereinfachung der Darstellung sind nur Unternehmerlohn (150.000,00 €) und Umsatzerlöse (10.320.000,00 €) berücksichtigt.

Ergebnistabelle								
Finanzbuchhaltung (= RK I)			Kosten- und Leistungsrechnung (= RK II)					
Gesamtergebnisrechnung der FB			Abgrenzungsrechnung				Betriebsergebnisrechnung	
			Unternehmensbezogene Abgrenzungen		Kostenrechnerische Korrekturen			
Konto	Aufwendungen	Erträge	neutrale Aufwendungen	neutrale Erträge	betriebliche Aufwendungen	verrechnete Kosten	Kosten	Leistungen
5000 U.-Lohn	–	10.320.000						10.320.000
						150.000 ← 150.000		
		10.320.000			0	150.000	150.000 10.170.000	10.320.000
							10.320.000	10.320.000

Kalkulatorischer Unternehmerlohn in der Ergebnistabelle

Der kalkulatorische Unternehmerlohn (150.000,00 €) wird zunächst in die Spalte **„Kosten" der Betriebsergebnisrechnung** eingesetzt. Er bildet (zusammen mit den übrigen Kosten) die Grundlage der Preiskalkulation. Im Normalfall wird er also in den Umsatzerlösen enthalten sein und in den Finanzmitteln dem Unternehmen zufließen.

Anschließend ist der Unternehmerlohn als **Ertrag** in die Spalte **„verrechnete Kosten"** des Abgrenzungsbereichs „Kostenrechnerische Korrekturen" einzusetzen.

Diese Verrechnung des kalkulatorischen Unternehmerlohns in der Ergebnistabelle entspricht damit praktisch der Buchung

„Kosten" an „Verrechnete Kosten".

Durch dieses Vorgehen ist eine **Abstimmung der Teilergebnisse im RK II mit dem Gesamtergebnis im RK I** möglich.

Der Unternehmer entscheidet, ob und in welcher Höhe er den kalkulatorischen Unternehmerlohn als Zusatzkosten ausweist und in die Kalkulation einbringt. Tut er das und der Markt erstattet ihm in den Umsatzerlösen diese Zusatzkosten, so wirken sie sich in der Betriebsergebnisrechnung nicht auf das Betriebsergebnis aus. **Ergebnisauswirkungen**

Im **Ergebnis aus kostenrechnerischen Korrekturen** bewirkt der Unternehmerlohn dagegen durch seine Buchung in der Spalte „verrechnete Kosten" eine **Ertragserhöhung.**

Auf das **Gesamtergebnis** im RK I wirkt der in den Erlösen enthaltene Unternehmerlohn **Gewinn erhöhend,** da ihm hier kein entsprechender Aufwand gegenübersteht.

Zusammenfassung

- Bei **Einzelunternehmungen** und **Personengesellschaften** wird für die mitarbeitenden Inhaber ein angemessener **Unternehmerlohn** in die Selbstkosten- und Betriebsergebnisrechnung einbezogen. Hinsichtlich der Personalkosten sind die Unternehmungsformen damit den Kapitalgesellschaften gleichgestellt.

- Der kalkulatorische Unternehmerlohn stellt einen echten **Kostenbestandteil in der KLR** dar, dem **kein Aufwand** und keine Ausgabe in der FB gegenüberstehen.

- Er wird in die Spalte „Kosten" der Betriebsergebnisrechnung der Ergebnistabelle eingesetzt und in der Spalte „verrechnete Kosten" als kostenrechnerische Korrektur (= Ertrag) „gegengebucht".

- Bei vollem Kostenersatz über die Umsatzerlöse hat der kalkulatorische Unternehmerlohn keinen Einfluss auf die Höhe des Betriebsergebnisses.

- Gesamtergebnis und Abgrenzungsergebnis werden durch den kalkulatorischen Unternehmerlohn Gewinn erhöhend beeinflusst.

In der Ergebnistabelle der Unternehmung Thomas Berg e. K. auf Seite 207 ist der Unternehmerlohn nicht berücksichtigt worden. **Aufgabe 213**

Wie würden sich die Teilergebnisse ändern, wenn ein Unternehmerlohn von 150.000,00 € eingesetzt wird und sich die Umsatzerlöse nicht verändern sollen?

Die Unternehmung Thomas Berg e. K. rechnet damit, dass der angesetzte Unternehmerlohn (150.000,00 €) nur zu 70 % über die Umsatzerlöse in das Unternehmen zurückfließen wird. **Aufgabe 214**

Welche Auswirkungen ergeben sich hieraus auf das Betriebsergebnis, das Ergebnis aus kostenrechnerischen Korrekturen und das Gesamtergebnis?

Welche Auswirkungen auf das Gesamtergebnis, das Ergebnis aus kostenrechnerischen Korrekturen und das Betriebsergebnis hätte es, wenn der Unternehmerlohn zwar als Kosten angesetzt, aber vom Markt überhaupt nicht vergütet würde? **Aufgabe 215**

3.5 Kostenrechnerische Korrekturen durch Verrechnungspreise

Werkstoffkosten

Der Verbrauch an Roh-, Hilfs- und Betriebsstoffen muss in der KLR zunächst mengenmäßig festgestellt und anschließend bewertet werden. Die Werkstoffkosten sind somit das Produkt aus **Verbrauchsmenge** und **Anschaffungskosten oder Verrechnungspreis je Mengeneinheit.**

Bewertung zu Anschaffungskosten

Die Bewertung zu Anschaffungskosten hat den Vorteil, dass die **tatsächlichen Werkstoffkosten** in die Kostenrechnung eingehen. Nachteilig ist, dass die Anschaffungspreise der Werkstoffe im Zeitablauf starken Schwankungen am Markt unterliegen können. Dadurch werden die Werkstoffkosten für gleiche Verbrauchsmengen in den einzelnen Abrechnungsperioden unterschiedlich hoch angesetzt, sodass Kostenvergleiche nicht ohne Weiteres durchführbar sind.

Bewertung zu Verrechnungspreisen

Verrechnungspreise führen zur **gleich bleibenden Bewertung des Werkstoffverbrauchs.** Denn Verrechnungspreise sind in der Regel **Durchschnittspreise,** die aus den Anschaffungskosten vergangener Perioden ermittelt und gegebenenfalls der neuen Marktlage angepasst werden.

Kostenrechnerische Korrektur

Die Verrechnung des Werkstoffverbrauchs in der KLR zu konstanten Verrechnungspreisen gleicht der Verrechnung kalkulatorischer Kosten. Im Rahmen der Abgrenzungsrechnung „Kostenrechnerische Korrekturen" werden den in der FB gebuchten Werkstoffaufwendungen (bewertet zu Anschaffungskosten) die in der KLR angesetzten Werkstoffkosten zum Verrechnungspreis gegenübergestellt.

Beispiel

In der KLR bewertet Thomas Berg den Werkstoffeinsatz (Bleche) zum Verrechnungspreis von durchschnittlich 170,00 € je 100 kg.

Im Jahr 01 betrug der Verbrauch 1 200 t. Die Anschaffungskosten machten durchschnittlich 165,00 € je 100 kg aus.

Bewertung zu Anschaffungskosten in der FB .... $165,00 € \cdot 12\,000 = 1.980.000,00 €$
Bewertung zum Verrechnungspreis in der KLR .... $170,00 € \cdot 12\,000 = 2.040.000,00 €^1$

Ergebnistabelle								
Finanzbuchhaltung (= RK I)			Kosten- und Leistungsrechnung (= RK II)					
Gesamtergebnisrechnung der FB			Abgrenzungsrechnung				Betriebsergebnisrechnung	
			Unternehmensbezogene Abgrenzungen		Kostenrechnerische Korrekturen			
Konto	Aufwendungen	Erträge	neutrale Aufwendungen	neutrale Erträge	betriebliche Aufwendungen	verrechnete Kosten	Kosten	Leistungen
5000 6000	1.980.000	2.040.000²			1.980.000	2.040.000 ← 2.040.000		2.040.000²
	1.980.000 **60.000**	2.040.000			1.980.000 **60.000**	2.040.000	2.040.000	2.040.000
	2.040.000	2.040.000			2.040.000	2.040.000		

1 Diese Kosten werden im Folgenden zur Ausschaltung von Preisschwankungen in der KLR verwendet.
2 über die Umsatzerlöse zurückgeflossene Werkstoffkosten

Zusammenfassung der kalkulatorischen Kosten 3.6

- **Aufgabe der kalkulatorischen Kosten.** Die kalkulatorischen Kosten sorgen dafür, dass nur der Werteverzehr in die Kosten- und Leistungsrechnung eingebracht wird, der durch die Umsatzprozesse **tatsächlich** entstanden ist, auch wenn er in der Ergebnisrechnung der Finanzbuchhaltung **nicht oder in anderer Höhe angefallen ist.** Dadurch wird die Kosten- und Leistungsrechnung **genauer, von Schwankungen** einzelner Aufwendungen (z. B. degressive Abschreibung in der Handelsbilanz) **befreit** und ein **Kostenvergleich** mit einzelnen Perioden oder branchengleichen Betrieben **ist möglich.**

- **Arten der kalkulatorischen Kosten.** Die meisten Aufwendungen der Finanzbuchhaltung können unverändert als Kosten übernommen werden. In diesen Fällen spricht man von **aufwandsgleichen Kosten** oder **Grundkosten.**

  Anderskosten. Einige Aufwendungen der Finanzbuchhaltung stellen zwar betrieblichen Aufwand dar, **eignen sich aber in ihrer Höhe nicht für die Kostenrechnung.** Sie werden deshalb **mit einem anderen Wert in der KLR** angesetzt, als sie in der FB gebucht wurden. Kosten dieser Art heißen **Anderskosten;** sie sind **aufwandsungleiche Kosten.** Dazu rechnen z. B. **kalkulatorische Abschreibungen, kalkulatorische Zinsen auf das Fremdkapital** und **kalkulatorische Wagnisse.**

  Zusatzkosten. Einigen Kosten der KLR liegt gar **kein Aufwand in der FB** zugrunde. Es handelt sich um **aufwandslose Kosten (= Zusatzkosten).** Sie dürfen in der FB nicht erfasst werden, da mit ihnen **keine Geldausgaben** verbunden sind. Zusatzkosten stellen jedoch **echten betriebsbedingten Werteverzehr** dar und müssen deshalb in der KLR **zusätzlich** berücksichtigt werden. Zu ihnen zählen der **kalkulatorische Unternehmerlohn** bei Einzelunternehmungen und Personengesellschaften und die **kalkulatorischen Zinsen auf das** betriebsnotwendige **Eigenkapital.**

- Durch das Einbringen der kalkulatorischen Kosten in die Betriebsergebnisrechnung bezweckt der Unternehmer die **vollständige Erfassung der Kosten,** um das Betriebsergebnis berechnen zu können, das ihm den „wahren" Erfolg seiner betrieblichen Tätigkeit mitteilt.

- Die mit den **Umsatzerlösen** in das Unternehmen **zurückfließenden kalkulatorischen Kosten** stehen als **flüssige Finanzierungsmittel zur Verfügung.** Sie werden durch die in der FB gebuchten Aufwendungen vor der Ausschüttung bewahrt.

Zusammenfassung

Aufwendungen der Finanzbuchhaltung		
Neutral	**Betrieblich**	
Merkmale: ■ betriebsfremd ■ periodenfremd ■ außerordentlich	Merkmal: ■ zweckgebunden	

Ein Teil der Anderskosten und die Zusatzkosten sind keine Aufwendungen in der Finanzbuchhaltung (FB).

Neutrale Aufwendungen sind keine Kosten in der Kosten- und Leistungsrechnung (KLR).

Grundkosten	**Anderskosten**	**Zusatzkosten**
Die Aufwendungen der FB sind zugleich Kosten in der KLR: Beispiele: ■ Rohstoffaufwand ■ Löhne ■ ...	Die Aufwendungen der FB werden in der KLR mit einem anderen – zumeist höheren – Wert angesetzt: ■ kalkulatorische Abschreibungen ■ kalkulatorische Zinsen	Für diese Kosten der KLR gibt es keine Aufwendungen in der FB: ■ kalkulatorischer Unternehmerlohn

Kosten der Kosten- und Leistungsrechnung
Merkmal: ■ betriebsbezogen

3.6.1 Erstellung der endgültigen Ergebnistabelle

Beispiel

Um die Kosten und Leistungen vollständig und periodengerecht zu erfassen, erstellt Thomas Berg auf der Basis des Gewinn- und Verlustkontos von Seite 198 unter Einbeziehung der kalkulatorischen Kosten und des Verrechnungspreises für Rohstoffe (vgl. S. 213 bis 222) folgende Ergebnistabelle.

Ergebnistabelle								
Finanzbuchhaltung (= RK I)			Kosten- und Leistungsrechnung (= RK II)					
Gesamtergebnisrechnung der FB			Abgrenzungsrechnung				Betriebsergebnisrechnung	
			Unternehmensbezogene Abgrenzungen		Kostenrechnerische Korrekturen			
Konto	Aufwendungen	Erträge	neutrale Aufwendungen	neutrale Erträge	betriebliche Aufwendungen	verrechnete Kosten	Kosten	Leistungen
5000		10.320.000						10.320.000
5202		275.000						275.000
5410		130.000		130.000				
5431		40.000		40.000				
5710		50.000		50.000				
6000	1.980.000				1.980.000	2.040.000	2.040.000	
6020	720.000						720.000	
6030	85.000						85.000	
6200	3.200.000						3.200.000	
6300	600.000						600.000	
6400	800.000						800.000	
6520	650.000		40.000		610.000	660.000	660.000	
6800	150.000						150.000	
6870	205.000						205.000	
6940	245.000		245.000					
6979	200.000		200.000					
70/77	190.000		10.000				180.000	
7510	540.000				540.000	900.000	900.000	
U.-Lohn						150.000	150.000	
	9.565.000	10.815.000	495.000	220.000	3.130.000	3.750.000	9.690.000	10.595.000
	1.250.000			**275.000**	**620.000**		**905.000**	
	10.815.000	10.815.000	495.000	495.000	3.750.000	3.750.000	10.595.000	10.595.000
			Ergebnis aus unternehmensbezogenen Abgrenzungen		Ergebnis aus kostenrechnerischen Korrekturen			
Gesamtergebnis		**=**	**Neutrales Ergebnis**			**+**	**Betriebsergebnis**	

Abstimmung der Ergebnisse

1. Gesamtergebnis im Rechnungskreis I			(+) 1.250.000,00 €
2. Verlust aus unternehmensbezogenen Abgrenzungen	(−)	275.000,00 €	
3. Gewinn aus kostenrechnerischen Korrekturen	(+)	620.000,00 €	
4. Betriebsgewinn	(+)	905.000,00 €	
5. Gesamtergebnis im Rechnungskreis II			(+) 1.250.000,00 €

Auswertung der Ergebnistabelle

Die **Teilergebnisse im RK II** (= Neutrales Ergebnis, Betriebsergebnis) zeigen die **Zusammensetzung des im RK I ausgewiesenen Gesamtergebnisses** in Höhe von 1.250.000,00 €: Dem **Verlust** aus unternehmensbezogenen Abgrenzungen (275.000,00 €) steht ein **Gewinn** aus kostenrechnerischen Korrekturen (620.000,00 €) gegenüber. Der **Neutrale Gewinn** beträgt somit 345.000,00 € und hat einen Anteil von 27,6 % am Gesamtgewinn. Der überwiegende Teil des Gesamtgewinnes (905.000,00 € **Betriebsgewinn**) ist aus der geplanten betrieblichen Tätigkeit erzielt worden.

Dieses Ergebnis besagt, dass der Unternehmer Berg **hohe kalkulatorische Wertansätze** zugrunde gelegt hat, die sich im Ergebnis aus kostenrechnerischen Korrekturen als **Ertrag** niederschlagen und hier zu einem entsprechend **hohen Überschuss über die Aufwendungen** der FB führen. Dieser Überschuss wird auch – so zeigt es das Gesamtergebnis – **voll als Gewinn verwirklicht.**

Das Betriebsergebnis erreicht eine **angemessene Höhe.** Das Unternehmen Thomas Berg hat es geschafft, über die Umsatzerlöse **alle Kosten** – einschließlich der **gesamten kalkulatorischen Kosten** – zu „verdienen" und noch einen Überschuss von 905.000,00 € zu erwirtschaften. Da der Unternehmerlohn und die Verzinsung des Eigenkapitals in den Kosten bereits berücksichtigt wurden, kann dieser Überschuss zur **Abdeckung des allgemeinen Unternehmerrisikos** und zur **Finanzierung zukünftiger Investitionen** verwendet werden. Zudem zeigt dieser „Restgewinn", dass es dem Unternehmen bei seiner Kostensituation gelungen ist, **erfolgreich auf dem Markt** zu bestehen.

Der ausgewiesene **Gesamtgewinn** kann zur Bestimmung der Rentabilität (vgl. S. 416 f.), d. h. zur Bestimmung der **Ertragskraft des Unternehmens,** und zur Berechnung der Wirtschaftlichkeit (vgl. S. 209) herangezogen werden.

3.6.2

Gesamtergebnis, Neutrales Ergebnis, Betriebsergebnis

Ergebnis aus kostenrechnerischen Korrekturen

Betriebsergebnis

Rentabilität und Wirtschaftlichkeit

Für die Mitarbeit im Unternehmen setzt Thomas Berg einen Unternehmerlohn von jährlich 150.000,00 € an. Das durchschnittlich über das Jahr im Unternehmen gebundene **Eigenkapital** soll **7.500.000,00 €** betragen.

Wie hoch ist die Verzinsung des eingesetzten Eigenkapitals?

Beispiel

Gesamtgewinn .... 1.250.000,00 €

− Unternehmerlohn .... 150.000,00 €

= **Restgewinn** (zur Verzinsung des Eigenkapitals) .... 1.100.000,00 €

$$\text{Eigenkapitalrentabilität in \%} = \frac{\text{Restgewinn} \cdot 100\,\%}{\text{Eigenkapital}} = \frac{1.100.000,00 \cdot 100\,\%}{7.500.000,00} = 14,7\,\%$$

Im Vergleich zu einer langfristigen Geldanlage (ca. 2 % – 5 %) ist die errechnete Verzinsung des Eigenkapitals sehr gut.

Anhand der Kennzahl der Wirtschaftlichkeit soll festgestellt werden, ob das Metallwerk Thomas Berg **mit den eingesetzten Mitteln sparsam umgegangen** ist, ob also der **Ertrag** (= Leistungen) **in einem günstigen Verhältnis zum Aufwand** (= Kosten) steht.

Beispiel

$$\text{Wirtschaftlichkeit} = \frac{\text{Leistungen}}{\text{Kosten}} = \frac{10.595.000,00\,\text{€}}{9.690.000,00\,\text{€}} = 1,09$$

Die Wirtschaftlichkeitszahl 1,09 besagt, dass das Unternehmen für je 1,00 € Kosten Leistungen von 1,09 € geschaffen hat. Ob dies ein angemessenes Verhältnis ist, kann nur im Vergleich mehrerer Jahre oder im Vergleich mit ähnlich produzierenden Unternehmen mit entsprechender Kostenstruktur festgestellt werden.

Aufgabe 216

Eine Fertigungsmaschine wird mit 10 % bilanzmäßig linear abgeschrieben (AK 240.000,00 €). Die kalkulatorische Abschreibung beträgt 12,5 % von den Wiederbeschaffungskosten in Höhe von 280.000,00 €. Sie wird über die Umsatzerlöse voll erstattet.

Stellen Sie den Vorgang in einer Ergebnistabelle dar.

Aufgabe 217

Die in der FB für das Jahr .. erfassten Fremdkapitalzinsen betragen 72.000,00 €. Die kalkulatorischen Zinsen werden in der Kosten- und Leistungsrechnung mit 90.000,00 € verrechnet und über die Umsatzerlöse voll erstattet.

1. **Um wie viel € übersteigen die monatlichen Zusatzkosten, die durch die Verrechnung der kalkulatorischen Zinsen entstehen, die monatlichen Fremdkapitalzinsen?**

2. **Welche Zinsen beeinflussen in welcher Höhe a) das Gesamtergebnis der Unternehmung, b) das Betriebsergebnis, c) das Neutrale Ergebnis?**

Aufgabe 218

Ein Unternehmen hat aufgrund der angespannten Wirtschaftslage im abgelaufenen Jahr seine Erzeugnisse unter Selbstkosten verkauft. Folgende Angaben aus der Finanzbuchhaltung und der Kosten- und Leistungsrechnung liegen vor: €

	€
Umsatzerlöse	949.800,00
Kosten (ohne Abschreibungen und Zinsen)	864.700,00
Bilanzmäßige Abschreibungen	27.600,00
Gezahlte Fremdkapitalzinsen	32.700,00
Kalkulatorische Abschreibungen	75.000,00
Kalkulatorische Zinsen	46.800,00

1. **Erstellen Sie die Ergebnistabelle.**

2. **Begründen Sie, warum trotz eines Betriebsverlustes ein Unternehmungsgewinn entsteht.**

Aufgabe 219

Die Ergebnistabelle zu Aufgabe 206, S. 210, ist um folgende kostenrechnerische Korrekturen zu ergänzen. Erläutern Sie die Auswirkungen auf das Betriebsergebnis und auf das Neutrale Ergebnis. €

	€
Kalkulatorische Abschreibungen auf das Sachanlagevermögen	45.000,00
Kalkulatorischer Unternehmerlohn	8.000,00

Aufgabe 220

Ergänzen Sie die Ergebnistabelle von Aufgabe 210, S. 212, um folgende kostenrechnerische Korrekturen und erläutern Sie die Auswirkungen auf das Betriebsergebnis und auf das Neutrale Ergebnis. €

	€
Rohstoffverbrauch zu Verrechnungspreisen	312.000,00
Kalkulatorische Abschreibungen auf Maschinen	96.000,00
Kalkulatorischer Unternehmerlohn	18.000,00

Aufgabe 221

Ergänzen Sie die Ergebnistabelle von Aufgabe 211, S. 212, um folgende kostenrechnerische Korrekturen und erläutern Sie die Auswirkungen auf das Betriebsergebnis und auf das Neutrale Ergebnis. €

	€
Rohstoffverbrauch zu Verrechnungspreisen	212.000,00
Kalkulatorische Abschreibungen auf Maschinen	36.000,00
Kalkulatorische Zinsen vom betriebsnotwendigen Kapital	44.000,00
Kalkulatorischer Unternehmerlohn	15.000,00

Aufgabe 222

Die Finanzbuchhaltung der Walter KG, Leverkusen, schließt die Abrechnungsperiode mit folgenden Aufwendungen und Erträgen ab: €

5000 Umsatzerlöse für eigene Erzeugnisse	3.100.000,00
5100 Umsatzerlöse für Waren	450.000,00
5202 Minderbestand an fertigen Erzeugnissen	20.000,00
5431 Erträge aus Versicherungsentschädigungen	65.000,00
5710 Zinserträge	30.000,00
6000 Aufwendungen für Rohstoffe	750.000,00
6080 Aufwendungen für Waren	300.000,00
6200 Löhne	900.000,00
6300 Gehälter	520.000,00
6400 Soziale Abgaben	250.000,00
6520 Abschreibungen auf Sachanlagen	210.000,00
6700 Miet- und Pachtaufwendungen	45.000,00
6900 Versicherungen	60.000,00
7000 Betriebliche Steuern	80.000,00
7510 Zinsaufwendungen	45.000,00

Aus der Kosten- und Leistungsrechnung liegen folgende Angaben vor:

Kalkulatorische Abschreibungen auf Sachanlagen	180.000,00
Kalkulatorische Zinsen	120.000,00
Kalkulatorischer Unternehmerlohn	20.000,00

Erstellen Sie die Ergebnistabelle, ermitteln Sie die Ergebnisse und werten Sie sie aus: durchschnittlich gebundenes Eigenkapital 5.500.000,00 €.

Aufgabe 223

Die Gewinn- und Verlustrechnung eines Industrieunternehmens enthält für den Abrechnungsmonat Oktober folgende Aufwendungen und Erträge: €

5000 Umsatzerlöse für eigene Erzeugnisse	670.000,00
5202 Mehrbestand an fertigen Erzeugnissen	32.000,00
5300 Aktivierte Eigenleistungen (zu Herstellkosten)	35.000,00
5410 Erlöse aus Anlagenabgängen	29.600,00
5420 Unentgeltliche Entnahme von Erzeugnissen	2.200,00
5710 Zinserträge	3.100,00
60 . . Aufwendungen für Roh-, Hilfs- und Betriebsstoffe	185.500,00
6160 Fremdinstandhaltung	1.850,00
6200 Löhne	138.600,00
6300 Gehälter	159.800,00
6400 Soziale Abgaben	27.400,00
6520 Abschreibungen auf Sachanlagen	61.000,00
6700 Miet- und Pachtaufwendungen	10.500,00
6800 Büromaterial	5.600,00
6930 Verluste aus Schadensfällen	45.000,00
6979 Anlagenabgänge	16.200,00
70/77	Betriebliche Steuern
7510 Zinsaufwendungen	2.300,00

Die Ergebnistabelle ist unter Beachtung folgender Vorgänge aufzustellen:

Kalkulatorische Abschreibungen auf Sachanlagen	45.000,00
Kalkulatorischer Unternehmerlohn	24.500,00
Kalkulatorische Zinsen	31.500,00

Erstellen Sie die Ergebnistabelle, erläutern Sie die Teilergebnisse und werten Sie die Ergebnistabelle aus: durchschnittlich gebundenes Eigenkapital 11.500.000,00 €.

Aufgabe 224

Die Möbelfabrik Schneider OHG stellt in einem Zweigbetrieb ausschließlich Schreibtische für ein Versandhaus her. Für diesen Zweigbetrieb wird die Betriebsabrechnung getrennt durchgeführt. Zum Ende des Geschäftsjahres .. liegen folgende Aufwendungen und Erträge vor:

		€
50..	Umsatzerlöse für eigene Erzeugnisse und andere Leistungen ...	1.280.000,00
5202	Mehrbestand an fertigen Erzeugnissen	120.000,00
5410	Erlöse aus Anlagenabgängen	15.000,00
5431	Erträge aus Versicherungsentschädigungen	24.000,00
5490	Periodenfremde Erträge	30.000,00
6000	Aufwendungen für Rohstoffe	280.000,00
6020	Aufwendungen für Hilfsstoffe	30.000,00
6030	Aufwendungen für Betriebsstoffe	10.000,00
6160	Fremdinstandhaltung	17.000,00
6200	Löhne	380.000,00
6300	Gehälter	260.000,00
6400	Arbeitgeberanteil zur Sozialversicherung	140.000,00
6520	Abschreibungen auf Sachanlagen	60.000,00
66 ..	Sonstige Personalaufwendungen	10.000,00
6850	Reisekosten	12.000,00
6979	Anlagenabgänge	20.000,00
70/77	Betriebliche Steuern	45.000,00
7510	Zinsaufwendungen	10.000,00

Angaben für die Aufstellung der Ergebnistabelle:

1. In den Umsatzerlösen sind Mieterträge aus der Vermietung eines Wohnhauses in Höhe von 24.000,00 EUR enthalten

2. Unter der Position „Gebäude" in der Bilanz befindet sich ein vermietetes (zum Betriebsvermögen gehörendes) Wohnhaus. Die Aufwendungen und Erträge hierfür wurden über die FB abgewickelt und sind daher in der GuV-Rechnung enthalten. Im Einzelnen handelt es sich um folgende Posten:

Abschreibungen	10.000,00
Grundsteuer	5.000,00
Hausmeisterlohn	35.000,00
Arbeitgeberanteil zur Sozialversicherung	8.000,00
Malerarbeiten (vgl. Fremdinstandhaltung)	5.000,00

3. In der Position „Sonstige Personalaufwendungen" sind Nachzahlungen für das vergangene Geschäftsjahr enthalten ... 4.000,00

4. Die kalkulatorischen Zinsen sind aufgrund folgender Angaben zu berechnen:

Anlagevermögen (nach kalkulatorischen Restwerten) insgesamt ...	630.000,00
Kalkulatorischer Restwert des vermieteten Wohnhauses	100.000,00
Umlaufvermögen (zu Mittelwerten)	310.000,00
In den Verbindlichkeiten a. LL sind zinslose Kredite enthalten	40.000,00

Der Zinssatz für das betriebsnotwendige Kapital beträgt 7,5 %.

5. Den kalkulatorischen Abschreibungen sind folgende Angaben zugrunde zu legen:
Nutzungsdauer: Gebäude 25 Jahre, übriges Anlagevermögen zehn Jahre,

Wiederbeschaffungskosten: Gebäude	500.000,00
Maschinen	350.000,00
Andere Sachanlagen	50.000,00

6. Der kalkulatorische Unternehmerlohn wird angesetzt mit ... 90.000,00

Erstellen Sie die Ergebnistabelle und erläutern Sie die Teilergebnisse.

Kostenartenrechnung (KAR) 4

Im Unternehmen Thomas Berg sind Kosten und Leistungen für das Geschäftsjahr 01 in der Ergebnistabelle ermittelt worden (vgl. S. 224). Für Herrn Berg stellt sich nun das Problem, die Kosten und Leistungen passend auf die jeweils in der KLR angestrebten Ziele hin zu gliedern und zusammenzufassen. Folgende Ziele der Kostenartenrechnung und Möglichkeiten der Kostengliederung kommen hierbei in Betracht:

Situation

Kriterium der Kostengliederung	Unterteilung der Kosten	Beispiele	Zweck
Gliederung nach der Verbrauchsart	Werkstoffkosten	Verbrauch von Roh-, Hilfs- und Betriebsstoffen, an Fremdbauteilen und Handelswaren	Verbrauch an Produktionsfaktoren planen und kontrollieren
	Betriebsmittelkosten	Wertminderungen an Betriebsmitteln	
	Personalkosten	Löhne, Gehälter, Lohnnebenkosten	
	Dienstleistungskosten	Versicherungsprämien, Frachtkosten, Fremdinstandhaltung, Vertriebsprovisionen, Rechts- und Beratungskosten	
	Öffentliche Abgaben	Steuern, Gebühren, Zölle	
	Umweltkosten	Kosten der Abwasserreinigung und Abfallentsorgung	
Zurechnung der Kosten zu Kostenträgern	Einzelkosten	Rohstoffverbrauch, zeitunabhängige Fertigungslöhne, Verpackungs- und Frachtkosten	Kalkulationen auf Vollkostenbasis erstellen
	Sondereinzelkosten der Fertigung	Modellkosten, Spezialwerkzeuge, Lizenzgebühren	
	Sondereinzelkosten des Vertriebs	Spezialverpackung, Vertriebsprovisionen	
	Gemeinkosten	Zeitlöhne, Gehälter, Soziale Abgaben, Abschreibungen, Mieten, Betriebliche Steuern u. a.	
Verhalten der Kosten bei Beschäftigungsänderungen	Variable Kosten	Rohstoffverbrauch, Akkordlöhne	Marktorientierte Entscheidungen auf Teilkostenbasis treffen
	Fixe Kosten	Gehälter, zeitabhängige Löhne, Abschreibungen, Versicherungsprämien, Mieten	
	Mischkosten	Telekommunikationskosten, Kosten der Geräte- und Maschinenwartung	
Zurechnung der Kosten zu Teilprozessen	Aufteilung der Gemeinkosten auf Teilprozesse	Teilprozess-Gemeinkosten für einzelne Abteilungen oder Kostenstellen	Kundenorientierte Entscheidungen auf Prozesskostenbasis treffen

Die Gliederung der Kosten nach der Verbrauchsart bildet die Basis der systematischen Kostenermittlung. Die Kosten werden gemäß ihrer artmäßigen Zusammengehörigkeit gruppiert. Das Ergebnis dieser Systematisierung lässt erste Interpretationen hinsichtlich der Kostenstruktur im Unternehmen zu (z. B. Anlagenintensität oder Werkstoffintensität). Es kann jedoch nicht angegeben werden, wo und wofür die Kosten entstanden sind.

Gliederung der Kosten nach der Verbrauchsart

Zurechnung der Kosten auf die Kostenträger

Kostenträger

Die Leistungseinheiten im Industriebetrieb sind in der Regel die **fertigen und unfertigen Erzeugnisse,** aber auch ein **einzelner Auftrag** oder eine **Serie** kann eine Leistungseinheit sein. In der KLR heißen diese Leistungseinheiten „**Kostenträger**".

Selbstkosten

Den Kostenträgern werden alle Kosten „aufgebürdet", die sie verursacht haben, sodass **kostendeckende Preise kalkuliert** werden (Selbstkosten) und durch den Verkauf der Kostenträger **alle Kosten** in Form von Umsatzerlösen wieder **in das Unternehmen zurückfließen.**

Die Zurechnung der Kosten zu den Kostenträgern erfolgt je nach **Verschiedenartigkeit** der hergestellten und angebotenen Erzeugnisse sowie je nach **Fertigungstyp.**

Kostenzurechnung bei Einprodukt-/ Mehrprodukt- unternehmen

Nach der Verschiedenartigkeit der hergestellten und angebotenen Erzeugnisse ergeben sich:

- **Einproduktunternehmen:** Es wird ein Erzeugnis i. d. R. in Massenfertigung hergestellt und angeboten. Das Unternehmen verfügt also nur über einen Kostenträger.
- **Mehrproduktunternehmen:** Es werden mehrere, unterschiedliche Erzeugnisse i. d. R. in Serien-, Sorten- oder Einzelfertigung hergestellt und angeboten. Das Unternehmen verfügt also über mehrere Kostenträger.

Fertigungstypen Kalkulations- verfahren

Die Verschiedenartigkeit der hergestellten und angebotenen Erzeugnisse bestimmt den **Fertigungstyp** und damit aus Sicht der Kostenrechnung das eingesetzte **Kalkulationsverfahren** zur Zurechnung der Kosten zu den Kostenträgern:

- Einproduktunternehmen mit **Massenfertigung:** Da nur ein Erzeugnis in großen Mengen hergestellt wird, erfolgt die Zurechnung der Kosten durch die Divisionskalkulation (vgl. S. 285).
- Mehrproduktunternehmen mit **Einzelfertigung:** Die Kosten – mit Ausnahme der Verwaltungskosten – können jeweils einem Erzeugnis (Projekt) zugerechnet werden.
- Mehrproduktunternehmen mit **Sortenfertigung:** Aufgrund der Ähnlichkeit der verwendeten Werkstoffe und des Verfahrens erfolgt eine Zurechnung der Kosten mithilfe der **Äquivalenzziffernkalkulation** zu den verschiedenen Sorten (vgl. S. 283).
- Mehrproduktunternehmen mit **Serienfertigung:** Es werden mehrere Erzeugnisse auf den Fertigungslinien hergestellt, die aufgrund der Verschiedenartigkeit der Herstellung unterschiedliche Kosten verursachen. Die Zurechnung der Kosten erfolgt mithilfe der **Zuschlagskalkulation**, die eine Unterscheidung zwischen Einzel- und Gemeinkosten erfordert (vgl. S. 269 f.):

Einzelkosten	Kosten, die dem jeweiligen Kostenträger direkt zugerechnet werden können.
Gemeinkosten	Kosten, die dem jeweiligen Kostenträger indirekt über Kostenstellen zugerechnet werden können.

Verhalten der Kosten bei Beschäftigungsänderungen

Dem Ziel der Kostenrechnung, die Kosten so verursachungsgerecht wie möglich auf die Erzeugnisse umzulegen, entspricht die Teilkostenrechnung eher als die Vollkostenrechnung, sodass marktorientierte Entscheidungen ermöglicht werden. Bei der Teilkostenrechnung wird eine Kostenspaltung vorgenommen:

Variable Kosten	Kosten, die durch die Beschäftigungsmenge der Erzeugnisart beeinflusst werden (z. B. Rohstoffkosten).
Fixe Kosten	Kosten, die zeitabhängig anfallen (z. B. Abschreibungen).

Bei der Teilkostenrechnung gehen nur die variablen Kosten unmittelbar in die Preisberechnung ein. Das Unternehmen achtet darauf, dass der am Markt erzielbare Preis die variablen Kosten deutlich übersteigt (vgl. S. 287 f., S. 296 f.).

Zurechnung der Kosten zu Teilprozessen

In der Prozesskostenrechnung werden die Gemeinkosten den Arbeitsabläufen (Teilprozessen) zugeordnet. Der Kunde bezahlt dann neben dem eingerechneten Gewinn und den Einzelkosten nur noch die von ihm beanspruchten Teilprozesskosten. Dieses Vorgehen ermöglicht eine verusachungsgerechte Zuordnung der Kosten auf den Kunden (vgl. S. 340 f.).

Vollkostenrechnung im Mehrproduktunternehmen 5

Situation

Unternehmer Berg hat die Kosten des vergangenen Geschäftsjahres vollständig erfasst und nach unterschiedlichen Gesichtspunkten gegliedert (vgl. S. 229 f.). Die Einteilung nach **Einzel- und Gemeinkosten** wird ihm bei der Klärung folgender Fragen hilfreich sein:

1 In welchen Abteilungen seines Unternehmens (vgl. S. 232 f.) **sind Kosten entstanden? Und wie hoch sind diese Kosten?**

Kennt er die Kostenhöhe jeder Abteilung für bestimmte Zeitabschnitte (z. B. Monat, Jahr), so ist es ihm möglich, den **Kostenverbrauch** in den Abteilungen zu kontrollieren sowie **Zuschlagsgrundlagen für seine Kalkulation** zu erhalten.

Dieses Problem löst er über die **Kostenstellenrechnung,** die sich des **Betriebsabrechnungsbogens (BAB)** als Hilfsmittel bedient (vgl. Kapitel 5.1).

2 Im vergangenen Geschäftsjahr wurden im Unternehmen Berg **drei Gehäusetypen** G I, G II und G III gefertigt, die sich in ihren Abmessungen und in ihren vormontierten Ausstattungen (Platinensockel, Schalter, Stecker) unterscheiden. Die Einzelkosten „Fertigungsmaterial" und „Fertigungslöhne" sowie die Umsatzerlöse für jeden dieser drei Gehäusetypen kann Herr Berg aus den Aufzeichnungen der Finanzbuchhaltung (Konto „6000 Fertigungsmaterial", Konto „6200 Löhne" und Konto „5000 Umsatzerlöse für eigene Erzeugnisse") entnehmen. Er weiß aber noch nicht:

Wie hoch sind die auf jeden Gehäusetyp entfallenden anteiligen Gemeinkosten?

Mit der Klärung dieser Frage ist es ihm möglich, die **Selbstkosten** und den **Betriebserfolg** für jeden Gehäusetyp zu errechnen.

Dieses Problem löst er über die **Kostenträgerrechnung,** die sich des **Kostenträgerblattes** (BAB II) als Hilfsmittel bedient (vgl. Kapitel 5.2).

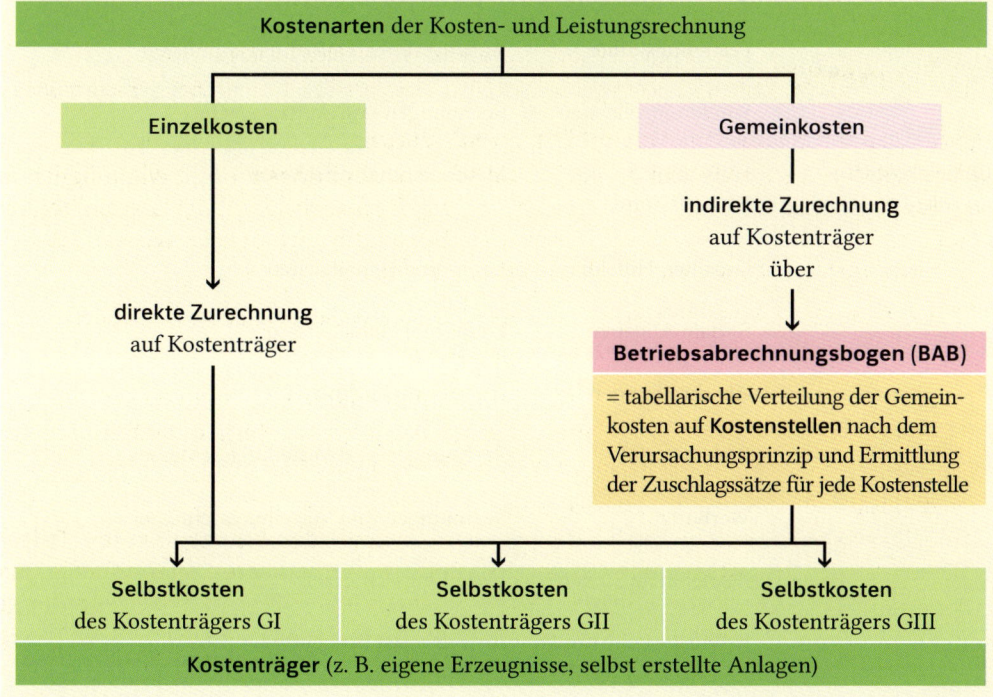

Übersicht über den Zusammenhang zwischen Kostenarten, Kostenstellen und Kostenträgern

5.1 Kostenstellenrechnung in Betrieben mit Serienfertigung

Die Kostenstellenrechnung bildet nach der Kostenartenrechnung **die zweite Stufe** der KLR im Mehrproduktunternehmen mit Serienfertigung. Sie ist erforderlich, um die Gemeinkosten nach einem in der Praxis gebräuchlichen Verfahren anteilig den Kostenträgern zurechnen zu können. Dies geschieht auf dem Umweg über die Kostenstellen (vgl. S. 233 f.) auf der Grundlage von Einzel- und Gemeinkosten.

Aufgaben der Kostenstellenrechnung

Die Kostenstellenrechnung ist im Einzelnen auf folgende **Aufgaben** ausgerichtet:

- **Verteilung der Gemeinkosten auf die Kostenstellen des Betriebes.** Alle Kostenarten werden aus der Ergebnistabelle in die Kostenstellenrechnung übernommen. Die **Gemeinkosten** werden nach Belegen oder Verteilungsschlüsseln anteilig und verursachungsgerecht den Abteilungen im Unternehmen zugewiesen, in denen sie entstanden sind (= Kostenstellen). Dies geschieht tabellarisch im **Betriebsabrechnungsbogen** (**BAB,** vgl. S. 235 f.).

- **Errechnung von Zuschlagsprozentsätzen** für jede Hauptkostenstelle (vgl. S. 238 f.). Aus den in den Kostenstellen ermittelten Gemeinkosten und aus geeigneten Zuschlagsgrundlagen (z. B. Einzelkosten) werden für jede Hauptkostenstelle Zuschlagsprozentsätze berechnet, die für die **anteilige Zuweisung der Gemeinkosten auf die Kostenträger** erforderlich sind.

- **Kontrolle der Kosten in den Kostenstellen.** Die Kostenstellenrechnung ermöglicht im **Zeitvergleich** oder im **Vergleich mit „normierten" Kosten** (vgl. S. 260 f.) eine Kontrolle des Kostenverbrauchs in den Kostenstellen.

Beispiel

Im Unternehmen Thomas Berg gilt folgende Aufteilung der Kostenarten in **Einzel- und Gemeinkosten:**

Zurechnung auf Kostenträger	Kostenarten	Zurechnungsgrundlagen (Belege)
Einzelkosten (direkte Zurechnung)	Fertigungsmaterial Rohstoffe	Aufzeichnungen in der FB, Materialentnahmescheine, Stücklisten und Konstruktionsunterlagen
	Fertigungslöhne	Auftragszettel, Laufzettel, Lohnlisten
	Sondereinzelkosten	Rechnungen und Auftragszettel
Gemeinkosten (indirekte Zurechnung)	Hilfs- und Betriebsstoffe	Materialentnahmescheine
	Gehälter, Hilfslöhne	Lohn- und Gehaltslisten
	Soziale Abgaben	Lohn- und Gehaltslisten
	Abschreibungen	Anlagenverzeichnis
	Büromaterial	Rechnungen und Verteilungsschlüssel
	Werbung	Rechnungen und Verteilungsschlüssel
	Betriebliche Steuern	Verteilungsschlüssel
	Kalkulatorische Kosten	Anlagewerte, Beschäftigtenzahlen

Gliederung des Betriebes in Kostenstellen

5.1.1

Die Gliederung des Gesamtbetriebes in **vier Kostenbereiche,** die sich aus den **Funktionen des Betriebes** ableiten, ist die Grundlage für die Einrichtung von Kostenstellen:

Kostenbereiche nach Funktionen

I. Materialbereich
II. Fertigungsbereich
III. Verwaltungsbereich
IV. Vertriebsbereich

Für kleine Industriebetriebe genügt die Bildung **einer Kostenstelle für jeden Kostenbereich.** Im Allgemeinen wird jeder Kostenbereich in mehrere Kostenstellen (z. B. Abteilungen) aufgeteilt, die ihrerseits das Merkmal **einheitlicher Tätigkeit** aufweisen. Die Zahl der zu bildenden Kostenstellen je Kostenbereich hängt von der Art und Größe des Betriebes und dem angestrebten Genauigkeitsgrad der Kostenrechnung ab.

Kostenstellen nach Tätigkeiten

Kostenbereiche nach Funktionen	Kostenstellen nach Tätigkeiten
I. Materialbereich:	Werkstoffeinkauf, -prüfung, -verwaltung
II. Fertigungsbereich:	Fertigungsabteilungen z. B. Gießerei, Schmiede, Montage, technische Betriebsleitung usw.
III. Verwaltungsbereich:	Kfm. Leitung, Finanzabteilung, Buchhaltung usw.
IV. Vertriebsbereich:	Werbung, Verkauf, Fertiglager, Versand usw.

Damit die Kostenstellenrechnung ihrer Kontrollaufgabe gerecht werden kann, ist es erforderlich, dass sich die nach einheitlichen Tätigkeitsmerkmalen gebildeten Kostenstellen **mit den Verantwortungsbereichen decken.** Praxisgerecht ist die Zusammenfassung mehrerer Kostenstellen zu einem **Verantwortungsbereich:** Der Meister ist verantwortlich für den Kostenverbrauch in seiner Fertigungsabteilung; der Betriebsleiter ist verantwortlich für den Kostenverbrauch des Fertigungsbetriebs, der mehrere Abteilungen umfasst.

Kostenstellen nach Verantwortung

Alle **Tätigkeits- und Verantwortungsbereiche** in einem Industriebetrieb, die eine **organisatorische Einheit** bilden und die in den Prozess der Leistungserstellung oder Leistungsverwertung eingegliedert sind, eignen sich als Kostenstellen. Je nach der Genauigkeit, mit der die Kostenstruktur eines Unternehmens aufgedeckt werden soll, sind die Tätigkeitsbereiche mehr oder weniger weit aufzugliedern. Die feinste Gliederung liegt dann vor, wenn die Arbeits- oder Maschinenplätze selbst die Kostenstellen bilden. In der Regel wird ein Industrieunternehmen mit der **Gliederung nach Abteilungen** auskommen.

Kostenstellen

Die **verfeinerte** Kostenstellenrechnung unterteilt den **Fertigungsbereich** in

Erweiterung der Kostenbereiche

- **Fertigungshauptstellen,** in denen **unmittelbar am Erzeugnis** gearbeitet wird (z. B. Stanzen/Schneiden, Pressen/Biegen, Bohren/Entgraten, Lackieren/Montieren), und

- **Fertigungshilfsstellen,** die **nicht direkt** an der Herstellung beteiligt sind, sondern der Aufrechterhaltung der Produktion dienen (z. B. technische Betriebsleitung, Arbeitsvorbereitung, Konstruktionsbüro, Reparaturabteilung).

Ein **Allgemeiner Bereich** kann den Funktionsbereichen **vorgeschaltet** werden. In diesem Bereich werden die Kosten gesammelt, die sich keiner der vier genannten Funktionen (Material, Fertigung, Verwaltung, Vertrieb) ausschließlich zuordnen lassen (z. B. **Energieversorgung, Sozialeinrichtungen, Fuhrpark, Werkschutz, -feuerwehr**).

Kostenbereiche				
Allgemeiner Bereich	**Materialbereich**	**Fertigungs-bereich**	**Verwaltungs-bereich**	**Vertriebsbereich**
Allgemeine Kostenstellen	Materialstellen	Fertigungs- hilfs-stellen haupt-stellen	Verwaltungs-stellen	Vertriebsstellen

Nach der Zugehörigkeit der Gemeinkosten zu den einzelnen Kostenbereichen unterscheidet man:

- **Materialgemeinkosten (MGK).** Das sind Gemeinkosten, die im Zusammenhang mit der Annahme, Lagerung, Ausgabe und Versicherung der Werkstoffe entstehen.

- **Fertigungsgemeinkosten (FGK).** Dazu zählen alle Gemeinkosten, die im Produktionsprozess anfallen, wie Hilfslöhne, Gehälter für Meister und technische Angestellte, Verbrauch von Strom, Gas, Wasser in der Herstellung, Hilfs- und Betriebsstoffverbrauch, soweit er die Fertigung betrifft, Abschreibungen auf Maschinen und maschinelle Anlagen usw.

- **Verwaltungsgemeinkosten (VwGK).** Hierzu rechnen die Kosten für die Leitung und Verwaltung des Unternehmens, z. B. Gehälter für die Geschäftsleitung und die Angestellten der Verwaltungsabteilungen, Büromaterial, Abschreibungen auf die Geschäftsausstattung.

- **Vertriebsgemeinkosten (VtGK).** Darunter fallen alle Gemeinkosten, die mit dem Absatz der Erzeugnisse zusammenhängen, z. B. die Kosten für die Lagerung der fertigen Erzeugnisse, für das Verkaufsbüro, die Werbung, die Verpackung und den Versand, soweit Letztere nicht für das verkaufte Erzeugnis einzeln feststellbar sind (Sondereinzelkosten des Vertriebs!).

Zusammen-fassung

- Für jeden **Kostenbereich** ist mindestens eine Kostenstelle zu bilden.

- **Kostenstellen** schaffen klare Verantwortungsbereiche zur Kontrolle der Wirtschaftlichkeit.

- Kostenstellen sind die Stellen im Unternehmen, an denen die Gemeinkosten entstehen. **Betriebsabteilungen** bilden in der Regel Kostenstellen.

Aufgabe 225

1. Was sind Kostenstellen?

2. Welche Aufgaben hat die Kostenstellenrechnung?

3. Unterscheiden Sie zwischen Kostenbereichen und Kostenstellen.

4. Weshalb ist die Einrichtung einer Allgemeinen Kostenstelle erforderlich?

5. Warum ist die Einrichtung von Fertigungshaupt- und Fertigungshilfsstellen zweckmäßig?

6. Nennen Sie Beispiele für Allgemeine Kostenstellen.

7. Begründen Sie, dass Industriebetriebe mit Serienfertigung auf die Einrichtung von Kostenbereichen und Kostenstellen nicht verzichten können.

Betriebsabrechnungsbogen (BAB) als Hilfsmittel der Kostenstellenrechnung

5.1.2

Aufbau des Betriebsabrechnungsbogens

5.1.2.1

Im Unternehmen Thomas Berg wird zur Verteilung der Gemeinkosten auf die Kostenstellen der folgende vereinfachte Betriebsabrechnungsbogen verwendet:

Beispiel

Betriebsabrechnungsbogen des Metallwerks Thomas Berg e. K., Stuttgart						
Gemein-kosten-arten	Zahlen der Betriebs-ergebnis-rechnung	Verteilungs-grundlagen	Kostenbereiche			
			I Material	II Fertigung	III Verwaltung	IV Vertrieb
...	...	...	...	...	...	...
Summe der Gemeinko-sten						

Erläuterungen zum Betriebsabrechnungsbogen:

Der Betriebsabrechnungsbogen ist als **Tabelle** aufgebaut.

In die ersten beiden Spalten werden alle Kostenarten mit ihren **Bezeichnungen** und ihren **Geldbeträgen** aus der Betriebsergebnisrechnung (vgl. S. 224) übernommen.

In der dritten Spalte wird vermerkt, wie die **Verteilung der Gemeinkosten** auf die nachfolgend aufgeführten Kostenstellen vorzunehmen ist. Diese Verteilung kann

- auf der Grundlage von **Belegen** erfolgen (z. B. Verteilung von Zeitlöhnen nach Lohnlisten). In diesem Fall kann die Kostenstelle direkt mit den von ihr verursachten Gemeinkosten belastet werden. Wir sprechen dann auch von den **Kostenstelleneinzelkosten**.

Kostenstellen-einzelkosten

- auf der Grundlage von **Bezugsgrößen** vorgenommen werden (z. B. Verteilung der Mietkosten nach den Raumgrößen der einzelnen Abteilungen in m^2). In diesem Fall ist eine direkte Verteilung nicht möglich, weil mehrere Kostenstellen von der Kostenart gleichzeitig betroffen sind. Wir sprechen dann von **Kostenstellengemeinkosten**.

Kostenstellen-gemeinkosten

- auf der Grundlage von **Erfahrungswerten** erfolgen (z. B. Verteilung des kalkulatorischen Unternehmerlohns nach einem Verteilungsschlüssel).

In den nachfolgenden Spalten sind die Kostenstellen aufgeführt, die das Unternehmen eingerichtet hat. Im folgenden Beispiel sind zunächst nur die vier Kostenbereiche genannt. In den sich anschließenden Kapiteln wird der BAB schrittweise erweitert.

In der letzten **Zeile** des Betriebsabrechnungsbogens wird die Summe der Gemeinkosten für jede Kostenstelle gebildet. Diese Zahlen geben an, wie viel Euro Gemeinkosten jede Kostenstelle verursacht hat. Sie bilden im Vergleich mehrerer Monate oder Jahre die Grundlage einer Kostenkontrolle.

5.1.2.2 Verteilung der Gemeinkosten auf die Kostenstellen im Betriebsabrechnungsbogen

Beispiel

Das Metallwerk Thomas Berg, Stuttgart, stellt serienmäßig Blechgehäuse in unterschiedlichen Größen, Formen und Ausstattungen her. Im abgelaufenen Geschäftsjahr wurden insgesamt 160 000 Gehäuse in drei Typen (G I, G II, G III) gefertigt. Die Produktionsanlagen werden von den Gehäusetypen unterschiedlich stark beansprucht; ebenso sind Material- und Lohnaufwand für die einzelnen Typen unterschiedlich hoch. Diese Unterschiede müssen in den Selbstkosten berücksichtigt werden. Um dies zu erreichen, stellt Herr Berg zunächst den unten stehenden Betriebsabrechnungsbogen auf, in dem die Gemeinkosten auf vier Kostenbereiche verteilt sind, und ermittelt die Gemeinkostenzuschlagssätze für die nachfolgende Selbstkostenkalkulation.

Betriebsabrechnungsbogen
des Metallwerks Thomas Berg e. K., Stuttgart

Gemein-kostenarten	Zahlen der Betriebs-ergebnis-rechnung	Verteilungs-grundlagen	Kostenbereiche			
			I Material	II Fertigung	III Verwaltung	IV Vertrieb
Hilfsstoffaufw.	720.000,00	Entnahmescheine	–	680.000,00	–	40.000,00
Betr.-Stoffaufw.	85.000,00	Entnahmescheine	–	70.000,00	13.000,00	2.000,00
Gehälter	600.000,00	Gehaltslisten	60.000,00	150.000,00	340.000,00	50.000,00
Soziale Abgaben	800.000,00	Lo-/Geh.-Listen	10.000,00	600.000,00	180.000,00	10.000,00
Kalk. Abschr.	660.000,00	Anlagenwerte	40.000,00	500.000,00	80.000,00	40.000,00
Bürokosten	150.000,00	1 : 2 : 5 : 2	15.000,00	30.000,00	75.000,00	30.000,00
Werbung	205.000,00	Rechnungen	–	30.000,00	122.000,00	53.000,00
Betr. Steuern	180.000,00	Mitarbeiter	18.000,00	108.000,00	30.000,00	24.000,00
Kalk. Zinsen	900.000,00	betr.-notw. Kap.	120.000,00	562.000,00	112.000,00	106.000,00
Kalk. U-Lohn	150.000,00	Schätzung	–	50.000,00	100.000,00	–
Summe der Gemeinkosten	**4.450.000,00**		**263.000,00**	**2.780.000,00**	**1.052.000,00**	**355.000,00**

Verteilung der Gemeinkosten

Die Verteilung der Gemeinkosten auf die Kostenstellen (hier gleich Kostenbereiche) erfolgt nach den vorgegebenen Verteilungsgrundlagen. **Hilfsstoffaufwendungen, Betriebsstoffaufwendungen, Gehälter, Soziale Abgaben** und **Werbungskosten** können aufgrund der vorliegenden Belege **direkt** den verursachenden Kostenstellen zugerechnet werden. Die übrigen Gemeinkosten werden indirekt verteilt. Wir zeigen im Folgenden beispielhaft diese Verteilung.

Die kalkulatorischen Abschreibungen werden nach den **Wiederbeschaffungskosten (WK)** der in den Kostenstellen investierten Anlagen verteilt. Die Wiederbeschaffungskosten betragen insgesamt 7.300.000,00 € (vgl. S. 215 f.). Hiervon entfallen auf die einzelnen Kostenstellen:

Materialstelle	Fertigungsstelle	Verwaltg.-Stelle	Vertriebsstelle	WK gesamt
442.500,00 €	5.530.000,00 €	885.000,00 €	442.500,00 €	7.300.000,00 €

Insgesamt sind 660.000,00 € kalkulatorische Abschreibungen auf insgesamt 7.300.000,00 € WK zu verteilen. Auf die Kostenstelle „Material" mit 442.500,00 € WK entfallen dann

$$\begin{array}{ll} 7.300.000,00\ € & \sim\ 660.000,00\ € \\ 442.500,00\ € & \sim\ \qquad x\ € \end{array} \qquad x\ € = \frac{660.000,00\ € \cdot 442.500,00\ €}{7.300.000,00\ €} \approx \mathbf{40.000,00\ €}$$

Die Kostenstelle „Material" hat also 40.000,00 € kalkulatorische Abschreibungen zu übernehmen. Nach der gleichen Rechnung lassen sich die Anteile der übrigen Kostenstellen an den kalkulatorischen Abschreibungen berechnen.

Für die Verteilung der **Bürokosten** hat Herr Berg einen internen Verteilungsschlüssel (= Verhältniszahlen) von 1 : 2 : 5 : 2 festgelegt. Die Bürokosten von insgesamt 150.000,00 € sind also auf insgesamt 10 „Anteile" zu verteilen. Die Kostenstelle „Material" hat hiervon einen „Anteil" zu übernehmen, also

150.000,00 € : 10 = 15.000,00 € anteilige Bürokosten in der Kostenstelle „Material".

Entsprechend hoch sind die Anteile der übrigen Kostenstellen:

Fertigung $2 \cdot 15.000,00 € = $ **30.000,00 €,**
Verwaltung $5 \cdot 15.000,00 € = $ **75.000,00 €,**
Vertrieb $2 \cdot 15.000,00 € = $ **30.000,00 €.**

Die Verteilung der **betrieblichen Steuern** nimmt Herr Berg nach der Anzahl der in den einzelnen Kostenstellen beschäftigten Mitarbeiter vor. Insgesamt sind im Unternehmen 30 Mitarbeiter tätig; sie verteilen sich wie folgt auf die Kostenstellen:

Materialstelle	Fertigungsstelle	Verwaltg.-Stelle	Vertriebsstelle	Mitarb. gesamt
3 Mitarbeiter	18 Mitarbeiter	5 Mitarbeiter	4 Mitarbeiter	30 Mitarbeiter

Die betrieblichen Steuern von insgesamt 180.000,00 € verteilen sich auf insgesamt 30 Mitarbeiter. Die Kostenstelle „Fertigung" hat hiervon anteilige Steuern für 18 Mitarbeiter zu übernehmen:

$$\begin{array}{l} 30 \text{ Mitarbeiter} \sim 180.000,00 € \\ 18 \text{ Mitarbeiter} \sim \quad x \quad € \end{array} \quad x € = \frac{180.000,00 € \cdot 18}{30} = 108.000,00 €$$

Nach dieser Rechnung lassen sich die Anteile der übrigen Kostenstellen berechnen.

Die **kalkulatorischen Zinsen** werden nach dem betriebsnotwendigen Kapital (vgl. S. 218 f.) auf die Kostenstellen verteilt. Herr Berg hat für die einzelnen Kostenstellen das folgende betriebsnotwendige Kapital ermittelt:

Materialstelle	Fertigungsstelle	Verwaltg.-Stelle	Vertriebsstelle	Kapital gesamt
1.333.000,00 €	6.245.000,00 €	1.245.000,00 €	1.177.000,00 €	10.000.000,00 €

Die kalkulatorischen Zinsen von insgesamt 900.000,00 € sind auf insgesamt 10.000.000,00 € betriebsnotwendiges Kapital zu verteilen. Auf die Kostenstelle „Material" entfallen hiervon:

$$\begin{array}{l} 10.000.000,00 € \sim 900.000,00 € \\ 1.333.000,00 € \sim \quad x \quad € \end{array} \quad x € = \frac{900.000,00 € \cdot 1.333.000,00 €}{10.000.000,00 €} \approx 120.000,00 €$$

Die Anteile der übrigen Kostenstellen lassen sich entsprechend berechnen.

Den **kalkulatorischen Unternehmerlohn** verteilt Herr Berg nach Schätzung im Verhältnis 1 : 2 auf die beiden Kostenstellen „Fertigung" und „Verwaltung".

In der letzten Zeile des Betriebsabrechnungsbogens werden die durch die Kostenstellen insgesamt verursachten Gemeinkosten ausgewiesen. In der Kostenstelle „Material" sind dies z. B. 263.000,00 €. Unterstellen wir annähernd gleiche Beschäftigung und unveränderte Verteilungsgrundlagen, so kann über diese Summen im Zeitvergleich der Kostenverbrauch in jeder Kostenstelle kontrolliert werden. Bei Abweichungen ist nach den Ursachen zu forschen (vgl. nähere Ausführungen auf Seite 260 f.).

**Kostenstellen-
gemeinkosten**

5.1.2.3 Berechnung der Zuschlagssätze (Istzuschläge) im Betriebsabrechnungsbogen

Situation

Mit den im BAB ermittelten Kostenstellen-Gemeinkosten verfolgt Herr Berg nicht nur die Absicht, den Kostenverbrauch in den Kostenstellen zu kontrollieren. Letztlich will er erreichen, diese Gemeinkosten den verschiedenen Erzeugnissen, die die Kostenstellen beansprucht haben, anteilig zuzurechnen. Um dieses Ziel zu erreichen, wählt er folgendes Vorgehen:

1 Er legt für die Gemeinkosten in jeder Kostenstelle eine geeignete **Zuschlagsgrundlage** fest, wobei er darauf achtet, dass zwischen der Zuschlagsgrundlage und den zu verrechnenden Stellengemeinkosten eine **Abhängigkeit** besteht. Folgende Zuschlagsgrundlagen sind in der Praxis üblich:

Kostenstellengemeinkosten	Zuschlagsgrundlage
Materialgemeinkosten (MGK)	Fertigungsmaterial
Fertigungsgemeinkosten (FGK)	Fertigungslöhne
Verwaltungsgemeinkosten (VwGK)	Herstellkosten des Umsatzes
Vertriebsgemeinkosten (VtGK)	Herstellkosten des Umsatzes

2 Aus den Kostenstellengemeinkosten und der Zuschlagsgrundlage berechnet Herr Berg den Kostenstellenzuschlagssatz in %.

3 Zuschlagsgrundlagen und Zuschlagssätze trägt Herr Berg in den BAB ein.

<table>
<thead>
<tr><th colspan="10" align="center">Betriebsabrechnungsbogen
des Metallwerks Thomas Berg e. K., Stuttgart</th></tr>
<tr>
<th>Gemein-
kostenarten</th>
<th>Zahlen der
Betriebsergebnis-
rechnung</th>
<th>Verteilungs-
grundlagen</th>
<th colspan="4" align="center">Kostenbereiche</th>
</tr>
<tr>
<th></th><th></th><th></th>
<th>I
Material</th>
<th>II
Fertigung</th>
<th>III
Verwaltung</th>
<th>IV
Vertrieb</th>
</tr>
</thead>
<tbody>
<tr><td>Hilfsstoffaufw.</td><td>720.000,00</td><td>Entnahmescheine</td><td>–</td><td>680.000,00</td><td>–</td><td>40.000,00</td></tr>
<tr><td>Betr.-Stoffaufw.</td><td>85.000,00</td><td>Entnahmescheine</td><td>–</td><td>70.000,00</td><td>13.000,00</td><td>2.000,00</td></tr>
<tr><td>Gehälter</td><td>600.000,00</td><td>Gehaltslisten</td><td>60.000,00</td><td>150.000,00</td><td>340.000,00</td><td>50.000,00</td></tr>
<tr><td>Soziale Abgaben</td><td>800.000,00</td><td>Lo.-/Geh.-Listen</td><td>10.000,00</td><td>600.000,00</td><td>180.000,00</td><td>10.000,00</td></tr>
<tr><td>Kalk. Abschr.</td><td>660.000,00</td><td>Anlagenwerte</td><td>40.000,00</td><td>500.000,00</td><td>80.000,00</td><td>40.000,00</td></tr>
<tr><td>Bürokosten</td><td>150.000,00</td><td>1 : 2 : 5 : 2</td><td>15.000,00</td><td>30.000,00</td><td>75.000,00</td><td>30.000,00</td></tr>
<tr><td>Werbung</td><td>205.000,00</td><td>Rechnungen</td><td>–</td><td>30.000,00</td><td>122.000,00</td><td>53.000,00</td></tr>
<tr><td>Betr. Steuern</td><td>180.000,00</td><td>Mitarbeiter</td><td>18.000,00</td><td>108.000,00</td><td>30.000,00</td><td>24.000,00</td></tr>
<tr><td>Kalk. Zinsen</td><td>900.000,00</td><td>betr.-notw. Kap.</td><td>120.000,00</td><td>562.000,00</td><td>112.000,00</td><td>106.000,00</td></tr>
<tr><td>Kalk. U-Lohn</td><td>150.000,00</td><td>Schätzung</td><td>–</td><td>50.000,00</td><td>100.000,00</td><td>–</td></tr>
<tr><td>**Summe der Gemeinkosten**</td><td>4.450.000,00</td><td></td><td>MGK
263.000,00</td><td>FGK
2.780.000,00</td><td>VwGK
1.052.000,00</td><td>VtGK
355.000,00</td></tr>
<tr><td></td><td></td><td>Zuschlagsgrund-
lagen</td><td>Fertigungs-
material
(FM)
2.040.000,00</td><td>Fertigungs-
löhne
(FL)
3.200.000,00</td><td colspan="2" align="center">Herstellkosten
des Umsatzes
(HKdU)
8.008.000,00[1]</td></tr>
<tr><td></td><td></td><td>Zuschlagssätze</td><td>12,89 %</td><td>86,87 %</td><td>13,13 %</td><td>4,43 %</td></tr>
</tbody>
</table>

Kostenstelle „Material"

Für die Gemeinkosten der Materialstelle bieten sich die **Einzelkosten** „Aufwendungen für Rohstoffe" (= **Fertigungsmaterial**, Konto 6000) als geeignete Zuschlagsgrundlage an, wobei unterstellt wird, dass die Höhe der Materialgemeinkosten von den in der Abrechnungsperiode verbrauchten Rohstoffen abhängig ist.

---

1 Berechnung siehe S. 240.

Berechnung des MGK-Zuschlagssatzes

$$\text{MGK-Zuschlagssatz} = \frac{\text{Materialgemeinkosten}}{\text{Fertigungsmaterial}} = \frac{263.000,00 \text{ €}}{2.040.000,00 \text{ €}} = 0,1289 = 12,89 \text{ %}$$

Dieser Zuschlagssatz sagt aus, dass auf den gesamten Materialeinsatz ein **anteiliger Zuschlag für Materialgemeinkosten** von 12,89 % eingerechnet werden muss, um die gesamten Materialkosten zu erhalten:

Fertigungsmaterial (vgl. S. 224)	2.040.000,00 €
+ 12,89 % Materialgemeinkosten	263.000,00 €[1]
= Materialkosten der Periode	**2.303.000,00 €**

Für die Gemeinkosten der Fertigungsstelle bieten sich die **Einzelkosten Fertigungslöhne** (Konto 6200) als geeignete Zuschlagsgrundlage an, wobei unterstellt wird, dass die Höhe der Fertigungsgemeinkosten von den in der Abrechnungsperiode gezahlten Fertigungslöhnen abhängig ist.

Kostenstelle „Fertigung"

Berechnung des FGK-Zuschlagssatzes

$$\text{FGK-Zuschlagssatz} = \frac{\text{Fertigungsgemeinkosten}}{\text{Fertigungslöhne}} = \frac{2.780.000,00 \text{ €}}{3.200.000,00 \text{ €}} = 0,86875 \approx 86,87 \text{ %}$$

Dieser Zuschlagssatz sagt aus, dass auf die gesamten Fertigungslöhne ein **anteiliger Zuschlag für Fertigungsgemeinkosten** von 86,87 % eingerechnet werden muss, um die gesamten Fertigungskosten zu erhalten:

Fertigungslöhne (vgl. S. 224)	3.200.000,00 €
+ 86,87 % Fertigungsgemeinkosten	2.780.000,00 €[1]
= Fertigungskosten der Periode	**5.980.000,00 €**

Berechnung der Zuschlagssätze für Verwaltungs- und Vertriebsgemeinkosten

Für die Verwaltungs- und Vertriebsgemeinkosten gelten die in einer Abrechnungsperiode angefallenen **Herstellkosten** als geeignete Zuschlagsgrundlage. Bei dieser Überlegung lässt man sich weniger von der sachlichen Logik als vielmehr von der zugrunde liegenden **Zuschlagskalkulation** leiten, die in ihrem **Aufbau der Gliederung des Betriebsabrechnungsbogens** entspricht (siehe S. 240).

Herstellkosten als Zuschlagsgrundlage

Bei der Berechnung der Herstellkosten sind Bestandsveränderungen zu berücksichtigen. Sie ergeben sich, wenn Anfangs- und Endbestände an Erzeugnissen unterschiedlich sind.

Fasst man die Materialkosten zusammen, erhält man die im Abrechnungszeitraum entstandenen **Herstellkosten der produzierten Erzeugnisse,** die auch als

Herstellkosten der Erzeugung

bezeichnet werden. Werden die Bestandsveränderungen (Mehr- oder Minderbestand) an unfertigen Erzeugnissen berücksichtigt, ergeben sich die

Herstellkosten der fertigen Erzeugnisse.

Werden anschließend die Bestandsveränderungen (Mehr- oder Minderbestand) an fertigen Erzeugnissen berücksichtigt, ergeben sich die

Herstellkosten des Umsatzes.

---

1 gerundet

239

Das Schema der Zuschlagskalkulation ist entsprechend zu erweitern (vgl. BAB S. 238):

Fertigungsmaterial	2.040.000,00 €	
+ Materialgemeinkosten	263.000,00 €	
= Materialkosten		**2.303.000,00 €**
Fertigungslöhne	3.200.000,00 €	
+ Fertigungsgemeinkosten	2.780.000,00 €	
= Fertigungskosten		**5.980.000,00 €**
= Herstellkosten der Erzeugung		**8.283.000,00 €**
+ Anfangsbestand unfertige Erzeugnisse (angen.)	300.000,00 €	
– Endbestand unfertige Erzeugnisse (angen.)	300.000,00 €	
= Herstellkosten der fertigen Erzeugnisse		**8.283.000,00 €**
+ Anfangsbestand fertige Erzeugnisse (angen.)	25.000,00 €	
– Endbestand fertige Erzeugnisse (angen.)	300.000,00 €	275.000,00 €
= Herstellkosten des Umsatzes		**8.008.000,00 €**

Bestands-
veränderungen

Bestandsveränderungen beeinflussen also die Höhe der Herstellkosten:

- Ist der Endbestand an unfertigen Erzeugnissen größer (kleiner) als der Anfangsbestand, hat sich der Bestand vermehrt (vermindert). Die Herstellkosten der Erzeugung sind größer (kleiner) als die Herstellkosten der fertigen Erzeugnisse.

- Ist der Endbestand an fertigen Erzeugnissen größer (kleiner) als der Anfangsbestand, hat sich der Bestand vermehrt (vermindert). Die Herstellkosten der fertigen Erzeugnisse sind größer (kleiner) als die Herstellkosten des Umsatzes.

- Bestandsveränderungen an unfertigen und fertigen Erzeugnissen können gegenläufig sein. Eine Bestandsminderung (-mehrung) an unfertigen Erzeugnissen steht einer Bestandsmehrung (-minderung) an fertigen Erzeugnissen gegenüber. Sind die Werte der jeweiligen Bestandsveränderung nicht gleich groß, führt dies in der Summe entweder zu einer Bestandsmehrung oder zu einer Bestandsminderung der Erzeugnisse.

Im Weiteren wird auf eine Differenzierung der Bestandsveränderungen in unfertige und fertige Erzeugnisse verzichtet. Bestandsveränderungen werden jeweils als Bestandsmehrung/-minderung der Erzeugnisse zusammenfassend angegeben.

Zuschlagsgrundlage
für VwGK

Für die Verwaltungsgemeinkosten wird unterstellt, dass sie vorwiegend durch den Absatz hervorgerufen werden. Somit stehen sie in Abhängigkeit zu den Herstellkosten des Umsatzes.

$$\text{VwGK-Zuschlagssatz} = \frac{\text{Verwaltungsgemeinkosten}}{\text{Herstellkosten des Umsatzes}} = \frac{1.052.000,00 \text{ €}}{8.008.000,00 \text{ €}} \approx 13,13\%$$

Zuschlagsgrundlage
für VtGK

Vertriebsgemeinkosten werden durch den Absatz verursacht. Die Herstellkosten des Umsatzes (= Wert der abgesetzten Erzeugnisse) sind die zu wählende Bezugsgröße.

Für den BAB (siehe S. 238) ergibt sich folgender Zuschlagssatz:

$$\text{VtGK-Zuschlagssatz} = \frac{\text{Vertriebsgemeinkosten}}{\text{Herstellkosten des Umsatzes}} = \frac{355.000,00 \text{ €}}{8.008.000,00 \text{ €}} \approx 4,43\%$$

Istzuschlagssätze

Die zuvor errechneten Zuschlagssätze ergeben sich aus den tatsächlich angefallenen Einzelkosten und den im BAB errechneten Kostenstellen-Gemeinkosten. Es sind sog. Istzuschlagssätze. Sie können erst nach Ablauf einer Abrechnungsperiode aufgrund der in der KLR ausgewiesenen Einzel- und Gemeinkosten ermittelt werden. Istzuschlagssätze werden daher in der Regel nur für die **Nachkalkulationen,** d. h. für Selbstkostenberechnungen nach Herstellung der Erzeugnisse verwendet.

Aus den Zahlen des Betriebsabrechnungsbogens von Seite 238 lassen sich mithilfe des Kalkulationsschemas die **gesamten Selbstkosten der verkauften Erzeugnisse**, die auch Selbstkosten des Umsatzes genannt werden, für das abgelaufene Geschäftsjahr berechnen (= Gesamtkostenrechnung).

Selbstkosten des Umsatzes

Pos.	Kalkulationsschema		
1.	Fertigungsmaterial (FM)	2.040.000,00 €	
2.	+ Materialgemeinkosten lt. BAB (12,89 %)	263.000,00 €	
3.	= **Materialkosten**		**2.303.000,00 €**
4.	Fertigungslöhne (FL)	3.200.000,00 €	
5.	+ Fertigungsgemeinkosten lt. BAB (86,87 %)	2.780.000,00 €	
6.	= **Fertigungskosten**		**5.980.000,00 €**
7.	Herstellkosten der Erzeugung (3. + 6.)		8.283.000,00 €
8.	– Mehrbestand an fertigen Erzeugnissen		275.000,00 €
9.	= **Herstellkosten des Umsatzes**		**8.008.000,00 €**
10.	+ Verwaltungsgemeinkosten lt. BAB (13,13 %)		1.052.000,00 €
11.	+ Vertriebsgemeinkosten lt. BAB (4,43 %)		355.000,00 €
12.	= **Selbstkosten des Umsatzes**		**9.415.000,00 €**

Die Selbstkosten der Erzeugung, also die bei der Produktion insgesamt angefallenen Selbstkosten, betragen 9.690.000,00 € (vgl. Ergebnistabelle S. 224) und sind damit um 275.000,00 € Mehrbestand höher als die um diesen Mehrbestand bereinigten Selbstkosten des Umsatzes (= 9.415.000,00 €).

Selbstkosten der Erzeugung

Zusammenfassung

■ Die tabellarische Kostenstellenrechnung heißt **Betriebsabrechnungsbogen (BAB).** Der BAB wird monatlich oder jährlich aufgestellt. Er ist senkrecht nach Gemeinkostenarten und waagerecht nach Kostenstellen gegliedert.

■ Der **einfache BAB** ist nach den Kostenbereichen „Material", „Fertigung", „Verwaltung" und „Vertrieb" gegliedert.

■ Die Summe der Gemeinkosten aus der Betriebsergebnisrechnung der Ergebnistabelle muss mit der Summe der im BAB ermittelten **Material-, Fertigungs-, Verwaltungs- und Vertriebsgemeinkosten** übereinstimmen.

■ Der BAB hat folgende **Aufgaben:**
   – **Übernahme der Gemeinkostenarten** aus der Betriebsergebnisrechnung der Ergebnistabelle,
   – **Verteilung dieser Gemeinkosten** aufgrund von Belegen oder nach Schlüsseln auf die Kostenstellen, in denen sie entstanden sind,
   – **Errechnung von Zuschlagssätzen** für die Kostenträgerstück- und Kostenträgerzeitrechnung. Hierbei erhält jede Kostenstelle ihre besondere Zuschlagsgrundlage, auf die die Gemeinkosten dieser Stelle bezogen werden.
   – **Überwachung der Gemeinkosten** an den Stellen ihrer Entstehung (Kostenkontrolle und Kontrolle der Wirtschaftlichkeit).

■ Die **Herstellkosten der Erzeugung** und die **Herstellkosten des Umsatzes** unterscheiden sich durch den **Mehr- oder Minderbestand** an fertigen und unfertigen Erzeugnissen voneinander:

   Herstellkosten der Erzeugung
   + Bestandsminderungen an fertigen und unfertigen Erzeugnissen
   – Bestandsmehrungen an fertigen und unfertigen Erzeugnissen
   = **Herstellkosten des Umsatzes**

Aufgabe 226

Betriebsabrechnungsbogen

Kostenarten	Kosten insgesamt	I Material	II Fertigung	III Verwaltung	IV Vertrieb
insgesamt	276.000,00	24.500,00	168.000,00	51.000,00	32.500,00

Einzelkosten €

Fertigungsmaterial 440.000,00

Fertigungslöhne 123.000,00

Bestandsveränderungen

Mehrbestand an unfertigen Erzeugnissen 40.000,00

Minderbestand an fertigen Erzeugnissen 15.000,00

1. Ermitteln Sie die Herstellkosten des Umsatzes.

2. Berechnen Sie die Istzuschlagssätze.

3. Führen Sie eine Gesamtkalkulation durch.

Aufgabe 227

Die Betriebsergebnisrechnung eines Industriebetriebes weist für den Monat April folgende Kosten aus:

	€		€
Fertigungsmaterial	49.600,00	Gehälter	32.800,00
Hilfsstoffe	11.500,00	Soziale Abgaben	19.500,00
Betriebsstoffe	2.600,00	Abschreibungen	8.600,00
Fertigungslöhne	61.000,00	Betriebsteuern	4.400,00
Hilfslöhne	18.000,00	Sonstige betr. Aufwendungen	10.700,00

Folgende Gemeinkosten wurden im Betriebsabrechnungsbogen (BAB) bereits verteilt:

Kostenarten	I Material	II Fertigung	III Verwaltung	IV Vertrieb
Hilfsstoffe	200,00	10.700,00	–	600,00
Betriebsstoffe	240,00	1.820,00	360,00	180,00
Hilfslöhne	1.390,00	15.730,00	280,00	600,00
Gehälter	1.600,00	5.400,00	15.300,00	10.500,00
Soz. Abgaben	650,00	10.550,00	5.940,00	2.360,00
Sonstige Aufwendungen	1.260,00	2.240,00	5.300,00	1.900,00

Die übrigen Gemeinkosten müssen aufgrund folgender Verteilungsgrundlagen verteilt werden:

Kostenarten	I Material	II Fertigung	III Verwaltung	IV Vertrieb
Abschreibungen (Anlagenwerte)	4.000.000,00	6.000.000,00	2.000.000,00	1.000.000,00
Betriebsteuern (Schlüssel)	–	3 :	1	–

1. Berechnen Sie die Herstellkosten des Umsatzes (Minderbestand an unfertigen Erzeugnissen 4.500,00 €, Mehrbestand an fertigen Erzeugnissen 6.200,00 €).

2. Berechnen Sie mithilfe des BAB die vier Gemeinkostenzuschlagssätze.

3. Ermitteln Sie die Selbstkosten des Umsatzes für den Abrechnungszeitraum.

4. Wie hoch ist das Betriebsergebnis für den Abrechnungszeitraum, wenn die Umsatzerlöse 250.000,00 € betragen?

5. Ermitteln Sie die Selbstkosten für je einen Kostenträger A und B. Die Einzelkosten betragen für Kostenträger A: Fertigungsmaterial 100,00 €, Fertigungslöhne 50,00 €; für Kostenträger B: Fertigungsmaterial 300,00 €, Fertigungslöhne 120,00 €.

In die Kostenstellenrechnung eines Industriebetriebes gehen für den **Monat Dezember** folgende Zahlen aus der Betriebsergebnisrechnung (BER) ein:

Folgende Gemeinkosten wurden im Betriebsabrechnungsbogen (BAB) bereits verteilt:

Kostenarten	Zahlen der BER	I Material	II Fertigung	III Verwaltung	IV Vertrieb
Hilfsstoffe	162.500,00	3.500,00	145.200,00	4.500,00	9.300,00
Betriebsstoffe	17.650,00	2.800,00	9.000,00	4.200,00	1.650,00
Hilfslöhne	152.800,00	13.400,00	121.400,00	8.200,00	9.800,00
Gehälter	199.400,00	18.500,00	33.400,00	108.900,00	38.600,00
Soziale Abgaben	153.500,00	9.800,00	89.700,00	32.600,00	21.400,00
Betriebsteuern	90.500,00	–	71.600,00	18.900,00	–
Büro/Werbung	70.800,00	6.800,00	23.400,00	31.500,00	9.100,00

Die übrigen Gemeinkosten müssen aufgrund nachfolgender Daten im BAB verteilt werden:

Kostenarten	Verteilungs-grundlage	I Material	II Fertigung	III Verwaltung	IV Vertrieb
Kalk. Abschr.	Schlüssel	1	6	2	1
Kalk. Zinsen	Schlüssel	1,5	5	2	1,5
Miete	Fläche	200 m²	600 m²	120 m²	80 m²
Versicherungen	Anlagewert	200.000,00	1.200.000,00	400.000,00	200.000,00

Weitere Zahlen aus der BER:

Miete ....120.000,00   Versicherungen.............................. 31.200,00

Kalkulatorische Zinsen **je Jahr:**
  Betriebsgebäude: 1,5 % von Wiederbeschaffungskosten (WBK = 2.400.000,00)
  Technische Anlagen und Maschinen: 15 % von Wiederbeschaffungskosten (WBK = 1.000.000,00)
  Andere Anlagen: 10 % von Wiederbeschaffungskosten (WBK = 540.000,00)

Kalk. Zinsen **je Jahr:** 6 % vom betriebsnotwendigen Kapitel (betriebsnotw. K. = 4.500.000,00)

Minderbestand an unfertigen Erzeugnissen	25.660,00
Mehrbestand an fertigen Erzeugnissen	31.405,00
Fertigungsmaterial	513.500,00
Fertigungslöhne	413.380,00

1. Vervollständigen Sie den Betriebsabrechnungsbogen.
2. Berechnen Sie die Herstellkosten des Umsatzes und die Selbstkosten des Abrechnungszeitraumes.
3. Ermitteln Sie die vier Gemeinkostenzuschlagssätze.

1. Welche Aufgaben erfüllt der Betriebsabrechnungsbogen?

2. Wozu dient die Errechnung von Istzuschlagssätzen?
3. Nach welchem Gesichtspunkt werden die Zuschlagsgrundlagen für die Stellengemeinkosten ausgewählt?
4. Wodurch unterscheiden sich die Herstellkosten der Erzeugung von den Herstellkosten des Umsatzes?
5. Begründen Sie, dass eine Bestandsmehrung von den Herstellkosten der Erzeugung abzuziehen, eine Bestandsminderung zu den Herstellkosten hinzuzurechnen ist.
6. Welche Aufgabe erfüllt die Gesamtkostenrechnung, die für eine zurückliegende Abrechnungsperiode aufgestellt wird?

5.1.3 Erweiterter und mehrstufiger Betriebsabrechnungsbogen

Situation

Unternehmer Berg ist mit der Aussagefähigkeit des Betriebsabrechnungsbogens in der einfachen Form nicht zufrieden (vgl. S. 238). Zum einen weist der BAB nur einen Kostenbereich „Fertigung" aus, sodass der Gemeinkostenverbrauch einzelner Fertigungsabteilungen nicht erkennbar ist und gezielte Kostenkontrollen nicht möglich sind. Herr Berg will daher die in seinem Unternehmen bestehenden Fertigungsabteilungen als **Fertigungshauptstellen** (FHS, vgl. S. 233) in den BAB einführen:

FHS I: Stanzen/Schneiden	FHS III: Bohren/Entgraten
FHS II: Pressen/Biegen	FHS IV: Lackieren/Montieren

Zum anderen will Herr Berg die Abteilung „**Arbeitsvorbereitung**" als gesonderte **Fertigungshilfsstelle** (HiKS, vgl. S. 233) im BAB führen, da diese Abteilung die Fertigungsplanung und Fertigungssteuerung für alle Fertigungshauptstellen leistet.

Zusätzlich plant er den „**Fuhrpark**" zu einer selbstständigen Kostenstelle im BAB zu machen. Da diese Abteilung für alle anderen Abteilungen im Unternehmen Dienste erbringt, wird sie im BAB als **Allgemeine Kostenstelle** (AKS, vgl. S. 233) geführt.

Der so von Herrn Berg gestaltete (erweiterte und mehrstufige) BAB hat das nachfolgende Aussehen. In diesem BAB wurden alle Gemeinkosten nach den vorliegenden Belegen und Schlüsseln bereits auf die Kostenstellen verteilt.

Erweiterter und mehrstufiger Betriebsabrechnungsbogen mit Ist-Gemeinkosten und Ist-Zuschlägen										
Gemein-kostenarten	Zahlen der Betriebs-ergebnis-rechnung	❸ AKS: Fuhrpark	Material-stelle	❷ HiKS: Ar-beitsvor-bereitung	❶ Fertigungshauptstellen				Verwal-tungs-stelle	Vertriebs-stelle
					I Stanzen/ Schneid.	II Pressen/ Biegen	III Bohren/ Entgrat.	IV Lackier./ Montier.		
Hilfsstoffaufw.	720.000	10.000	–	20.000	220.000	150.000	160.000	130.000	–	30.000
Betr.-Stoffaufw.	85.000	45.000	–	–	15.000	10.000	5.000	5.000	5.000	–
Gehälter	600.000	50.000	40.000	10.000	30.000	30.000	30.000	30.000	340.000	40.000
Soziale Abgaben	800.000	50.000	20.000	30.000	170.000	110.000	125.000	100.000	180.000	15.000
Kalk. Abschr.	660.000	50.000	35.000	20.000	150.000	100.000	110.000	95.000	65.000	35.000
Bürokosten	150.000	5.000	10.000	10.000	5.000	5.000	5.000	5.000	75.000	30.000
Werbung	205.000	15.000	–	10.000	5.000	5.000	5.000	5.000	120.000	40.000
Betr. Steuern	180.000	10.000	18.000	–	25.000	25.000	25.000	25.000	30.000	22.000
Kalk. Zinsen	900.000	35.000	110.000	15.000	170.000	120.000	140.000	110.000	107.000	93.000
Kalk. U.-Lohn	150.000	–	–	10.000	10.000	12.500	12.500	5.000	100.000	–
Summe der Gemeinkosten	4.450.000	270.000	233.000	125.000	800.000	567.500	617.500	510.000	1.022.000	305.000
❹ Umlage AKS Fuhrpark			→ 30.000	10.000	30.000	30.000	30.000	20.000	70.000	50.000
Zwischensumme			263.000	135.000	830.000	597.500	647.500	530.000	1.092.000	355.000
❺ Umlage HiKS Arbeitsvorbereitung		–		→ 45.000	30.000	30.000	30.000	–	–
Stellengemeinkosten		263.000	–		875.000	627.500	677.500	560.000	1.092.000	355.000
Zuschlagsgrundlagen		FM	–		FL	FL	FL	FL	HK des Umsatzes	
		2.040.000			776.000	740.000	862.500	821.500	7.968.000	
Istzuschlagssätze		12,89 %			112,76 %	84,8 %	78,55 %	68,17 %	13,71 %	4,46 %

Erläuterungen zum obigen Betriebsabrechnungsbogen:

❶ **Fertigungshauptstellen.** Im obigen BAB ist der Fertigungsbereich gegenüber dem BAB von Seite 238 nach den typischen Arbeitsvorgängen im Unternehmen Berg in vier eigenständige Fertigungshauptstellen unterteilt worden. Dadurch hat Herr

Berg eine ausreichend tiefe Gliederung des Fertigungsprozesses erreicht, sodass aussagefähige Kostenkontrollen im Zeitvergleich möglich werden.

In Betrieben mit einem nach Abteilungen gegliederten Fertigungsprozess wird zweckmäßigerweise für jede Fertigungsabteilung eine besondere Kostenstelle im BAB eingerichtet, die sog. Fertigungshauptstelle. Jede Fertigungshauptstelle gilt als **selbstständige Kostenstelle mit eigener Zuschlagsgrundlage und eigenem Gemeinkostenzuschlagssatz (= erweiterter BAB).**

❷ **Fertigungshilfsstelle** (= HiKS). Im nebenstehenden BAB ist die Arbeitsvorbereitung als Fertigungshilfsstelle eingerichtet. Das ist zweckmäßig, weil diese Stelle Aufgaben für alle Fertigungsabteilungen übernimmt. Die in ihr gesammelten Gemeinkosten lassen sich also nicht direkt einer der Fertigungshauptstellen zuweisen.

Fertigungshilfsstellen sind den Fertigungshauptstellen vorgeordnet. Zu den Abteilungen, die Hilfsdienste für die Fertigung leisten, gehören z. B. die technische Betriebsleitung, die Arbeitsvorbereitung, das Konstruktionsbüro, die Reparaturwerkstatt, die Lehrwerkstatt. Die Fertigungshilfsstellen geben die bei ihnen erfassten Gemeinkosten nach einem intern ermittelten Verteilungsschlüssel an die Fertigungshauptstellen ab.

❸ **Allgemeine Kostenstelle** (= AKS). Im nebenstehenden BAB ist die Abteilung Fuhrpark als Allgemeine Kostenstelle eingerichtet. Dadurch kann Herr Berg die durch diese Abteilung verursachten Kosten korrekt erfassen und entlastet zunächst die anderen Kostenstellen von abteilungsfremden Kosten.

Allgemeine Kostenstellen sind vorgeordnete Kostenstellen. Sie erfassen die Gemeinkosten, die das **Unternehmen insgesamt** betreffen, d. h., diese Kostenstellen leisten für alle nachgeordneten Abteilungen des Unternehmens Dienste. Die in ihnen erfassten Gemeinkosten sind also nach einem intern zu ermittelnden Verteilungsschlüssel auf alle Kostenstellen umzulegen, für die die Allgemeinen Kostenstellen Dienste erbracht haben (= betriebsinterne Kostenverrechnung). Für folgende Betriebsabteilungen können Allgemeine Kostenstellen im BAB eingerichtet werden: Sozialeinrichtungen, Werkschutz, Fuhrpark, Energieversorgung u. a.

Mit der Erfassung von Gemeinkosten in den Allgemeinen Kostenstellen und den Hilfskostenstellen erreicht Herr Berg vorrangig eine Kontrolle der Kosten. **Für Kalkulationszwecke legen diese Kostenstellen ihre Gemeinkosten auf die nachgeordneten Kostenstellen um,** die von den Allgemeinen Kostenstellen und den Hilfskostenstellen Dienste empfangen haben (= **mehrstufiger BAB**). Diese Umlage geschieht nach dem Umfang der beanspruchten Dienste; sie wird im BAB nach einem verursachungsgerechten Schlüssel vorgenommen und geschieht in der **Reihenfolge:**

Betriebsinterne Kostenverrechnung

❹ Zunächst legen die Allgemeinen Kostenstellen ihre Gemeinkosten auf die nachgeordneten Kostenstellen um.

❺ Danach legen die Fertigungshilfsstellen ihre Gemeinkosten auf die Fertigungshauptstellen um.

Im nebenstehenden BAB wurden die Gemeinkosten der Allgemeinen Kostenstelle „Fuhrpark" nach dem Verteilungsschlüssel 3 : 1 : 3 : 3 : 3 : 2 : 7 : 5 auf alle nachgeordneten Kostenstellen verteilt. **Danach** erfolgte die Verteilung der Gemeinkosten der Hilfskostenstelle „Arbeitsvorbereitung" auf die vier nachgeordneten Fertigungshauptstellen nach dem Schlüssel 3 : 2 : 2 : 2.

Kontrollieren Sie die Verteilung im BAB (vgl. S. 244).

Beispiel

Nachdem die interne Kostenverrechnung abgeschlossen ist, zeigt der BAB die **Stellengemeinkosten** für die Materialstelle, die vier Fertigungshauptstellen sowie für die Verwaltungsstelle und die Vertriebsstelle. Zur Berechnung der Istzuschlagssätze stehen diesen Stellengemeinkosten folgende **Einzelkosten** als Zuschlagsgrundlagen gegenüber:

Istzuschlagssätze im erweiterten BAB

Materialstelle:	Fertigungsmaterial gemäß Betriebsergebnisrechnung
FHS „Stanzen/Schneiden":	Fertigungslöhne gemäß Lohnzettel
FHS „Pressen/Biegen":	Fertigungslöhne gemäß Lohnzettel
FHS „Bohren/Entgraten":	Fertigungslöhne gemäß Lohnzettel
FHS „Lackieren/Montieren":	Fertigungslöhne gemäß Lohnzettel
Verwaltungsstelle:	Herstellkosten des Umsatzes gemäß Kalkulation
Vertriebsstelle:	Herstellkosten des Umsatzes gemäß Kalkulation

Berechnung der Herstellkosten des Umsatzes – als Zuschlagsgrundlage für die Verwaltungs- und Vertriebsgemeinkosten – und der **Selbstkosten des Umsatzes** aus den Zahlen des erweiterten BAB (vgl. S. 244):

Kalkulationsschema		
Fertigungsmaterial	2.040.000,00 €	
+ Materialgemeinkosten	263.000,00 €	
= Materialkosten		**2.303.000,00 €**
Fertigungslöhne FHS I	776.000,00 €	
+ Fertigungsgemeinkosten FHS I	875.000,00 €	
= Fertigungskosten FHS I		**1.651.000,00 €**
Fertigungslöhne FHS II	740.000,00 €	
+ Fertigungsgemeinkosten FHS II	627.500,00 €	
= Fertigungskosten FHS II		**1.367.500,00 €**
Fertigungslöhne FHS III	862.500,00 €	
+ Fertigungsgemeinkosten FHS III	677.500,00 €	
= Fertigungskosten FHS III		**1.540.000,00 €**
Fertigungslöhne FHS IV	821.500,00 €	
+ Fertigungsgemeinkosten FHS IV	560.000,00 €	
= Fertigungskosten FHS IV		**1.381.500,00 €**
= Herstellkosten der Erzeugung		**8.243.000,00 €**
– Mehrbestand an FE		**275.000,00 €**
= Herstellkosten des Umsatzes		**7.968.000,00 €**
+ Verwaltungsgemeinkosten		1.092.000,00 €
+ Vertriebsgemeinkosten		355.000,00 €
= Selbstkosten des Umsatzes		**9.415.000,00 €**

Auswertung: Im Vergleich zum BAB von Seite 238 zeigen die Istzuschlagssätze im obigen BAB zum Teil erhebliche Abweichungen. Materialstelle und Vertriebsstelle haben mit 12,89 % bzw. 4,46 % in etwa den gleichen Zuschlagssatz, die Verwaltungsstelle hat mit 13,71 % gegenüber 13,13 % einen geringfügig abweichenden Zuschlagssatz. Hier haben die Umlagen der Gemeinkosten aus der Allgemeinen Kostenstelle und der Fertigungshilfsstelle zu erhöhten Stellengemeinkosten geführt. Besonders auffällig sind die Abweichungen im Fertigungsbereich: Gegenüber einem Gesamtzuschlagssatz von 86,87 % zeigen die Fertigungshauptstellen Zuschlagssätze zwischen rund 68 % und 113 %. Hier zeigt sich die sehr **unterschiedliche Kostenstruktur** zwischen Einzelkosten (= Fertigungslöhnen) und Stellengemeinkosten in den Fertigungshauptstellen. Beispielsweise lässt sich der Zuschlagssatz von 68,17 % in der FHS „Lackieren/Montieren" so interpretieren, dass in dieser Abteilung der Anteil der Fertigungslöhne im Verhältnis zu den Gemeinkosten sehr hoch ist; d. h., diese Abteilung ist wesentlich **lohnintensiver** als die FHS „Stanzen/Schneiden" mit einem Zuschlagssatz von 112,76 %. Diese Unterschiede werden in den nachfolgenden Kalkulationen berücksichtigt (vgl. Kapitel „5.3 Kostenträgerstückrechnung", S. 269 f.).

Die Kostenstellenrechnung eines Industriebetriebes enthält nach der Verteilung der Gemeinkosten folgende Zahlen:

Gemein-kostenarten	Material-stelle	Fertigungshauptstellen			Montage	Verwaltungs-stelle	Vertriebs-stelle
		Dreherei	Bohrerei	Fräserei			
insgesamt	5.200,00	57.600,00	27.500,00	22.500,00	31.500,00	79.200,00	25.200,00
Zuschlags-grundlagen	65.000,00	48.000,00	25.000,00	18.000,00	35.000,00	Herstellkosten des Umsatzes	

1. Errechnen Sie die Zuschlagssätze für jede Kostenstelle.
2. Ermitteln Sie die Selbstkosten des Abrechnungsmonats, wenn ein Minderbestand in Höhe von 24.700,00 € zu berücksichtigen ist.

Folgende Gemeinkosten wurden im Betriebsabrechnungsbogen (BAB) bereits verteilt:

Kostenarten	Zahlen der BER	Material-stelle	Fertigungshauptstellen		Verwaltungs-stelle	Vertriebs-stelle
			I	II		
Hilfsstoffe	12.150,00	750,00	5.000,00	6.000,00	150,00	250,00
Hilfslöhne	70.400,00	1.500,00	32.900,00	34.500,00	1.000,00	500,00
Gehälter	180.700,00	4.700,00	38.000,00	25.000,00	92.000,00	21.000,00
Abschreibungen	78.000,00	2.000,00	33.500,00	28.000,00	8.000,00	6.500,00

Die übrigen Gemeinkosten (Soziale Abgaben: 80.000,00/Steuern: 110.000,00/übrige Kosten: 24.000,00) müssen aufgrund nachfolgender Daten im BAB verteilt werden:

Kostenarten	Verteilungs-grundlage	Material-stelle	Fertigungshauptstellen		Verwaltungs-stelle	Vertriebs-stelle
			I	II		
Soziale Abgaben	Löhne/Geh.	18.094,50	126.661,50	108.567,00	162.850,50	36.189,00
Steuern	Schlüssel	2	3	2	3	1
Übrige Kosten	Schlüssel	1	2	2	3	2
Fertigungsmaterial Fertigungslöhne		290.800,00	114.825,00	86.437,50	Herstellkosten des Umsatzes	

1. Vervollständigen Sie den BAB und errechnen Sie die Istzuschlagssätze.
2. Bestimmen Sie die Selbstkosten des Abrechnungsmonats (Mehrbestand: 30.912,50 €).

1. Aus welchem Grund ist die Aufteilung des Fertigungsbereichs in Fertigungshauptstellen zweckmäßig?

2. Gegen welche Grundsätze darf bei der Einrichtung der Fertigungshauptstellen nicht verstoßen werden?
3. Berechnen Sie die Selbstkosten des Abrechnungsmonats.

Fertigungsmaterial	124.000,00 €	Materialgemeinkostenzuschlag	12 %
Fertigungslöhne I	86.500,00 €	Fertigungsgemeinkostenzuschlag I	110 %
Fertigungslöhne II	67.300,00 €	Fertigungsgemeinkostenzuschlag II	140 %
Fertigungslöhne III	78.400,00 €	Fertigungsgemeinkostenzuschlag III	90 %
Minderbest. unfertigen Erz.	48.000,00 €	Verwaltungsgemeinkostenzuschlag	24 %
Mehrbestand fertigen Erz.	83.500,00 €	Vertriebsgemeinkostenzuschlag	8 %

Aufgabe 233

Zur Aufstellung eines BAB werden folgende Zahlen derzu Grunde gelegt:

Gemeinkostenarten	€	Verteilungsgrundlagen
1. Hilfsstoffaufwand	32.000,00	Rechnungen (direkt)
2. Hilfslöhne	157.000,00	Lohnlisten (direkt)
3. Soziale Abgaben	130.000,00	Lohn- und Gehaltslisten (direkt)
4. Instandhaltung	88.000,00	Kostenstellen (Schlüsselzahlen)
5. Reisekosten	45.000,00	Schätzung (Schlüsselzahlen)
6. Büromaterial	110.000,00	Rechnungen (direkt)
7. Gehälter	561.000,00	Gehaltslisten (direkt)
8. Betriebsteuern	36.000,00	Beschäftigtenzahl (s. u.)
9. Abschreibungen	151.500,00	Anlagenkartei (**Aufteilung nach Anlagewerten, s. u.**)

Der Betrieb hat nachstehende Kostenstellen eingerichtet:

Allgemeine Kostenstellen	Hauptkostenstelle	Hilfskostenstelle	Hauptkostenstellen
I Wasserversorgung II Kraftzentrale	III Materialstelle	IV Fertigungshilfsstelle	V Fertigungshauptstelle A VI Fertigungshauptstelle B VII Fertigungshauptstelle C VIII Verwaltungsstelle IX Vertriebsstelle

Folgende Gemeinkostenarten wurden im Betriebsabrechnungsbogen bereits verteilt:

Gemein-kostenart	Kostenstellen								
	I	II	III	IV	V	VI	VII	VIII	IX
1.	4.000	5.000	4.000	2.000	5.000	6.000	3.000	1.000	2.000
2.	18.500	16.600	5.800	6.400	38.100	30.600	33.000	-	8.000
3.	7.300	5.200	11.200	7.500	10.900	18.200	21.400	23.700	24.600
6.	2.400	2.200	15.900	2.100	3.100	3.200	4.100	43.600	33.400
7.	34.100	24.900	54.800	34.800	52.200	76.100	89.900	93.200	101.000

Die übrigen Gemeinkostenarten müssen aufgrund nachfolgender Angaben noch verteilt werden:

Gemein-kostenart	Kostenstellen																
	I		II		III		IV		V		VI		VII		VIII		IX
4.	1	:	2	:	1	:	5	:	2	:	3	:	4	:	1	:	1
5.	3	:	2	:	1	:	2	:	1	:	2	:	2	:	1	:	1
8.	5	:	5	:	10	:	20	:	20	:	20	:	35	:	25	:	10
9.	238.500		58.500		46.500		33.000		511.500		654.000		499.500		198.000		33.000

2. Legen Sie die Gemeinkosten der Allgemeinen Kostenstelle „Wasserversorgung" auf die anderen Kostenstellen im Verhältnis 3 : 2 : 3 : 4 : 2 : 2 : 2 : 2 um.
Verteilen Sie nun die Gemeinkosten der Allgemeinen Kostenstelle „Kraftzentrale" auf die restlichen Kostenstellen im Verhältnis 1 : 2 : 3 : 3 : 3 : 2 : 1.

3. Die Gemeinkosten der Fertigungshilfsstelle sind auf die drei Fertigungshauptstellen im Verhältnis 1 : 1 : 2 zu verteilen.

4. Errechnen Sie die Zuschlagssätze für die Gemeinkosten.

€

Fertigungsmaterial 300.000,00

Fertigungslöhne A 150.000,00 €, Fertigungslöhne B 180.000,00 €, Fertigungslöhne C 200.000,00 €.

Bestandsveränderungen sind nicht zu berücksichtigen.

Die Kostenartenrechnung für den Monat Juli weist folgende Kosten aus:

	Kostenarten	€
variable Kosten	1. Fertigungsmaterial	630.000,00
	2. Fertigungslöhne	480.000,00
teilfixe Kosten	3. Gemeinkostenmaterial	70.000,00
	4. Hilfslöhne	120.000,00
	5. Sozialkosten	175.000,00
	6. Strom, Gas, Wasser	30.000,00
	7. Reparaturen	80.000,00
	8. Bürokosten	60.000,00
	9. Werbung	40.000,00
fixe Kosten	10. Gehälter	180.000,00
	11. Gewerbesteuer	10.000,00
	12. Versicherungen	5.000,00
	13. Kalkulatorische Abschreibungen	95.000,00
	14. Kalkulatorische Zinsen	45.000,00
	15. Kalkulatorischer Unternehmerlohn	15.000,00

Im BAB werden folgende Kostenstellen geführt:

Allg. Kostenstellen: I Grundstücke/Gebäude   **Hauptkostenstellen:**
                       II Fuhrpark   VI   Schweißerei
Hauptkostenstelle: III Materialstelle   VII   Dreherei
Hilfskostenstellen: IV Arbeitsvorbereitung   VIII Montage
                       V Entwicklung   IX   Verwaltungsstelle
                                          X   Vertriebsstelle

1. Erstellen Sie den BAB und ermitteln Sie die Zuschlagssätze:

Kosten-art	Kostenstellen									
	I	II	III	IV	V	VI	VII	VIII	IX	X
1.			630.000							
2.						220.000	160.000	100.000		
3.	–	5.000	–	–	5.000	25.000	25.000	10.000	–	–
4.	–	20.000	10.000	5.000	5.000	35.000	20.000	15.000	–	10.000
5.	5.000	15.000	10.000	10.000	20.000	40.000	20.000	10.000	40.000	5.000
6.	5.000	2.000	1.000	1.000	2.000	10.000	5.000	2.000	1.000	1.000
7.	10.000	8.000	–	–	–	32.000	25.000	3.000	–	2.000
8.	–	–	4.000	9.000	3.000	–	–	–	44.000	–
9.	–	–	–	–	–	–	–	–	–	40.000
10.	–	5.000	15.000	25.000	15.000	13.000	15.000	10.000	60.000	22.000
11.	–	–	–	–	–	–	–	–	10.000	–
12.	3 :	–	1 :	–	–	1 :	–	–	–	–
13.	3 :	1 :	1 :	–	–	5 :	4 :	2 :	2 :	1
14.	2 :	–	1 :	–	1 :	2 :	1 :	1 :	1 :	–
15.	–	–	–	–	–	–	–	–	4 :	1

Umlage Grundstücke/Gebäude: 1 : 1 : 0 : 0 : 2 : 1 : 1 : 1 : 1; Umlage Fuhrpark: 2 : 0 : 0 : 0 : 0 : 0 : 4 : 5; Umlage Arbeitsvorbereitung: 0 : 2 : 2 : 1 : 0 : 0; Umlage Entwicklung: 4 : 4 : 3 : 0 : 0. Bestandsveränderungen sind nicht zu berücksichtigen.

2. Bei einer Monatsproduktion von 18 000 Stück konnte das Produkt zu einem Preis von 120,00 € je Stück verkauft werden.
Prüfen Sie, ob Gewinn erzielt wurde und wie hoch ggf. der Gewinn war.

3. Auf wie viel € je Stück könnte der Unternehmer zur Absatzstabilisierung vorübergehend den Preis senken, wenn er
a) auf den Gewinn verzichtet (volle Kostendeckung),
b) auf den Ersatz von 40 % der fixen Kosten verzichtet?

5.1.4 Maschinenplatz als Kostenstelle im Betriebsabrechnungsbogen

Situation

Unternehmer Berg plant für das kommende Geschäftsjahr die veraltete Lackier- und Trockeneinrichtung durch eine automatische Lackier- und Trockenanlage zu ersetzen. Diese kapitalintensive Anlage soll als eigenständige Fertigungshauptstelle, als sog. **Maschinenplatz**, im BAB eingerichtet werden, um die hier anfallenden Fertigungsgemeinkosten genau erfassen zu können. Da nicht alle Fertigungsgemeinkosten durch den Maschineneinsatz verursacht werden – z. B. ist die Montage in diese Hauptkostenstelle integriert –, ist es zweckmäßig, die Fertigungsgemeinkosten wie folgt aufzuteilen:

Fertigungsgemeinkosten des Maschinenplatzes „Lackierautomat"		
maschinenabhängige Fertigungsgemeinkosten (vgl. S. 251)		Restgemeinkosten (vgl. S. 252)
variable Gemeinkosten	fixe Gemeinkosten	
Zuschlagsgrundlage: Maschinenlaufzeit in Stunden		Zuschlagsgrundlage: Fertigungslöhne

Mit dieser Aufteilung kann Herr Berg zum einen aus den **maschinenabhängigen Fertigungsgemeinkosten** und der **Maschinenlaufzeit** den sog. **Maschinenstundensatz** berechnen (vgl. S. 251), den er in der Kalkulation verwenden will. Zum anderen kann er die **Restgemeinkosten** wie bisher in Beziehung zu den **Fertigungslöhnen** bringen und einen **Kostenstellen-Zuschlagssatz** berechnen (vgl. S. 252).

Gründe für die Einrichtung des Maschinenplatzes als Kostenstelle

Die Fertigungsgemeinkosten weisen in der Regel nur eine geringe oder gar keine Abhängigkeit von den Fertigungslöhnen auf. Sie werden vielmehr durch den **Einsatz von Maschinen** verursacht (z. B. Platzkosten, Abschreibungen, kalkulatorische Zinsen, Reparaturen, Wartung) und von der **Maschinenlaufzeit** beeinflusst (z. B. Betriebsstoff- und Energiekosten). Allgemein gilt, dass

- mit fortschreitender Mechanisierung und Automatisierung der Fertigungsprozesse die **Fertigungsgemeinkosten zunehmen,**

- der **Anteil der Fertigungslöhne** an den Fertigungskosten **ständig zurückgeht.** So ist es zu erklären, dass Industriebetriebe teilweise mit 300 % oder 400 % Zuschlag für die Fertigungsgemeinkosten auf die Fertigungslöhne rechnen müssen.

- die **Fertigungsgemeinkosten mehr und mehr in Abhängigkeit zum Maschineneinsatz** geraten.

So ist es verständlich, dass nicht mehr die Fertigungslöhne als alleinige Zuschlagsgrundlage für die Fertigungsgemeinkosten verwendet werden, sondern z. B. auch Maschinenstunden. Das ist aber nur möglich, wenn es gelingt, die von der Maschinenanlage verursachten Fertigungsgemeinkosten möglichst genau und vollständig zu erfassen.

Abhängigkeit des Maschinenstundensatzes von der Maschinenlaufzeit

Der Maschineneinsatz wird im Industriebetrieb so geplant, dass die maschinen-, auftrags- und personalbedingten Ausfallzeiten möglichst gering sind (= Normalbeschäftigung). Weichen die tatsächlichen Maschinenlaufstunden in einem Monat von den geplanten ab, so hat das wegen der in den Fertigungsgemeinkosten enthaltenen **fixen Kostenanteile** Auswirkungen auf die Höhe des Maschinenstundensatzes: Fixe Maschinenkosten würden bei **Unterschreitung** der geplanten Maschinenlaufstunden den Maschinenstundensatz **erhöhen.**

Maschinenabhängige Fertigungsgemeinkosten

5.1.4.1

Im Unternehmen Berg wird ein Teil der **jährlichen maschinenabhängigen Ferti-gungsgemeinkosten** für die FHS „Lackierautomat/Montage" nach folgenden Anga-ben ermittelt. Die weiteren Gemeinkosten werden im Beispiel vorgegeben.

Beispiel

1 **Betriebsstoffe:** Maschinenleistung 20 kW, Arbeitspreis 0,24 €/kWh, Grundgebühr 80,00 €/Monat. Sonstige Betriebsstoffkosten/Monat 750,00 €, davon 250,00 € fix.

2 **Abschreibung:** Anschaffungskosten (AK) 800.000,00 €; Wiederbeschaffungsko-sten 850.000,00 €; Nutzungsdauer zehn Jahre; lineare Abschreibung.

3 **Platzkosten:** Standfläche der Anlage 80 m²; kalkulatorische Gebäudeabschrei-bung 75,00 €/m² monatlich; Reparatur- und Wartungskosten jährlich 15.000,00 €; Werkzeugkosten jährlich 5.400,00 €.

4 **Zinsen:** 12 % jährliche kalkulatorische Verzinsung der AK. Um zu jährlich gleich hohen Zinskosten zu gelangen, werden die **halben AK** zugrunde gelegt.

5 **Maschinenlaufstunden:** In einer 40-stündigen Arbeitswoche läuft die Anlage durchschnittlich 37,5 Stunden; 2,5 Stunden sind erforderlich, um die Anlage umzurüsten und zu reinigen. 48 Wochen im Jahr wird die Anlage genutzt: 37,5 Std./Woche · 48 Wochen = **1 800 Laufstunden** pro Jahr.

Erfassung der maschinenabhängigen Fertigungsgemeinkosten, soweit sie direkt in der Kostenstelle „Lackierautomat/Montage" anfallen (**ohne Kostenumlage,** vgl. S. 253):

maschinenabhängige Fertigungsgemeinkosten		Gemeinkosten insgesamt	variable[1] Gemeinkosten	fixe[1] Gemeinkosten
Hilfsstoffe		90.000,00 €	90.000,00 €	–
Betriebsstoffe/Energie		18.600,00 €	14.640,00 €	3.960,00 €
Hilfslöhne		62.000,00 €	30.000,00 €	32.000,00 €
Soziale Abgaben		26.000,00 €	12.360,00 €	13.640,00 €
Kalk. Abschreibungen: Lackierautomat		85.000,00 €	–	85.000,00 €
Platzkosten:	Gebäudeabschreibung	72.000,00 €	–	72.000,00 €
	Reparaturen/Wartung	15.000,00 €	–	15.000,00 €
	Werkzeuge	5.400,00 €	–	5.400,00 €
Bürokosten		3.000,00 €	2.000,00 €	1.000,00 €
Werbung		2.000,00 €	1.000,00 €	1.000,00 €
Betriebliche Steuern		18.000,00 €	12.000,00 €	6.000,00 €
Kalkulatorische Zinsen: Lackierautomat		48.000,00 €	–	48.000,00 €
	sonstiges Kapital	40.000,00 €	–	40.000,00 €
Unternehmerlohn		2.500,00 €	–	2.500,00 €
Fertigungsgemeinkosten insgesamt		**487.500,00 €**	**162.000,00 €**	**325.500,00 €**

Bei der geplanten Beschäftigung von 1 800 Stunden im Jahr beträgt der Maschinen-stundensatz:

Maschinen-stundensatz

$$\frac{487.500,00\ €}{1\,800\ \text{Stunden}} = 270,83\ € \text{ Maschinenstundensatz}$$

Aufgabe: Berechnen Sie den Maschinenstundensatz bei einer tatsächlichen Beschäftigung von 1 440 Stunden im Jahr.

■ Die am Maschinenplatz anfallenden **Fertigungsgemeinkosten** werden so genau und vollständig wie möglich erfasst. Die Unterteilung in **fixe und vari-able Fertigungsgemeinkosten** ist zweckmäßig, um den Maschinenstunden-satz an veränderte Beschäftigungsgrade anpassen zu können.

Zusammen-fassung

---

1 Vgl. hierzu auch Seite 282 f.

5.1.4.2 Restgemeinkosten

Beispiel

In der Fertigungshauptstelle „Lackierautomat/Montage" werden **zusätzlich** zu den maschinenabhängigen Fertigungsgemeinkosten folgende **lohnabhängige Fertigungsgemeinkosten** (= Restgemeinkosten) ermittelt:

Hilfsstoffe	10.000,00 €
Gehälter	30.000,00 €
Soziale Abgaben	49.000,00 €
Kalkulatorische Abschreibungen	15.000,00 €
Bürokosten	2.000,00 €
Werbung	3.000,00 €
Betriebliche Steuern	7.000,00 €
Kalkulatorische Zinsen	20.000,00 €
Unternehmerlohn (anteilig)	2.500,00 €
Restgemeinkosten insgesamt	**138.500,00 €**

Die **Fertigungslöhne** der Kostenstelle „Lackierautomat/Montage" betragen **560.000,00 €**; sie bilden die **Zuschlagsgrundlage für den Restgemeinkostenzuschlagssatz.**

$$\text{Zuschlagssatz für Restgemeinkosten} = \frac{(\text{Restgemeinkosten} + \text{Umlage}^1) \cdot 100\,\%}{\text{Kostenstellenlöhne}} = \frac{(138.500,00\,€ + 50.000,00\,€) \cdot 100\,\%}{560.000,00\,€} = 33,7\,\%$$

5.1.4.3 Fertigungskosten des Maschinenplatzes

Beispiel

Der **nebenstehende BAB** zeigt, wie der **Maschinenplatz** „Lackierautomat/Montage" in die **Betriebsabrechnung** einbezogen wird und welche **Veränderungen sich in der Kostenstruktur** ergeben.

Der **Maschinenplatz** wird als **Fertigungshauptstelle** im BAB, unterteilt in „Maschinenabhängige Fertigungsgemeinkosten" sowie „Restgemeinkosten", geführt. **Er ersetzt die bisherige Fertigungshauptstelle „IV Lackieren/Montieren"** (vgl. BAB S. 244).

Die Fertigungskosten des Maschinenplatzes setzen sich aus maschinenabhängigen FGK und lohnabhängigen Fertigungskosten zusammen:

Maschinenabhängige FGK, **variabel** (vgl. S. 251)	162.000,00 €	
+ Maschinenabhängige FGK, **fix** (vgl. S. 251)	325.500,00 €	**487.500,00 €**
Fertigungslöhne (FL) des Masch.-Platzes (vgl. obiges Beispiel)	560.000,00 €	
+ Restgemeinkosten + Umlage (siehe BAB S. 253)	188.500,00 €	**748.500,00 €**
= **Fertigungskosten des Maschinenplatzes**		**1.236.000,00 €**

Bei einer Beschäftigung von **1 800 Maschinenstunden im Jahr** fallen maschinenabhängige Fertigungsgemeinkosten in Höhe von 487.500,00 € an. Hieran haben die fixen Fertigungsgemeinkosten einen hohen Anteil von 325.500,00 €.

Lohnabhängige Fertigungskosten

Zusätzlich zu den maschinenabhängigen FGK sind in der Kalkulation die **lohnabhängigen Fertigungskosten** zu berücksichtigen, die sich aus einem hohen Anteil an Fertigungslöhnen und einem nur geringen Anteil an Gemeinkosten zusammensetzen.

---

1 Vgl. BAB auf Seite 253.

Erweiterter Betriebsabrechnungsbogen mit Maschinenplatz als Fertigungshauptstelle 5.1.4.4

Im nachfolgenden Betriebsabrechnungsbogen ist dargestellt, wie der Maschinenplatz „Lackierautomat/Montage" in die Betriebsabrechnung einbezogen werden kann.

Erweiterter Betriebsabrechnungsbogen mit Maschinenplatz als Kostenstelle												
Gemeinkosten-arten	Zahlen der Betriebs-ergebnis-rechnung	AKS: Fuhrpark	Material-stelle	HiKS: Arbeitsvor-bereitung	Fertigungshauptstellen						Verwal-tungsstelle	Vertriebs-stelle
					I Stanzen/ Schneid.	II Pressen/ Biegen	III Bohren/ Entgrat.	Lackierautomat/Montage				
								masch.-abh. FGK		Rest-gemein-kosten		
								variabel	fix			
Hilfsstoffe	690.000	10.000	–	20.000	220.000	150.000	160.000	90.000	–	10.000	–	30.000
Betriebsstoffe	98.600	45.000	–	–	15.000	10.000	5.000	14.640	3.960	–	5.000	–
Gehälter	600.000	50.000	40.000	10.000	30.000	30.000	30.000	–	–	30.000	340.000	40.000
Hilfslöhne	62.000	–	–	–	–	–	–	30.000	32.000	–	–	–
Soziale Abgaben	775.000	50.000	20.000	30.000	170.000	110.000	125.000	12.360	13.640	49.000	180.000	15.000
Abschreibungen	665.000	50.000	35.000	20.000	150.000	100.000	110.000	–	85.000	15.000	65.000	35.000
Platzkosten	92.400	–	–	–	–	–	–	–	92.400	–	–	–
Bürokosten	150.000	5.000	10.000	10.000	5.000	5.000	5.000	2.000	1.000	2.000	75.000	30.000
Werbung	205.000	15.000	–	10.000	5.000	5.000	5.000	1.000	1.000	3.000	120.000	40.000
Steuern	180.000	10.000	18.000	–	25.000	25.000	25.000	12.000	6.000	7.000	30.000	22.000
Kalk. Zinsen	898.000	35.000	110.000	15.000	170.000	120.000	140.000	–	88.000	20.000	107.000	93.000
U.-Lohn	150.000	–	–	10.000	10.000	12.500	12.500	–	2.500	2.500	100.000	–
Summe der Gemeinkosten	4.566.000	270.000	233.000	125.000	800.000	567.500	617.500	162.000	325.500	138.500	1.022.000	305.000
❶ Umlage AKS Fuhrpark			30.000	10.000	30.000	30.000	30.000	–	–	20.000	70.000	50.000
Zwischensumme			263.000	135.000	830.000	597.500	647.500	162.000	325.500	158.500	1.092.000	355.000
❷ Umlage HiKS Arbeitsvorbereitung					45.000	30.000	30.000	–	–	30.000	–	–
Stellengemeinkosten			263.000	–	875.000	627.500	677.500	162.000	325.500	188.500	1.092.000	355.000
Zuschlagsgrundlagen			FM 2.040.000		FL 776.000	FL 740.000	FL 862.500	Masch.-Stunden 1 800 Stunden		FL 560.000	HK des Umsatzes 7.822.500	
Ist-Zuschlagssätze			12,89 %		112,76 %	84,8 %	78,55 %	270,83 €/Std.		33,66 %	13,96 %	4,54 %

Die Investition „Lackierautomat" bedingt einen **höheren Einsatz** an Betriebsstoffen, Abschreibungen und Zinsen; sie verursacht **geringere** Hilfsstoffaufwendungen und soziale Abgaben. Bei den **Einzelkosten** fällt die deutliche **Verminderung der Fertigungslöhne** von 821.500,00 € auf 560.000,00 € auf. Dies ist auf die Reduzierung der Arbeitsplätze zurückzuführen. Insgesamt haben sich die Fertigungskosten **um 145.500,00 € verringert**.

Berechnung der Herstellkosten des Umsatzes als Zuschlagsgrundlage für die Verwaltungs- und Vertriebsgemeinkosten:

Auswertung des BAB

Kalkulationsschema		
Fertigungsmaterial	2.040.000,00 €	
+ Materialgemeinkosten	263.000,00 €	
= Materialkosten		2.303.000,00 €
Fertigungslöhne FHS I	776.000,00 €	
+ Fertigungsgemeinkosten FHS I	875.000,00 €	
= Fertigungskosten FHS I		1.651.000,00 €
Fertigungslöhne FHS II	740.000,00 €	
+ Fertigungsgemeinkosten FHS II	627.500,00 €	
= Fertigungskosten FHS II		1.367.500,00 €
Fertigungslöhne FHS III	862.500,00 €	
+ Fertigungsgemeinkosten FHS III	677.500,00 €	
= Fertigungskosten FHS III		1.540.000,00 €
Maschinenabhängige FGK	487.500,00 €	
+ Fertigungslöhne des Maschinenplatzes	560.000,00 €	
+ Restgemeinkosten (inkl. Umlage)	188.500,00 €	
= Fertigungskosten des Maschinenplatzes		1.236.000,00 €
= Herstellkosten der Erzeugung		8.097.500,00 €
– Mehrbestand an fertigen Erzeugnissen		275.000,00 €
= Herstellkosten des Umsatzes		7.822.500,00 €

Aufgabe 235

Die Fertigungshauptstelle „Drehautomat" wird neu eingerichtet:

Anschaffungskosten der Maschine 320.000,00 €, Wiederbeschaffungskosten 344.000,00 €; betriebsgewöhnliche Nutzungsdauer zwölf Jahre. Kalkulatorische Zinsen 8 % von den halben Anschaffungskosten. Für Instandhaltung und Wartung werden bei einer Beschäftigung von 150 Std./Monat jährlich 12.000,00 € veranschlagt. Die Platzkosten betragen 120,00 € je m² und Monat bei einer beanspruchten Fläche von 15 m². Energiekosten: 50,00 € Grundgebühr je Monat; Maschinenleistung 32 kW zu je 0,25 €/kWh; Werkzeugkosten monatlich 600,00 €. Die Kosten für Instandhaltung und Wartung sind bei einer Beschäftigung von 150 Std./Monat zu 30 % variabel; als variabel gelten auch die Kosten für den Stromverbrauch. Alle anderen Kosten sind fix.

1. **Berechnen Sie die monatlichen fixen und variablen Maschinenkosten.**

2. **Berechnen Sie den Maschinenstundensatz bei einer Beschäftigung von 150 Stunden/Monat.**

3. Die wirtschaftliche Rezession zwingt zu einer Verkürzung der Beschäftigung um 30 %.

   Mit welchem Maschinenstundensatz muss nun bei vollem Ersatz der fixen Kosten kalkuliert werden?

4. Gerade in der Rezessionsphase soll mit dem geplanten Maschinenstundensatz kalkuliert werden.

   Wie viel € fixe Kosten können dann nicht mehr ersetzt werden?

5. **Wie hoch wäre der Maschinenstundensatz beim Zweischichtbetrieb mit 280 Stunden/Monat?**

Aufgabe 236

In einem Industriebetrieb werden die Fertigungshauptstellen neu organisiert:

Es soll zusätzlich eine Kostenstelle für eine automatische Bandschneidemaschine eingerichtet werden. Die monatlichen Maschinenplatzkosten sind aus folgenden Angaben zu berechnen: Anschaffungskosten der Maschinenanlage 520.000,00 €; Wiederbeschaffungskosten 710.000,00 €; betriebsgewöhnliche Nutzungsdauer zehn Jahre. Die jährliche Nutzungszeit wird mit 1 920 Maschinenstunden angesetzt. Die kalkulatorische Abschreibung ist linear von den Wiederbeschaffungskosten zu bestimmen. Für die kalkulatorischen Zinsen sind 9 % zugrunde zu legen. Für Instandhaltung und Reparatur sind lt. Belegen 62.400,00 € im Jahr zu veranschlagen. Der Platzbedarf der Maschine beträgt 30 m², der Raumkostensatz 102,00 € je m² im Jahr. Die Leistung der Maschine macht 36 kW bei einem Strompreis von 0,25 € je kWh aus, die Grundgebühr beträgt monatlich 80,00 €.

Lohnabhängige Gemeinkosten der Kostenstelle im Abrechnungsmonat:	€
Hilfslöhne	18.000,00
Sozialkosten	8.000,00
Allgemeine Betriebskosten	14.000,00

Die Fertigungslöhne der Kostenstelle werden mit 30.000,00 € ermittelt.

1. **Berechnen Sie die monatlichen Maschinenplatzkosten und den Maschinenstundensatz.**

2. Die Kosten für Instandhaltung und Reparatur gelten zu 40 % als variabel; die Kosten des Stromverbrauchs sind in voller Höhe variabel. Alle anderen Platzkosten sind fix. Um in Zeiten wirtschaftlicher Rezession durch Zusatzaufträge die geplante Maschinenlaufzeit halten zu können, soll der Maschinenstundensatz unter Verzicht auf 40 % der fixen Kosten gesenkt werden.

   Berechnen Sie den Maschinenstundensatz.

Der BAB eines anlageintensiven Industriebetriebes weist nach der Verteilung der Gemeinkosten auf die Kostenstellen folgende Stellengemeinkosten aus:

Aufgabe 237

Betriebsabrechnungsbogen					
Material-stelle	Fertigungshauptstellen			Verwal-tungs-stelle	Vertriebs-stelle
	Maschine I	Maschine II	Übrige Fer-tig.-Stellen		
320.000,00	120.000,00	145.000,00	96.000,00	265.000,00	110.000,00

1. **Berechnen Sie die Gemeinkostenzuschlagssätze und die Maschinenstunden-sätze nach folgenden Angaben:**

   Materialstelle hat als Zuschlagsgrundlage: 800.000,00 € Fertigungsmaterial,
   FHS Maschine I hat als Zuschlagsgrundlage: 1 500 Maschinenstunden,
   FHS Maschine II hat als Zuschlagsgrundlage: 1 650 Maschinenstunden,
   übrige Fertigungsstellen haben als Zuschlagsgrundlage: 120.000,00 € Fertigungs-löhne.

   Die Verwaltungs- und Vertriebsgemeinkosten werden auf die Herstellkosten des Umsatzes bezogen. Hierbei ist ein Mehrbestand von 24.000,00 € zu berücksichtigen.

2. **Berechnen Sie die Selbstkosten der Abrechnungsperiode.**

3. Der Beschäftigungsrückgang zwingt zu einer Verkürzung der Maschinenlaufzeit auf 1 200 Std. (Maschine I) und 1 500 Std. (Maschine II). **Erläutern Sie die Auswir-kungen auf die Maschinenstundensätze.**

Vervollständigen Sie den Betriebsabrechnungsbogen.

Aufgabe 238

Kostenart	Zahlen der BER	Materi-alstelle	Abrichtanlage		Rest-gemein-kosten	Übrige Fertig.-Stellen	Verw.-Stelle	Vertr.-Stelle
			Maschinenabhän-gige Fertigungsge-meinkosten					
			fix	variabel				
Allg. Betriebskosten	8.000,00	1 :			3 :	4		
Energie	3.000,00	300,00	80,00	600,00		1.400,00	500,00	120,00
Betriebsstoffkosten	6.000,00			1.000,00		5.000,00		
Gehälter	20.000,00	2.000,00	2.500,00			4.500,00	11.000,00	
Hilfslöhne	35.000,00	3.000,00			7.000,00	21.500,00		3.500,00
Soz. Abgaben	19.000,00	1.200,00			3.000,00	9.400,00	4.000,00	1.400,00
Kalk. Zinsen	5.000,00	500,00	800,00			2.600,00	600,00	500,00
Abschr. auf Anlagen	9.000,00	200,00	2.500,00			5.500,00	500,00	300,00
Abschr. auf Gebäude	18.000,00	1.800,00	3.500,00			9.000,00	2.200,00	1.500,00
Reparaturkosten	6.500,00		770,00	1.200,00		4.200,00		330,00
Sonstige Kosten	7.000,00	2 :				8 :	3 :	1
Fertigungslöhne					10.400,00	47.400,00		
Fertigungsmaterial		88.000,00						
Maschinenlaufstunden			250					

1. **Berechnen Sie die Zuschlagssätze und den Maschinenstundensatz.**

2. **Ermitteln Sie die Selbstkosten der Abrechnungsperiode.**

3. **Mit welchem Maschinenstundensatz muss bei vollem Kostenersatz in Zukunft kalkuliert werden, wenn mit einem Beschäftigungsrückgang um 20 % gerech-net wird?**

4. **Wie viel € fixe Kosten könnten nicht ersetzt werden, wenn trotz Beschäftigungs-rückgang mit dem ursprünglichen Maschinenstundensatz kalkuliert wird?**

Aufgabe 239

In einem Industriebetrieb bilden drei Stanzen eine Fertigungshauptstelle. Für jede Stanze wird der Maschinenstundensatz nach folgenden Angaben gesondert berechnet:

	Stanze I	Stanze II	Stanze III
Anschaffungskosten	84.000,00 €	150.000,00 €	240.000,00 €
Betriebsübliche Nutzungsdauer	15 Jahre	14 Jahre	14 Jahre
Lineare Abschreibung von den Wiederbeschaffungskosten	105.000,00 €	175.000,00 €	280.000,00 €
Kalk. Zinsen auf halbe Anschaffungskosten	9 %	9 %	9 %
Maschinenleistung	15 kW	30 kW	60 kW
Strompreis je kWh	0,24 €	0,24 €	0,24 €
Grundgebühr monatlich	60,00 €	80,00 €	100,00 €
Kosten für Instandhaltung und Wartung pro Jahr	4.000,00 €	8.000,00 €	10.000,00 €
Stand- und Arbeitsfläche	20 m²	25 m²	30 m²
Platzkosten je m²	40,00 €	40,00 €	40,00 €
durchschnittliche Werkzeugkosten je Monat	150,00 €	200,00 €	400,00 €
Betriebsstoffkosten je Monat	40,00 €	50,00 €	70,00 €

Die maschinenunabhängigen Fertigungskosten werden für den Monat Oktober für die gesamte Kostenstelle in folgender Höhe ermittelt:

	€
Fertigungslöhne	7.500,00
Hilfslöhne	8.000,00
Soziale Abgaben	3.500,00
Allgemeine Betriebskosten	2.000,00

1. Berechnen Sie die Maschinenstundensätze für jede Stanze bei geplanten Beschäftigungen je Monat von:

	Stanze I	Stanze II	Stanze III
Laufstunden	150 Stunden	120 Stunden	100 Stunden

2. Ermitteln Sie den Restgemeinkostenzuschlagssatz.

Aufgabe 240

In einem Industriebetrieb bildet die Reparaturwerkstatt mit einer Bohrmaschine, einer Drehmaschine und einer Fräsmaschine eine besondere Kostenstelle. Für jede Maschine wurde ein eigener Maschinenstundensatz errechnet, und zwar für

	€
Bohrmaschine	45,00
Drehmaschine	68,00
Fräsmaschine	52,00

Zusätzlich fallen in dieser Kostenstelle maschinenunabhängige Fertigungsgemeinkosten für Reinigung, Montage und Kontrolle an:

	€
Hilfslöhne	4.000,00
Gehälter	5.400,00
Soziale Abgaben	3.000,00
Allgemeine Betriebskosten	2.000,00

Die Fertigungslöhne betragen in der Abrechnungsperiode 12.000,00 €.

Berechnen Sie den Restgemeinkostenzuschlagssatz und die Periodenkosten für 150 Stunden.

In einer Weberei werden für den Monat September folgende Kosten ermittelt:

	Kostenarten	€
variable Kosten	1. Fertigungsmaterial	400.000,00
	2. Fertigungslöhne	200.000,00
teilfixe Kosten	3. Hilfsstoffaufwand	40.000,00
	4. Hilfslöhne	100.000,00
	5. Soziale Abgaben	120.000,00
	6. Energieaufwand	50.000,00
	7. Reparaturen	30.000,00
fixe Kosten	8. Gehälter	160.000,00
	9. Gewerbesteuer	20.000,00
	10. Kalkulatorische Abschreibungen	100.000,00
	11. Kalkulatorische Zinsen	60.000,00

Im BAB werden folgende **Kostenstellen** geführt:

I. Materiallager
II. Fertigungshauptstelle Webautomat
III. Fertigungshauptstelle Färberei
IV. Fertigungshauptstelle Veredlung
V. Verwaltung
VI. Vertrieb

Der Betriebsabrechnungsbogen ist nach folgenden Angaben zu erstellen:

Kostenart	Abrichtanlage							
	Material	Webautomat		Restgemein-kosten	Färberei	Veredlung	Verwal-tung	Vertrieb
		Maschinengemeinkosten						
		fix	variabel					
1.	400.000							
2.				60.000	100.000	40.000		
3.	–	–	–	20.000	15.000	5.000	–	–
4.	15.000	–	–	25.000	40.000	20.000	–	–
5.	5.000	–	–	30.000	20.000	10.000	40.000	15.000
6.	–	5.000	25.000	–	10.000	5.000	5.000	–
7.	–	5.000	15.000	–	5.000	5.000	–	–
8.	10.000	10.000	–	–	–	–	100.000	40.000
9.	–	–	–	–	–	–	20.000	–
10.	2 :	6 :	–	–	4 :	3 :	3 :	2
11.	–	3 :	–	–	1 :	1 :	1	–

Zuschlagsgrundlagen:

Für Materialstelle	→	Fertigungsmaterial
Für Hauptstelle Webautomat:		
Maschinengemeinkosten	→	480 Masch.-Stunden (3-Schicht-Betrieb)
Restgemeinkosten	→	Fertigungslöhne der Kostenstelle II
Für Hauptstelle Färberei	→	Fertigungslöhne der Kostenstelle III
Für Hauptstelle Veredlung	→	Fertigungslöhne der Kostenstelle IV
Für Verw.- und Vertriebsstelle	→	Herstellkosten des Umsatzes.

Bei der Berechnung der Herstellkosten des Umsatzes ist ein Mehrbestand von 25.000,00 € zu berücksichtigen. **Berechnen Sie die Zuschlagssätze und die Herstellkosten des Umsatzes.**

In der Fertigungshauptstelle „Drehautomat" (vgl. Aufgabe 235) werden zusätzlich folgende lohnabhängige Gemeinkosten ermittelt: Hilfslöhne 4.500,00 €, Lohnnebenkosten 6.300,00 €, Allgemeine Betriebskosten 3.450,00 €. Die Fertigungslöhne betragen im Abrechnungsmonat 12.800,00 €.

1. Bestimmen Sie den Restgemeinkostenzuschlagssatz.
2. Ermitteln Sie die gesamten Fertigungskosten der Kostenstelle.
3. Für einen Auftrag werden 3½ Maschinenstunden (vgl. Aufgabe 235, 2.) und 195,00 € Fertigungslöhne kalkuliert. Berechnen Sie die Maschinenkosten.

5.2 Kostenträgerzeitrechnung bei Serienfertigung (Gesamtkostenverfahren)

5.2.1 Kostenträgerblatt (BAB II) mit Istkosten als Hilfsmittel der Kostenträgerzeitrechnung

Situation

Aus den bisher aufgestellten Betriebsabrechnungsbögen hat Herr Berg eine detaillierte Kostenkontrolle ableiten und kostenstellenbezogene Ist-Zuschlagssätze berechnen können. Diese Istzuschlagssätze verwendet er in der **Nachkalkulation** (vgl. Kapitel 5.3.3) und benutzt sie für eine nach Kostenträgern unterteilte **Selbstkosten- und Ergebnisrechnung**, die sog. **Kostenträgerzeitrechnung.** Auf der Basis der Vollkosten zeigt ihm diese Rechnung, wie viel Euro Kosten die Kostenträger verursacht und mit wie viel Euro sie zum Betriebserfolg beigetragen haben.

Für die Durchführung der Rechnung benötigt Herr Berg folgende produktbezogene Angaben, die ihm aus der Finanzbuchhaltung sowie aus dem Produktions- und Vertriebsbereich vorliegen. Grundlage für die nachstehende Kostenträgerzeitrechnung ist der **erweiterte Betriebsabrechnungsbogen von Seite 244.**

	Gesamt	Gehäuse G I	Gehäuse G II	Gehäuse G III
Fertigungsmaterial	2.040.000,00	1.280.000,00	600.000,00	160.000,00
Fertigungslöhne FHS I	776.000,00	415.000,00	280.000,00	81.000,00
Fertigungslöhne FHS II	740.000,00	395.000,00	270.000,00	75.000,00
Fertigungslöhne FHS III	862.500,00	460.000,00	312.500,00	90.000,00
Fertigungslöhne FHS IV	821.500,00	436.000,00	300.000,00	85.500,00
Mehrbestand an FE	275.000,00	275.000,00	–	–
Umsatzerlöse	10.320.000,00	5.648.900,00	3.743.300,00	927.800,00
Produktionsmenge	160 000 Stück	80 000 Stück	60 000 Stück	20 000 Stück
Absatzmenge	154 500 Stück	74 500 Stück	60 000 Stück	20 000 Stück

Kostenträgerblatt (BAB II) auf Istkostenbasis				
Kalkulationsschema	**Istkosten insgesamt**	**Kostenträger**		
		Gehäuse G I	Gehäuse G II	Gehäuse G III
Fertigungsmaterial	2.040.000,00	1.280.000,00	600.000,00	160.000,00
+ 12,89 % Materialgemeinkosten	263.000,00	165.000,00	77.400,00	20.600,00
= **Materialkosten**	2.303.000,00	1.445.000,00	677.400,00	180.600,00
Fertigungslöhne FHS I	776.000,00	415.000,00	280.000,00	81.000,00
+ 112,76 % Fertigungsgemeinkosten	875.000,00	467.950,00	315.720,00	91.330,00
= **Fertigungskosten FHS I**	1.651.000,00	882.950,00	595.720,00	172.330,00
Fertigungslöhne FHS II	740.000,00	395.000,00	270.000,00	75.000,00
+ 84,8 % Fertigungsgemeinkosten	627.500,00	334.950,00	228.950,00	63.600,00
= **Fertigungskosten FHS II**	1.367.500,00	729.950,00	498.950,00	138.600,00
Fertigungslöhne FHS III	862.500,00	460.000,00	312.500,00	90.000,00
+ 78,55 % Fertigungsgemeinkosten	677.500,00	361.330,00	245.470,00	70.700,00
= **Fertigungskosten FHS III**	1.540.000,00	821.330,00	557.970,00	160.700,00
Fertigungslöhne FHS IV	821.500,00	436.000,00	300.000,00	85.500,00
+ 68,17 % Fertigungsgemeinkosten	560.000,00	297.220,00	204.500,00	58.280,00
= **Fertigungskosten FHS IV**	1.381.500,00	733.220,00	504.500,00	143.780,00
= **Herstellkosten der Erzeugung**	8.243.000,00	4.612.450,00	2.834.540,00	796.010,00
– Mehrbestand an FE	275.000,00	275.000,00	–	–
= **Herstellkosten des Umsatzes**	7.968.000,00	4.337.450,00	2.834.540,00	796.010,00
+ 13,71 % VwGK	1.092.000,00	594.440,00	388.470,00	109.090,00
+ 4,46 % VtGK	355.000,00	193.250,00	126.250,00	35.500,00
= **Selbstkosten des Umsatzes**	9.415.000,00	5.125.140,00	3.349.260,00	940.600,00
Umsatzerlöse	10.320.000,00	5.648.900,00	3.743.300,00	927.800,00
Betriebsergebnis	905.000,00	+ 523.760,00	+ 394.040,00	– 12.800,00

Beachten Sie bitte: Die Gemeinkosten sind gerundete Zahlen.

Erläuterungen zum Kostenträgerblatt:

Die obige nach Kostenträgern durchgeführte Selbstkosten- und Ergebnisrechnung ist für das Unternehmen wichtig, um die **Ertragskraft** der Erzeugnisse – gemessen am Betriebserfolg und an der Wirtschaftlichkeit – beurteilen zu können. Sie heißt Kostenträger**zeit**rechnung, da sie sich auf einen bestimmten Zeitraum (z. B. Monat oder Jahr) bezieht.

Kostenträger-zeitrechnung

Hilfsmittel der Kostenträgerzeitrechnung ist das Kostenträgerblatt, das senkrecht nach dem Schema der **Zuschlagskalkulation** (vgl. S. 269) aufgebaut und waagerecht nach den Kostenträgern gegliedert ist.

Kostenträgerblatt

Die Einzelkosten „**Fertigungsmaterial**" und „**Fertigungslöhne**" lassen sich anhand von Belegen für jeden Gehäusetyp genau erfassen. So wird der Verbrauch an Roh- und Hilfsstoffen aufgrund von Materialentnahmescheinen ermittelt und mit einem für die Kostenrechnung geeigneten Verrechnungspreis bewertet (vgl. S. 222). Die Fertigungs-löhne lassen sich aufgrund von Auftrags- und Laufzetteln für jeden Gehäusetyp und jede Fertigungshauptstelle genau berechnen.

Erfassung der Einzelkosten je Kostenträger

Mithilfe der im BAB ausgewiesenen Ist-Zuschlagssätze und der nach Gehäusetypen ermittelten Einzelkosten lassen sich die Stellengemeinkosten anteilig auf die Gehäuse-typen verteilen. Auf diese Weise ist es möglich, für jeden Kostenträger die Selbstkosten des Umsatzes zu berechnen.

Anteilige Zurechnung der Gemeinkosten

Im Ergebnis zeigt die Kostenträgerzeitrechnung, wie hoch die Selbstkosten – bezogen auf die verkauften Mengen – für jeden Gehäusetyp sind. Im Beispiel ist der Mehrbestand an fertigen Erzeugnissen ausschließlich beim Gehäusetyp G I angefallen. Dieser Gehäu-setyp ist mit 74 500 verkauften Einheiten Hauptträger der Produktion und des Absatzes.

Selbstkosten

Das Kostenträgerblatt lässt sich durch die Aufnahme der Nettoumsatzerlöse aus der FB zu einer Ergebnisrechnung ausbauen. In der FB werden die Nettoumsatzerlöse für jeden Kostenträger ausgewiesen; sie können in das Kostenträgerblatt übernommen werden. Bildet man die Differenz zwischen den Selbstkosten des Umsatzes und den Nettoumsatzerlösen, erhält man das Betriebsergebnis insgesamt und für jeden Kosten-träger. Damit ist das Kostenträgerblatt auch ein **Instrument zur kurzfristigen Erfolgs-rechnung.** Im Beispiel zeigen sich deutliche Unterschiede im Erfolg. Gehäuse G I und G II erzielen hohe Gewinne, bei Gehäuse G III ist ein Verlust von 12.800,00 € eingetreten.

Ergebnisrechnung/ kurzfristige Erfolgsrechnung

Die Ertragskraft der Gehäusetypen ergibt folgendes Bild:

	Gehäuse G I	Gehäuse G II	Gehäuse G III
Betriebserfolg in %	$\dfrac{523.760,00}{5.125.140,00}$ = 10,2 % Gewinn	$\dfrac{394.040,00}{3.349.260,00}$ = 11,8 % Gewinn	$\dfrac{-12.800,00}{940.600,00}$ = −1,4 % Verlust
Wirtschaft-lichkeit	$\dfrac{5.648.900,00}{5.125.140,00}$ = 1,102	$\dfrac{3.743.300,00}{3.349.260,00}$ = 1,118	$\dfrac{927.800,00}{940.600,00}$ = 0,986

Wie sich Unternehmer Berg angesichts der Verlustsituation bei Gehäuse G III entschei-det, hängt zum einen von der genauen Kostenanalyse ab (vgl. Deckungsbeitragsrech-nung, S. 287 f.). Zum anderen wird die Entscheidung vom Unternehmensziel beeinflusst. Sofern es sich bei Gehäuse G III um ein neu aufgenommenes Produkt handelt, das in der Anlaufphase erhöhte Kosten verursacht hat und von dem sich Herr Berg in der Zukunft höhere Absatzzahlen verspricht, wird er den derzeitigen Verlust hinnehmen.

5.2.2 Kostenstellen- und Kostenträgerzeitrechnung auf Normalkostenbasis

Situation

Bisher hat Herr Berg die Kostenstellenrechnung und die Kostenträgerzeitrechnung auf der Basis der **Istkosten** (= nachträglich feststellbare tatsächliche Kosten) durchgeführt. Dieses Vorgehen ist zur Ermittlung der tatsächlich angefallenen Kosten je Kostenstelle unbedingt erforderlich. Andererseits haben die Istkosten – und damit die von ihnen abhängigen Ist-Zuschlagssätze – die Eigenschaft, dass sie von Monat zu Monat schwanken. Diese **Schwankungen** sind zurückzuführen auf:

- **Preisabweichungen.** So führen z. B. Preiserhöhungen bei Hilfs- und Betriebsstoffen oder Gehaltserhöhungen zu einer höheren Belastung der Kostenstellen mit Gemeinkosten und damit zu höheren Zuschlagssätzen. Ebenso wäre es denkbar, dass preisgünstigere Werkstoffe ein Sinken der Stellengemeinkosten und der Zuschlagssätze bewirken.

- **Beschäftigungsabweichungen.** So kann z. B. eine Produktionserhöhung zu **überhöhten** Stellengemeinkosten im Fertigungsbereich (Reparaturaufwand, Lohnzuschläge für Sonderschichten) und damit zu höheren Zuschlagssätzen beitragen. Ein Rückgang der Beschäftigung ist dagegen nicht unbedingt mit einem Sinken der Zuschlagssätze verbunden, da in diesem Fall zwar die variablen Einzelkosten (Material, Akkordlöhne) sinken werden, nicht aber die fixen Gemeinkosten.

- **Verbrauchsabweichungen.** Es kann auch vorkommen, dass die geplanten Fertigungszeiten und Materialvorgaben über- oder unterschritten werden. Das führt zu steigenden oder fallenden Kosten und damit ebenfalls zu schwankenden Zuschlagssätzen. Während die Betriebsleiter Preis- und Beschäftigungsschwankungen nicht zu verantworten haben, sind sie bei Verbrauchsabweichungen gehalten, nach den Ursachen zu forschen.

Dadurch, dass Istkosten erst nach Abschluss des Produktionsprozesses vorliegen und dass sie Schwankungen unterworfen sind, eignen sie sich für eine **planvolle, vorausschauende Kostenrechnung** nicht. So kann Herr Berg auf der Basis der Ist-Kostenrechnung

- **keine Kostenkontrollen** durchführen, da eine **feste Grundlage** für Vergleiche fehlt,

- **keine verbindlich festzulegenden Angebotspreise** kalkulieren, da keine für die Zukunft **konstant bleibenden Zuschlagssätze** zur Verfügung stehen.

Um also eine **zukunfts- und kontrollorientierte,** über einen längeren Zeitraum **konstante Kalkulation** aufstellen zu können, bildet Herr Berg aus den Ist-Zuschlagssätzen vergangener Betriebsabrechnungsbögen – unter Berücksichtigung der Kostenentwicklung – Durchschnittsprozentsätze (arithmetische Mittelwerte, vgl. Kapitel E, 3.1.1), die sog. **Normalzuschlagssätze.**

Beispiel

Im BAB auf Seite 238 wurde der Istzuschlagssatz für die Materialgemeinkosten gerundet mit 12,9 % errechnet. In den zurückliegenden Monaten sollen die Gemeinkostenzuschläge in der Materialstelle 12,2 %, 12,3 %, 12,5 %, 12,5 % und 12,4 % betragen haben. Herr Berg legt aufgrund dieser Zahlen für die Materialstelle folgenden **Normalzuschlagssatz** fest:

$$\frac{12{,}2\,\% \;+\; 12{,}3\,\% \;+\; 12{,}5\,\% \;+\; 12{,}5\,\% \;+\; 12{,}4\,\% \;+\; 12{,}9\,\%}{6} \;=\; \frac{74{,}8\,\%}{6} \;\begin{array}{l}=\; 12{,}47\,\% \\ \approx\; 12{,}5\,\%\end{array}$$

Entsprechend verfährt Herr Berg in den übrigen Kostenstellen und ermittelt aufgrund der Ist-Zuschlagssätze aus den Betriebsabrechnungsbögen der Vergangenheit folgende **Normalzuschlagssätze:**

Materialgemeinkosten	12,5 %		
Fertigungsgemeinkosten FHS I	115,0 %	Fertigungsgemeinkosten FHS IV	70,0 %
Fertigungsgemeinkosten FHS II	83,0 %	Verwaltungsgemeinkosten	15,0 %
Fertigungsgemeinkosten FHS III	80,0 %	Vertriebsgemeinkosten	5,0 %

Mithilfe dieser **Normalzuschlagssätze** kann Herr Berg

- schon **im Voraus** – noch bevor alle tatsächlichen Zahlen einer abgeschlossenen Rechnungsperiode vorliegen – eine **Kostenträgerzeitrechnung** aufstellen, um den Betriebserfolg abzuschätzen,

- einen Abgleich mit den „Normal" zahlen vornehmen, sobald ihm die Ist-Zahlen aus dem BAB vorliegen. Hierdurch kann er **Abweichungen** aufspüren und ggf. die Normalzuschlagssätze für die Zukunft korrigieren. Diesen Abgleich führt er im BAB in Form von **Kostenüberdeckungen** und **Kostenunterdeckungen** durch (vgl. S. 262).

Auch bei den **Einzelkostenarten** „Fertigungsmaterial" und „Fertigungslöhne" wird Herr Berg auftretende Schwankungen ausschalten, indem er

- das **Material zu festen Verrechnungspreisen** bewertet (vgl. S. 222),
- die **Löhne mit festen Lohnsätzen** kalkuliert.

Kritik an der Normalkostenrechnung

Die Normalkostenrechnung erfüllt ihren Zweck dort, wo es darum geht, monatlich schwankende Ist-Zuschlagssätze für eine zukunftsorientierte Kalkulation auf eine feste Basis zu stellen. Sofern der Unternehmer das Ziel verfolgt, den Kostenverbrauch zu kontrollieren, sollte er sich vor Augen führen, dass die Normalkostenrechnung hierfür **nur bedingt eine** geeignete Grundlage darstellt:

- Die **Normalkostenrechnung verwendet** für ihre „genormten" Zuschlagssätze die **Istkosten der Vergangenheit**, ohne zu prüfen, inwieweit diese Vergangenheitswerte „Spiegelbilder" von Unwirtschaftlichkeiten sind. Was in der Vergangenheit als Materialvergeudung und an ungenauen Kostenaufteilungen auf die Kostenstellen passiert ist, wird nicht dadurch „geheilt", dass man Durchschnittswerte bildet. Für eine **Kostenkontrolle** ist eine **verlässliche Vergleichsbasis nötig**, die so nur die **Plankostenrechnung** (vgl. S 319 ff.) liefern kann.

- Wegen der fehlenden Vergleichsbasis (= Plankosten) kann auf Grundlage der Normalkostenrechnung auch nicht nachgeforscht werden, welche Ursache die Abweichungen zwischen Ist- und Normalkosten haben. Wer dennoch nach Ursachen forscht, wird mit großer Wahrscheinlichkeit Fehldeutungen vornehmen, die im ungünstigsten Fall die bestehenden Ungenauigkeiten vergrößern. Fraglich bleibt dann auch, ob eine Anpassung der Normalzuschlagssätze bei Kostenabweichungen die wirtschaftlich sinnvolle Maßnahme ist.

- Die Berechnung von Kostenstellenzuschlagssätzen - unabhängig ob sie auf Istkosten, Normalkosten oder Plankosten basiert - unterstellt immer eine Abhängigkeit der Stellengemeinkosten von den gewählten Zuschlagsgrundlagen. Diese Unterstellung ist mehr als fraglich. Eine markt- oder kundenorientierte Kalkulation in Form der Deckungsbeitragsrechnung (vgl. S. 287 ff.) oder der Prozesskostenkalkulation (vgl. S. 340 ff.) löst die Kostenzurechnung der Gemeinkosten verursachungsgerechter.

5.2.3 Kostenüberdeckung und Kostenunterdeckung im BAB

Situation

Für den Unternehmer Berg ist es wichtig festzustellen, ob die durch die Produktion tatsächlich entstandenen Kosten den in die Preise eingerechneten (vorkalkulierten) Normalkosten entsprechen. Insgesamt dürfen die Iststellengemeinkosten im BAB **nicht höher** ausfallen als die aus den **Zuschlagsgrundlagen** und den **Normalzuschlagssätzen** errechneten Normalstellengemeinkosten, weil dann die über die Umsatzerlöse erstatteten Normalstellengemeinkosten nicht mehr die tatsächlichen Kosten decken, was zu Gewinneinbußen oder sogar zu Verlusten führt. Um dies zu prüfen, ergänzt Herr Berg den BAB (vgl. S. 244) um die Normalstellengemeinkosten und errechnet die Kostenüberdeckung oder Kostenunterdeckung.

Erweiterter und mehrstufiger Betriebsabrechnungsbogen mit Ist- und Normalgemeinkosten										
Gemein-kostenarten	Zahlen der Betriebs-ergebnis-rechnung	AKS: Fuhrpark	Material-stelle	HiKS: Ar-beitsvor-bereitung	Fertigungshauptstellen				Verwal-tungs-stelle	Ver-triebs-stelle
					I Stanzen/ Schneid.	II Pressen/ Biegen	III Bohren/ Entgrat.	IV Lackier./ Montier.		
Hilfsstoffaufw.	720.000	10.000	–	20.000	220.000	150.000	160.000	130.000	–	30.000
Betr.-Stoffaufw.	85.000	45.000	–	–	15.000	10.000	5.000	5.000	5.000	–
Gehälter	600.000	50.000	40.000	10.000	30.000	30.000	30.000	30.000	340.000	40.000
Soziale Abgaben	800.000	50.000	20.000	30.000	170.000	110.000	125.000	100.000	180.000	15.000
Kalk. Abschr.	660.000	50.000	35.000	20.000	150.000	100.000	110.000	95.000	65.000	35.000
Bürokosten	150.000	5.000	10.000	10.000	5.000	5.000	5.000	5.000	75.000	30.000
Werbung	205.000	15.000	–	10.000	5.000	5.000	5.000	5.000	120.000	40.000
Betr. Steuern	180.000	10.000	18.000	–	25.000	25.000	25.000	25.000	30.000	22.000
Kalk. Zinsen	900.000	35.000	110.000	15.000	170.000	120.000	140.000	110.000	107.000	93.000
Kalk. U.-Lohn	150.000	–	–	10.000	10.000	12.500	12.500	5.000	100.000	–
Summe der Gemeinkosten	4.450.000	270.000	233.000	125.000	800.000	567.500	617.500	510.000	1.022.000	305.000
1 Umlage AKS Fuhrpark		→ 30.000	10.000	30.000	30.000	30.000	20.000	70.000	50.000
Zwischensumme			263.000	135.000	830.000	597.500	647.500	530.000	1.092.000	355.000
2 Umlage HiKS Arb.-Vorbereitung			–	→ 45.000	30.000	30.000	30.000	–	–
Stellengemeinkosten			263.000	–	875.000	627.500	677.500	560.000	1.092.000	355.000
Zuschlagsgrundlagen			FM 2.040.000	–	FL 776.000	FL 740.000	FL 862.500	FL 821.500	HK des Umsatzes 7.968.000	
Istzuschlagssätze			12,89 %		112,76 %	84,8 %	78,55 %	68,17 %	13,71 %	4,46 %
Normalzuschlagssätze (S. 261)			12,5 %		115 %	83 %	80 %	70 %	15 %	5 %
Zuschlagsgrundlagen			FM 2.040.000	–	FL 776.000	FL 740.000	FL 862.500	FL 821.500	HK d. Ums. (Normal) 7.991.650	
Normalgemeinkosten nach K.-Stellen			255.000	–	892.400	614.200	690.000	575.050	1.198.748	399.582
Kostenüberdeckung (+) Kostenunterdeckung (–)			– 8.000		17.400	13.300	12.500	15.050	106.748	44.582
Kostenüberdeckung insgesamt										174.980

Bei einer Kostenüberdeckung liegen die verrechneten Normalgemeinkosten über den Ist-Gemeinkosten. Im obigen BAB ist das in den Kostenstellen FHS I, FHS III, FHS IV, Verwaltungs- und Vertriebsstelle der Fall. Auffallend ist die hohe Überdeckung im Verwaltungs- und Vertriebsbereich. Hier könnten evtl. die Normalzuschlagssätze gesenkt werden.

Bei einer Kostenunterdeckung werden die tatsächlich angefallenen Istkosten nicht durch die vorkalkulierten Normalgemeinkosten gedeckt. Im obigen BAB ist das in den Kostenstellen Material und FHS II der Fall. Entscheidend ist, dass **insgesamt** eine Kostenüberdeckung erreicht wird.

■ Kostenüberdeckung = Normalstellengemeinkosten > Iststellengemeinkosten

■ Kostenunterdeckung = Normalstellengemeinkosten < Iststellengemeinkosten

Kostenträgerblatt (BAB II) auf Normalkostenbasis 5.2.4

Bisher hat Herr Berg die **Selbstkosten** und das **Betriebsergebnis für jeden Kostenträger** auf der Grundlage der Istkosten ermittelt (vgl. Kostenträgerzeitrechnung, S. 258). Diese Rechnung konnte er erst vornehmen, nachdem ihm alle Zahlen aus dem BAB vorlagen. Mithilfe der festgelegten Normalzuschlagssätze (vgl. S. 261) und der angefallenen Einzelkosten für die abgelaufene Rechnungsperiode (Fertigungsmaterial, Fertigungslöhne) ist er nunmehr in der Lage, die Selbstkosten auf Normalkostenbasis sehr viel schneller zu ermitteln. Außerdem kann er die Selbstkostenrechnung durch Übernahme der Umsatzerlöse aus der FB und der Kostenüberdeckung/Kostenunterdeckung aus dem BAB zu einer **Ergebnisrechnung** ausbauen.

Situation

Kostenträgerblatt (BAB II) auf Normalkostenbasis				
Kalkulationsschema	Normalkosten insgesamt	Kostenträger		
		Gehäuse G I	Gehäuse G II	Gehäuse G III
Fertigungsmaterial	2.040.000,00	1.280.000,00	600.000,00	160.000,00
+ 12,5 % Materialgemeinkosten	255.000,00	160.000,00	75.000,00	20.000,00
= Materialkosten	2.295.000,00	1.440.000,00	675.000,00	180.000,00
Fertigungslöhne FHS I	776.000,00	415.000,00	280.000,00	81.000,00
+ 115 % Fertigungsgemeinkosten	892.400,00	477.250,00	322.000,00	93.150,00
= Fertigungskosten FHS I	1.668.400,00	892.250,00	602.000,00	174.150,00
Fertigungslöhne FHS II	740.000,00	395.000,00	270.000,00	75.000,00
+ 83 % Fertigungsgemeinkosten	614.200,00	327.850,00	224.100,00	62.250,00
= Fertigungskosten FHS II	1.354.200,00	722.850,00	494.100,00	137.250,00
Fertigungslöhne FHS III	862.500,00	460.000,00	312.500,00	90.000,00
+ 80 % Fertigungsgemeinkosten	690.000,00	368.000,00	250.000,00	72.000,00
= Fertigungskosten FHS III	1.552.500,00	828.000,00	562.500,00	162.000,00
Fertigungslöhne FHS IV	821.500,00	436.000,00	300.000,00	85.500,00
+ 70 % Fertigungsgemeinkosten	575.050,00	305.200,00	210.000,00	59.850,00
= Fertigungskosten FHS IV	1.396.550,00	741.200,00	510.000,00	145.350,00
= Herstellkosten der Erzeugung	8.266.650,00	4.624.300,00	2.843.600,00	798.750,00
– Mehrbestand an FE	275.000,00	275.000,00	–	–
= Herstellkosten des Umsatzes	7.991.650,00	4.349.300,00	2.843.600,00	798.750,00
+ 15 % VwGK	1.198.748,00	652.395,00	426.540,00	119.813,00
+ 5 % VtGK	399.582,00	217.465,00	142.180,00	39.937,00
= Selbstkosten des Umsatzes	9.589.980,00	5.219.160,00	3.412.320,00	958.500,00
Nettoumsatzerlöse	10.320.000,00	5.648.900,00	3.743.300,00	927.800,00
Umsatzergebnis	730.020,00	429.740,00	330.980,00	– 30.700,00
+ Kostenüberdeckung (lt. BAB, S. 262)	174.980,00			
= Betriebsergebnis	905.000,00			

Auswertung des Kostenträgerblattes:

Gegenüber dem Kostenträgerblatt auf Istkostenbasis (vgl. S. 258) sind die Selbstkosten auf Normalkostenbasis durchgehend bei allen Kostenträgern höher. Das weist darauf hin, dass in den Normalzuschlagssätzen insgesamt Reserven enthalten sind. Verglichen mit dem aktuellen BAB sind sie so hoch angesetzt, dass die Gefahr der Kostenunterdeckung nicht gegeben ist; ggf. ist die Herabsetzung der Normalkosten empfehlenswert.

Selbstkosten

Als **Umsatzergebnis** bezeichnet man die Differenz aus **Nettoumsatzerlösen** (kalkuliert zu Normalkosten) **minus Normalselbstkosten.** Es besagt, wie hoch die Überschüsse oder Fehlbeträge auf der Grundlage geplanter Normalkosten sind, die die einzelnen Kostenträger erwirtschaftet haben. Damit ist das Kostenträgerblatt ein geeignetes Instrument zur kurzfristigen und vorläufigen Erfolgsrechnung.

Umsatzergebnis

Umsatzergebnisraten

Die Umsatzergebnisse zeigen im obigen Beispiel deutliche Unterschiede innerhalb der Gehäusetypen. Gehäusetyp G I weist einen Überschuss von 429.740,00 €, Gehäusetyp G II einen Überschuss von 330.980,00 € aus, während bei Gehäusetyp G III ein Fehlbetrag von 30.700,00 € eingetreten ist. In **Umsatzergebnisraten** ausgedrückt ergibt sich folgendes Bild:

Umsatzergebnisrate	Gehäuse G I	Gehäuse G II	Gehäuse G III
$= \dfrac{\text{Umsatzergebnis}}{\text{Umsatzerlöse}}$	Umsatzgewinnrate (+) 7,61 %	Umsatzgewinnrate (+) 8,84 %	Umsatzverlustrate (−) 3,31 %

Betriebsergebnis

Im Kostenträgerblatt lässt sich das Betriebsergebnis dadurch errechnen, dass man das Umsatzergebnis um die Kostenüberdeckung oder Kostenunterdeckung aus dem BAB berichtigt; dabei ist eine Kostenüberdeckung dem Umsatzergebnis hinzuzurechnen, eine Kostenunterdeckung zu subtrahieren:

■ Umsatzergebnis + Kostenüberdeckung lt. BAB = Betriebsergebnis,

■ Umsatzergebnis − Kostenunterdeckung lt. BAB = Betriebsergebnis.

Im Beispiel führt die Kostenüberdeckung von 174.980,00 € zu einer Erhöhung des Betriebsergebnisses auf **905.000,00 €**. Das Betriebsergebnis im Kostenträgerblatt stimmt mit dem Betriebsergebnis aus der Ergebnistabelle von Seite 224 überein.

Bestandsveränderungen im Kostenträgerblatt

Im obigen Beispiel haben wir einen Mehrbestand an fertigen Erzeugnissen bei Gehäusetyp G I in Höhe von 275.000,00 € unterstellt. Dieser Betrag kommt durch eine Bewertung der nicht verkauften zusätzlichen Produktion (5 500 Stück) zum Stückpreis von 50,00 € zustande. In diesem Wertansatz sind die Einzelkosten „Fertigungsmaterial" und „Fertigungslöhne" sowie anteilige Gemeinkosten – ohne kalkulatorische Kosten – enthalten.

Wir haben in diesem Beispiel keine Bestandsveränderungen bei unfertigen Erzeugnissen berücksichtigt, obwohl solche Bestandsveränderungen in der Praxis regelmäßig vorkommen: Entweder wird zum Bewertungsstichtag (Monats- oder Jahresende) nicht die Gesamtheit der in die Produktion eingegangenen Werkstoffe, Löhne und Gemeinkosten auch als fertige Erzeugnisse an das Endlager ausgeliefert, dann steckt ein „Rest" noch in der Produktion (Mehrbestand), oder es werden Gehäuse mit höheren Selbstkosten ausgeliefert, als in die Produktion eingegangen sind, dann ist der Produktionsbestand abgebaut worden (= Minderbestand). Diese Bestandsveränderungen lassen sich mithilfe der Normalzuschlagssätze im Kostenträgerblatt errechnen.

Zusammenfassung

■ Mithilfe des Kostenträgerblattes können ermittelt werden:

– der **Anteil** der verschiedenen Kostenträger **an den gesamten Normalkosten** der Abrechnungsperiode (= Kostenträgerselbstkosten),

– der **Anteil** jedes einzelnen Kostenträgers **am Umsatzergebnis,**

– die **Umsatzergebnisraten** der Kostenträger und

– (unter Berücksichtigung der Kostenüberdeckung oder Kostenunterdeckung) das **monatliche Betriebsergebnis** (= kurzfristige Erfolgsrechnung).

Ein Industriebetrieb führt in seinem BAB für den Monat Januar folgende Gemein-kostenarten:

Aufgabe 243

Kostenarten	Zahlen der BER
Gemeinkostenmaterial	30.000,00 €
Aufwand für Energie	38.700,00 €
Gehälter	96.800,00 €
Soziale Abgaben	18.900,00 €
Steuern, Gebühren, Beiträge, Versicherungen	56.000,00 €
Verschiedene Kosten	98.000,00 €
Kalkulatorische Abschreibungen	(vgl. unten)
Kalkulatorische Zinsen	(vgl. unten)

Die **Einzelkosten** betragen: 6000 Fertigungsmaterial .... 290.000,00 €

6200 Fertigungslöhne .... 219.400,00 €

Im BAB werden die **Kostenstellen** I Material, II Fertigung, III Verwaltung und IV Vertrieb geführt.

Der BAB ist nach folgenden Angaben aufzustellen:

1. Aufteilung des Gemeinkostenmaterials lt. Entnahmescheine auf Kostenstelle I 300,00 €, II 27.000,00 €, III 2.000,00 €, IV 700,00 €.

2. Für die Kostenstellen wurde folgender Stromverbrauch festgestellt: I 10000 kWh, II 47400 kWh, III 15000 kWh, IV 5000 kWh.

3. Aufteilung der Gehälter: I 14.800,00 €, II 28.500,00 €, III 31.900,00 €, IV 21.600,00 €.

4. Die Sozialen Abgaben verteilen sich im Verhältnis 2 : 9 : 3 : 1.

5. Steuern, Gebühren, Beiträge, Versicherungen sind wie folgt zu verteilen: 1 : 15 : 6 : 3.

6. Die verschiedenen Kosten sind im Verhältnis 5 : 25 : 12 : 8 aufzuteilen.

7. Kalkulatorische Abschreibungen (jährlich): auf 0500: 25.000,00 €, auf 0840: 40.000,00 €, auf 0700: 60.000,00 €, auf 0870: 25.000,00 €. Die kalkulatorischen Abschreibungen sind im Verhältnis 2 : 10 : 2 : 1 aufzuteilen.

8. Kalkulatorische Zinsen (jährlich): 7 % vom betriebsnotwendigen Kapital von 3.000.000,00 €. Die kalkulatorischen Zinsen sind im Verhältnis 2 : 8 : 3 : 1 den Kostenstellen zu-zurechnen.

Der Betrieb hat in den vorhergehenden Abrechnungsperioden mit folgenden Normal-zuschlagssätzen kalkuliert: I 9 %, II 110 %, III 15 %, IV 10 %.

1. Stellen Sie den BAB für den Monat Januar auf.

2. Ermitteln Sie die Istzuschlagssätze.

3. Führen Sie die Kostenrechnung mit Normalzuschlagssätzen durch.

4. Tragen Sie die verrechneten Normalgemeinkosten in den BAB ein und errech-nen Sie die Kostenüber- oder -unterdeckungen in den einzelnen Kostenbe-reichen und insgesamt.

Erstellen Sie auf der Grundlage der Aufgabe 234, S. 249, das Kostenträgerblatt mit Normalkosten. Folgende Normalzuschlagssätze sind zu berücksichtigen:

Aufgabe 244

Kostenstellen III 10 %, VI 110 %, VII 115 %, VIII 95 %, IX 11 %, X 6 %.

Errechnen Sie die Kostenüber-/-unterdeckung und beurteilen Sie die Situation.

Aufgabe 245

Die Ergebnistabelle eines Industriebetriebes weist Ende Juli folgende Zahlen aus:

Kosten und Leistungen	€
Fertigungsmaterial	400.000,00
Fertigungslöhne	280.000,00
Verschiedene Gemeinkosten	720.000,00
Unfertige Erzeugnisse: Anfangsbestand	80.000,00
Endbestand	90.000,00
Fertige Erzeugnisse: Anfangsbestand	65.000,00
Endbestand	45.000,00
Nettoumsatzerlöse	1.540.000,00

Der BAB zeigt folgende Gemeinkostenverteilung:

	Material	Fertigung	Verwaltung	Vertrieb
Gemeinkosten	42.000,00	448.000,00	161.000,00	69.000,00
Normalzuschlagssätze	10 %	150 %	20 %	5 %

1. Stellen Sie das Kostenträgerblatt auf. (Eine Aufteilung der Kosten auf mehrere Kostenträger ist nicht erforderlich.)

2. Berechnen Sie die Kostenüber- oder -unterdeckung und das Betriebsergebnis des Monats.

Aufgabe 246

Aus der Ergebnistabelle erhalten wir folgende Zahlen und Angaben:

Kosten und Leistungen	insgesamt	Anteile der Erzeugnisse	
		A	B
Fertigungsmaterial	85.000,00	52.000,00	33.000,00
Fertigungslöhne	46.000,00	34.000,00	12.000,00
Verschiedene Gemeinkosten	127.910,00	–	–
Unfertige Erzeugnisse:			
Anfangsbestand	10.000,00	6.000,00	4.000,00
Endbestand	14.000,00	9.000,00	5.000,00
Fertige Erzeugnisse:			
Anfangsbestand	16.000,00	10.000,00	6.000,00
Endbestand	22.000,00	15.000,00	7.000,00
Nettoumsatzerlöse	289.600,00	188.400,00	101.200,00

Nach dem BAB entfallen auf die Kostenbereiche folgende Ist-Gemeinkosten:

I Material	II Fertigung	III Verwaltung	IV Vertrieb
9.640,00 €	88.450,00 €	21.340,00 €	8.480,00 €

Im vergangenen Abrechnungszeitraum wurde mit folgenden Normalsätzen kalkuliert:

Materialgemeinkosten .... 11 %   Verwaltungsgemeinkosten .... 10 %
Fertigungsgemeinkosten .... 200 %   Vertriebsgemeinkosten .... 6 %

1. Erstellen Sie das Kostenträgerblatt nach dem Muster auf Seite 263.

2. Stellen Sie fest, in welcher Höhe die Kostenträger A und B am Umsatzergebnis beteiligt sind.

3. Errechnen Sie die Kostenüber- bzw. -unterdeckungen.

4. Ermitteln Sie die Umsatzergebnisse und die Umsatzergebnisraten für die Erzeugnisse A und B.

5. Ermitteln Sie das Betriebsergebnis und nehmen Sie Stellung zum Ausmaß der Abweichung zwischen Umsatzergebnis und Betriebsergebnis.

Die Ergebnistabelle eines Betriebes liefert folgende Zahlen und Angaben:

Aufgabe 247

Bezeichnung	insgesamt	Anteile der Erzeugnisse		
		A	B	C
Fertigungsmaterial	146.000,00	58.000,00	37.000,00	51.000,00
Fertigungslöhne	88.000,00	34.000,00	18.000,00	36.000,00
Verschiedene Gemeinkosten	221.060,00	–	–	–
Unfertige Erzeugnisse:				
Anfangsbestand	12.000,00	5.000,00	4.000,00	3.000,00
Endbestand	5.000,00	2.000,00	1.000,00	2.000,00
Fertige Erzeugnisse:				
Anfangsbestand	18.000,00	9.000,00	2.000,00	7.000,00
Endbestand	25.000,00	11.000,00	6.000,00	8.000,00
Nettoumsatzerlöse	434.800,00	198.600,00	144.500,00	91.700,00

Die Istgemeinkosten je Kostenbereich betragen lt. BAB:

Materialgemeinkosten .... 15.200,00   Verwaltungsgemeinkosten 52.890,00

Fertigungsgemeinkosten ..... 128.500,00   Vertriebsgemeinkosten 24.470,00

Der Betrieb hat mit folgenden Normalzuschlägen gerechnet:

Materialgemeinkosten .... 10 %   Verwaltungsgemeinkosten .... 15 %

Fertigungsgemeinkosten .... 150 %   Vertriebsgemeinkosten .... 5 %

1. Stellen Sie das Kostenträgerblatt auf und erläutern Sie das Umsatzergebnis.

2. Berechnen Sie das Betriebsergebnis.

Abgrenzungsrechnung mit BAB und Kostenträgerblatt

Aufgabe 248

Die Ergebnistabelle der Körner KG weist folgende Aufwendungen und Erträge aus: €

50 ..	Umsatzerlöse für eigene Erzeugnisse u. andere Leistungen	880.000,00
5202	Erhöhung des Bestandes an fertigen Erzeugnissen	40.000,00
5410	Erlöse aus Anlagenabgängen	20.000,00
5431	Erträge aus Versicherungsentschädigungen	5.000,00
5480	Erträge aus der Herabsetzung von Rückstellungen	50.000,00
5500	Erträge aus Beteiligungen	20.000,00
5710	Zinserträge	15.000,00
6000	Aufwendungen für Rohstoffe	120.000,00
6020	Aufwendungen für Hilfsstoffe	25.000,00
6200	Löhne	220.000,00
6300	Gehälter	115.000,00
6400	Soziale Abgaben	52.000,00
6520	Abschreibungen auf Sachanlagen	80.000,00
6700	Mieten / Pachten	20.000,00
68 ..	Aufwendungen für Kommunikation	22.000,00
6900	Versicherungsbeiträge	3.000,00
6930	Verluste aus Schadensfällen	8.000,00
6979	Anlagenabgänge	10.000,00
70/77	Betriebliche Steuern	25.000,00
7510	Zinsaufwendungen	2.000,00
	Der Rohstoffverbrauch wird zu Verrechnungspreisen angesetzt	130.000,00

In den Umsatzerlösen sind Mieterträge in Höhe von 20.000,00 € enthalten. Der kalkulatorische Unternehmerlohn beträgt 12.000,00 €. Die kalkulatorischen Zinsen für das betriebsnotwendige Kapital machen 20.000,00 € aus. Als kalkulatorische Wagnisse werden 15.000,00 € in Ansatz gebracht. Von den Abschreibungen auf Sachanlagen entfallen 75.000,00 € auf kalkulatorische Abschreibungen und 5.000,00 € auf Abschreibungen für ein vermietetes Gebäude.

Erstellen Sie die Ergebnistabelle.

Grundlagen zur Aufstellung des BAB:

Kostenarten	I Material		II FHS A		III FHS B		IV Verwaltung		V Vertrieb
Fertigungsmaterial	130.000,00		–		–		–		–
Fertigungslöhne	–		120.000,00		100.000,00		–		–
Hilfsstoffe	3.000,00		11.000,00		9.000,00		–		2.000,00
Gehälter	5.000,00		8.000,00		7.000,00		85.000,00		10.000,00
Soziale Abgaben	2.000,00		14.000,00		11.000,00		22.000,00		3.000,00
Abschreibungen	5.000,00		30.000,00		25.000,00		10.000,00		5.000,00
Mieten/Pachten:									
Raumgröße	100 m²		350 m²		250 m²		200 m²		100 m²
Kommunikationsaufw.	1.000,00		3.000,00		2.000,00		12.000,00		4.000,00
Versicherungen:									
Vers.-Werte	1.000.000,00		1.750.000,00		1.250.000,00		2.000.000,00		–
Kalkulat. Wagnisse	2	:	2	:	2	:	1	:	3
Betriebsteuern	2	:	7	:	5	:	8	:	3
Kalkulat. Zinsen	2.000,00		7.000,00		8.000,00		2.000,00		1.000,00
Unternehmerlohn	1	:	1	:	1	:	2	:	1

1. Erstellen Sie nach obigen Angaben den BAB.
2. Errechnen Sie die Istzuschlagssätze.

Der Betrieb hat im gleichen Monat mit folgenden Normalzuschlagssätzen kalkuliert:

Materialgemeinkosten .... 15 %
Fertigungsgemeinkosten FHS A .... 80 %
Fertigungsgemeinkosten FHS B .... 75 %
Verwaltungsgemeinkosten .... 25 %
Vertriebsgemeinkosten .... 6 %

1. Führen Sie die Kostenrechnung mit Normalzuschlägen durch.
2. Tragen Sie die verrechneten Normalgemeinkosten in den BAB ein und ermitteln Sie die Kostenüber- bzw. -unterdeckungen in den einzelnen Kostenbereichen und insgesamt.

Aufstellung des Kostenträgerblattes nach folgenden Angaben:

Bezeichnung	insgesamt	Anteile der Erzeugnisse	
		X	Y
Fertigungsmaterial	130.000,00	80.000,00	50.000,00
Fertigungslöhne FHS A	120.000,00	70.000,00	50.000,00
Fertigungslöhne FHS B	100.000,00	60.000,00	40.000,00
Gemeinkosten	lt. BAB		
Unfertige Erzeugnisse:			
Anfangsbestand	120.000,00	80.000,00	40.000,00
Endbestand	150.000,00	100.000,00	50.000,00
Fertige Erzeugnisse:			
Anfangsbestand	160.000,00	100.000,00	60.000,00
Endbestand	170.000,00	120.000,00	50.000,00
Umsatzerlöse	860.000,00	540.000,00	320.000,00

1. Stellen Sie fest, in welcher Höhe die Erzeugnisgruppen X und Y am Umsatzergebnis beteiligt und wie hoch die Umsatzergebnisraten sind.
2. Ermitteln Sie im Kostenträgerblatt das Betriebsergebnis und stimmen Sie es mit dem in der Ergebnistabelle ausgewiesenen Betriebsergebnis ab.
3. Ermitteln Sie den Prozentanteil der Kostenträger X und Y am Umsatzergebnis.
4. Bestimmen Sie die Wirtschaftlichkeitskoeffizienten der einzelnen Kostenträger nach der Formel von Seite 259.
5. Bewerten Sie die Ergebnisse dieser Kostenrechnung.

Kostenträgerstückrechnung in Betrieben mit Serienfertigung

5.3

Mithilfe der Kostenträgerstückrechnung, auch **Kalkulation** genannt, werden vor allem die Selbstkosten für einzelne Kostenträger (Erzeugnis, Serie oder Auftrag) berechnet. Im Einzelnen bedient sich der Kaufmann dieser Rechnung, um

Aufgaben der Kostenträgerstückrechnung

- **Angebotspreise** für seine Erzeugnisse zu **berechnen.** (Vorkalkulation)
- die **Kostenhöhe** der Stellengemeinkosten oder einzelner Kostenarten **kontrollieren** zu können. (Nachkalkulation)
- die **Annahme von Aufträgen** zu vorgegebenen Marktpreisen **entscheiden** zu können. In der Regel wird ein Auftrag nur angenommen, wenn der Preis wenigstens die variablen Kosten deckt (vgl. Kapitel **„Deckungsbeitragsrechnung"**).
- die **liquiditätsorientierte Preisuntergrenze** bestimmen zu können. Bei angespannter Absatzlage ist für den Unternehmer die Kenntnis der Liquiditätspreisuntergrenze wichtig. Hierbei werden die Kosten im Hinblick auf ihre **Ausgabenwirksamkeit** in **stark und schwach ersatzbedürftig** unterteilt. Stark ersatzbedürftige Kosten (z. B. Gehälter, Löhne, Mieten, Steuern) führen kurzfristig zu Geldausgaben und müssen über die Umsatzerlöse „verdient" werden.

Produktionsprogramm und Fertigungsverfahren bestimmen das zweckmäßigste Kalkulationsverfahren. In der Praxis gebräuchlich sind **Zuschlagskalkulation, Divisionskalkulation** (vgl. S. 285) **und Äquivalenzziffernkalkulation** (vgl. S. 283).

Arten

Zuschlagskalkulation

5.3.1

Die Zuschlagskalkulation stellt in Betrieben mit **Serienfertigung** das geeignete Kalkulationsverfahren dar. Sie geht von den **Einzelkosten** des Kostenträgers (= **Fertigungsmaterial** und **Fertigungslöhne**) aus und führt durch **schrittweise Einrechnung** der anteiligen Gemeinkosten über **Gemeinkostenzuschlagssätze** (z. B. Normalzuschlagssätze, Istzuschlagssätze) zu den **Selbstkosten**. In stark mechanisierten Betrieben wird sie durch die Maschinenstundensatzrechnung ergänzt.

Die Selbstkostenkalkulation für den einzelnen Kostenträger entspricht in ihrem Aufbau dem aus der **Kostenträgerzeitrechnung** bekannten Schema:[1]

Schema der Zuschlagskalkulation

Kalkulationsschema	
1.	Fertigungsmaterial lt. Stückliste
2.	+ ... % Materialgemeinkosten
3.	**= Materialkosten (1. + 2.)**
4.	Fertigungslöhne lt. Arbeitsplan
5.	+ ... % Fertigungsgemeinkosten
6.	+ Sondereinzelkosten der Fertigung
7.	**= Fertigungskosten (4. + 5.+ 6.)**
8.	**= Herstellkosten (3. + 7.)**
9.	+ ... % Verwaltungsgemeinkosten
10.	+ ... % Vertriebsgemeinkosten
11.	+ Sondereinzelkosten des Vertriebs
12.	**= Selbstkosten des Kostenträgers (8. + 9. + 10. + 11.)**

Der Vorteil der Zuschlagskalkulation gegenüber anderen Kalkulationsverfahren liegt darin, dass sie sich sehr leicht an den Produktionsaufbau anpassen lässt. Ist der Fertigungsbereich z. B. in mehrere Hauptkostenstellen mit jeweils eigenen Einzelkosten und Gemeinkostenzuschlägen aufgegliedert, so kann diese Aufgliederung auch im Kalkulationsschema dargestellt werden (siehe Beispiel S. 270).

---

1 Zu den Einzelkosten werden auch die Sondereinzelkosten der Fertigung und des Vertriebs gerechnet. Während die Sondereinzelkosten des Vertriebs (Zölle, Frachten, Verpackung, Provisionen) den einzelnen Kostenträgern zurechenbar sind, ist dies bei den Sondereinzelkosten der Fertigung problematisch. Entwicklungs- und Forschungskosten z. B. lassen sich nur ungenau einem bestimmten Produkt zuordnen. Bei Kosten für Spezialwerkzeuge wäre dies möglich.

5.3.2 Zuschlagskalkulation als Angebotskalkulation

5.3.2.1 Vorwärtskalkulation

Selbstkosten-kalkulation

Die **Angebots- oder Vorkalkulation** soll bereits bei Abschluss eines Kaufvertrages eine **verbindliche Aussage über den Verkaufspreis** machen. Sie liegt also **zeitlich vor dem Produktionsprozess** und basiert auf **Normalkosten**. In einem ersten Schritt ermittelt sie die **Selbstkosten für den einzelnen Kostenträger**.

Situation

In der Unternehmung Berg wird der Selbstkostenpreis für ein Blechgehäuse des Typs G I nach folgenden Angaben kalkuliert (vgl. auch die Angaben auf den Seiten 258 und 263, angenommene Herstellungsmenge 80 000 Gehäuse):

Fertigungsmaterial lt. Stückliste	12,75 €
Fertigungslöhne der Fertigungshauptstelle I (lt. Arbeitsplan)	5,60 €
Fertigungslöhne der Fertigungshauptstelle II (lt. Arbeitsplan)	4,50 €
Fertigungslöhne der Fertigungshauptstelle III (lt. Arbeitsplan)	6,80 €
Fertigungslöhne der Fertigungshauptstelle IV (lt. Arbeitsplan)	6,45 €

Die **Normalzuschlagssätze** sind im Kalkulationsschema eingetragen.

Kalkulation Gehäuse G I		
Fertigungsmaterial	12,75 €	
+ 12,5 % Materialgemeinkosten	1,59 €	
= Materialkosten		**14,34 €**
Fertigungslöhne FHS I	5,60 €	
+ 115 % Fertigungsgemeinkosten	6,44 €	
= Fertigungskosten FHS I		**12,04 €**
Fertigungslöhne FHS II	4,50 €	
+ 83 % Fertigungsgemeinkosten	3,74 €	
= Fertigungskosten FHS II		**8,24 €**
Fertigungslöhne FHS III	6,80 €	
+ 80 % Fertigungsgemeinkosten	5,44 €	
= Fertigungskosten FHS III		**12,24 €**
Fertigungslöhne FHS IV	6,45 €	
+ 70 % Fertigungsgemeinkosten	4,51 €	
= Fertigungskosten FHS IV		**10,96 €**
= Herstellkosten		**57,82 €**
+ 15 % Verwaltungsgemeinkosten		8,67 €
+ 5 % Vertriebsgemeinkosten		2,89 €
= Selbstkosten für ein Gehäuse, Typ G I		**69,38 €**
aufgerundet		**69,40 €**

Herr Berg setzt den Selbstkostenpreis für ein Gehäuse G I auf 69,40 € fest.

Angebots-kalkulation als Vorwärtskalkulation

Die Selbstkostenkalkulation wird durch **Einrechnung des Gewinns** sowie von **Skonto** (ggf. Provision) **und Rabatt** zur **Angebotskalkulation** erweitert. Durch Vorwärtskalkulation wird so der kostendeckende Verkaufspreis eines Kostenträgers ermittelt.

Gewinn

Der **Betriebsgewinn** muss so hoch ausfallen, dass er – nach Erstattung **aller Kosten** über die Umsatzerlöse – das **allgemeine Unternehmerrisiko abdeckt** und **Finanzmittel für zukünftige Neuinvestitionen** (vgl. S. 225) bereitstellt.

Gewinn-zuschlagssatz

Einen angemessenen Gewinn erzielt man in der Kalkulation dadurch, dass man **den Selbstkosten einen Zuschlag** (in %) **für den Gewinn zurechnet.**

Aus dem **Kostenträgerblatt** der Unternehmung Berg (vgl. S. 263) lassen sich folgende Zahlen für die **Berechnung des durchschnittlichen Gewinnzuschlagssatzes für das Gehäuse G I** entnehmen:

Beispiel

Umsatzergebnis (zu Normalkosten) .... 429.740,00 €,
Selbstkosten des Umsatzes (zu Normalkosten) .... 5.219.160,00 €.

$$\text{Gewinnzuschlagssatz} = \frac{\text{Umsatzergebnis}}{\text{Selbstkosten des Umsatzes}} = \frac{429.740,00 \ €}{5.219.160,00 \ €} = 0,823 \approx 8\ \%$$

Nach Einrechnung der Zuschläge für Skonto (evtl. Provision) und Rabatt in den Barverkaufspreis ergibt sich der Angebotspreis des Kostenträgers.

Angebotspreis

Sofern beim Verkauf Nebenkosten entstehen, die sich **unmittelbar dem Kostenträger** zurechnen lassen (z. B. Transport- und Verpackungskosten, Vertriebsprovision), werden diese Nebenkosten in den Barverkaufspreis eingerechnet. In manchen Fällen sind die Nebenkosten zunächst aufgrund bestimmter Prozentsätze zu berechnen (z. B. Transportversicherung, Vertriebsprovision). Hierbei ist zu beachten, dass die Zuschlagsgrundlage (≙ 100 %) für diese Nebenkosten der **Zielverkaufspreis** ist, nicht der Barverkaufspreis.

Sondereinzelkosten des Vertriebs

Kundenskonto und Kundenrabatt sind im Angebotspreis enthalten. Sie kommen dem Kunden entweder für Zahlung innerhalb bestimmter Fristen (Kundenskonto) oder für die Abnahme bestimmter Mengen (Mengenrabatt) zugute. Kundenskonto wird in den Barverkaufspreis, Kundenrabatt in den Zielverkaufspreis eingerechnet. Hierbei ist zu beachten, dass die Zuschlagsgrundlage (≙100 %) für Kundenskonto der Zielverkaufspreis, für Kundenrabatt der Angebotspreis ist. Kundenrabatte werden bereits bei der Rechnungserstellung in Abzug gebracht.

Kundenskonto/ Kundenrabatt

Herr Berg kalkuliert den Angebotspreis für ein Blechgehäuse G I – ausgehend von den Selbstkosten – aufgrund folgender Angaben:

Beispiel

Gewinnzuschlag .... 8 %, Vertriebsprovision .... 3 %,
Kundenskonto .... 2 %, Kundenrabatt .... 7 %.

Selbstkosten für ein Gehäuse G I (vgl. S. 270)	69,40 €			
+ 8 % Gewinn	5,55 €			
= **Barverkaufspreis**	**74,95 €**	≙ 95 %		
+ 2 % Kundenskonto	1,58 €	≙ 2 %		
+ 3 % Vertriebsprovision	2,37 €	≙ 3 %		
= **Zielverkaufspreis** (= Rechnungspreis)	**78,90 €**	≙ 100 % ↓	≙ 93 %	
+ 7 % Kundenrabatt	5,94 €		≙ 7 %	
= **Angebotspreis** (= Listenpreis)	**84,84 €**		≙ 100 % ↓	

Herr Berg setzt den Angebotspreis auf 84,90 € fest.

Berechnung der Verkaufszuschläge:

$$\text{Kundenskonto} \quad = \quad \frac{74,95\ € \cdot 2\ \%}{95\ \%} \quad = \quad 1,58\ €$$

$$\text{Vertriebsprovision} \quad = \quad \frac{74,95\ € \cdot 3\ \%}{95\ \%} \quad = \quad 2,37\ €$$

$$\text{Kundenrabatt} \quad = \quad \frac{78,90\ € \cdot 7\ \%}{93\ \%} \quad = \quad 5,94\ €$$

Zusammen-fassung

- Im **kalkulatorischen Gewinn** werden das allgemeine Unternehmerrisiko abgedeckt und Finanzmittel für zukünftige Neuinvestitionen bereitgestellt.
- **Zuschlagsgrundlage für den Gewinn** sind die Selbstkosten.
- Die Summe aus Selbstkosten und Gewinn ergibt den **Barverkaufspreis.**
- **Zuschlagsgrundlage (= 100 %) für die Berechnung von Kundenskonto und Vertriebsprovision ist der Zielverkaufspreis (= Rechnungspreis). Zuschlagsgrundlage für die Berechnung von Kundenrabatt ist der Listenverkaufspreis (= Angebotspreis).**

Aufgabe 249

Der BAB einer Möbelfabrik enthält für den Monat Mai folgende Angaben: €

Materialgemeinkosten	36.850,00
Fertigungsgemeinkosten	716.880,00
Verwaltungsgemeinkosten	281.573,00
Vertriebsgemeinkosten	140.786,50
An Einzelkosten fallen an: Fertigungsmaterial	670.000,00
Fertigungslöhne	477.920,00

1. Berechnen Sie die Ist-Zuschlagssätze (ohne Bestandsveränderungen).

2. Das Unternehmen kalkuliert mit folgenden Normalzuschlagssätzen:

   Material 6 %, Fertigung 160 %, Verwaltung 15 %, Vertrieb 6 %.

   Errechnen Sie die Selbstkosten eines Auftrags, für den folgende Einzelkosten veranschlagt werden:

Fertigungsmaterial	650,00 €
Fertigungslöhne 21 Stunden zu je	42,00 €

Aufgabe 250

Eine Schlösserfabrik will 100 000 Vorhängeschlösser eines bestimmten Typs in Fertigung geben. Es werden folgende Kosten geplant:

Fertigungsmaterial	32.000,00 €
Fertigungslöhne in Fertigungshauptstelle I	8.000,00 €
Fertigungslöhne in Fertigungshauptstelle II	5.800,00 €
Fertigungslöhne in Fertigungshauptstelle III	4.400,00 €

Die Normalzuschlagssätze betragen:
Material 5 %, Fertigung I 180 %, Fertigung II 200 %, Fertigung III 160 %, Verwaltung 15 %, Vertrieb 8 %, Gewinnzuschlag 18 %.

Berechnen Sie die geplanten Selbstkosten insgesamt und je Stück sowie den Barverkaufspreis für ein Schloss.

Aufgabe 251

Eine Werkzeugfabrik kalkuliert mit folgenden Normalzuschlagssätzen:
Material 12 %, Fertigung I 160 %, Fertigung II 200 %, Verwaltung 10 %, Vertrieb 8 %.

Für einen Auftrag über 500 Feilen wird mit einem Materialverbrauch von 750,00 € und einem Lohnaufwand von
7 Stunden zu je 42,50 € in Fertigungshauptstelle I und
9 Stunden zu je 40,50 € in Fertigungshauptstelle II
gerechnet.

Gewinnzuschlag 15 %, Skonto 3 %, Vertriebsprovision 4 %.

Erstellen Sie die Vorkalkulation für eine Feile.

Für eine Werkzeugmaschine sind die Selbstkosten nach folgenden Angaben zu kalkulieren:

Fertigungsmaterial .... 12.500,00 €

Fertigungslöhne Dreherei .... 2.950,00 €

Fertigungslöhne Fräserei .... 1.410,00 €

Normalzuschlagssätze:

Material .... 15 %

Fertigungshauptstelle Dreherei .... 115 %

Fertigungshauptstelle Fräserei .... 120 %

Verwaltung .... 15 %

Vertrieb .... 5 %

Das Erzeugnis wird unter Einrechnung von 3 % Kundenskonto und 8 % Kundenrabatt zum Preis von 38.660,00 € angeboten.

Wie hoch ist der erzielbare Gewinn in € und Prozent?

Die Kostenrechnungsabteilung eines Industriebetriebes kalkuliert den Listenpreis für ein Gerät, das neu in das Produktionsprogramm aufgenommen werden soll, aufgrund folgender Unterlagen:

Fertigungsmaterial lt. Stückliste:
Gehäuse   je Stück   4,00 €
Armatur   je Stück   12,00 €

Fertigungslöhne lt. Zeitvorgabe:
I.   Schneiden je 100 Stück 450 Minuten
II. Schweißen je   Stück   3 Minuten
III. Lackieren   je 100 Stück 270 Minuten
IV. Montieren je   Stück   2 Minuten

Die Arbeitsstunde wird einheitlich mit 34,00 € verrechnet.

Die Normalzuschlagssätze betragen:

Material 5 %, Fertigung I 100 %, Fertigung II 140 %, Fertigung III 90 %, Fertigung IV 110 %, Verwaltung 20 %, Vertrieb 6 %.

Folgende Verkaufszuschläge sind zu berücksichtigen:
Gewinn 15 %,   Skonto (i. H.) 2 %,   Rabatt (i. H.) 10 %.

1. Wie viel € beträgt der Listenpreis je Gerät?

2. Das entsprechende Gerät wird von Konkurrenzunternehmen zum Barverkaufspreis von 49,00 € auf dem Markt angeboten. Lohnt sich die Produktion? Wie hoch wäre der tatsächliche Stückgewinn?

Erstellen Sie die Vorkalkulation für einen Reparaturauftrag unter Berücksichtigung folgender Angaben:

Reparaturmaterial: 45,00 €,
Materialgemeinkostenzuschlag: 8 %,
Fertigungslöhne: 1,5 Stunden zu je 35,00 €,
Maschineneinsatz: Bohren 0,25 Std.,
                                 Drehen 0,75 Std.,
                                 Fräsen   0,50 Std..

Der Maschineneinsatz wird mit 45,40 € je Stunde kalkuliert.
Verwaltungs- und Vertriebsgemeinkostenzuschlag: 20 %.
Gewinnzuschlag: 15 %.

5.3.2.2 Rückwärtskalkulation

Rückwärtsrechnung Die Marktlage ist für Unternehmen in der Regel heutzutage dadurch gekennzeichnet, dass sie den Verkaufspreis ihrer Erzeugnisse und Handelswaren nicht frei festsetzen können. Die Konkurrenzsituation, die vom Markt vorgegebenen Richtpreise oder behördliche Preisvorgaben legen die Verkaufspreise nach oben fest. Eine Unterschreitung der Verkaufspreise ist nur bei besonders günstiger Kostenlage gegenüber der Konkurrenz oder durch Anwendung der Preisdifferenzierung (vgl. Kapitel „Deckungsbeitragsrechnung", S. 296 ff.) möglich.

Für den Unternehmer ergibt sich hieraus die Notwendigkeit, vor Abschluss eines Kaufvertrages zu prüfen, ob zu dem mit dem Kunden ausgehandelten Preis kostendeckend produziert werden kann, d. h. unter Berücksichtigung aller kalkulatorischen Zuschläge.

Bei der Durchführung dieser Kontrollrechnung werden in das Kalkulationsschema für die Zuschlagskalkulation zunächst der vorgegebene Verkaufspreis (z. B. Angebotspreis) und die innerbetrieblichen Kalkulationszuschläge eingetragen. Die Rechnung erfolgt dann stufenweise rückwärts. Sollte sich bei dieser Kontrollrechnung ergeben, dass die Kosten zu hoch sind, müssen gegebenenfalls geeignete Maßnahmen zur Kostensenkung ergriffen werden.

Situation

Ein bedeutender Konkurrent der Berg KG bietet Blechgehäuse, die dem Typ G I ebenbürtig sind, zu einem Listenpreis von 82,00 € an. Herr Berg möchte deshalb prüfen, wie hoch die Selbstkosten maximal sein dürfen, wenn die kalkulatorischen Zuschläge in voller Höhe eingepreist bleiben sollen.

Ausgehend von dem durch den Konkurrenten vorgegebenen Angebotspreis (= Listenpreis) ermittelt Herr Berg aufgrund folgender Angaben die Selbstkosten je Blechgehäuse:

Gewinnzuschlag .... 8 %	Vertriebsprovision .... 3 %
Kundenskonto .... 2 %	Kundenrabatt .... 7 %

=	**Selbstkosten**	67,07 €			100 %
–	8 % Gewinn	5,37 €			– 8 %
=	**Barverkaufspreis**	72,44 € [1]		95 %	108 %
–	2 % Kundenskonto	1,53 €		– 2 %	
–	3 % Vertreterprovision	2,29 €		– 3 %	
=	**Zielverkaufspreis (= Rechnungspreis)**	76,26 €	93 %	100 %	
–	7 % Kundenrabatt	5,74 €	– 7 %		
	Angebotspreis (= Listenpreis)	**82,00 €**	100 %		

Beispiel

Die Berg KG kann zu dem gewünschten Angebotspreis nicht kostendeckend produzieren. Die Selbstkosten müssten gegenüber der ursprünglichen Vorwärtskalkulation (siehe Seite 271) um 69,40 € - 67,07 € = 2,33 € gesenkt werden, um den Konkurrenzpreis anbieten zu können.

Berechnung der Selbstkosten:

$$108\ \% \triangleq 72,44\ €$$

$$\underline{100\ \% \triangleq x}$$

$$x\ € = \frac{72,44\ € \cdot 100\ \%}{108\ \%} = 67,07\ €$$

---

1 Abweichungen sind rundungsbedingt.

274

Die Rückwärtskalkulation rechnet vom Verkaufspreis ausgehend stufenweise auf die Kosten für das Fertigungsmaterial zurück: Vom bekannten Verkaufspreis werden zunächst die kalkulatorischen Zuschläge bis zu den Selbstkosten herausgerechnet (vgl. Seite 274).

Anschließend wird mit den bekannten Zuschlagssätzen für Verwaltungs- und Vertriebsgemeinkosten auf die Herstellkosten zurückgerechnet. Die Fertigungskosten werden mit ihren Daten (Eurobeträgen und Normalzuschlagssätzen) aus der Vorwärtskalkulation (vgl. Seite 270) in die Rückwärtskalkulation übernommen. Um die Höhe der Materialkosten ermitteln zu können, werden nun die Fertigungskosten summiert, um diese dann von den Herstellkosten zu subtrahieren. Die auf diese Weise berechneten Materialkosten sind dann der Ausgangspunkt, um die Kosten für das Fertigungsmaterial zu bestimmen.

Beispiel
Fortsetzung

Herr Berg weiß, dass die Kostensenkungen im Wesentlichen durch das Fertigungsmaterial erreicht werden müssen, weil kurzfristig in der Fertigung und bei den Normalzuschlagssätzen keine Anpassungen bewirkt werden können. Es gelten daher weiterhin folgende Daten als Kalkulationsgrundlage:

Fertigungslöhne der Fertigungshauptstelle I (lt. Arbeitsplan)	5,60 €
Fertigungslöhne der Fertigungshauptstelle II (lt. Arbeitsplan)	4,50 €
Fertigungslöhne der Fertigungshauptstelle III (lt. Arbeitsplan)	6,80 €
Fertigungslöhne der Fertigungshauptstelle IV (lt. Arbeitsplan)	6,45 €

Die **Normalzuschlagssätze** sind im Kalkulationsschema eingetragen.

Um die Höhe der maximal zulässigen Kosten für das Fertigungsmaterial zu ermitteln, setzt Herr Berg die Rückwärtskalkulation fort (s. nachfolgende Erläuterung):[1]

Fertigungsmaterial			11,02 €	100,0%	
11 % Materialgemeinkosten			- 1,38 €	- 12,5%	
Materialkosten			= 12,40 €	112,5%	
Fertigungslöhne FHS I	5,60 €	100 %			
115 % Fertigungsgemeinkosten	6,44 €	+ 115 %			
Fertigungskosten FHS I	12,04 €	215 %	- 12,04 €		
Fertigungslöhne FHS II	4,50 €	100 %			
83 % Fertigungsgemeinkosten	3,74 €	+ 83 %			
Fertigungskosten FHS II	8,24 €	183 %	- 8,24 €		
Fertigungslöhne FHS III	6,80 €	100 %			
80 % Fertigungsgemeinkosten	5,44 €	+ 80 %			
Fertigungskosten FHS III	12,24 €	180 %	- 12,24 €		
Fertigungslöhne FHS IV	6,45 €	100 %			
70 % Fertigungsgemeinkosten	4,52 €	+ 70 %			
Fertigungskosten FHS IV	10,97 €	170 %	- 10,97 €		
Herstellkosten	55,89 €	100,0 %	55,89 €		
15 % Verwaltungsgemeinkosten	8,38 €	- 15 %			
5 % Vertriebsgemeinkosten	2,79 €	- 5 %			
Selbstkosten	67,07 €	120,0 %			

1 Abweichungen sind rundungsbedingt.

Beispiel

Fortsetzung

Berechnung der Herstellkosten:

Herstellkosten: $\quad\quad\quad\quad$ 120 % $\triangleq$ 67,07 €

$\quad\quad\quad\quad\quad\quad\quad\quad\quad\quad$ 100 % $\triangleq$ x

$$x\ € = \frac{67,07\ € \cdot 100\ \%}{120\ \%} = 55,89\ €$$

Berechnung der Kosten für das Fertigungsmaterial:

Fertigungsmaterial: $\quad\quad\quad$ 112,5 % $\triangleq$ 12,40 €

$\quad\quad\quad\quad\quad\quad\quad\quad\quad\quad$ 100 % $\triangleq$ x

$$x\ € = \frac{12,40\ € \cdot 100\ \%}{112,5\ \%} = 11,02\ €$$

Um das Blechgehäuse Typ G1 zum Preis des Konkurrenten (82,00 €) anbieten zu können, dürfte das Fertigungsmaterial pro Blechgehäuse maximal **11,02 €** kosten. Herr Berg wird deshalb mit seinen Lieferanten über diesen maximalen Bezugspreis verhandeln.

Bei der Rückwärtskalkulation ist zu beachten, dass alle Zuschläge, die in der Vorwärtskalkulation vom verminderten Grundwert berechnet werden, nunmehr vom Grundwert zu berechnen sind. Alle in der Vorwärtskalkulation vom Grundwert zu berechnenden Zuschläge werden nun vom vermehrten Grundwert berechnet.

Zusammen-
fassung

- Die Rückwärtskalkulation rechnet stufenweise vom vorgegebenen Angebotspreis auf die Selbstkosten und die Kosten für das Fertigungsmaterial zurück.
- Die in der Vorwärtskalkulation vom verminderten Grundwert berechneten Zuschläge werden nun bei der Rückwärtskalkulation vom Grundwert berechnet.
- Die in der Vorwärtskalkulation vom Grundwert berechneten Zuschläge werden nun bei der Rückwärtskalkulation vom vermehrten Grundwert berechnet.

Aufgabe 255

Aus Konkurrenzgründen muss ein Hausgerätehersteller den Angebotspreis für ein Küchengerät von 64,00 € auf 58,00 € senken.

Bisher wurde mit 10 % Rabatt, 4 % Provision, 3 % Verkaufsskonto und 8 % Gewinn kalkuliert.

1. **Wie hoch dürfen die Selbstkosten für das Küchengerät nach der Preissenkung höchstens sein, wenn auch auf einen Gewinn verzichtet wird?**

2. **Ermitteln Sie den Kostenreduzierungsbedarf der Selbstkosten in € und in Prozent.**

Aufgabe 256

Aufgrund des großen Wettbewerbsdrucks muss die Anlagentechnik Schittko GmbH eine Abfüllmaschine zum Listenpreis in Höhe von 79.480,00 EUR anbieten.

Branchenüblich gelten folgende Daten zur Angebotskalkulation:

Gewinn	15 %	Vertreterprovision	6 %
Kundenrabatt	10 %	Skonto	3 %

Das Rechnungswesen stellt folgende Daten zur Verfügung:

Fertigungslöhne	11.200,00 €
Sondereinzelkosten der Fertigung	400,00 €
Sondereinzelkosten des Vertriebs	630,00 €

Normal-Zuschlagssätze lt. BAB dieser Abrechnungsperiode:

Aufgabe 256
Fortsetzung

MGKZ .... 9 %	VWGKZ .... 11 %
FGKZ .... 125 %	VTGKZ .... 6 %

Wie hoch dürfen die Kosten für das Fertigungsmaterial höchstens sein?

Die Schlösserfabrik aus Aufgabe 250 hat eine Anfrage über 20 000 Vorhängeschlösser erhalten. Der Barverkaufspreis je Schloss darf maximal 2,30 € betragen. Für die Fertigungslöhne gilt:

Aufgabe 257

Fertigungslöhne in Fertigungshauptstelle I	3.200,00 €
Fertigungslöhne in Fertigungshauptstelle II	2.320,00 €
Fertigungslöhne in Fertigungshauptstelle III	1.760,00 €

Im Übrigen gelten die Kalkulationsdaten aus Aufgabe 250.

Ermitteln Sie die maximal zulässigen Kosten für das Fertigungsmaterial insgesamt und je Schloss.

Die Werkzeugfabrik aus Aufgabe 251 hat eine Anfrage über 500 Feilen unter der Bedingung erhalten, dass der Rechnungspreis (Zielverkaufspreis) 3.750,00 € betragen soll. Im Übrigen gelten die Kalkulationsdaten aus Aufgabe 251.

Aufgabe 258

1. **Ermitteln Sie die maximal zulässige Höhe der Kosten für das Fertigungsmaterial insgesamt und je Feile.**

2. **Angenommen, die Werkzeugfabrik könnte die Kosten für das Fertigungsmaterial nicht unter 750,00 € senken. Erklären Sie alternative preiskalkulatorische Möglichkeiten, damit die Werkzeugfabrik den Rechnungspreis von 3.750,00 € anbieten kann.**

Differenzkalkulation

5.3.2.3

Die Kalkulationsfreiheit des Unternehmers wird durch die gleichzeitige Vorgabe der Kosten und des Verkaufspreises noch weitgehender eingeschränkt, als dies bei der Vorgabe des Verkaufspreises (vgl. Rückwärtskalkulation, S. 274 f.) bereits der Fall ist. In der Praxis sind z. B. aufgrund von Rahmenverträgen, Tarifverträgen etc. die Kosten kurzfristig nur bedingt änderbar; zugleich wird der Verkaufspreis aufgrund der Konkurrenzsituation nur in geringem Umfang beeinflussbar sein.

In dieser Situation ist es Aufgabe der Kosten- und Leistungsrechnung, den tatsächlich erzielbaren Gewinn zu bestimmen. Hierzu werden zunächst im Schema der Zuschlagskalkulation die Selbstkosten des Erzeugnisses berechnet und danach – ausgehend vom Angebotspreis – durch Rückwärtskalkulation der Barverkaufspreis ermittelt. Die Differenz zwischen den Selbstkosten und dem Barverkaufspreis ergibt den Gewinn (Barverkaufspreis > Selbstkostenpreis) oder den Verlust (Barverkaufspreis < Selbstkostenpreis) beim Verkauf einer Erzeugniseinheit. Die Geschäftsleitung hat zu entscheiden, ob ein errechneter Gewinn angemessen ist, sodass z. B. das Erzeugnis neu am Markt angeboten oder eine Kundenanfrage angenommen werden kann.

Erzielbarer Gewinn

Die Kern KG möchte aufgrund der Konkurrenzsituation die Blechgehäuse vom Typ G I zum **Angebotspreis von 82,00 €** listen (siehe Beispiel Seite 274 f.). Die Preisverhandlungen mit den Lieferanten haben ergeben, dass der Lieferant mit dem besten Preis-Leistungsverhältnis für die **Materialien 12,00 € je Blechgehäuse** verlangt.

Beispiel

Es gelten weiterhin die Kalkulationsdaten von Seite 274 f.

Beispiel

Fortsetzung

Mithilfe der Differenzkalkulation will Herr Berg nun feststellen, wie hoch der erzielbare Gewinn je Blechgehäuse vom Typ GI ist, und ob sich dieser Angebotspreis für die Kern KG lohnt:

	Fertigungsmaterial	12,00 €		100,0 %
+	12,5 % Materialgemeinkosten	1,50 €		+ 12,5 %
=	**Materialkosten**	13,50 €		112,5 %
	Fertigungslöhne FHS I	5,60 €		100 %
+	115 % Fertigungsgemeinkosten	6,44 €		+ 115 %
=	**Fertigungskosten FHS I**	12,04 €		215 %
	Fertigungslöhne FHS II	4,50 €		100 %
+	83 % Fertigungsgemeinkosten	3,74 €		+ 83 %
=	**Fertigungskosten FHS II**	8,24 €		183 %
	Fertigungslöhne FHS III	6,80 €		100 %
+	80 % Fertigungsgemeinkosten	5,44 €		+ 80 %
=	**Fertigungskosten FHS III**	12,24 €		180 %
	Fertigungslöhne FHS IV	6,45 €		100 %
+	70 % Fertigungsgemeinkosten	4,52 €		+ 70 %
=	**Fertigungskosten FHS IV**	10,97 €		170 %
=	**Herstellkosten**	56,99 €		100 %
+	15 % Verwaltungsgemeinkosten	8,55 €		+ 15 %
+	5 % Vertriebsgemeinkosten	2,85 €		+ 5 %
=	**Selbstkosten**	68,39 €		120 %
	Gewinn	4,05 €		5,92 %
=	**Barverkaufspreis**	72,44 €		95%
–	2 % Kundenskonto	1,53 €		- 2%
–	3 % Vertreterprovision	2,29 €		– 3%
=	**Zielverkaufspreis (= Rechnungspreis)**	76,26 €	93%	100%
–	7 % Kundenrabatt	5,74 €	– 7%	
	Angebotspreis (= Listenpreis)	82,00 €	100%	

Der Angebotspreis von 82,00 € je Blechgehäuse vom Typ G I empfiehlt sich für die Kern KG, da ein Gewinn von 5,92 %, das entspricht 4,05 € je Blechgehäuse, erzielt werden kann. Dieser liegt zwar unterhalb des geplanten Gewinnzuschlags von 8 % (vgl. S. 271), jedoch ist entscheidend, dass der Auftrag alle Kosten – einschließlich der kalkulatorischen Kosten – deckt. Der darüber hinaus erzielte Gewinn deckt das allgemeine Unternehmerrisiko ab.

Zusammen-fassung

■ Stehen bei einem Erzeugnis die Kosten und der Verkaufspreis fest, so wird mithilfe der Differenzkalkulation der erzielbare Gewinn berechnet. Grundsätzlich lohnt sich die Annahme eines Auftrags, wenn durch ihn alle Kosten gedeckt werden.

Ein Hersteller von Gartengeräten bietet eine Komfort-Schubkarre dem Einzelhandel zum Listenverkaufspreis von 49,99 € an. Grundlage der Angebotskalkulation sind folgende Daten:

Aufgabe 259

Fertigungsmaterial	10,00 €	FGKZ	35 %	Rabatt	15 %
Fertigungslöhne	10,00 €	VWGKZ	9 %	Skonto	3 %
MGKZ	15 %	VTGKZ	7 %	Vertriebsprovision	7 %

1. **Ermitteln Sie die Höhe des Gewinns in EUR und in Prozent, der aufgrund der vorliegenden Daten und nach Gewährung von Rabatt, Skonto und Provision erzielt wird.**

2. **Ein wichtiger Kunde fragt 500 Komfort-Schubkarren zum Preis von 35,00 € pro Stück an. Weisen Sie rechnerisch nach, ob sich die Auftragsannahme für den Gartengerätehersteller lohnt.**

Aufgrund des Käufermarktes im Segment Kleinelektronikgüter muss sich die Rupp Elektronik KG an den Marktbedingungen orientieren. Derzeit herrschen für ähnliche 2-TB-Festplatten folgende Konditionen:

Aufgabe 260

Angebotspreis	79,00 €	Skonto	2 %
Rabatt	10 %	Provision	6 %

Für die Ermittlung der Selbstkosten gelten folgende Daten:

Fertigungsmaterial	17,00 €	Fertigungslöhne	15,00 €
MGKZ	8 %	FGKZ	135 %
VWGKZ	11 %	VTGKZ	8 %

1. **Ermitteln Sie die Höhe des Gewinns in EUR und in Prozent, der aufgrund der vorliegenden Daten und nach Gewährung von Rabatt, Skonto und Provision erzielt wird.**

2. **Welche Maßnahmen könnte die Rupp Elektronik KG unter den gegebenen Bedingungen ergreifen, um den Gewinn je verkaufter Festplatte zu erhöhen?**

Berechnen Sie den Gewinn in € und in Prozent.

Aufgabe 261
Aufgabe 262

	261	262
Fertigungsmaterial	800,00 €	3.000,00 €
Fertigungslöhne FHS I	80,00 €	240,00 €
Fertigungslöhne FHS II	100,00 €	350,00 €
Sondereinzelkosten der Fertigung	250,00 €	600,00 €
Sondereinzelkosten des Vertriebs	60,00 €	400,00 €
MGKZ	8 %	5 %
FGKZ in FHS I	160 %	140 %
FGKZ in FHS II	150 %	160 %
VWGKZ	9 %	12 %
VTGKZ	6 %	7 %
Rabatt	15 %	10 %
Skonto	2 %	3 %
Provision	6 %	5 %
Angebotspreis	2.500,00 €	9.000,00 €

5.3.3 Zuschlagskalkulation als Nachkalkulation

Aufgabe der Nachkalkulation

Die Nachkalkulation zeigt, ob der zu **Normalkosten kalkulierte** und angenommene Auftrag im Rahmen dieser Kosten verwirklicht werden konnte. Sie wird **nach Beendigung der Produktion** als Zuschlagskalkulation aufgrund der **tatsächlich entstandenen Einzelkosten** und der **Istzuschläge aus dem BAB** durchgeführt. Aus der Gegenüberstellung mit der Vorkalkulation werden Abweichungen ersichtlich.

Beispiel

Auf der Grundlage der Istzuschlagssätze (BAB, S. 244) und der Ist-Einzelkosten für Material und Löhne (vgl. S. 270) entsteht die folgende Nachkalkulation für ein Gehäuse G I.

Fertigungsmaterial (Ist = Normal) .... 12,75 €		Fertigungslöhne FHS III .... 6,85 €	
Fertigungslöhne FHS I .... 5,70 €		Fertigungslöhne FHS IV .... 6,40 €	
Fertigungslöhne FHS II .... 4,25 €			

Kalkulationsschema	Vorkalkulation		Nachkalkulation	
Fertigungsmaterial		12,75 €		12,75 €
+ Materialgemeinkosten	12,5 %	1,59 €	12,89 %	1,64 €
= **Materialkosten**		14,34 €		14,39 €
Fertigungslöhne FHS I		5,60 €		5,70 €
+ Fertigungsgemeinkosten	115,0 %	6,44 €	112,76 %	6,43 €
= **Fertigungskosten FHS I**		12,04 €		12,13 €
Fertigungslöhne FHS II		4,50 €		4,25 €
+ Fertigungsgemeinkosten	83,0 %	3,74 €	84,80 %	3,60 €
= **Fertigungskosten FHS II**		8,24 €		7,85 €
Fertigungslöhne FHS III		6,80 €		6,85 €
+ Fertigungsgemeinkosten	80,0 %	5,44 €	78,55 %	5,38 €
= **Fertigungskosten FHS III**		12,24 €		12,23 €
Fertigungslöhne FHS IV		6,45 €		6,40 €
+ Fertigungsgemeinkosten	70,0 %	4,51 €	68,17 %	4,36 €
= **Fertigungskosten FHS IV**		10,96 €		10,76 €
= **Herstellkosten**		57,82 €		57,36 €
+ Verwaltungsgemeinkosten	15,0 %	8,67 €	13,71 %	7,86 €
+ Vertriebsgemeinkosten	5,0 %	2,89 €	4,46 %	2,56 €
= **Selbstkosten** für ein Gehäuse		69,38 €		67,78 €
= **Selbstkosten**, aufgerundet		69,40 €		
+ Gewinn	8,0 %	5,55 €	10,67 %	7,23 €
= **Barverkaufspreis**		74,95 €		75,01 €
+ Kundenskonto	2,0 %	1,58 €		1,58 €
+ Vertriebsprovision	3,0 %	2,37 €		2,37 €
= **Zielverkaufspreis**		78,90 €		78,96 €
+ Kundenrabatt	7,0 %	5,94 €		5,94 €
= **Angebotspreis**		84,84 €		
= **Angebotspreis**, aufgerundet		84,90 €		84,90 €

Auswertung der Nachkalkulation

Im obigen Beispiel **fallen** die tatsächlichen Selbstkosten um 1,60 € je Gehäuse niedriger aus als die vorkalkulierten Normalselbstkosten. Da der Angebotspreis verbindlich vorgegeben war, führt diese **Kostenüberdeckung** zu einem entsprechend höheren **Gewinn** um 1,68 € je Gehäuse. Eine genaue Analyse zeigt, dass die **Istgemeinkostenzuschläge** in der Materialstelle und der Fertigungshauptstelle II **über den Normalzuschlagssätzen** liegen und hier somit Kostenunterdeckungen anzeigen. In den übrigen Fertigungshauptstellen, in der Verwaltungsstelle und der Vertriebsstelle liegen die **Istgemeinkostenzuschläge unter den Normalzuschlägen;** sie zeigen hier **Kostenüberdeckungen** an.

Die eigentliche Abweichung (= Kostenüberdeckung) entsteht im **Verwaltungs- und Vertriebsbereich.** Hierbei handelt es sich offenbar um eine **Beschäftigungsabweichung.** Es ist zu erwarten, dass bei einer **Beschäftigungserhöhung** die **Istzuschlagssätze** in diesen Bereichen weiter **zurückgehen** werden, weil die Verwaltungs- und Vertriebsgemeinkosten **überwiegend fixe Kosten** sind, die sich bei der Beschäftigungserhöhung nicht verändern und zu sinkenden Zuschlagssätzen führen. Eine umgekehrte Entwicklung wäre bei einem Beschäftigungsrückgang zu erwarten.

Beschäftigungs-abweichung (vgl. S. 260)

Gehen wir davon aus, dass keine Preisabweichungen vorliegen, da verstärkt mit kalkulatorischen Kosten und Verrechnungspreisen gearbeitet wird, dann sind **Verbrauchsabweichungen bei den Einzelkosten** mit die Ursache für die Kostenüberdeckung in der Nachkalkulation. Im Einzelnen ist festzustellen:

Preis- und Verbrauchs-abweichungen (vgl. S. 260)

- Beim **Fertigungsmaterial** ergibt sich **keine Abweichung** zwischen Vor- und Nachkalkulation.

- Bei den **Fertigungslöhnen** sind sowohl **Über- als auch Unterdeckungen** in den einzelnen Fertigungshauptstellen feststellbar. Hier muss der Betriebsleiter nach den Ursachen forschen.

- Die Nachkalkulation ist eine **Kontrollrechnung,** die den Normalkosten der Vorkalkulation die tatsächlichen Kosten (Istkosten) gegenüberstellt.

- Die Nachkalkulation misst im Vergleich mit den Normalkosten der Vorkalkulation den **tatsächlichen Erfolg** eines Kostenträgers.

- Die Abweichungen zwischen Ist- und Normalkosten bedürfen einer Analyse:
  - Beschäftigungs- und Preisabweichungen lassen sich leicht ausschalten.
  - Verbrauchsabweichungen hat der Betriebsleiter zu verantworten.

Zusammen-fassung

Zur Aufgabe 251, S. 272, ist eine Nachkalkulation aufzustellen.

Nach Durchführung der Produktion steht fest, dass der Materialverbrauch eingehalten wurde, der Lohnaufwand betrug jedoch

in Fertigungshauptstelle I: 7,5 Stunden zu je 43,50 €,
in Fertigungshauptstelle II: 10   Stunden zu je 38,40 €.

Der BAB des Abrechnungsmonats weist folgende Istzuschlagssätze aus:
Material 10 %; Fertigung I 150 %; Fertigung II 180 %; Verwaltung 12,5 %; Vertrieb 10 %.

1. Welche Kostenarten und -stellen sind zu überprüfen?

2. Wie erklären Sie den erheblichen Unterschied zwischen normierter und verbrauchter Arbeitszeit in der Fertigungshauptstelle II?

Aufgabe 263

1. Worin unterscheiden sich Vor- und Nachkalkulation?

2. Wie werden Normalzuschlagssätze errechnet?

3. Die Zuschlagssätze für die Fertigungsgemeinkosten liegen in zwei aufeinander folgenden Betriebsabrechnungsbögen über dem Normalzuschlagssatz. **Worauf kann das zurückzuführen sein? Was müsste ggf. veranlasst werden?**

Aufgabe 264

Aufgabe 265

Erstellen Sie die Vor- und Nachkalkulationen für folgenden Auftrag:

	Vorkalkulation	Nachkalkulation
Fertigungsmaterial	520,00 €	535,00 €
Materialgemeinkostenzuschlag	5 %	5,5 %
Maschinenkosten: Laufzeit	20 Stunden	19,5 Stunden
Stundensatz	24,75 €	25,20 €
Fertigungslöhne: Fertigungsstunden	22 Stunden	22 Stunden
Stundensatz	23,00 €	22,60 €
Verwaltungsgemeinkostenzuschlag	12,5 %	12,7 %
Vertriebsgemeinkostenzuschlag	8,0 %	7,6 %
Gewinnzuschlag	12,0 %	
Kundenskonto	3,0 %	
Kundenrabatt	6,0 %	

1. Errechnen Sie den tatsächlichen Gewinn.

2. Begründen Sie die Abweichungen.

Aufgabe 266

Kalkulieren Sie auf der Grundlage der Aufgabe 239, S. 256, die Herstellkosten (gesamt und je Stück) für folgende Aufträge:

Auftrag A: Stanzen von 5 000 Behälterböden auf Stanze II.
Stahlblech: 1.100,00 €,
Materialgemeinkostenzuschlag: 4 %,
Fertigungslöhne: 70 Stunden zu je 24,50 €,
Maschinenstunden: 70 Stunden,
Sondereinzelkosten der Fertigung: 500,00 €.

Auftrag B: Stanzen von 8 000 Ventildeckeln auf Stanze I.
Stahlblech: 800,00 €,
Materialgemeinkostenzuschlag: 4 %,
Fertigungslöhne: 40 Stunden zu je 24,50 €,
Maschinenstunden: 40 Stunden,
Sondereinzelkosten der Fertigung: 200,00 €.

Auftrag C: Stanzen von 4 000 Mantelblechen auf Stanze III.
Stahlblech: 3.200,00 €,
Materialgemeinkostenzuschlag: 4 %,
Fertigungslöhne: 100 Stunden zu je 24,50 €,
Maschinenstunden: 100 Stunden,
Sondereinzelkosten der Fertigung: 400,00 €.

Nach Abschluss der Produktion zeigen sich folgende Abweichungen:

Auftrag A: Stahlblech: 10%ige Erhöhung der Anschaffungskosten.
Fertigungslöhne: 73 Stunden zu je 24,50 €,
Maschinenstundensatz: 5%ige Verringerung gegenüber der Norm.

Auftrag B: Stahlblech: 70,00 € Mehrverbrauch,
Fertigungslöhne: 40 Stunden zu je 25,10 €,
Maschinenstundensatz: 3%ige Erhöhung gegenüber der Norm.

Auftrag C: Materialgemeinkostenzuschlag: 4,3 %,
Sondereinzelkosten der Fertigung: 10%ige Verringerung gegenüber der Norm.

Stellen Sie die Nachkalkulationen auf.

Vollkostenrechnung in Betrieben mit Sortenfertigung (Äquivalenzziffernkalkulation)

5.4

Das Unternehmen Berg möchte einen **schnellen Überblick** (ohne BAB und Kostenträgerblatt) über die **Selbstkosten jedes Gehäusetyps** mithilfe der **Äquivalenzziffernkalkulation** gewinnen.

Situation 1

Voraussetzungen für die Anwendung der Äquivalenzziffernrechnung:

■ Die **Erzeugnisse** müssen **artgleich** sein (= Sorten),
  z. B. Ziegel, Biersorten, Bausteine, Zigaretten usw.

■ Die **Erzeugnisse** müssen **in einem festen Kostenverhältnis** zueinander stehen.

Es kann unterstellt werden, dass diese Bedingungen für die im Unternehmen Berg produzierten Gehäusetypen im Wesentlichen erfüllt sind.

Unterschiede in den Selbstkosten je Erzeugniseinheit können nur dadurch verursacht werden, dass die einzelnen Erzeugnisgruppen die Produktionsstätten verschieden stark beanspruchen. Das **Kostenverhältnis,** das die unterschiedlich starke Beanspruchung angibt, wird durch Beobachtung und Messung festgestellt. Hierbei setzt man das **Haupterzeugnis gleich 1** und bringt die anderen Erzeugnisgruppen durch einen die Kostenverursachung ausdrückenden Zuschlag oder Abschlag in Beziehung zu 1. Die sich ergebenden Zahlen heißen **Äquivalenzziffern.**

Äquivalenzziffern

Aufgrund der Arbeitspläne verschafft man sich im Unternehmen Berg einen Überblick darüber, in welchem Ausmaß die verschiedenen Gehäusetypen die Betriebsabteilungen belasten: Gehäusetyp G I wird in durchschnittlich 26,7 Minuten gefertigt, Gehäusetyp G II in 24 Minuten, Gehäusetyp G III in 35 Minuten. Zusätzlich wird das Verhältnis, in dem Material- und Lohneinsatz je Stück zueinander stehen (vgl. S. 258), berücksichtigt, wobei aufgrund der **größten Produktionsmenge** das Gehäuse **Typ G I als Hauptsorte mit der Ziffer 1** festgesetzt wird. Hieraus ermittelt man die **Äquivalenzziffern** der Gehäusetypen G I, G II, G III mit **1 : 0,8 : 0,7.**

Situation 2

Aus dem Kostenträgerblatt von Seite 271 lassen sich die Selbstkosten des Umsatzes mit 9.589.980,00 € ablesen. Die Absatzmengen (vgl. S. 258) betrugen für Typ G I 74 500 Stück, für Typ G II 60 000 Stück und für Typ G III 20 000 Stück.

Typ	Absatz-mengen	Äquivalenz-ziffern		Umrech-nungszahlen	Selbstkosten je Gehäuse	Selbstkosten je Typ (gerundet)
G I	74 500	· 1,0	=	74 500	70,26 €	5.234.090,00 €
G II	60 000	· 0,8	=	48 000	56,21 €	3.372.300,00 €
G III	20 000	· 0,7	=	14 000	49,18 €	983.590,00 €
				136 500		9.589.980,00 €
Berechnung der Selbstkosten je Gehäuse:	9.589.980,00 € :	136 500	=	70,2563 €	≈	70,26 €
		0,8 ·	70,2563 € =	56,2050 €	≈	56,21 €
		0,7 ·	70,2563 € =	49,1794 €	≈	49,18 €
Berechnung der Selbstkosten je Typ:	74 500 Stück	·		70,2563	≈ 5.234.090,00 €
	60 000 Stück	·		56,2050	≈ 3.372.300,00 €
	20 000 Stück	·		49,1794	≈ 983.590,00 €

Aufgabe: Vergleichen Sie diese Ergebnisse mit denen im Kostenträgerblatt von Seite 263.

■ Die Äquivalenzziffernkalkulation ist bei **Sortenfertigung** anwendbar. Sie vereinfacht die verursachungsgerechte Zuordnung der Kosten zu den Kostenträgern.

Zusammenfassung

Aufgabe 267

Die Novalux GmbH kalkuliert die Selbstkosten ihrer Energiesparlampen nach folgenden Angaben: Die Einzelkosten (Fertigungsmaterial, Fertigungslöhne) werden für jede Sorte getrennt erfasst, die Gemeinkosten in einer Summe.

Sorte	Produktionsmenge	Fertigungsmaterial	Fertigungslöhne	Äquivalenzziffern	Gemeinkosten
7 W	6 000 000	900.000,00 €	750.000,00 €	0,8	
11 W	8 000 000	1.100.000,00 €	1.300.000,00 €	1,0	5.148.000,00 €
15 W	2 000 000	350.000,00 €	400.000,00 €	1,4	

1. Berechnen Sie die Gemeinkosten je Stück, die Einzelkosten je Stück und die Stückkosten jeder Sorte.

2. Berechnen Sie die Selbstkosten jeder Sorte.

Aufgabe 268

Eine Ziegelei stellt vier Sorten Ziegel her.

Sorte	Äquivalenzziffern	Produktionsmenge	Gesamtkosten
I	0,75	400 000 Stück	
II	1,00	800 000 Stück	
III	1,20	300 000 Stück	669.600,00 €
IV	1,60	250 000 Stück	

1. Berechnen Sie die Stückkosten jeder Sorte.

2. Berechnen Sie die Selbstkosten jeder Sorte.

Aufgabe 269

Die Merkheimer OHG hat sich auf die Herstellung von hochwertigen Aktentaschen aus Leder spezialisiert. Sie stellt zurzeit drei Typen (A, B, C) von Aktentaschen her, die sich vor allem in der Größe und in der Innenausstattung voneinander unterscheiden. Eine durchgeführte Kostenanalyse hat ergeben, dass die Tasche Typ A als Hauptsorte einzustufen ist und dass zwischen den Sorten A, B und C ein Kostenverhältnis von 1 : 0,9 : 1,25 besteht.

Für den abgelaufenen Monat liegen folgende Zahlen vor:

Sorte	Produktionsmenge	gesamte Selbstkosten
A	4 000 Stück	
B	2 500 Stück	1.976.250,00 €
C	1 200 Stück	

Berechnen Sie aufgrund der Angaben die Selbstkosten je Stück und je Sorte.

Aufgabe 270

Die Pons GmbH stellt in einem Zweigwerk auf einer abgesonderten Fertigungsanlage Türbeschläge her. Für den Monat September liegen folgende Zahlen vor:

Typ	Produktionsmenge	Äquivalenzziffern	ges. Selbstkosten	Umsatzerlöse
I	15 000 Stück	0,9		270.000,00 €
II	20 000 Stück	1,0		400.000,00 €
III	12 500 Stück	0,8	1.581.600,00 €	312.500,00 €
IV	8 500 Stück	1,4		340.000,00 €
V	10 000 Stück	1,2		300.000,00 €

1. Bestimmen Sie die Selbstkosten je Stück und je Typ.

2. Berechnen Sie den Gewinn je Stück, je Typ und insgesamt.

3. Welche Schlussfolgerungen könnten aus der Gewinnsituation gezogen werden?

Vollkostenrechnung in Betrieben mit Massenfertigung (Divisionskalkulation)

5.5

Die Divisionskalkulation findet Anwendung in Unternehmungen, die ein **einheitliches** Produkt herstellen (Massenfertigung, vgl. S. 230). In diesen Unternehmungen gibt es kein verzweigtes Produktionsprogramm mit unterschiedlicher Belastung der Kostenstellen durch die Kostenträger. Somit entfällt bei Anwendung der Divisionskalkulation die Aufteilung der Kosten in Einzel- und Gemeinkosten und die umständliche Aufschlüsselung der Gemeinkosten auf die Kostenstellen.

Massenfertigung

Die einfache Divisionskalkulation ist anwendbar, wenn ein Unternehmen nur eine Erzeugnisart herstellt (z. B. Elektrizitätswerk, Ziegelei, Brauerei usw.). Die Selbstkosten für den einzelnen Kostenträger ergeben sich aus der Division der Gesamtkosten einer Abrechnungsperiode durch die Produktionsmenge der gleichen Periode.

Einfache Divisionskalkulation

$$\text{Selbstkosten des Kostenträgers} = \frac{\text{Gesamtkosten der Periode}}{\text{Produktionsmenge der Periode}}$$

Es soll angenommen werden, dass das Metallwerk Thomas Berg **nur einen Gehäusetyp fertigt.** Im abgelaufenen Geschäftsjahr wurden 160 000 Gehäuse produziert (siehe S. 198), dabei entstanden Kosten in Höhe von 9.690.000,00 € (siehe Ergebnistabelle S. 224). Das Unternehmen kalkuliert mit einem Gewinnzuschlag von 8 % (siehe S. 271).

Situation

$$\text{Selbstkosten je Gehäuse} = \frac{9.690.000{,}00\ €}{160\ 000\ \text{Stück}} = \dots\dots\dots\dots \quad 60{,}56\ €$$

+ 8 % Gewinn	4,85 €
= Barverkaufspreis	65,41 €

Für die Angebotskalkulation werden bei diesem Verfahren **normierte Selbstkosten** verwendet, die man als **arithmetisches Mittel** aus den Stückselbstkosten vergangener Abrechnungsperioden berechnet.

Nicht immer wird ein Unternehmen alle in einer Abrechnungsperiode hergestellten Erzeugnisse auch in der gleichen Periode absetzen können. Am Ende der Abrechnungsperiode befindet sich ein Teil der Produktion vorübergehend im Lager. Unter dieser Bedingung führt die einfache Divisionskalkulation zu **nicht verursachungsgerechten Selbstkosten,** da sie auch die noch nicht verkauften Erzeugnisse mit anteiligen Vertriebskosten belastet. Um zu genauen Ergebnissen zu gelangen, teilt man zunächst die Gesamtkosten in **Herstellkosten und Vertriebskosten** auf. Die Herstellkosten werden dann auf die hergestellte Menge umgelegt, die Vertriebskosten nur auf die abgesetzte Menge. Die Selbstkosten je Kostenträger ergeben sich aus der Summe von Herstellkosten je Kostenträger und Vertriebskosten je Kostenträger.

Mehrfache Divisionskalkulation

$$\text{Selbstkosten je Kostenträger} = \frac{\text{Herstellkosten}}{\text{Produktionsmenge}} + \frac{\text{Vertriebskosten}}{\text{Absatzmenge}}$$

Verwaltungsgemeinkosten können in der mehrfachen Divisionskalkulation entweder den **Herstellkosten,** den **Vertriebskosten oder anteilig beiden** Kostenbereichen zugeordnet werden. Je nachdem, für welche Lösung man sich entscheidet, werden die Selbstkosten **unterschiedlich hoch** ausfallen.

Zuordnung der Verwaltungsgemeinkosten

Aufgabe 271

1. Unter welchen Produktionsbedingungen ist die einfache Divisionskalkulation anwendbar?

2. Worin unterscheidet sich die einfache Divisionskalkulation von der mehrfachen Divisionskalkulation?

3. Wie werden die Verwaltungskosten in der mehrfachen Divisionskalkulation behandelt?

Aufgabe 272

In einem Betrieb mit Massenfertigung entstanden im Monat März folgende Kosten: €

Rohstoffverbrauch	380.000,00
Hilfsstoffverbrauch	165.000,00
Fertigungslöhne	357.000,00
Fertigungsgemeinkosten	734.000,00
Verwaltungskosten	422.000,00
Vertriebskosten	186.000,00

1. Wie hoch sind die Selbstkosten für eine Produktionseinheit bei einer Produktion von 336 000 Stück?

2. Errechnen Sie die Selbstkosten unter der Bedingung, dass ein Lagerbestand von 36 000 Stück verbleibt und die Verwaltungskosten im Verhältnis 3 : 1 den Herstell- und Vertriebskosten zugewiesen werden.

3. Wie hoch wären die Selbstkosten für den Fall, dass sich ein Minderbestand von 24 000 Stück ergibt und die Verwaltungskosten im Verhältnis 3 : 1 den Herstell- und Vertriebskosten zugewiesen werden?

4. Wie hoch sind die Selbstkosten, wenn man dazu übergeht, die Verwaltungskosten in voller Höhe dem Vertriebsbereich zuzuordnen?

   a) Es soll ein Mehrbestand von 36 000 Stück vorliegen.

   b) Es soll sich ein Minderbestand von 24 000 Stück ergeben.

Aufgabe 273

Eine Kiesgrube arbeitet monatlich mit folgenden Kosten:

Betriebsstoffkosten	8.420,00 €	Abschreibungen	12.600,00 €
Energiekosten	4.300,00 €	Verwaltungskosten	10.400,00 €
Lohnkosten	48.500,00 €	Vertriebskosten	9.800,00 €

Es wird eine Menge von 200 t Kies ständig im Vorratsbehälter gelagert, sodass die Fördermenge nicht der Absatzmenge entspricht. Die Förderung betrug 3 800 t, die Absatzmenge 3 600 t.

Wie hoch sind die Selbstkosten für 1 t, wenn die Verwaltungskosten

a) voll den Herstellkosten zugerechnet werden,

b) je zur Hälfte den Herstell- und Vertriebskosten zugerechnet werden?

Aufgabe 274

Ein Kunststeinwerk ermittelt die monatlichen Kosten mit:

Material	55.500,00 €
Löhne	96.800,00 €
Fertigungsgemeinkosten	140.200,00 €
Verwaltungskosten	81.600,00 €
Vertriebskosten	36.000,00 €

1. Errechnen Sie die Selbstkosten und den Nettoverkaufspreis für 1 000 Steine (Herstellmenge 800 000 Stück, Gewinnzuschlag 15 % auf die Selbstkosten).

2. Wie hoch sind die Selbstkosten und der Nettoverkaufspreis für 1 000 Steine, wenn 20 % der Produktion nicht im gleichen Monat abgesetzt werden konnten? Die Verwaltungskosten gelten in voller Höhe als Vertriebskosten.

Deckungsbeitragsrechnung als Teilkostenrechnung 6

Vergleich zwischen Vollkosten- und Teilkostenrechnung 6.1

Die Vollkostenrechnung erfasst alle Kostenarten **periodengerecht** und **weist sie den einzelnen Kostenträgern** zu. Ihre Aufgabe erfüllt sie gut, wenn auf dem Markt die mithilfe der Zuschlagskalkulation errechneten Preise akzeptiert werden.

Die Vollkostenrechnung kann **nicht** angewandt werden, wenn unternehmerische Entscheidungen **zur Verbesserung der Beschäftigung[1] oder des Betriebserfolgs** zu treffen sind. Im Einzelnen weist sie folgende **Nachteile** auf:

Nachteile der Vollkostenrechnung

- **Die Abhängigkeit der Gemeinkosten von der Beschäftigung** wird nicht untersucht: Zum Teil verhalten sich die Gemeinkosten bei Beschäftigungsänderungen fix, zum Teil variabel. Die Verteilung der fixen Kosten auf die Kostenstellen führt bei Beschäftigungsänderungen zu **nicht verursachungsgerechten** Kostenbelastungen (= Proportionalisierung der fixen Kosten über Gemeinkostenzuschlagssätze).

- **Bei der Berechnung von Zuschlagssätzen** für die Material-, Fertigungs-, Verwaltungs- und Vertriebsgemeinkosten wird unterstellt, dass zwischen den Gemeinkosten und der gewählten Zuschlagsgrundlage **eine Abhängigkeit besteht.** Das trifft aber nur bedingt zu, so hängt z. B. die Höhe der Fertigungsgemeinkosten nicht von der Höhe der Fertigungslöhne ab.

Zu den Nachteilen der Volkskostenrechnung kommt hinzu, dass Unternehmen aufgrund der Marktentwicklungen (Wandel von Verkäufermärkten zu in der Regel Käufermärkten) gezwungen sind, sich den Bedingungen des Marktes anzupassen. So muss etwa bei fallenden Marktpreisen entschieden werden, ob auch noch zu einem nicht mehr kostendeckenden Preis produziert werden soll. Um derartige Entscheidungen treffen zu können, muss das Kostenrechnungssystem angepasst werden.

Verkäufermärkte (Angebotsmenge < Nachfragemenge)	Käufermärkte (Angebotsmenge > Nachfragemenge)
– Verkäufer können hohe Preise gegenüber dem Käufer durchsetzen. – Die Kosten sind Grundlage der Kalkulation und bestimmen den Preis.	– Käufer bewirken u. a. einen Preiswettbewerb der Verkäufer. – Der Marktpreis ist Grundlage der Kalkulation. – Kosten müssen marktfähig aufgestellt werden.
System der Vollkostenrechnung	**System der Teilkostenrechnung**

Die Teilkostenrechnung ermöglicht marktorientierte Entscheidungen, weil nur die entscheidungsrelevanten Kosten berücksichtigt werden. Hierzu wird eine Kostenauflösung bezüglich des Verhaltens der Kosten bei Beschäftigungsschwankungen vorgenommen, d. h., es werden in der Teilkostenrechnung von den Umsatzerlösen der einzelnen Erzeugnisgruppen zunächst **nur die auf sie entfallenden variablen Kosten** (vgl. S. 289) abgezogen. Denn sie fallen für eine konkrete Unternehmensentscheidung kurzfristig zusätzlich an (z. B. Rohstoffkosten bei Annahme eines Zusatzauftrages). Die den Erzeugnisgruppen nicht genau zurechenbaren Gemeinkosten (= **fixe Kosten**, vgl. S. 290) erfasst man gesondert in einem Block, weil sie unabhängig von einer kurzfristigen Unternehmensentscheidung anfallen (z. B. Monatsgehälter für angestelltes Personal).

Teilkostenrechnung

- Für **kurzfristig** zu treffende marktorientierte Entscheidungen liefert die **Vollkostenrechnung** keine geeigneten Unterlagen.

- **Langfristig** ist die Vollkostenrechnung die erforderliche Grundlage für die **Kostenkontrolle** und **Betriebsergebnisrechnung.**

- Der Einsatz der **Teilkostenrechnung** im Rechnungswesen eines Industriebetriebes setzt voraus, dass alle Kostenarten auf ihre Abhängigkeit von der Produktion untersucht und danach in **variable** oder **fixe Kosten** aufgeteilt werden.

Zusammenfassung

---

1 Definition siehe S. 282

6.2 Abhängigkeit der Kosten von der Beschäftigung – variable und fixe Kosten –

Beschäftigung

Beschäftigung ist die tatsächliche Ausnutzung des **Leistungsvermögens** – ausgedrückt in absoluten Produktionszahlen – **je Zeiteinheit** (z. B. Monat oder Jahr), das ein jedes Unternehmen aufgrund seines **Betriebsmittelbestandes** (= **Maximalkapazitätt**) hat.

Jede Produktionsanlage besitzt eine **technische Kapazität**, auf die sie **konstruktionsmäßig** ausgelegt ist, und eine **wirtschaftliche Kapazität**, die die **kostengünstigste Auslastung** angibt. In der Regel wird das Unternehmen die wirtschaftliche Kapazität anstreben und nicht die technische Kapazität.

Beschäftigungsgrad

Als **Beschäftigungsgrad** (= Kapazitätsausnutzungsgrad) wird das prozentuale Verhältnis aus **tatsächlicher Ausnutzung** der Kapazität und der **technischen Kapazität** bezeichnet:

$$\text{Beschäftigungsgrad} = \frac{\text{tatsächliche Produktion}}{\text{technische Maximalproduktion}}$$

Situation

Das Metallwerk Thomas Berg rechnet aufgrund der guten Auftragslage im nächsten Jahr mit einer Zunahme der Absatzmenge. Im abgelaufenen Geschäftsjahr wurden insgesamt **160000 Gehäuse** unterschiedlicher Größe und Form hergestellt. 154500 Gehäuse wurden abgesetzt. Hierbei konnten die Arbeitskräfte und die technischen Anlagen zu **80 %** ausgelastet werden. Eine größere Produktionsmenge ist also ohne zusätzliche Investitionen und Neueinstellung von Arbeitskräften produzierbar.

Thomas Berg plant die Produktion im nächsten Jahr auf insgesamt **170000 Gehäuse** zu erhöhen.

Ist diese Produktion im Rahmen der bestehenden technischen Anlagen zu realisieren? Wie hoch werden die Kosten dieser Produktion sein?

Die technische Maximalkapazität beträgt im obigen Beispiel bei einer **tatsächlichen Produktion von 160000 Gehäusen** und einem **Beschäftigungsgrad von 80 %**:

160000 Gehäuse : 0,8 = **200000 Gehäuse maximale Produktion/Jahr**

Die geplante Produktion von 170000 Gehäusen lässt sich also mit den vorhandenen Arbeitskräften und technischen Anlagen durchführen; diese Produktion würde den Beschäftigungsgrad wie folgt erhöhen:

$$\text{Beschäftigungsgrad für 170000 Gehäuse} = \frac{170000 \text{ Gehäuse}}{200000 \text{ Gehäuse}} = 0,85 = 85\%$$

Kostenplanung auf der Grundlage von Durchschnittskosten

Die Frage nach den Kosten der erhöhten Produktion im nächsten Geschäftsjahr lässt sich **vereinfacht auf der Grundlage der Durchschnittskosten** beantworten:

1 Die Produktion von 160000 Gehäusen verursachte Kosten von insgesamt 9.690.000,00 € (vgl. Ergebnistabelle S. 224); das sind pro Gehäuse:

$$\text{Stückkosten} = \frac{9.690.000,00 \text{ €}}{160000 \text{ Gehäuse}} = 60,56 \text{ €/Gehäuse}.$$

2 Die Kosten der geplanten Produktion von 170000 Gehäusen betragen ca.:

Kosten für 170000 Gehäuse = 60,56 €/Stück · 170000 = **10.295.200,00 €.**

Verhalten der Kosten bei Beschäftigungsänderung

Die obige Rechnung führt zu einem nur näherungsweise richtigen **Ergebnis**: Zwar werden die Kosten im kommenden Jahr wegen der steigenden Beschäftigung höher ausfallen müssen als im abgelaufenen Jahr; es ist aber zu prüfen, **ob sich alle Kosten bei dieser Beschäftigungsänderung proportional** – also im gleichen Verhältnis wie die Beschäftigung – **verändern,** wie es in der obigen Rechnung unterstellt worden ist.

Abhängigkeit der variablen Kosten von der Beschäftigung

Auf Veränderungen der Marktlage muss ein Unternehmen – auch über die Preisfestsetzung – flexibel reagieren können. Das ist nur möglich, wenn darüber Kenntnis besteht, welche Kosten sich der veränderten Beschäftigung anpassen lassen und welche Kosten konstant bleiben.

6.2.1

Veränderung der Marktlage

Variable Kosten als proportionale Kosten

Für die Herstellung eines Gehäuses wird u. a. eine Platine im Wert von 10,00 € verwendet. Bei unterschiedlichen Produktionsmengen ergeben sich folgende Materialkosten:

Beispiel

Produktionsmenge in Stück	Variable Kosten in €	
	insgesamt	je Stück
0	0	0
1 000	10.000,00	10,00
2 000	20.000,00	10,00
3 000	30.000,00	10,00
4 000	40.000,00	10,00
5 000	50.000,00	10,00
6 000	60.000,00	10,00
⋮	⋮	⋮

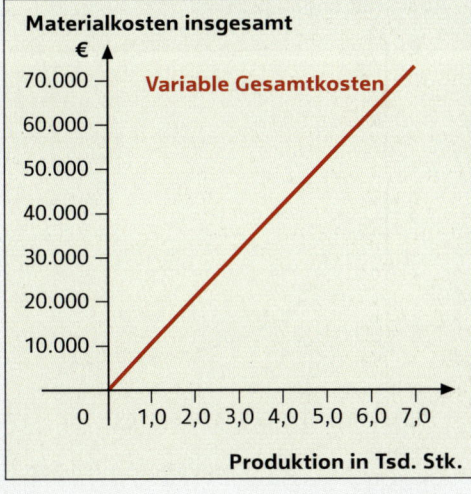
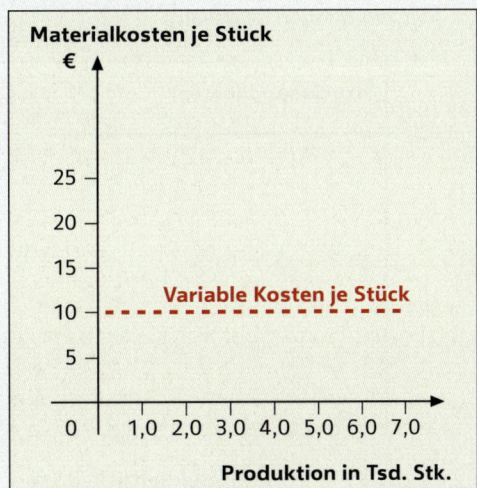

Neben dem Fertigungsmaterial stehen auch die **Hilfsstoffe** und z. T. die **Fertigungslöhne** in einer proportionalen Abhängigkeit zur Produktionsmenge. Kosten mit dieser Eigenschaft gehören zu den variablen Kosten.

Zusammenfassung

- Die gesamten Materialkosten nehmen mit **steigender** Produktionsmenge **proportional**, also z. B. im gleichen Verhältnis, **zu.** Sie verringern sich im gleichen Verhältnis, wie die Produktion zurückgeht. Kosten, die so reagieren, zählen zu den variablen Kosten.
- Die auf ein Stück umgerechneten Materialkosten bleiben bei schwankender Beschäftigung **konstant.**
- **Einzelkosten** sind variable Kosten.

6.2.2 Abhängigkeit der fixen Kosten von der Beschäftigung

Kosten der Betriebs-
bereitschaft

Alle Kosten, die von Abrechnungsperiode zu Abrechnungsperiode in annähernd gleicher Höhe **unabhängig von der Produktionsmenge** anfallen, heißen **fixe Kosten** oder **Kosten der Betriebsbereitschaft.**

Beispiel

Das Blech für ein Gehäuse wird auf einer Stanze ausgestanzt. Die monatlichen Abschreibungen dieser Maschine betragen 3.000,00 €. Dieser Betrag soll gleichmäßig auf die in einem Monat hergestellte Stückzahl verteilt werden.

Produktionsmenge in Stück	Fixe Kosten in €	
	insgesamt	je Stück
1	3.000,00	3.000,00
1 000	3.000,00	3,00
2 000	3.000,00	1,50
3 000	3.000,00	1,00
4 000	3.000,00	0,75
5 000	3.000,00	0,60
6 000	3.000,00	0,50
⋮	⋮	⋮

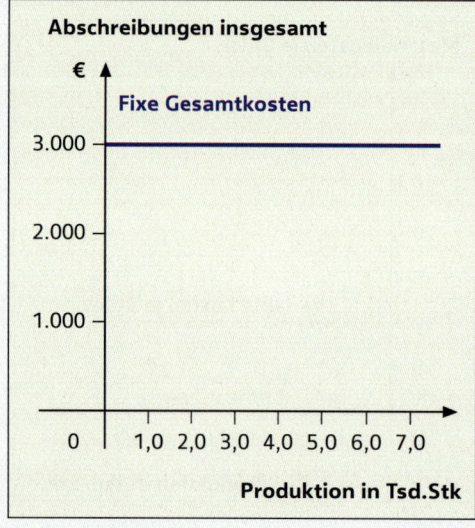

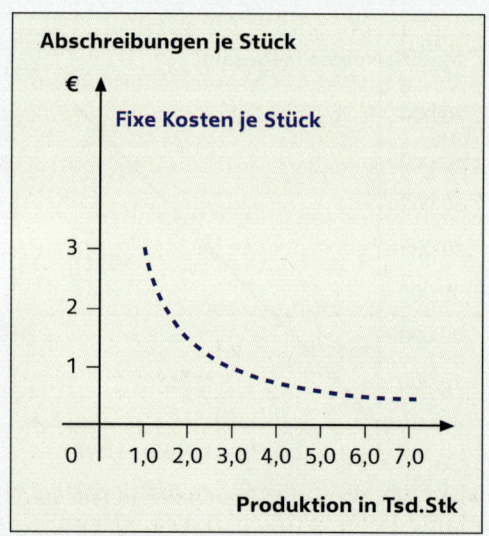

Außer Abschreibungen gelten z. B. Gehälter, Steuern, Beiträge, Miete als fixe Kosten.

Zusammen-
fassung

- Die Abschreibungen **verändern sich** mit steigender oder sinkender Produktion nicht. Sie treten in jeder Abrechnungsperiode unverändert auf.

- Die auf **ein Stück** umgerechneten Abschreibungen verringern sich mit steigender Produktion und erhöhen sich bei rückläufiger Produktion.

- Gemeinkosten sind überwiegend fixe Kosten.

Abhängigkeit der Mischkosten von der Beschäftigung

6.2.3

Die für die Bearbeitung des Rohmaterials eingesetzte Stanze hat eine Maschinenleistung von 15 kW. Der Strompreis beträgt 0,24 € je kWh zuzüglich einer monatlichen Grundgebühr von 150,00 €. Bei unterschiedlichen Laufzeiten (= Beschäftigung) je Monat ergeben sich folgende Kosten:

Beispiel

Laufstunden je Monat	Fixe Kosten in €		+	Variable Kosten in €		=	Mischkosten in €	
	gesamt	je Stunde		gesamt	je Stunde		gesamt	je Stunde
100	150,00	1,50		360,00	3,60		510,00	5,10
110	150,00	1,36		396,00	3,60		546,00	4,96
120	150,00	1,25		432,00	3,60		582,00	4,85
130	150,00	1,15		468,00	3,60		618,00	4,75
140	150,00	1,07		504,00	3,60		654,00	4,67
150	150,00	1,00		540,00	3,60		690,00	4,60
160	150,00	0,94		576,00	3,60		726,00	4,54
170	150,00	0,88		612,00	3,60		762,00	4,48

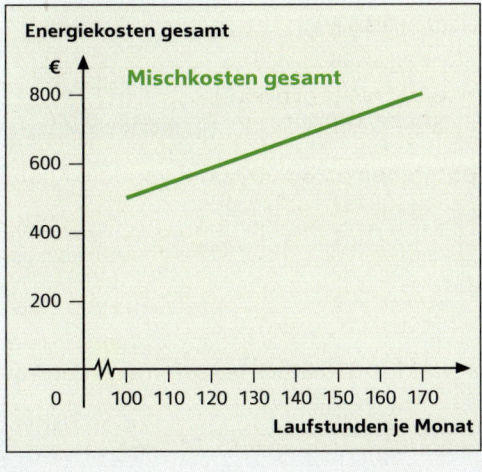

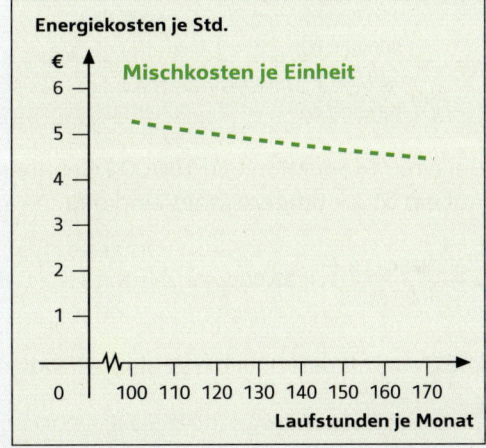

Die für die Maschine aufzuwendenden **Energiekosten** enthalten sowohl **fixe** als auch **variable** Kostenanteile: Die Grundgebühr fällt in jedem Monat in gleicher Höhe an; sie stellt den Fixkostenanteil dar. Der Stromverbrauch der Maschine variiert mit der Laufzeit; die verbrauchsbedingten Stromkosten sind also variabel.

- ■ Die Energiekosten nehmen mit steigender Produktion insgesamt **proportional zu.** Sie zeigen ein Verhalten wie die variablen Gesamtkosten (vgl. S. 289).
- ■ Die auf **eine Einheit** (Stunde) umgerechneten Energiekosten verringern sich mit steigender Produktion (Stromverbrauch). Sie zeigen ein Verhalten wie die fixen Kosten je Stück.
- ■ Ein Teil der Kostenarten enthält zugleich fixe **und** variable Kostenanteile.

Zusammenfassung

6.2.4 Kostenplanung bei proportionalem Kostenverlauf – Direkte Kostenauflösung –

Beispiel

Zur Beantwortung der Frage nach den geplanten Kosten für die erhöhte Produktionsmenge (vgl. Situation S. 288) erstellt Thomas Berg aus den Zahlen der Ergebnistabelle von Seite 224 folgende Übersicht über die variablen und fixen Kosten. Die Aufteilung der Mischkosten erfolgt direkt aufgrund von Berechnungen und Schätzungen. Alle variablen Kosten sollen **proportionale (linear abhängige) Kosten** sein. Die fixen Kosten verändern sich bis zur Erreichung der Maximalkapazität nicht. (Zur Aufteilung der Kosten vgl. auch S. 322.)

Kostenart	Kostenbetrag	Mischkosten variabel/fix	Variable Kosten	Fixe Kosten
Rohstoffaufwendungen	2.040.000,00		2.040.000,00	
Hilfsstoffaufwendungen	720.000,00		720.000,00	
Betr.-Stoffaufwendungen	85.000,00		85.000,00	
Löhne	3.200.000,00	60 % / 40 %	1.920.000,00	1.280.000,00
Gehälter	600.000,00			600.000,00
Soziale Abgaben	800.000,00	33 % / 67 %	265.000,00[1]	535.000,00[1]
Abschreibungen	660.000,00			660.000,00
Büromaterial	150.000,00	40 % / 60 %	60.000,00	90.000,00
Werbung	205.000,00	40 % / 60 %	82.000,00	123.000,00
Betr. Steuern	180.000,00	60 % / 40 %	108.000,00	72.000,00
Kalk. Zinsen	900.000,00			900.000,00
Unternehmerlohn	150.000,00			150.000,00
insgesamt	**9.690.000,00**	**–**	**5.280.000,00**	**4.410.000,00**

Variable Stückkosten

Bei einer Produktion von 160 000 Gehäusen entstehen 5.280.000,00 € variable Kosten. Auf ein Stück umgerechnet sind das

$$\frac{5.280.000,00\ €}{160\,000\ \text{Stück}} = \textbf{33,00 €} \text{ variable Kosten je Gehäuse}$$

Gesamtkosten

Die Gesamtkosten für die geplante Produktion von 170 000 Stück belaufen sich dann auf:

Variable Kosten (K_v) 170 000 Stück · 33,00 €/Stück	5.610.000,00 €
+ Fixe Kosten (K_f)	4.410.000,00 €
= **Gesamtkosten (K_g)** der geplanten Produktion	**10.020.000,00 €**

Die Durchschnittskosten betragen 10.020.000,00 € : 170 000 Stück = **58,94 €.**

Gegenüber der Kostenprognose von Seite 282 (= 10.295.200,00 €) ergibt sich ein um **275.200,00 € deutlich geringerer Kostenbetrag,** der auf den **beschäftigungsunabhängigen** Kostenanteil (= fixe Kosten) zurückzuführen ist.

Zusammenfassung

- Eine genaue Kostenplanung in Abhängigkeit von der Beschäftigung setzt die Aufteilung der einzelnen Kostenarten in ihre **variablen und fixen Anteile** voraus.
- Diese Aufteilung ermöglicht die schnelle Berechnung von geplanten Gesamtkosten für alternative Produktionsmengen.

---

1 gerundete Zahlen

Aufgabe 275

1. Unterscheiden Sie Einzel- und Gemeinkosten voneinander.

2. Erläutern Sie die Aussage: „Einzelkosten sind variable Kosten, Gemeinkosten sind überwiegend fixe Kosten."

3. Warum ist es richtig, das Gehalt eines Meisters im Produktionsbetrieb als fixe Kosten zu betrachten?

4. Ordnen Sie folgende Kostenarten den variablen und/oder fixen Kosten zu: Kalkulatorische Abschreibungen, Gewerbesteuer, freiwillige Sozialkosten, Energiekosten, Entwicklungskosten, Transportkosten, Werbekosten, Sondereinzelkosten des Vertriebs.

5. Begründen Sie, warum Lohnkosten nicht eindeutig zu den variablen Kosten zu rechnen sind.

6. Unterscheiden Sie Lohnarten, die zu den Einzelkosten gehören, von solchen, die zu den Gemeinkosten zählen.

7. Unter den eingesetzten Werkstoffen gibt es Einzelkostenmaterial und Gemeinkostenmaterial. Nennen Sie je ein Beispiel.

Aufgabe 276

Das Fertigungsmaterial soll in der Kostenrechnung zum festen Verrechnungspreis angesetzt werden. Der Verrechnungspreis ist als gewogener Durchschnittspreis aus folgenden Lieferungen des vergangenen Quartals zu bestimmen:

Lieferdatum	Liefermenge in kg	Bezugspreis je kg
..-01-15	12 500	80,00 €
..-01-23	8 500	76,00 €
..-02-18	10 000	82,00 €
..-03-05	7 000	85,00 €

Aufgabe 277

In einem Möbelwerk werden Tischplatten hergestellt. Zur Fertigung einer Tischplatte benötigt man 1 m² Spanplatten zum Bezugspreis von 75,00 €. In drei aufeinander folgenden Monaten werden unterschiedlich viele Platten hergestellt:

Monat	Beschäftigung in Stück
März	4 000
April	5 200
Mai	4 800

Bestimmen Sie die Kosten des eingesetzten Fertigungsmaterials und stellen Sie die Abhängigkeit der Materialkosten von der Stückzahl grafisch dar.

Aufgabe 278

Ein Bürogerätehersteller rechnet bei der Produktion des Druckers Typ „Profiprinter" mit fixen Kosten in Höhe von 120.000,00 € je Abrechnungsperiode.

Die variablen Kosten belaufen sich auf 220,00 € je Drucker.

1. Errechnen Sie die Gesamt- und Stückkosten für die Produktionsmengen 5 000, 8 000, 10 000, 12 000 und 15 000.

2. Stellen Sie die Ergebnisse tabellarisch nach folgendem Muster dar.

Produktions- menge	Fixe Kosten in €		Variable Kosten in €		Gesamt- kosten	Stück- kosten
	gesamt	je Stück	gesamt	je Stück		

3. Stellen Sie die Ergebnisse grafisch dar.

Aufgabe 279

Die Abschreibungen betragen in einem Industriebetrieb monatlich 36.000,00 €. Die Verteilung auf die Kostenträger soll so vorgenommen werden, dass auf jedes produzierte Stück der gleiche Kostenanteil entfällt:

Monat	Beschäftigung in Stück
August	32000
September	30000
Oktober	38000

Bestimmen Sie den auf ein Stück entfallenden Abschreibungsbetrag und stellen Sie die Abhängigkeit der Abschreibung von der Beschäftigung grafisch dar.

Aufgabe 280

In einem Industriebetrieb mit Serienproduktion wird für eine bestimmte Serie mit fixen Kosten in Höhe von 42.000,00 € und mit variablen Kosten nach folgender Tabelle gerechnet:

Beschäftigung in St.	10000	12000	14000	16000	18000	20000
Variable Kosten in €	55.000,00	62.400,00	70.000,00	80.000,00	95.400,00	116.000,00

1. **Errechnen Sie die Gesamt- und Stückkosten für die einzelnen Produktionsmengen.**

2. **Stellen Sie die Gesamt- und Stückkosten jeweils in einem grafischen Bild dar und schildern Sie den Verlauf beider Kurven.**

Aufgabe 281

In der Kostenrechnungsabteilung einer Unternehmung werden die im Monat November angefallenen Produktionszahlen für elektronische Bohrmaschinen zusammengestellt:

	€
Fertigungsmaterial (Rohstoffaufwendungen)	120.000,00
Fertigungslöhne	280.000,00
Gehälter für Meister und Vorarbeiter	90.000,00
Soziale Abgaben	112.000,00
Energiekosten	25.000,00
Wartungskosten	8.000,00
Kalkulatorische Zinsen	12.000,00
Kalkulatorische Abschreibungen	55.000,00

1. **Entscheiden Sie, welche Kosten eindeutig variabel oder fix sind und bei welchen Kosten keine eindeutige Zuordnung getroffen werden kann.**

2. **Für die Kosten, die Sie nicht eindeutig zuordnen können, soll gelten, dass sie zu 40 % fix und zu 60 % variabel sind.**

   Stellen Sie unter dieser Bedingung fest, wie hoch die gesamten variablen und fixen Kosten der Produktion sind.

3. **Die Monatsproduktion betrug 4060 Stück, das entsprach einem Beschäftigungsgrad von 75 %.**

   Wie hoch sind die Durchschnittskosten?

4. **Für den kommenden Monat rechnet das Unternehmen mit einem Rückgang der Beschäftigung auf 60 %.**

   Wie hoch sind dann die Durchschnittskosten?

   Welche Schlussfolgerungen ziehen Sie aus dieser Situation hinsichtlich der Preisgestaltung?

Aufgrund einer Kostenanalyse hat ein Unternehmer für die Produktion eines Erzeugnisses folgende Kostensituation ermittelt:

Die fixen Kosten betragen je Abrechnungsperiode 10.000,00 €.

Die variablen Kosten entwickeln sich bei Beschäftigungsänderungen wie folgt:

Beschäftigung in St.	500	600	700	800	900	1000
Variable Kosten in €	15.000,00	16.200,00	17.500,00	22.400,00	30.600,00	41.000,00

1. **Erläutern Sie die Kostenentwicklung in Abhängigkeit von der Beschäftigung.**

2. Der Unternehmer kann das Erzeugnis zu einem Preis von 40,00 € je Stück absetzen. **Welche Produktionsmenge muss er wählen, um Gewinn zu erzielen?**

In einem Zweigwerk produziert die Möbelbau AG Küchentische in Massenproduktion. Bei der Entscheidung über eine Reinvestition verbrauchter Anlagen stehen zwei neue Anlagen zur Wahl:

	Anlage A	Anlage B
Fixe Kosten/Monat	24.000,00 €	82.000,00 €
Variable Kosten je Stück	185,00 €	160,00 €

1. **Bestimmen Sie die Produktionsbereiche, in denen die Maschinenanlage A bzw. die Anlage B kostengünstiger arbeitet.**

2. Die Geschäftsleitung rechnet für das Jahr der Ersatzinvestition mit einem Absatz von 2200 Stück und in den darauf folgenden Jahren mit Absatzsteigerungen um jeweils 10 %. **Für welche der Maschinenanlagen sollte sich die Geschäftsleitung entscheiden?**

Das mittelständische Industrieunternehmen Bergmeister GmbH produziert in einem angemieteten Gebäude elektronische Steuerungen für Industrieanlagen. Im vergangenen Monat wurden an einen Kunden 120 Steuerungen ausgeliefert. Die Abteilung war damit zu 70 % ausgelastet. Die Kostenrechnungsabteilung stellt die dabei angefallenen Kosten zusammen:

	€
Rohstoffaufwendungen	130.000,00
Hilfsstoffaufwendungen	26.500,00
Betriebsstoffaufwendungen	4.500,00
Zeitlöhne	84.000,00
Gehälter für Angestellte und Meister	56.000,00
Soziale Abgaben	38.000,00
Mietaufwendungen	25.000,00
Energiekosten	6.300,00
Aufwendungen für Kommunikation	2.700,00
Kalkulatorische Abschreibungen	12.400,00
Kalkulatorische Zinsen	6.700,00

1. **Entscheiden Sie, welche Kosten eindeutig variabel oder fix sind und bei welchen Kosten keine eindeutige Zuordnung getroffen werden kann.**

2. Für die Kosten, die Sie nicht eindeutig zuordnen können, soll gelten, dass sie zu 60 % fix und zu 40 % variabel sind. **Stellen Sie unter dieser Bedingung fest, wie hoch die gesamten variablen und fixen Kosten der Produktion sind.**

3. **Berechnen Sie die Durchschnittskosten.**

4. Für den kommenden Monat rechnet das Unternehmen mit einer Zunahme der Beschäftigung auf 85 %. **Wie hoch sind dann die Durchschnittskosten? Welche Schlussfolgerung ziehen Sie aus dieser Situation – im Vergleich zu 3. – hinsichtlich der Preisgestaltung?**

6.3 Deckungsbeitragsrechnung als Kostenträgerrechnung

Maßgeblichkeit der variablen Kosten für den Betriebserfolg

Der Betriebserfolg wird entscheidend von den variablen Kosten (vgl. Kapitel 6.2.1) beeinflusst, da sie sich mit der Beschäftigung verändern. Die **fixen Kosten** sind in der Regel unvermeidbar. Sie fallen auch dann an, wenn die Beschäftigung Schwankungen unterworfen ist oder der Betrieb gar nicht mehr produziert.

Deckungsbeitrag

Um festzustellen, in welchem Umfang ein Kostenträger am Betriebserfolg beteiligt ist, werden von den Umsatzerlösen dieses Kostenträgers dessen variable Kosten subtrahiert. Die Differenz stellt den **Bruttoerfolg** (= Deckungsbeitrag) dar.

> Umsatzerlöse
> – variable Kosten
>
> = Bruttoerfolg = Deckungsbeitrag (DB)

6.3.1 Deckungsbeitragsrechnung als Kostenträgerstückrechnung

Situation

Im Metallwerk Thomas Berg wird das Ergebnis des Geschäftsjahres auf der Grundlage der Deckungsbeitragsrechnung analysiert. Hierfür verwendet Herr Berg die Zahlen der Ergebnistabelle von Seite 224. Zusätzlich liegt ihm die Aufteilung der Produktionskosten in variable und fixe Kosten vor (vgl. S. 292). Um die variablen und fixen Kosten der verkauften Erzeugnisse zu erhalten, zieht Herr Berg von den Produktionskosten die Kosten des Mehrbestandes (275.000,00 €) ab. Folgende Kostenaufstellung fertigt er an:

	gesamt	variable Kosten	fixe Kosten
FM (160 000 Stück)	2.040.000,00 €	2.040.000,00 €	–
+ FL (160 000 Stück)	3.200.000,00 €	1.920.000,00 €	1.280.000,00 €
+ Gemeinkosten	4.450.000,00 €	1.320.000,00 €	3.130.000,00 €
= Zwischensumme	9.690.000,00 €	5.280.000,00 €	4.410.000,00 €
– Kosten des Mehr-bestandes (5 500 Stück)	275.000,00 €	181.500,00 €[1]	93.500,00 €[1]
= Kosten der verkauf-ten Erzeugnisse (154 500 Gehäuse)	9.415.000,00 €	5.098.500,00 €	4.316.500,00 €

1 Deckungsbeitrag je Stück (= db)

Umsatzerlös je Stück (= **Preis, p**)	10.320.000,00	:	154 500	≈	**66,80 €**
– Variable Stückkosten (= k_v)	5.098.500,00	:	154 500	=	**33,00 €**
= **Stückdeckungsbeitrag (= db)**	5.221.500,00	:	154 500	≈	**33,80 €**

Der Deckungsbeitrag je Stück (= db) in Höhe von 33,80 € trägt zur Deckung der ohnehin anfallenden fixen Kosten bei oder führt zu Betriebsgewinnen, sobald die fixen Kosten gedeckt sind. Allgemein gilt: **Ein positiver Stückdeckungsbeitrag verbessert die Erfolgssituation.**

2 Bestimmung der Gewinnschwellenmenge (Break-even-Point) aus dem Stückdeckungsbeitrag

Gewinn-schwellenmenge

Die Gewinnschwellenmenge kennzeichnet die Produktionsmenge, bei der die **Summe der Stückdeckungsbeiträge** (= DB) gerade zur Deckung der fixen Kosten (= K_f) ausreicht, d. h., der **Gewinn G** beträgt bei dieser Menge (x) **0 €**, d. h. **G(x) = 0**. Übersteigt die Produktionsmenge diese **kritische Menge,** so ergibt sich ein Gewinn [G(x) > 0], ansonsten ein Verlust [G(x) < 0]; allgemein gilt also die funktionale Beziehung (vgl. Grafik S. 291):

$$G(x) = db \cdot x - K_f \qquad \text{Für G(x) = 0 gilt: } 0 = db \cdot x - K_f \quad \Leftrightarrow \quad x = \frac{K_f}{db}$$

---

1 geschätzte Zahlen

Die Gewinnschwellenmenge ist bei einem Stückdeckungsbeitrag von 33,80 € und fixen Kosten von 4.316.500,00 € zu bestimmen. Für $G(x) = 0$ folgt

Beispiel

$$db \cdot x = K_f$$

$$x = \frac{K_f}{db}$$

$$33,80\ € \cdot x = 4.316.500,00\ €$$

$$x = \frac{4.316.500,00}{33,80} \approx 127\,707 \text{ Stück}$$

Allgemein gilt: **Gewinnschwellenmenge = $K_f : db$**

Grafisch liegt die **Gewinnschwellenmenge** im **Schnittpunkt** der Gewinnfunktion $G(x) = 33,8 \cdot x - 4.316.500$ mit der X-Achse.

3 Auswirkung von Preisänderungen

Preiserhöhungen bewirken bei unveränderter Kostenlage eine **Erhöhung des Stückdeckungsbeitrags.** Dadurch wird die Deckung der fixen Kosten bereits bei einer **geringeren Ausbringungsmenge** erreicht.

Der Verkaufspreis der Gehäuse wird von 66,80 € auf 68,30 € erhöht. Der Stückdeckungsbeitrag beträgt nunmehr 35,30 €. Die Gewinnschwellenmenge wird erreicht bei

$$\frac{\text{fixe Kosten}}{db} = \frac{4.316.500,00\ €}{35,30\ €} \approx 122\,280 \text{ Stück Gewinnschwellenmenge}$$

In der grafischen Darstellung würde sich die Preiserhöhung durch einen stärkeren Anstieg der Gewinnfunktion bemerkbar machen. Das bewirkt bei unverändertem Kostenverlauf eine Verringerung der Gewinnschwellenmenge.

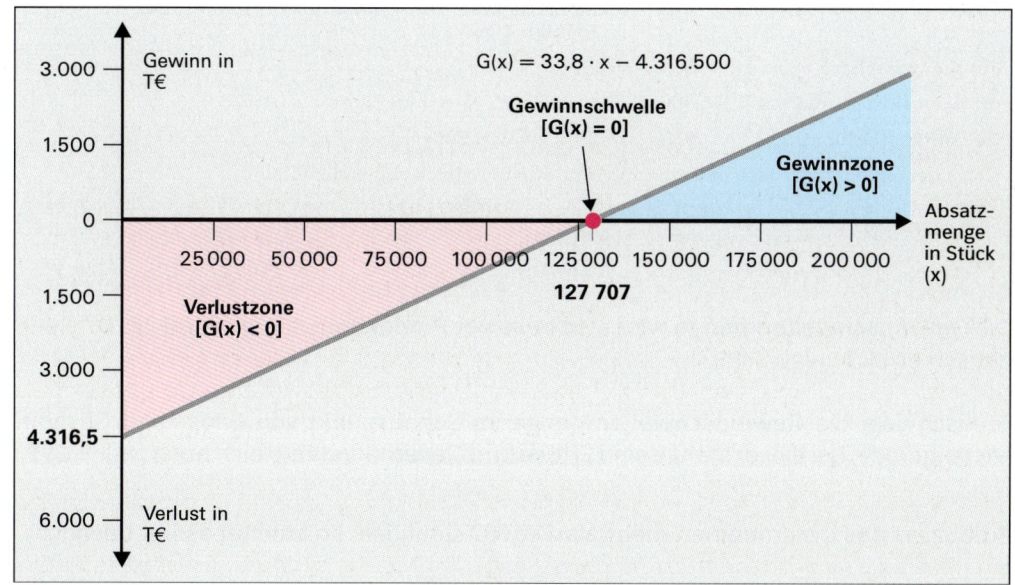

[● Durch eine **Preiserhöhung** (-senkung) wird die Gewinnschwellenmenge bei unveränderten Kosten **verringert** (erhöht).]

Zusammenfassung

297

6.3.2 Deckungsbeitragsrechnung als Kostenträgerzeitrechnung im Einproduktunternehmen

Um den Betriebserfolg im Einproduktunternehmen zu ermitteln, werden die fixen Kosten einer Periode **in einer Summe** vom gesamten Deckungsbeitrag subtrahiert.

Situation

Das Metallwerk Thomas Berg ermittelt das Betriebsergebnis des Geschäftsjahres mithilfe der Deckungsbeitragsrechnung auf der Grundlage der Zahlen der Ergebnistabelle von Seite 224 sowie der Angaben aus der Situation von Seite 296. Die nachfolgende Rechnung bezieht sich auf die Absatzmenge von 154 500 Gehäusen.

1 Deckungsbeitrag und Betriebsergebnis der Abrechnungsperiode

Umsatzerlöse der Periode (= E)	10.320.000,00 €
– variable Kosten der Periode (= K_v)	5.098.500,00 €
= Deckungsbeitrag der Periode (= DB)	5.221.500,00 €
– fixe Kosten der Periode (= K_f)	4.316.500,00 €
= Betriebsgewinn der Periode	905.000,00 €

2 Bestimmung der Gewinnschwellenmenge (Break-even-Point) aus den Gesamtgrößen „Erlöse" und „Kosten", vgl. S. 296

Als Gewinnschwellenmenge wird auch die Produktionsmenge bezeichnet, bei der die Umsatzerlöse der Periode (**E**) gleich den Kosten dieser Periode (**K**) sind. Das Unternehmen erzielt in dieser Situation keinen Betriebsgewinn.

Beispiel

Aus der obigen Berechnung des Betriebsgewinnes ergibt sich jeweils die **Erlös- und Kostenfunktion in Abhängigkeit von der Absatzmenge „x":**

Für die **Erlösfunktion** gilt:
$$E(x) = \frac{10.320.000,00\ €}{154\,500\ \text{Stück}} \cdot x = 66{,}8 \cdot x$$

Für die variablen Kosten gilt: $K_v = 33 \cdot x$,

die fixen Kosten sind mit 4.316.500,00 € anzusetzen. Also lautet die

Gesamtkostenfunktion: $\quad K_g(x) = 33 \cdot x + 4.316.500$

Unter der Bedingung, dass Umsatzerlöse und Kosten **gleich** sein sollen, folgt

$$66{,}8 \cdot x = 33 \cdot x + 4.316.500$$
$$33{,}8 \cdot x = 4.316.500$$
$$x \approx 127\,707$$

Die **Gewinnschwellenmenge** wird also bei einer Produktionsmenge von 127 707 Gehäusen erreicht (vgl. S. 297).

Grafisch liegt die **Gewinnschwellenmenge** im **Schnittpunkt** von Erlös- und Gesamtkostengerade. Bei dieser Menge sind **Erlöse und Gesamtkosten gleich hoch** (vgl. S. 299):

Erlöse = Kosten.

Gewinnzone Produziert das Unternehmen **mehr** als 127 707 Gehäuse, so arbeitet es mit Gewinn:

Erlöse > Kosten.

Verlustzone Produziert das Unternehmen **weniger** als 127 707 Gehäuse, so gerät es in die Verlustzone:

Erlöse < Kosten.

Aus der grafischen Darstellung (vgl. S. 299) geht anschaulich hervor, dass bei dem derzeitigen Absatz von 154 500 Gehäusen die Gewinnschwelle überschritten wurde. Eine Ausweitung der Produktion und des Absatzes vergrößert den Gewinn.

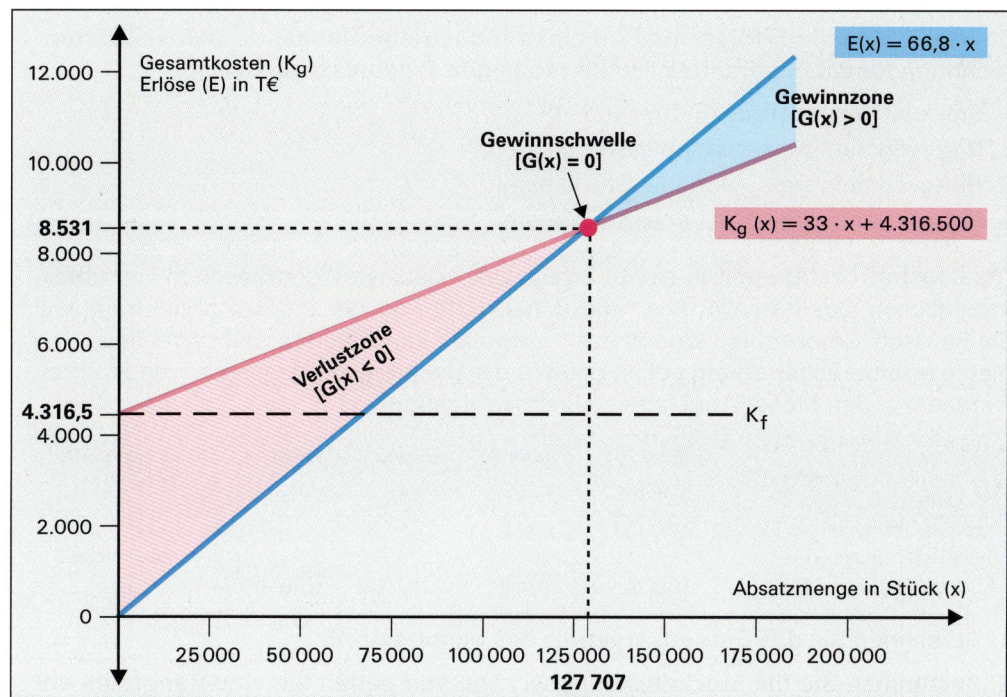

Die variablen Kosten der Abrechnungsperiode (K_v) werden durch Multiplikation der variablen Stückkosten (k_v) mit der Produktionsmenge (x) errechnet. Da für jedes zusätzlich hergestellte Gehäuse der Kostenzuwachs im Beispiel 33,00 € beträgt, ergibt sich die Abhängigkeit der variablen Gesamtkosten von der Produktionsmenge nach der Funktionsgleichung:

Erläuterung zur Grafik

$$K_v = k_v \cdot x = 33\,x$$

Die Gesamtkosten der Abrechnungsperiode (K_g) ergeben sich aus der Summe von variablen Kosten und fixen Kosten.

Gesamtkosten	=	variable Kosten	+	fixe Kosten
K_g	=	K_v	+	K_f

Unabhängig von der Produktionsmenge werden im Beispiel die variablen Kosten um jeweils 4.316.500,00 € fixe Kosten erhöht. In der Grafik verlaufen die fixen Kosten im Abstand 4.316.500 vom Ursprung parallel zur X-Achse. Die Gesamtkosten setzen im Abstand 4.316.500 an und steigen mit dem Ausmaß der variablen Stückkosten (= 33) linear an.

$$K_g(x) = 33\,x + 4.316.500$$

Die Erlösgerade (E) verdeutlicht die bei einer bestimmten Produktionsmenge erzielbaren Nettoumsatzerlöse. Sie sagt aus, dass für jedes produzierte Stück 66,80 € Erlöse entstehen. Bei einem Absatz von 10 000 Stück sind das 668.000,00 €, bei einem Absatz von 20 000 Stück entsprechend 1.336.000,00 € Erlöse usw., also

$$E = 66,8\,x$$

Der Graph dieser Funktion verläuft linear – vom Ursprung des Koordinatennetzes ausgehend – mit dem Anstieg m = 66,8.

Aufgabe 285

Beurteilen Sie die Erfolgssituation eines Industriebetriebes, dessen Teilkostenrechnung für ein bestimmtes Produkt folgende Ergebnisse ausweist:

1. Stückdeckungsbeitrag (= db) = 0,
2. Nettoverkaufspreis < variable Stückkosten,
3. Nettoverkaufspreis > variable Stückkosten,
4. Nettoverkaufspreis = variable Stückkosten.

Aufgabe 286

Die Baustoff-GmbH stellt in einem Zweigwerk exklusive Wandfliesen in vier unterschiedlichen Qualitäten A, B, C und D her. Aufgrund der starken Konkurrenz will die Baustoff-GmbH durch eine aktive Preispolitik ihren Marktanteil verteidigen. Die hierzu erforderlichen Daten sollen mithilfe der Deckungsbeitragsrechnung ermittelt werden. Für den Monat April lagen folgende Angaben vor:

	Fliese A	Fliese B	Fliese C	Fliese D	insgesamt
Verkaufspreis je Stück	2,20 €	2,45 €	3,10 €	3,80 €	
variable Stückkosten	1,50 €	1,90 €	2,65 €	3,20 €	
fixe Kosten insgesamt					286.000,00 €
Absatzmengen in Stück	80 000	110 000	145 000	65 000	

1. Berechnen Sie das Betriebsergebnis des Monats April.

2. Bestimmen Sie die Stückdeckungsbeiträge und geben Sie eine Rangfolge der „erfolgreichen" und der „weniger erfolgreichen" Fliesensorten an.

3. Zur Verbesserung der Erfolgssituation plant die Unternehmensleitung zusätzlich eine Bodenfliese mit monatlich 40 000 Stück zu produzieren. Diese Fliese würde zusätzlich 26.000,00 € fixe Kosten und 2,05 € variable Stückkosten verursachen. Sie ließe sich zu einem Preis von 2,65 € je Stück absetzen. **Lohnt sich die Erweiterung der Produktion?**

Aufgabe 287

In einem Zweigwerk der ELMO-AG werden elektrische Heizlüfter in vier unterschiedlichen Ausführungen (HL I, HL II, HL III, HL IV) gefertigt. Für den zurückliegenden Monat wurden folgende Daten ermittelt:

	HL I	HL II	HL III	HL IV	insgesamt
Verkaufspreis	45,00 €	36,00 €	54,00 €	62,00 €	
variable Stückkosten	24,75 €	21,00 €	30,50 €	35,10 €	
fixe Kosten insgesamt					82.500,00 €
Absatzmengen in Stück	3 200	850	1 450	1 200	

1. Berechnen Sie den Betriebserfolg für den betreffenden Monat.

2. Bestimmen Sie die Stückdeckungsbeiträge je Kostenträger.

3. Zur Verbesserung der schlechten Absatzsituation bei dem Kostenträger HL II plant die Unternehmensleitung eine Preissenkung um 35 %.

   a) Trägt dieser Kostenträger noch zur Deckung der fixen Kosten bei?

   b) Durch diese Maßnahme steigt der Absatz im kommenden Monat um 40 % (die Absatzsituation bei den anderen Kostenträgern bleibt konstant). **Wie wirkt sich diese Steigerung auf den Betriebserfolg aus?**

Aufgabe 288

Die Bauelemente-AG stellt in einem Zweigwerk genormte Fenster aus Aluminium mit Doppelverglasung her. Der Wettbewerb zwingt zur Festsetzung des Verkaufspreises auf 750,00 € je Fenster. Die technische Kapazität beträgt 300 Fenster je Monat, sie ist zurzeit zu 70 % ausgelastet. Das Unternehmen ermittelt die variablen Stückkosten mit 400,00 € je Fenster und die fixen Kosten mit 80.000,00 € je Monat. **Werten Sie diese Situation hinsichtlich des Stückdeckungsbeitrags und des Betriebserfolgs aus.**

Eine Möbelfabrik stellt in einem Zweigwerk Bürotische her. Im zurückliegenden Geschäftsjahr wurden 6 500 Tische produziert und zum Stückpreis von 450,00 € verkauft. Die fixen Kosten beliefen sich auf 550.000,00 €, der Betriebsgewinn auf 425.000,00 € in der Periode.

Aufgabe 289

1. **Berechnen Sie die variablen Kosten insgesamt und je Tisch.**

2. **Bei welcher Menge wird die Gewinnschwelle erreicht?**

3. Um sich gegen Konkurrenzprodukte behaupten zu können, soll der Verkaufspreis um 10 % gesenkt werden. Das Unternehmen rechnet aufgrund dieser Maßnahme mit einer Zunahme der Absatzmenge auf 7 000 Tische. **Welche Auswirkungen ergeben sich hieraus auf den Betriebsgewinn?**

Das Unternehmen „Wohnideal" stellt in einer Niederlassung Holzregale her. Die Kapazität beträgt 1 200 Regale je Monat. Die fixen Kosten belaufen sich auf monatlich 64.000,00 €, die variablen Kosten wurden mit 110,00 € je Stück ermittelt. Zurzeit wird für jedes Regal ein Nettoverkaufspreis von 180,00 € erzielt.

Aufgabe 290

1. **Bei welcher Monatsproduktion erreicht das Unternehmen die Gewinnschwelle?**

2. **Welchem Beschäftigungsgrad entspricht die Gewinnschwellenmenge?**

3. Das Unternehmen arbeitet zurzeit mit einem Beschäftigungsgrad von 85 %. **Wie hoch ist das Betriebsergebnis bei dieser Produktionsmenge?**

Für das abgelaufene Geschäftsjahr hat ein Kunststoffverarbeitungsbetrieb für sein Produkt „Abfallsortierer" folgende Zahlen ermittelt:

Aufgabe 291

Produktions-(= Absatz-)Menge	120 000	Stück
Variable Gesamtkosten (K_v)	900.000,00 €	
Fixe Gesamtkosten (K_f)	340.000,00 €	
Nettoverkaufspreis	11,80 €	

1. Langfristig rechnet der Unternehmer mit einem Absatzrückgang um 25 %. Die Produktion soll unter dieser Bedingung nur aufrechterhalten werden, wenn der Stückgewinn mindestens 0,70 € beträgt.

   Untersuchen Sie die Situation daraufhin, ob die Bedingung eingehalten werden kann.

2. **Bis zu welcher Menge ließen sich Produktion und Absatz zurückführen, um gerade noch volle Kostendeckung zu erreichen?**

3. Aufgrund einer Marktuntersuchung erwägt der Unternehmer die Produktion rationeller zu gestalten, um die Monatsproduktion erhöhen und zugleich den Verkaufspreis senken zu können. Bei einem Preis von 9,50 € je Abfallsortierer könnte er den Absatz auf 160 000 Stück steigern. Die hierzu erforderliche Umstellung der Produktion würde die variablen Stückkosten auf 7,20 € verändern und die fixen Kosten um 25.000,00 €/Monat erhöhen.

   Würden Sie dem Unternehmer zu einer entsprechenden Produktionsänderung raten?

Begründen Sie, warum ein Industriebetrieb mit überwiegend variablen Kosten bei der kurzfristigen Preisgestaltung wenig Spielraum hat.

Aufgabe 292

Wie beurteilen Sie die Situation eines Betriebes, dessen Kostenrechnung folgende Ergebnisse ausweist:

Aufgabe 293

1. Deckungsbeitrag > Fixe Kosten

2. 0 < Deckungsbeitrag < Fixe Kosten

3. Deckungsbeitrag < 0?

6.3.3 Deckungsbeitragsrechnung als Kostenträgerzeitrechnung im Mehrproduktunternehmen

Situation

Aus den Zahlen von Seite 258 soll im Unternehmen Berg entschieden werden, ob der Gehäusetyp G III wegen des Verlustes von **12.800,00 €** im Produktionsprogramm bleibt oder (zur Gewinnsteigerung) herauszunehmen ist.

Kostenträgerblatt (BAB II) auf Istkostenbasis (vgl. Seite 258)				
Kalkulationsschema	Istkosten insgesamt	Kostenträger		
		Gehäuse G I	Gehäuse G II	Gehäuse G III
Fertigungsmaterial	2.040.000,00	1.280.000,00	600.000,00	160.000,00
+ 12,89 % Materialgemeinkosten	263.000,00	165.000,00	77.400,00	20.600,00
= Materialkosten	2.303.000,00	1.445.000,00	677.400,00	180.600,00
Fertigungslöhne FHS I	776.000,00	415.000,00	280.000,00	81.000,00
+ 112,76 % Fertigungsgemeinkosten	875.000,00	467.950,00	315.720,00	91.330,00
= Fertigungskosten FHS I	1.651.000,00	882.950,00	595.720,00	172.330,00
Fertigungslöhne FHS II	740.000,00	395.000,00	270.000,00	75.000,00
+ 84,8 % Fertigungsgemeinkosten	627.500,00	334.950,00	228.950,00	63.600,00
= Fertigungskosten FHS II	1.367.500,00	729.950,00	498.950,00	138.600,00
Fertigungslöhne FHS III	862.500,00	460.000,00	312.500,00	90.000,00
+ 78,55 % Fertigungsgemeinkosten	677.500,00	361.330,00	245.470,00	70.700,00
= Fertigungskosten FHS III	1.540.000,00	821.330,00	557.970,00	160.700,00
Fertigungslöhne FHS IV	821.500,00	436.000,00	300.000,00	85.500,00
+ 68,17 % Fertigungsgemeinkosten	560.000,00	297.220,00	204.500,00	58.280,00
= Fertigungskosten FHS IV	1.381.500,00	733.220,00	504.500,00	143.780,00
= Herstellkosten der Erzeugung	8.243.000,00	4.612.450,00	2.834.540,00	796.010,00
− Mehrbestand an FE	275.000,00	275.000,00	−	−
= Herstellkosten des Umsatzes	7.968.000,00	4.337.450,00	2.834.540,00	796.010,00
+ 13,71 % VwGK	1.092.000,00	594.440,00	388.470,00	109.090,00
+ 4,46 % VtGK	355.000,00	193.250,00	126.250,00	35.500,00
= Selbstkosten des Umsatzes	9.415.000,00	5.125.140,00	3.349.260,00	940.600,00
Umsatzerlöse	10.320.000,00	5.648.900,00	3.743.300,00	927.800,00
Betriebsergebnis	905.000,00	+ 523.760,00	+ 394.040,00	− 12.800,00

1 Produktionsentscheidung auf der Basis der Vollkostenrechnung

Die Produktion des Gehäuses Typ G III wird eingestellt. Hierdurch würden sich die Kosten um 940.600,00 €, die Umsatzerlöse nur um 927.800,00 € verringern, sodass sich der Betriebsgewinn um 12.800,00 € erhöhen würde.

Die aufgrund der **Vollkostenrechnung** getroffene Maßnahme wäre **nur dann richtig, wenn alle Kosten variabel sind.** Die Einstellung der Produktion verringert dann tatsächlich die Selbstkosten um 940.600,00 €. Da die Vollkostenrechnung aber **keine Aussage über das Verhalten der Kosten bei Beschäftigungsänderungen** macht (vgl. Kapitel 6.2, S. 282), **lässt sie eine Entscheidung im obigen Sinn gar nicht zu.**

2 Produktionsentscheidung auf der Basis der Deckungsbeitragsrechnung

Die Deckungsbeitragsrechnung unterteilt die Kosten **sorgfältig in variable und fixe Kosten.** Erst auf dieser Grundlage ist eine Produktionsentscheidung möglich.

Situation

Variable und fixe Kosten sollen sich für **alle** Gehäusetypen so zueinander verhalten, wie es in der Rechnung auf Seite 296 dargestellt ist. Danach fallen für den Absatz von insgesamt 154 500 Gehäusen 5.098.500,00 € variable Kosten und 4.316.500,00 € fixe Kosten an; **54,153 % der Gesamtkosten sind also variabel, 45,847 % sind fix.**

Die **Selbstkosten des Gehäuses G III** wären danach **aufzuteilen** in

variable Selbstkosten	=	54,153 % von 940.600,00 €	≈ **509.360,00 €** und
fixe Selbstkosten	=	45,847 % von 940.600,00 €	≈ **431.240,00 €**.

Durch Produktionseinstellung könnten also **nur die variablen Kosten abgebaut** werden, die **fixen Kosten bleiben** in voller Höhe **bestehen**.

Mithilfe der einstufigen Deckungsbeitragsrechnung berechnet Herr Berg den Betriebserfolg für die beiden Fälle „a) **Das Gehäuse G III scheidet aus der Produktion aus**" und „b) **Das Gehäuse G III scheidet nicht aus der Produktion aus**". Es soll gelten, dass sich die Selbstkosten des Umsatzes von 9.415.000,00 € in 5.098.500,00 € (= 54,153 %) **variable Kosten** und 4.316.500,00 € (= 45,847 %) **fixe Kosten** aufteilen lassen.

Situation

a) Das Gehäuse G III scheidet aus der Produktion aus:

Ergebnisrechnung	Kostenträger insg.	Geh. Typ G I	Geh. Typ G II	Geh. Typ G III
Umsatzerlöse	9.392.200,00	5.648.900,00	3.743.300,00	–
– variable Kosten	4.589.140,00	2.775.420,00	1.813.720,00	–
= Deckungsbeitrag	4.803.060,00	2.873.480,00	1.929.580,00	–
– fixe Kosten	4.316.500,00	–	–	–
= Betriebsgewinn	486.560,00			

Die Selbstkosten der Abrechnungsperiode können nur um die variablen Kosten des Gehäuses G III (= 509.360,00 €) verringert werden. Die fixen Kosten bleiben beim Ausscheiden des Gehäuses G III **in voller Höhe** bestehen und müssen nunmehr allein von den Deckungsbeiträgen der Gehäuse G I und G II getragen werden. Die verbliebenen Deckungsbeiträge reichen noch zur Erzielung eines Betriebsgewinnes aus, der jedoch deutlich niedriger ausfällt als in der ursprünglichen Situation (vgl. S. 302). Durch die Herausnahme des Gehäuses G III verschlechtert sich also die betriebliche Erfolgslage.

b) Das Gehäuse G III scheidet nicht aus der Produktion aus:

Ergebnisrechnung	Kostenträger insg.	Geh. Typ G I	Geh. Typ G II	Geh. Typ G III
Umsatzerlöse	10.320.000,00	5.648.900,00	3.743.300,00	927.800,00
– variable Kosten	5.098.500,00	2.775.420,00	1.813.720,00	509.360,00
= Deckungsbeitrag	5.221.500,00	2.873.480,00	1.929.580,00	418.440,00
– fixe Kosten	4.316.500,00	–	–	–
= Betriebsgewinn	905.000,00			

Die Umsatzerlöse von Gehäuse G III liegen um 418.440,00 € **über dessen variablen Kosten**. Dieser **Mehrbetrag** kann für die **Deckung der fixen Gesamtkosten** mit herangezogen werden. Es entsteht dadurch ein **Betriebsgewinn** in der ausgewiesenen Höhe von 905.000,00 €.

3 **Produktionsentscheidung bei mehrstufiger Deckungsbeitragsrechnung**

Das Beispiel verdeutlicht, dass die Produktionsentscheidung im Mehrproduktunternehmen von den Deckungsbeiträgen der einzelnen Kostenträger abhängt. Diese Deckungsbeiträge ergeben sich als **Differenz aus den Umsatzerlösen minus den variablen Kosten,** sie heißen **Deckungsbeitrag I**.

Deckungsbeitrag I (= DB I)

Die fixen Kosten wurden im Beispiel keiner näheren Betrachtung unterzogen, sondern **als Block von der Summe der Deckungsbeiträge subtrahiert**. In der Praxis wird jedoch **ein Teil der fixen Kosten den einzelnen Kostenträgern direkt zurechenbar** sein; es handelt sich hierbei um die sog. **erzeugnisfixen Kosten. Beispiele:** Kosten der Produktionsanlagen, die nur für bestimmte Erzeugnisse genutzt werden, Patente, Forschungs- und Entwicklungskosten, Werkzeugkosten.

Erzeugnisfixe Kosten

Deckungsbeitrag II (= DB II) Subtrahiert man von den Deckungsbeiträgen I der einzelnen Kostenträger deren erzeugnisfixe Kosten, erhält man den **Deckungsbeitrag II**. Er zeigt den Beitrag der Kostenträger zur Deckung der Restfixkosten an, die **nicht kostenträgerbezogen** sind.

Erzeugnisgruppenfixe Kosten Sofern fixe Kosten **nicht einem bestimmten Kostenträger,** sondern nur **mehreren Kostenträgern gemeinsam** zugerechnet werden können (z. B. Erzeugnisgruppe), spricht man von **erzeugnisgruppenfixen Kosten.**

Deckungsbeitrag III (= DB III) Subtrahiert man von den **gruppenweise** zusammengefassten Deckungsbeiträgen II die erzeugnisgruppenfixen Kosten, so erhält man den **Deckungsbeitrag III**. Er gibt die Fixkostendeckung durch die Erzeugnisgruppen an.

Unternehmensfixe Kosten Sie bilden den restlichen Fixkostenblock, **der für das Unternehmen insgesamt** angefallen ist und nicht mehr verursachungsgerecht einem Kostenträger oder einer Kostenträgergruppe zugerechnet werden kann. **Beispiele:** Kosten der kaufmännischen und betrieblichen Verwaltung und der Unternehmensleitung. Unternehmensfixe Kosten werden von der Summe der Deckungsbeiträge III subtrahiert; die Differenz stellt das **Betriebsergebnis der Rechnungsperiode** dar.

Beispiel

Die fixen Kosten in Höhe von 4.316.500,00 € sollen wie folgt aufteilbar sein:

	Geh. Typ G I	Geh. Typ G II	Geh. Typ G III
Erzeugnisfixe Kosten	980.000,00	650.000,00	224.500,00
Erzeugnisgruppenfixe Kosten	327.000,00		–
Unternehmensfixe Kosten	2.135.000,00		

Deckungsbeitragsrechnung mit stufenweiser Fixkostendeckung

Ergebnisrechnung	Gehäuse Typ G I	Gehäuse Typ G II	Gehäuse Typ G III	Kostenträger insgesamt
Umsatzerlöse	5.648.900,00	3.743.300,00	927.800,00	10.320.000,00
– variable Kosten	2.775.420,00	1.813.720,00	509.360,00	5.098.500,00
= Deckungsbeitrag I	2.873.480,00	1.929.580,00	418.440,00	5.221.500,00
– erzeugnisfixe Kosten	980.000,00	650.000,00	224.500,00	1.854.500,00
= Deckungsbeitrag II	1.893.480,00	1.279.580,00	193.940,00	3.367.000,00
– erzeugnisgruppenfixe K.	327.000,00		–	327.000,00
= Deckungsbeitrag III	2.846.060,00		193.940,00	3.040.000,00
– unternehmensfixe Kosten				2.135.000,00
= Betriebsgewinn				905.000,00

Auswertung Es stellt sich die Frage, **ob das Gehäuse Typ G III zugunsten einer höheren Produktion der Gehäuse Typ G I und Typ G II aus der Produktion ausscheiden soll. Dafür spricht der geringe DB II.** Zudem wären **erzeugnisfixe Kosten** von 224.500,00 € **abbaufähig.** Der DB II sagt aber nichts darüber aus, **wie viel Deckungsbeitrag das einzelne Gehäuse** erbringt. Diese Aussage ist für die Entscheidung maßgeblich:

DB je Stück	Geh. Typ G I	Geh. Typ G II	Geh. Typ G III
$\dfrac{\text{DB II}}{\text{Absatzmenge}} = db$	$\dfrac{1.893.480,00}{74\,500\ \text{Stück}} = 25,42\ €$	$\dfrac{1.279.580,00}{60\,000\ \text{Stück}} = 21,33\ €$	$\dfrac{193.940,00}{20\,000\ \text{Stück}} = 9,70\ €$

Nach dieser Rechnung hat das **Gehäuse G I Vorrang** vor den Gehäusen G II und G III. Gehäuse G III wird nur noch zur **Abrundung des Produktionsprogramms** weiterproduziert oder es befindet sich gerade in einer Anlauf- und Aufbauphase und verbleibt aus diesem Grund im Sortiment.

Zusammen-
fassung

- Solange ein Kostenträger einen **positiven Deckungsbeitrag** erzielt, ist es unwirtschaftlich, diesen Kostenträger aus der Produktion herauszunehmen.
- Die Deckungsbeiträge II und III sind für Produktionsentscheidungen von großer Bedeutung, da sie Einblick in die **abbaufähigen fixen Kosten** geben.

Aufgabe 294

Die Kostenrechnung liefert für den Monat November folgende Zahlen:

	Erzeugnis A	Erzeugnis B
Produktions- und Absatzmenge	600 Stück	1 000 Stück
Preis je Stück	520,00 €	390,00 €
Variable Kosten je Stück	240,00 €	160,00 €
Erzeugnisfixe Kosten	80.000,00 €	120.000,00 €
Unternehmensfixe Kosten	130.000,00 €	

Bestimmen Sie die Deckungsbeiträge I und II sowie das Betriebsergebnis.

Aufgabe 295

Aus dem Vormonat stehen folgende Zahlen zur Verfügung:

	Erzeugnis A	Erzeugnis B	Erzeugnis C
Produktions- und Absatzmenge	4 000 Stück	2 400 Stück	8 000 Stück
Preis je Stück	105,00 €	80,00 €	45,00 €
Variable Kosten je Stück	53,00 €	61,00 €	24,00 €
Erzeugnisfixe Kosten	54.000,00 €	48.000,00 €	80.000,00 €
Erzeugnisgruppenfixe Kosten	41.000,00 €		
Unternehmensfixe Kosten	115.500,00 €		

1. **Bestimmen Sie die Deckungsbeiträge I, II und III sowie das Betriebsergebnis.**
2. **Notieren Sie Vorschläge zur Verbesserung des Betriebsergebnisses.**

Aufgabe 296

In einem Industriebetrieb werden vier Erzeugnisse A, B, C, D in zwei Produktionsstufen I und II hergestellt. Die Erzeugnisarten A und B durchlaufen beide Produktionsstufen, die Erzeugnisarten C und D durchlaufen nur die erste Produktionsstufe. Die fixen Kosten betragen insgesamt 1.000.000,00 € je Rechnungsperiode und lassen sich wie folgt aufteilen:

	Erzeugnisarten			
	A	B	C	D
Erzeugnisfixe Kosten der Stufe I	125.000,00 €	140.000,00 €	80.000,00 €	105.000,00 €
Erzeugnisgruppenfixe Kosten der Stufe I	160.000,00 €		40.000,00 €	

Die fixen Kosten der Produktionsstufe II belaufen sich auf 130.000,00 € und gelten als erzeugnisgruppenfixe Kosten.
Die unternehmensfixen Kosten betragen 220.000,00 €.

Für die Betriebsergebnisrechnung liegen die folgenden Angaben vor:

	A	B	C	D
Verkaufspreis je Stück	150,00 €	220,00 €	180,00 €	200,00 €
Produktions- und Absatzmenge in Stück	4 000	3 500	3 200	3 000
Variable Kosten je Stück	80,00 €	140,00 €	110,00 €	120,00 €

1. **Berechnen Sie die Deckungsbeiträge I, II und III sowie den Betriebserfolg.**
2. **Welche Maßnahmen verbessern das Betriebsergebnis?**

6.4 Deckungsbeitragsrechnung als Grundlage für marktorientierte Entscheidungen

6.4.1 Bestimmung der Preisuntergrenze

Situation

Es soll angenommen werden, dass der Absatz des Gehäuses Typ G III, von dem in der abgelaufenen Periode 20 000 Stück verkauft wurden, rückläufig ist. Bei den Gehäusen G I und G II sind keine Absatzeinbußen zu verzeichnen.

Um den Absatz bei Gehäuse Typ G III auf dem bisherigen Stand zu halten, soll **der Preis so weit gesenkt werden, dass der DB II dieses Gehäuses auf 0,00 € fällt**; die Umsatzerlöse sollen also die variablen Kosten und die erzeugnisfixen Kosten gerade noch decken.

Der DB II kann demnach **um 193.940,00 € niedriger** ausfallen (vgl. S. 304). Dies wird durch **Verminderung der Umsatzerlöse um den Betrag von 193.940,00 €** erreicht:

Früherer Nettoverkaufspreis von Gehäuse G III	=	(927.800,00 € : 20 000 St.)	=	**46,39 €**
– Preissenkung bei Gehäuse G III	=	(193.940,00 € : 20 000 St.)	=	**9,70 €**
= Neuer Nettoverkaufspreis von Gehäuse G III			=	**36,69 €**

Ergebnisrechnung	Gehäuse Typ G I	Gehäuse Typ G II	Gehäuse Typ G III	Kostenträger insgesamt
Umsatzerlöse	5.648.900,00	3.743.300,00	733.800,00	10.126.000,00
– variable Kosten	2.775.420,00	1.813.720,00	509.360,00	5.098.500,00
= Deckungsbeitrag I	2.873.480,00	1.929.580,00	224.440,00	5.027.500,00
– erzeugnisfixe Kosten	980.000,00	650.000,00	224.500,00	1.854.500,00
= Deckungsbeitrag II	1.893.480,00	1.279.580,00	– 60,00	3.173.000,00
– erzeugnisgruppenfixe K.		327.000,00	–	327.000,00
= Deckungsbeitrag III		2.846.060,000	– 60,00	2.846.000,00
– unternehmensfixe Kosten				2.135.000,00
= Betriebsgewinn				711.000,00

Im obigen Beispiel wurde der Preis für das Gehäuse Typ G III auf die langfristige Preisuntergrenze festgesetzt. Über die Umsatzerlöse fließen dem Unternehmen genau so viele Finanzmittel zu, dass die **variablen Kosten und die direkt zurechenbaren fixen Kosten** gedeckt werden. Der Kostenträger ist nicht mehr an der Deckung der erzeugnisgruppenfixen und der unternehmensfixen Kosten beteiligt. Die Deckung dieser Kosten wird von den übrigen Kostenträgern voll übernommen.

Preisuntergrenze

Die Preisuntergrenze gibt den Verkaufspreis an, den das Unternehmen für sein Erzeugnis fordern muss, um **kurzfristig** oder **langfristig** zu bestehen.

In wirtschaftlich schlechten Zeiten, die durch Absatzeinbußen gekennzeichnet sind, wird die Unternehmensleitung gezwungen sein, die Verkaufspreise zu senken, um den Absatzrückgang aufzuhalten. Man muss dann aber wissen, **in welchem Ausmaß** die Preissenkung vorgenommen werden kann, **ohne Verluste** zu erleiden.

Langfristige Preisuntergrenze

Die langfristige Preisuntergrenze legt den Preis fest, der zu **kostendeckenden Erlösen** führt. Die Produktion kann in dieser Situation über längere Zeit fortgesetzt werden, da Ersatzinvestitionen durchführbar sind. Zur Erhaltung der Arbeitsplätze und zur Stabilisierung des Absatzes wird die Unternehmensleitung diese Preisuntergrenze anstreben.

Kurzfristige Preisuntergrenze

Die kurzfristige Preisuntergrenze (= **absolute Preisuntergrenze**) legt den Preis fest, der genau **die variablen Kosten** des Kostenträgers **deckt.** Der Verkaufspreis ist in diesem Fall also **gleich den variablen Stückkosten.** In Höhe der **gesamten fixen Kosten** (= Kosten der Betriebsbereitschaft) ergibt sich dann ein **Betriebsverlust.**

Die kurzfristigen Preisuntergrenzen für die Kostenträger lauten:

Beispiel

Kurzfristige Preisuntergrenze	Geh. Typ G I	Geh. Typ G II	Geh. Typ G III
$\dfrac{\text{Variable Kosten}}{\text{Absatz (Stück)}}$	$\dfrac{2.775.420,00\ €}{74\,500\ \text{Stück}}$ $= 37,25\ €$	$\dfrac{1.813.720,00\ €}{60\,000\ \text{Stück}}$ $= 30,23\ €$	$\dfrac{509.360,00\ €}{20\,000\ \text{Stück}}$ $= 25,47\ €$

Die Ausrichtung der Verkaufspreise nach der kurzfristigen Preisuntergrenze kann ein Unternehmen in **Liquiditätsschwierigkeiten** bringen. Da in der kurzfristigen Preisuntergrenze nur die variablen Kosten erfasst werden, bleiben die fixen Kosten, **die kurzfristig zu Ausgaben führen,** unberücksichtigt; das sind insbesondere Mietaufwendungen, betriebliche Steuern, Gehälter, Zeitlöhne, Soziale Abgaben, Versicherungsbeiträge. Die liquiditätsorientierte Preisuntergrenze wird nach folgender Rechnung festgelegt:

Liquiditätsorientierte Preisuntergrenze

$$\text{liquiditätsorientierte Preisuntergrenze} = \frac{\text{variable Kosten} + \text{ausgabewirksame fixe Kosten}}{\text{Absatzmenge}}$$

Zusammenfassung

■ Reichen die Umsatzerlöse insgesamt aus, um alle anfallenden Kosten zu decken, so hat der Verkaufspreis die **langfristige** Preisuntergrenze erreicht.

■ Die **kurzfristige** oder absolute Preisuntergrenze ist erreicht, wenn der Nettoverkaufspreis **gerade** die **variablen** Stückkosten des Erzeugnisses deckt. Auf den Ersatz der ohnehin anfallenden fixen Kosten wird vorübergehend verzichtet.

Aufgabe 297

1. Definieren Sie die Begriffe kurzfristige, langfristige und liquiditätsorientierte Preisuntergrenze.
2. Begründen Sie, warum ein Industriebetrieb langfristig nicht existieren kann, wenn die Umsatzerlöse gerade die gesamten Kosten decken, er aber kurzfristig durchaus die liquiditätsorientierte Preisuntergrenze anstreben kann.

Aufgabe 298

In einem Industriebetrieb wird ein Erzeugnis zu variablen Stückkosten in Höhe von 45,00 € und fixen Kosten je Abrechnungsperiode in Höhe von 120.000,00 € produziert. Die monatliche Produktionsmenge beträgt 5 000 Stück.
Geben Sie die langfristige und kurzfristige Preisuntergrenze an.

Aufgabe 299

Ein Mehrproduktunternehmen fertigt drei Erzeugnisse. Die BER liefert folgende Unterlagen:

	Erzeugnis I	Erzeugnis II	Erzeugnis III
Verkaufspreis	62,50 €	36,00 €	40,00 €
Variable Stückkosten	40,00 €	20,00 €	25,00 €
Erzeugnisfixe Kosten	50.000,00 €	80.000,00 €	110.000,00 €
Unternehmensfixe Kosten		220.000,00 €	
Produktions- und Absatzmenge	8 000 Stück	10 000 Stück	20 000 Stück

1. Bestimmen Sie die Deckungsbeiträge I und II sowie das Betriebsergebnis.
2. Beim Produkt II liegen Absatzschwierigkeiten vor. Der Preis dieses Erzeugnisses soll so weit gesenkt werden, dass dessen Erlöse gerade noch die variablen Kosten und die erzeugnisfixen Kosten decken. **Zu welchem Preis muss das Erzeugnis angeboten werden?**
3. Der Unternehmer strebt an, den Preis für das Erzeugnis B vorübergehend so weit zu senken, dass der Betriebsgewinn auf Null fällt. Die Preise der übrigen Erzeugnisse sowie die Kostensituation insgesamt verändern sich nicht. **Zu welchem Preis kann das Erzeugnis B angeboten werden?**

6.4.2 Annahme von Zusatzaufträgen

Situation

Im Unternehmen Berg liegt für das abgelaufene Geschäftsjahr folgende Produktions- und Absatzsituation vor (vgl. auch S. 258/304):

	Gehäuse G I	Gehäuse G II	Gehäuse G III	insgesamt
Verkaufspreis	75,82 €	62,39 €	46,39 €	
Variable Stückkosten	37,25 €	30,23 €	25,47 €	
Erzeugnisfixe Kosten	980.000,00 €	650.000,00 €	224.500,00 €	
Erz.-gruppenfixe Kosten	327.000,00 €		–	
Unternehmensfixe Kosten				2.135.000,00 €
Absatzmenge	74 500 Stück	60 000 Stück	20 000 Stück	
Kapazität	90 000 Stück	80 000 Stück	35 000 Stück	

Im kommenden Geschäftsjahr rechnet Herr Berg mit einer **unveränderten Produktions- und Absatzsituation**. Es besteht allerdings die Möglichkeit, einen **Zusatzauftrag** von einem bisher nicht belieferten Kunden über **10 000 Gehäuse Typ G II** zu erhalten, wenn ein Verkaufspreis von **45,00 €** je Gehäuse akzeptiert wird.

Welche Erfolgssituation ergibt sich für das Unternehmen Berg 1) ohne Berücksichtigung des Zusatzauftrags und 2) einschließlich des Zusatzauftrags?

Zusatzaufträge

Alle Aufträge, die zu Preisen unterhalb der derzeitigen Verkaufspreise angenommen werden, heißen Zusatzaufträge. Durch Zusatzaufträge sollen

- die zurzeit nicht ausgelasteten Produktionsanlagen optimal genutzt und
- das Betriebsergebnis verbessert werden.

Auf dem Markt lässt sich diese Strategie nur durchsetzen, wenn sich die Abnehmer untereinander nicht kennen. Das ist auf den Gütermärkten in der Regel der Fall.

1 Ergebnisrechnung ohne Berücksichtigung des Zusatzauftrags (vgl. S. 304)

Ergebnisrechnung	Gehäuse Typ G I	Gehäuse Typ G II	Gehäuse Typ G III	Kostenträger insgesamt
Umsatzerlöse	5.648.900,00	3.743.300,00	927.800,00	10.320.000,00
– variable Kosten	2.775.420,00	1.813.720,00	509.360,00	5.098.500,00
= Deckungsbeitrag I	2.873.480,00	1.929.580,00	418.440,00	5.221.500,00
– erzeugnisfixe Kosten	980.000,00	650.000,00	224.500,00	1.854.500,00
= Deckungsbeitrag II	1.893.480,00	1.279.580,00	193.940,00	3.367.000,00
– erzeugnisgruppenfixe K.		327.000,00	–	327.000,00
= Deckungsbeitrag III		2.846.060,00	193.940,00	3.040.000,00
– unternehmensfixe Kosten				2.135.000,00
= Betriebsgewinn				905.000,00

2 Ergebnisrechnung einschließlich des Zusatzauftrags

Ergebnisrechnung	Gehäuse Typ G I	Gehäuse Typ G II	Gehäuse Typ G III	Kostenträger insgesamt
Umsatzerlöse aus laufender Produktion	5.648.900,00	3.743.300,00	927.800,00	10.320.000,00
+ Umsatzerlöse aus dem Zusatzauftrag	–	450.000,00	–	450.000,00
= Umsatzerlöse insgesamt	5.648.900,00	4.193.300,00	927.800,00	10.770.000,00
– variable Kosten der laufenden Produktion	2.775.420,00	1.813.720,00	509.360,00	5.098.500,00
– variable Kosten des Zusatzauftrags		302.300,00		302.300,00

Ergebnisrechnung	Gehäuse Typ G I	Gehäuse Typ G II	Gehäuse Typ G III	Kostenträger insgesamt
= Deckungsbeitrag I	2.873.480,00	2.077.280,00	418.440,00	5.369.200,00
– erzeugnisfixe Kosten	980.000,00	650.000,00	224.500,00	1.854.500,00
= Deckungsbeitrag II	1.893.480,00	1.427.280,00	193.940,00	3.514.700,00
– erzeugnisgruppenfixe K.	327.000,00		–	327.000,00
= Deckungsbeitrag III	2.993.760,00		193.940,00	3.187.700,00
– unternehmensfixe Kosten	–		–	2.135.000,00
= Betriebsgewinn				1.052.700,00

3 Auswertung

Die Annahme des Zusatzauftrags empfiehlt sich unbedingt: Der Zusatzauftrag erbringt einen **positiven Stückdeckungsbeitrag von 45,00 € – 30,23 € = (+) 14,77 €.** Jedes zusätzlich produzierte und verkaufte Gehäuse hilft also bei der Deckung der fixen Kosten bzw. erhöht den Betriebsgewinn um 14,77 €.

Da die bisherige Produktion bereits einen Betriebsgewinn erbracht hat, **wird durch den Zusatzauftrag der Betriebsgewinn um 10 000 Stück · 14,77 € = 147.700,00 € erhöht.** Auch für den Fall eines vorher schon bestehenden **Betriebsverlustes** würde sich die Annahme dieses Zusatzauftrages lohnen, da der zusätzlich erzielbare Gewinn **zur Verringerung des Betriebsverlustes** beiträgt.

Zusammenfassung

- Ein Zusatzauftrag liegt vor, wenn ein Auftrag zu Preisen **unterhalb der derzeitigen Verkaufspreise** angenommen wird.
- Die Annahme eines Zusatzauftrags empfiehlt sich immer dann, wenn sein Preis **über den variablen Stückkosten liegt.**

Aufgabe 300

Ein Unternehmen ist auf eine Kapazität von 10 000 Stück je Monat ausgelegt. Die Kostenrechnung schloss im Monat Juni mit folgenden Zahlen ab:

Produktion	Variable Gesamtkosten	Fixe Gesamtkosten
8 400 Stück	126.000,00 €	84.000,00 €

Es wird damit gerechnet, dass in Zukunft eine Produktion von 7 500 Stück zum Preis von 30,00 € je Stück abgesetzt werden kann.
1. Errechnen Sie den Betriebserfolg bei der erwarteten Absatzlage.
2. Begründen Sie, ob sich eine Hereinnahme eines Zustazauftrags über 1 500 Stück lohnt, der zum Preis von 22,00 € je Stück abgerechnet werden muss?
3. Zu welchem kostendeckenden Preis könnten 7 500 Stück angeboten werden?
4. Wie hoch ist die absolute Preisuntergrenze?

Aufgabe 301

Ein Uhrenhersteller produziert zwei Funkuhren, Typ A und Typ B, unter folgenden Bedingungen:

Typ	Monatliche Produktion	Kapazitätsgrenze	Variable Stückkosten	Erzeugnisfixe Kosten	Untern.-fixe Kosten	Verkaufspreis
A	6 000	8 000	35,00 €	50.000,00 €	210.000,00 €	75,00 €
B	4 000	5 000	56,00 €	80.000,00 €		120,00 €

1. Errechnen Sie den Deckungsbeitrag I und II sowie den Betriebsgewinn.
2. Bestimmen Sie, ob sich die Annahme eines Zusatzauftrags über 500 Uhren vom Typ A zum Preis von 40,00 € je Uhr lohnt.
3. Um Absatzeinbußen bei Typ B zu vermeiden, will der Unternehmer den Betriebsgewinn vorübergehend auf 50.000,00 € senken. Ermitteln Sie den Verkaufspreis, zu dem eine Uhr unter dieser Bedingung angeboten werden kann.

6.4.3 Optimales Produktionsprogramm

Begriff Unter optimalem Produktionsprogramm versteht man die **Ausrichtung der Produktion** in einem Mehrproduktunternehmen **auf die rentabelsten Erzeugnisgruppen,** wobei sich die **Rangfolge,** in der die Erzeugnisse hergestellt werden, nach der Höhe der von ihnen erwirtschafteten absoluten oder relativen **Deckungsbeiträge** richtet.

Absoluter Deckungbeitrag

1 Produktionsprogramm nach absoluten Deckungsbeiträgen

Unter der Voraussetzung ausreichender Produktionskapazität hängt die Produktionsrangfolge **von der Höhe der Deckungsbeiträge je Stück ab.**

Beispiel 1

Es wird angenommen, dass das Unternehmen Berg vier Gehäusetypen (G I, G II, G III, G IV) zu folgenden Bedingungen produziert (vgl. S. 308):

Gehäusetyp	Nettoverkaufspreis	Variable Stückkosten	Deckungsbeitrag je Stück
G I	75,82 €	37,25 €	38,57 €
G II	62,39 €	30,23 €	32,16 €
G III	46,39 €	25,47 €	20,92 €
G IV	54,50 €	27,80 €	26,70 €

Die Rangfolge, in der die einzelnen Gehäusetypen bei der Produktionsentscheidung berücksichtigt werden, lautet demnach:

$$G\ I - G\ II - G\ IV - G\ III$$

Relativer Deckungsbeitrag

2 Produktionsprogramm nach relativen Deckungsbeiträgen

In der Praxis wird es in jedem Industriebetrieb **Engpässe** geben, die die Produktionsmenge in einer bestimmten Abteilung beschränken. Die Produktionsrangfolge wird dann von den **Produktionsbedingungen dieses Engpasses** bestimmt.

Im betrieblichen Engpass wird die Produktion vorrangig auf jene Produkte gelegt, die die **höchsten Ertragszuwächse** erbringen. Als Maßzahl für den Ertragszuwachs gelten die **Stückdeckungsbeiträge je Produktionsminute,** die auch relative Deckungsbeiträge genannt werden.

Beispiel 2

Die vier Gehäusetypen G I, G II, G III und G IV durchlaufen die **gleiche Montageabteilung.** Diese Abteilung bildet mit **12 000 Stunden/Monat** den betrieblichen Engpass. Für die Montage der Gehäusetypen werden folgende Zeiten je Gehäuse aufgewendet:

	Typ G I	Typ G II	Typ G III	Typ G IV
Montagezeit in Minuten	5	3	6	4

Das Gehäuse G I hat einen **Deckungsbeitrag** von **38,57 € je Stück** erzielt. Es erfordert eine **Montagezeit** von **5 Minuten je Stück.** Auf eine Minute umgerechnet ergibt das einen relativen Deckungsbeitrag von:

$$\text{Relativer Deckungsbeitrag} = \frac{38{,}57\ \text{€ Stückdeckungsbeitrag}}{5\ \text{Minuten Montagezeit}} = 7{,}714\ \text{€/Min.}$$

In der folgenden Aufstellung sind für alle Gehäusetypen die relativen Deckungsbeiträge aufgeführt:

Gehäusetyp	Stückdeckungs-beitrag (db)	Montagezeit in Minuten	relativer Deckungs-beitrag
G I	38,57 €	5	7,714 €/Min.
G II	32,16 €	3	10,720 €/Min.
G III	20,92 €	6	3,487 €/Min.
G IV	26,70 €	4	6,675 €/Min.

Die Produktionsentscheidung richtet sich nunmehr nach der **Höhe der relativen Deckungsbeiträge**. Die vier Gehäusetypen werden in der Rangfolge

Produktions-entscheidung

$$G\ II - G\ I - G\ IV - G\ III$$

produziert. Von der **Kapazität des Engpasses** und der **Absatzsituation** hängt es ab, ob **alle Gehäusetypen in den absetzbaren Mengen hergestellt werden.**

Unter der Annahme **bestimmter monatlicher Absatzmengen** (vgl. nachfolgendes Beispiel und S. 258) wird folgende Produktionsentscheidung getroffen:

Rang	Gehäuse-typ	absetzbare Menge	Montagezeit je Stück	Montagezeit insges. in Min.	Montagezeit in Stunden
I	G II	60 000 Stück ·	3 Minuten =	180 000 Min. ⟶	3 000,0 Std.
II	G I	74 500 Stück ·	5 Minuten =	372 500 Min. ⟶	6 208,3 Std.
III	G IV	25 000 Stück ·	4 Minuten =	100 000 Min. ⟶	1 666,7 Std.
					10 875,0 Std.
IV	G III	11 250 Stück ⟵	6 Minuten ⟵	67 500 Min. ⟵	1 125,0 Std.
					12 000,0 Std.

Die auf dem Rang I bis III stehenden Gehäusetypen G II, G I und G IV können im Umfang ihrer absetzbaren Mengen produziert werden. Im Engpass „Montage" werden hierfür insgesamt 10 875 Arbeitsstunden verbraucht. Für das im letzten Rang stehende Gehäuse Typ G III stehen noch 1 125 Montagestunden zur Verfügung. Diese Zeit reicht für eine Produktionsmenge von (67 500 Min : 6 Min.=) 11 250 Gehäusen. Damit können von diesem Gehäusetyp monatlich nur noch 56,3 % der absetzbaren Menge produziert werden.

Auswertung

- Die Rangfolge, in der die Erzeugnisgruppen produziert werden, richtet sich **bei ausreichender Produktionskapazität** nach der Höhe der erzielten (**absoluten**) Deckungsbeiträge je Stück und **bei Engpässen** nach der Höhe der **relativen** Deckungsbeiträge je Stück.

- Der Stückdeckungsbeitrag je Minute heißt **relativer Deckungsbeitrag.**

Zusammen-fassung

Errechnen Sie zu obigem Beispiel den gesamten Deckungsbeitrag und das Betriebsergebnis, wenn die fixen Kosten 4.316.500,00 € (vgl. S. 296) betragen.

Aufgabe **302**

In einem Industrieunternehmen werden fünf unterschiedliche Erzeugnisse unter folgenden Bedingungen hergestellt:

Aufgabe **303**

Erzeugnisgruppe	Nettoumsatzerlöse je Stück	Variable Stückko-sten	Fixe Gesamtkosten
A	3,50 €	1,90 €	
B	2,80 €	1,10 €	
C	5,20 €	3,10 €	52.200,00 €
D	7,40 €	3,80 €	
E	4,10 €	2,20 €	

In der gemeinsamen Engpassstufe können monatlich maximal 6 400 Fertigungsstunden geleistet werden.

Der Zeitbedarf in dieser Stufe beträgt je Stück:

A	B	C	D	E
10 Min.	5 Min.	12 Min.	15 Min.	10 Min.

Die absetzbare Stückzahl beträgt:

A	B	C	D	E
9 000	12 000	8 000	8 000	15 000

Ermitteln Sie das optimale Produktionsprogramm und berechnen Sie das Betriebsergebnis.

Aufgabe 304

Wie lautet die Lösung zu Aufgabe 295, wenn in der Engpassstufe nicht mit der maximalen Leistung von 6 400 Fertigungsstunden gearbeitet wird, sondern mit optimaler Leistung, die 90 % der maximalen Leistung beträgt?

Aufgabe 305

Ein Industrieunternehmen produziert drei verschiedenartige Erzeugnisse A, B und C unter folgenden Bedingungen:

Erzeugnisgruppe	Variable Stückkosten	Nettoumsatzerlöse je Stück	Fixe Gesamtkosten
A	124,00 €	165,00 €	
B	86,00 €	121,00 €	125.000,00 €
C	105,00 €	128,00 €	

1. Wie hoch ist das Betriebsergebnis, wenn von jedem Produkt monatlich 2 000 Stück absetzbar sind und keine betrieblichen Engpässe vorliegen?

2. Ermitteln Sie das optimale Produktionsprogramm und das Betriebsergebnis, wenn auf einer gemeinsamen Fertigungsstufe ein Engpass mit monatlich 6 440 Fertigungsstunden vorliegt und die Fertigungszeiten in dieser Stufe bei Produkt A 1,5 Stunden, bei B 1,0 Stunde und bei C 1,2 Stunden betragen. Es sollen wiederum von jedem Produkt 2 000 Stück absetzbar sein.

Aufgabe 306

Die Montageabteilung eines Industriebetriebes soll die Fertigung eines neuen Gerätes Typ G übernehmen, obwohl sie bereits an der Kapazitätsgrenze arbeitet. Bisher werden in dieser Abteilung drei Geräte montiert:

Gerät	Fertigungzeit Min./Stück	Deckungsbeiträge
Typ C	12 Min./Stück	25,00 €
Typ D	15 Min./Stück	31,00 €
Typ E	10 Min./Stück	19,00 €

Das Gerät Typ G benötigt eine Montagezeit von 7,5 Minuten je Stück, es kann zu einem Nettoverkaufspreis von 41,00 € abgesetzt werden und verursacht variable Stückkosten von 26,00 €.

Lohnt es sich, vorübergehend die Fertigung eines Gerätes zugunsten des neuen Gerätes einzuschränken? Welches Gerät wird ggf. mit geringeren Stückzahlen produziert?

Aufgabe 307

1. Erklären Sie die Begriffe „absoluter Deckungsbeitrag" und „relativer Deckungsbeitrag".

2. Wovon hängt die Produktionsentscheidung beim Kalkulieren mit relativen Deckungsbeiträgen ab?

Ein Unternehmen stellt u. a. Graugussteile her. Die Kapazität ist auf 10 000 Stück je Monat ausgelegt.

Aufgabe 308

Für den Monat März lieferte die Kostenrechnung folgende Zahlen:

Produktion	Variable Gesamtkosten	Fixe Gesamtkosten	Umsatzerlöse
8 500 Stück	244.800,00 €	180.200,00 €	510.000,00 €

1. Die Absatzentwicklung der letzten Monate lässt für den kommenden Monat einen Rückgang des Absatzes auf 7 500 Stück befürchten.
   a) **Zu welchem Preis müsste die Produktion bei unveränderten fixen Kosten abgesetzt werden? (unveränderter Gewinnzuschlag: 20 %)**
   b) **Welche Preisfestsetzungen könnte die Unternehmensleitung kurzfristig beschließen, wenn sich der unter a) errechnete Preis nicht auf dem Markt durchsetzen lässt?**

2. Besondere absatzpolitische Maßnahmen haben die unter 1. befürchtete Entwicklung nicht eintreten lassen. Die Unternehmensleitung rechnet nun für den Folgemonat mit Aufträgen über 8 000 Stück, die zum gleichen Preis abgesetzt werden können. Zusätzlich kann die Unternehmung einen Auftrag über 1 000 Stück erhalten, wenn ein Stückpreis von 30,00 € akzeptiert wird.
   a) **Untersuchen Sie, ob sich die Annahme des Zusatzauftrags lohnt.**
   b) **Welche Auswirkung auf das Betriebsergebnis ergäbe sich, wenn der Auftrag angenommen wird?**

3. Langfristig rechnet die Unternehmensleitung mit einem Rückgang des Absatzes auf 5 000 Stück. Unter dieser Annahme wird geplant, die Produktion der Graugussteile aus dem Produktionsprogramm zu streichen. Hierdurch könnten die Fixkosten um 40.000,00 € abgebaut werden. **Lohnt sich die Herausnahme des Produktes aus dem Produktionsprogramm?**

4. Wegen der schlechten Absatzlage bei Graugussteilen stellt das Unternehmen die Produktion auf Kunststoff-Spritzgussteile um. Drei Erzeugnisse werden unter folgenden Bedingungen produziert und angeboten:

Erzeugnisgruppe	Variable Stückkosten	Nettoverkaufspreis	Fixe Gesamtkosten (Monat)
A	2,40 €	2,70 €	
B	1,60 €	1,85 €	90.000,00 €
C	2,00 €	2,40 €	

a) **Bestimmen Sie das Betriebsergebnis, wenn von A 150 000 Stück, von B 200 000 Stück und von C 120 000 Stück monatlich absetzbar sind und kein betrieblicher Engpass vorliegt.**
b) Die Produkte werden in Serie auf getrennten Gussanlagen gefertigt; sie durchlaufen gemeinsam eine Kontroll-, Prüf- und Verpackungsabteilung, die mit 12 400 Stunden je Monat belastet werden kann. Für das Produkt A werden 2,4 Min./Stück, für B 1,5 Min./Stück und für C 1,8 Min./Stück verbraucht. **Bestimmen Sie unter den genannten Bedingungen das optimale Produktionsprogramm.**

Ein Betrieb hatte in der vergangenen Abrechnungsperiode 2 000 Stück eines Erzeugnisses hergestellt. Die Gesamtkosten beliefen sich auf 124.000,00 €. In der laufenden Abrechnungsperiode werden 2 250 Stück zu Gesamtkosten von 135.250,00 € produziert.

Aufgabe 309

1. **Berechnen Sie bei proportionalem Verlauf der variablen Kosten die Fixkosten.**
2. **Mit welchen Gesamtkosten ist bei einer Produktion von 2 400 Stück zu rechnen? Stellen Sie den Kostenverlauf grafisch dar.**

6.4.4 Eigenfertigung oder Fremdbezug

Die Frage, ob ein Produkt **selbst hergestellt** oder **von Zulieferern bezogen** werden soll, stellt sich aus **vielfältigen Gründen,** z. B.

- Kosten der Eigenfertigung oder des Fremdbezugs,
- Beschäftigungsgrad der eigenen Anlagen,
- Qualität der eigenen oder fremdbezogenen Erzeugnisse,
- technisches Wissen und technisches Können,
- Abhängigkeit von Zulieferern.

In den folgenden Ausführungen wird von der Annahme ausgegangen, dass nur die Aspekte „Kosten" und „Beschäftigungsgrad" entscheidungsrelevant sind. Damit lassen sich die Überlegungen auf **zwei grundsätzliche Situationen** reduzieren:

1 Das Unternehmen verfügt über freie Kapazitäten an Betriebsmitteln und Arbeitskräften und plant, bisher fremdbezogene Erzeugnisse selbst herzustellen (vgl. **Beispiel 1**).

2 Das Unternehmen möchte Kapazitäten für andere Erzeugnisse frei machen und plant, selbst hergestellte Erzeugnisse in Zukunft von Zulieferern zu beziehen (vgl. **Beispiel 2**).

Beispiel 1

Das Unternehmen Berg kann von einem Zulieferer Blechgehäuse zu folgenden Bedingungen beziehen: Listeneinkaufspreis 45,00 € je Stück mit 10 % Rabatt. Zahlungsbedingungen: 10 Tage mit 2 % Skonto oder 30 Tage ohne Abzug. Die Bezugskosten werden mit 1 % des Bareinkaufspreises pauschal verrechnet.

Eigenfertigung: Rohstoffaufwendungen 5,50 €/Stück. Löhne für Stanzen, Pressen, Bohren, Lackieren und Montieren 18,00 €/Stück (die Facharbeiter sind bei **vollem Lohnausgleich** unterbeschäftigt).

An Gemeinkosten werden verrechnet:
Material 8 % (die Materialgemeinkosten sind **zu 25 % variabel**),
Fertigung 180 % (die Fertigungsgemeinkosten sind **zu 40 % variabel**).

Kalkulation des Fremdbezugs	
Listeneinkaufspreis	45,00 €
– 10 % Rabatt	4,50 €
= Rechnungspreis	40,50 €
– 2 % Skonto	0,81 €
= Bareinkaufspreis	39,69 €
+ 1 % Bezugskosten	0,40 €
= **Bezugspreis je Stück**	**40,09 €**

Kalkulation der Eigenfertigung auf Vollkostenbasis	
Rohstoffaufwand	5,50 €
+ 8 % Materialgemeinkosten	0,44 €
+ Fertigungslöhne	18,00 €
+ 180 % Fertigungsgemeinkosten	32,40 €
= **Herstellkosten je Stück**	**56,34 €**

Auf der Grundlage der **obigen** Vollkostenrechnung würde die Entscheidung **zugunsten des Fremdbezugs** ausfallen. Das ist **falsch,** weil in der Vollkostenkalkulation auch fixe Kosten angesetzt wurden, die durch die bisherige Beschäftigung bereits in voller Höhe erfasst waren. **Fixe Kosten bleiben unberücksichtigt.** Auch **Fertigungslöhne werden nicht eingerechnet;** sie sind in den bisherigen Fertigungskosten enthalten (vgl. Beispiel 1, voller Lohnausgleich).

Kalkulation der Eigenfertigung auf der Grundlage variabler Kosten	
Rohstoffaufwand	5,50 €
+ 2 % * var. MGK (von 5,50 €)	0,11 €
+ 72 % * var. FGK (von 18,00 €)	12,96 €
= **variable Herstellkosten**	**18,57 €**

* 2 % = 25 % von 8 %
72 % = 40 % von 180 %

Zusammen-fassung

- Bei der Berechnung der Herstellkosten für die Eigenfertigung werden nur die **zusätzlich anfallenden variablen** (proportionalen) **Kosten** berücksichtigt. Die fixen Kosten bleiben außer Ansatz.

Das Unternehmen Berg stellt Stahlblech**gehäuse** Typ G IV selbst her, die Gehäuse-
deckel Typ G IV bezieht es von einem Zulieferer zum Bezugspreis von 7,50 €/Stück.
Die Geschäftsleitung plant, die Deckel Typ G IV auf vorhandenen Stanzen und
Pressen selbst herzustellen. Diese Maschinen sind derzeit mit der Produktion von
Deckeln Typ G II ausgelastet. Die Deckel Typ G II haben einen (angenommenen)
Verkaufspreis von 8,50 € je Stück.

Beispiel 2

Die **Fertigungsplanung** liefert folgende Zahlen:

Maschinenstundensätze: Stanze (proportional)	25,00 €
Presse (proportional)	31,00 €
einheitlicher **Lohnstundensatz** (proportional)	50,00 €
Fertigungsgemeinkostenzuschlag (proportional)	14,0 %
Deckel G IV: Rohstoffaufwand je Stück	1,40 €
Materialgemeinkosten (proportional)	3,5 %
Bearbeitungszeit **je Stück und Maschine**	1,2 Minuten
Deckel G II: Rohstoffaufwand je Stück	1,73 €
Materialgemeinkosten (proportional)	3,5 %
Bearbeitungszeit **je Stück und Maschine**	1,5 Minuten

In diesem Fall konkurrieren Deckel Typ G IV und Deckel Typ G II in der Produktion miteinander. Auf die Höhe der fixen Kosten hat dies keinen Einfluss; sie bleiben unberücksichtigt. Werden die Deckel Typ G IV produziert, so entstehen zunächst die variablen
(= proportionalen) Kosten dieser Produktion. **Zusätzlich** sind die durch diese Produktion
verdrängten „**Vorteile der Deckelproduktion Typ G II**" (= Opportunitätskosten =
relativer Deckungsbeitrag) einzurechnen.

**Opportunitäts-
kosten**

Kosten der Eigenfertigung von Deckeln Typ G IV:

1. Variable Kosten:	Deckel Typ G IV	Deckel Typ G II
Rohstoffaufwand je Stück	1,40 €	1,73 €
+ 3,5 % Materialgemeinkosten	0,05 €	0,06 €
+ proportionale Maschinenkosten: Stanze	0,50 €	0,63 €
Presse	0,62 €	0,78 €
+ Fertigungslöhne je Stück	2,00 €	2,50 €
+ 14 % proportionale Fertigungsgemeinkosten	0,28 €	0,35 €
= **variable Herstellkosten je Stück**	**4,85 €**	**6,05 €**
2. Opportunitätskosten:		
Verkaufspreis (fiktiv)		8,50 €
− variable Stückkosten		6,05 €
= **Deckungsbeitrag je Stück**		**2,45 €**
= **Deckungsbeitrag je Minute** (2,45 : 1,5 Min.)		**1,63 €**
Opportunitätskosten (1,63 · 1,2 Min.)	1,96 €	
3. Gesamtkosten je Stück	**6,81 €**	
4. Ergebnis der Entscheidung:		
= Bezugspreis je Stück bei Fremdbezug	7,50 €	
− Kosten der Eigenfertigung je Stück	6,81 €	
= **Vorteil der Eigenfertigung** je Stück	**0,69 €**	

■ Wenn **Produktionsalternativen bei ausgelasteter Kapazität** zu entscheiden
sind, müssen neben den variablen Kosten der jeweiligen Produktion auch die
entgangenen Deckungsbeiträge der jeweils anderen Produktion (= Opportunitätskosten) berücksichtigt werden. Die fixen Kosten bleiben außer Ansatz.

**Zusammen-
fassung**

Aufgabe 310

Ein Maschinenbauunternehmen hat bisher Messingventile, die in eigene Erzeugnisse eingebaut werden, zu folgenden Bedingungen fremdbezogen: Listeneinkaufspreis je Stück 52,00 €; bei Abnahme von mehr als 5 000 Stück werden 15 % Mengenrabatt gewährt. Zahlungsbedingungen: bei Zahlung innerhalb von zehn Tagen 2 % Skonto, innerhalb von 30 Tagen ohne Abzug. Die Bezugskosten (Fracht, Verpackung) werden mit 0,70 € je Stück kalkuliert.

Das Unternehmen hat freie Kapazitäten zur Verfügung, die es ihm gestatten, die Ventile unter folgenden Bedingungen selbst zu fertigen: Fertigungsmaterial je Stück 9,50 €; Löhne für Schneiden, Drehen, Fräsen, Bohren und Gewindeschneiden je Stück 35,50 € (die Arbeiter sind bei vollem Lohnausgleich unterbeschäftigt). An Gemeinkosten werden verrechnet: 12 % Materialgemeinkosten, davon gelten 30 % als variabel; 220 % Fertigungsgemeinkosten, davon gelten 45 % als variabel.

Entscheiden Sie, ob die Eigenfertigung günstiger ist als der Fremdbezug.

Aufgabe 311

Ein Unternehmen, das Elektrogeräte herstellt, bezieht die Gehäuse für das Gerät „Maximus II" zum Bezugspreis von 64,50 € je Stück. Die technischen Einrichtungen des Unternehmens gestatten es, dieses Gehäuse selbst zu fertigen.

Die Eigenfertigung würde folgende Kosten verursachen: Fertigungsmaterial je Gehäuse 17,20 €. Die Fertigungslöhne werden mit einem Stundensatz von 32,00 € verrechnet; die Fertigungszeit für ein Stück beträgt 24 Minuten. Da der Betrieb Kurzarbeit eingeführt hat, fallen bei Erhöhung des Beschäftigungsgrades die Fertigungslöhne als variable Kosten an. Die Materialgemeinkosten sind mit einem proportionalen Anteil von 4 %, die Fertigungsgemeinkosten mit einem proportionalen Anteil von 80 % zu berücksichtigen.

Untersuchen Sie, ob sich die Eigenfertigung aus Kostensicht lohnt.

Aufgabe 312

Ein Maschinenbauunternehmen bezieht einen stufenlosen elektronischen Regler von einem Zulieferer zum Bezugspreis von 104,00 € je Stück. Die Geschäftsleitung plant, diesen Regler selbst herzustellen. Wegen der ausgelasteten Kapazität müsste aber die Produktion einer Schaltung eingestellt und diese Schaltung fremdbezogen werden. Die Schaltung hat einen (fiktiven) Verkaufspreis von 65,00 €.

Die Fertigungsplanung liefert folgende Zahlen:

Fertigungslöhne:	einheitlicher Lohnstundensatz (proportional)	34,00 €
	proportionale Fertigungsgemeinkosten	60 %
Regler:	Fertigungsmaterial	32,00 €
	proportionale Materialgemeinkosten	4 %
	Fertigungszeit je Regler	30 Minuten
Schaltung:	Fertigungsmaterial	18,00 €
	proportionale Materialgemeinkosten	4 %
	Fertigungszeit je Schaltung	20 Minuten

1. **Entscheiden Sie, ob die Reglerproduktion zugunsten der Schalterproduktion aufgenommen werden soll.**

2. **Wie wäre zu entscheiden, wenn der fiktive Verkaufspreis für einen Schalter 75,00 € beträgt? Argumentieren Sie in diesem Fall nicht nur unter Kostengesichtspunkten.**

Aufgabe 313

1. **Welche Gesichtspunkte sind bei der Entscheidung „Eigenfertigung oder Fremdbezug" zu berücksichtigen?**

2. **Erläutern Sie den Begriff „Opportunitätskosten".**

Mit Controllinginstrumenten den Industriebetrieb führen 7

Controlling ist etwas anderes als „Kontrolle" 7.1

Bedeutung des Controllings

Mit „**Controlling**" ist im Wesentlichen das gemeint, was der englische Wortstamm „to control" in der Übersetzung mit „steuern" oder „regeln" meint. Es geht um Kontrollen im Sinne von „Überprüfung des Istzustandes mit einem zuvor festgelegten Planzustand".

Der Controller hat im modern organisierten Unternehmen bildhaft gesprochen die Funktion eines **Bergführers** in einer Bergsteigergruppe: Er wird engagiert, weil er das Umfeld gut kennt; er wirkt bei der Festlegung der Ziele mit, arbeitet die optimale Route aus, begleitet die Gruppe, stellt Abweichungen vom Kurs fest und schlägt Kurskorrekturen vor; zur Not muss er dafür sorgen, dass die Expedition abgebrochen wird.

Der Controller liefert im Hinblick auf langfristige Unternehmensziele (z. B. Gewinnmaximierung) der Geschäftsführung das gesamte Instrumentarium an abgestimmten Plänen, Budgets, Abweichungsanalysen und -interpretationen sowie Vorschläge zur Korrektur, damit die Geschäftsführung in die Lage versetzt ist, die zuvor festgelegten Ziele ohne größere Störungen anzusteuern.

Arbeitsgebiete des Controllers

Das nachfolgende Bild verdeutlicht, in welchen monatlichen oder auch jährlichen Arbeitsrhythmus der Controller eingebunden ist.

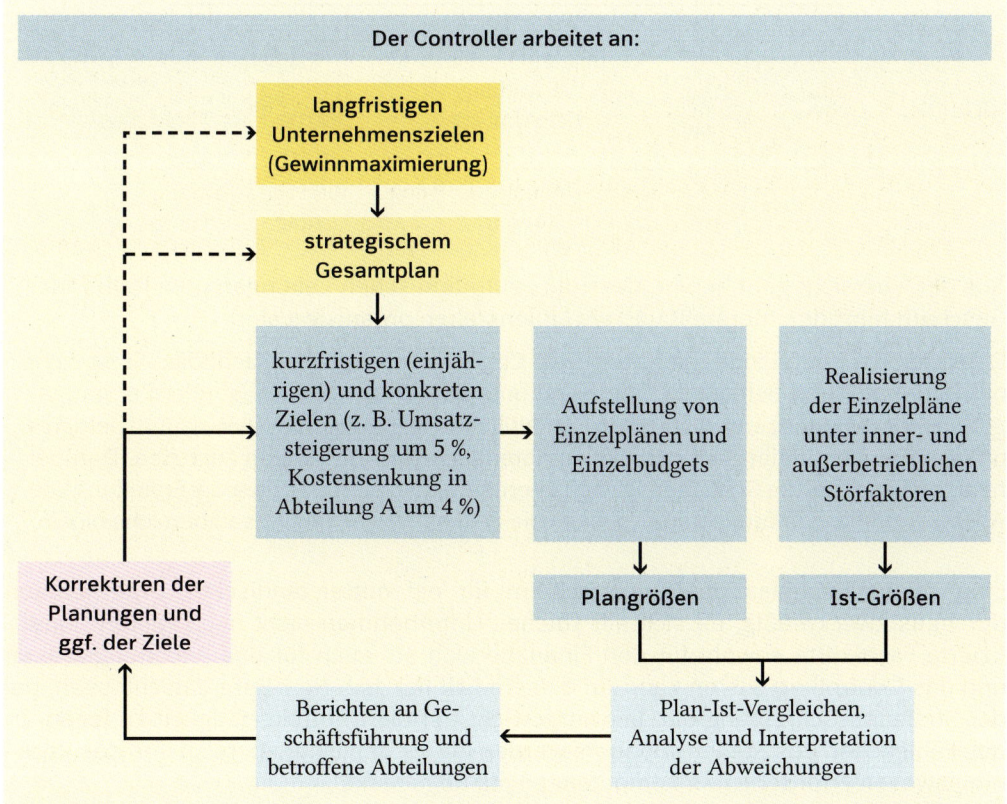

Aufgaben des Controllers

Das Bild verdeutlicht, dass es **übergeordnete Aufgaben** gibt, die nicht monatlich oder jährlich neu anfallen und an deren Erfüllung der Controller mitwirkt, ohne sie zu entscheiden; dazu gehören z. B. die Festlegung langfristiger und strategischer Unternehmensziele. Sein **Hauptarbeitsgebiet** liegt darin, Einzelpläne aufzustellen und mit den beteiligten Abteilungen abzustimmen, aufgrund der Einzelpläne Budgetvorgaben zu machen, diese mit den Istgrößen abzugleichen, Plan-Ist-Abweichungen zu analysieren und zu interpretieren, der Geschäftsführung darüber zu berichten und Korrekturmaßnahmen vorzuschlagen.

7.2 Controlling in die Aufbauorganisation des Unternehmens einpassen

Für die Integration des Controllings in die Unternehmensorganisation sind unterschiedliche Organisationsformen denkbar. Bedeutende Einflussfaktoren sind:

- die **Unternehmensgröße**,
- die gewachsenen **Unternehmensstrukturen**,
- der **Aufgabenbereich des Controllers**.

So kann z. B. das Controlling als **eigenständige Linienstelle** (Hauptabteilung) direkt der Geschäftsführung unterstellt sein oder das Controlling kann als **Stabstelle** unmittelbar der Geschäftsführung zugeordnet sein.

Beispiel

Für das **Unternehmen Metallwerk Thomas Berg e. K.** soll im **Verwaltungsbereich** das folgende, kurz gefasste Organigramm gelten. Der hier nicht aufgeführte technische Bereich mit den Abteilungen „Arbeitsvorbereitung", „Produktion" und „Kontrolle/Fertiglager" wird von einem Diplomingenieur als Technischem Leiter geführt.

Aus der Übersicht geht hervor, dass die kaufmännischen Leitungen unmittelbar der Geschäftsführung unterstellt und als Linienstellen organisiert sind.

Damit hat der Kaufmännische Leiter II als Controller eine große Machtfülle: Er ist nicht nur Informator und Berater der über- und untergeordneten Stellen, sondern er hat gegenüber dem Finanzbereich und dem Betrieblichen Rechnungswesen Weisungsbefugnis und er kann unmittelbar auf das Zahlenmaterial dieser Abteilungen zugreifen. Darüber hinaus wirkt er bei der Realisierung von Unternehmenszielen z. B. über die Erstellung von Absatz- und Beschaffungsplänen auch in die Beschaffungs- und Absatzbereiche hinein.

Eine solche Organisationsform erscheint für ein mittelständisches Unternehmen durchaus zweckmäßig, da sich ein solches Unternehmen nicht noch weitere, qualifizierte Fachkräfte sowohl für den Finanzbereich als auch für das Rechnungswesen und das Controlling leisten kann. In diesem Fall hat sich Herr Berg entschlossen, bei der Stellenausschreibung das Schwergewicht auf die Controllertätigkeit zu legen. In den Fähigkeiten des Stellen-inhabers werden die für den Finanzbereich und das Rechnungswesen erforderlichen Kompetenzen mit abgedeckt.

In größeren Unternehmen hat sich die Einbindung des Controllings als Stabstelle durchgesetzt, weil sich hier der Controller voll auf seine eigentlichen Tätigkeiten der Budgetierung, der Erstellung von Abweichungsanalysen und des Berichtswesens konzentrieren kann.

Von Nachteil ist die Konstruktion „Controlling als Stabstelle" wegen der recht schwachen Stellung des Controllers gegenüber den Linienabteilungen im oberen Management. Für die Arbeit des Controllers kann es nachteilig sein, dass er keinen unmittelbaren Zugriff auf die Daten des Rechnungswesens hat. Es empfiehlt sich daher unbedingt, das betriebliche Rechnungswesen dem Controlling zuzuordnen.

Mit Plankosten die Produktion steuern und kontrollieren

7.3

Die Plankosten ermittelt der Controller auf **technischer Grundlage** unter Mitwirkung von Experten (z. B. REFA-Ingenieure, Leiter der Arbeitsvorbereitung, Konstrukteure). Plankosten sind – soweit keine einschneidenden technischen Änderungen eintreten – **zukunftsorientiert.**

Plankosten

Die Kostenstelle Dreherei des Metallwerks Berg fertigt u. a. Metallfüße für Gehäuse.

Beispiel

1 Die Planung der anfallenden Fertigungslöhne basiert auf Arbeitszeitstudien. Sie zeigen, wie viel Zeit die Anfertigung eines Satzes (= vier Stück) Metallfüße erfordert:

Umrüstzeit je Satz	0,25 Min.
Einrichtzeit je Satz	0,50 Min.
Bearbeitungszeit je Satz	3,25 Min.
Gesamtzeit je Satz	4,00 Min.

Wird ein Lohnfaktor von 30,00 €/Std. zugrunde gelegt, so ergeben sich an dieser Maschine **Lohnkosten je Satz** in Höhe von

$$\frac{30,00 \,€}{60 \text{ Min.}} \cdot 4 \text{ Minuten} = \textbf{2,00 €/Satz.}$$

Bei einer monatlichen geplanten Produktion von 13 000 Sätzen betragen die **Planeinzelkosten für Fertigungslöhne**

2,00 €/Satz · 13 000 Sätze = **26.000,00 €.**

2 Grundlage für die Planung der Gemeinkosten „Hilfsstoffverbrauch" sind die aus den Konstruktionsunterlagen erstellten Stücklisten. Die hierin aufgeführten Materialien werden bewertet und ergeben so die Plankosten.

Die Plankostenrechnung ist ein Instrument zur Kostenkontrolle und auf folgende **betriebliche Ziele** ausgerichtet:

Ziele der Plankostenrechnung

1 Ermittlung von Plankosten für jede Kostenstelle.

2 Vergleich von **Plankosten bei Ist-Beschäftigung** und **Istkosten** einer Abrechnungsperiode.

3 **Feststellung der Abweichungen** zwischen Plankosten bei Ist-Beschäftigung und Istkosten.

4 **Aufdeckung der Ursachen** für die Abweichungen.

Damit wird deutlich,

- dass in der Plankostenrechnung eine exakte Erfassung der Istkosten wichtig ist,

- dass von den Betriebsleitern nur reine **Verbrauchsabweichungen** zwischen Plan- und Istkosten zu verantworten sind (z. B. höherer Ist-Verbrauch an Material gegenüber dem geplanten Verbrauch; höhere Ist-Löhne gegenüber den geplanten Löhnen). **Abweichungen in den Beschaffungspreisen** oder **Schwankungen in der Beschäftigung** sind nicht den Betriebsleitern anzulasten; sie sind aus den Plankosten auszuschalten.

- Für die **Kostenkontrolle** dürfen nur **Verbrauchsabweichungen** maßgeblich sein; deshalb sind Preis- und Beschäftigungsabweichungen auszuschalten.

- Preisabweichungen werden dadurch vermieden, dass die **tatsächlichen Verbrauchsmengen zu festen Verrechnungspreisen bewertet werden.**

Zusammenfassung

7.3.1 Die Einzel- und Gemeinkosten planen

Grundlage der flexiblen Plankostenrechnung

In der flexiblen Plankostenrechnung werden die Kostenbeträge aller Gemeinkostenarten durch eine **Kostenauflösung** in **fixe und variable (proportionale!) Bestandteile** zerlegt. Dadurch ist es möglich, jeder Kostenstelle sowohl nach Kostenarten unterteilte feste **Plankosten** vorzugeben als auch diese Kostenvorgaben entsprechend der jeweiligen Istbeschäftigung abzuwandeln.

Einzelkosten

Die Einzelkosten „Fertigungsmaterial", „Fertigungslöhne" und „Sondereinzelkosten" **gelten in voller Höhe als variabel;** bei ihnen entfällt das Problem der Kostenauflösung. Zum Teil werden sie um die Kostenstellen herumgeführt und den Kostenträgern direkt zugerechnet (z. B. Fertigungsmaterial, Sondereinzelkosten); zum Teil können sie in die Kostenstellenrechnung eingehen (z. B. Fertigungslöhne als variable Gemeinkosten).

Aufbau der flexiblen Plankostenrechnung

Damit die Plankostenrechnung als Instrument zur **Kostenkontrolle** fungieren kann, ist folgender Aufbau unter Beachtung der wesentlichen Planungsgrößen erforderlich:

1 Festlegung der **Bezugsgröße** für jede Kostenstelle (z. B. Fertigungsstunden, Maschinenstunden, Ausbringungsmengen),

2 Bestimmung der **Planbeschäftigung,**

3 Festlegung der **Verbrauchsmengen und -zeiten** für jede Kostenart in Bezug auf die Planbeschäftigung (vgl. Beispiel S. 319),

4 **Bewertung der Mengen oder Zeiten mit Festpreisen** und damit **Festlegung der Plankosten** für jede Kostenart innerhalb der Kostenstellen,

5 **Auflösung der Gemeinkosten** in fixe und variable Kostenvorgaben.

Kostenpläne

Die Planungsarbeiten enden mit der Aufstellung von **Kostenplänen für alle Kostenstellen.** Diese Pläne enthalten die Kostenvorgaben für die Gesamtplankosten sowie für die variablen und fixen Plankosten.

Plankosten

Plankosten sind durch methodisches Vorgehen im Voraus bestimmter, wertmäßiger Güter- und Dienstleistungsverzehr mit Vorgabecharakter. Die **gesamten** Plankosten ergeben sich aus der Summe aller variablen und fixen Plankosten einer Kostenstelle.

Anwendung

Die Planeinzel- und -gemeinkosten bilden die Grundlage für die **Plankalkulation** (vgl. S. 323) und für den **Soll-Ist-Kostenvergleich** zur **Ausweisung der Verbrauchsabweichungen** (vgl. S. 327). Unter **Istkosten** sind hierbei die zu **Festpreisen bewerteten tatsächlichen Verbrauchsmengen oder -zeiten** zu verstehen. Die Festpreisbewertung schaltet **Preisschwankungen** aus.

Zusammenfassung

■ Wesentliches Merkmal der flexiblen Plankostenrechnung ist die Auflösung der Gemeinkosten in **fixe und variable Kostenvorgaben.**

■ Die Anwendung der Plankostenrechnung setzt eine sorgfältige **Kostenstellengliederung** des Betriebes und eine genaue **Festlegung der Planungsgrößen** voraus.

■ Plankosten sind durch methodisches Vorgehen im Voraus bestimmte **Kosten mit Vorgabecharakter.**

■ Durch die Planung der Einzel- und Gemeinkosten werden Grundlagen für die Ermittlung von **Verbrauchsabweichungen** und für die **Plankalkulation** geschaffen.

Die Planbeschäftigung festlegen

7.3.1.1

In der Dreherei des Metallwerks Berg werden u. a. verstellbare Metallfüße gefertigt. Die folgende Übersicht verdeutlicht, welche Abteilungen (= Kostenstellen) das Produkt durchlaufen muss, um zum fertigen Satz (= vier Stück) zu werden, und wie hoch die monatlichen Produktionsmengen (= Beschäftigung) in den einzelnen Abteilungen sind:

Beispiel

Beschäftigung (Sätze)	Kostenstellen			
	Abteilung Bohren	Abteilung Drehen	Abteilung Gewinde-schneiden	Abteilung Montage
Maximalbeschäftigung	13600	13700	13200	**13000**
Normalbeschäftigung	13200	13500	12800	12500

Die Festlegung der Planbeschäftigung erfolgt nach den betrieblichen Erfordernissen. Hierbei kann sich die Geschäftsleitung von den **vorhandenen Kapazitäten,** den **Absatzerwartungen** oder den **zukünftig vermuteten Minimumsektoren** leiten lassen.

Engpassorientierte Beschäftigung

Die Ausrichtung der Planbeschäftigung auf den **derzeitigen Engpass** berücksichtigt die tatsächlichen Produktionsverhältnisse oder die bestehenden Schwierigkeiten im Finanzierungs- und Absatzbereich.

Im vorliegenden Beispiel könnte die **Planbeschäftigung auf 13000 Sätze je Monat** festgelegt werden. Damit wird der **geringen Kapazität in der Montageabteilung** Rechnung getragen.

Die Planeinzelkosten aufgrund fester Verrechnungspreise bestimmen

7.3.1.2

Die Unternehmung Berg bezieht die Rohlinge von einer Gießerei. Im laufenden Jahr sind vier Bestellungen erteilt worden, die zu folgenden Stückpreisen ausgeführt wurden:

Beispiel

Datum	Preis je Satz	Planpreis
..-02-05	2,30 €	
..-04-05	2,60 €	$\text{Planpreis je Satz} = \dfrac{2,30 + 2,60 + 2,40 + 2,70}{4} = 2,50\ €$
..-05-12	2,40 €	
..-07-24	2,70 €	

Für die Berechnung der Plankosten stellen schwankende Beschaffungspreise ein Hindernis dar. Ihrer Aufgabe können Plankosten nur gerecht werden, wenn sie auf einer festen Basis ermittelt werden. Zu diesem Zweck verwendet man in der Plankostenrechnung **feste Verrechnungspreise.** Sie werden z. B. als arithmetisches Mittel aus den Einzelwerten berechnet. Der Verrechnungspreis (= Planpreis) wird auf **2,50 € je Satz** festgesetzt.

Verrechnungspreis

Die Planeinzelkosten für das monatlich zu verbrauchende Fertigungsmaterial betragen dann bei 13000 Sätzen (siehe oben):

Berechnung der Planeinzelkosten

Planeinzelkosten je Monat = **Planbeschäftigung · Verrechnungspreis**
Planeinzelkosten für Fertigungsmaterial „Metallfüße" = 13000 Sätze · 2,50 € = **32.500,00 €**

■ Als Planbeschäftigung eignet sich die **engpassorientierte Beschäftigung.**
■ Planeinzelkosten werden aufgrund **fester Verrechnungspreise** ermittelt.

Zusammen-fassung

321

7.3.1.3 Die variablen und fixen Plangemeinkosten festlegen

Verfahren der Kostenauflösung

Durch die Kostenauflösung wird erreicht, dass bei Beschäftigungsschwankungen **nur die variablen Gemeinkosten der vom Plan abweichenden Beschäftigungslage angepasst werden,** während die unvermeidbaren fixen Kosten in voller Höhe bestehen bleiben.

Die folgende Übersicht zeigt **einige Verfahren** der Kostenauflösung. Auf die Darstellung der mathematischen und grafischen Kostenauflösung wird an dieser Stelle verzichtet.

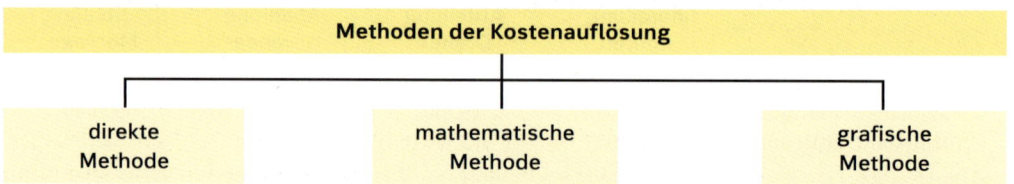

Methoden der Kostenauflösung

| direkte Methode | mathematische Methode | grafische Methode |

Voraussetzungen

Die Methoden der Kostenauflösung gehen in der Regel von den Voraussetzungen aus, dass sich die variablen Kostenanteile bei Beschäftigungsänderungen **proportional** verhalten und dass die **fixen Kostenanteile** während des Planungszeitraums **keinen Veränderungen** unterliegen.

Direkte Methode

Die **direkte Methode** der Kostenauflösung beruht auf **Einzeluntersuchungen** innerhalb der Kostenstellen unter Zusammenarbeit der Abteilungen „Arbeitsvorbereitung" und „Kostenrechnung" (vgl. auch S. 292).

Beispiel

Aufgrund einer **Einzeluntersuchung** sind für die Kostenstelle „Dreherei" bei einer Beschäftigung von **1 400 Stunden/Monat** und einer entsprechenden Ausbringung von **12 000 Sätzen/Monat** folgende Istgemeinkosten ermittelt worden:

Kostenart	Gesamtkosten	Fixe Kosten	Variable Kosten
Gemeinkostenmaterial	4.000,00	2.000,00	2.000,00
Fertigungslöhne	25.000,00	–	25.000,00
Hilfslöhne	5.000,00	4.000,00	1.000,00
Soziale Abgaben	6.000,00	1.000,00	5.000,00
Abschreibungen	29.000,00	25.000,00	4.000,00
Sonstige Gemeinkosten	17.500,00	5.500,00	12.000,00
Gemeinkosten	**86.500,00**	**37.500,00**	**49.000,00**

Die Plankosten (= PK) ergeben sich bei einer **angenommenen Planbeschäftigung** von **1 500 Stunden/Monat bzw. 13 000 Sätzen/Monat** nach folgender Rechnung:

Die **Planeinzelkosten** für das **Fertigungsmaterial** werden **um die Kostenstelle herumgeführt** und in der Kalkulation dem Kostenträger direkt zugerechnet (vgl. S. 321):	$13\,000 \cdot 2,5 \quad =$	**32.500,00 €** var. PK
Die **fixen Gemeinkosten** gehen in voller Höhe in die Plangemeinkosten der Kostenstelle ein (siehe oben):		**37.500,00 €** fixe PK
Die **variablen Gemeinkosten** (hier einschließlich der Fertigungslöhne) sind auf die **Planbeschäftigung** umzurechnen (siehe oben):	$\dfrac{49.000 \cdot 1\,500}{1\,400} =$	**52.500,00 €** var. PK
Die gesamten **Plangemeinkosten der Kostenstelle** betragen		**90.000,00 €.**

Mit Plankostenverrechnungssätzen kalkulieren

Für viele Industriebetriebe ist die **Einzel- oder Serienfertigung** unterschiedlicher Erzeugnisse der maßgebliche Produktionstyp. Diese Betriebe wenden zur Berechnung der **Planselbstkosten** das Verfahren der **Zuschlagskalkulation** an. Die Plan-Zuschlagskalkulation basiert auf Planeinzelkosten (z. B. Fertigungsmaterial) und auf **Plankostenverrechnungssätzen,** die in den einzelnen Kostenbereichen oder Kostenstellen ermittelt werden.

Der Plankostenverrechnungssatz gibt an, **wie viel Euro Plangemeinkosten auf eine Planbeschäftigungseinheit** (z. B. eine Stunde) entfallen. Mit diesem Satz wird die Planarbeitszeit für die Kostenträgereinheit (z. B. ein Satz) multipliziert und es ergeben sich die **Planfertigungskosten,** mit denen die Kostenstellen den Kostenträger belasten.

7.3.2

Plankalkulation

**Plankosten-
verrechnungssatz**

> Das Beispiel auf Seite 322 weist für die Kostenstelle „Dreherei" gesamte Plangemeinkosten in Höhe von 90.000,00 € bei einer Planbeschäftigung von 1 500 Stunden/Monat aus. Daraus ergibt sich folgender Plankostenverrechnungssatz:
>
> $$\text{Plankostenverrechnungssatz} = \frac{\text{Plangemeinkosten}}{\text{Planbeschäftigung}} = \frac{90.000,00\ €}{1\,500\ \text{Std.}} = 60,00\ €/\text{Std.}$$
>
> Beläuft sich die Arbeitszeit für einen Satz auf vier Minuten,
>
> so fallen folgende **Planfertigungskosten** an: $\dfrac{60,00\ € \cdot 4}{60} = 4,00\ €/\text{Satz}$

Beispiel

Die Planeinzelkosten für das **Fertigungsmaterial** werden dem Kostenträger direkt zugerechnet. Für die Stückkalkulation ist lediglich die Umrechnung der Planeinzelkosten auf eine Mengeneinheit erforderlich.

Planeinzelkosten

> Die Planeinzelkosten für das Fertigungsmaterial betragen 32.500,00 € bei einer Planbeschäftigung von 13 000 Sätzen (vgl. S. 322).
>
> Auf einen Satz entfallen Einzelmaterialkosten von $\dfrac{32.500,00\ €}{13\,000\ \text{Sätze}} = 2,50\ €/\text{Satz}$

Beispiel

Für Material-, Verwaltungs- und Vertriebs**gemeinkosten** werden Planzuschlagssätze ermittelt und in die Kalkulation eingesetzt.

Zuschlagssätze

Beispiel einer Plankalkulation:

Fertigungsmaterial	2,50 €	(siehe oben)
+ Materialgemeinkosten 6 %	0,15 €	
= **Planmaterialkosten**	**2,65 €**	
Planfertigungskosten „Bohren"	1,20 €	(angenommen)
+ Planfertigungskosten „Drehen"	**4,00 €**	(siehe oben)
+ Planfertigungskosten „Schneiden"	1,05 €	(angenommen)
+ Planfertigungskosten „Montieren"	0,30 €	(angenommen)
= gesamte **Planfertigungskosten**	**6,55 €**	
= **Planherstellkosten**	**9,20 €**	
+ Verwaltungsgemeinkosten 15 % (angenommen)	1,38 €	
+ Vertriebsgemeinkosten 5 % (angenommen)	0,46 €	
= **Planselbstkosten**	**11,04 €**	

7.3.3 Mit Sollkosten rechnen

Plankostenverrechnungssatz bei unterschiedlichen Beschäftigungen

Der Plankostenverrechnungssatz ist ein **Vollkostensatz,** d. h., er enthält neben den variablen Kosten **anteilige fixe Kosten.** Durch die **Proportionalisierung** der fixen Kosten werden die **gesamten Plankosten** in Abhängigkeit zur Beschäftigung gebracht. Die **verrechneten Plangemeinkosten** werden somit eine Funktion der Beschäftigung:

> Verrechnete Plangemeinkosten = Plankostenverrechnungssatz · (Ist-)Beschäftigung

Sollkosten

Richtigerweise dürfen sich aber **nur die variablen Kosten proportional zur Beschäftigung** verändern, während **die fixen Kosten in ihrer Höhe unverändert** bestehen bleiben müssen. Die **Sollkosten** berücksichtigen für unterschiedliche Beschäftigungsgrade diese Eigenschaft der Plangemeinkosten: Sie enthalten die variablen Plangemeinkosten im Verhältnis des tatsächlichen Beschäftigungsgrades zum geplanten Beschäftigungsgrad und die fixen Kosten in voller Höhe. Damit eignen sie sich für den **Soll-Ist-Kostenvergleich zur Ausweisung von Verbrauchsabweichungen.** Sie lassen sich nach folgender Gleichung berechnen:

$$\text{Sollkosten} = \frac{\text{variable Plangemeinkosten} \cdot \text{Istbeschäftigung}}{\text{Planbeschäftigung}} + \text{fixe Plangemeinkosten}$$

Beispiel

Bei einer Planbeschäftigung von 1 500 Stunden/Monat betragen die variablen Plangemeinkosten in der Dreherei 52.500,00 €. Die fixen Plangemeinkosten werden mit 37.500,00 € ermittelt (vgl. S. 322). Der Plankostenverrechnungssatz beträgt 60,00 € (vgl. S. 323).

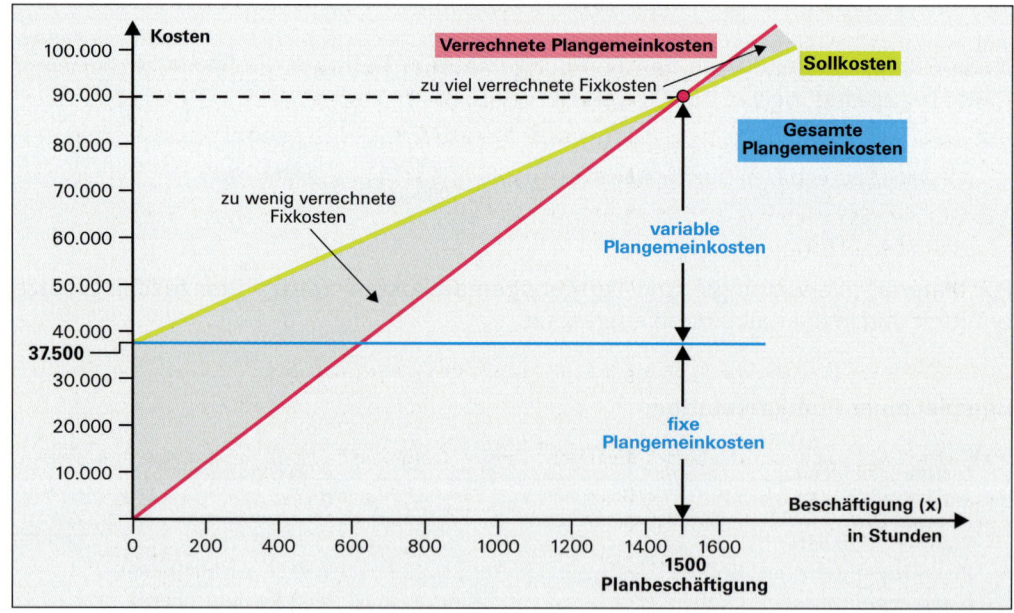

Zusammenfassung

- **Sollkosten** sind die auf einen bestimmten Beschäftigungsgrad umgerechneten gesamten Plangemeinkosten unter Berücksichtigung der vollen fixen Plangemeinkosten und der anteiligen variablen Plangemeinkosten. Sie sind Grundlage für den **Soll-Ist-Kostenvergleich.**

Die verrechneten Plangemeinkosten werden nach der Vorschrift **Erläuterung**

$$\text{Verrechnete Plangemeinkosten} = 60 \cdot x$$

ermittelt, wobei x die Variable für die Beschäftigung ist. Da über den Plankosten-verrechnungssatz die **fixen Kosten proportionalisiert** werden, geht der Graph dieser Funktion durch den Ursprung; d. h., bei der **Beschäftigung 0 werden keine fixen Kosten** verrechnet.

Für die Sollkosten gilt
folgende Rechenvorschrift:

$$\text{Sollkosten} = \frac{52.500}{1500} \cdot x + 37.500$$
$$= \quad 35 \quad \cdot x + 37.500$$

In dieser Vorschrift hängen nur die variablen Plangemeinkosten von der Beschäftigung ab. Bei allen Beschäftigungsgraden werden fixe Kosten in Höhe von 37.500,00 € ausgewiesen.

Die Plangemeinkosten bei Planbeschäftigung liegen **im Schnittpunkt von Sollkostenfunktion und Plangemeinkosten-Funktion.**

1 Istbeschäftigung = Planbeschäftigung: In diesem Fall sind die verrechneten Plan- **Auswertung**
gemeinkosten **gleich** den Sollkosten.

2 Istbeschäftigung < Planbeschäftigung: In diesem Fall liegen die verrechneten
Plangemeinkosten **unter** den Sollkosten.
Ein Teil der fixen Kosten wird dann nicht
verrechnet.

3 Istbeschäftigung > Planbeschäftigung: In diesem Fall liegen die verrechneten
Plangemeinkosten **über** den Sollkosten.
Es werden mehr fixe Kosten verrechnet als
geplant.

Für die Kostenstelle „Dreherei" werden bei einer Planbeschäftigung von 1 200 Std./ **Aufgabe 314**
Monat gesamte Plangemeinkosten in Höhe von 75.000,00 € ermittelt. Davon sind
45.000,00 € variable Plangemeinkosten und 30.000,00 € fixe Plangemeinkosten.

1. Berechnen Sie den Plankostenverrechnungssatz.

2. Bestimmen Sie die Sollkosten für eine Beschäftigungsabweichung auf 1 350
   Stunden/Monat.

3. Stellen Sie den Verlauf der verrechneten Plangemeinkosten und der Sollkosten
   grafisch dar.

In einer Kostenstelle werden bei einer Beschäftigung von 2 200 Stunden/Monat fol- **Aufgabe 315**
gende Kosten ermittelt:

Kostenart	Gesamtkosten	Fixe Kosten	Variable Kosten
Gemeinkostenmaterial	7.000,00	2.500,00	4.500,00
Fertigungslöhne	65.000,00	–	65.000,00
Hilfslöhne	16.000,00	12.000,00	4.000,00
Soziale Abgaben	14.000,00	3.500,00	10.500,00
Abschreibungen	58.000,00	50.000,00	8.000,00
Sonstige Gemeinkosten	31.000,00	7.000,00	24.000,00

1. Bestimmen Sie die gesamten Plankosten bei 2 400 Stunden Planbeschäftigung.

2. Berechnen Sie die Sollkosten für eine Abweichung um ± 10 %.

3. Berechnen Sie den Plankostenverrechnungssatz.

4. Stellen Sie den Verlauf der Sollkosten und der verrechneten Plangemeinkosten
   grafisch dar.

7.3.4 Sollkosten mit Istkosten vergleichen

Ziel Die nach Kostenstellen durchgeführte Kostenkontrolle verfolgt das Ziel, Abweichungen von Kostenvorgaben sichtbar zu machen, um dadurch Unwirtschaftlichkeiten im Betrieb aufdecken und beseitigen zu können. Sie wird grundsätzlich **mindestens einmal im Monat** für **alle Kostenarten** und **alle Kostenstellen** über den **Soll-Ist-Kostenvergleich** durchgeführt. **Störende Einflüsse durch Preis- und Beschäftigungsabweichungen** sind vorher auszuschalten.

Ausschaltung von Preisabweichungen Dadurch, dass den Istkosten der Abrechnungsperiode die **gleichen Verrechnungspreise** zugrunde gelegt werden wie den Sollkosten, können Lohnsatz- und Preisschwankungen aus dem Soll-Ist-Kostenvergleich ferngehalten werden (vgl. S. 321).

Ausschaltung von Beschäftigungsabweichungen Während der Abrechnungsperiode wird auf der Basis der **Plankostenverrechnungssätze** kalkuliert (vgl. S. 323). Weicht die Istbeschäftigung von der dem Plankostenverrechnungssatz zugrunde liegenden Planbeschäftigung ab – was in der Regel der Fall ist –, so treten zwischen den **nach Plan vorgesehenen Gemeinkosten (Sollkosten)** und den **verrechneten Plangemeinkosten Beschäftigungsabweichungen** auf. Die Beschäftigungsabweichungen sind von den Betriebsleitern **nicht** zu verantworten. Durch den **Vergleich der verrechneten Plangemeinkosten** mit den **Sollkosten bei Istbeschäftigung** lassen sich die Beschäftigungsabweichungen ermitteln und aus der Kostenkontrolle heraushalten.

Beispiel In der Kostenstelle „Dreherei" wird mit einem Plankostenverrechnungssatz von 60,00 € kalkuliert. Die gesamten Plangemeinkosten machen bei einer Beschäftigung von 1 500 Stunden/Monat 90.000,00 € aus (vgl. S. 322).

Im Monat Juli wird eine Istbeschäftigung von 1 200 Stunden erreicht.

Wie groß ist die Beschäftigungsabweichung?

Die **Istbeschäftigung** beträgt: $\dfrac{1\,200 \cdot 100\,\%}{1\,500} = 80\,\%$.

Die Planbeschäftigung wird also um **20 % unterschritten**.

Verrechnete Plangemeinkosten bei Istbeschäftigung	$60{,}00 \cdot 1\,200$	$=$ 72.000,00 €
– **Sollkosten** (vgl. S. 318) der Istbeschäftigung	$\dfrac{52.500}{1\,500} \cdot 1\,200 + 37.500$	$=$ 79.500,00 €
= **Beschäftigungsabweichung**		$=$ (–) 7.500,00 €

Gegenüber den Sollkosten sind bei der Istbeschäftigung von 1 200 Stunden **7.500,00 €** **fixe Kosten zu wenig verrechnet worden.**

Zusammenfassung

- **Istkosten** sind die zu Planpreisen bewerteten tatsächlichen Verbrauchsmengen und -zeiten einer Abrechnungsperiode.

- Die **Beschäftigungsabweichung** ist der Kostenbetrag, der angibt, um wie viel Euro die verrechneten Plangemeinkosten die Sollkosten bei Istbeschäftigung übersteigen (+) oder unterschreiten (–).

Die Grafik auf Seite 321 verdeutlicht den Zusammenhang.

In der Kostenstelle „Dreherei" fallen gesamte Plangemeinkosten in Höhe von 90.000,00 € an (Planbeschäftigung 1 500 Stunden/Monat, vgl. S. 322). Im Monat Juli wird eine Istbeschäftigung von 1 200 Stunden erreicht (vgl. S. 326). Die Istkosten werden mit **85.000,00 €** ermittelt.

Beispiel

Wie groß ist die Verbrauchsabweichung?

Sollkosten bei Istbeschäftigung	$\dfrac{52.500}{1\,500} \cdot 1\,200 + 37.500$	=	79.500,00 €
– Istkosten		=	85.000,00 €
= Verbrauchsabweichung		=	(–) 5.500,00 €

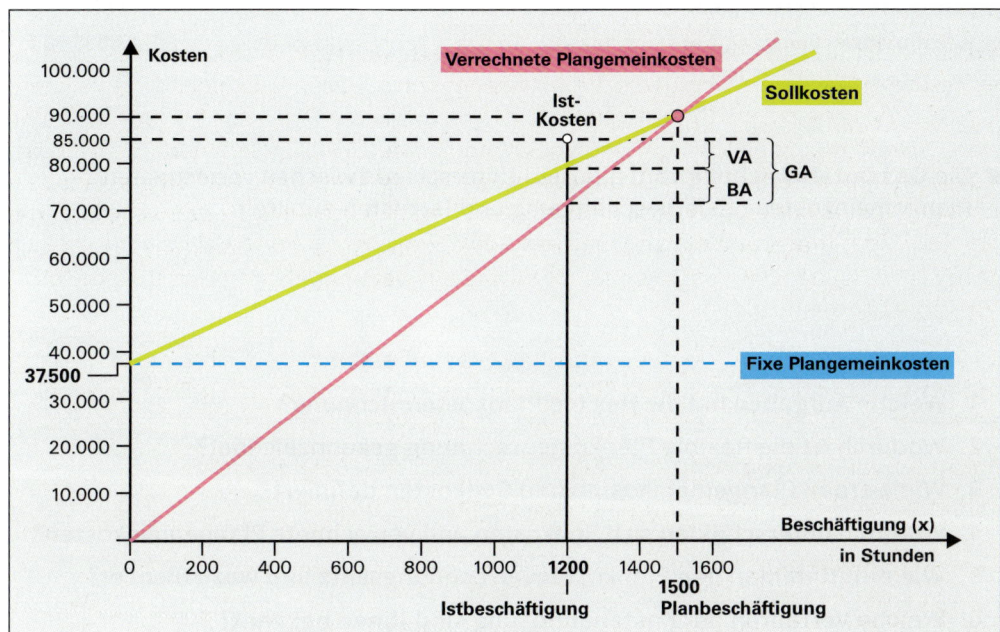

Die obige Grafik zeigt den Verlauf der Sollkosten und der verrechneten Plangemeinkosten (vgl. auch S. 324) und weist bei einer Istbeschäftigung von 1 200 Stunden **Istkosten** in Höhe von **85.000,00 €** aus.

Erläuterung

Die Abkürzungen bedeuten: **BA** = Beschäftigungsabweichung (vgl. S. 326),

VA = Verbrauchsabweichung,

GA = Gesamtabweichung.

Der eigentliche Zweck der flexiblen Plankostenrechnung besteht in der **Ermittlung der Verbrauchsabweichungen.** Verbrauchsabweichungen zeigen den wertmäßigen Mehr- und Minderverbrauch an Gütern und Diensten gegenüber den Sollkosten an. **Im Beispiel ist der Mehrverbrauch in Höhe von 5.500,00 € von den Kostenstellenleitern zu verantworten.** Verbrauchsabweichungen werden ausgewiesen durch den **Vergleich der Sollkosten bei Istbeschäftigung mit den Istkosten.**

Verbrauchs-abweichungen

- Der eigentliche Zweck der flexiblen Plankostenrechnung besteht in der **Ermittlung von Verbrauchsabweichungen.**
- Die Verbrauchsabweichung ist der Kostenbetrag, der angibt, um wie viel Euro die **Sollkosten** die **Istkosten übersteigen (+)** oder **unterschreiten (–).**

Zusammen-fassung

Gesamtabweichung

Fasst man die **Beschäftigungsabweichung und die Verbrauchsabweichung** zusammen, so erhält man die Gesamtabweichung. Sie ergibt sich auch aus dem **Unterschied zwischen den verrechneten Plangemeinkosten bei Istbeschäftigung** und den **Istkosten**. Im vorhergehenden Beispiel beträgt die Gesamtabweichung:

Verrechnete Plangemeinkosten (vgl. S. 326)		72.000,00 €
– Istkosten		85.000,00 €
= Gesamtabweichung	=	(–) 13.000,00 €

oder

Beschäftigungsabweichung (vgl. S. 326)		(–) 7.500,00 €
+ Verbrauchsabweichung (vgl. S. 327)		(–) 5.500,00 €
= Gesamtabweichung	=	(–) 13.000,00 €

Zusammenfassung

- Die **Gesamtabweichung** wird aus dem Unterschied zwischen verrechneten Plangemeinkosten bei Istbeschäftigung und Istkosten ermittelt.

Aufgabe 316

1. Welche Aufgaben hat die flexible Plankostenrechnung?
2. Wodurch ist die flexible Plankostenrechnung gekennzeichnet?
3. Wie werden Plangemeinkosten und Sollkosten definiert?
4. Wodurch unterscheiden sich Sollkosten und verrechnete Plangemeinkosten?
5. Wie ermittelt man den Plankostenverrechnungssatz und wozu dient er?
6. Welche Verfahren der Kostenauflösung sind Ihnen bekannt?
7. Erläutern Sie die Aussage: Bei Unterschreitung der Planbeschäftigung werden über den Plankostenverrechnungssatz zu wenig fixe Kosten verrechnet.
8. Wodurch unterscheiden sich Beschäftigungs- und Verbrauchsabweichungen?
9. Wie werden Beschäftigungsabweichungen ermittelt?
10. Wie gelingt es, Preisschwankungen aus der Kostenkontrolle herauszuhalten?
11. Welche Planungsgrößen sind bei der Kostenplanung zu beachten?
12. Die Beschäftigungsabweichung beträgt (+) 40.000,00 €, die Verbrauchsabweichung (–) 25.000,00 €. **Wie groß ist die Gesamtabweichung?**
13. **Was bedeutet die Aussage: „Die Verbrauchsabweichung beträgt (+) 20.000,00 €"?**

Aufgabe 317

Bestimmen Sie die Beschäftigungs- und Verbrauchsabweichungen (mit grafischer Darstellung):

Planbeschäftigung:	2 000 Stunden/Monat,
Istbeschäftigung:	1 200 Stunden/Monat,
gesamte Plangemeinkosten:	150.000,00 €, davon fix 60.000,00 €,
Istkosten:	122.000,00 €.

In einer Kostenstelle wird mit einem Plankostenverrechnungssatz von 35,00 € je Stunde kalkuliert. Die Planbeschäftigung beträgt 2400 Stunden/Monat. 70 % der Plangemeinkosten sind variabel.

Aufgabe 318

1. **Wie hoch sind die gesamten Plangemeinkosten, die variablen Plangemeinkosten und die fixen Plangemeinkosten?**

2. **Wie hoch sind die Beschäftigungs- und die Verbrauchsabweichungen bei einer Istbeschäftigung von 1 920 Stunden/Monat und Istkosten von 65.400,00 €?**

3. **Wie hoch wären die Beschäftigungs- und Verbrauchsabweichung bei einer Istbeschäftigung von 2 760 Std./Monat und Istkosten von 98.500,00 €?**

4. **Stellen Sie die Ergebnisse zu 2. und 3. grafisch dar.**

In einem Betrieb wird ein Maschinenteil nach folgenden Vorgaben kalkuliert:

Aufgabe 319

Einzelmaterial A   2,36 kg, Verrechnungspreis 2,15 €/kg
Einzelmaterial B   0,85 kg, Verrechnungspreis 6,40 €/kg
Materialgemeinkosten 5 %,

Fertigungsstelle I   0,25 Std./Stück, Plankostenverrechnungssatz 16,40 €,
Fertigungsstelle II   0,40 Std./Stück, Plankostenverrechnungssatz 24,60 €,
Fertigungsstelle III   0,35 Std./Stück, Plankostenverrechnungssatz 11,80 €.

Verwaltungs- und Vertriebsgemeinkosten 30 %.
Sondereinzelkosten des Vertriebs (Fracht, Provision) 1,80 €/Stück.

Berechnen Sie die Planselbstkosten für ein Stück.

In der Kostenstelle „Pflanzenschutz PI" mit fünf gleichartigen Produktionsapparaturen werden bei einer Einzeluntersuchung folgende Kosten ermittelt (es lag eine Beschäftigung von 3 000 Stunden/Monat ≙ 5 000 Stück zugrunde):

Aufgabe 320

Kostenart	Gesamtkosten	Variable Kosten	Fixe Kosten
Fertigungsmaterial	120.000,00	120.000,00	–
Gemeinkostenmaterial	46.000,00	30.000,00	16.000,00
Energie	32.000,00	24.000,00	8.000,00
Fertigungslöhne	184.000,00	184.000,00	–
Hilfslöhne	38.000,00	8.000,00	30.000,00
Soziale Abgaben	42.000,00	30.000,00	12.000,00
Abschreibungen	134.000,00	16.000,00	118.000,00
Sonstige Gemeinkosten	74.000,00	49.000,00	25.000,00

Das Fertigungsmaterial wird unmittelbar dem Kostenträger zugerechnet.

1. **Bestimmen Sie die Plangemeinkosten dieser Kostenstelle für eine Planbeschäftigung von 3 300 Stunden/Monat.**

2. **Berechnen Sie den Plankostenverrechnungssatz.**

3. **Kalkulieren Sie die Planherstellkosten für eine Einheit, wenn 6 % Materialgemeinkosten anfallen, die Produktionsdauer 0,6 Stunden/Einheit beträgt und mit einer Planbeschäftigung von 5 500 Stück/Monat gerechnet wird.**

4. **Stellen Sie die verrechneten Plangemeinkosten und die Sollkosten grafisch dar.**

5. **Bestimmen Sie die Beschäftigungs-, die Verbrauchs- und die Gesamtabweichung bei einer Istbeschäftigung von 85 % (Istkosten = 508.400,00 €).**

6. **Welche Sollkosten sind anzusetzen, wenn die Planbeschäftigung um 10 % überschritten würde? Wie groß wäre in diesem Fall die Beschäftigungsabweichung?**

7. **Stellen Sie die Ergebnisse zu 5. grafisch dar.**

7.3.5 Kostenabweichungen im Betriebsabrechnungsbogen feststellen

Situation

Mit der Plankostenrechnung verfolgt der Controller das Ziel, Plan- und Istkosten einer Abrechnungsperiode zu vergleichen. Zu diesem Zweck stellt er zunächst die Plangemeinkosten und den Anteil der darin enthaltenen variablen Kosten aller Kostenarten für alle Kostenstellen in einem so genannten **Vorgabeplan** zusammen. Dieser Vorgabeplan enthält also die **Budgetkosten** der einzelnen Kostenstellen. Am Ende jeder Rechnungsperiode rechnet er diese Budgetkosten auf der Grundlage der **Istbeschäftigung** in **Sollkosten** um und ermittelt und analysiert die Abweichungen zwischen Ist- und Sollkosten. Im nachfolgenden Vorgabeplan sind die Kostenarten aus dem BAB von Seite 238, die (angenommenen) Budgetkosten sowie der Anteil der variablen Kosten (vgl. S. 292) aufgeführt.

Vorgabeplan
(Budgetkosten in T€)

Kostenarten	Kostenstellen							
	Material		Fertigung		Verwaltung		Vertrieb	
	Budget-kosten	davon variabel	Budget-kosten	davon variabel	Budget-kosten	davon variabel	Budget-kosten	davon variabel
Einzelkosten								
Fertigungsmaterial	2.040	100 %	–	–	–	–	–	–
Gemeinkosten								
Fertigungslöhne	–	–	3.000	60 %	–	–	–	–
Hilfsstoffe	–	–	600	100 %	–	–	45	100 %
Betriebsstoffe	–	–	65	100 %	14	100 %	2	100 %
Gehälter	58	0 %	151	0 %	341	0 %	48	0 %
Soziale Abgaben	11	35 %	580	40 %	180	20 %	12	40 %
Kalk. Abschreibg.	40	0 %	500	0 %	80	0 %	40	0 %
Bürokosten	12	40 %	28	40 %	78	40 %	32	40 %
Werbung	–	–	30	40 %	125	40 %	55	40 %
Betriebl. Steuern	20	60 %	100	60 %	30	60 %	25	60 %
Kalk. Zinsen	120	0 %	562	0 %	112	0 %	106	0 %
Unternehmerlohn	–	–	50	0 %	100	0 %	–	–

Der nebenstehende Betriebsabrechnungsbogen enthält die Istkosten, die Istbeschäftigung der einzelnen Kostenstellen sowie die aus den Budgetkosten des Vorgabeplans und der Istbeschäftigung errechneten Sollkosten (siehe nachfolgende Beispiele). Dieser BAB ist damit wichtige **Berichtsgrundlage** an die Entscheidungsträger im Unternehmen.

Beispiel 1

Die Kostenart „**Fertigungslöhne**" ist im Vorgabeplan in der Kostenstelle „Fertigung" mit 3.000.000,00 € zu 60 % variabel (und zu 40 % fix) geplant. Die Istbeschäftigung in dieser Kostenstelle beträgt 110 %; also belaufen sich die Sollkosten auf

Sollkosten = Budgetkosten · Besch.-Grad · var. Anteil + Budgetkosten · fixer Anteil

Sollkosten = 3.000.000,00 € · 1,1 · 0,6 + 3.000.000,00 € · 0,4 = **3.180.000,00 €.**

Diese Eintragung finden Sie im BAB.

Beispiel 2

Die Kostenart „**Hilfsstoffe**" ist im Vorgabeplan in der Kostenstelle „Vertrieb" mit 45.000,00 € zu 100 % variabel geplant. Die Istbeschäftigung beträgt in dieser Kostenstelle 90 %; also belaufen sich die Sollkosten im BAB auf

Sollkosten = 45.000,00 € · 0,9 = **40.500,00 €.**

Diese Eintragung finden Sie im BAB.

Kontrollieren Sie anhand des Vorgabeplans die übrigen Eintragungen im BAB und deuten Sie die Verbrauchsabweichungen.

Kostenstellen

Kostenarten	Material Beschäftigungsgrad 100 %			Fertigung Beschäftigungsgrad 110 %			Verwaltung Beschäftigungsgrad 95 %			Vertrieb Beschäftigungsgrad 90 %			Gesamtkosten		
	Soll-kosten T€	Ist-kosten T€	Abweichung T€	Soll-kosten T€	Ist-kosten T€	Abweichung T€	Soll-kosten T€	Ist-kosten T€	Abweichung T€	Soll-kosten T€	Ist-kosten T€	Abweichung T€	Soll-kosten T€	Ist-kosten T€	Abweichung T€
Einzelkosten															
Fertigungsmaterial	2.040	2.040	0	–	–	–	–	–	–	–	–	–	2.040	2.040	0
Gemeinkosten															
Fertigungslöhne	–	–	–	3.180	3.200	– 20	–	–	–	–	–	–	3.180	3.200	– 20
Hilfsstoffe	–	–	–	660	680	– 20	–	–	–	40,5	40	+ 0,5	700,5	720	– 19,5
Betriebsstoffe	–	–	–	71,5	70	+ 1,5	13,3	13	+ 0,3	1,8	2	– 0,2	86,6	85	+ 1,6
Gehälter	58	60	– 2	151	150	+ 1	341	340	+ 1	48	50	– 2	598	600	– 2
Soziale Abgaben	11	10	+ 1	603,2	600	+ 3,2	178,2	180	– 1,8	11,5	10	+ 1,5	803,9	800	+ 3,9
Kalk. Abschreibg.	40	40	0	500	500	0	80	80	0	40	40	0	660	660	0
Bürokosten	12	15	– 3	29,1	30	– 0,9	76,4	75	+ 1,4	30,7	30	+ 0,7	148,2	150	– 1,8
Werbung	–	–	–	31,2	30	+ 1,2	122,5	122	+ 0,5	52,8	53	– 0,2	206,5	205	+ 1,5
Betriebl. Steuern	20	18	+ 2	106	108	– 2	29,1	30	– 0,9	23,5	24	– 0,5	178,6	180	– 1,4
Kalk. Zinsen	120	120	0	562	562	0	112	112	0	106	106	0	900	900	0
Unternehmerlohn	–	–	–	50	50	0	100	100	0	–	–	–	150	150	0
Gesamt	2.301	2.303	– 2	5.944	5.980	– 36	1.052,5	1.052	+ 0,5	354,8	355	– 0,2	9.652,3	9.690	– 37,7

7.4 Mit der Finanzplanung den Erfolg sichern

Situation

Herr Berg ist mit der Entwicklung, die sein Unternehmen in den beiden letzten Jahren genommen hat, sehr zufrieden. So hat sich z. B. die Umsatzrentabilität von 4,4 % im Vorjahr auf 10,9 % im laufenden Jahr verbessert (vgl. S. 439). Ähnlich günstig hat sich seine Eigenkapitalrentabilität von 5,5 % auf 15,8 % entwickelt (vgl. S. 439). Besonders stolz macht ihn, dass sich die Umsätze in den beiden Jahren von 7.500.000,00 € auf 10.320.000,00 € erhöht haben und dass sein Unternehmen zurzeit mit über 60 % Eigenkapital finanziert ist.

Diesen Wachstumsschub möchte Herr Berg auch in den nächsten Jahren nutzen; und genau da liegt sein Problem: Mit der derzeitigen Ausstattung seines Unternehmens an Arbeitskräften und Betriebsmitteln stößt er jetzt bereits an die Kapazitätsgrenze. Wenn er das Wachstum als Unternehmensziel verfolgen will, wird er sein Unternehmen erweitern müssen: Eine neue Fabrikationshalle auf einem benachbarten (noch zu erwerbenden) Grundstück muss errichtet und mit Maschinen ausgestattet werden, zusätzliche Arbeitskräfte sind anzuwerben und ein zusätzlicher Bedarf an Werkstoffen wird anfallen. Sofort fallen ihm dazu drei Fragen ein, die er mit seinem Controller klären will:

- **Wie viel Kapital wird er benötigen, um die einmaligen Ausgaben (Investitionen) und den laufenden Aufwand bestreiten zu können?**

- **Wie wird er dieses Kapital aufbringen können?**

- **Wie bleibt auch bei Durchführung dieses Vorhabens die Liquidität seines Unternehmens gesichert?**

Die letzte Frage ist ihm besonders wichtig, denn er will unbedingt vermeiden, dass der geplante Ausbau die Zahlungsfähigkeit seines Unternehmens gefährdet.

7.4.1 Den Kapitalbedarfsplan aufstellen

Im Gespräch mit seinem Controller erfährt Herr Berg,

- dass ein Kapitalbedarfsplan ein notwendiges MUSS nicht nur vor jeder Unternehmensgründung, sondern auch bei jeder Ersatz- und Erweiterungsinvestition ist,

- dass größere Investitionsvorhaben immer über Betriebsmittelkredite durch Kreditinstitute fremdfinanziert werden,

- dass der Kapitalbedarf eher großzügig berechnet werden soll, um finanzielle Engpässe zu vermeiden,

- dass der Kapitalbedarfsplan sowohl die einmaligen Ausgaben als auch die laufenden Ausgaben – bezogen auf einen bestimmten Zeitraum – erfassen muss.

Vor dem Hintergrund dieser Überlegungen erstellen Herr Berg und sein Mitarbeiter den folgenden **Kapitalbedarfsplan** für die Erweiterungsinvestition.

Kapitalbedarfsplan	
Position	**Betrag**
Einmalige Ausgaben	
Grundstück, einschließlich Nebenkosten	122.500,00 €

Bauliche Investition:
  Fabrikationshalle, einschließlich aller Installationen
  Zufahrt
	
	386.500,00 €
	24.500,00 €

Produktionsanlagen:
  Technische Anlagen, Maschinen
  Transporteinrichtungen
	
	214.000,00 €
	36.000,00 €

Büroeinrichtung, einschließlich Computer, Telefonanlage, Kopierer	18.000,00 €
Mindestreserve im Roh-, Hilfs- und Betriebsstofflager	43.000,00 €
PR-Maßnahme: Einweihung mit Tag der offenen Tür	4.000,00 €
Gesamtbetrag der einmaligen Ausgaben	**848.500,00 €**
Laufende Ausgaben für drei Monate	
Ausgaben für Roh-, Hilfs- und Betriebsstoffe	145.000,00 €
Ausgaben für Personalkosten, einschließlich Sozialabgaben	220.000,00 €
Ausgaben für Wartungs- und Reparaturkosten für technische Anlagen	8.000,00 €
Ausgaben für Strom, Wasser, Abwassergebühren, Heizung	6.500,00 €
Ausgaben für Versicherungen (Haftpflicht, Feuer, Wasser, Sturm)	2.600,00 €
Ausgaben für Kommunikation	750,00 €
Ausgaben für Reinigungskosten	1.450,00 €
Ausgaben für Kapitaldienst: Zinsen und Tilgungen	31.500,00 €
Ausgaben für anteiligen kalkulatorischen Unternehmerlohn	7.500,00 €
Gesamtbetrag der laufenden Ausgaben	**423.300,00 €**
Gesamter Kapitalbedarf der Erweiterungsinvestition	**1.271.800,00 €**

Situation

Herr Berg ist über die Höhe des gesamten Kapitalbedarfs erstaunt; hatte weniger gerechnet. Ihn irritiert insbesondere die Höhe der laufenden Ausgaben, die er dadurch deutlich auf ein Drittel (= 141.100,00 €) senken könnte, dass er diese Ausgaben nur für einen Monat berechnet. Das erscheint ihm allerdings wegen des damit verbundenen Liquiditätsrisikos zu gewagt, zumal er nicht weiß, ob die neue Produktion reibungslos anlaufen wird und wie lange es dauert, bis der neue Betrieb eingespielt ist. Ebenso unsicher ist, ob der Absatz der zusätzlichen Produkte (Gehäuse) nach Plan laufen wird.

Zusammen-fassung

- Eine sorgfältige und differenzierte **Kapitalbedarfsplanung** ist notwendige Voraussetzung vor jeder **Veränderung der Unternehmensgröße** oder **des Produktionsvolumens**; sie wird sowohl bei der Gründung eines Unternehmens als auch bei **Ersatz- und Erweiterungsinvestitionen** durchgeführt.

- Der **Kapitalbedarfsplan** weist sowohl den **einmaligen Aufwand** als auch den **laufenden Aufwand** – bezogen auf eine bestimmte Zeitspanne – aus. Der einmalige Aufwand gibt den für die eigentliche Investition erforderlichen Kapitalbedarf an.

7.4.2 Investitionen anhand statischer Investitionsrechnungen vergleichen

Situation

Herr Berg weiß nun, dass er neben 423.300,00 € an laufendem Aufwand vor allem 848.500,00 € als Investitionsbedarf aufbringen muss. Bevor er sich darum kümmert, wie er das erforderliche Kapital aufbringen kann, geht er der Frage nach, **welche Investition er bei mehreren Alternativen durchführen wird**. Er beschränkt seine Überlegungen

- auf den Posten „Produktionsanlagen" im Wert von 250.000,00 €,

- auf die sog. statischen Verfahren der Investitionsrechnung.

Für die Investitionsrechnung stehen ihm vier Verfahren zur Verfügung:

- die Kostenvergleichsrechnung,

- die Gewinnvergleichsrechnung,

- die Rentabilitätsvergleichsrechnung,

- die Amortisationsrechnung.

Um sich nicht selbst zu verwirren, will er seine Investitionsentscheidung nur mithilfe der **Gewinnvergleichsrechnung** treffen. Er wählt dieses Verfahren, weil es neben den Kosten auch die Erlöse in die Entscheidung einbezieht. Die Kostenvergleichsrechnung untersucht die Investition nur unter dem Gesichtspunkt der Kostenminimierung. Die Rentabilitätsvergleichsrechnung kann bei unterschiedlichen Anschaffungskosten und unterschiedlicher Nutzungsdauer der Anlagen zu Fehlentscheidungen führen. Die Amortisationsvergleichsrechnung rückt den Aspekt der Liquidität in den Vordergrund und lässt z. B. die unterschiedliche Nutzungsdauer der Anlagen unberücksichtigt.

Beispiel

Für die Ausstattung der neuen Fabrikhalle mit technischen Anlagen, Maschinen und Transporteinrichtungen zur Herstellung der Gehäuse liegen Herrn Berg zwei Angebote von Industrieanlagenherstellern vor:

	Angebot (Investition) A	Angebot (Investition) B
Anschaffungskosten	250.000,00 €	280.000,00 €
Nutzungsdauer	15 Jahre	12 Jahre
Technische Kapazität	37 500 Gehäuse/Jahr	42 000 Gehäuse/Jahr
Wirtschaftliche Kapazität	35 000 Gehäuse/Jahr	35 000 Gehäuse/Jahr

Der Berechnung der günstigeren Investition legt Herr Berg folgende zusätzliche Angaben zugrunde:

Erlös je Gehäuse:		66,80 €	(vgl. S. 296),
Variable Kosten je Gehäuse:	Investition A	34,00 €	
Variable Kosten je Gehäuse:	Investition B	30,50 €	
Fixe Kosten je Periode:	Investition A	695.000,00 €	
Fixe Kosten je Periode:	Investition B	815.000,00 €	

Die Berechnung soll auf der Vergleichsbasis der wirtschaftlichen Kapazität von 35 000 Gehäusen und unter Zugrundelegung eines kalkulatorischen Zinssatzes von 10 % durchgeführt werden.

Herr Berg sucht unter den beiden Investitionsalternativen diejenige, die den **größeren Gewinn innerhalb eines Jahres** bringt.

1 Gewinnvergleichsrechnung

Der **Gewinn** wird wie folgt berechnet:	Gewinn = Erlöse – Kosten; $G = E - K$
Den **Erlös** ermittelt man wie folgt:	Erlös = Preis · Menge $E = p \cdot x$
Die **Kosten** enthalten folgende Bestandteile:	Fixe Kosten K_f Variable Kosten $K_v = k_v \cdot x$ Die variablen Kosten werden berechnet, indem man die variablen Stückkosten mit der Menge multipliziert. Kapitalkosten der Investition. Die Kapitalkosten enthalten: Tilgung T T = Anschaffungskosten : Nutzungszeit Zinsen Z Z = halbe Anschaffungskosten · 0,1 Üblicherweise legt man für die Zinsberechnung die halben Anschaffungskosten zugrunde. Dadurch werden die von Jahr zu Jahr durch Tilgung geringer werdenden Restwerte gemittelt.

Werden diese Rechenvorschriften auf die Investitionen A und B angewandt, ergeben sich folgende Zahlen:

Rechenschema	Investition A	Investition B
Erlös	2.338.000,00 €	2.338.000,00 €
– fixe Kosten	695.000,00 €	815.000,00 €
– variable Kosten	1.190.000,00 €	1.067.500,00 €
– Tilgung	16.667,00 €	23.333,00 €
– Zinsen	12.500,00 €	14.000,00 €
= Gewinn	423.833,00 €	418.167,00 €

Nach dieser Rechnung wird sich Herr Berg für die **Investition A** entscheiden. Er kann dann mit einem jährlichen Gewinn von durchschnittlich 423.833,00 € rechnen, gegenüber 418.167,00 € Gewinn bei der Investition B. Die Investition A hat zudem die geringeren Anschaffungskosten und die längere Nutzungsdauer. Sie wird eine Umsatzrentabilität von 18,1 % erbringen.

Kritische Menge

Diese Überlegungen bedürfen einer wichtigen Ergänzung: Die obige Rechnung basiert auf der Annahme, dass die jeweilige wirtschaftliche Kapazität von 35000 Gehäusen im Jahr voll genutzt werden kann. Wie aber stellt sich die Rechnung dar, wenn die angenommenen Absatzzahlen nicht eingehalten werden können? Es ist also zweckmäßig, die obige Rechnung um die Berechnung der sog. **kritischen Menge** zu ergänzen. Die kritische Menge gibt in diesem Beispiel diejenige Absatzmenge an, **ab der die Investition B gewinnbringender wird als die Investition A.**

2 Bestimmung der kritischen Menge

Die Rechnung geht von der Überlegung aus, dass es eine bestimmte Absatzmenge x gibt, bei der der Gewinn der Investition A $G_A(x)$ gleich hoch ist wie der Gewinn der Investition B $G_B(x)$. Zu suchen ist also die **Menge x** unter der Bedingung $G_A(x) = G_B(x)$.

$$G_A(x) = p \cdot x - k_{vA} \cdot x - K_{fA} - T_A - Z_A \text{ und}$$

$$G_B(x) = p \cdot x - k_{vB} \cdot x - K_{fB} - T_B - Z_B$$

$$G_A(x) = 66{,}8 \cdot x - 34 \cdot x - 695.000 - 16.667 - 12.500 \text{ und}$$

$$G_B(x) = 66{,}8 \cdot x - 30{,}5 \cdot x - 815.000 - 23.333 - 14.000$$

Unter der obigen Bedingung, dass die Gewinne gleich hoch sein müssen, folgt

$$66{,}8 \cdot x - 30{,}5 \cdot x - 852.333 = 66{,}8 \cdot x - 34 \cdot x - 724.167$$

$$3{,}5 \cdot x = 128\,166$$

$$x = 36\,619$$

Die Rechnung besagt, dass bei einer Absatzmenge von 36 619 Gehäusen beide Investitionen den gleichen Gewinn erbringen.

Fällt die Absatzmenge unter diese Größe, also z. B. auf 35 000 Gehäuse – wie im Beispiel angenommen –, erbringt die Investition A den größeren Gewinn gegenüber der Investition B.

Steigt die Absatzmenge auf längere Sicht über die Größe von 36 619 Gehäusen – also z. B. auf 37 000 Gehäuse –, dann wird die Investition B gewinnbringender.

Herr Berg muss nun überlegen, ob er langfristig mit einer Absatzmenge über 36 619 Gehäusen rechnen kann. Dann muss er seine kurzfristige Entscheidung zugunsten der Investition A revidieren und die Investition B realisieren!

Aufgabe 321

Stellen Sie die obigen Gleichungen als Graphen im Koordinatensystem dar und markieren Sie die wirtschaftliche Kapazität sowie die kritische Menge.

Bestimmen Sie auch die Mengen, bei denen die beiden Investitionen keinen Gewinn erbringen, also die Bedingung $G(x) = 0$ gilt.

Aufgabe 322

Zwei alternative Investitionen können unter den folgenden Bedingungen realisiert werden:

	Investition A	Investition B
Kapazitäten	50 000 Stück/Jahr	75 000 Stück/Jahr
Erlöse	500,00 €/Stück	400,00 €/Stück
Fixe Kosten	750.000,00 €/Jahr	625.000,00 €/Jahr
Variable Kosten	300,00 €/Stück	330,00 €/Stück

Welche Investition erbringt unter den gegebenen Bedingungen den größeren Gewinn? Interpretieren Sie die Lösung.

Das Kapital aufbringen und den Kredit sichern 7.4.3

Herr Berg geht mit seinem Mitarbeiter anhand der folgenden Übersicht die Möglichkeiten der Kapitalaufbringung durch. Diese Übersicht ist auf die Möglichkeiten begrenzt, die für Herrn Berg als eingetragenen Kaufmann infrage kommen können.

Situation

Finanzierungsarten	
Eigenfinanzierung	**Fremdfinanzierung**
■ Beteiligungsfinanzierung	■ langfristige Fremdfinanzierung
■ Selbstfinanzierung	– Darlehen
■ Leasing	■ kurzfristige Fremdfinanzierung
■ Factoring	– Nutzung der Kreditlinie
	– Lieferantenkredit

Eine Beteiligungsfinanzierung z. B. durch Aufnahme eines Gesellschafters scheidet für ihn aus. Dazu müsste er sein Unternehmen in eine Personengesellschaft umwandeln. Ebenso scheiden **Leasing** (= Finanzierung durch „Mieten" von Investitionsgütern) und **Factoring** (= Finanzierung durch Verkauf von Forderungen) aus.

Die **Selbstfinanzierung** aus erwirtschafteten Gewinnen und privaten Einlagen sowie aus Umschichtungen, z. B. aus der Finanzierung durch Abschreibungen (vgl. S. 217), betrachtet Herr Berg näher: In den vergangenen Jahren hat Herr Berg Vorsorge für die geplante Investition getroffen, indem er erwirtschaftete Gewinne weitgehend im Unternehmen belassen hat und selbst auch private Einlagen gemacht hat. Das hat dazu geführt, dass die Eigenkapitaldeckung des Vermögens mit 65 % ungewöhnlich hoch geworden ist und dass sich inzwischen ein Bankguthaben von fast 2.000.000,00 € angesammelt hat (vgl. S. 431). Hier eröffnet sich ihm eine ergiebige Finanzierungsquelle, über die er die laufenden Ausgaben der Investition, die Büroeinrichtung, die Mindestreserve an Roh-, Hilfs- und Betriebsstoffen sowie die PR-Maßnahme finanzieren will. Insgesamt deckt er damit einen Kapitalbedarf von 488.300,00 € ab.

Den restlichen Kapitalbedarf für das Grundstück, das Gebäude und die Produktionsanlagen von insgesamt **783.500,00 €** will er über ein **Darlehen** von seiner Bank fremdfinanzieren lassen. Die Sicherung dieses Darlehens durch **Grundpfandrechte** an betriebseigenen Grundstücken ist gewährleistet.

Die Bedienung des Kredits anhand einer Cashflow-Planung absichern[1] 7.4.4

Zur Vorbereitung des anstehenden Gesprächs mit dem Zweigstellenleiter seines Kreditinstituts legt Herr Berg nicht nur den Jahresabschluss (Bilanz, Gewinn- und Verlustrechnung) bereit, sondern erstellt auch die folgende **Cashflow-Rechnung,** mit der er sich selbst und der Bank nachweisen kann, dass er durch selbst erwirtschaftete Mittel in der Lage ist, Zinsen und Tilgungen für den Kredit pünktlich zu zahlen.

Situation

---

1 Siehe auch S. 419.

Cashflow-Rechnung		
Rechenschema		**Betrag**
Gewinn lt. Investitionsrechnung (vor Steuern)		423.833,00 €
+ Abschreibungen:		
Fabrikationshalle	4 % auf 411.000,00 €	16.440,00 €
Produktionsanlagen	10 % auf 250.000,00 €	25.000,00 €
Büroeinrichtungen	20 % auf 18.000,00 €	3.600,00 €
+ Erhöhung von Rückstellungen[1]		0,00 €
− Auflösung von Rückstellungen[1]		0,00 €
− Betriebsteuern		162.000,00 €
= **Verfügbarer Cashflow**		**306.873,00 €**

Damit weist Herr Berg nach, dass er über genügend Finanzmittel aus der geplanten Investition verfügen wird, um Zinsen und Tilgungen für den Kredit zu erwirtschaften.

Zusammen-fassung

- Bei der **Kapitalaufbringung** unterscheidet man zwischen der **Eigenfinanzierung**, also dem Mittelzufluss aus eigenen Quellen, und der **Fremdfinanzierung**, also z. B. der Nutzung von Betriebsmittelkrediten, die von Kreditinstituten zur Verfügung gestellt werden. Langfristige Bankkredite (Darlehen) werden durch Grundpfandrechte gesichert.

- Bei der Finanzierung ist die **„goldene Finanzierungsregel"** zu beachten: Langfristig gebundenes Vermögen (Anlagevermögen) ist aus Eigenkapital und/oder langfristigem Fremdkapital zu finanzieren.

- Der oberste Grundsatz bei der Finanzierung lautet: **Zu jedem Zeitpunkt** muss ein Unternehmen **in der Lage sein, fällige Zahlungen zu leisten.**

7.4.5 Die Liquidität über einen Liquiditätsplan sichern

Der zuletzt genannte Grundsatz kann nicht deutlich genug hervorgehoben werden. Viele neu gegründete Unternehmen werden nur deshalb bereits nach kurzer Zeit insolvent, weil sich die „Jungunternehmer" keinen genügenden finanziellen Spielraum für die ersten drei bis sechs Monate nach der Unternehmensgründung geschaffen haben. Hier bietet der **Liquiditätsplan** ein Instrument an, um finanzielle Engpässe sichtbar zu machen. Das versetzt den Unternehmer in die Lage, rechtzeitig korrigierende Maßnahmen zu ergreifen.

Situation

Herr Berg will sich nicht von den bisher so optimistischen Zahlen blenden lassen und alle Ausgaben und Einnahmen – also alle Geldabflüsse und Geldzuflüsse – für die Anlaufzeit der geplanten Investition zusammenstellen. Nur so kann er sicher sein, dass die Investition sein Unternehmen nicht in einen Liquiditätsengpass bringt. Für die ersten drei Monate nach Anlaufen der neuen Produktion erstellt er folgenden Liquiditätsplan, in den er die bisherigen Planungszahlen einarbeitet.

---

1 Siehe S. 356 f.

Annahmen für den Liquiditätsplan:

Absatz im ersten Produktionsmonat: 2 000 Stück,

Absatz im zweiten Produktionsmonat: 2 500 Stück,

Absatz im dritten Produktionsmonat: 3 500 Stück.

Der laufende Aufwand aus dem Kapitalbedarfsplan kann mit geringen Modifikationen (Kapitaldienst) übernommen werden.

Zu berücksichtigen sind anteilige Privatentnahmen von 3.000,00 € je Monat (anstelle des kalkulatorischen Unternehmerlohns).

Die anteiligen Betriebsteuern für drei Monate betragen 40.500,00 €.

Liquiditätsplan	
Position	**Drei-Monats-Werte**
Umsatzerlöse	534.400,00 €
– Roh-, Hilfs- und Betriebsstoffaufwendungen	145.000,00 €
– Personalkosten, einschließlich Sozialabgaben	220.000,00 €
– Wartungs- und Reparaturkosten	8.000,00 €
– Strom, Wasser, Abwassergebühren, Heizung	6.500,00 €
– Versicherungen	2.600,00 €
– Aufwendungen für Kommunikation	750,00 €
– Reinigungskosten	1.450,00 €
– Kapitaldienst: Zinsen und Tilgungen	24.800,00 €
– Privatentnahmen	9.000,00 €
– Anteilige Betriebsteuern	40.500,00 €
– PR-Maßnahme: Einweihung	4.000,00 €
– Mindestreserve Roh-, Hilfs- und Betriebsstoffe	43.000,00 €
= **Überschuss** (frei verfügbare Mittel)	**28.800,00 €**

Situation

Herr Berg ist mit dieser Rechnung zufrieden. Der Überschuss lässt ihm genügend Spielraum für unerwartete zusätzliche Ausgaben; und bei der Festlegung der Absatzzahlen hat er vorsichtig geschätzt, also die erwarteten Absätze eher pessimistisch gesehen.

Zusammen-fassung

■ Der **Liquiditätsplan** ist eine **notwendige Ergänzung zum Kapitalbedarfsplan**. In ihm zeigt sich, ob das Unternehmen bei der Realisierung der Investition zahlungsfähig bleibt.

■ Der Liquiditätsplan ist mit großer Sorgfalt und so ausführlich wie möglich aufzustellen. Die **Einnahmeposten** sind eher **pessimistisch** nach unten anzusetzen, die **Ausgabeposten** eher **optimistisch** nach oben.

■ **Große Aufmerksamkeit ist** den Forderungen, genauer gesagt, **den pünktlichen Zahlungseingängen** der Kunden **zu widmen.** Verspätete Zahlungen gefährden schnell die Liquidität.

8 Grundlagen der Prozesskostenrechnung

8.1 Veränderte Kostenstrukturen erfordern Anpassung der Kalkulation

Situation

Herr Berg hat an einer Fortbildungsveranstaltung zum Thema „Moderne Kostenrechnungssysteme" teilgenommen. Dort haben ihn folgende Aussagen nachdenklich gemacht:

„Die traditionellen Kostenrechnungssysteme ‚Vollkostenrechnung auf Kostenstellenbasis' oder ‚Flexible Plankostenrechnung' werden den Anforderungen an eine Kosten verursachende Kalkulation der Kundenaufträge aus folgenden Gründen nicht mehr gerecht:

■ *Die traditionellen Systeme sind zu stark auf den Produktionsbereich ausgerichtet und berücksichtigen nicht die steigende Bedeutung der sog.* ***„indirekten Bereiche"*** *(Forschung/Entwicklung, Produktionsplanung, Beschaffung, Vertrieb, Kundenservice, Logistik, Qualitätssicherung). Diese Entwicklung führt zu einer Kostenverschiebung von der Fertigung zu den vor- und nachgelagerten Bereichen.*

■ *Die traditionellen Systeme legen die Gemeinkosten über Kostenstellenzuschlagssätze* ***proportional*** *auf die Einzelkosten um; das entspricht nicht der tatsächlichen Kostenverursachung eines Produktes oder einer Produktvariante; hier sind* ***neue Bezugsgrößen*** *– z. B. auftragsbezogene Tätigkeiten – notwendig.*

■ *Verschärft wird dieses Problem noch durch eine veränderte* ***Kostenstruktur.*** *Die Gemeinkosten nehmen im Vergleich zu den Einzelkosten einen immer größer werdenden Anteil ein; inzwischen wird in der Wirtschaft – vor allem im Dienstleistungssektor – mit einem Anteil von 75 % der Gemeinkosten an den Gesamtkosten gerechnet. Die in den traditionellen Kostenrechnungssystemen vorherrschende Dominanz der Einzelkosten ist aufzugeben. An deren Stelle muss die Suche nach denjenigen* ***Prozessen*** *treten, die die Kostenverursachung aufdecken."*

Herr Berg findet diese Aussagen in seinem Unternehmen zum Teil bestätigt:

■ Seine Kostenstellenrechnung (vgl. S. 244 f.) ist mit vier Fertigungshauptstellen deutlich **fertigungsorientiert,** während die vor- und nachgelagerten Kostenstellen (Fuhrpark, Material-, Verwaltungs-, Vertriebsstelle) keine Differenzierungen aufweisen.

■ Selbstverständlich hat er die Gemeinkosten über Zuschlagssätze **proportional** den Einzelkosten eines Produktes zugerechnet (vgl. Kalkulation S. 270), ohne zu wissen, ob dadurch die einzelnen Produktvarianten (= Gehäuse G I, G II, G III) mit den Gemeinkosten belastet werden, die sie tatsächlich verursacht haben. Möglicherweise führt das dazu, dass Käufer eines bestimmten Gehäusetyps einen zu hohen Preis zahlen zugunsten von Käufern eines anderen Gehäusetyps. Angesichts der von ihm gewünschten Kundenorientierung macht ihn dieser Gedanke unruhig.

■ Der Anteil der **Gemeinkosten** an den Gesamtkosten (= Selbstkosten des Umsatzes) hält sich in seinem Unternehmen mit ca. 47,3 % in Grenzen; das liegt wohl daran, dass er einen Fertigungs- und keinen Dienstleistungsbetrieb hat. Dennoch macht ihn der Betrag von 1.830.000,00 € Gemeinkosten in den Kostenstellen Fuhrpark, Material, Verwaltung und Vertrieb nachdenklich, zumal er nicht genau weiß, durch welche Tätigkeiten diese Kosten verursacht werden.

Eine Prozesskostenrechnung aufbauen

8.2

Herr Berg will seine Kostenrechnung so umgestalten, dass die **Gemeinkosten** verursachungsgerechter den Produkten zugerechnet werden können. Er will dabei schrittweise vorgehen und die Erkenntnisse, die er über die **Prozesskostenrechnung** gewonnen hat, nutzen:

Situation

■ Er behält die Kostenstellen seiner bisherigen Kostenrechnung bei (vgl. **BAB S. 244**).

■ Den Fertigungsbereich tastet er in seiner jetzigen Verrechnungsform über Zuschlagssätze nicht an.

■ Er konzentriert sich auf die **Gemeinkosten** in den **indirekten Bereichen** (Fuhrpark, Material, Verwaltung, Vertrieb), da diese nicht von den traditionellen Bezugsgrößen (Fertigungslöhne, Maschinenstunden), sondern von anderen Größen beeinflusst werden (Anzahl der Anfragen, Anzahl der Angebote, Anzahl der Lagerbewegungen, Anzahl der Materialeingänge, Anzahl der Lieferungen an Kunden, Anzahl der Kundenbestellungen, Anzahl der Reklamationen usw.).

■ Die Allgemeine Kostenstelle „Fuhrpark" lässt er mit der Umlage so bestehen.

■ In einem ersten Versuch will er den **Materialbereich** nach den Vorstellungen der Prozesskostenrechnung umbauen. Dabei legt er sich die folgenden strukturierenden **Fragen** vor:

1. *Welche **Teilprozesse** sind die Verursacher von Gemeinkosten im Materialbereich?*

2. *Wie lassen sich die **Kosten eines jeden Teilprozesses** ermitteln?*

3. *Welche **Maßgrößen** – auch Kostentreiber genannt – lassen sich passend zu den jeweiligen Teilprozessen festlegen?*

4. *Wie lassen sich aus Prozesskosten und Maßgrößen verursachungsgerechte **Prozesskostensätze** errechnen?*

5. *Wie kann eine **prozessorientierte Kalkulation** aufgebaut werden?*

Teilprozesse über eine Tätigkeitsanalyse ermitteln

8.2.1

Die Prozesskostenrechnung geht in ihrem Ansatz davon aus, dass die in den Kostenstellen ausgeübten **Tätigkeiten** (= Aktivitäten) ursächlich für die Entstehung der Gemeinkosten sind. Mit Tätigkeit ist jede ausgeführte Arbeit in einer Kostenstelle gemeint, mit der ein bestimmtes Arbeitsergebnis erzielt wird.

Tätigkeiten

Bei der Vielzahl unterschiedlicher Tätigkeiten in einer Kostenstelle ist es nicht sinnvoll und zweckmäßig, jeder Tätigkeit eine Maßgröße (= Kostentreiber) zuordnen zu wollen, zumal sich in der Regel mehreren Tätigkeiten die gleiche Maßgröße (= Kostentreiber) zuordnen lässt. Zur Vereinfachung der Kostenrechnung werden deshalb alle Tätigkeiten,

Teilprozesse

■ die zu einem **gemeinsamen Arbeitsergebnis** führen und

■ für die eine **gemeinsame Maßgröße** gefunden werden kann,

zu einem **Teilprozess der Kostenstelle** zusammengefasst. In der Regel bilden mehrere unterschiedliche Teilprozesse **alle** Tätigkeiten in einer Kostenstelle ab.

Eine Maßgröße wird in der Prozesskostenrechnung als Kostentreiber bezeichnet, weil die Kostentreiber die Bezugsgrößen für die Verrechnung der Gemeinkosten in den Kostenstellen darstellen; denn die Anzahl der erforderlichen Prozesse eines Kostentreibers (z. B. Häufigkeit der Materialannahme) bewirkt die Gemeinkostenentstehung.

Maßgröße/ Kostentreiber

Beispiel

Thomas Berg erhebt die Tätigkeiten in der Kostenstelle „Material". Dies kann er auf der Basis der Unterlagen vornehmen, die ihm zur Verfügung stehen (Arbeitsplatzbeschreibungen, Ablaufdiagramme). Er kann auch vor Ort die Mitarbeiter interviewen. Seine Erhebung führt zu folgenden Tätigkeiten, die er zu **Teilprozessen** zusammenfasst:

Kostenstelle: Material	
Tätigkeiten	**Teilprozesse**
eingehende Werkstoffe in Empfang nehmen, Menge und Qualität anhand der Bestellkopien kontrollieren, Eingangsmeldungen an Einkaufsabteilung geben, beschädigte oder fehlerhafte Sendungen reklamieren, Unterlagen verwalten	**Werkstoffe annehmen**
Werkstoffeingänge auf Lagerkarte vermerken, Werkstoffe in Lager einsortieren, Werkstoffe pflegen, Lagerbestände kontrollieren	**Werkstoffe einlagern**
Werkstoffausgaben durch Materialentnahmescheine belegen, Werkstoffausgaben quittieren lassen, Materialentnahmescheine verwalten, Werkstoffausgaben auf Lagerkarten vermerken, auf Meldebestände achten und Einkaufsabteilung benachrichtigen	**Werkstoffe ausgeben**
disponieren, Engpässe aufspüren, Lagerhüter vermeiden, auf Wirtschaftlichkeit und Rentabilität achten, mit vor- und nachgelagerten Abteilungen zusammenarbeiten	**Materialstelle leiten**

Auf diese Weise ist es Herrn Berg gelungen, alle Aktivitäten der Kostenstelle Material auf vier Teilprozesse zu reduzieren. Für diese Teilprozesse muss er nun geeignete **Maßgrößen (Kostentreiber)** festlegen.

Zusammen-fassung

- Die **Prozesskostenrechnung** basiert auf der Überlegung, dass **Tätigkeiten** (= Aktivitäten) Gemeinkosten verursachen.
- **Tätigkeiten** als kleinste Arbeitseinheiten werden in den Kostenstellen erhoben und zu Teilprozessen zusammengefasst.
- **Teilprozesse** sind dadurch gekennzeichnet, dass sie solche Tätigkeiten zusammenfassen, die einen Arbeitsablauf strukturieren.

Aufgabe 323

Erstellen Sie nach Ihren eigenen Erfahrungen und Ihrem Wissen für die Abteilung „Einkauf" innerhalb der Kostenstelle „Verwaltung" eine Liste der (möglichen) Tätigkeiten und der zweckmäßigen Teilprozesse.

Gemeinkosten für jeden Teilprozess bestimmen 8.2.2

Im ersten Schritt zum Umbau der Kostenstelle „Material" hat Herr Berg die Teilprozesse festgelegt. Als Nächstes berechnet er, wie viel Euro Gemeinkosten auf jeden Teil-prozess entfallen. Hierzu verwendet er die Zahlen aus seinem bisherigen Betriebsabrechnungsbogen (vgl. S. 244) und gliedert sie um.

Situation

Auszug aus dem Betriebsabrechnungsbogen (vgl. S. 244)									
Gemeinkostenarten		**Materialstelle**							
Hilfsstoffe		–							
Betriebsstoffe		–							
Gehälter		40.000,00 €							
Soziale Abgaben		20.000,00 €							
Abschreibungen		35.000,00 €							
Bürokosten		10.000,00 €							
Werbung		–							
Steuern		18.000,00 €							
Kalkulatorische Zinsen		110.000,00 €							
Unternehmerlohn		–							
Summe der primären Gemeinkosten		233.000,00 €							
Umlage AKS Fuhrpark		30.000,00 €							
Stellengemeinkosten		263.000,00 €							

Für die Umgliederung der Gemeinkostenarten auf Teilprozesse verwendet Herr Berg Belege der Finanzbuchhaltung (Gehaltslisten, Rechnungen) oder Schätzzahlen:

- Gehälter, soziale Abgaben und Bürokosten lassen sich als sog. direkte Gemeinkosten genau den Personen zuordnen, die bestimmte Tätigkeiten ausführen.
- Die übrigen Gemeinkosten werden aufgrund der Anlagewerte (siehe kalkulatorische Abschreibungen), aufgrund des investierten Kapitals (siehe kalkulatorische Zinsen) oder auf der Basis der dort beschäftigten Arbeitnehmer (siehe Steuern) umgeschlüsselt.
- Bei der „Umlage AKS Fuhrpark" erfolgt die Zuordnung zu 40 % auf den Teilprozess „Werkstoffe einlagern" und zu 60 % auf den Teilprozess „Werkstoffe ausgeben".

Nach der Umgliederung ergeben sich folgende **teilprozessorientierte Stellengemeinkosten:**

Kostenstelle: Material		
Teilprozesse	**Teilprozesskosten**	
Werkstoffe annehmen	75.000,00 €	
Werkstoffe einlagern	44.500,00 €	
Werkstoffe ausgeben	90.000,00 €	
Materialstelle leiten	53.500,00 €	
Summe der Stellengemeinkosten	263.000,00 €	

8.2.3 Maßgrößen (= Kostentreiber) für Teilprozesse festlegen

Situation

Die Notwendigkeit, Maßgrößen für Teilprozesse festzulegen, begründet Herr Berg wie folgt:

- „Wenn ich weiß, dass z. B. die Ausgabe von Werkstoffen **ein** Verursacher von Gemeinkosten in der Kostenstelle ‚Material' ist,

- wenn ich weiterhin weiß, wie viel Euro an Gemeinkosten für diesen Teilprozess anfallen und

- wenn ich schließlich auch noch weiß, **wie viele Werkstoffausgaben** im Abrechnungszeitraum von den Mitarbeitern vorgenommen wurden,

dann kann ich ausrechnen, mit wie viel Euro ich **eine Werkstoffausgabe** für einen Kundenauftrag belasten muss."

Maßgröße (= Kostentreiber)

In der obigen Überlegung ist also die **Anzahl der Werkstoffausgaben** innerhalb eines Zeitraums eine geeignete **Maßgröße**, um einen Eurobetrag zu berechnen, mit dem **jede Werkstoffausgabe** in Kundenaufträge einkalkuliert wird. Dieser Eurobetrag, mit dem jeweils eine Werkstoffausgabe berechnet wird, heißt allgemein **Teilprozesskostensatz**. Werden z. B. für einen Kundenauftrag drei Werkstoffausgaben vorgenommen, so wird dieser Kundenauftrag mit dem Dreifachen dieses Teilprozesskostensatzes belastet.

Bedingungen für Maßgrößen

Maßgröße/Kostentreiber müssen folgende Bedingungen erfüllen:

- Sie sind **Mengengrößen**, so wie sie auch aus der traditionellen Kostenrechnung z. B. in Form der Maschinenstunden genutzt werden.

- Sie sind ein Maßstab für die **Kostenverursachung**.

- Sie sind ein Maßstab für die **Kostenzurechnung** auf die Kostenträger, also z. B. die Kundenaufträge oder die Selbstkosten der Produkte.

Beispiel

Herrn Bergs Aufgabe ist es nun, für jeden Teilprozess in der Materialstelle eine geeignete **Maßgröße** festzulegen und die jeweilige Anzahl der gezählten Aktivitäten (Teilprozessmenge) zu ermitteln. Im Beispiel beziehen sich die Maßgrößen auf jeweils 1 000 Erzeugniseinheiten. Er kommt zu folgendem Ergebnis:

Kostenstelle: Material			
Teilprozesse	**Teilprozesskosten**	**Maßgrößen je 1 000 Erzeugniseinheiten**	**Teilprozessmenge**
Werkstoffe annehmen	75.000,00 €	Anzahl der Anlieferungen	500
Werkstoffe einlagern	44.500,00 €	Anzahl der Einlagerungen	400
Werkstoffe ausgeben	90.000,00 €	Anzahl der Ausgaben	720
Materialstelle leiten	53.500,00 €	–	–
Summe der Stellengemeinkosten	263.000,00 €	–	–

Beim letzten Teilprozess „Materialstelle leiten" zögert Herr Berg. Er weiß, dass er für diesen Teilprozess keine Maßgröße finden wird, die den obigen Bedingungen entspricht; also entscheidet er, für diesen Teilprozess keine Maßgröße festzulegen. Die Kosten dieses Teilprozesses wird er im **Umlageverfahren** den anderen Teilprozessen zurechnen (vgl. S. 345).

Prozesskostensätze errechnen 8.2.4

In einem letzten Schritt errechnet Herr Berg für jeden Teilprozess einen zugehörigen **Teilprozesskostensatz (TPKS)**, mit dem er verursachungsgerechter als bisher eine kundenorientierte Kalkulation durchführen kann.

Teilprozess-kostensatz

Für alle Teilprozesse, denen eine Maßgröße zugeordnet ist (es handelt sich um sog. **leistungsmengeninduzierte (lmi)** Prozesse), benutzt er dafür die folgende Rechenvorschrift:

$$\text{Teilprozesskostensatz TPKS für lmi -Prozesse} = \frac{\text{Teilprozesskosten}}{\text{Teilprozessmenge}}$$

Umlagesatz

Für die Teilprozesse, denen keine Maßgröße zugeordnet ist (es handelt sich um sog. **leistungsmengenneutrale (lmn)** Prozesse), benutzt er dafür einen Umlagesatz nach folgender Rechenvorschrift:

$$\text{Umlagesatz für lmn -Prozesse} = \frac{\text{Teilprozesskosten für lmn - Prozesse}}{\text{Summe der Teilprozesskosten für lmn - Prozesse}} \cdot \text{TPKS}$$

Prozesskostensatz

Der **gesamte Prozesskostensatz** für einen Teilprozess setzt sich dann aus dem Teilprozesskostensatz und dem zugehörigen Umlagesatz zusammen:

$$\text{Prozesskostensatz} = \text{Teilprozesskostensatz} + \text{Umlagesatz}$$

Beispiel

Der Teilprozesskostensatz für den Teilprozess „Werkstoffe annehmen" errechnet sich wie folgt:

$$\text{Teilprozesskostensatz} = \frac{75.000,00 \text{ €}}{500 \text{ Anlieferungen}} = 150,00 \text{ €/Anlieferung}$$

Der zugehörige Umlagesatz wird wie folgt berechnet:

$$\text{Umlagesatz} = \frac{53.500,00 \text{ €}}{209.500,00 \text{ €}} \cdot 150,00 \text{ €} = 38,31 \text{ €/Anlieferung}$$

Der **Prozesskostensatz** für den Teilprozess „Werkstoffe annehmen" beträgt dann **188,31 € je Anlieferung**, berechnet auf der Basis von 1 000 Erzeugniseinheiten.

Kostenstelle: Material

Teilprozesse	Teilpro-zesskosten	Maßgrößen je 1 000 Erzeug-niseinheiten	Teil-prozess-mengen	Teilpro-zessko-stensatz	Umlage-satz	Pro-zessko-stensatz
Werkstoffe annehmen	75.000,00 €	Anzahl der Anlieferungen	500	150,00 €	38,31 €	188,31 €
Werkstoffe einlagern	44.500,00 €	Anzahl der Einlagerungen	400	111,25 €	28,41 €	139,66 €
Werkstoffe ausgeben	90.000,00 €	Anzahl der Ausgaben	720	125,00 €	31,92 €	156,92 €
Materialstelle leiten	53.500,00 €	–	–	–	–	–
Summe der Stellen-gemeinkosten	263.000,00 €	–	–	–	–	–

Kontrollieren Sie die Eintragungen in der obigen Tabelle. Aufgabe **324**

8.3 Hauptprozesskostensätze sind die Grundlage der Prozesskostenkalkulation

Situation

Die errechneten Prozesskostensätze kann Herr Berg nunmehr für Kalkulationszwecke verwenden. Zwei Fragen muss er zuvor aber noch klären:

1 Zum einen wird nicht jeder Prozesskostensatz in jede Kalkulation einfließen.

a) Welcher Prozesskostensatz in einen Kundenauftrag eingerechnet wird, hängt davon ab, welche Leistungen der Kunde in Anspruch nimmt. Im obigen Kostenstellenplan (vgl. S. 345) ist z. B. die Anzahl der Einlagerungen deutlich geringer als die Zahl der Anlieferungen; d. h. dass Thomas Berg darauf achtet, die angelieferten Werkstoffe möglichst ohne Umweg über das Lager sofort in die Produktionsstätten zu geben (Just-in-time-Lieferung). Der Kunde kann in diesem Fall also auch nicht mit dem Prozesskostensatz für die Einlagerung belastet werden.

b) Es kann auch sein, dass ein Teilprozess mehrfach für einen Auftrag in Anspruch genommen wird (z. B. mehrfache Werkstoffausgabe). Dann wird der Kunde auch mehrfach mit dem entsprechenden Prozesskostensatz belastet.

2 Zum anderen merkt Herr Berg an folgendem Beispiel sehr schnell, dass er für die Kalkulation eines Kundenauftrags die Teilprozesse (und deren Prozesskosten) **der anderen indirekten Kostenstellen** mit berücksichtigen muss.

Beispiel

Für die Bearbeitung eines Kundenauftrags ermittelt Herr Berg folgende Teilprozesse aus mehreren indirekten Kostenstellen:

Hauptprozess: Kundenauftrag – Inland – bearbeiten	
Teilprozesse	**Beteiligte indirekte Kostenstellen**
Auftragseingang bearbeiten	Verwaltungsstelle: Verkaufsabteilung
Werkstoffe einlagern/pflegen	Materialstelle
Werkstoffe ausgeben	Materialstelle
Fertigmeldung bearbeiten	Vertriebsstelle
Produkt zwischenlagern	Vertriebsstelle
Lieferschein erstellen	Verwaltungsstelle: Verkaufsabteilung
Produkt versandfertig machen	Vertriebsstelle: Versandabteilung
Spediteur beauftragen	Vertriebsstelle
Produkt übergeben/verladen	Vertriebsstelle

Es stellt sich für Herrn Berg die Aufgabe,

- alle Teilprozesse für alle indirekten Kostenstellen nach dem oben durchgeführten Verfahren zu erfassen und zu bewerten, sowie

- kostenstellenübergreifend alle Teilprozesse für **typische betriebliche Abläufe** zu sog. **Hauptprozessen** zusammenzufassen. Der obige betriebliche Ablauf „Kundenauftrag – Inland – bearbeiten" ist ein solcher typischer **Hauptprozess**. Weitere Hauptprozesse können sein:

  - Kundenauftrag – Ausland – bearbeiten,
  - Kundenreklamation bearbeiten,
  - Kunden betreuen,
  - Bestellung von Werkstoffen bearbeiten,
  - Bestellung von Betriebsmitteln bearbeiten,
  - Mangelhafte Lieferung bearbeiten, usw.

Zusammenfassung

- Die Anwendung der Prozesskostenrechnung erfordert, dass für **alle Kostenstellen Teilprozesse erfasst** und auf der Grundlage verursachungsgerechter Maßgrößen (Kostentreiber) **bewertet** werden.

- **Für jeden** Teilprozess ist ein **Prozesskostensatz** zu ermitteln.

- Alle Teilprozesse, die sich zu einem typischen betrieblichen Ablauf verknüpfen lassen, bilden einen **Hauptprozess.**

- Das gesamte betriebliche Geschehen wird in möglichst **wenigen Hauptprozessen** erfasst.

- Die Summe der im Hauptprozess zusammengefassten Prozesskostensätze bildet den **Hauptprozesskostensatz.**

- Hauptprozesskostensätze bilden die Grundlage einer vereinfachten und kundenorientierten **Prozesskostenkalkulation.**

Aufgabe 325

Erstellen Sie auf der Grundlage des Betriebsabrechnungsbogens von Seite 244 für die indirekte Kostenstelle „Verwaltung" nach dem zuvor dargestellten Verfahren selbstständig Teilprozesse und führen Sie diese zu typischen Hauptprozessen zusammen. Beachten Sie dabei, dass der Bereich „Verwaltung" mehrere Abteilungen umfasst, z. B. Personal, Einkauf, Verkauf, Buchhaltung, Zentralkorrespondenz, Export.

Eine Prozesskostenkalkulation aufstellen 8.4

Situation

Angenommen, Herr Berg hat für den Hauptprozess „**Kundenauftrag – Inland – bearbeiten**" (vgl. S. 346) den Hauptprozesskostensatz wie nachfolgend dargestellt ermittelt. Er unterscheidet dabei zwischen solchen Teilprozessen, die **je Kundenauftrag nur einmal** anfallen (unabhängig von der Auftragsmenge), und denjenigen Teilprozessen, deren Prozesskosten **für jeweils 1 000 Erzeugniseinheiten** (= Gehäuse) berechnet werden.

Hauptprozess: Kundenauftrag – Inland – bearbeiten		
Teilprozesse	**Teilprozesskostensätze je Kundenauftrag**	**Teilprozesskostensätze je 1 000 Erzeugniseinheiten**
Auftragseingang bearbeiten	208,30 €	
Werkstoffe annehmen		188,31 €
Werkstoffe einlagern		139,66 €
Werkstoffe ausgeben		156,92 €
Fertigmeldung bearbeiten	138,20 €	
Produkt(serie) zwischenlagern		45,55 €
Lieferschein erstellen	22,72 €	
Produkt(serie) versandfertig machen		38,66 €
Spediteur beauftragen	14,38 €	
Produkt übergeben/verladen		47,30 €
Hauptprozesskostensatz	**383,60 €**	**616,40 €**

Beispiel

Die Anfrage eines Kunden kalkuliert Herr Berg alternativ für 100 und 1.000 Gehäuse Typ G I. Er verwendet dafür die Kalkulationsangaben für das Fertigungsmaterial und die Fertigungskosten von Seite 270. Für die Abwicklung des Auftrags werden alle Teilprozesse des obigen Hauptprozesses in Anspruch genommen.

Kalkulation Gehäuse G I				
Kalkulationsschema	**100 Gehäuse**		**1.000 Gehäuse**	
Fertigungsmaterial 12,75 €/Geh. (siehe S. 270)		1.275,00		12.750,00
Fertigungslöhne FHS I 5,60 €/Gehäuse + 115 % Fertigungsgemeinkosten	560,00 644,00		5.600,00 6.440,00	
= Fertigungskosten FHS I		1.204,00		12.040,00
Fertigungslöhne FHS II 4,50 €/Gehäuse + 83 % Fertigungsgemeinkosten	450,00 373,50		4.500,00 3.735,00	
= Fertigungskosten FHS II		823,50		8.235,00
Fertigungslöhne FHS III 6,80 €/Gehäuse + 80 % Fertigungsgemeinkosten	680,00 544,00		6.800,00 5.440,00	
= Fertigungskosten FHS III		1.224,00		12.240,00
Fertigungslöhne FHS IV 6,45 €/Gehäuse + 70 % Fertigungsgemeinkosten	645,00 451,50		6.450,00 4.515,00	
= Fertigungskosten FHS IV		1.096,50		10.965,00
+ Hauptprozesskostensatz je Kundenauftrag + Hauptprozesskostensatz (Basis: 1.000 Erzeugniseinheiten)		383,60 61,64		383,60 616,40
= Selbstkosten insgesamt		6.068,24		57.230,00
= Selbstkosten je Gehäuse		60,68		57,23

Erläuterungen

Das Ergebnis dieser Prozesskostenkalkulation verdeutlicht zweierlei:

- Zum einen sind die Selbstkosten für ein Gehäuse deutlich niedriger als in der Kalkulation auf Seite 270, in der die Gemeinkosten über Zuschlagssätze (für Materialgemeinkosten, Verwaltungs- und Vertriebsgemeinkosten) **proportionalisiert** wurden. In der Prozesskostenkalkulation werden dem Kundenauftrag tatsächlich nur diejenigen Gemeinkosten angelastet, die dieser Auftrag **verursacht** hat. Sie ist somit eine Kalkulationsform, die die Gemeinkosten gerechter verteilt, als dies die Vollkostenkalkulation mit proportionalisierten Zuschlagssätzen vermag.

- Zum anderen wird im obigen Beispiel deutlich, dass sich mit Veränderung der Absatzmenge der Stückpreis verändert, was in der Selbstkostenkalkulation auf Seite 270 nicht der Fall ist, es sei denn, ein Kunde würde bei großer Absatzmenge einen Mengenrabatt aushandeln. Im obigen Beispiel ist die Verringerung des Stückpreises bei Abnahme von 1.000 Gehäusen gegenüber 100 Gehäusen darauf zurückzuführen, dass bestimmte Gemeinkosten **auftragsbezogen nur einmal anfallen,** und zwar unabhängig von der Bestellmenge. So verursacht z. B. der Teilprozess „Auftragseingang bearbeiten" auftragsbezogene Gemeinkosten unabhängig davon, ob 100 Gehäuse, 1.000 Gehäuse oder gar 10.000 Gehäuse bestellt werden.

Zusammenfassung

- In die Prozesskostenkalkulation fließen außer Einzelkosten und traditionellen Kostenstellen-Zuschlagssätzen – z. B. für den Fertigungsbereich – vor allem **Hauptprozesskostensätze** ein. Diese Änderung der Kalkulationsform bedingt die kostenstellenübergreifende Betrachtung von Prozessen. Sie führt zur verursachungsgerechteren Verteilung der Gemeinkosten.

In der traditionell geführten Kostenstellenrechnung (BAB) des Metallwerkes Thomas Berg e. K. weist die Kostenstelle „Vertrieb" Kostenstellengemeinkosten in Höhe von 355.000,00 € aus (vgl. BAB S. 262). Nach Umgliederung dieser Gemeinkosten auf die in dieser Kostenstelle anfallenden Teilprozesse ergeben sich folgende teilprozessorientierte Stellengemeinkosten und Maßgrößen:

Teilprozesse „Vertrieb"	Teilprozesskosten	Maßgrößen	
Fertigerzeugnisse übernehmen und einlagern	88.430,00 €	400	Anlieferungen
Versandpapiere erstellen	36.320,00 €	760	Vorgänge
Erzeugnisse auf Paletten versandfertig machen	74.860,00 €	4000	Paletten
Zollpapiere für Auslandsaufträge erstellen	21.400,00 €	240	Vorgänge
Eigene Transportfahrzeuge ordern	42.760,00 €	650	Vorgänge
Spediteure beauftragen	33.230,00 €	280	Vorgänge
Abteilung leiten	58.000,00 €	–	
Stellengemeinkosten	355.000,00 €		

Errechnen Sie die Teilprozesskostensätze, die Umlagesätze und die Gesamtprozesskostensätze für jeden Teilprozess.

Die obigen Teilprozesse „Vertrieb" sind in den Hauptprozess „Kundenauftrag – Ausland – bearbeiten" eingebettet. Dieser Hauptprozess umfasst folgende Teilprozesse aus mehreren Kostenstellen:

Teilprozesse	Teilprozesskostensatz	Kostenstellen
Kundenbestellung bearbeiten	208,30 €	Verkauf
Fertigerzeugnisse übernehmen und einlagern	siehe oben	Vertrieb
Erzeugnisse auf Paletten versandfertig machen	siehe oben	Vertrieb
Versandpapiere erstellen	siehe oben	Vertrieb
Zollpapiere erstellen	siehe oben	Vertrieb
Spediteur beauftragen	siehe oben	Vertrieb

1. Kalkulieren Sie die Selbstkosten für den Kundenauftrag über 1 000 Gehäuse G II aufgrund folgender zusätzlicher Angaben:

Fertigungsmaterial je Gehäuse	9,45 €
Fertigungslöhne der FHS I je Gehäuse	3,60 €
Fertigungslöhne der FHS II je Gehäuse	2,80 €
Fertigungslöhne der FHS III je Gehäuse	4,05 €
Fertigungslöhne der FHS IV je Gehäuse	3,25 €
Die Normalzuschlagssätze sind dem BAB auf Seite 262 zu entnehmen. Die Teilprozesse – mit Ausnahme des 2. und 3. – sind auftragsbezogen. Der Teilprozesskostensatz des 2. Teilprozesses bezieht sich auf je 400 Gehäuse. Für den Kundenauftrag werden 20 Paletten benötigt (siehe 3. Teilprozess).	

2. Wie verändern sich die Selbstkosten je Stück bei einem Auftrag über 2 000 Gehäuse G II?

9 Kostenmanagement durch Target costing

9.1 Ansatz und Vorgehen

Traditionelle Kostenrechnungssysteme (z. B. Vollkostenrechnung im Mehrproduktunternehmen, siehe S. 231 ff.) kalkulieren den Verkaufspreis auf Basis der Herstell- bzw. Selbstkosten erst nach Beginn der Produktion. Hierbei geht es vor allem um eine verursachungsgerechte Kostenverrechnung auf die Kostenträger. Bei einem derartigen Vorgehen werden zudem die Marktbedingungen (z. B. Verkaufspreisniveau von Konkurrenzprodukten) kaum berücksichtigt, da die Kostendeckung bei der Preisfestsetzung Priorität genießt.

Für ein erfolgreiches Kostenmanagement ist das traditionelle Vorgehen nicht mehr hinreichend:

1. Käufermärkte (siehe Seite 287) bewirken, dass Unternehmen Marktpreise und Kundenwünsche als Ausgangspunkte der Kalkulation wählen müssen, um wettbewerbsfähig zu sein. Anderenfalls drohen sich die Unternehmen durch ein unzureichendes Preis-Leistungsverhältnis aus dem Markt zu preisen.

2. Der überwiegende Teil der Herstellkosten (bis zu 80 %) wird im Rahmen der Produktentwicklung, also vor Beginn der eigentlichen Produktion, festgelegt. Die Beeinflussbarkeit der Herstellkosten (z. B. Kostenreduzierung) ist nach der Markteinführung des Produktes eher gering.

Aufgrund dieser Erkenntnisse wird das Vorgehen der Preiskalkulation mit Target costs (= Zielkosten) gegenüber traditionellen Kostenrechnungssystemen umgekehrt: **Vor Beginn der Produktentwicklung** werden die Kundenwünsche und die Akzeptanz des Preises durch die Kunden (Zielpreis) für das potenzielle Produkt erfasst. Diese Informationen bilden den Ausgangspunkt für die Kostenplanung des neuen Produktes.

Vorgehen Target costing

Schematisch stellt sich das **Vorgehen** des Target costing wie folgt dar:

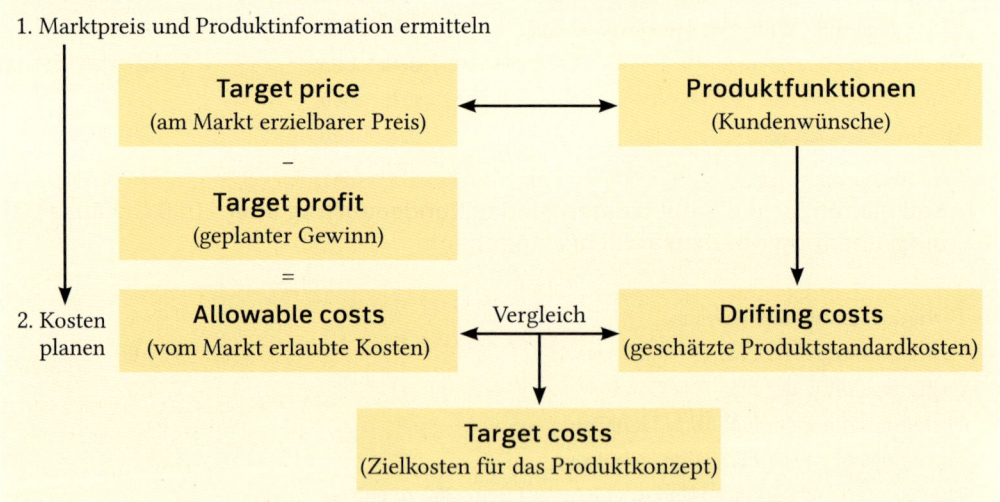

Target price

Ausgehend vom **Zielpreis (Target price)** gelangt man zu den **vom Markt erlaubten Kosten (Allowable Costs)**, indem man von dem geplanten Gesamtumsatz (Target price · geplante Absatzmenge) den **geplanten Gewinn (Target profit)** abzieht.

Allowable costs Drifting costs

Die **Allowable costs** sind die höchst möglichen Gesamtkosten für das neue Produkt über den gesamten Produktlebenszyklus (siehe Kap. 9.2, S. 351). Sie werden anschließend mit den **geschätzten Produktstandardkosten (Drifting costs)** verglichen (siehe Kap. 9.3, S. 353).

Die Allowable costs liegen in der Regel unterhalb der Drifting costs und sind aufgrund intern oder extern nicht änderbarer Bedingungen nur schwer erreichbar. Daher werden in einem gewissen Umfang höhere Kosten toleriert. Die Geschäftsführung gibt deshalb **Zielkosten (Target costs)** für die Entwicklung des Produktkonzeptes vor, die üblicherweise etwas über den Allowable costs, aber deutlich unterhalb der Drifting costs liegen. Auf diese Weise kann sichergestellt werden, dass das Produkt späterhin zu einem wettbewerbsfähigen Preis am Markt angeboten werden kann (siehe Kap. 9.4, S. 355).

Target costs

Das **Target costing** stellt demnach kein weiteres Kostenrechnungssystem (s. o.) dar, sondern ein **Konzept des Kostenmanagements**, das durch die Vorgabe von Zielkosten bereits in der Produktentwicklungsphase die Kostenplanung, -steuerung und -kontrolle übernimmt.

Zusammen-fassung

■ Target costing kehrt das traditionelle Vorgehen der Preiskalkulation um, indem bereits vor der Produktentwicklung durch Marktforschung der erzielbare Absatzpreis ermittelt wird. Dieser bildet die Basis für die Kostenplanung.

■ Die vom Markt erlaubten Kosten (Allowable costs) sind die Referenzgröße für die Vorgabe von Zielkosten (Target costs), die durch den Vergleich mit den geschätzten Produktstandardkosten (Drifting costs) festgelegt werden.

■ Die Zielkosten lassen sich also wie folgt berechnen:

Am Markt erzielbarer Preis (= Target price)
– Angestrebter Gewinn (=Target profit)
= Maximal erlaubte Kosten (= Allowable costs)

Kostenlücke (= Target gap)   **Zielkosten (= Target costs)**

Geschätzte Produktstandardkosten (= Drifting costs)

■ Target costing ist ein Kostenmanagementsystem, das auf die Kostenplanung, -steuerung und -kontrolle im Zuge der Entwicklung neuer Produkte abzielt.

■ Das Kostenmanagement wird im Wesentlichen über Kostenzielvorgaben (Target costs) geleistet.

1. **Welche Erkenntnisse liegen dem Vorgehen beim Target costing zu Grunde?**

2. **Erläutern Sie anhand der grafischen Darstellung auf Seite 350 das prinzipielle Vorgehen beim Target costing.**

3. **Nennen Sie Merkmale, von denen die Höhe des Target price abhängt.**

4. **Was versteht man unter Allowable costs, Drifting costs und Target costs.**

Aufgabe 328

Die Kaffee & Mehr GmbH hat auf Grundlage umfangreicher Marktforschung einen am Markt erzielbaren Preis von 890,00 € für den neuartigen Kaffeevollautomaten „Der Alleskönner" festgestellt. Die Umsatzrendite des Unternehmens beläuft sich derzeit auf 13 %. Die Drifting costs für das Modell „Der Alleskönner" betragen laut Controlling-Abteilung 830,00 EUR. Nach Analyse der vorliegenden Unternehmenssituation beschließt die Geschäftsführung, dass die Target costs maximal 4,0 % über den Allowable costs liegen dürfen.

Ermitteln Sie unter Angabe des Target profit und der Allowable costs die Target costs.

Aufgabe 329

9.2 Produktfunktionen und Allowable costs

Produktfunktionen und Nutzenanteil

Vor Beginn der Produktentwicklung werden die Kunden mittels Marktforschung befragt, welche **Produktfunktionen** (= Produkteigenschaften) sie wünschen und wie sie deren Nutzen für sich prozentual gewichten (= **Nutzenanteil**). So soll gewährleistet werden, dass bei der Produktentwicklung die Kundenwünsche möglichst treffend umgesetzt werden. In der Summe ergeben die Nutzenanteile den Gesamtnutzen des Produktes von 100 %.

Situation

Herr Berg plant die Ausweitung des Produktsortiments auf Blechgehäuse mit Eingabeeinheit, da diese aufgrund der Automatisierung vermehrt von Gewerbekunden angefragt werden. Eine Marktforschung liefert folgende Ergebnisse:

	Produktfunktionen	Nutzenanteile Kunden
F1	Chemikalien- und Temperaturbeständigkeit	11%
F2	Normierungsfähigkeit	25%
F3	Design	35%
F4	Haltbarkeit/Lebensdauer	3%
F5	Stabilität	10%
F6	Elektromagnetische Abschirmung	16%
		100%

Demnach sind Kunden bei einem Blechgehäuse mit Eingabeeinheit insbesondere das Design und die Normierungsfähigkeit wichtig.

Die Marktforschung liefert nicht nur die gewünschten Produktfunktionen, sondern auch die Preisakzeptanz der Kunden und die gesamte Absatzmenge für das neue Produkt. Auf diese Weise können der **Zielpreis** (**Target price**) und anhand der ermittelten **Target price** Absatzmenge der geplante Umsatz für das neue Produkt bestimmt werden. Diese Plangrößen sind zugleich die Bezugsgröße für den **geplanten Gewinn** (**Target profit**), **Target profit** der durch das neue Produkt erzielt werden soll. Für die Ermittlung des geplanten Gewinns wird in der Regel die Umsatzrendite des Unternehmens (= Gewinn : Umsatz) zu Grunde gelegt. Nach Abzug des geplanten Gewinns von dem geplanten Umsatz ergeben sich die **vom Markt erlaubten Kosten** (**Allowable costs**). Sie bilden die Grundlage **Allowable costs** für die Kostenplanung.

Beispiel

Die Marktstudie für die Neuentwicklung der Blechgehäuse mit Eingabeeinheit wurde von der Controlling-Abteilung ausgewertet. Für die Kostenplanung werden folgende Daten zu Grunde gelegt:

Zielpreis:	80,00 EUR je Gehäuse
Absatzmenge:	30 000 Stück/Jahr
geplanter Gewinn:	9,8 % auf Plan-Umsatz

Der Einfachheit halber wird die Zielkostenrechnung für das erste Jahr (und nicht für den Produktlebenszyklus) berechnet. Demnach gilt:

Geplante Umsatzerlöse (Zielpreis x geplante Absatzmenge)	80,00 x 30 000	= 2.400.000,00 €
– geplanter Gewinn (Umsatzrendite)	9,8/100 x 2.400.000,00	= 235.200,00 €
= **vom Markt erlaubte Kosten (Allowable costs)**	2.400.000,00 - 235.200,00	= 2.164.800,00 €

Für die weitere Kostenplanung geht die Controlling-Abteilung daher davon aus, dass der Markt für die Herstellung von 30 000 Blechgehäusen mit Eingabeeinheit pro Jahr maximal 2.164.800,00 € Kosten erlaubt. Pro Blechgehäuse dürfen die Selbstkosten 72,16 € somit nicht übersteigen.

Für die Kostenplanung muss der Kostenblock der Allowable costs aufgeteilt werden. Eine sinnvolle Aufteilung wird häufig anhand der Kostenstellen vorgenommen. Aus Vereinfachungsgründen erfolgt an dieser Stelle lediglich eine Aufteilung der Allowable costs in Herstellkosten sowie Verwaltungs- und Vertriebsgemeinkosten. Wie eine Aufspaltung der Herstellkosten erfolgen kann, wird bei der Schätzung der Produktstandardkosten (Drifting costs) dargestellt (siehe Kap. 9.3, S. 354).

Beispiel
Fortsetzung

Für die Kostenplanung der Blechgehäuse mit Eingabeeinheit werden bei der Metallwerk Berg KG pauschal 19 % für Verwaltungs- und Vertriebsgemeinkosten auf die Herstellkosten des Umsatzes berechnet. Vorgegeben sind die Allowable costs einschließlich der Verwaltungs- und Vertriebsgemeinkosten

Allowable costs pro Jahr	2.164.800,00 €	119 %
− Verwaltungs-/Vertriebsgemeinkosten (auf Herstellkosten)	345.640,34 €	19 %
= Erlaubte Herstellkosten	1.819.159,66 €	100 %

Die Controlling-Abteilung hat dabei wie folgt gerechnet:

$$\text{Erlaubte Herstellkosten pro Jahr} = \frac{\text{Allowable costs pro Jahr} \cdot 100\,\%}{119\,\%} = 1.819.159,66\text{ €}$$

Zusammen-fassung

■ Ausgangspunkte des Target costing sind die beim Kunden mittels Marktforschung erhobenen Absatzpreise, Absatzmengen sowie gewünschten Produktfunktionen des neuen Produktes vor der Produktentwicklung.

■ Die Allowable costs sind die maximal vom Markt erlaubten Gesamtkosten für das neue Produkt, die sich ausgehend vom geplanten Umsatz nach Abzug eines geplanten Gewinns ergeben. Sie sind die Basis für die Kostenplanung.

■ Für die Kostenplanung ergeben sich die erlaubten Herstellkosten nach Abzug der Verwaltungs-/Vertriebsgemeinkosten von den Allowable costs.

Aufgabe 330

Für die Entwicklung eines neuartigen Staubsaugers hat die Clean KG ein Marktforschungsinstitut beauftragt, die vom Kunden gewünschten Produktfunktionen, sowie den Zielpreis und die möglichen Absatzmengen zu ermitteln. Folgende Informationen liegen nun vor:

Funktion 1	Funktion 2	Funktion 3	Funktion 4	Funktion 5
Saugleistung	Lautstärke	Einfache Aufbewahrung	Einfaches Entleeren	Vielseitige Einsetzbarkeit

Der Nutzen des Gesamtproduktes (= 100 %) verteilt sich auf die Produktfunktionen im Verhältnis $8:5:3:3:6$.

Als realistischer Zielpreis am Markt gelten 250,00 € je Staubsauger. Zu diesem Preis können 15 000 Stück pro Jahr abgesetzt werden.

Intern kalkuliert die Clean KG mit einer Gewinnmarge von 7,5 %, sowie 7 % Vertriebsgemeinkostenzuschlagsatz und 11 % Verwaltungsgemeinkostenzuschlagsatz.

1. **Ermitteln Sie die Nutzenanteile der Produktfunktionen in % und erläutern Sie, welche Produktfunktionen für den Kunden am wichtigsten sind.**

2. **Berechnen Sie die jährlichen Allowable costs insgesamt und die maximal zulässigen Herstellkosten je Staubsauger.**

9.3 Produktkonzept und Drifting costs

Produktkonzept Die von den Kunden gewünschten Produktfunktionen werden in der Produktentwicklung in ein **Produktkonzept** überführt, das in der Regel aus mehreren **Produktkomponenten** besteht. Die Produktkomponenten müssen den Nutzenanteil der Produktfunktionen erfüllen und nach Möglichkeit die erlaubten Herstellkosten einhalten.

Drifting costs Da für das neue Produkt nur die erlaubten Herstellkosten bekannt sind, nicht aber die Kosten für einzelne Komponenten, werden in der Kostenplanung anhand von Erfahrungswerten vergleichbarer Produktkomponenten die **Produktstandardkosten** geschätzt (= **Drifting costs**).

Beispiel 1 Die Forschungs- und Entwicklungsabteilung der Metallwerke Berg KG hat die von den Kunden formulierten Produktfunktionen auf technische Machbarkeit geprüft. Das Ergebnis des Entwicklungsprozesses liegt vor:

	Produktkomponenten	Kosten/Stück	Kostenanteile
K1	Frontplatte	16,25	25%
K2	Display/Touchscreen	13,00	20%
K3	Frontfolientastatur	10,40	16%
K4	Rückseitige Abdeckplatte	13,00	20%
K5	Montage/Installation	12,35	19%
		65,00	100%

Insgesamt sind die Drifting costs bei der Berg KG zu hoch, da sie um 4,36 €/Stück die erlaubten Herstellkosten übersteigen. Dies entspricht einer prozentualen Abweichung von ca. 7 %.

Zusammenfassung

- Die Drifting costs sind die aufgrund von Erfahrungswerten vergleichbarer Produktkomponenten geschätzten Produktstandardkosten.
- Im Idealfall entsprechen die Drifting costs den vom Markt erlaubten Zielherstellkosten.

Aufgabe 331 Für die Entwicklung eines neuartigen Staubsaugers möchte die Clean KG (siehe Aufgabe 330, S. 353) für die weitere Kostenplanung den erlaubten Herstellkosten die Drifting costs gegenüberstellen. Daher hat die Entwicklungsabteilung die gewünschten Produktkomponenten mit den zugehörigen geschätzten Produktstandardkosten und den Kostenanteilen ermittelt. Aufgrund eines Serverausfalls sind leider einige Daten verloren gegangen, sodass nur noch folgende Werte vorliegen:

Produktkomponenten	Kostenanteil (EUR)	Kostenanteil (%)
Gehäuse		12 %
Deckel	11,25 €	
Räder	9,00 €	
Kabelrolle		9 %
Einsatz Staubraum		7 %
Geräuschfilter	45,00 €	
Elektr. Bauelemente		43 %
	225,00 €	

1. Ermitteln Sie die in der Tabelle fehlenden Kostenanteile in EUR und in Prozent.

2. Berechnen Sie die prozentuale Abweichung der Drifting costs zu den erlaubten Herstellkosten aus Aufgabe 330, S. 353 und interpretieren Sie ihr Ergebnis.

Zielkostenplanung

9.4

Mit Blick auf die erlaubten Herstellkosten und die geschätzten Produktstandardkosten bestimmt die Unternehmensführung die Höhe der **Zielkosten** (**Target costs**) für das Produkt.

Target costs

Bei der Berg KG wurde für das neue Produkt Blechgehäuse mit Eingabeeinheit bis dato eine Ziellücke (Target gap) in Höhe von 4,36 EUR/Stück festgestellt:

Beispiel

Erlaubte Herstellkosten	60,64 €
− Produktstandardkosten	65,00 €
= **Ziellücke (Target gap)**	**−4,36 €**

Target gap

Nach Rücksprache mit dem Betriebsleiter taxiert Herr Berg die **Zielherstellkosten** in Höhe von **62,00 €/Stück**. Denn diese Zielherstellkosten gelten als realistisch erreichbar und für die Mitarbeiter motivierend. Herr Berg verzichtet damit auf einen Teil seines Gewinns. Dennoch liegen die Zielherstellkosten deutlich unterhalb der geschätzten Produktstandardkosten. Folglich besteht ein Kostenreduzierungsbedarf. Fraglich ist nur, in welchen Bereichen eine Kostenreduzierung sinnvoll vorgenommen werden kann. Herr Berg möchte deshalb die Zielherstellkosten aufspalten und je Produktkomponente ausweisen, damit er diese anschließend mit den Standardkosten je Produktkomponente vergleichen kann.

Die **Zielherstellkosten** sind zwar etwas oberhalb der erlaubten Herstellkosten angesetzt, liegen jedoch deutlich unter den geschätzten Produktstandardkosten, sodass bei der Konstruktion des Produktes ein Kostenreduzierungsbedarf besteht. Kostenreduzierungen dürfen nicht zu Lasten des Kundennutzens gehen. Daher wird eine differenzierte Bestimmung der Zielherstellkosten je Produktkomponente vorgenommen.

Zielherstellkosten

Zielherstellkosten sind die Kosten, die das Produkt bzw. die Produktkomponente in der Fertigung aufgrund des Kundenwunschs und der betrieblichen Situation kosten darf. Der Kundenwunsch drückt sich in den Nutzenanteilen je Produktkomponente aus. Um diesen Nutzenanteilen in der Produktentwicklung gerecht werden zu können, gilt bei der differenzierten Zuordnung der Zielherstellkosten je Produktkomponente folgendes Prinzip:

Je nützlicher eine Produktkomponente für den Kunden ist, desto mehr Kostenanteile vom Gesamtprodukt dürfen auf diese Produktkomponente auch entfallen.

Nutzenanteil

Deshalb müssen die Nutzenanteile der Produkteigenschaften in die Nutzenanteile je Produktkomponente überführt werden. Anschließend können die Kostenanteile je Produktkomponente abgeleitet werden.

Bis dato liegen bei der Berg KG für das neue Produkt „Blechgehäuse mit Eingabeeinheit" lediglich die vom Kunden empfundenen Nutzenanteile für die Produktfunktionen (vgl. Kapitel 9.2, S. 352) und die Zielherstellkosten in Höhe von 62,00 € vor. Damit nun die Zielherstellkosten unter Berücksichtigung der gewünschten Produktfunktionen auf die einzelnen Komponenten verteilt werden können, schätzen die Konstrukteure der Forschungs- und Entwicklungsabteilung zunächst den prozentualen Beitrag, den die Produktkomponenten zur Erfüllung der vom Kunden gewünschten Produktfunktionen leisten (vgl. Seite 352):

Beispiel

355

Beispiel

		F1	F2	F3	F4	F5	F6
K1	Frontplatte	40 %	60 %	15 %	20 %	40 %	25 %
K2	Display/Touchscreen	10 %	5 %	45 %	25 %	5 %	15 %
K3	Frontfolientastatur	10 %	5 %	20 %	10 %	5 %	0 %
K4	Rückseitige Abdeckplatte	30 %	30 %	15 %	35 %	40 %	60 %
K5	Montage/Installation	10 %	0 %	5 %	10 %	10 %	0 %
		100 %	100 %	100 %	100 %	100 %	100 %

Die Einschätzung der Konstrukteure wird nun mit den Ergebnissen der Marktforschung verknüpft, sodass die Nutzenanteile der Kunden je Produktkomponente gebildet werden können. Hierzu wird die Einschätzung der Konstrukteure mit dem Nutzenanteil der jeweiligen Eigenschaft aus Kundensicht multipliziert. Für die Funktion F1 und die Produktkomponente „Frontplatte" berechnet sich der Nutzenanteil der Funktion F1 an der Produktkomponente zum Beispiel so: 40 % · 11 % = 4,40 %. Je Produktkomponente werden die neu berechneten Nutzenanteile je Funktion summiert, um den Nutzenanteil der Komponente zu erhalten.

Für das neue Produkt „Blechgehäuse mit Eingabeeinheit" ergibt sich folgende Komponenten-/Funktionen-Matrix:

	F1	F2	F3	F4	F5	F6	
Kundennutzen je Produktfunktion	*11 %*	*25 %*	*35 %*	*3 %*	*10 %*	*16 %*	
Produktkomponenten							**Nutzen je Komponente**
Frontplatte	4,40 %	15,00 %	5,25 %	0,60 %	4,00 %	4,00 %	**33,25 %**
Display/Touchscreen	1,10 %	1,25 %	15,75 %	0,75 %	0,50 %	2,40 %	**21,75 %**
Frontfolientastatur	1,10 %	1,25 %	7,00 %	0,30 %	0,50 %	0,00 %	**10,15 %**
Rückseitige Abdeckplatte	3,30 %	7,50 %	5,25 %	1,05 %	4,00 %	9,60 %	**30,70 %**
Montage/Installation	1,10 %	0,00 %	1,75 %	0,30 %	1,00 %	0,00 %	**4,15 %**
							100,00 %

Es ist zu erkennen, dass die Produktkomponenten Frontplatte und rückseitige Abdeckplatte für den Kunden jeweils mit über 30 % Nutzenanteil für die Erfüllung der Kundenwünsche am wichtigsten sind. Dieses Ergebnis erfreut Herrn Berg, schließlich zählt die Herstellung der Blechgehäuse zu den Kernkompetenzen der Berg KG.

Kostenanteil Mithilfe der nun vorliegenden Nutzenanteile je Produktkomponente können die **Kostenanteile** an den Zielherstellkosten je Produktkomponente berechnet werden:

Beispiel

Herr Berg multipliziert hierzu den Nutzenanteil je Komponente mit den Zielherstellkosten in Höhe von 62,00 €/Stück.

Für die Produktkomponente „Frontplatte" ergibt sich der Kostenanteil wie folgt:

Zielherstellkosten des Produkts · Nutzenanteil der Produktkomponente

62,00 € · 0,3325 = 20,62 €

Bei den übrigen Produktkomponenten rechnet Herr Berg analog, sodass sich folgende Zielherstellkostenanteile ergeben:

Beispiel
Fortsetzung

		Nutzenanteil	Zielherstellkosten
K1	Frontplatte	33,25 %	20,62 €
K2	Display/Touchscreen	21,75 %	13,49 €
K3	Frontfolientastatur	10,15 %	6,29 €
K4	Rückseitige Abdeckplatte	30,70 %	19,03 €
K5	Montage/Installation	4,15 %	2,57 €
		100,00 %	62,00 €

Diese Zielkostenvorgaben sind für die Konstrukteure in der Forschungs- und Entwicklungsabteilung verbindlich einzuhalten. Demnach entfallen auf die Produktkomponenten Frontplatte und rückseitige Abdeckplatte fast zwei Drittel der gesamten Zielherstellkosten.

Wie bereits eingangs festgestellt, liegen die Zielherstellkosten deutlich unterhalb der geschätzten Produktstandardkosten. Vor der Konstruktion des neuen Produktes werden deshalb die Zielherstellkosten je Produktkomponente mit den Produktstandardkosten je Produktkomponente verglichen (siehe unten), damit der Forschungs- und Entwicklungsabteilung **Handlungsempfehlungen** zur Erreichung der Zielherstellkosten mit auf den Weg gegeben werden können:

Handlungsempfehlungen

❶	Zielherstellkosten = Produktstandardkosten	Kein Handlungsbedarf
❷	Zielherstellkosten > Produktstandardkosten	Wertsteigerungsbedarf
❸	Zielherstellkosten < Produktstandardkosten	Kostenreduzierungsbedarf

❶ Stimmen die Zielherstellkosten mit den geschätzten Produktstandardkosten überein, so besteht **kein Handlungsbedarf**. Die Produktkomponente wird in der vom Kunden gewünschten Qualität und mit angemessenen Kosten hergestellt.

❷ Übersteigen die Zielherstellkosten die geschätzten Produktstandardkosten, so besteht ein **Wertsteigerungsbedarf**. D. h. die betroffene Produktkomponente kann aufgewertet werden, da sie für den Kunden für die Erfüllung der Produkteigenschaften wichtig ist. In diese Produktkomponente sollte bei der Entwicklung mehr investiert werden, damit der Kundenwunsch angemessen befriedigt werden kann.

❸ Übersteigen die geschätzten Produktstandardkosten die Zielherstellkosten, so besteht ein **Kostenreduzierungsbedarf**. Die Produktkomponente verursacht im Verhältnis zu dem vom Kunden zugeschriebenen Nutzenanteil zur Erfüllung der Produkteigenschaften zu viele Kosten. Im Zuge der Produktentwicklung sollten unbedingt Einsparpotenziale identifiziert und umgesetzt werden.

Herr Berg vergleicht die Kostenanteile der Zielherstellkosten und der geschätzten Produktstandardkosten (vgl. S. 354) für die Produktkomponenten der Blechgehäuse mit Eingabeeinheit.

Beispiel

	Angaben in EUR	Kostenanteile Produktstandardkosten	Kostenanteile Zielherstellkosten
K1	Frontplatte	16,25 €	20,62 €
K2	Display/Touchscreen	13,00 €	13,49 €
K3	Frontfolientastatur	10,40 €	6,29 €
K4	Rückseitige Abdeckplatte	13,00 €	19,03 €
K5	Montage/Installation	12,35 €	2,57 €
		65,00 €	62,00 €

Beispiel

Es ist zu erkennen, dass vor allem bei den Produktkomponenten „K3: Frontfolienta-statur" und „K5: Montage/Installation" Kostenreduzierungsbedarf besteht. Hinge-gen weisen die Produktkomponenten „K1: Frontplatte" und „K4: Abdeckplatte" ei-nen Wertsteigerungsbedarf auf. Lediglich bei der Produktkomponente „K2: Display/Touchscreen" entspricht der Kostenanteil in etwa dem Nutzenanteil, sodass keine Handlungsempfehlung ausgesprochen werden muss.

Im Hinblick auf die Produktkomponenten, die einen Wertsteigerungsbedarf bzw. ei-nen Kostenreduzierungsbedarf aufweisen, müssen in der Phase der Gestaltung der Entwicklungs- und Produktionsprozesse geeignete Maßnahmen abgeleitet werden. Ansatzpunkte für Kostenbeeinflussungen ergeben sich z. B. in folgenden Bereichen:

- **Produktdesign:** Bei der Konstruktion des Produktes werden frühzeitig Kostenstruk-turen festgelegt, die am Kundennutzen auszurichten sind. So können etwa eine einfache Formgebung und/oder ein optimaler Materialeinsatz (wenig Ausschuss) erheblich zur Kosteneinsparung beitragen.
- **Beschaffung:** Durch die Zusammenarbeit mit Lieferanten (etwa Just-in-Time-Lie-ferung) können die Logistikkosten gesenkt und gemeinsame Qualitätsstandards definiert werden.
- **Produktion:** Rationalisierung und die Umsetzung eines Qualitätsmanagements nach DIN ISO 9000 ff. bewirken eine effiziente Leistungserstellung, die einerseits Kosteneinsparungen (weniger Fehlerkosten) und andererseits Qualitätssteige-rungen ermöglichen kann.

Zusammen-fassung

- Zielherstellkosten sind die Kosten, die das Produkt bzw. die Produktkom-ponente aufgrund des Kundenwunschs und unter Berücksichtigung der be-trieblichen Situation kosten darf.
- Je nützlicher eine Produktkomponente für den Kunden ist, desto mehr Ko-stenanteile vom Gesamtprodukt dürfen auf diese Produktkomponente ent-fallen.
- Für die Bestimmung des Anteils, den die Zielherstellkosten einer Pro-duktkomponente an den gesamten Zielherstellkosten haben, wird der Nut-zenanteil mit den Zielherstellkosten für das geplante Produkt multipliziert.
- Durch den Vergleich von Zielherstellkosten und geschätzten Produktstan-dardkosten werden für die Produktkomponenten Handlungsempfehlungen festgestellt (Kostenreduzierungsbedarf, Wertsteigerungsbedarf).

Aufgabe 332

Zur Festlegung der Zielherstellkosten und der Ableitung von Handlungsempfeh-lungen für die Entwicklung eines neuartigen Ampelschirms haben die Konstrukteure der Gartenparadies KG anhand der Nutzenanteile der Produktfunktionen aus Kun-densicht und eigener Erfahrungen die Nutzenanteile der Produktkomponenten er-mittelt und den geschätzten Produktstandardkosten gegenübergestellt:

	Nutzenanteil Komponente	Kostenanteil Produktstandardkosten
Schirm mit Drehfuß	60 %	360,00
Kurbel	5 %	55,00
Bindegurt	5 %	25,00
Schutzhülle	20 %	100,00
Abdeckung zu Drehfuß	10 %	45,00

C

Die Geschäftsführung legt die Zielherstellkosten für das neue Produkt in Höhe von 570,00 EUR fest.

1. Ermitteln Sie die Zielherstellkostenanteile je Produktkomponente.

2. Vergleichen Sie die Zielherstellkostenanteile mit den Produktstandardkosten je Produktkomponente und leiten Sie Handlungsempfehlungen für die Entwicklungsabteilung ab. Nennen Sie konkrete Beispiele, durch die Ihre Handlungsempfehlungen erfolgreich umgesetzt werden könnten.

3. Geben Sie den jährlichen Gewinn in EUR und die Umsatzrendite in Prozent an, wenn die Gartenparadies KG die Zielherstellkosten erreicht, für Verwaltungs- und Vertriebsgemeinkosten pauschal 9 % auf die Zielherstellkosten anfallen, ein Absatzpreis von 650,00 € und eine Absatzmenge von 7 500 Stück pro Jahr erzielt werden können.

Ein Hersteller von Kinderspielgeräten möchte eine Nestschaukel mit Gestell am Markt einführen. Die Auswertung der Zielkostenrechnung für die Produktkomponenten liegt der Forschungs- und Entwicklungsabteilung vor:

Komponente	Handlungsempfehlung
Nestschaukel	Wertsteigerungsbedarf
Halterung für Schaukel	Wertsteigerungsbedarf
Holzgestell	Kostenreduzierungsbedarf
Bodenverankerung	Kein Handlungsbedarf

1. Welches Verhältnis liegt zwischen Zielherstellkostenanteil und Produktstandardkostenanteil für die einzelnen Produktkomponenten vor?

2. Nennen Sie konkrete Maßnahmen, durch die die geforderten Handlungsempfehlungen umgesetzt werden können.

Zielkostenindizes und Zielkostenkontrolldiagramm

9.5

Zielkostenindex

Liegen im Entwicklungsprozess Produktentwürfe vor, so muss laufend überprüft werden, ob die Zielkosten erreicht werden. Dafür wird für jede Produktkomponente der **Zielkostenindex** als Kennzahl ermittelt.

$$\text{Zielkostenindex} = \frac{\text{Nutzenanteil des Kunden in \%}}{\text{Kostenanteil geschätzte Produktstandardkosten in \%}}$$

Der Zielkostenindex zeigt anschaulich das Verhältnis von Nutzen- zum Kostenanteil der geschätzten Produktstandardkosten. Ähnlich wie bei dem Vergleich von Zielherstellkosten und geschätzten Produktstandardkosten kann die Entwicklungsabteilung aus der Interpretation der Zielkostenindizes je Produktkomponente Maßnahmen für die Weiterentwicklung des neuen Produktes ableiten:

Zielkostenindex < 1: Nutzenanteil < Kostenanteil
Die Komponentenkosten sind im Vergleich zum Kundennutzen zu hoch. Maßnahmen zur Kostenreduzierung sind erforderlich, um die Zielkosten zu erreichen (**Kostenreduzierungsbedarf**).

Zielkostenindex = 1: Nutzenanteil = Kostenanteil
Bedeutung der Komponente für den Kunden und die Kostenverursachung sind deckungsgleich. Die Komponente sollte wie entwickelt in das Produkt eingehen. Es besteht **kein Handlungsbedarf**.

Zielkostenindex > 1: Nutzenanteil > Kostenanteil

Im Vergleich zum Kundennutzen verursacht die Komponente (zu) geringe Kosten. Es sollte in die Komponente zur Verbesserung der Funktion investiert werden (**Wertsteigerungsbedarf**).

Situation

Herr Berg bittet das Controlling für das neue Produkt „Blechgehäuse mit Eingabeeinheit" die Zielkostenindizes der Produktkomponenten zu ermitteln, damit er diese hinsichtlich folgender Fragestellungen analysieren kann:

1) Welche Produktkomponenten haben für den Kunden einen hohen Nutzen und sollten deshalb besonders hochwertig hergestellt werden?

2) Welche Produktkomponenten sind vergleichsweise kostenintensiv, aber dem Kunden nicht wichtig?

Für die Produktkomponente Frontfolientastatur rechnet das Controlling z. B. wie folgt (vgl. S. 354 und S. 357):

$$\text{Zielkostenindex Frontfolientastatur} = \frac{10,15\,\%}{16\,\%} = 0,63$$

Aufgrund der analogen Berechnung ergeben sich für die übrigen Produktkomponenten folgende Zielkostenindizes:

		Nutzenanteil	Kostenanteil	Zielkostenindex
K1	Frontplatte	33,25 %	25 %	1,33
K2	Display/Touchscreen	21,75 %	20 %	1,09
K3	Frontfolientastatur	10,15 %	16 %	0,63
K4	Rückseitige Abdeckplatte	30,70 %	20 %	1,54
K5	Montage/Installation	4,15 %	19 %	0,24

Wie bereits beim Vergleich der Zielherstellkosten mit den geschätzten Produktstandardkosten besteht bei den Produktkomponenten „K3: Frontfolientastatur" und „K5: Montage/Installation" erheblicher Kostenreduzierungsbedarf. Bei den übrigen Komponenten kann ein Wertsteigerungsbedarf abgeleitet werden.

Toleranzparameter Mithilfe der Zielkostenindizes kann also beurteilt werden, inwieweit die Zielkosten dem relativen Nutzen der Komponente aus Kundensicht entsprechen. Da eine Übereinstimmung von Kostenanteil und Nutzenanteil (Zielkostenindex = 1) aufgrund der Unsicherheit kaum zu erreichen ist, wird eine gewisse Abweichung toleriert. Dabei wird unterstellt, dass eine umso größere Abweichung akzeptiert werden kann, je unbedeutender die Komponente für die Erfüllung der Produktfunktionen aus Kundensicht ist. Mathematisch wird die tolerierte Abweichung mithilfe eines **Toleranzparameters q** berücksichtigt, sodass für die unterschiedlichen Nutzenanteile jeweils die obere und die untere Toleranzgrenze für Kostenabweichungen bestimmt werden kann.

Beispiel 1

Herr Berg geht davon aus, dass eine Abweichung vom Idealwert (Zielkostenindex = 1) von q = 10 % akzeptiert werden kann. Für die Bestimmung der oberen und der unteren Toleranzgrenzen rechnet er in Abhängigkeit der zunehmenden Nutzenanteile wie folgt:

x = Nutzenanteil, y_o = obere Toleranzgrenze, y_u = untere Toleranzgrenze,

q = tolerierte Abweichung (hier: 10 %)

Obere Toleranzgrenze $y_o = \sqrt{x^2 + q^2}$ mit $0 < q < 1$

Untere Toleranzgrenze $y_u = \sqrt{x^2 - q^2}$ mit $0 < q < 1$

Nutzenanteil (x)	Obere Toleranzgrenze (yo)	Untere Toleranzgrenze (y_u)
0 %	10 %	–
5 %	11 %	–
10 %	14 %	0 %
15 %	18 %	11 %
20 %	22 %	17 %
25 %	27 %	23 %
30 %	32 %	28 %
35 %	36 %	34 %
40 %	41 %	39 %
45 %	46 %	44 %
50 %	51 %	49 %

Beispiel

Am Beispiel des Nutzenanteils von 20 % verdeutlicht Herr Berg die Berechnung der oberen Toleranzgrenze:

Obere Toleranzgrenze $y_o = \sqrt{x^2 + q^2} = \sqrt{0,2^2 + 0,1^2} = 0{,}2236 \approx 22\ \%$

Die obere Toleranzgrenze von 22 % besagt, dass bei einer Produktkomponente, der aus Kundensicht ein Nutzenanteil von 20 % zugeschrieben wird, einen Zielkostenanteil von 22 % toleriert werden kann. Übersteigt der Zielkostenanteil die 22 % besteht Kostenreduzierungsbedarf, weil die Produktkomponente im Verhältnis zum Nutzenanteil zu teuer hergestellt wird.

In Abhängigkeit der Variablen „Kostenanteil" und „Nutzenanteil" wird um die Ideallinie (Zielkostenindex = 1) ein Zielkorridor aufgespannt. Befinden sich die Zielkostenindizes der Produktkomponenten innerhalb dieses Zielkorridors, besteht kein Handlungsbedarf, da die Abweichung toleriert werden kann.

Als Hilfsmittel zur Visualisierung des Zielkorridors und zur Überwachung der Zielkosten im Rahmen des Produktentwicklungsprozesses erfolgt eine grafische Darstellung der oben skizzierten Zusammenhänge im Zielkostenkontrolldiagramm.

Im **Zielkostenkontrolldiagramm** werden die Nutzenanteile (x) den Zielkostenanteilen (y) gegenübergestellt und die Ideallinie (Zielkostenindex = 1), die Toleranzgrenzen und die Produktkomponenten eingetragen:

**Zielkosten-
kontrolldiagramm**

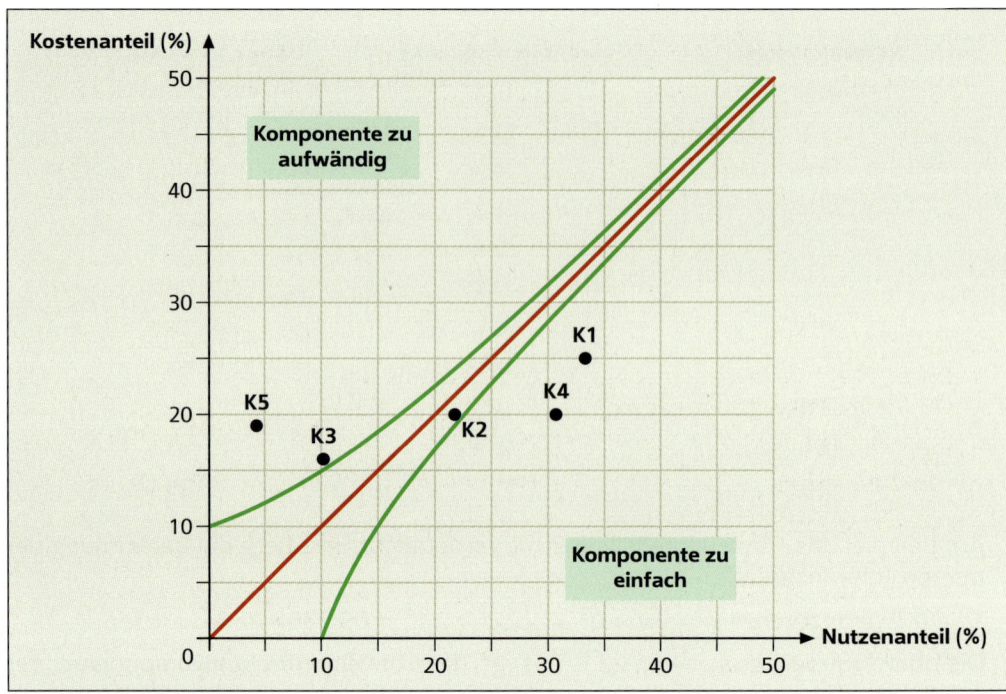

Auf diese Weise ist leicht zu erkennen, dass lediglich bei der Produktkomponente „K2: Display/Touchscreen" kein Handlungsbedarf besteht. Bei allen anderen Produktkomponenten müssen entweder wertsteigernde Maßnahmen („K1: Frontplatte", „K4: Rückseitige Abdeckplatte") oder kostensenkende Maßnahmen („K3: Frontfolientastatur", „K5: Montage/Installation") ergriffen werden.

Zusammen-fassung

- Der Zielkostenindex zeigt anschaulich das Verhältnis von Nutzen- zum Kostenanteil der geschätzten Produktstandardkosten.

- Ist der Zielkostenindex > 1 (< 1), besteht Wertsteigerungsbedarf (Kostenreduzierungsbedarf). Entspricht der Zielkostenindex = 1, so besteht kein Handlungsbedarf.

- Da in der Realität ein Zielkostenindex von 1 bei einer Produktkomponente nur schwer vorherzusehen ist, definiert das Unternehmen eine tolerierte Abweichung je Nutzenanteil mit Hilfe eines Toleranzparameters.

- Das Zielkostenkontrolldiagramm zeigt in Abhängigkeit der Variablen „Nutzenanteil" und „Zielkostenanteil" den Zielkorridor für die Zielkostenindizes der Produktkomponenten. Liegen die Zielkostenindizes innerhalb des Zielkorridors, besteht kein Handlungsbedarf.

Aufgabe 334

1. Welche Informationen liefern folgende Kennzahlen
   (1)   Zielkostenindex = 1,
   (2)   Zielkostenindex > 1,
   (3)   Zielkostenindex < 1.

2. Begründen Sie, warum im Zielkostenkontrolldiagramm mithilfe eines Toleranzparameters Abweichungen von der Ziellinie (Zielkostenindex= 1) akzeptiert werden.

Für eine Produktinnovation liegen in einem Industriebetrieb folgende Nutzenanteile und Produktstandardkostenanteile für die Produktkomponenten K1 bis K4 vor:

Aufgabe 335

	Nutzenanteil (%)	Produktstandardkostenanteil (%)
K1	25 %	20 %
K2	35 %	36 %
K3	20 %	35 %
K4	5 %	9 %

Der Toleranzparameter für die Abweichung vom Idealwert beträgt $q = 15\ \%$

1. Berechnen Sie für die Produktkomponenten K1 bis K4:
   (1) die Zielkostenindizes,
   (2) die obere und untere Toleranzgrenze.
2. Stellen Sie Ihre Ergebnisse im Zielkostenkontrolldiagramm grafisch dar.
3. Leiten Sie Handlungsempfehlungen für die Produktkomponenten K1 bis K4.

Das Zielkostenkontrolldiagramm für ein neues Produkt liefert folgendes Ergebnis:

Aufgabe 336

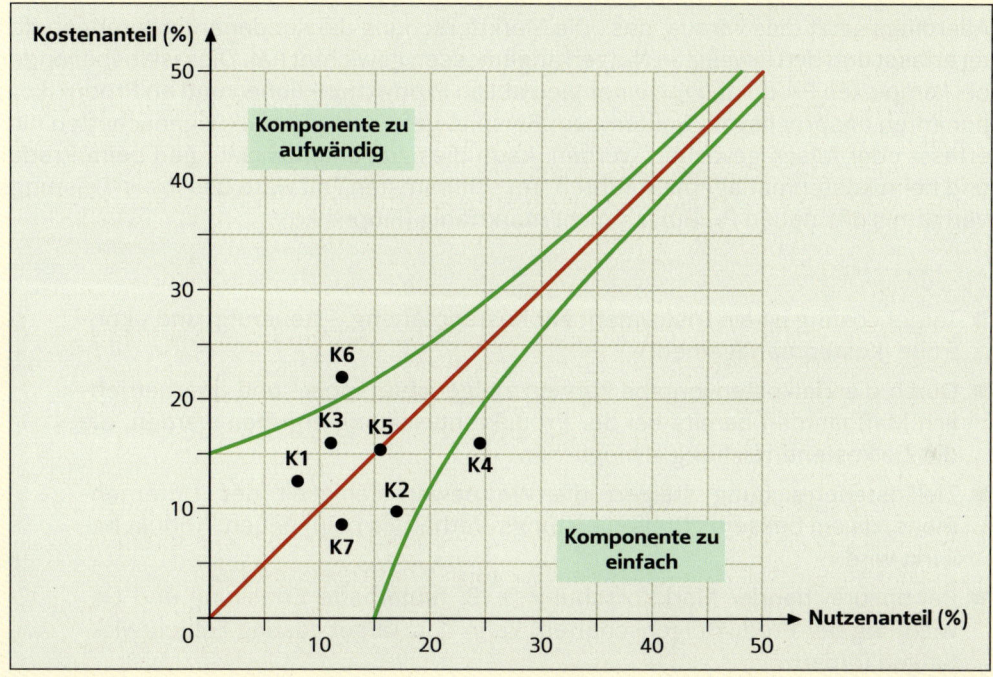

Interpretieren Sie das Zielkostenkontrolldiagramm und leiten Sie notwendige Handlungsempfehlungen ab.

Kostenmanagement

9.6

Durch Interpretation der Zielkostenindizes und des Zielkostenkontrolldiagramms liefert das Target costing zu einem frühen Zeitpunkt, i. d. R. vor der Produktentwicklung Ansatzpunkte für Kostensenkungen bzw. Wertsteigerungen bei einzelnen Produktkomponenten. Dadurch wird deutlich, dass das Target costing kein Kostenrechnungssystem[1], sondern ein Instrument zur Kostenplanung, -steuerung und –kontrolle (**Kostenmanagement**) darstellt.

Kostenmanagement

---

1 Kostenrechnungssysteme bewirken eine verursachungsgerechte Kostenverrechnung auf Kostenträger.

Zielkostenvorgaben bewegen die Unternehmensführung dazu, bereits bei der Produktentwicklung Maßnahmen zu ergreifen, die zur Zielkostenerreichung beitragen können.

Beispiele:

■ Bei Produktkomponenten mit Kostenreduzierungsbedarf werden Prozessabläufe optimiert oder es wird ein kostengünstigerer Teilelieferant ausgewählt. Im Extremfall könnte die Herstellung von Produktkomponenten insgesamt auf einen Zulieferer ausgelagert werden.

■ Forschung und Entwicklung des neuen Produktes werden gemeinsam mit den Lieferanten betrieben, um den erforderlichen Abstimmungsbedarf frühzeitig zu erkennen und gemeinsam effiziente Lösungen zu entwickeln.

Ein **erfolgreiches Kostenmanagement** (= Zielkostenerreichung) bewirkt, dass das Unternehmen eine starke Marktorientierung mit höherer Produktrentabilität erreichen kann. Die Einbeziehung der Kundenpräferenzen erhöht die Marktchancen der jeweiligen Produkte. Ferner werden Kostensenkungen im Zusammenhang mit den Kundenanforderungen zielgerichtet eingeleitet. Im Ergebnis steigt die Wettbewerbsfähigkeit des Unternehmens, da das neue Produkt ein besseres Preis-Leistungs-Verhältnis aufweist.

Allerdings setzt dies voraus, dass die Marktforschung die Kundenanforderungen richtig erfasst und den jeweiligen Nutzen angemessen gewichtet hat. Dies ist insbesondere bei komplexen Produkten mit einer Vielzahl an Produktfunktionen und an Produktkomponenten anspruchsvoll. Sollten zum Beispiel geforderte Produkteigenschaften nicht erfasst oder falsch gewichtet werden, kann dies zu Fehlentwicklungen beim Produkt und beim Kostenmanagement führen. Im schlimmsten Fall wäre das Preis-Leistungs-Verhältnis des neuen Produktes nicht marktfähig (Floprisiko).

Zusammen-fassung

■ Target costing ist ein Instrument zur Kostenplanung, -steuerung und –kontrolle (Kostenmanagement).

■ Durch die Zielkostenvorgabe können zielgerichtet inner- und überbetrieblich Maßnahmen bereits bei der Produktentwicklung ergriffen werden, die die Zielkostenerreichung ermöglichen.

■ Zielkostenerreichung steigert die Wettbewerbsfähigkeit des Unternehmens, da ein besseres Preis- Leistungs-Verhältnis beim neuen Produkt bewirkt wird.

■ Bei unzureichender Marktforschung (z. B. fehlerhafte Erfassung und Gewichtung der Produkteigenschaften) kann das Target costing Fehlentwicklungen fördern.

Aufgabe 337

1. Warum ist das Target costing kein Kostenrechnungssystem, sondern ist ein Instrument des Kostenmanagements?

2. Erklären Sie, warum Target costing insbesondere bei der Produktentwicklung effektiv eingesetzt werden kann.

3. Wovon hängt die Güte erfolgreichen Kostenmanagements ab?

Ein Motorradhersteller beabsichtigt die Markteinführung eines Motorrades mit Elektroantrieb. Da auch Konkurrenzhersteller in den Markt für E-Motorräder einsteigen wollen, hat eine Marktstudie ergeben, dass von einem Target price von 14.500,00 € bei einer Absatzmenge von 350 Stück auszugehen ist. Derzeit erwirtschaftet das Unternehmen eine Umsatzrendite in Höhe von 9 %, die auch mit dem Verkauf der E-Motorräder erreicht werden soll. Die Verwaltungs- und Vertriebsgemeinkosten betragen jeweils 7,5 % der Herstellkosten.

Die Marktforschung hierzu hat ergeben, dass auch künftig das Fahrerlebnis durch folgende Produktfunktionen erfüllt werden muss, die nach Ansicht der Konstrukteure der Entwicklungsabteilung durch folgende Produktkomponenten erfüllt werden:

	F1 Motorleistung	F2 Design	F3 Zuverlässigkeit	F4 Werterhaltung	F5 Ausstattung
Bedeutung Kunde	*30 %*	*20 %*	*15 %*	*15 %*	*20 %*
K1 Motor	60 %	0 %	40 %	35 %	10 %
K2 Elektrik	10 %	5 %	30 %	15 %	35 %
K3 Karosserie	5 %	70 %	0 %	10 %	5 %
K4 Steuerung	5 %	20 %	10 %	10 %	35 %
K5 Antrieb	20 %	5 %	20 %	30 %	15 %

Die Produktstandardkosten werden geschätzt:

	Drifting costs
K1 Motor	4.200,00
K2 Elektrik	2.500,00
K3 Karosserie	2.200,00
K4 Steuerung	1.500,00
K5 Antrieb	2.600,00

1. Ermitteln Sie die Nutzenanteile der Produktkomponenten.

2. Ermitteln Sie den geplanten Gewinn, die Allowable costs und die Zielherstellkosten, wenn diese die erlaubten Herstellkosten um 5 % übersteigen dürfen.

3. Berechnen Sie die Zielkostenanteile und die Kostenanteile der Drifting costs für die Produktkomponenten. Begründen Sie, welche Handlungsempfehlungen Sie für die Produktkomponenten vorschlagen.

4. Ermitteln Sie die Zielkostenindizes und die obere und untere Toleranzgrenze für die Produktkomponenten, wenn von einem Toleranzparameter von q = 4 % ausgegangen wird.

5. Stellen Sie Ihre Ergebnisse zu Aufgabe 4 im Zielkostenkontrolldiagramm grafisch dar und erläutern Sie, bei welchen Produktkomponenten Handlungsbedarf besteht.

6. Nennen Sie konkrete Maßnahmen, damit die Zielkosten erreicht werden können.

D Der Jahresabschluss – Erstellung, Analyse und Auswertung (Lernfeld 8)

1 Erstellung des Jahresabschlusses

1.1 Abgleich zwischen Buch- und Istbeständen (Inventurdifferenzen)

Situation

Die **Erstellung des Jahresabschlusses** im Einzelunternehmen Thomas Berg **bedarf** einer sorgfältigen **Planung und Organisation,** denn die **Buchwerte** der Bestands- und Erfolgskonten dürfen nicht ohne **Prüfung und Inventur** in die **Schlussbilanz und Gewinn- und Verlustrechnung** übernommen werden.

Bestandteile des Jahresabschlusses

Zum Ende des Geschäftsjahres ist der **Jahresabschluss** zu erstellen, der bei **Einzelunternehmen** (e. K. usw.; vgl. § 241a HGB, Befreiung) und **Personengesellschaften** (OHG, KG) aus **Jahresbilanz und Gewinn- und Verlustrechnung** besteht (§ 242 [3] HGB). Bei **Kapitalgesellschaften** (AG, KGaA, GmbH) und **bestimmten Personengesellschaften** (z. B. GmbH & Co. KG, vgl. § 264a HGB) sind Jahresbilanz und GuV-Rechnung um einen **Anhang** (Erläuterungsbericht) und einen **Lagebericht** zu ergänzen (§§ 264, 264a HGB). **Kleinstkapitalgesellschaften** (§ 267a HGB) sind von der Verpflichtung zur Aufstellung eines Anhangs befreit, wenn sie bestimmte Angaben unter der Bilanz machen (§ 264 [1] Satz 5 HGB). Kapitalmarktorientierte Kapitalgesellschaften haben zusätzlich eine **Kapitalflussrechnung** und einen **Eigenkapitalspiegel** zu erstellen.

Aufgaben des Jahresabschlusses

Der Jahresabschluss soll die Unternehmenseigner und Behörden, Gläubiger u. a. **über die tatsächliche Vermögens-, Finanz- und Ertragslage informieren**. Der Jahresabschluss ist aber auch **Grundlage der Gewinnverwendung und Steuerermittlung** sowie ein wichtiges **Beweismittel** für mögliche Interessenkonflikte.

Inventur

Die Inventur der Vermögensgegenstände und Schulden ist die **wichtigste Voraussetzung** für die ordnungsmäßige **Erstellung des Jahresabschlusses** (siehe S. 17 f.). Sie muss durch **Sach-, Arbeits- und Terminpläne** organisiert werden, damit der Abschluss – wie üblich – **in den ersten drei Monaten des Folgejahres** erstellt ist.

Abgleich von Soll- und Istbeständen

Die Inventur dient vor allem dem **Abgleich** der **Soll- bzw. Buchbestände der Finanzbuchhaltung** mit den **Istbeständen der körperlichen und buchmäßigen Inventur,** um **Inventurdifferenzen und deren Ursachen** festzustellen, z. B. durch

- **Buchungsfehler:** falsche Konten und Beträge, ausgelassene Buchungen, Doppelbuchungen u. a.
- **Nicht erfasste Wert- oder Mengenänderungen:** Schwund, Verderb, Diebstahl, nicht gebuchte Belege, nicht gebuchte Abschreibungen bei Forderungen, Nichtbeachtung des Niederstwertprinzips[1] bei Lagervorräten und des Höchstwertprinzips bei Verbindlichkeiten u. a.

Berichtigung der Inventurdifferenzen

Inventurdifferenzen, die sich in den Bestandskonten **nach** Buchung des Inventurschlussbestands ergeben, sind zu korrigieren. **Buchungsfehler** werden z. B. durch Rückbuchung (Stornierung), Neu- oder Nachbuchung berichtigt. **Mengen- und Wertdifferenzen** sind auf den betreffenden Aufwands- und Bestandskonten zu erfassen. So sind Werkstoffminderungen im jeweiligen Werkstoffaufwands- und Werkstoffbestandskonto zu buchen. Nach den Berichtigungsbuchungen entsprechen die Salden der Bestandskonten den Inventurwerten.

Beispiel

Das Kassenkonto des Metallwerks Berg weist zum 31. Dezember im Soll eine Summe von 5.850,00 € und im Haben von 4.400,00 € aus. Der Sollbestand beträgt somit 1.450,00 €. Lt. Kassenprotokoll ergab die körperliche Inventur des Kassenbestands einen Istbestand von **1** 1.360,00 € und **2** 1.539,25 €.

---

1 Zum Bilanzstichtag ist das Vorratsvermögen zum niedrigsten Tageswert anzusetzen (Niederstwertprinzip). (Siehe auch S. 397 f.)

1 Nach Buchung des Inventurbestands von 1.360,00 € ergibt sich im Kassenkonto ein **Fehlbetrag von 90,00 €,** der a) auf einen nicht aufgedeckten Diebstahl, b) auf eine nicht gebuchte Privatentnahme zurückzuführen ist.

Beispiel

Buchung des Inventurbestands	Soll	Haben
8010 Schlussbilanzkonto	1.360,00	
an 2880 Kasse		1.360,00

Berichtigungsbuchungen	Soll	Haben
a) 6940 Sonstige Aufwendungen	90,00	
an 2880 Kasse		90,00
b) 3001 Privatentnahmen	90,00	
an 2880 Kasse		90,00

2 Nach Buchung des Inventurbestands von 1.539,25 € ergibt sich im Kassenkonto ein **Überschuss von 89,25 €,** der a) nicht geklärt werden konnte, b) daraus resultiert, dass der Barverkauf eines Ersatzteils nicht gebucht wurde: 75,00 € netto + 14,25 € USt = 89,25 €.

Buchung des Inventurbestands	Soll	Haben
8010 Schlussbilanzkonto	1.539,25	
an 2880 Kasse		1.539,25

Berichtigungsbuchungen	Soll	Haben
a) 2880 Kasse	89,25	
an 5430 Andere sonstige betriebliche Erträge		89,25
b) 2880 Kasse	89,25	
an 5000 Umsatzerlöse für eigene Erzeugnisse		75,00
an 4800 Umsatzsteuer		14,25

Richten Sie für obige Beispiele die Konten ein und buchen Sie darauf.

- Der **Jahresabschluss** bedarf einer sorgfältigen **Planung und Organisation** und sollte in der Regel in den ersten **drei Monaten** des Folgejahres erstellt werden.
- Der **Abgleich** zwischen den rechnerischen Sollbeständen (Buchbeständen) der Finanzbuchhaltung und den durch Inventur ermittelten Istbeständen muss zur buchmäßigen Berichtigung von Abweichungen führen.

Zusammen-fassung

Das Kassenkonto weist zum 31. Dez. im Soll 22.850,00 € und im Haben 22.560,00 € aus. Die Inventur ergab einen Istbestand von a) 232,00 € und b) 406,00 €.
Richten Sie für die Fälle a) und b) jeweils die Konten 2880, 8010, 5430 bzw. 6940 ein. Buchen Sie nun den Schlussbestand lt. Inventur für die Fälle a) und b). Ermitteln und buchen Sie Istbeständen jeweils die Abweichungen, deren Ursache nicht geklärt werden konnte, auf den genannten Konten. Nennen Sie alle Buchungssätze.

Aufgabe 339

1. Das Konto 2000 Rohstoffe weist zum 31. Dez. im Soll 400.000,00 € und im Haben 350.000,00 € aus. Die Inventur ergab einen Istbestand von a) 35.000,00 € und b) 60.000,00 €. **Richten Sie für beide Fälle die Konten 2000, 6000 und 8010 ein und für b) zusätzlich 2020.** Die Abweichung bei a) ist auf einen nicht gebuchten Materialentnahmeschein zurückzuführen. Im Fall b) handelt es sich um eine irrtümlich auf dem Konto 2020 gebuchte Rohstofflieferung (bestandsrechnerisches Verfahren).
2. **Nennen Sie mögliche Ursachen für Kassendifferenzen und Abweichungen in Lagerbeständen.**

Aufgabe 340

1.2 Zeitliche Abgrenzung der Aufwendungen und Erträge

Situation

Das Metallwerk Thomas Berg erstellt regelmäßig zum 31. Dezember eines Geschäftsjahres den Jahresabschluss gemäß § 242 HGB (siehe Anhang), also die Bilanz und die Gewinn- und Verlustrechnung. Bevor die Bestands- und Erfolgskonten abgeschlossen werden können, sind wichtige Vorarbeiten zu leisten. So muss vorab von allen Vermögens- und Schuldenposten **Inventur** gemacht und ein **Inventar** erstellt werden. Sodann sind die **Buchwerte** der Bestandskonten **mit den Inventurwerten abzustimmen**. Schließlich sind die **Erfolgskonten** daraufhin zu **überprüfen**,

ob alle Aufwendungen und Erträge, die wirtschaftlich das abzuschließende Geschäftsjahr betreffen, bisher erfasst worden sind.

1.2.1 Sonstige Forderungen

Beispiel

Das Metallwerk Berg hat einem Kunden eine Lagerhalle für monatlich 2.000,00 € vermietet. Die Dezembermiete wird erst am 10. Januar nächsten Jahres auf dem Bankkonto gutgeschrieben.

Wie ist zum 31. Dezember des Abschlussjahres zu buchen?

Periodengerechte Erfassung von Erträgen

Die Miete für Dezember ist ein **Ertrag des abzuschließenden Geschäftsjahres,** der **erst im neuen Jahr** zu einer **Einnahme** auf dem Bankkonto führt. Der Mietertrag muss noch – **unabhängig von der Zahlung** – in der Gewinn- und Verlustrechnung des alten Jahres berücksichtigt werden, um den **Jahreserfolg zeitraumrichtig** (periodengerecht) ermitteln zu können. Die noch ausstehende Mieteinnahme ist zum Bilanzstichtag als „Sonstige Forderung" auf dem gleichnamigen Konto zu erfassen:

2690 Sonstige Forderungen.

Buchungen zum 31. Dezember des Abschlussjahres	Soll	Haben
❶ 2690 Sonstige Forderungen	2.000,00	
an 5081 Mieterträge		2.000,00
❷ 5081 Mieterträge	2.000,00	
an 8020 Gewinn- und Verlustkonto		2.000,00
❸ 8010 Schlussbilanzkonto	2.000,00	
an 2690 Sonstige Forderungen		2.000,00

S	2690 Sonstige Forderungen	H
❶ 5081 2.000,00	❸ 8010 2.000,00	

S	5081 Mieterträge	H
❷ 8020 2.000,00	❶ 2690 2.000,00	

S	8010 Schlussbilanzkonto	H
❸ 2690 2.000,00		

S	8020 Gewinn- und Verlustkonto	H
	❷ 5081 2.000,00	

Buchung bei Zahlungseingang der Miete am 10. Januar des Folgejahres	Soll	Haben
2800 Bank	2.000,00	
an 2690 Sonstige Forderungen		2.000,00

S	2800 Bank	H
2690 2.000,00		

S	2690 Sonstige Forderungen	H
8000 2.000,00	2800 2.000,00	

Sonstige Verbindlichkeiten

1.2.2

> Das Metallwerk Berg hat am 1. Oktober ein Darlehen aufgenommen, für das am 30. September des nächsten Geschäftsjahres 1.200,00 € Zinsen zu zahlen sind.
>
> **Wie lautet die Buchung zum Abschlussstichtag 31. Dezember?**

Beispiel

Von den Jahreszinsen in Höhe von 1.200,00 €, die erst am 30. September des nächsten Jahres gezahlt werden müssen, entfallen **als Aufwand 300,00 € auf das alte** und 900,00 € auf das neue Jahr. Um das Ergebnis des abzuschließenden Geschäftsjahres periodengerecht ermitteln zu können, muss der **Zinsaufwand des alten Jahres** noch zum 31. Dezember gebucht werden. Die noch **ausstehende Zahlung** ist dann zugleich als Schuld auf dem folgenden Konto auszuweisen:

Periodengerechte Erfassung von Aufwendungen

4890 Sonstige Verbindlichkeiten.

Buchungen zum 31. Dezember des Abschlussjahres	Soll	Haben
❶ 7510 Zinsaufwendungen	300,00	
an 4890 Sonstige Verbindlichkeiten		300,00
❷ 8020 Gewinn- und Verlustkonto	300,00	
an 7510 Zinsaufwendungen		300,00
❸ 4890 Sonstige Verbindlichkeiten	300,00	
an 8010 Schlussbilanzkonto		300,00

S	7510 Zinsaufwendungen	H
❶ 4890	300,00	❷ 8020	300,00

S	4890 Sonstige Verbindlichkeiten	H
❸ 8010	300,00	❶ 7510	300,00

S	8020 Gewinn- und Verlustkonto	H
❷ 7510	300,00	

S	8010 Schlussbilanzkonto	H
		❸ 4890	300,00

Buchung bei Zahlung der Jahreszinsen am 30. September des Folgejahres	Soll	Haben
4890 Sonstige Verbindlichkeiten	300,00	
7510 Zinsaufwendungen	900,00	
an 2800 Bank		1.200,00

S	4890 Sonstige Verbindlichkeiten	H
2800	300,00	8000	300,00

S	2800 Bank	H
...	250.000,00	4890/7510	1.200,00

S	7510 Zinsaufwendungen	H
2800	900,00	

> ■ **Der Gewinn oder Verlust** eines Geschäftsjahres wird durch Gegenüberstellung der **Aufwendungen und Erträge** dieses Jahres ermittelt, und zwar **unabhängig von ihrer Zahlung,** also der Ausgabe bzw. Einnahme.
>
> ■ Aufwendungen und Erträge sind stets **dem** Geschäftsjahr zuzurechnen, zu dem sie **wirtschaftlich** gehören. Nur so lässt sich das **Ergebnis** eines Geschäftsjahres **zeitraumrichtig** (periodengerecht) ermitteln.

Zusammenfassung

(Fortsetzung siehe folgende Seite)

Zusammen-fassung

■ **Aufwendungen des abzuschließenden Geschäftsjahres,** die **erst im Folgejahr** zu einer **Ausgabe** führen, sind Schulden, die auf dem Konto „4890 Sonstige Verbindlichkeiten" ausgewiesen werden. **Zum Abschlussstichtag** wird der **Aufwand** gebucht:

Aufwandskonto an **Sonstige Verbindlichkeiten**

Beispiele: Noch zu zahlende Zinsen, Mieten, Provisionen, Betriebsteuern u. a.

Im neuen Jahr wird die **Ausgabe gebucht:**

Sonstige Verbindlichkeiten an **Bank**

■ **Erträge des Abschlussjahres,** die **erst im folgenden Jahr** zu einer **Einnahme** führen, stellen Forderungen dar, die auf dem Konto „2690 Sonstige Forderungen" gebucht werden. **Zum Abschlussstichtag** wird der **Ertrag** gebucht:

Sonstige Forderungen an **Ertragskonto**

Beispiele: Noch zu erhaltende Zinsen, Mieten, Provisionen u. a.

Im neuen Jahr wird die **Einnahme gebucht:**

Bank an **Sonstige Forderungen**

Aufgabe 341

Wie lauten die Buchungssätze zu folgenden Geschäftsfällen
a) zum Abschlussstichtag (31. Dezember),
b) nach Eröffnung der Konten bei Zahlungseingang bzw. -ausgang (Bank) im neuen Jahr?

1. Die Dezembermiete für eine Lagerhalle in Höhe von 6.500,00 € überweisen wir erst Anfang Januar des Folgejahres.
2. Wir haben von unserem Kunden die fälligen Darlehenszinsen für die Zeit vom 1. Oktober bis 31. Dezember bis zum Bilanzstichtag noch nicht erhalten. Die Bankgutschrift erfolgt erst am 10. Januar des neuen Geschäftsjahres: 1.500,00 €.
3. Der Handelskammerbeitrag für das vierte Quartal wird erst am 2. Januar nächsten Jahres überwiesen: 890,00 €.
4. Die Dezembermiete für vermietete Garagen geht erst Anfang Januar nächsten Jahres ein: 150,00 €.
5. Die Telekommunikationsrechnung für Dezember wird erst am 2. Januar nächsten Jahres vom Bankkonto abgebucht: 860,00 € netto + 163,40 € USt.
6. Wir überweisen die Zinsen nachträglich jeweils für sechs Monate am 1. März und 1. September: 4.800,00 €.
7. Die Provision unseres Handelsvertreters für November und Dezember wird erst im Januar überwiesen. Die Rechnung weist aus: 5.600,00 € Nettoprovision + 1.064,00 € Umsatzsteuer = 6.664,00 €.
8. Die Zinsen für die Zeit vom 1. November bis 31. Januar nächsten Jahres in Höhe von 1.200,00 € werden von uns nachträglich am 31. Januar überwiesen.

Aufgabe 342

Was gehört Ihrer Meinung nach zusammen?

Einnahme im neuen Jahr, Aufwand im alten Jahr, Sonstige Forderungen, Sonstige Verbindlichkeiten, Ertrag im alten Jahr, Ausgabe im neuen Jahr.

Aktive Rechnungsabgrenzung

1.2.3

Die Kraftfahrzeugversicherung für die Lastkraftwagen des Metallwerks Berg in Höhe von 2.400,00 € wurde am 1. Oktober für ein Jahr im Voraus vom Bankkonto abgebucht.

Beispiel

❶ Buchung der geleisteten Vorauszahlung am 1. Oktober des Abschlussjahres	Soll	Haben
6900 Versicherungsbeiträge	2.400,00	
an 2800 Bank		2.400,00

S	6900 Versicherungsbeiträge	H
❶ 2800	2.400,00	

S	2800 Bank	H
	❶ 6900	2.400,00

Die am 1. Oktober für ein Jahr **im Voraus gezahlte** Kfz-Versicherung **berührt zwei Geschäftsjahre.** Deshalb muss zum Abschlussstichtag (z. B. 31. Dezember) eine genaue **periodengerechte Abgrenzung** des auf dem Konto 6900 gebuchten gesamten Versicherungsaufwands von 2.400,00 € vorgenommen werden: **600,00 €** (= $^3/_{12}$ von 2.400,00 €) entfallen auf drei Monate des Abschlussjahres, **1.800,00 €** (= $^9/_{12}$ von 2.400,00 €) auf neun Monate des folgenden Geschäftsjahres. Der auf das neue Geschäftsjahr entfallende Anteil der Kfz-Versicherung muss aus dem Konto „6900 Versicherungsbeiträge" herausgebucht und **in die Ergebnisrechnung des neuen Jahres überführt** werden. Dazu benötigt man zum Abschlussstichtag das **Hilfskonto**

Periodengerechte Erfassung im Voraus gezahlter Aufwendungen

2900 Aktive Rechnungsabgrenzung (kurz: ARA).

❷ Buchung der zeitlichen Abgrenzung zum Abschlussstichtag 31. Dezember	Soll	Haben
2900 Aktive Rechnungsabgrenzung	1.800,00	
an 6900 Versicherungsbeiträge		1.800,00

Das Konto „2900 Aktive Rechnungsabgrenzung" beinhaltet in diesem Beispiel einen Anspruch auf Versicherungsschutz für neun Monate des neuen Jahres, also einen Vermögenswert in Form einer **Leistungsforderung,** da die Versicherung bereits im alten Jahr im Voraus für das neue Jahr gezahlt wurde. Es ist deshalb als **aktives Bestandskonto** zum Schlussbilanzkonto abzuschließen. Das Konto „6900 Versicherungsbeiträge" weist nun den periodengerechten Versicherungsaufwand des Abschlussjahres in Höhe von 600,00 € aus und ist zum Gewinn- und Verlustkonto abzuschließen.

Abschluss des Kontos „2900 ARA"

❸ Abschlussbuchungen zum 31. Dezember	Soll	Haben
8010 Schlussbilanzkonto	1.800,00	
an 2900 Aktive Rechnungsabgrenzung		1.800,00
8020 Gewinn- und Verlustkonto	600,00	
an 6900 Versicherungsbeiträge		600,00

S	6900 Versicherungsbeiträge	H
❶ 2800	2.400,00	❷ 2900	1.800,00
		❸ 8020	600,00

S	2900 ARA	H
❷ 6900	1.800,00	❸ 8010	1.800,00

S	8020 Gewinn- und Verlustkonto	H
❸ 6900	600,00	

S	8010 Schlussbilanzkonto	H
	❸ 2900	1.800,00

Buchungen im neuen Jahr

Zu Beginn des neuen Jahres wird das Konto „2900 Aktive Rechnungsabgrenzung" mit dem Betrag von 1.800,00 € eröffnet. Danach wird dieser Betrag auf das Konto „6900 Versicherungsbeiträge" **umgebucht.** Damit hat das Konto „2900 Aktive Rechnungsabgrenzung" seine eigentliche Aufgabe erfüllt, die im alten Geschäftsjahr getätigten Ausgaben als Aufwand in die Ergebnisrechnung des neuen Geschäftsjahres zu überführen. Die auf dem Konto 2900 gebuchten Beträge stellen somit **„transitorische" Posten** dar.

Eröffnungsbuchung	Soll	Haben
2900 Aktive Rechnungsabgrenzung	1.800,00	
an 8000 Eröffnungsbilanzkonto		1.800,00

Umbuchung	Soll	Haben
6900 Versicherungsbeiträge	1.800,00	
an 2900 Aktive Rechnungsabgrenzung		1.800,00

S	2900 ARA		H		S	6900 Versicherungsbeiträge		H
8000	1.800,00	6900	1.800,00	→	2900	1.800,00		

Das Versicherungskonto weist nun **periodengerecht** den anteiligen Aufwand des neuen Jahres in Höhe von 1.800,00 € aus.

Sofortige aktive Rechnungsabgrenzung bei Zahlung

Die aktive Rechnungsabgrenzung kann auch sogleich bei Buchung der Ausgabe vorgenommen werden. Dadurch erübrigt sich zum Bilanzstichtag eine Überprüfung aller Ausgaben auf ihre Periodenzugehörigkeit. Im o. g. Beispiel soll nun die zeitliche Abgrenzung direkt bei Zahlung des Versicherungsbeitrags erfolgen:

Buchung bei Zahlung des Versicherungsbeitrags am 1. Oktober	Soll	Haben
6900 Versicherungsbeiträge	600,00	
2900 Aktive Rechnungsabgrenzung	1.800,00	
an 2800 Bank		2.400,00

S	6900 Versicherungsbeiträge		H		S	2800 Bank		H
2800	600,00						6900/2900	2.400,00

S	2900 ARA		H
2800	1.800,00		

1.2.4 Passive Rechnungsabgrenzung

Beispiel

Für vermietete Büroräume erhält das Metallwerk Berg die Miete in Höhe von 6.000,00 € für die Zeit vom 1. November des laufenden Jahres bis zum 30. April des folgenden Jahres im Voraus. Die Bankgutschrift erfolgt zum 1. November.

❶ Buchung der Einnahme am 1. November des Abschlussjahres	Soll	Haben
2800 Bank	6.000,00	
an 5081 Mieterträge		6.000,00

S	2800 Bank		H		S	5081 Mieterträge		H
❶ 5081	6.000,00						❶ 2800	6.000,00

Die am 1. November für sechs Monate im Voraus erhaltene Miete **berührt zwei Geschäftsjahre.** Zum 31. Dezember des Abschlussjahres muss eine zeitliche Abgrenzung der auf dem Konto 5081 gebuchten Mieteinnahme von 6.000,00 € vorgenommen werden: **2.000,00 €** (= $^2/_6$ von 6.000,00 €) entfallen auf zwei Monate des Abschlussjahres, **4.000,00 €** (= $^4/_6$ von 6.000,00 €) auf vier Monate des Folgejahres. Der auf das neue Geschäftsjahr entfallende Mietanteil muss auf der Sollseite des Mietertragskontos korrigiert und **in die Ergebnisrechnung des neuen Jahres überführt** werden. Dazu benötigt man zum 31. Dezember (= Abschlussstichtag) das **Hilfskonto**

Periodengerechte Erfassung im Voraus erhaltener Erträge

4900 Passive Rechnungsabgrenzung (kurz: PRA).

❷ Buchung der zeitlichen Abgrenzung zum Abschlussstichtag 31. Dezember	Soll	Haben
5081 Mieterträge	4.000,00	
an 4900 Passive Rechnungsabgrenzung		4.000,00

Das Konto „**4900 Passive Rechnungsabgrenzung**" beinhaltet im vorliegenden Fall eine Verpflichtung zur Überlassung der Büroräume für vier Monate des neuen Jahres, also eine Schuld in Form einer **Leistungsverbindlichkeit,** da die Miete bereits im alten Jahr im Voraus für das neue Jahr vereinnahmt wurde. Es ist deshalb als **passives Bestandskonto** zum Schlussbilanzkonto abzuschließen. Das Konto „5081 Mieterträge", das den periodengerechten Mietertrag des Abschlussjahres in Höhe von 2.000,00 € ausweist, wird zum GuV-Konto abgeschlossen.

Abschluss des Kontos „4900 PRA"

❸ Abschlussbuchungen zum 31. Dezember	Soll	Haben
4900 Passive Rechnungsabgrenzung	4.000,00	
an 8010 Schlussbilanzkonto		4.000,00
5081 Mieterträge	2.000,00	
an 8020 Gewinn- und Verlustkonto		2.000,00

S 4900 Passive Rechnungsabgrenzung H			S 5081 Mieterträge H		
❸ 8010	4.000,00	❷ 5081 4.000,00	❷ 4900	4.000,00	❶ 2800 6.000,00
			❸ 8020	2.000,00	

S 8010 Schlussbilanzkonto H			S 8020 Gewinn- und Verlustkonto H		
		❸ 4900 4.000,00			❸ 5081 2.000,00

Zu Beginn des neuen Jahres wird das Konto „4900 Passive Rechnungsabgrenzung" mit dem Betrag von 4.000,00 € eröffnet. Anschließend wird dieser Betrag auf das Konto „5081 Mieterträge" **umgebucht.** Damit hat das Konto „4900 Passive Rechnungsabgrenzung" seine eigentliche Aufgabe erfüllt, die im alten Geschäftsjahr gebuchte Mieteinnahme als Ertrag in die Ergebnisrechnung des neuen Geschäftsjahres zu überführen.

Buchungen im neuen Jahr

Eröffnungsbuchung	Soll	Haben
8000 Eröffnungsbilanzkonto	4.000,00	
an 4900 Passive Rechnungsabgrenzung		4.000,00

Umbuchung	Soll	Haben
4900 Passive Rechnungsabgrenzung	4.000,00	
an 5081 Mieterträge		4.000,00

S 5081 Mieterträge H			S 4900 Passive Rechnungsabgrenzung H		
	4900	4.000,00	5081	4.000,00	8000 4.000,00

Das Konto 5081 weist nun im neuen Jahr den anteiligen im Voraus erhaltenen Mietertrag aus.

Sofortige passive Rechnungsabgrenzung bei Zahlung

Auch die passive Rechnungsabgrenzung lässt sich direkt bei Buchung der Einnahme vornehmen.

Buchung bei Eingang der Mietvorauszahlung am 1. November	Soll	Haben
2800 Bank	6.000,00	
an 5081 Mieterträge		2.000,00
an 4900 Passive Rechnungsabgrenzung		4.000,00

S	2800 Bank	H
5081/4900 6.000,00		

S	5081 Mieterträge	H
	2800	2.000,00

S	4900 Passive Rechnungsabgrenzung	H
	2800	4.000,00

Zusammenfassung

▪ Das Konto „**2900 Aktive Rechnungsabgrenzung**" erfasst alle Ausgaben vor dem Abschlussstichtag, soweit sie wirtschaftlich Aufwand des Folgejahres darstellen (§ 250 HGB). Der Buchungssatz lautet

– bei Abgrenzung zum Abschlussstichtag: **ARA an Aufwandskonto**

– bei direkter Abgrenzung: **ARA an Zahlungsmittelkonto**

▪ Das Konto „**4900 Passive Rechnungsabgrenzung**" erfasst alle Einnahmen vor dem Abschlussstichtag, soweit sie wirtschaftlich Ertrag des Folgejahres darstellen (§ 250 HGB). Der Buchungssatz lautet

– bei Abgrenzung zum Abschlussstichtag: **Ertragskonto an PRA**

– bei direkter Abgrenzung: **Zahlungsmittelkonto an PRA**

▪ Aktive und passive **Rechnungsabgrenzungsposten werden zu Beginn des folgenden Geschäftsjahres aufgelöst,** indem sie auf das entsprechende Erfolgskonto **umgebucht** werden:

– **Aufwandskonto an ARA**

– **PRA an Ertragskonto**

▪ **Die zeitliche Abgrenzung** der Aufwendungen und Erträge **bezweckt** eine **periodengerechte Ermittlung des Jahresergebnisses. Es werden vier Fälle unterschieden:**

Geschäftsfall	Vorgang		Buchung zum Abschlussstichtag:
	im alten Jahr	im neuen Jahr	
Noch zu zahlender Aufwand	Aufwand	Ausgabe	Aufwandskonto an Sonstige Verbindlichkeiten
Noch zu vereinnahmender Ertrag	Ertrag	Einnahme	Sonstige Forderungen an Ertragskonto
Im Voraus gezahlter Aufwand	Ausgabe	Aufwand	Aktive Rechnungsabgrenzung an Aufwandskonto
Im Voraus vereinnahmter Ertrag	Einnahme	Ertrag	Ertragskonto an Passive Rechnungsabgrenzung

a) Buchen Sie den Zahlungsvorgang der folgenden Geschäftsfälle zunächst auf Konten oder im Grundbuch.

b) Buchen Sie die erforderliche zeitliche Abgrenzung zum Abschlussstichtag 31. Dezember ..

c) Buchen Sie die Auflösung der aktiven und passiven Rechnungsabgrenzung im neuen Jahr.

Aufgabe 343

1. Die Kraftfahrzeugsteuer für die Geschäftswagen wird am 1. Juli für ein Jahr im Voraus vom Bankkonto abgebucht: 600,00 €.

2. Am 1. Dezember erhalten wir die Miete für vermietete Geschäftsräume für Dezember, Januar und Februar im Voraus durch Banküberweisung: 4.500,00 €.

3. Für die EDV-Anlage besteht mit dem Lieferanten ein Wartungsvertrag. Am 2. Mai wird der Jahresbetrag lt. Rechnung ER 345 überwiesen: 1.200,00 € + 228,00 € Umsatzsteuer = 1.428,00 €.

4. Am 1. Oktober werden die Jahreszinsen für ein von uns gewährtes Darlehen im Voraus auf das Bankkonto überwiesen: 960,00 €.

5. Die Gebäudeversicherung für Geschäftsgebäude wird am 1. November durch die Bank für ein Jahr im Voraus überwiesen: 3.600,00 €.

6. Bankgutschrift der Januarmiete für vermietete Lagerräume am 22. Dezember: 2.500,00 €.

Bei den Geschäftsfällen 1 bis 6 der vorhergehenden Aufgabe soll die zeitliche Abgrenzung direkt bei Buchung der Zahlung vorgenommen werden.

Nennen Sie die Buchungssätze.

Aufgabe 344

Bilden Sie zu den nachfolgenden Geschäftsfällen die Buchungssätze zum Abschlussstichtag 31. Dezember:

Aufgabe 345

1. Die Dezembermiete für angemietete Garagen wird erst am 3. Januar des folgenden Geschäftsjahres durch Banküberweisung beglichen: 300,00 €.

2. Die Vierteljahreszinsen (November–Januar) für ein aufgenommenes Darlehen werden von uns vereinbarungsgemäß nachträglich Ende Januar gezahlt: 900,00 €.

3. Unser Darlehensnehmer hat die Zinsen für das erste Quartal des neuen Geschäftsjahres bereits am 15. Dezember des Abschlussjahres überwiesen: 850,00 €.

4. Wir haben am 1. Dezember für Dezember bis einschließlich Februar des nächsten Jahres eine Mietvorauszahlung von 3.600,00 € erhalten.

5. Am 1. November wurde die Kraftfahrzeugsteuer für den Lastkraftwagen für ein Jahr im Voraus abgebucht: 600,00 €.

6. Der Handelskammerbeitrag für das letzte Quartal des Abschlussjahres wird erst Anfang Januar überwiesen: 2.400,00 €.

7. Die Zinsgutschrift der Bank für die Zeit vom 1. Oktober bis 31. Dezember steht zum Abschlussstichtag noch aus: 450,00 €.

8. Die Halbjahresmiete (Oktober – März) für eine vermietete Lagerhalle erhielten wir im Voraus: 9.000,00 €.

9. Die Haftpflichtversicherung für die Produktionshalle wurde am 1. November für ein Jahr im Voraus bezahlt: 2.400,00 €.

10. Unserem Handelsvertreter wird die Dezemberprovision erst Anfang Januar überwiesen. Die bereits erstellte Provisionsabrechnung weist aus: 4.000,00 € Provision + 760,00 € Umsatzsteuer = 4.760,00 €.

Aufgabe 346

Vervollständigen Sie folgende Aussagen:

1. Sonstige Verbindlichkeiten werden für Aufwendungen des ••• Geschäftsjahres gebucht, die Ausgaben des ••• Geschäftsjahres darstellen.

2. Aktive Rechnungsabgrenzungsposten werden für Ausgaben im ••• Jahr gebildet, die Aufwand des ••• Geschäftsjahres darstellen.

3. Sonstige Forderungen werden für Erträge des ••• Jahres gebildet, die Einnahmen des ••• Jahres darstellen.

4. Passive Rechnungsabgrenzungsposten werden für Einnahmen des ••• Jahres gebildet, die Ertrag des ••• Geschäftsjahres darstellen.

Aufgabe 347

1. Begründen Sie die Notwendigkeit einer zeitlichen Abgrenzung der Aufwendungen und Erträge.

2. Nennen Sie die vier Möglichkeiten einer zeitlichen Abgrenzung.

3. Bei welcher Art der zeitlichen Abgrenzung liegt der Zahlungsvorgang a) im alten und b) im neuen Jahr?

4. Warum werden aktive und passive Rechnungsabgrenzungsposten auch als „Transitorische Posten" bezeichnet?

Aufgabe 348

Im Metallwerk Thomas Berg e. K. liegen Ihnen folgende Belege zur Buchung vor. Die zeitliche (periodengerechte) Abgrenzung ist mit der Buchung der Zahlung vorzunehmen.

Nennen Sie die Buchungssätze.

Beleg 1

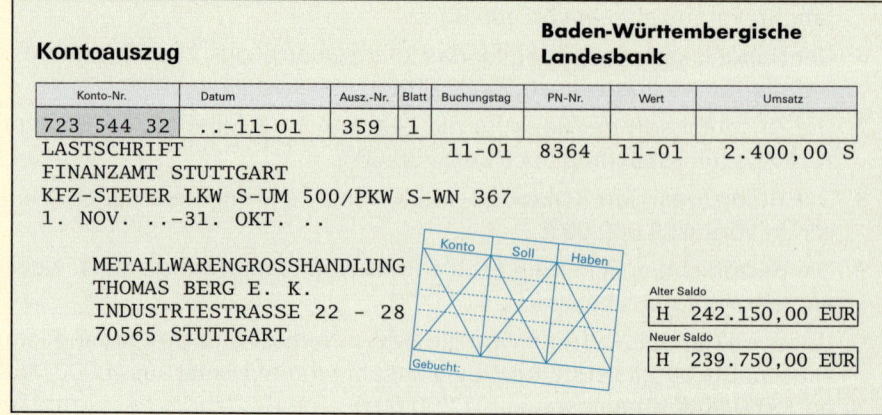

Beleg 2

Auszug aus der vorläufigen Summenbilanz zum 31. Dezember ..	Soll	Haben
2600 Vorsteuer	134.000,00	–
2690 Sonstige Forderungen	8.800,00	–
2900 Aktive Rechnungsabgrenzung	–	–
4800 Umsatzsteuer	–	124.600,00
4890 Sonstige Verbindlichkeiten	–	5.700,00
4900 Passive Rechnungsabgrenzung	–	–
5081 Mieterträge	–	22.800,00
5710 Zinserträge	–	1.600,00
6150 Vertriebsprovisionen	12.000,00	–
6700 Mietaufwendungen	26.400,00	–
6810 Zeitungen und Fachliteratur	2.100,00	–
6900 Versicherungsbeiträge	16.200,00	–
6920 Beiträge zu Wirtschaftsverbänden	12.600,00	–
7030 Kraftfahrzeugsteuer	7.600,00	–
7510 Zinsaufwendungen	14.700,00	–

Zum 31. Dezember .. (Abschlussstichtag) sind noch folgende zeitliche Abgrenzungen vorzunehmen:

1. Die Feuerversicherungsprämie (Gebäude) für das kommende Kalenderjahr wurde am 27. Dezember durch Banküberweisung beglichen: 850,00 €.

2. Die Bezugskosten für diverse Fachzeitschriften wurden am 28. Dezember mit 260,00 € netto im Voraus für das folgende Geschäftsjahr bezahlt.

3. Die Kraftfahrzeugsteuer für den Lkw wurde am 1. Dezember für ein Jahr im Voraus durch Bankeinzug mit 660,00 € beglichen.

4. Der Handelskammerbeitrag für das letzte Quartal beträgt 750,00 €.

5. Vertreterprovision für Dezember über 1.700,00 € netto wird von uns erst im Januar bei Rechnungserteilung überwiesen.

6. Die Dezember-Lagermiete über 2.850,00 € überweisen wir erst Anfang Januar.

7. Unser Mieter begleicht die Miete für Büroräume in unserem Gebäude für Dezember in Höhe von 1.850,00 € erst im neuen Jahr.

8. Am 28. Dezember gingen 1.900,00 € Vierteljahresmiete in unserem Betrieb für das neue Kalenderjahr auf unserem Bankkonto ein.

9. Die Gutschrift unserer Bank für Zinsen in Höhe von 450,00 € für die Zeit vom 1. Oktober bis 31. Dezember haben wir am Jahresende noch nicht erhalten.

10. Darlehenszinsen in Höhe von 12.000,00 € für das Halbjahr 1. Juli bis 31. Dezember werden von uns erst im Januar beglichen.

Bilden Sie die Buchungssätze für den Abschluss dieser Konten.

Ordnen Sie in Ihrem Arbeitsheft den vier Arten der zeitlichen Abgrenzung jeweils für das alte und das neue Geschäftsjahr die folgenden Begriffe entsprechend zu:

a) Aufwand,   b) Ertrag,
c) Ausgabe und   d) Einnahme.

Altes Jahr	Neues Jahr	Abgrenzungsposten
?	?	Sonstige Forderungen
?	?	Sonstige Verbindlichkeiten
?	?	Aktive Rechnungsabgrenzung
?	?	Passive Rechnungsabgrenzung

1.2.5 Rückstellungen

Eine Verpackungsanlage des Metallwerks Berg wurde am 20. Dezember des Abschlussjahres durch Brand stark beschädigt. Der Lieferant schätzt die Instandsetzungskosten lt. Kostenvoranschlag auf 36.000,00 €. Die Reparatur soll im Laufe des Monats Januar des nächsten Geschäftsjahres erfolgen (vgl. § 249 HGB).
Wie ist zum Bilanzstichtag zu buchen?

Die Instandsetzung der Verpackungsanlage ist **wirtschaftlich dem Abschlussjahr zuzuordnen,** da sie in diesem Zeitraum verursacht wurde. Für eine periodengerechte Ermittlung des Jahreserfolgs muss daher der **geschätzte Betrag** von 36.000,00 € noch als **Aufwand des alten Jahres** und **zugleich als Verbindlichkeit erfasst** werden. Diese Verbindlichkeit unterscheidet sich von den Verbindlichkeiten aus Lieferungen und Leistungen darin, dass sie zwar ihrem Grunde nach bekannt ist, ihre **Höhe und/oder ihr Fälligkeitstermin** am Bilanzstichtag aber **noch nicht feststehen.** Verbindlichkeiten dieser Art werden als **Rückstellungen** bezeichnet und auf einem besonderen Rückstellungskonto gebucht.

Arten von Rückstellungen

Der Kontenrahmen sieht für die Bildung von Rückstellungen **drei Konten vor:**

3700 Pensionsrückstellungen,

3800 Steuerrückstellungen,

3900 Sonstige Rückstellungen.

Beispiel

Zum Abschlussstichtag 31. Dezember .. ist für die Instandsetzung der Verpackungsanlage eine Rückstellung in Höhe des geschätzten Betrags von 36.000,00 € zu bilden.

Buchung zur Bildung der Rückstellung zum Abschlussstichtag	Soll	Haben
❶ 6160 Fremdinstandhaltung	36.000,00	
an 3900 Sonstige Rückstellungen		36.000,00

Abschlussbuchungen	Soll	Haben
❷ 8020 Gewinn- und Verlustkonto	36.000,00	
an 6160 Fremdinstandhaltung		36.000,00
❸ 3900 Sonstige Rückstellungen	36.000,00	
an 8010 Schlussbilanzkonto		36.000,00

S	6160 Fremdinstandhaltung	H
❶ 3900	36.000,00	❷ 8020 36.000,00

S	3900 Sonstige Rückstellungen	H
❸ 8010	36.000,00	❶ 6160 36.000,00

S	8020 Gewinn- und Verlustkonto	H
Diverse Aufwend. 400.000,00		Diverse Erträge 500.000,00
❷ 6160 36.000,00		
Gewinn ?		

S	8010 Schlussbilanzkonto	H
		❸ 3900 36.000,00

Auswirkung von Rückstellungen auf die Erfolgsrechnung

Der Vorteil der Rückstellungen liegt darin, dass sie für **Aufwendungen** gebildet werden, die erst im nächsten Geschäftsjahr zu einer Ausgabe führen: Sie **mindern** somit noch im Abschlussjahr den **Gewinn** und im Allgemeinen zugleich die **Gewinnsteuern** (z. B. Einkommensteuer) sowie die **Gewinnausschüttung** (Dividende). **Die geringere Zahlung von Steuern und Dividende** hat außerdem positive Auswirkungen auf die **Zahlungsfähigkeit** (Liquidität) des Unternehmens. In der Erfolgsrechnung des Metallwerks Berg wird der Gewinn des Abschlussjahres durch die Bildung einer Rückstellung für die zu erwartenden Instandsetzungskosten um 36.000,00 € gemindert.

Auflösung der Rückstellung

Die Auflösung der Rückstellung erfolgt im Folgejahr bei Zahlung des endgültigen Betrages. Vorab ist aber zu Beginn des neuen Geschäftsjahres das Konto „3900 Sonstige Rückstellungen" mit der geschätzten Verbindlichkeit von 36.000,00 € zu eröffnen.

Eröffnungsbuchung zum 1. Januar des Folgejahres	Soll	Haben
8000 Eröffnungsbilanzkonto	36.000,00	
an 3900 Sonstige Rückstellungen		36.000,00

Bei der **Auflösung** der Rückstellung sind **drei Fälle** zu unterscheiden. Nach Instandsetzung der o. g. Verpackungsanlage Ende Januar lautet die Rechnung:

Beispiel

1.
    36.000,00 € netto
+ 6.840,00 € USt
= 42.840,00 €

2.
    32.000,00 € netto
+ 6.080,00 € USt
= 38.080,00 €

3.
    38.000,00 € netto
+ 7.220,00 € USt
= 45.220,00 €

Fall 1

Buchung: Rückstellung = Nettozahlung: 36.000,00 €	Soll	Haben
3900 Sonstige Rückstellungen	36.000,00	
2600 Vorsteuer	6.840,00	
an 2800 Bank		42.840,00

S	3900 Sonstige Rückstellungen	H
2800	36.000,00	8000	36.000,00

S	2800 Bank	H
		3900/2600	42.840,00

S	2600 Vorsteuer	H
2800	6.840,00	

Fall 2

Die **Rückstellung** (36.000,00 €) war im Vorjahr **zu hoch** gebildet worden. Deshalb entsteht nunmehr bei Zahlung von 32.000,00 € ein **Ertrag aus der Herabsetzung der Rückstellung** in Höhe von 4.000,00 €, zu erfassen auf dem gleichnamigen Konto.

Buchung: Rückstellung > Nettozahlung: 32.000,00 €	Soll	Haben
❶ 3900 Sonstige Rückstellungen	32.000,00	
2600 Vorsteuer	6.080,00	
an 2800 Bank		38.080,00
❷ 3900 Sonstige Rückstellungen	4.000,00	
an 5480 Erträge aus der Herabsetzung von Rückstellungen		4.000,00

S	3900 Sonstige Rückstellungen	H
❶ 2800	32.000,00	8000	36.000,00
❷ 5480	4.000,00	

S	2800 Bank	H
		❶ 3900/2600	
			38.080,00

S	2600 Vorsteuer	H
❶ 2800	6.080,00	

S	5480 Erträge aus der Herabsetzung von Rückstellungen	H
		❷ 3900	4.000,00

Die beiden Buchungen können auch zusammengefasst werden.

Fall 3

Die **Rückstellung** (36.000,00 €) wurde im Vorjahr **zu niedrig** bemessen. Durch die Nettozahlung von 38.000,00 € im neuen Jahr entsteht ein **zusätzlicher Aufwand** von 2.000,00 €, der auf dem **zugehörigen Aufwandskonto** zu erfassen ist.

Buchung: Rückstellung < Nettozahlung: 38.000,00 €	Soll	Haben
3900 Sonstige Rückstellungen	36.000,00	
6160 Fremdinstandhaltung	2.000,00	
2600 Vorsteuer	7.220,00	
an 2800 Bank		45.220,00

Verpflichtung zur Bildung von Rückstellungen

Rückstellungen müssen für die in § 249 [1] HGB genannten Fälle auf der Passivseite der Bilanz ausgewiesen werden. Diese **Passivierungspflicht** besteht für

- **ungewisse Verbindlichkeiten,** wie z. B. zu erwartende Steuernachzahlungen, Prozesskosten, Pensionsverpflichtungen u. a.,
- **drohende Verluste aus schwebenden Geschäften**[1], wenn z. B. der Einkaufspreis der bestellten (noch nicht gelieferten) Fertigteile (480,00 € je Stück) am Bilanzstichtag über dem aktuellen Preis (400,00 € je Stück) liegt,
- **im Abschlussjahr unterlassene Instandhaltungen,** die innerhalb der ersten **drei Monate** des neuen Geschäftsjahres nachgeholt werden (siehe Beispiel oben),
- **Abraumbeseitigung,** die im folgenden Geschäftsjahr nachgeholt wird,
- **Gewährleistungen,** die ohne rechtliche Verpflichtung (**aus Kulanz**) erbracht werden.

Nach § 253 [1] HGB sind Rückstellungen in **Höhe des zu erwartenden Erfüllungsbetrages** anzusetzen, der **nach vernünftiger kaufmännischer Beurteilung** erforderlich ist (einschließlich zu erwartender Preis-/Kostensteigerungen).

Abzinsung

Rückstellungen mit einer Restlaufzeit von mehr als einem Jahr sind mit dem ihrer Restlaufzeit entsprechenden durchschnittlichen Marktzinssatz nach Angabe der Deutschen Bundesbank **abzuzinsen** (vgl. § 253 [2] HGB).

Zusammenfassung

- **Rückstellungen** sind **Schulden,** die zum Bilanzstichtag dem Grunde nach bekannt sind, deren **Höhe und/oder Fälligkeit** jedoch **noch ungewiss** sind .
- **Für Rückstellungen** besteht nach § 249 [1] HGB **Passivierungspflicht.**
- Rückstellungen dienen dem vollständigen Schuldenausweis sowie der **periodengerechten Ermittlung des Jahresergebnisses.**

  Buchung: **Aufwandskonto** an **Rückstellungen**

- Die **Bildung** von Rückstellungen **mindert den Gewinn und damit im Allgemeinen auch die Gewinnsteuern** sowie die Möglichkeit der **Gewinnausschüttung** (Dividende) und **erhöht** somit die **Liquidität** des Unternehmens.
- **Rückstellungen** sind bei Zahlung der **endgültigen** Beträge **aufzulösen:**
  - Zahlung > Rückstellung: Buchung des zusätzlichen Aufwands auf dem **zugehörigen Aufwandskonto**
  - Zahlung < Rückstellung: Buchung des Ertrags auf dem Konto „5480 Erträge aus der Herabsetzung von Rückstellungen"
- **Rückstellungen** sind aufzulösen, wenn der Grund für die Rückstellung nicht mehr besteht (Konto 5480).

Aufgabe 351

Das Metallwerk Thomas Berg e. K. rechnet zum Abschlussstichtag 31. Dezember mit einer Gewerbesteuernachzahlung[2] von 12.000,00 €.
1. Bilden Sie den Buchungssatz zum 31. Dezember.
2. Wie wirkt sich die Bildung der Rückstellung handelsrechtlich auf a) den Gewinn bzw. b) den Verlust des Unternehmens aus?
3. Wie ist zu buchen, wenn der Industriebetrieb am 15. März des Folgejahres an die Gemeinde folgende Beträge durch die Bank überweist?
   a) 12.000,00 €,   b) 10.000,00 €,   c) 15.000,00 €.

---

1 In der Steuerbilanz (steuerliche Gewinnermittlung) ist die Bildung von Rückstellungen für drohende Verluste aus schwebenden Geschäften verboten (§ 5 [4a] EStG).
2 Siehe Fußnote auf S. 77.

Eine erforderliche Gebäudereparatur konnte im Dezember nicht mehr durchgeführt werden. Der Kostenvoranschlag für die Instandsetzungsarbeiten, die im Laufe des Monats Januar des nächsten Jahres durchgeführt werden sollen, liegt zum 31. Dezember vor: 25.000,00 €.

Aufgabe 352

1. Begründen Sie die Notwendigkeit einer Buchung und nennen Sie den Buchungssatz.

2. Nennen Sie die Abschlussbuchungen.

3. Nennen Sie für das Rückstellungskonto den Eröffnungsbuchungssatz zum 1. Januar.

4. Wie lautet der Buchungssatz, wenn Ende Januar nächsten Jahres nach erfolgter Instandsetzung des Gebäudes die folgende Rechnung durch Banküberweisung beglichen wird?

   a) 28.000,00 € + Umsatzsteuer,   b) 24.000,00 € + Umsatzsteuer.

Für einen schwebenden Prozess rechnen wir zum Bilanzstichtag mit Gerichtskosten in Höhe von 12.000,00 €. Der Gebührenbescheid des Gerichts am 20. April nächsten Jahres lautet über   a) 12.000,00 €,   b) 15.000,00 €,   c) 10.000,00 €.

Die Zahlung erfolgt durch Postbanküberweisung.

Nennen Sie den Buchungssatz zum Bilanzstichtag und am 20. April.

Aufgabe 353

Vervollständigen Sie in Ihrem Arbeitsheft folgende Sätze:

Aufgabe 354

1. Rückstellungen sind •••, die ihrem Grunde nach •••, nicht aber nach ••• und/oder •••.

2. Der Betrag der Rückstellung muss ••• werden.

3. Rückstellungen dienen der ••• Ermittlung des Jahreserfolgs.

Die Bau-GmbH bestellt am 2. Dezember 3 000 t Zement XR 304 zu 60,00 € je t + Umsatzsteuer. Lieferungstermin 15. Februar nächsten Jahres. Am Bilanzstichtag (31. Dezember) beträgt der Tagespreis 55,00 € je t.

Aufgabe 355

1. Begründen Sie, dass es sich hierbei um ein schwebendes Geschäft handelt.

2. Wann sind schwebende Geschäfte im handelsrechtlichen Jahresabschluss zu berücksichtigen?

3. Buchen Sie a) zum 31. Dez. und b) nach Rechnungseingang im Februar n. J.

Zum Bilanzstichtag rechnen wir mit Steuerberatungskosten in Höhe von 3.200,00 € netto. Im April nächsten Jahres erhalten wir die Rechnung des Steuerberaters über a) 3.500,00 € + Umsatzsteuer und b) 2.900,00 € + Umsatzsteuer.

Aufgabe 356

1. Buchen Sie zum Bilanzstichtag und geben Sie die Abschlussbuchungen an.

2. Nennen Sie die Eröffnungsbuchung für das Rückstellungskonto.

3. Wie lautet jeweils die Buchung nach Rechnungseingang?

1. Was ist unter dem Begriff „Rückstellungen" zu verstehen?

Aufgabe 357

2. Worin unterscheiden sich Rückstellungen und Sonstige Verbindlichkeiten?

3. Haben Rückstellungen und Sonstige Verbindlichkeiten einen gemeinsamen Zweck?

4. Für welche Sachverhalte müssen nach § 249 [1] HGB Rückstellungen gebildet werden?

5. Beeinflusst die Bildung von Rückstellungen den Gewinn?

6. Zu welchem Zeitpunkt sind Rückstellungen aufzulösen?

7. Wozu führt a) eine zu hohe und b) eine zu niedrige Schätzung der Rückstellung bei Zahlung?

Kontenplan und vorläufige Saldenbilanz	Soll	Haben
0700 Technische Anlagen und Maschinen	1.260.000,00	–
0800 Andere Anlagen/BGA	400.000,00	–
0891 GWG-Sammelposten[1]	8.600,00	–
2000 Rohstoffe	95.000,00	–
2400 Forderungen a. LL	190.760,00	–
2600 Vorsteuer	154.380,00	–
2800 Bank	339.200,00	–
2880 Kasse	7.400,00	–
3000 Eigenkapital	–	900.000,00
3001 Privat	88.700,00	–
3900 Sonstige Rückstellungen	–	10.000,00
4250 Darlehensschulden	–	133.600,00
4400 Verbindlichkeiten a. LL	–	170.000,00
4800 Umsatzsteuer	–	375.440,00
4890 Sonstige Verbindlichkeiten	–	110.000,00
5000 Umsatzerlöse für eigene Erzeugnisse	–	1.976.000,00
5710 Zinserträge	–	4.000,00
6000 Aufwendungen für Rohstoffe	626.000,00	–
6160 Fremdinstandhaltung	8.000,00	–
6700 Mietaufwendungen	145.300,00	–
6770 Rechts- und Beratungskosten	14.000,00	–
6940 Sonstige Aufwendungen	16.000,00	–
7510 Zinsaufwendungen	46.400,00	–
7800 Diverse Aufwendungen	279.300,00	–
Weitere Konten: 2900, 4900, 5420, 6520, 6541[1], 6550, 8010, 8020.	3.679.040,00	3.679.040,00

Abschlussangaben zum Bilanzstichtag

1. Außerplanmäßige Abschreibung: Eine EDV-Anlage, Buchwert 8.500,00 €, hat nur noch einen Wert von 500,00 €.
2. Planmäßige Abschreibungen: TA und Maschinen: 25 % vom Buchwert[2]; BGA: 20 % linear von 500.000,00 € Anschaffungskosten; 20 % auf 0891 GWG-Sammelposten.[1]
3. Privatentnahme von Erzeugnissen im Wert von 1.200,00 € netto.
4. Bildung einer Prozesskostenrückstellung in Höhe von 32.800,00 € und einer Rückstellung für unterlassene Instandhaltungen über 68.000,00 €.
5. Wir zahlen die Dezembermiete für die Lagerhalle Anfang nächsten Jahres: 15.000,00 €.
6. Ein Kunde hatte uns für einen kurzfristigen Kredit die Halbjahreszinsen in Höhe von 600,00 € am 1. November im Voraus überwiesen.
7. Kassenfehlbetrag lt. Inventur 400,00 € (Ursache ungeklärt).
8. Am 1. Oktober zahlten wir 17.100,00 € Halbjahres-Darlehenszinsen im Voraus.
9. Der Tageswert des Inventurbestands der Rohstoffe beträgt 92.000,00 €. Die durchschnittlichen Anschaffungskosten betragen 80.000,00 €.[3]

a) Erstellen Sie den Jahresabschluss. Gliedern Sie die Bilanz nach § 266 HGB (siehe Anhang).

b) Ermitteln Sie in Prozent die Rentabilität des durchschnittlichen Eigenkapitals, indem Sie vom Jahresgewinn für die Arbeitsleistung des Geschäftsinhabers einen Unternehmerlohn von 96.000,00 € abziehen und den Restgewinn zum durchschnittlichen Eigenkapital in Beziehung setzen. Hat sich der Kapitaleinsatz gelohnt?

---

1 Siehe S. 391. 2 Siehe S. 388 f.
3 Beachten Sie: Nach dem Prinzip der kaufmännischen Vorsicht sind Vermögensgegenstände des Umlaufvermögens in der Jahresbilanz zum niedrigsten Wert (Niederstwertprinzip) auszuweisen (siehe S. 385 und S. 397 f.).

Ermittlung der Wertansätze in der Jahresbilanz $\quad$ 1.3

Zweck der handels- und steuerrechtlichen Bewertung $\quad$ 1.3.1

Das Metallwerk Berg hatte zu Beginn des Geschäftsjahres 2010 eine Verpackungsanlage erworben. Die Anschaffungskosten betrugen 200.000,00 €. Ohne Berücksichtigung der Abschreibung dieser Maschine, die eine Nutzungsdauer von zehn Jahren hat, beträgt der Unternehmensgewinn 240.000,00 €. Zum Schluss des ersten Geschäftsjahres ergibt sich für Herrn Berg das folgende Problem:

Situation

„Mit welchem Wert soll die Maschine in das Inventar und die Bilanz eingesetzt werden?"

Herr Berg wollte das Vermögen in der Handelsbilanz möglichst niedrig ausweisen. Er entschied sich deshalb nicht für die **lineare** Abschreibung der Maschine (= 10 %), sondern für die **degressive Abschreibung,** die das **Zweieinhalbfache der linearen Abschreibung, höchstens jedoch 25 %,** beträgt (siehe S. 388 f.). Das führte zugleich zu einem niedrigeren Wertansatz der Maschine in der Bilanz nach HGB.

Ermittlung des Wertansatzes	bei linearer Abschreibung	bei degressiver Abschreibung
Anschaffungskosten	200.000,00 €	200.000,00 €
− Abschreibung	20.000,00 €	50.000,00 €
= Bilanzansatz zum 31. Dezember	180.000,00 €	150.000,00 €

Der niedrigere Wertansatz der Maschine **bei degressiver Abschreibung** führt wegen des höheren Abschreibungsbetrags zu einer **zusätzlichen Gewinnminderung von 30.000,00 €.**

Ermittlung des Gewinns	bei linearer Abschreibung	bei degressiver Abschreibung
Vorläufiger Gewinn	240.000,00 €	240.000,00 €
− Abschreibung	20.000,00 €	50.000,00 €
= Endgültiger Jahresgewinn	220.000,00 €	190.000,00 €

Die geschilderte Situation macht deutlich, dass die **Bestimmung des Wertansatzes** zugleich den **Gewinn und die Steuerlast**[1] des Unternehmens **beeinflusst. Ein Mehr oder Weniger im Wertansatz** der einzelnen Vermögens- und Schuldposten hat ein **gleiches Mehr oder Weniger an Gewinn (Verlust)** zur Folge.

Den richtigen Wertansatz bestimmen

Falsche Bewertung, wie z. B. eine überhöhte, zu niedrige oder gar unterlassene Abschreibung oder Rückstellung, **führt zu einer falschen Darstellung der Vermögens-, Schulden- und Erfolgslage des Unternehmens. Vor Täuschungen sind** aber insbesondere die **Gläubiger** des Unternehmens **zu schützen.** Deshalb hat der Gesetzgeber **Bewertungsvorschriften** erlassen, die eine willkürliche Über- und Unterbewertung der Vermögensgegenstände und Schulden untersagen. Es gibt **handels- und steuerrechtliche Bewertungsvorschriften,** die jedoch **unterschiedliche Zielsetzungen haben:**

- **Die handelsrechtliche Bewertung** richtet sich nach §§ 252–256a HGB. Die Vorschriften gelten **für alle Unternehmen,** gleich welcher Rechtsform. Sie dienen der **Erhaltung des Eigenkapitals** als Haftungssubstanz und damit insbesondere dem **Schutz der Gläubiger.** Deshalb müssen Vermögen, Schulden und Erfolg des Unternehmens **vorsichtig** ermittelt werden. So sind z. B. Vermögenswerte grundsätzlich zu ihrem niedrigsten Wert und nicht mit einem möglicherweise höheren Marktwert anzusetzen. Das **Prinzip der Vorsicht** ist der **wichtigste Grundsatz** handelsrechtlicher Bewertung.

---

1 Vergleiche hierzu die Erläuterungen auf Seite 384 ff.

■ **Die steuerrechtliche Bewertung** richtet sich nach §§ 5–7 **Einkommensteuergesetz.** Die Vorschriften sollen die **Ermittlung des Gewinns** nach **einheitlichen Grundsätzen** sicherstellen und damit für mehr **Steuergerechtigkeit** sorgen. So weisen z. B. **die amtlichen AfA-Tabellen** die Nutzungsdauer der Sachanlagen mit den entsprechenden Abschreibungssätzen aus. Zu beachten ist, dass ab 2011 angeschaffte Wirtschaftsgüter **nicht degressiv abgeschrieben** werden dürfen.

Die Handelsbilanz ist eingeschränkt maßgeblich für die Steuerbilanz

Die nach den handelsrechtlichen Bewertungsvorschriften erstellte Bilanz heißt „**Handelsbilanz**". Ihre Wertansätze sind grundsätzlich auch **verbindlich für** die dem Finanzamt einzureichende „**Steuerbilanz**", sofern die steuerlichen Bewertungsvorschriften keine andere Bewertung zwingend vorschreiben oder ein **Wahlrecht** gewähren. Man spricht deshalb auch vom „**Grundsatz der Maßgeblichkeit der Handelsbilanz für die Steuerbilanz**". Steuerliche Wahlrechte dürfen **unabhängig** von den handelsrechtlichen Wertansätzen ausgeübt werden. Der obige Grundsatz gilt deshalb nur eingeschränkt. Die **steuerlichen Wahlrechte** dürfen nur ausgeübt werden, wenn die **abweichend bewerteten Vermögensgegenstände in einem besonderen Verzeichnis aufgeführt sind** (vgl. § 5 [1] EStG). Bei **Kapitalgesellschaften** (AG, KGaA, GmbH) gibt es in der Regel **getrennte** Bilanzen, da diese Unternehmen ihren handelsrechtlichen Jahresabschluss veröffentlichen müssen (**Publizitätspflicht**). Einzelkaufleute, wie z. B. **Einzelunternehmen** (e. K.), **und Personengesellschaften** (OHG, KG) stellen in der Regel nur **eine** Bilanz auf. Das bedeutet, dass bereits bei den Jahresabschlussarbeiten die steuerrechtlichen Bewertungsmöglichkeiten berücksichtigt werden.

1.3.2 Allgemeine Bewertungsgrundsätze

§ 252 [1] HGB enthält die folgenden allgemeinen Bewertungsgrundsätze:

■ **Grundsatz der Bilanzidentität.** Die Wertansätze in der Eröffnungsbilanz eines Geschäftsjahres müssen mit denen der Schlussbilanz des vorangegangenen Geschäftsjahres übereinstimmen.

■ **Grundsatz der Unternehmensfortführung.** Bei der Bewertung ist von der **Fortführung der Unternehmenstätigkeit** auszugehen und nicht von Werten, die bei der Auflösung des Unternehmens (Liquidation, Insolvenzverfahren) erzielt werden.

■ **Grundsatz der Einzelbewertung.** Jeder Vermögens- und Schuldposten ist grundsätzlich **einzeln** zu bewerten. **Bewertungsvereinfachungsverfahren,** wie z. B. die Bewertung gleichartiger Waren nach Durchschnittswerten, sind nach § 240 [4] HGB **erlaubt** (siehe S. 397).

■ **Grundsatz der Vorsicht.** Die Bewertung der Aktiv- und Passivposten muss vorsichtig erfolgen und **alle vorhersehbaren Risiken und Verluste,** die bis zum Abschlussstichtag entstanden sind, **berücksichtigen.** Gewinne aufgrund von Wertsteigerungen dürfen erst dann ausgewiesen werden, wenn sie tatsächlich, also z. B. durch Verkauf eines Vermögensgegenstandes, erzielt wurden (**Realisationsprinzip;** Ausnahme: kurzfristige Fremdwährungsverbindlichkeiten, vgl. S. 386). Drohende Verluste (z. B. aus einem schwebenden Geschäft, siehe S. 380) sind dagegen zu berücksichtigen, obwohl sie noch nicht tatsächlich entstanden sind. Das Prinzip der Vorsicht verhindert überhöhte Gewinnausschüttungen und trägt zur **Erhaltung des Eigenkapitals als Haftungssubstanz** gegenüber den Gläubigern bei (**Gläubigerschutz**).

■ **Grundsatz der Periodenabgrenzung.** Aufwendungen und Erträge sind **unabhängig vom Zeitpunkt ihrer Ausgabe oder Einnahme** dem Geschäftsjahr zuzuordnen, in dem sie wirtschaftlich entstanden sind.

■ **Grundsatz der Bewertungsstetigkeit.** Die einmal gewählte **Bewertungsmethode** (z. B. lineare oder degressive Abschreibungsmethode) **soll grundsätzlich beibehalten werden,** um die **Vergleichbarkeit** der Jahresabschlüsse zu ermöglichen.

Besondere Bewertungsgrundsätze

Zum Abschlussstichtag sind im Rahmen der Inventur alle **Vermögens- und Schuld-posten** nach § 252 HGB **einzeln und vorsichtig zu bewerten.** Bei der Bewertung jedes Einzelpostens müssen, wie bereits erwähnt, **vorhersehbare Risiken und Verluste** berücksichtigt werden. Dabei sind **Vermögensgegenstände** grundsätzlich zum niedrigsten Wert (**Niederstwertprinzip**)[1] und **Schulden** jeweils mit ihrem höchsten Wert (**Höchstwertprinzip**)[1] anzusetzen. Die Bewertungsgrundsätze sollen **Gläubiger** vor falschen Entscheidungen und damit Schaden bewahren.

Das Prinzip der Vorsicht findet Anwendung in speziellen Bewertungsprinzipien:

Anschaffungswertprinzip	Niederstwertprinzip	Höchstwertprinzip

Das Anschaffungswertprinzip

Die ursprünglichen **Anschaffungskosten** eines Vermögensgegenstandes **bilden die absolute Bewertungsobergrenze,** die **nicht überschritten werden darf.**

Der Wert eines vor zehn Jahren erworbenen Grundstücks ist inzwischen auf 300.000,00 € gestiegen. Das Konto „0500 Unbebaute Grundstücke" weist die Anschaffungskosten des Grundstücks in Höhe von 250.000,00 € aus.

Beispiel

Da das Grundstück noch nicht für 300.000,00 € verkauft worden ist, ist der Gewinn von 50.000,00 € **noch nicht tatsächlich entstanden** (**realisiert**). **Nicht realisierte Gewinne** sind lediglich „**stille Reserven".** Aus Gründen kaufmännischer Vorsicht **dürfen** sie **nicht ausgewiesen werden.** Das Eigenkapital soll in Höhe der stillen Reserve als **Haftungssubstanz** gegenüber den **Gläubigern** erhalten bleiben. Deshalb darf das Grundstück höchstens mit 250.000,00 € Anschaffungskosten in der Bilanz angesetzt werden.

Das Niederstwertprinzip

Für die Bewertung der Güter **des Anlage- und Umlaufvermögens** gilt das **Niederstwertprinzip:** Von zwei möglichen Werten, nämlich dem Tageswert (Börsen- oder Marktwert) am **Bilanzstichtag** und den **Anschaffungskosten,** ist grundsätzlich der **niedrigere** anzusetzen.

Ein Grundstück, das vor acht Jahren für 230.000,00 € Anschaffungskosten erworben wurde, hat wegen giftiger Ablagerungen lt. Gutachten nur noch einen Marktwert von 100.000,00 €.

Beispiel

Da eine **dauernde Wertminderung** vorliegt, ist das Grundstück mit dem **niedrigeren Wertansatz** von 100.000,00 € im Inventar und in der Bilanz anzusetzen. Dadurch ergibt sich ein **nicht realisierter Verlust** von 130.000,00 €, der durch eine entsprechende **außerplanmäßige Abschreibung** (außerordentliche Abschreibung) erfasst und ausgewiesen werden muss (vgl. S. 387 f.). – **Nennen Sie den Buchungssatz.**

S	0500 Unbebaute Grundstücke	H
8000	230.000,00	6550 130.000,00
		8010 100.000,00

S	6550 Außerplanm. Abschreibg. a. SA	H
0500	130.000,00	8020 130.000,00

S	8010 Schlussbilanzkonto	H
0500	100.000,00	

S	8020 Gewinn- und Verlustkonto	H
6550	130.000,00	

Entfällt der Grund für die außerplanmäßige Abschreibung, darf der niedrigere Wert nicht beibehalten werden (Zuschreibung gemäß § 253 [5] HGB).

Wertaufholung

---

1 Ausnahmen: kurzfristige Fremdwährungsforderungen und -verbindlichkeiten (vgl. § 256a HGB).

1.3.3.3 Das Höchstwertprinzip

Schulden des Unternehmens (Verbindlichkeiten und Rückstellungen, vgl. § 253 [1] HGB) sind aus Gründen kaufmännischer Vorsicht grundsätzlich zu ihrem **höchsten Wert** in der Bilanz auszuweisen, d. h., von zwei zulässigen Werten ist jeweils der höhere zu wählen.

Verbindlichkeiten Verbindlichkeiten sind zum Abschlussstichtag mit ihrem **Erfüllungsbetrag**, d. h. mit ihrem höheren Rückzahlungsbetrag anzusetzen, sofern überhaupt eine Wahlmöglichkeit zwischen einem niedrigeren und einem höheren Wert besteht. Das ist z. B. bei Fremdwährungsverbindlichkeiten mit einer Restlaufzeit von mehr als einem Jahr, bei Anleihen und hypothekarisch gesicherten Darlehen der Fall.

Eine Ausnahme hiervon bilden die kurzfristigen **Fremdwährungsverbindlichkeiten** (vgl. § 256a HGB), die aus Geschäften mit ausländischen Partnern stammen. Sie sind bei ihrer Entstehung und bei ihrer Bewertung zum Abschlussstichtag ohne Rücksicht auf das Höchstwertprinzip zum jeweiligen **Devisenkassamittelkurs**[1] am Abschlussstichtag zu bewerten.

Beispiel Die Textilfabrik Kleinert KG, Krefeld, importiert am 15. Dezember .. Rohstoffe im Wert von 10.000,00 USD aus den USA; Zahlungsziel 30 Tage. Devisenkassamittelkurs am 15. Dezember 1,1319 USD/EUR. Devisenkassamittelkurs am 31. Dezember ..1,1684 USD/EUR.

Wie lauten die Buchungen zum 15. Dezember und zum 31. Dezember?

Die Eingangsrechnung lautet auf US-Dollar und ist zum Devisenkassamittelkurs am 15. Dezember umzurechnen: 10.000,00 USD: 1,1319 USD/EUR = 8.834,70 EUR

Buchung der Eingangsrechnung zum 15. Dezember	Soll	Haben
6000 Aufwendungen für Rohstoffe	8.834,70	
an 4400 Verbindlichkeiten a. LL		8.834,70

Zum Bilanzstichtag 31. Dezember ist die Fremdwährungsverbindlichkeit gemäß § 256a HGB zum aktuellen Devisenkassamittelkurs zu bewerten und zu buchen: 10.000,00 USD: 1,1684 USD/EUR = 8.558,71 EUR

Buchung der Verbindlichkeiten zum 31. Dezember	Soll	Haben
4400 Verbindlichkeiten a. LL	8.558,71	
an 8010 Schlussbilanzkonto		8.558,71

Das Konto „4400 Verbindlichkeiten a. LL" weist damit einen nicht realisierten Gewinn in Höhe von 275,99 EUR aus.

Buchung des nicht realisierten Gewinns	Soll	Haben
4400 Verbindlichkeiten a. LL	275,99	
an 5430 Andere sonstige betriebliche Erträge		275,99

Sinkt der Devisenkassamittelkurs zum 31. Dezember auf 1,1061 USD/EUR, so entsteht ein nicht realisierter Verlust von 206,07 EUR, der über das Konto „6000 Aufwendungen für Rohstoffe" auszugleichen ist.

Rückstellungen Rückstellungen sind „in Höhe des nach vernünftiger kaufmännischer Beurteilung notwendigen Erfüllungsbetrages" zu passivieren (vgl. § 253 [1] HGB). Der Erfüllungsbetrag drückt aus, dass bei der Bewertung „alle vorhersehbaren Risiken und Verluste, die bis zum Abschlussstichtag entstanden sind", berücksichtigt werden müssen.

Abzinsungsgebot § 253 [2] HGB Rückstellungen mit einer Restlaufzeit von mehr als einem Jahr sind abzuzinsen „[...] mit dem ihrer Restlaufzeit entsprechenden durchschnittlichen Marktzinssatz". Diese Zinssätze ermittelt die Deutsche Bundesbank monatlich und veröffentlicht sie auf ihrer Internetseite.

---

1 Devisenkassamittelkurse werden täglich an der Frankfurter Devisenbörse ermittelt. Sie werden als Mittelwert aus Brief- und Geldkurs berechnet. Die hier verwendeten Kurse sind beispielhaft und entsprechen nicht den aktuellen Kurswerten.

Die Bewertung des Anlagevermögens

1.3.4

Das **Anlagevermögen** gliedert sich in folgende **Gruppen:**[1]

I. Immaterielle Vermögensgegenstände	II. Sachanlagen	III. Finanzanlagen
z. B. Konzessionen, Schutzrechte, Lizenzen, Geschäfts- oder Firmenwert	z. B. Grundstücke und Gebäude, BGA, Technische Anlagen und Maschinen	z. B. Beteiligungen an Unternehmen, Wertpapiere des Anlagevermögens, Ausleihungen

Gliederung des Anlagevermögens

Im Hinblick auf die Bewertung der Anlagegegenstände wird zwischen abnutzbaren und nicht abnutzbaren Anlagen unterschieden. Abnutzbare Anlagegegenstände wie Gebäude, Maschinen, BGA u.a. müssen nach § 253 [3] HGB über ihre voraussichtliche Nutzungsdauer planmäßig, also z. B. linear, degressiv oder leistungsabhängig, abgeschrieben werden. Sie sind zum Bilanzstichtag mit ihren **fortgeführten** Anschaffungskosten (Herstellungskosten) anzusetzen.

Planmäßige Abschreibung abnutzbarer Anlagegüter

Am 10. Januar .. wurde ein Stanzautomat angeschafft. Die Anschaffungskosten betragen 420.000,00 €. Die Anlage hat eine betriebsgewöhnliche Nutzungsdauer von sechs Jahren und soll linear abgeschrieben werden.

Wie hoch sind die fortgeführten Anschaffungskosten?

Anschaffungskosten	420.000,00 €
– planmäßige (lineare) Abschreibung	70.000,00 €
= fortgeführte Anschaffungskosten	350.000,00 €

Beispiel

Nennen Sie den Buchungssatz für die planmäßige Abschreibung der Anlage.

Nicht abnutzbare Anlagegüter wie Grundstücke, als Kapitalanlage angeschaffte Wertpapiere u. a. werden in der Regel zu **Anschaffungskosten** ausgewiesen.

Sollte bei einem abnutzbaren oder einem nicht abnutzbaren Anlagegegenstand eine **außerordentliche Wertminderung**, z. B. Schadensfall, Unwirtschaftlichkeit der Anlage, niedrigerer beizulegender Wert, eintreten, muss nach § 253 [3] HGB eine **außerplanmäßige Abschreibung** über das Konto **„6550 Außerplanmäßige Abschreibungen auf Sachanlagen"** erfolgen, sofern die **Wertminderung dauerhaft** ist (gemildertes Niederstwertprinzip). Die außerplanmäßige Abschreibung erfolgt bei abnutzbarem Anlagevermögen zusätzlich zu den planmäßigen Abschreibungen.

Außerplanmäßige Abschreibung

Finanzanlagen **dürfen** auch bei **nicht dauernder** Wertminderung außerplanmäßig abgeschrieben werden (vgl. § 253 [3] HGB).

Ein niedrigerer Wertansatz aufgrund einer außerplanmäßigen Abschreibung **darf nach § 253 [5] HGB nicht beibehalten werden,** wenn die Gründe dafür nicht mehr bestehen. Die Wertaufholung (Zuschreibung) ist höchstens bis zu den (fortgeführten) Anschaffungs- oder Herstellungskosten möglich (Ausnahme: entgeltlich erworbener Firmenwert).

Bewertung von Finanzanlagen

Wertaufholung

Zur langfristigen Kapitalanlage erwarb das Metallwerk Berg am 10. Februar .. Aktien zum Anschaffungswert von 85.000,00 €. Zum 31. Dezember .. ist der Kurswert dauerhaft auf 80.000,00 € gesunken.

Anschaffungskosten der Wertpapiere des Anlagevermögens	85.000,00 €
– außerplanmäßige Abschreibung zum 31. Dezember	5.000,00 €
= Bilanzansatz zum 31. Dezember	80.000,00 €

Beispiel

---

1 Siehe Bilanzgliederung gemäß § 266 HGB, S. 421, Anhang des Lehrbuchs (Rückseite des Kontenrahmens) und Anlagenspiegel auf S. 428 f.

387

Buchungssatz	Soll	Haben
7400 Abschreibungen auf Finanzanlagen	5.000,00	
an 1500 Wertpapiere des Anlagevermögens		5.000,00

S	1500 Wertpapiere des AV		H
...	85.000,00	7400	5.000,00
		8010	80.000,00

S	7400 Abschreibungen auf Finanzanlagen		H
1500	5.000,00	8020	5.000,00

S	8010 Schlussbilanzkonto		H
1500	80.000,00		

S	8020 Gewinn- und Verlustkonto		H
7400	5.000,00		

1.3.4.1 Exkurs: Methoden der planmäßigen Abschreibung

Für die planmäßige Abschreibung abnutzbarer Sachanlagen gibt es neben der bereits auf den Seiten 72 ff. behandelten **linearen** auch noch die **degressive** Abschreibungsmethode sowie die **Abschreibung nach Leistungseinheiten.**[1]

Situation

Das Metallwerk Berg hatte am 5. Januar 2010 eine Verpackungsanlage erworben. Die Anschaffungskosten betragen 200.000,00 €. Die Maschine hat eine betriebsgewöhnliche Nutzungsdauer von zehn Jahren.

Welche Abschreibungsmethode würden Sie dem Unternehmen empfehlen, wenn auch in Zukunft hohe Jahresgewinne zu erwarten sind?

1.3.4.1.1 Lineare und degressive Abschreibung

Lineare Abschreibung

Bei linearer Abschreibung wird in allen Nutzungsjahren jeweils mit einem gleichen Abschreibungssatz (%) von den **Anschaffungskosten** abgeschrieben, wodurch der **Abschreibungsbetrag in jedem Jahr gleich** (linear) ist:

$$\text{Abschreibungsbetrag} = \frac{\text{Anschaffungskosten}}{\text{Nutzungsdauer}} = \frac{200.000,00\ €}{10\ \text{Jahre}} = 20.000,00\ €/\text{Jahr}$$

$$\text{Abschreibungssatz} = \frac{1}{\text{Nutzungsdauer}} = \frac{1}{10\ \text{Jahre}} = 0,10/\text{Jahr} = 10\ \%/\text{Jahr}$$

Am Ende der zehnjährigen Nutzungsdauer wird bei linearer Abschreibung der **Nullwert** erreicht (siehe die nebenstehende Gegenüberstellung der linearen und degressiven Abschreibung der Verpackungsanlage). **In jedem Nutzungsjahr** wird der **Jahresgewinn um 20.000,00 € gemindert.**

Degressive Abschreibung

Bei degressiver Abschreibungsmethode wird die **Abschreibung** nur im ersten Jahr der Nutzung von den Anschaffungskosten des Anlagegutes vorgenommen, in den folgenden Jahren dagegen **vom jeweiligen Buch- oder Restwert**. Es ergeben sich dadurch jährlich **fallende (degressive) Abschreibungsbeträge.**

Bei degressiver Abschreibung kann der **Nullwert** am Ende der Nutzungsdauer zwangsläufig **nie erreicht** werden, da jeweils **vom Buchwert abgeschrieben** wird. Um aber nach Ablauf der Nutzungsdauer einen möglichst niedrigen Restwert zu erhalten, muss der Abschreibungssatz bei degressiver Abschreibung höher sein als bei linearer Abschreibung. Der verbleibende Restwert am Ende der Nutzungsdauer ist dann auf den Nullwert oder den Erinnerungswert abzuschreiben.

---

1 Siehe S. 390 f.

Für Anschaffungen in 2010 darf steuerrechtlich der degressive Abschreibungssatz das **Zweieinhalbfache** des linearen Abschreibungssatzes betragen, jedoch **nicht höher als 25 % sein** (§ 7 [2] EStG):

a) Zweieinhalbfacher Satz der linearen Abschreibung = 2,5 · 10 % = ... **25 %**

b) Höchstsatz, der nicht überschritten werden darf = ... **25 %**

Also ist im obigen Beispiel **mit 25 %** degressiv abzuschreiben.

Ermittlung des Buchwerts	10 % lineare Abschreibung von Anschaffungskosten	25 % degressive Abschreibung vom jeweiligen Buchwert
Anschaffungskosten	200.000,00 €	200.000,00 €
– Abschreibung für das 1. Jahr	20.000,00 €	50.000,00 €
= Buchwert am Ende des 1. Jahres	180.000,00 €	150.000,00 €
– Abschreibung für das 2. Jahr	20.000,00 €	37.500,00 €
= Buchwert am Ende des 2. Jahres	160.000,00 €	112.500,00 €
– Abschreibung für das 3. Jahr	20.000,00 €	28.125,00 €
= Buchwert am Ende des 3. Jahres	140.000,00 €	84.375,00 €
– Abschreibung für das 4. Jahr	20.000,00 €	21.093,75 €
= Buchwert am Ende des 4. Jahres	120.000,00 €	63.281,25 €
– Abschreibung für das 5. Jahr	20.000,00 €	15.820,31 €
= Buchwert am Ende des 5. Jahres	100.000,00 €	47.460,94 €
– Abschreibung für das 6. Jahr	20.000,00 €	11.865,24 €
= Buchwert am Ende des 6. Jahres	80.000,00 €	35.595,70 €
– Abschreibung für das 7. Jahr	20.000,00 €	8.898,93 €
= Buchwert am Ende des 7. Jahres	60.000,00 €	26.696,77 €
– Abschreibung für das 8. Jahr	20.000,00 €	6.674,19 €
= Buchwert am Ende des 8. Jahres	40.000,00 €	20.022,58 €
– Abschreibung für das 9. Jahr	20.000,00 €	5.005,65 €
= Buchwert am Ende des 9. Jahres	20.000,00 €	15.016,93 €
– Abschreibung für das 10. Jahr	20.000,00 €	3.754,23 €
= Restbuchwert am Ende des 10. Jahres	0,00 €	11.262,70 €

Wertminderungen ergeben sich bei Anlagegütern oft in den ersten Nutzungsjahren – verursacht durch **technischen Fortschritt** (Modellwechsel). Dieser Tatsache trägt die degressive Abschreibungsmethode Rechnung – sofern sie steuerlich zulässig ist –, da bei ihr **in den ersten Nutzungsjahren die Abschreibungsbeträge wesentlich höher** sind als bei linearer Abschreibung. Das bewirkt einen starken **Investitionsanreiz**. Außerdem **mindert** sich dadurch der Gewinn des Unternehmens bedeutend **stärker** und damit zugleich die Steuerbelastung.

Der gültige degressive Abschreibungssatz des entsprechenden Jahres gilt für die gesamte Nutzungsdauer, d. h., ein Wirtschaftsgut, das beispielsweise im Jahr 2010 angeschafft wurde, kann degressiv während der gesamten Nutzungsdauer mit 25 % abgeschrieben werden.

Entwicklung der degressiven AfA für die Steuerbilanz im Laufe der Jahre[1]:

Anschaffungs- bzw. Herstellungsjahr	Höchstprozentsatz	höchstens
2001 bis 31. Dez. 2005	20 %	das Doppelte der linearen AfA
2006 bis 31. Dez. 2007	30 %	das Dreifache der linearen AfA
2008	abgeschafft	
2009 bis 31. Dez. 2010	25 %	das Zweieinhalbfache der linearen AfA
ab 2011	abgeschafft	

1 In der Handelsbilanz kann in begründeten Fällen von diesen steuerlichen AfA-Sätzen abgewichen werden.

1.3.4.1.2 Der Wechsel von der degressiven zur linearen Abschreibung

Um auch bei der degressiven Abschreibungsmethode den Nullwert zu erreichen, erlaubt das Einkommensteuerrecht den Wechsel von der degressiven zur linearen Abschreibung, nicht aber umgekehrt (§ 7 [3] EStG). Der **Übergang** zur linearen Abschreibung sollte erfolgen, wenn der Abschreibungsbetrag bei linearer Restwertabschreibung gleich bzw. größer ist als bei fortgeführter degressiver Abschreibung. Der Restbuchwert wird in gleichen Beträgen auf die verbleibenden Jahre verteilt.

$$\text{Abschreibungsbetrag bei linearer Abschreibung} = \frac{\text{Restbuchwert zum Zeitpunkt des Wechsels}}{\text{Restnutzungsdauer}} = \frac{26.696,77\ €}{3\ \text{Jahre}} = 8.898,92\ €/\text{Jahr}$$

$$\text{Linearer Abschreibungssatz} = \frac{1}{\text{Restnutzungsdauer}} = \frac{1}{3\ \text{Jahre}} = 0,333 = 33\tfrac{1}{3}\ \%/\text{Jahr}$$

Ermittlung des Buchwerts	25 % degressive Abschreibung	Übergang zur linearen Abschreibung
Anschaffungskosten	200.000,00 €	Berechnung:
– **Abschreibung für das 1. Jahr**	**50.000,00 €**	$i = \left(n - \dfrac{100}{p}\right) + 1$
= Buchwert am Ende des 1. Jahres	150.000,00 €	
– **Abschreibung für das 2. Jahr**	**37.500,00 €**	i = Übergangsjahr
= Buchwert am Ende des 2. Jahres	112.500,00 €	n = Nutzungsdauer
– **Abschreibung für das 3. Jahr**	**28.125,00 €**	p = Abschreibungssatz
= Buchwert am Ende des 3. Jahres	84.375,00 €	$i = \left(10 - \dfrac{100}{25}\right) + 1$
– **Abschreibung für das 4. Jahr**	**21.093,75 €**	
= Buchwert am Ende des 4. Jahres	63.281,25 €	i = 7
– **Abschreibung für das 5. Jahr**	**15.820,31 €**	
= Buchwert am Ende des 5. Jahres	47.460,94 €	
– **Abschreibung für das 6. Jahr**	**11.865,24 €**	
= Buchwert am Ende des 6. Jahres	35.595,70 €	
– **Abschreibung für das 7. Jahr**	**8.898,93 €**	
= Buchwert am Ende des 7. Jahres	26.696,77 € →	26.696,77 €
– **Abschreibung für das 8. Jahr**	**6.674,19 €**	**8.898,92 €**
= Buchwert am Ende des 8. Jahres	20.022,58 €	17.797,85 €
– **Abschreibung für das 9. Jahr**	**5.005,65 €**	**8.898,92 €**
= Buchwert am Ende des 9. Jahres	15.016,93 €	8.898,93 €
– **Abschreibung für das 10. Jahr**	**3.754,23 €**	**8.898,93 €**
= **Restbuchwert am Ende des 10. Jahres**	**11.262,70 €**	**0,00 €**

Übergang von der degressiven zur linearen Abschreibung

Das obige Beispiel macht deutlich, dass sich der **Übergang von der degressiven zur linearen Abschreibung nach dem 7. Nutzungsjahr** empfiehlt, da der **lineare Abschreibungsbetrag** dann **2.224,73 € größer** ist als bei degressiver Abschreibung. Von Vorteil ist auch, dass für die Restjahre die Aufwandsbelastung durch die Abschreibungen gleich hoch ist und am Ende des 10. Nutzungsjahres der Nullwert erreicht wird.

1.3.4.1.3 Die Abschreibung nach der Leistung des Anlagegutes

Situation

Betragen die Anschaffungskosten eines Lieferwagens 80.000,00 € und die voraussichtliche Gesamtleistung 200 000 km, ergibt sich daraus ein Abschreibungsbetrag je Leistungseinheit (km) von: 80.000 : 200 000 = 0,40 €/km.

Leistungsabschreibung bei unterschiedlicher Beanspruchung

Ein Anlagegegenstand kann auch nach der im Jahr **erbrachten Leistung** (Kilometer, Maschinenstunden, Produktionsmenge u. a.) abgeschrieben werden. Diese Abschreibungsmethode ist sinnvoll, wenn das betreffende Anlagegut (z. B. Lkw) in den einzelnen Nutzungsjahren **sehr unterschiedlich beansprucht** wird, wodurch auch der technische Verschleiß zwangsläufig stark schwankt. Diese auch steuerlich zulässige Abschreibungsmethode **kommt der technisch bedingten Wertminderung am nächsten.** Die auf das einzelne Nutzungsjahr entfallende **Leistung muss nachweisbar sein.**

Der Jahresabschreibungsbetrag wird durch Multiplikation der jährlichen Fahrtleistung (Fahrtenbuch) mit dem Abschreibungsbetrag von 0,40 €/km ermittelt.

1. Jahr:	40 000 km	·	0,40 €	= **16.000,00 €**
2. Jahr:	60 000 km	·	0,40 €	= **24.000,00 €**
3. Jahr:	35 000 km	·	0,40 €	= **14.000,00 €**
4. Jahr:	65 000 km	·	0,40 €	= **26.000,00 €**

Die Abschreibung Geringwertiger Wirtschaftsgüter

1.3.4.2

Wirtschaftsgüter des Anlagevermögens, die **selbstständig nutzbar, bewertbar** sowie **beweglich** und **abnutzbar** sind, werden steuerlich als „Geringwertige Wirtschaftsgüter" bezeichnet, wenn ihre **Anschaffungs- bzw. Herstellungskosten** (AK bzw. HK) bestimmte **Nettowerte des § 6 [2, 2a] EStG** nicht überschreiten:

1 GWG, deren AK/HK über 250,00 € bis 800,00 € netto betragen, können im Zugangsjahr in voller Höhe als Betriebsausgabe abgesetzt werden.[1] Sie werden i.d.R. vorab auf dem Konto „0890 GWG" aktiviert und zum Jahresabschluss abgeschrieben. In diesem Fall verzichtet der Unternehmer auf die Einrichtung eines GWG-Sammelpostens (siehe unter 2.).

Kauf eines Bürowagens gegen Banküberweisung: 450,00 € netto + 85,50 € USt = 535,50 € brutto

Beispiel

Buchungen	Soll	Haben
❶ 0890 GWG	450,00	
2600 Vorsteuer	85,50	
an 2800 Bank		535,50
❷ 6540 Abschreibungen auf GWG	450,00	
an 0890 GWG		450,00

2 **GWG im Nettowert von über 250,00 € bis 1.000,00 €** dürfen alternativ zu 1. in einem **jährlichen Sammelposten** (Pool) „0891 GWG-Sammelposten"[2] erfasst werden (Wahlrecht). „Der Sammelposten ist im Wirtschaftsjahr der Bildung und den folgenden vier Jahren mit jeweils einem Fünftel gewinnmindernd aufzulösen", d. h. mit jährlich 20 % linear abzuschreiben. **Für jedes Geschäftsjahr** ist ein **eigenes Sammelkonto** zu bilden, das nur durch Zugänge und die Jahresabschreibung verändert werden darf, nicht aber durch Abgänge (Entnahme und Verkauf). Der Verkauf eines geringwertigen Wirtschaftsgutes würde dann lediglich als Ertrag gebucht. Die Jahres-Sammelposten sind selbstverständlich ordnungsgemäß aufzubewahren.

Kauf eines Laptops gegen Banküberweisung: 1.000,00 € netto + 190,00 € USt = 1.190,00 € brutto ❶. Das Konto 0891 zeigt zum Abschlussstichtag den Bestand von 10.000,00 €. 20 % Abschreibung. ❷

Beispiel

Buchungen	Soll	Haben
❶ 0891 GWG-Sammelposten	1.000,00	
2600 Vorsteuer	190,00	
an 2800 Bank		1.190,00
❷ 6541 Abschreibungen auf GWG-Sammelposten	2.000,00	
an 0891 GWG-Sammelposten		2.000,00

---

1 GWG mit AK/HK bis 250,00 € netto werden sofort über ein sachlich zutreffendes Aufwandskonto (z. B. „6800 Büromaterial") erfasst. Siehe auch Kurzaufsatz auf www.schmolke-deitermann.de Beiträge/Downloads.

2 Der Industrie-Kontenrahmen sieht die Kontenart 0790 GWG-Sammelposten Anlagen und Maschinen mit den Kontenunterarten 0791 bis 0795 GWG-Sammelposten Anlagen und Maschinen Jahr 1 bis 5 vor, ebenso die entsprechenden Konten für BGA: 0890 GWG-Sammelposten BGA, 0891 bis 0895 GWG-Sammelposten BGA Jahr 1 bis 5. Passend hierzu werden die Abschreibungskonten geführt (Kontenart 6540 bzw. Kontenunterarten 6541 bis 6545).

Zusammen-
fassung

■ **Abnutzbare Anlagegüter** werden **planmäßig** nach ihrer **Nutzungsdauer** (linear bzw. degressiv) oder nach **Leistungseinheiten** abgeschrieben.

■ Zu den **planmäßigen Abschreibungen** zählen u. a. folgende Methoden:

lineare Abschreibung → gleich bleibende Abschreibungsbeträge	degressive Abschreibung → fallende Abschreibungsbeträge	Leistungsabschreibung → schwankende Abschreibungsbeträge

■ Die **lineare** Abschreibungsmethode erreicht nach Ablauf der Nutzungsdauer den **Nullwert,** nicht aber die degressive. Deshalb ist ein **Wechsel** von der degressiven zur linearen Abschreibung **möglich,** nicht aber umgekehrt.

■ Bewegliche Wirtschaftsgüter des Anlagevermögens, die **2008 und ab 2011** angeschafft oder hergestellt worden sind, dürfen **steuerlich nicht degressiv** abgeschrieben werden.[1]

■ Die degressive Abschreibung darf bei beweglichen Wirtschaftsgütern, die **vor 2008 und in den Jahren 2009 und 2010** angeschafft bzw. hergestellt worden sind, **während der gesamten Nutzungsdauer** mit dem im Anschaffungs- oder Herstellungsjahr gültigen Abschreibungssatz weiter **fortgeführt** werden.

■ **Handelsrechtlich** sind die lineare und die degressive Abschreibung zulässig.

■ Neben der planmäßigen Abschreibung ist bei **außergewöhnlichen Wertminderungen** auch eine **außerplanmäßige** Abschreibung möglich.

■ **Die buchhalterische Erfassung der GWG** richtet sich nach der **Höhe der Anschaffungskosten bzw. Herstellungskosten.**

■ Der je Geschäftsjahr gebildete **GWG-Sammelposten** ist **linear** in fünf Jahren **abzuschreiben.**

■ Der GWG-Sammelposten **darf nicht** durch Entnahmen und Verkäufe **verändert** werden.

Zusatz-
information

■ **Bei Anschaffung oder Herstellung** von Anlagegütern **während** des Geschäftsjahres wird die **Abschreibung zeitanteilig nach Monaten** berechnet, und zwar **ab dem Monat des Zugangs.** Erfolgt der Zugang des Anlagegutes am 20. März, so ist es noch zehn Monate abzuschreiben.

■ **Bei Abgang** von Anlagegütern durch Veräußerung wird die Abschreibung ebenfalls **zeitanteilig** vorgenommen. Wahlweise besteht die Möglichkeit den angefangenen Abgangsmonat abzuschreiben oder darauf zu verzichten.

■ **Für jedes Anlagegut** ist ein **Datensatz** im **Anlagenverzeichnis** zu führen (siehe auch S. 19 und S. 74).

■ **Im Anlagenverzeichnis** werden alle Datensätze **nach den Anlagekonten der Klasse 0 geordnet.** Die **Abschreibungen** aus allen Datensätzen werden addiert und **in einer Summe** auf dem Konto „6520 Abschreibungen auf Sachanlagen" gebucht. Das Anlagenverzeichnis ist also eine **Nebenbuchhaltung,** die die **Anlagekonten erläutern** soll. Es ist die Grundlage der Inventur.

Aufgabe 359

Die Anschaffungskosten eines Tresors, der am 3. Januar 2010 für die Geschäftskasse u. a. angeschafft wurde, belaufen sich auf 50.000,00 €. Die betriebsgewöhnliche Nutzungsdauer beträgt zehn Jahre.

1. **Ermitteln Sie für die lineare Abschreibung jeweils a) den Abschreibungsbetrag und b) den Abschreibungssatz.**

2. **Wie hoch ist der degressive Abschreibungssatz bei höchstmöglicher steuerlicher Abschreibung?**

---

1 Siehe S. 389.

3. Stellen Sie in einer tabellarischen Übersicht die lineare und degressive Abschreibung mit dem steuerlich zulässigen Höchstsatz gegenüber.

4. Nennen Sie die Vorteile a) der linearen und b) der degressiven Abschreibung.

5. Nennen Sie den Buchungssatz für die degressive Abschreibung des Tresors im ersten Nutzungsjahr.

6. Zeichnen Sie in einem Koordinatenkreuz die lineare und die degressive Abschreibungskurve.

Aufgabe 360

1. Worin liegt der Nachteil der degressiven Abschreibungsmethode gegenüber der linearen?

2. Inwiefern ist es von Vorteil, in einem bestimmten Nutzungsjahr von der degressiven zur linearen Abschreibung überzugehen?

3. In welchem Jahr sollte Ihrer Meinung nach ein Wechsel bei der degressiven Abschreibung der vorhergehenden Aufgabe stattfinden? Ermitteln und begründen Sie das Übergangsjahr.

4. Nennen Sie die linearen Abschreibungsbeträge für die restliche Nutzungsdauer.

Aufgabe 361

Ermitteln Sie den Abschreibungssatz für die lineare und höchstmögliche degressive[1] Abschreibung bei folgender Nutzungsdauer:

a) 5 Jahre,   b) 8 Jahre,   c) 10 Jahre,   d) 12 Jahre   und   e) 15 Jahre.

Aufgabe 362

Wie hoch sind die Höchstsätze der degressiven[1] Abschreibung bei den folgenden linearen Abschreibungssätzen:

a) 5 %,   b) 8 %,   c) 10 %,   d) 12 %,   e) 15 %,   f) 20 %   und   g) 25 %?

Aufgabe 363

Anschaffung einer EDV-Anlage für 11.880,00 € am 10. September eines Geschäftsjahres. Betriebsgewöhnliche Nutzungsdauer: drei Jahre. Lineare Abschreibung.

1. Ermitteln Sie den jährlichen Abschreibungsbetrag bei linearer Abschreibung.

2. Nennen Sie den Abschreibungsbuchungssatz für das 1. Nutzungsjahr.

Aufgabe 364

Die Anschaffungskosten einer im Januar 2010 erworbenen Maschine betragen 150.000,00 €. Betriebsgewöhnliche Nutzungsdauer: 10 Jahre.

1. Ermitteln Sie den linearen Abschreibungssatz und den Höchstsatz der degressiven Abschreibung.

2. Was bedeutet die Abkürzung „AfA"?

3. Erstellen Sie eine Abschreibungstabelle mit der linearen und der degressiven Abschreibung.

4. Wie lautet der Buchungssatz a) für die lineare und b) für die degressive Abschreibung am Ende des ersten Nutzungsjahres?

5. Erstellen Sie das Konto TA/Maschinen für das erste Nutzungsjahr zum 31. Dez.
   a) bei linearer Abschreibung   und   b) bei degressiver Abschreibung.

6. Wie lautet üblicherweise der Buchungssatz zur linearen Abschreibung am Ende des 10. Nutzungsjahres, wenn die Maschine weiterhin genutzt wird?

Aufgabe 365

Ordnen Sie die folgenden Aussagen der linearen und der degressiven Abschreibung zu:

1. Der Höchstsatz der Abschreibung für Anschaffungen in 2010 ist 25 %.

2. Die Abschreibung wird jedes Jahr von den Anschaffungskosten berechnet.

3. Am Ende der Nutzungsdauer ergibt sich stets ein Restwert.

4. Der Nullwert wird am Ende der Nutzungsdauer stets erreicht.

5. Die Abschreibung wird vom verminderten Buchwert berechnet.

6. Der Abschreibungsbetrag ist in jedem Nutzungsjahr gleich.

7. Es handelt sich um fallende Abschreibungsbeträge.

8. Die Abschreibungsmethode berücksichtigt den technischen Fortschritt.

---

1 Legen Sie die AfA-Regelung für 2010 zugrunde.

Aufgabe 366

Die Anschaffungskosten eines Lastkraftwagens in einem Zementwerk betragen 120.000,00 €. Die Gesamtleistung wird auf 240 000 km geschätzt. Die betriebsgewöhnliche Nutzungsdauer beträgt acht Jahre.

1. Worin sehen Sie den Vorteil einer Abschreibung nach Leistungseinheiten?

2. Ermitteln Sie die jährlichen Abschreibungsbeträge bei linearer Abschreibung.

3. Berechnen Sie die Abschreibung nach der Leistung:
   1. Jahr: 40 000 km, 2. Jahr: 25 000 km, 3. Jahr: 45 000 km, 4. Jahr: 22 000 km,
   5. Jahr: 28 000 km, 6. Jahr: 36 000 km, 7. Jahr: 20 000 km, 8. Jahr: 24 000 km.

4. Stellen Sie im Koordinatenkreuz den Verlauf der linearen und der Leistungsabschreibung dar.

Aufgabe 367

Die Anschaffungskosten eines Transportwagens betragen im Metallwerk Thomas Berg e. K. 75.000,00 €. Das Fahrzeug wurde am 1. April angeschafft und soll in sechs Jahren linear abgeschrieben werden.

1. Ermitteln Sie für das erste Nutzungsjahr die genaue zeitanteilige Abschreibung.

2. Ermitteln Sie den Abschreibungsbetrag für das zweite Nutzungsjahr.

3. Wie hoch ist der Abschreibungsbetrag im 6. Nutzungsjahr und 7. Nutzungsjahr?

Aufgabe 368

1. Die Abschreibung nach der Nutzungsdauer wird auch als planmäßige Abschreibung bezeichnet. **Nennen Sie die planmäßigen Abschreibungsmethoden.**

2. Neben der planmäßigen Abschreibung ist auch eine außerplanmäßige möglich. **Nennen Sie Beispiele für eine außerplanmäßige Abschreibung.**

Aufgabe 369

Ein Grundstück wurde vor fünf Jahren für 200.000,00 € erworben. Aufgrund eines Gutachtens wurde festgestellt, dass das Grundstück mit Schadstoffen belastet ist und deshalb nur noch einen Verkehrswert von 120.000,00 € hat.

1. Mit welchem Wert ist das Grundstück zum Abschlussstichtag zu bewerten?

2. Nennen Sie die Buchung zum Abschlussstichtag.

Aufgabe 370

Begründen und entscheiden Sie, ob die folgenden Anlagegüter, die in diesem Geschäftsjahr angeschafft wurden, bei der Abschreibung als Geringwertige Wirtschaftsgüter behandelt werden dürfen. Die Preise stellen die Anschaffungskosten dar:

a) Schreibtisch 390,00 €,   b) Stuhl 270,00 €,   c) PC-Drucker 400,00 €,
d) Schreibtischlampe 240,00 €,   e) Kugelschreiber 30,00 €,
f) (Trivial)Software für Textverarbeitung 350,00 €,   g) Büroschrank 990,00 €.

Aufgabe 371

Das Metallwerk Thomas Berg e. K. erwirbt einen Schreibtischsessel für 400,00 € + Umsatzsteuer.

1. Begründen Sie, dass es sich hierbei um ein Geringwertiges Wirtschaftsgut handelt.

2. Nennen und begründen Sie die Buchung bei Anschaffung des Sessels.

3. Welche Buchung ergibt sich zum Abschlussstichtag?

Aufgabe 372

Barkauf a) eines Tablets für 485,00 € + USt, b) eines Tisches für 960,00 € + USt und c) eines Taschenrechners für 75,00 € + USt.

Begründen Sie Ihre Buchungen.

Aufgabe 373

Anschaffung eines Aktenschranks für 875,00 € netto + Umsatzsteuer. Der Spediteur berechnet 32,50 € + Umsatzsteuer. Die Rechnung für den Aktenschrank wird unter Abzug von 2 % Skonto durch die Bank beglichen.

1. **Ermitteln Sie die Anschaffungskosten des Anlagegutes.**
2. **Nennen Sie die Buchungen bei Anschaffung des Anlagegutes.**
3. **Begründen Sie Ihre Abschreibungsentscheidung zum Abschlussstichtag.**
4. **Wie lautet die Buchung zum Abschlussstichtag?**

Aufgabe 374

Welche Antwort ist a) falsch oder b) richtig?

1. Ein Übergang von der linearen zur degressiven Abschreibung ist ab 2008 steuerlich erlaubt.
2. Am Ende der Nutzungsdauer wird nur bei degressiver Abschreibung der Nullwert erreicht.
3. Abschreibungen vermindern als Aufwand den steuerpflichtigen Gewinn.
4. Die lineare Abschreibung ist nur bei beweglichen Anlagegütern erlaubt.
5. Skonti mindern nicht die Anschaffungskosten.
6. Die Vorsteuer zählt zu den Anschaffungskosten eines Anlagegutes.
7. Die Abschreibungen werden als Kosten in die Verkaufspreise einkalkuliert.
8. Aus Abschreibungserlösen lassen sich keine Neuinvestitionen finanzieren.
9. Eine EDV-Tastatur im Anschaffungswert von 150,00 € ist ein GWG.
10. Geringwertige Wirtschaftsgüter bis 80,00 € (netto) können sofort als Aufwand gebucht werden.

Aufgabe 375

1. **Ordnen Sie die Begriffe „gleich bleibend", „fallend" und „schwankend" den Ihnen bekannten Abschreibungsmethoden zu.**
2. **Welche Bedeutung hat die Anlagenkartei? Begründen Sie.**

Aufgabe 376

Überprüfen Sie, ob folgende Aussagen falsch oder richtig sind:

1. Bei einem unbebauten Grundstück kann wegen des Wegfalls der Verkehrsanbindung eine außerplanmäßige Abschreibung vorgenommen werden.
2. Fortgeführte Anschaffungskosten ergeben sich nur nach degressiver Abschreibung.
3. Nicht abnutzbare Anlagegüter dürfen nur außerplanmäßig abgeschrieben werden.
4. Bei Ausscheiden eines abnutzbaren Anlagegutes durch Verkauf oder Entnahme muss zur genauen Ermittlung des Buchwertes noch die zeitanteilige Abschreibung berechnet und gebucht werden.
5. Für jeden einzelnen Sachanlagegegenstand ist ein Datensatz oder eine Anlagenkarte im Anlagenverzeichnis zu führen.
6. Der spätere Übergang von der degressiven zur linearen Abschreibung ist handelsrechtlich möglich.
7. Lastkraftwagen können nur linear oder degressiv abgeschrieben werden.
8. Ein nachträglich gewährter Preisnachlass darf bei der Ermittlung der Anschaffungskosten eines Anlagegutes nicht berücksichtigt werden.
9. Bei langfristigen Fremdwährungsverbindlichkeiten müssen nicht realisierte Gewinne buchhalterisch erfasst und ausgewiesen werden.
10. Verbindlichkeiten sind nach dem Niederstwertprinzip zu bewerten.
11. Die Bewertung des Anlagevermögens erfolgt nach dem Höchstwertprinzip.
12. Für die Bewertung von Vermögensteilen gilt grundsätzlich das strenge Niederstwertprinzip.
13. Zum Anlagevermögen zählen nicht nur Sachanlagen, sondern auch Finanzanlagen und immaterielle Anlagegüter.
14. Anzahlungen auf Sachanlagen müssen in der Bilanz im Sachanlagevermögen gesondert ausgewiesen werden.

Aufgabe 377

Kontenplan und vorläufige Saldenbilanz	Soll	Haben
0500 Unbebaute Grundstücke	280.000,00	–
0510 Bebaute Grundstücke	200.000,00	–
0530 Betriebsgebäude	780.000,00	–
0700 Technische Anlagen und Maschinen	675.000,00	–
0800 Andere Anlagen/BGA	280.000,00	–
0891 GWG-Sammelposten	6.000,00	–
2000 Rohstoffe	155.600,00	–
2200 Fertige Erzeugnisse	33.325,00	–
2400 Forderungen a. LL	197.635,00	–
2600 Vorsteuer	101.580,00	–
2800 Bank	158.200,00	–
2880 Kasse	6.800,00	–
3000 Eigenkapital	–	1.300.000,00
3001 Privat	62.000,00	–
4250 Darlehensschulden	–	568.475,00
4400 Verbindlichkeiten a. LL	–	230.200,00
4800 Umsatzsteuer	–	259.065,00
5000 Umsatzerlöse für eigene Erzeugnisse	–	1.350.000,00
5001 Erlösberichtigungen für eigene Erzeugnisse	12.000,00	–
5081 Mieterträge	–	22.600,00
5420 Entnahme v. G. u. s. L.	–	25.500,00
5430 Andere sonstige betriebliche Erträge	–	14.800,00
6000 Aufwendungen für Rohstoffe	420.000,00	–
6001 Bezugskosten für Rohstoffe	3.000,00	–
6002 Nachlässe für Rohstoffe	–	18.500,00
6900 Versicherungsbeiträge	22.000,00	–
7510 Zinsaufwendungen	36.000,00	–
7800 Diverse Aufwendungen	360.000,00	–
Zusatzkonten: 5200, 6520, 6541, 6550, 8010 und 8020.	3.789.140,00	3.789.140,00

Abschlussangaben zum Bilanzstichtag (31. Dezember 2010)

1. Die Anschaffung einer Heftmaschine (GWG), Anschaffungskosten 500,00 €, wurde irrtümlich über das Konto „0700 TA und Maschinen" gebucht.

2. Die Steuerberichtigungen sind noch zu ermitteln und zu buchen:
   a) Lieferantenskonti, brutto: 952,00 €;   b) Kundenskonti, brutto: 1.428,00 €.

3. Die Gutschriftsanzeige unseres Lieferanten für fehlerhafte Rohstoffe ist noch zu buchen: 1.011,50 € brutto.

4. Ein Kunde erhält noch eine Bonus-Gutschriftsanzeige über 1.785,00 € brutto.

5. Kassenüberschuss lt. Inventur 300,00 € (Ursache ungeklärt).

6. Reparaturen im Haus des Unternehmers wurden durch eigenen Betrieb durchgeführt: netto 1.500,00 €.

7. Planmäßige Abschreibungen: Gebäude: 2 % von 900.000,00 € Herstellungskosten; TA und Maschinen: 25 % degressiv; Andere Anlagen/BGA: 10 % von 320.000,00 € Anschaffungskosten; 20 % auf 0891 GWG-Sammelposten.

8. Außerplanmäßige Abschreibung:
   Das mit 280.000,00 € bilanzierte unbebaute Grundstück hat lt. Gutachten nur noch einen Wert von 220.000,00 €.

9. Schlussbestände lt. Inventur: Rohstoffe .... 170.000,00 €

   Fertige Erzeugnisse .... 43.325,00 €

   Im Übrigen entsprechen die Buchwerte der Inventur.

Ermitteln Sie die Rentabilität des durchschnittlichen Eigenkapitals.

Die Bewertung des Umlaufvermögens

1.3.5

Die Wirtschaftsgüter des Umlaufvermögens sind nach dem **strengen Niederstwertprinzip** zu bewerten. Von zwei Werten, nämlich den **Anschaffungskosten (AK) oder Herstellungskosten (HK)** und dem Tageswert (TW) am Bilanzstichtag, ist jeweils der niedrigere anzusetzen:[1]

Strenges Niederstwertprinzip

AK/HK > TW → Bewertung zum Tageswert,
AK/HK < TW → Bewertung zu Anschaffungs-/Herstellungskosten.

Eine Wertaufholung bis zu den Anschaffungs- bzw. Herstellungskosten ist **steuerrechtlich** vorgeschrieben. Das gilt gemäß § 253 [5] HGB auch **verbindlich für die Handelsbilanz.**

Wertaufholungsgebot

Die Bewertung der Vorratsbestände

1.3.5.1

Das Metallwerk Thomas Berg hat zum Bilanzstichtag lt. Inventur noch 2000 Schalter ZX23 auf Lager. Da diese Fertigteile zu unterschiedlichen Preisen und Zeitpunkten angeschafft wurden, ist nicht feststellbar, aus welcher Lieferung der Schlussbestand stammt.

Situation

Mit welchem Wert ist der Vorrat an Schaltern anzusetzen, wenn der Tageswert am Abschlussstichtag 7,50 € je Schalter beträgt?

Wie für alle Vermögensteile und Schulden gilt auch für die **Bewertung der Vorräte** an Werkstoffen, Fremdbauteilen, eigenen Erzeugnissen und Handelswaren der **Grundsatz der Einzelbewertung,** d. h., bei jedem Einzelposten sind jeweils die ursprünglichen **Anschaffungskosten (Herstellungskosten) mit dem Tageswert am Bilanzstichtag zu vergleichen,** wobei der **niedrigere** von beiden Werten anzusetzen ist. Die Einzelbewertung ist jedoch nicht möglich, wenn sich der zu bewertende Inventurbestand aus verschiedenen Lieferungen zu unterschiedlichen Preisen zusammensetzt. Deshalb erlaubt der Gesetzgeber bei **gleichartigen** Vorräten eine **Sammel- bzw. Gruppenbewertung** in Form einer

Einzel- und Sammelbewertung

- **Bewertung nach dem gewogenen Durchschnitt (§ 240 [4] HGB) oder**
- **Verbrauchsfolgebewertung (§ 256 HGB).**

Durchschnittsbewertung

1.3.5.1.1

Hierbei werden die **durchschnittlichen Anschaffungskosten** aus Anfangsbestand und Zugängen ermittelt und mit dem **Tageswert am Bilanzstichtag** verglichen:

		Stückzahl	Anschaffungskosten je Stück	Anschaffungskosten insgesamt
Anfangsbestand	1. Jan.	1400	6,00 €	8.400,00 €
Zugang	15. April	800	6,50 €	5.200,00 €
Zugang	12. Juli	1050	6,50 €	6.825,00 €
Zugang	18. Okt.	1200	6,80 €	8.160,00 €
Zugang	28. Nov.	1600	7,00 €	11.200,00 €
Summe		**6050**		**39.785,00 €**

$$\text{Durchschnittliche Anschaffungskosten je Stück} = \frac{39.785,00 \text{ €}}{6050 \text{ Stück}} = 6{,}58 \text{ € /Stück}$$

Da der Tageswert am Bilanzstichtag (7,50 €) höher ist, muss der Endbestand von 2000 Schaltern nach dem

Inventurmenge	·	Wert je Stück	=	Bilanzansatz
2000	·	6,58	=	13.160,00 €

strengen **Niederstwertprinzip** mit 6,58 € je Schalter bewertet werden, wodurch der **Ausweis eines nicht realisierten Gewinns verhindert** wird:

---

1 Ausnahme: Fremdwährungsforderungen mit einer Restlaufzeit bis zu einem Jahr gemäß § 256a HGB.

Buchungssatz	Soll	Haben
8010 Schlussbilanzkonto	13.160,00	
an 2010 Vorprodukte/Fremdbauteile		13.160,00

1. Wie lauten Bilanzansatz und Buchungen bei einem Tageswert von 6,20 € je Schalter?
2. Begründen Sie, dass ein nicht realisierter Verlust ausgewiesen werden muss.

1.3.5.1.2 Verbrauchsfolgebewertung

Die Bewertung **gleichartiger** Vorratsbestände kann zum Bilanzstichtag auch auf der Grundlage einer bestimmten **Verbrauchs- oder Veräußerungsfolge** vorgenommen werden. Nach § 256 HGB sind für handelsrechtliche Abschlüsse nur die **Fifo- und Lifo-Methode** zulässig. Für steuerliche Abschlüsse ist nach § 6 [1] Nr. 2a EStG nur die Lifo-Methode zugelassen.

Fifo-Methode Diese Methode unterstellt, dass die zuerst beschafften oder hergestellten Güter auch zuerst verbraucht oder verkauft werden (first in – first out), sodass der **Endbestand** stets **aus den letzten Zugängen** stammt und deshalb auch jeweils zu deren Anschaffungskosten zu bewerten ist.

Beispiel (siehe oben)		Menge	Anschaffungskosten je Einheit
Anfangsbestand	1. Jan.	1400	6,00 €
Zugang	15. April	800	6,50 €
Zugang	12. Juli	1050	6,50 €
Zugang	18. Okt.	1200	6,80 €
Zugang	28. Nov.	1600	7,00 €

Für den o. g. **Inventurbestand** von 2000 Schaltern ergibt sich folgender **Fifo-Wertansatz:**

1600 Einheiten zu 7,00 €	11.200,00 €
+ 400 Einheiten zu 6,80 €	2.720,00 €
= **Fifo-Wertansatz für 2000 Einheiten**	13.920,00 €

Wegen des **strengen Niederstwertprinzips** ist der ermittelte Wertansatz jeweils mit dem Tageswert am Bilanzstichtag zu vergleichen. Bei einem Tageswert von 7,10 € (= 14.200,00 € Gesamttageswert) muss der Fifo-Wertansatz von 13.920,00 € in die Schlussbilanz übernommen werden. Beträgt der Tageswert am Bilanzstichtag 6,70 €, müsste **der Endbestand zum niedrigeren Tageswert** von 13.400,00 € bewertet werden.

Lifo-Methode Diese Methode geht von der Annahme aus, dass die zuletzt erworbenen oder hergestellten Güter als Erste verbraucht oder verkauft werden (last in – first out). Deshalb setzt sich der **Endbestand stets aus dem Anfangsbestand und den ersten Zugängen** zusammen und ist somit auch zu deren Anschaffungskosten zu bewerten.

Für den o. g. **Inventurbestand** von 2000 Schaltern ergibt sich folgender **Lifo-Wertansatz:**

1400 Einheiten zu 6,00 €	8.400,00 €
+ 600 Einheiten zu 6,50 €	3.900,00 €
= **Lifo-Wertansatz für 2000 Einheiten**	12.300,00 €

Beträgt der Tageswert am Bilanzstichtag z. B. 6,80 €, kann der Lifo-Wertansatz von 12.300,00 € bilanziert werden. Bei einem Tageswert von 5,90 € ist dieser mit 2000 · 5,90 € = 11.800,00 € anzusetzen.

Bei steigenden Preisen führt die **Lifo-Methode** zu einer möglichst niedrigen Bewertung des Endbestands (Bildung stiller Reserven), während z. B. der Verbrauch an Werkstoffen zu hohen Preisen in die Kostenrechnung eingeht. **Bei fallenden Preisen** führt das Lifo-Verfahren zu einer Überbewertung des Endbestands. Das hätte zur Folge, dass der Endbestand nach dem Niederstwertprinzip auf den niedrigeren Stichtagswert abgewertet werden müsste. Folglich findet die Lifo-Methode bei fallenden Preisen keine Anwendung.

Handelsrechtlich kann die Bewertung gleichartiger Vorratsbestände sowohl nach dem gewogenen Durchschnitt als auch nach der Verbrauchsfolge vorgenommen werden, sofern das strenge Niederstwertprinzip beachtet wird. **Steuerrechtlich** sind sowohl die Durchschnitts- als auch die Lifo-Methode zulässig. Wegen der einfachen Durchführung wird **in der Praxis überwiegend das Durchschnittsverfahren** angewandt.

Die Bewertung der Forderungen a. LL

1.3.5.2

Einführung

1.3.5.2.1

Zum Schluss des Geschäftsjahres sind die „Forderungen aus Lieferungen und Leistungen" hinsichtlich ihrer **Güte (Bonität)** zu überprüfen und zu **bewerten**. Dabei unterscheidet man **drei Gruppen:**

Bewertung zum Jahresabschluss

1 einwandfreie,

2 zweifelhafte und

3 uneinbringliche Forderungen.

Einwandfrei sind Forderungen, wenn mit **ihrem Zahlungseingang in voller Höhe** gerechnet werden kann.

einwandfreie Forderungen

Zweifelhaft ist eine Forderung, wenn der **Zahlungseingang unsicher** ist, also ein vollständiger oder teilweiser **Forderungsausfall erwartet wird**. Das ist beispielsweise der Fall, wenn ein Insolvenzverfahren[1] eröffnet wurde, der Kunde **trotz Mahnungen nicht gezahlt** hat oder sich erkennbar in wirtschaftlichen und/oder finanziellen Schwierigkeiten befindet. **Zweifelhafte Forderungen** werden auch als „Dubiose Forderungen" bezeichnet.

zweifelhafte Forderungen

Uneinbringlich ist eine Forderung, wenn der **Forderungsausfall endgültig** feststeht. Davon kann zum Beispiel ausgegangen werden, wenn ein Insolvenzverfahren mangels Masse abgewiesen wurde, fruchtlos gepfändet worden oder die Forderung verjährt ist.

uneinbringliche Forderungen

Die Bewertung der Forderungen (§ 253 [4] HGB) entspricht dieser Einteilung:

- **einwandfreie** Forderungen sind mit dem **Nennbetrag** anzusetzen,
- **zweifelhafte** Forderungen sind mit ihrem **wahrscheinlichen Wert** zu bilanzieren,
- **uneinbringliche** Forderungen sind **voll abzuschreiben**.

Für die Bewertung von Forderungen zum Bilanzstichtag gibt es **zwei Möglichkeiten:**

Bewertungsverfahren

1. **Einzelbewertung** für das **spezielle Ausfallrisiko** (z. B. Insolvenz)
2. **Pauschalbewertung** für das **allgemeine Ausfallrisiko**

Die Bewertung der Forderungen a. LL bedingt oft **Abschreibungen** auf Forderungen. Dabei ist zu beachten, dass die Abschreibung wegen eines zu erwartenden oder bereits eingetretenen Forderungsverlustes **stets nur vom Nettowert** der Forderung vorgenommen wird. Die in der Forderung enthaltene **Umsatzsteuer** wird bei Ausfall der Forderung vom Finanzamt in entsprechender Höhe erstattet.

Abschreibung vom Nettowert der Forderung

Die Berichtigung der Umsatzsteuer darf erst erfolgen, wenn der **Ausfall (Verlust) der Forderung endgültig feststeht** und somit „[...] das vereinbarte Entgelt für eine steuerpflichtige Lieferung, sonstige Leistung oder einen innergemeinschaftlichen Erwerb **uneinbringlich** geworden ist" (§ 17 [2] Nr. 1 UStG). Die **Uneinbringlichkeit der gesamten Forderung** liegt im Zeitpunkt der **Insolvenzeröffnung** über das Vermögen eines Kunden vor, und zwar unabhängig von einer möglichen Insolvenzquote (A 17.1 [15] UStAE).[2] Wird die als uneinbringlich abgeschriebene Forderung später ganz oder teilweise vereinnahmt, ist die Umsatzsteuer erneut zu berichtigen.

Berichtigung der Umsatzsteuer

---

1 Für steuerliche Zwecke ist bereits bei der Eröffnung des Insolvenzverfahrens von der Uneinbringlichkeit der Forderungen auszugehen. Vgl. BFH-Urteil V R 14/08 vom 22. Oktober 2009 zur Berichtigung der Umsatzsteuer.

2 Diese Regelung ist auf nach dem 31. Dezember 2011 eröffnete Insolvenzverfahren anzuwenden (BMF vom 9. Dezember 2011). Vor diesem Zeitpunkt wurde erst bei Abschluss des Insolvenzverfahrens von einem endgültigen Forderungsausfall ausgegangen.

1.3.5.2.2 Einzelbewertung von Forderungen

Spezielles Ausfallrisiko

Zum Jahresende werden alle Forderungen aus Lieferungen und Leistungen einzeln auf ihre Bonität oder Einbringlichkeit überprüft. Die **Einzelbewertung** (§ 252 [1] Nr. 3 HGB) berücksichtigt das **individuelle Ausfallrisiko** beim Kunden, wie z. B. die Eröffnung eines Insolvenzverfahrens.

Aus Gründen der Klarheit werden die ermittelten **zweifelhaften Forderungen** von den **einwandfreien** (vollwertigen) Forderungen buchhalterisch **getrennt**. Das geschieht durch **Umbuchung** der gefährdeten Einzelforderungen auf das Konto

2470 Zweifelhafte Forderungen.

1.3.5.2.2.1 Direkte Abschreibung von uneinbringlichen Forderungen

Situation 1

Über das Vermögen des Kunden Anton Pleite e. K. wurde am 10. Dezember der Antrag auf Eröffnung eines Insolvenzverfahrens gestellt. Die als zweifelhaft bewertete Forderung beträgt 2.380,00 € (2.000,00 € netto + 380,00 € USt). Vor Aufstellung der Bilanz zum 31. Dezember steht fest, dass das Insolvenzverfahren mangels Masse, also wegen fehlender Deckung der Verfahrenskosten, nicht eröffnet wurde.

Die gefährdete Forderung wurde **kontenmäßig gesondert erfasst:**

Buchungssatz	Soll	Haben
❶　　2470 Zweifelhafte Forderungen	2.380,00	
an 2400 Forderungen a. LL		2.380,00

Werden zweifelhafte Forderungen teilweise oder vollständig **uneinbringlich,** wird der **Nettobetrag** des entsprechenden Forderungsausfalls **direkt abgeschrieben:**

6951 Abschreibungen auf Forderungen wegen Uneinbringlichkeit.[1]

Gleichzeitig ist die **Umsatzsteuer** im Soll des Kontos „4800 USt" zu **berichtigen,** da durch den Forderungsausfall eine Rückforderung an das Finanzamt entsteht.[1]

Buchungssatz	Soll	Haben
❷　　6951 Abschreibungen auf Forderungen[1]	2.000,00	
4800 Umsatzsteuer	380,00	
an 2470 Zweifelhafte Forderungen		2.380,00

S　　2470 Zweifelhafte Forderungen　　H	S 6951 Abschreibungen auf Forderungen H
❶　　2.380,00　❷　　2.380,00 ←	❷　　2.000,00

S　　2400 Forderungen a. LL　　H	S　　4800 Umsatzsteuer　　H
...　119.000,00　❶　　2.380,00	❷　　380,00

Situation 2

Auf eine im vorigen Jahr als uneinbringlich abgeschriebene Forderung erhält Thomas Berg am 30. Dezember unerwartet 357,00 € (300,00 € netto + 57,00 € USt) durch Banküberweisung. Damit lebt die Umsatzsteuer wieder auf.

Buchungssatz	Soll	Haben
2800 Bank	357,00	
an 5455 Erträge aus abgeschriebenen Forderungen		300,00
an 4800 Umsatzsteuer		57,00

---

1 In der EDV-Fibu ist das Konto 6951 stets ein automatisches Konto. Nach Eingabe des Bruttobetrages wird die anteilige Umsatzsteuer automatisch herausgerechnet und gebucht (Umsatzsteuerverprobung!).

Einzelwertberichtigung (EWB) zweifelhafter Forderungen

Sind zum Bilanzstichtag bei Forderungen Verluste zu erwarten, muss jeweils in Höhe des **vermuteten (geschätzten) Ausfalls** eine entsprechende Abschreibung vorgenommen werden. Diese **Abschreibung** erfolgt aus Gründen der Klarheit und Übersichtlichkeit in der Regel nicht direkt über das Konto „Zweifelhafte Forderungen", sondern **indirekt** über ein **Wertberichtigungskonto:**

3670 Einzelwertberichtigungen zu Forderungen (EWB).

Das Wertberichtigungskonto, auch „Delkredere" genannt, ist ein **Passivkonto**. Die Zuführung zur EWB, also die Bildung der EWB, erfolgt über das **Aufwandskonto**

6952 Einstellung in EWB.

Situation

Der Kunde Wolfgang Kurz e. K. hat trotz Mahnungen eine Forderung von 11.900,00 € (= 10.000,00 € netto + 1.900,00 € USt) nicht beglichen. Zum 31. Dezember 01 wird der Verlust auf 80 % von 10.000,00 € (= 8.000,00 €) geschätzt. Aus dem Vorjahr besteht noch eine andere zweifelhafte Forderung über 5.950,00 €, die zu 70 % (= 3.500,00 €) einzelwertberichtigt ist.

Umbuchung der zweifelhaft gewordenen Forderung zum 31. Dezember ..	Soll	Haben
❶ 2470 Zweifelhafte Forderungen	11.900,00	
an 2400 Forderungen a. LL		11.900,00

Indirekte Abschreibung des vermuteten Forderungsverlustes zum 31. Dezember ..	Soll	Haben
❷ 6952 Einstellung in EWB	8.000,00	
an 3670 EWB zu Forderungen		8.000,00

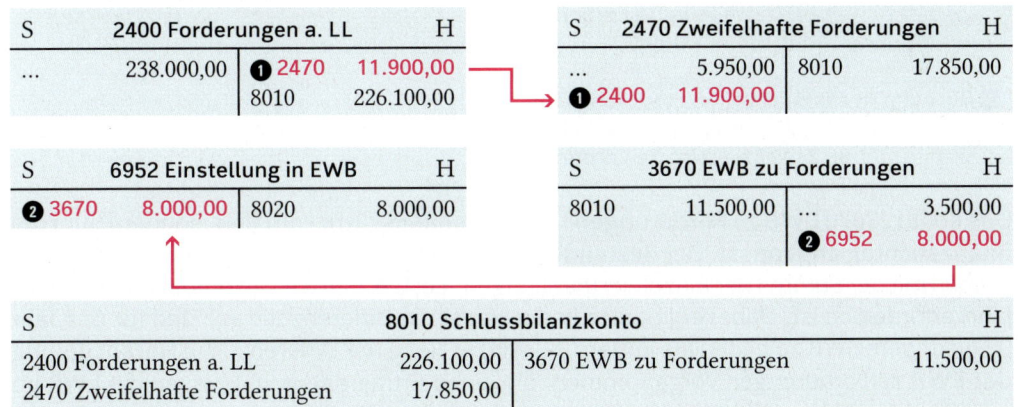

Nennen Sie den Abschlussbuchungssatz für die Bestandskonten 2400, 2470 und 3670.

Der Bestand der zweifelhaften Forderungen wird zum Bilanzstichtag in voller Höhe ausgewiesen und stimmt mit dem Kontostand im Hauptbuch und im Kontokorrentbuch (Kundenkonten) überein, während die **„Wertberichtigungen"** zu den zweifelhaften Forderungen insgesamt die **Höhe des zu erwartenden Verlustes ausweisen**. Die indirekte Abschreibung auf Forderungen zum Bilanzstichtag entspricht somit dem **Grundsatz der Klarheit**. Zudem bewirkt sie eine **bessere Abstimmung der Kundenkonten mit den Sachkonten** „Forderungen a. LL" und „Zweifelhafte Forderungen".

Vorteile der indirekten Abschreibung

In den **Bilanzen** werden **zweifelhafte Forderungen nicht gesondert ausgewiesen**. Wertberichtigungen sind bei Kapitalgesellschaften vorab aktivisch **mit den Forderungen a. LL zu verrechnen** (siehe Bilanz nach § 266 HGB auf S. 420 f. und im Anhang des Lehrbuchs).

Direkte Abschreibung des tatsächlichen Forderungsausfalls

Zu Beginn des neuen Jahres werden die **Konten 2470 und 3670 über „8000 EBK"** eröffnet:

Buchungen	Soll	Haben
❶ 2470 Zweifelhafte Forderungen	17.850,00	
an 8000 Eröffnungsbilanzkonto		17.850,00
❷ 8000 Eröffnungsbilanzkonto	11.500,00	
an 3670 EWB zu Forderungen		11.500,00

Der sich im neuen Jahr ergebende tatsächliche Ausfall der zweifelhaften Forderung wird direkt abgeschrieben über das Konto

6951 Abschreibungen auf Forderungen wegen Uneinbringlichkeit,

obwohl für diese Forderung bereits eine Wertberichtigung besteht. Auf diese Weise werden alle Umsatzsteuer mindernden Forderungsausfälle lediglich auf dem Konto 6951 erfasst, das, versehen mit einer **Umsatzsteuerautomatik,** eine EDV-gerechte Umsatzsteuerverprobung ermöglicht. Die für die zweifelhafte Forderung gebildete **Einzelwertberichtigung** bleibt deshalb bis zum Jahresende **unberührt.**

Situation

Über das Vermögen des Kunden Wolfgang Kurz e. K. (siehe Beispiel auf S. 401 ist im März 02 das Insolvenzverfahren eröffnet worden. In der Folge muss die Umsatzsteuer berichtigt werden (❶; siehe Seite 399). Im Dezember 02 überweist der Insolvenzverwalter nach Abschluss des Insolvenzverfahrens 2.380,00 €. Diese Gutschrift zieht eine erneute Berichtigung der Umsatzsteuer nach sich (❷). Die Restforderung in Höhe von 9.520,00 € (11.900,00 € – 2.380,00 €) ist endgültig verloren. Da die Umsatzsteuer bereits berichtigt worden ist, muss nun noch der Nettobetrag von 8.000,00 € abgeschrieben werden (❸).

❶ Buchung der Umsatzsteuerberichtigung:		
4800 Umsatzsteuer	1.900,00	
an 2470 Zweifelhafte Forderungen		1.900,00

❷ Buchung des Zahlungseingangs und der erneuten Umsatzsteuerberichtigung:		
2800 Bank	2.380,00	
an 2470 Zweifelhafte Forderungen		2.000,00
4800 Umsatzsteuer		380,00

❸ Buchung des tatsächlichen Forderungsausfalls:		
6951 Abschreibungen auf Forderungen	8.000,00	
an 2470 Zweifelhafte Forderungen		8.000,00

Anpassung der Einzelwertberichtigung

Das Konto „3670 EWB zu Forderungen" wird unterjährig nicht korrigiert, sondern nur **zum Bilanzstichtag angepasst.** Der Bestand an EWB zum 31. Dezember 01 (Vorjahr) wird verglichen mit der Summe der Einzelwertberichtigungen, die zum 31. Dezember 02 (Berichtsjahr) erforderlich ist. Dabei ergibt sich in der Regel ein Differenzbetrag. Sind für das Jahr 02 niedrigere EWB zu bilden als im Jahr 01, wird in Höhe der Differenz eine **Herabsetzung der EWB** zu Forderungen vorgenommen, die einen Ertrag darstellt. Müssen die EWB im Jahr 02 höher als im Jahr 01 sein, erfolgt eine **Erhöhung der EWB,** die zu Aufwand führt.

Die EWB zu Forderungen betrugen zum 31. Dezember 01: 11.500,00 € (siehe Beispiel S. 401).

Beispiele

EWB zum 31. Dezember 02: ❶ 8.500,00 €, ❷ 12.500,00 €.

❶ **Neue EWB < bisherige EWB:** In Höhe des Differenzbetrages (8.500,00 € – 11.500,00 € = – 3.000,00 €) erfolgt eine **Herabsetzung der EWB.** Es entsteht ein **Ertrag von 3.000,00 €.**

Buchungssatz	Soll	Haben
3670 EWB zu Forderungen	3.000,00	
an 5450 Erträge aus der Auflösung oder Herabsetzung von		
WB auf Forderungen		3.000,00

❷ **Neue EWB > bisherige EWB:** In Höhe des Differenzbetrages (12.500,00 € – 11.500,00 € = 1.000,00 €) erfolgt eine **Erhöhung der EWB.** Es entsteht ein **Aufwand von 1.000,00 €.**

Beispiele

Buchungssatz	Soll	Haben
6952 Einstellung in EWB	1.000,00	
an 3670 EWB zu Forderungen		1.000,00

Der Kunde Matthias Schneider e. K. hat am 8. November beim zuständigen Amtsgericht das Insolvenzverfahren beantragt. Unsere Forderung beträgt einschließlich USt 5.950,00 €. Es wird mit dem vollständigen Ausfall der Forderung gerechnet.

Aufgabe 378

1. Buchen Sie auf den entsprechenden Konten.
2. Begründen Sie die Trennung der zweifelhaften von den einwandfreien Forderungen.
3. Warum darf nur vom Nettowert der Forderung abgeschrieben werden?

Der Kunde Hans Moog e. K. hat am 2. Dez. das Insolvenzverfahren beantragt. Unsere Forderung: 1.190,00 €. Das Verfahren kommt am 28. Dez. zum Abschluss. Die Erstattungsquote beträgt 50 % = 595,00 €. Die Bankgutschrift erfolgt noch zum 29. Dez.

Aufgabe 379

Buchen Sie auf den entsprechenden Konten.

Über das Vermögen des Kunden Dirk Krämer e. K. ist im Geschäftsjahr 01 das Insolvenzverfahren eröffnet worden. Unsere Forderung beträgt einschließlich Umsatzsteuer 4.760,00 €. Wir rechnen mit einem Ausfall der Forderung. Am 15. Dezember 02 überweist der Insolvenzverwalter nach Abschluss des Insolvenzverfahrens a) 50 % und b) 70 %. Bestand auf Konto 2400: 261.800,00 €, auf Konto 4800: 18.200,00 €.

Aufgabe 380

1. Buchen Sie auf den erforderlichen Konten für das Geschäftsjahr 01.
2. Wie lauten die Buchungen zum 15. Dezember 02 a) bei 50 % und b) bei 70 % Erstattungsquote?
3. Warum ergeben sich in diesem Fall Korrekturen der Umsatzsteuer?

Im Vorjahr war eine uneinbringlich gewordene Forderung von 3.570,00 € direkt in voller Höhe abgeschrieben worden. Unerwartet erhalten wir am 15. Mai des laufenden Jahres 1.785,00 € einschließlich USt auf unser Bankkonto überwiesen.

Aufgabe 381

Buchen Sie und begründen Sie die Auswirkung des Falles auf die Umsatzsteuer.

Kunde Martin Ohnesorg e. K. befindet sich erkennbar in finanziellen Schwierigkeiten. Unsere Forderung beträgt 4.760,00 € (4.000,00 € netto + 760,00 € USt). Zum Bilanzstichtag wird mit einem Ausfall von 70 % der Forderung gerechnet. Das Konto „2400 Forderungen a. LL" weist einen Bestand von 357.000,00 € aus.

Aufgabe 382

1. Wie lautet die Buchung zum Abschlussstichtag 31. Dezember 01?
2. Schließen Sie die Bestandskonten über das Schlussbilanzkonto ab und erläutern Sie den Aussagewert dieser Bilanzposten.
3. Wie wäre zum 31. Dezember bei einem EWB-Anfangsbestand von a) 0,00 €, b) 3.500,00 € und c) 1.000,00 € zu buchen?
4. Vergleichen Sie die Aussagefähigkeit der Kundenkonten bei direkter und bei indirekter Abschreibung der zweifelhaften Forderungen.
5. Warum darf in diesem Fall zum 31. Dezember noch keine USt-Korrektur erfolgen?

Die Bestandskonten der Aufgabe 382 sind mit ihren Beständen zum 1. Januar 02 zu eröffnen. Das Konto „4800 Umsatzsteuer" weist einen Bestand von 15.600,00 € aus. Am 15. Februar des laufenden Geschäftsjahres werden uns nach Abschluss des Insolvenzverfahrens folgende Beträge einschließlich Umsatzsteuer auf unser Bankkonto überwiesen: a) 1.904,00 €; b) 952,00 €.

Aufgabe 383

1. Ermitteln Sie rechnerisch jeweils die Umsatzsteuerkorrektur.
2. Buchen Sie auf den entsprechenden Konten die Fälle a) und b).
3. Bei der Bewertung der Forderungen zum Bilanzstichtag gilt – wie bei allen Wirtschaftsgütern – der Grundsatz der Einzelbewertung. **Begründen Sie das.**

1.3.5.2.3 Pauschalwertberichtigung (PWB) der Forderungen

Allgemeines Ausfallrisiko

Bei großem Kundenstamm ist eine Einzelbewertung aller Forderungen zum Bilanzstichtag zu zeitaufwendig. Erfahrungsgemäß ist aber auch bei einwandfreien Forderungen im Laufe des Geschäftsjahres mit Ausfällen zu rechnen. Kunden von an sich guter Bonität können durch nicht vorhergesehene Ereignisse in Zahlungsschwierigkeiten geraten. Ein Abschwächen der Konjunktur kann bei bisher zahlungsfähigen Kunden ebenfalls zu einem Liquiditätsengpass führen. Diesem nicht vorhersehbaren **allgemeinen Ausfall- bzw. Kreditrisiko** trägt der Unternehmer durch eine pauschale Abschreibung des Forderungsbestands, **die Pauschalwertberichtigung der Forderungen,** Rechnung.

Berechnung der Pauschalabschreibung

Aufgrund der betrieblichen **Erfahrungen** (Forderungsausfälle der letzten drei bis fünf Jahre) wird ein Prozentsatz ermittelt und auf den Bestand der Forderungen (Nettowert) angewandt. Dieser **Pauschalsatz** muss rechnerisch **nachweisbar** sein.

Indirekte Abschreibung

Die Pauschalabschreibung wird aus Gründen der Klarheit indirekt im Haben eines besonderen Wertberichtigungs- oder Korrekturkontos erfasst. Der Abschreibungsbetrag wird zunächst im Soll des **Aufwandskontos**

6953 Einstellung in Pauschalwertberichtigung

gebucht. Die entsprechende Habenbuchung erscheint auf dem **Passivkonto**

3680 Pauschalwertberichtigung zu Forderungen (PWB).

Zum Jahresabschluss wird das Konto 6953 zum GuV-Konto, das Konto 3680 zum Schlussbilanzkonto abgeschlossen. **Im Schlussbilanzkonto** bildet somit die auf der Passivseite der Bilanz ausgewiesene „PWB zu Forderungen" einen **Korrekturposten** zu den „**Forderungen a. LL**" auf der Aktivseite der Bilanz.

Beispiel

Gesamtbetrag der Forderungen zum 31. Dezember .., brutto	238.000,00 €
– Umsatzsteueranteil	38.000,00 €
= **Nettoforderungen,** die der Pauschalbewertung unterliegen	200.000,00 €
Hierauf 3 % Pauschalwertberichtigung	**6.000,00 €**

Buchungen zum 31. Dezember	Soll	Haben
❶ 6953 Einstellung in PWB	6.000,00	
an 3680 PWB zu Forderungen		6.000,00
❷ 8020 GuV-Konto	6.000,00	
an 6953 Einstellung in PWB		6.000,00
❸ 8010 Schlussbilanzkonto	238.000,00	
an 2400 Forderungen a. LL		238.000,00
❹ 3680 PWB zu Forderungen	6.000,00	
an 8010 Schlussbilanzkonto		6.000,00

S	6953 Einstellung in PWB	H
❶ 6.000,00	❷	6.000,00

S	8020 GuV-Konto	H
❷ 6.000,00		

S	2400 Forderungen a. LL	H
... 238.000,00	❸	238.000,00

S	3680 PWB zu Forderungen	H
❹ 6.000,00	❶	6.000,00

S	8010 Schlussbilanzkonto	H
2400 Forderungen a. LL 238.000,00	3680 PWB zu Forderungen	6.000,00

Das Schlussbilanzkonto weist nun im Soll den Gesamtbetrag der Forderungen a. LL aus, im Haben dagegen den vermuteten Forderungsausfall in Höhe der Pauschalwertberichtigung. In der **Bilanz** wird die **Pauschalwertberichtigung** jedoch vorher von den Forderungen **aktivisch abgesetzt** (siehe Bilanz [§ 266 HGB] auf S. 420 f. und im Anhang des Lehrbuches).

Aussagewert der Bilanz

Bei **Ausfall** einer Forderung **während** des Geschäftsjahres wird die **Pauschalwertberichtigung nicht in Anspruch genommen**. Der **Ausfall** wird **direkt über** das **Konto 6951** (mit Steuerberichtigung) gebucht.

Buchungen während des Geschäftsjahres

Im März des neuen Geschäftsjahres wird ein Kunde zahlungsunfähig. Die Forderung in Höhe von 1.071,00 € (900,00 € + 171,00 € USt) ist uneinbringlich.

Beispiel

Buchungssatz	Soll	Haben
6951 Abschreibungen auf Forderungen	900,00	
4800 Umsatzsteuer	171,00	
an 2470 Zweifelhafte Forderungen		1.071,00

Die **Pauschalwertberichtigung** ist zum Jahresabschluss stets **dem neuen Forderungsbestand anzupassen**. Sie muss entweder **herauf- oder herabgesetzt** werden. Eine **Aufstockung** bedeutet eine **zusätzliche Neubildung** in Höhe des Unterschiedsbetrages zwischen dem Bestand der PWB und dem zu bildenden neuen Wert der Pauschalwertberichtigung. Eine **Herabsetzung** bedingt eine entsprechende Auflösung der PWB über das Konto

Anpassung zum Bilanzstichtag

„5450 Erträge aus der Auflösung
oder Herabsetzung von Wertberichtigungen (WB) auf Forderungen".

Die PWB hat im obigen Beispiel am 31. Dezember 02 einen Bestand von 6.000,00 €. Aufgrund des relativ geringen Forderungsausfalls im letzten Jahr setzen wir den Pauschalsatz von 3 % auf 2 % herab. Zwei Fälle sind möglich:

Beispiel

❶ **Forderungsbestand zum 31. Dezember: netto 350.000,00 €; Pauschalsatz 2 %**

2 % von 350.000,00 € Forderungsbestand zum 31. Dezember 02	7.000,00 €
– Bestand der PWB des Vorjahres...	6.000,00 €
= **Heraufsetzung** der PWB zum 31. Dezember 02	**1.000,00 €**

Buchungssatz	Soll	Haben
6953 Einstellung in PWB	1.000,00	
an 3680 PWB zu Forderungen		1.000,00

❷ **Forderungsbestand am 31. Dezember: netto 200.000,00 €; Pauschalsatz 2 %**

2 % von 200.000,00 € Forderungsbestand zum 31. Dezember 02	4.000,00 €
– Bestand der PWB des Vorjahres...	6.000,00 €
= **Auflösung** der PWB zum 31. Dezember 02	**2.000,00 €**

Buchungssatz	Soll	Haben
3680 PWB zu Forderungen	2.000,00	
an 5450 Erträge aus der Auflösung oder Herabsetzung von WB auf Forderungen		2.000,00

Aufgabe 384

Die Netto-Forderungsbestände der letzten fünf Jahre betragen insgesamt 1.506.000,00 €, die entsprechenden Forderungsverluste 45.180,00 € netto.

1. **Ermitteln Sie den %-Satz für eine Pauschalwertberichtigung der Forderungen.**
2. **Bilden und buchen Sie die Pauschalwertberichtigung zum Abschlussstichtag bei einem Forderungsbestand von 714.000,00 € und einem Anfangsbestand der PWB von a) 15.000,00 € und b) 25.000,00 €.**

Aufgabe 385

Zum 31. Dezember betragen die Forderungen a. LL insgesamt 333.200,00 €. Die Forderung an den Kunden B. Trug OHG in Höhe von 29.750,00 € gilt wegen dessen wirtschaftlichen Schwierigkeiten als zweifelhaft. Wir rechnen mit einem Ausfall von 50 % unserer Forderung. Auf den Restbestand der Forderungen ist eine Pauschalwertberichtigung von 3 % zu bilden. Der Bestand auf dem Konto „3680 PWB zu Forderungen" beträgt a) 4.000,00 € und b) 10.650,00 €. Das Konto „3670 EWB zu Forderungen" weist einen Bestand von 7.000,00 € aus.

Führen Sie die notwendigen Berechnungen und Buchungen zum 31. Dezember durch.

Aufgabe 386

Nach Abschluss des Insolvenzverfahrens (Aufgabe 385) gehen im nächsten Jahr auf unser Bankkonto ein: a) 14.875,00 €, b) 17.850,00 € und c) 11.900,00 €.

Auf die restlichen Forderungen wird verzichtet. **Wie lauten die Buchungen zu a), b) und c)?**

Aufgabe 387

Auszug aus der Saldenbilanz	Soll	Haben
2400 Forderungen a. LL	530.740,00	–
3670 Einzelwertberichtigung zu Forderungen	–	6.000,00
3680 Pauschalwertberichtigung zu Forderungen	–	24.000,00
3900 Sonstige Rückstellungen	–	35.000,00
4800 Umsatzsteuer	–	45.000,00
4890 Sonstige Verbindlichkeiten	–	26.000,00
5450 Erträge aus der Auflösung oder Herabsetzung von Wertberichtigungen auf Forderungen	–	5.000,00
5455 Erträge aus abgeschriebenen Forderungen	–	–
6700 Mietaufwendungen	33.000,00	–
6951 Abschreibungen auf Forderungen	14.000,00	–
6952 Einstellung in Einzelwertberichtigung	–	–
7700 Gewerbesteuer	22.000,00	–
Weitere Konten: 2470, 3800, 5480, 8010, 8020.		

Zum Abschlussstichtag sind noch folgende Sachverhalte zu berücksichtigen:

1. Totalausfall unserer Forderung an den Kunden Bach GmbH: 2.380,00 €.
2. Im Rahmen der Einzelbewertung sind folgende Forderungen wegen eines speziellen Ausfallrisikos als zweifelhaft anzusehen:
   Forderung an Kunden W. Rüger e. K.: 19.040,00 €; geschätzter Ausfall: 40 %
   Forderung an Kundin R. Abel e. Kffr.: 14.280,00 €; geschätzter Ausfall: 50 %
3. Eine Rückstellung für Prozesskosten von 8.600,00 € hat sich erübrigt.
4. Auf eine Forderung, die zu Beginn des Geschäftsjahres wegen Uneinbringlichkeit völlig abgeschrieben wurde, gehen unerwartet 2.142,00 € auf unser Bankkonto ein.
5. Die Dezembermiete für Lagerräume wird von uns erst Anfang Januar des nächsten Jahres überwiesen: 3.000,00 €.
6. Für die Gewerbesteuerabschlusszahlung[1] schätzen wir den Betrag auf 24.000,00 €.
7. Auf den verbleibenden Forderungsbestand ist eine PWB von 3 % zu bilden.

Bilden Sie die Buchungssätze, buchen Sie auf den genannten Konten und schließen Sie diese ab.

---
1 Siehe Fußnote auf S. 77.

Bewertung der Forderungen in ausländischer Währung (Valutaforderungen) 1.3.5.2.4

Das Metallwerk Thomas Berg konnte den Geschäftsbereich mithilfe des Internets auf die USA ausdehnen und verkaufte an die Boston Ltd., Chicago, aufgrund eines Fax-Angebotes vom 20. Dezember .. 5000 Stahlblechgehäuse G III zum Stückpreis von 65,20 USD. Seinem Angebot legte Thomas Berg den aktuellen Devisenkassamittelkurs von 1,1321 USD/EUR zugrunde. Boston Ltd. und Thomas Berg vereinbaren die Rechnungslegung auf Basis US-Dollar (USD). Da die Ausfuhr von Erzeugnissen umsatzsteuerfrei ist (§ 4 UStG), erstellt Thomas Berg am 20. Dezember eine Ausgangsrechnung über

Artikel	Stückpreis in USD	Gesamtpreis in USD
5 000 Gehäuse G III, Standardausführung	65,20	326.000,00

Am 20. Dezember .. bucht Thomas Berg diese Rechnung, nachdem er den entsprechenden Euro-Betrag auf der Basis des aktuellen Devisenkassamittelkurses ermittelt hat:

$$\begin{array}{l} 1,1321 \quad USD \triangleq 1 \text{ EUR} \\ 326.000,00 \quad USD \triangleq x \text{ EUR} \end{array} \qquad x \text{ EUR} = \frac{326.000,00}{1,1321} = 287.960,43 \text{ EUR}$$

Buchungssatz	Soll	Haben
2400 Forderungen a. LL	287.960,43	
an 5000 Umsatzerlöse für eigene Erzeugnisse		287.960,43

Zum Jahresende hat Thomas Berg diese Valutaforderungen zu bewerten. Er lässt sich den **Tageskurs** vom 31. Dezember von seiner Bank als Devisenkassamittelkurs in Höhe von **1,1532 USD/EUR** geben und erfährt, dass an der Devisenbörse für Anfang Januar mit einer Kursänderung auf **1,1190 USD/EUR** gerechnet wird. Sein Interesse wäre es, sein Unternehmen auch in der Bilanz möglichst günstig darzustellen und demnach die Forderung so hoch wie möglich zu bewerten. Das könnte er, wenn er den **niedrigsten Kurs** (1,1190 USD/EUR) wählt und dadurch die Forderung auf (326.000,00 : 1,119 =) **291.331,55 EUR** festlegt.

Bewertung zum Jahresende

Seine derzeitigen Gläubiger und auch seine Kreditgeber werden diese optimistische (und unsichere) Betrachtung nicht teilen und eine vorsichtigere Einschätzung der Forderung erwarten, also vom **höchsten Kurs** (1,1532 USD/EUR) ausgehen. Die Forderung hätte danach einen Wert von **282.691,64 EUR.** Diesen Interessenkonflikt klärt der Gesetzgeber in § 256a HGB folgendermaßen auf:

> *„Auf fremde Währung lautende Vermögensgegenstände und Verbindlichkeiten sind zum Devisenkassamittelkurs am Abschlussstichtag umzurechnen. Bei einer Restlaufzeit von einem Jahr oder weniger sind § 253 Abs. 1 Satz 1 und § 252 Abs. 1 Nr. 4 Halbsatz 2 nicht anzuwenden."*

Im zweiten Satz des obigen Gesetzestextes wird darauf verwiesen,

- dass die Anschaffungs- oder Herstellungskosten als Obergrenze **nicht** zu beachten sind (§ 253 [1] Satz 1),
- dass in diesem Fall nicht realisierte Gewinne auszuweisen sind (§ 252 [1] Nr. 4 Halbsatz 2).

Für die Bewertung der Valutaforderung am Abschlussstichtag leitet sich daraus folgende Entscheidungsregel ab:

- Der Bewertung ist der Devisenkassamittelkurs am Abschlussstichtag zugrunde zu legen: 326.000,00 USD : 1,1532 USD/EUR = 282.691,64 EUR

Damit ergibt sich gegenüber der Buchung vom 20. Dezember ein um 5.268,79 EUR niedrigerer Wertansatz. Dieser **Kursverlust** wird als „Sonstiger Aufwand" gebucht:

---

1 Währungskurse unterliegen ständigen und oft erheblichen Schwankungen. Sie entsprechen im Folgenden nicht den aktuellen Notierungen. Kassakurse werden täglich an der Frankfurter Devisenbörse ermittelt. Aus Briefkurs und Geldkurs wird der Mittelwert bestimmt.

Buchungen	Soll	Haben
8010 Schlussbilanzkonto	282.691,64	
an 2400 Forderungen a. LL		282.691,64
6940 Sonstige Aufwendungen	5.268,79	
an 2400 Forderungen a. LL		5.268,79

Wäre der Devisenkassamittelkurs am Abschlussstichtag niedriger gewesen als der Kurs zum Zeitpunkt der Rechnungserstellung, also z. B. 1,1190 USD/EUR, dann hätte der Wertansatz der Forderung 291.331,55 EUR betragen und es müsste ein Kursgewinn von 3.371,12 EUR auf dem Konto „5430 Andere sonstige betriebliche Erträge" ausgewiesen werden:

Buchungen	Soll	Haben
8010 Schlussbilanzkonto	291.331,55	
an 2400 Forderungen a. LL		291.331,55
2400 Forderungen a. LL	3.371,12	
an 5430 Andere sonstige betriebliche Erträge		3.371,12

Ausgleich der Rechnung

Beim Ausgleich einer auf Fremdwährung lautenden Rechnung rechnet der Zahlungsempfänger den auf ausländische Währung lautenden Überweisungsbetrag in Euro um. Je nach Devisenkassamittelkurs können sich hierbei **Währungsgewinne** (Tageskurs niedriger als Kurs bei Rechnungslegung) oder **Währungsverluste** (Tageskurs höher als Kurs bei Rechnungslegung) einstellen. Währungsgewinne sind als Erträge in der Kontengruppe 54, Währungsverluste als Aufwendungen in der Kontengruppe 69 zu buchen (siehe oben).

Aufgabe 388

Die Papierfabrik Landers GmbH, Reutlingen, verkaufte Feinpapiere im Wert von 50.000,00 CHF (Schweizer Franken) an ein Schweizer Unternehmen. Zum Zeitpunkt des Verkaufs (8. Dezember ..) wird die Schweizer Währung mit 1,1364 CHF/EUR notiert. Am 31. Dezember lautet der Devisenkassamittelkurs 1,1284 CHF/EUR. Das Schweizer Unternehmen begleicht die Rechnung in CHF am 8. Januar des nächsten Jahres. An diesem Tag steht der Kurs auf 1,1228 CHF/EUR.

1. Buchen Sie den Verkauf am 8. Dezember in Euro.

2. Bewerten Sie die Valutaforderung zum 31. Dezember und passen Sie das Konto „Forderungen a. LL" dem Bilanzansatz an.

3. Buchen Sie den Zahlungseingang (die Bank schreibt den zum Devisenkassamittelkurs umgerechneten CHF-Betrag in Euro gut).

1.3.6 Die Bewertung der Verbindlichkeiten

Höchstwertprinzip

Verbindlichkeiten sind gemäß § 253 [1] HGB zum Abschlussstichtag mit ihrem Erfüllungsbetrag, d. h. mit ihrem höheren Rückzahlungsbetrag in der Bilanz anzusetzen, sofern überhaupt eine Wahlmöglichkeit zwischen einem niedrigeren und einem höheren Wert besteht. Das ist z. B. bei Fremdwährungsverbindlichkeiten, Anleihen und hypothekarisch gesicherten Darlehen der Fall.

Fremdwährungsverbindlichkeiten § 256a HGB

Vermehrt werden Geschäfte mit ausländischen Partnern in ausländischen Währungen abgeschlossen. Da die Buchführung in Euro zu führen ist, gewinnt damit die Umrechnung der auf ausländische Währungen lautenden Werte in Euro an Bedeutung. Dem trägt § 256a HGB Rechnung und legt fest, dass Fremdwährungsverbindlichkeiten bei ihrer Entstehung (Zugang) und bei ihrer Bewertung zum Abschlussstichtag mit dem jeweils aktuellen **Devisenkassamittelkurs** umzurechnen sind. Der Devisenkassamittelkurs wird als arithmetisches Mittel aus (niedrigerem) Geld- und (höherem) Briefkurs berechnet. Zum **Geldkurs** kaufen Banken Euro an (Euroankaufskurs), wenn das Unternehmen Euro in fremde Währung tauscht (umrechnet). Zum **Briefkurs** verkaufen Banken Euro (Euroverkaufskurs), wenn das Unternehmen fremde Währung in Euro tauscht (umrechnet). Die Wechselkurse drücken bei dieser **Mengennotierung** also aus, wie viele ausländische Währungseinheiten das Unternehmen für 1 Euro bekommt (Geldkurs) oder für 1 Euro geben muss (Briefkurs).

Beispiel 1

Am 30. Juni 01 notiert der US-Dollar zum Euro wie folgt:

Geldkurs .... 1,15 US-$/€
Briefkurs .... 1,25 US-$/€

Devisenkassamittelkurs = (1,15 + 1,25) : 2 = ... **1,20 US-$/€**

Am 30. Juni 01 müsste also eine Fremdwährungsverbindlichkeit, die auf 39.000,00 US-Dollar lautet, zum Kurs von 1,20 US-$/€ in Euro umgerechnet werden:

39.000,00 US-$: 1,20 US-$ = 32.500,00 €

Die Umrechnungsvorschrift nach § 256a HGB macht es überflüssig zu prüfen, ob im Einzelfall der Geldkurs oder der Briefkurs anzuwenden ist.

Bei ihrer Entstehung (Zugang) ist eine Fremdwährungsverbindlichkeit entsprechend **Zugangsbewertung** § 256a HGB zum Devisenkassamittelkurs des Entstehungstages umzurechnen.

§ 256a HGB macht in der Bewertung einer Fremdwährungsverbindlichkeit zum **Bewertung zum** Abschlussstichtag einen Unterschied danach, ob die Verbindlichkeit eine Restlaufzeit **Abschlussstichtag** von mehr als einem Jahr oder bis zu einem Jahr hat:

■ **Restlaufzeit mehr als ein Jahr:** Dann sind Wertansatz im Zugangszeitpunkt und Wertansatz zum Abschlussstichtag zu vergleichen und der höhere der beiden Werte ist anzusetzen. Damit wird das **Imparitätsprinzip**, nach dem nicht realisierte Gewinne nicht ausgewiesen werden dürfen – im Gegensatz zu nicht realisierten Verlusten –, gewahrt.

■ **Restlaufzeit bis zu einem Jahr:** Dann ist die Fremdwährungsverbindlichkeit ohne **Durchbrechen des** Rücksicht auf den Zugangswert zum Devisenkassamittelkurs am Abschlussstichtag **Imparitätsprinzips** zu bewerten. Damit wird das Imparitätsprinzip durchbrochen.

Beispiel 2

Die Gerbo AG, Düsseldorf, erhält von ihrer US-amerikanischen Muttergesellschaft am 30. Juni 01 ein mit 5 %/Jahr zu verzinsendes Darlehen über 100.000,00 US-$. Die Zinszahlung erfolgt jährlich nachträglich zum 30. Juni. Die Kurse des US-Dollars zum Euro sollen sich wie folgt entwickelt haben:

Datum	Devisenkassakurse US-$/€		
	Geldkurs	**Briefkurs**	**Mittelkurs**
30. Juni 01	1,15	1,25	1,20
31. Dez. 01	1,25	1,35	1,30

❶ **Zugangsbewertung des Darlehens zum 30. Juni:**
100.000,00 US-$: 1,20 US-$/€ = ... 83.333,33 €

❷ **Folgebewertung des Darlehens zum 31. Dezember 01:**
100.000,00 US-$: 1,30 US-$/€ = ... 76.923,08 €

❸ **Vergleich des Zugangswertes mit dem Wert am Abschlussstichtag:**
Die Fremdwährungsverbindlichkeit ist am 31. Dezember 01 mit dem
höheren Zugangswert anzusetzen .... 83.333,33 €

Buchung bei Darlehensaufnahme	Soll	Haben
2800 Bank	83.333,33	
an 4250 Darlehensschulden		83.333,33

Buchung am Abschlussstichtag	Soll	Haben
4250 Darlehensschulden	83.333,33	
an 8010 Schlussbilanzkonto		83.333,33

Beispiel 2

❹ Berechnung der Zinsen zum 31. Dezember 01:
5 %/Jahr für ½ Jahr = 2,5 % von 100.000,00 US-$ = 2.500,00 US-$
Umrechnung zum Devisenkassamittelkurs (2.500,00 US-$: 1,30 =) .... 1.923,08 €

Buchung der Zinsen zum 31. Dezember 01	Soll	Haben
7510 Zinsaufwendungen	1.923,08	
an 4890 Sonstige Verbindlichkeiten		1.923,08

Beispiel 3

Es soll gegenüber dem vorigen Beispiel eine Kurssteigerung des US-Dollars zum Euro angenommen werden:

Datum	Devisenkassakurse US-$/€		
	Geldkurs	Briefkurs	Mittelkurs
30. Juni 01	1,15	1,25	1,20
31. Dez. 01	1,05	1,15	1,10

❶ Zugangswert der Fremdwährungsverbindlichkeit:
Zugangswert des Darlehens (siehe oben) .... 83.333,33 €
❷ Umrechnung der Fremdwährungsverbindlichkeit zum Devisenkassamittelkurs am 31. Dez. 01:
100.000,00 US-$: 1,10 US-$/€ = ... 90.909,09 €
❸ Wertansatz zum Höchstwert .... **90.909,09 €**

❹ Buchungen am Abschlussstichtag	Soll	Haben
4250 Darlehensschulden	90.909,09	
an 8010 Schlussbilanzkonto		90.909,09
6940 Sonstige Aufwendungen	7.575,76	
an 4250 Darlehensschulden		7.575,76

❺ Berechnung der Zinsen:
Umrechnung zum Devisenkassamittelkurs (2.500,00 US-$: 1,10 =) 2.272,73 €

Buchung der Zinsen	Soll	Haben
7510 Zinsaufwendungen	2.272,73	
an 4890 Sonstige Verbindlichkeiten		2.272,73

Beispiel 4

Die Gerbo AG importiert von einem US-amerikanischen Lieferanten mit Rechnung vom 14. Dezember 01 Rohstoffe im Wert von 100.000,00 US-$. Der Rechnungsbetrag ist nach spätestens 40 Tagen ohne Abzug fällig. Zum 31. Dezember 01 ist die Fremdwährungsverbindlichkeit zu bilanzieren. Die Kurse sollen sich wie folgt entwickeln:

Datum	Devisenkassakurse US-$/€		
	Geldkurs	Briefkurs	Mittelkurs
14. Dez. 01	1,15	1,25	1,20
31. Dez. 01	1,20	1,30	1,25

❶ Zugangsbewertung am 14. Dezember 01:
100.000,00 US-$: 1,20 US-$/€ = ... 83.333,33 €
❷ Folgebewertung am 31. Dezember 01:
100.000,00 US-$: 1,25 US-$/€ = ... 80.000,00 €
❸ Wertansatz zum 31. Dezember 01 .... **80.000,00 €**
Mit diesem Wertansatz wird ein nicht realisierter Gewinn ausgewiesen und somit das Imparitätsprinzip **durchbrochen**.

Beispiel 4

❹ Buchung des Rohstoffzugangs am 14. Dezember 01	Soll	Haben
6000 Aufwendungen für Rohstoffe	83.333,33	
an 4400 Verbindlichkeiten a. LL		83.333,33

Buchung der Verbindlichkeit am Abschlussstichtag 31. Dezember 01	Soll	Haben
4400 Verbindlichkeiten a. LL	80.000,00	
an 8010 Schlussbilanzkonto		80.000,00

Buchung des nicht realisierten Gewinns am 31. Dezember 01	Soll	Haben
4400 Verbindlichkeiten a. LL	3.333,33	
an 5430 Andere sonstige betriebliche Erträge		3.333,33

Das obige Beispiel 4 soll für den Fall einer Kurssteigerung durchgespielt werden:

Beispiel 5

Datum	Devisenkassakurse US-$/€		
	Geldkurs	Briefkurs	Mittelkurs
14. Dez. 01	1,15	1,25	1,20
31. Dez. 01	1,10	1,20	1,15

❶ **Zugangsbewertung am 14. Dezember 01:**
100.000,00 US-$: 1,20 US-$/€ = ... 83.333,33 €

❷ **Folgebewertung am 31. Dezember 01:**
100.000,00 US-$: 1,15 US-$/€ = ... 86.956,52 €

❸ **Wertansatz zum 31. Dezember 01** .... **86.956,52 €**
Mit diesem Wertansatz wird ein nicht realisierter Verlust
ausgewiesen und somit das Imparitätsprinzip **gewahrt.**

❹ Buchung des Rohstoffzugangs am 14. Dezember 01	Soll	Haben
6000 Aufwendungen für Rohstoffe	83.333,33	
an 4400 Verbindlichkeiten a. LL		83.333,33

Buchung der Verbindlichkeit am Abschlussstichtag 31. Dezember 01	Soll	Haben
4400 Verbindlichkeiten a. LL	86.956,52	
an 8010 Schlussbilanzkonto		86.956,52

Buchung des nicht realisierten Gewinns am 31. Dezember 01	Soll	Haben
6940 Sonstige Aufwendungen	3.623,19	
an 4400 Verbindlichkeiten a. LL		3.623,19

Disagio

Bei **Hypothekenschulden** ist der Erfüllungsbetrag (= 100 %) meist höher als der vereinnahmte Betrag. Der Unterschiedsbetrag, das so genannte **Abgeld,** auch **Damnum** oder **Disagio** genannt, **darf** nach § 250 [3] HGB unter die Rechnungsabgrenzungsposten der Aktivseite (Konto 2930 Disagio) aufgenommen werden (Aktivierungs**wahlrecht**). Das Disagio ist dann durch **planmäßige Abschreibungen** auf die gesamte Laufzeit des Hypothekendarlehens zu verteilen. **Steuerrechtlich** muss das Disagio aus Gründen einer periodengerechten Ermittlung des steuerpflichtigen Gewinns aktiviert und gleichmäßig abgeschrieben werden (Aktivierungs**pflicht**).

Beispiel

Zur Finanzierung einer Produktionshalle haben wir bei der Bank ein Hypothekendarlehen von 500.000,00 € aufgenommen, das zu 96 % = 480.000,00 € ausgezahlt wurde. Das Disagio von 20.000,00 € ist als Zinsaufwand auf die zehnjährige Laufzeit des Darlehens planmäßig zu verteilen (abzuschreiben), also jährlich 2.000,00 €.

Beispiel

Buchung bei Aufnahme des Darlehens	Soll	Haben
❶ 2800 Bank	480.000,00	
2930 Disagio	20.000,00	
an 4250 Langfristige Bankverbindlichkeiten		500.000,00

Buchung zum 31. Dezember	Soll	Haben
❷ 7590 Sonstige zinsähnliche Aufwendungen	2.000,00	
an 2930 Disagio		2.000,00

Industrieobligationen

Anleihen (Industrieobligationen) werden von bedeutenden Industrieunternehmen meist in Form von Teilschuldverschreibungen ausgegeben. Um einen Kaufanreiz zu schaffen, erfolgt die **Ausgabe oft unter pari** (Nennwert = 100 %), also mit einem **Disagio.** Zuweilen verpflichten sich die Industriebetriebe diese Anleihen nach Ablauf einer bestimmten Zeit mit einem **höheren** Wert (**über pari**), also mit einem **Aufgeld oder Agio,** zurückzuzahlen. Der **Unterschiedsbetrag** zwischen dem höheren Rückzahlungswert (Erfüllungsbetrag) und dem niedrigeren Ausgabebetrag der Anleihe (**Disagio + Rückzahlungsagio**) ist dann **aktiv abzugrenzen und** ebenfalls **planmäßig abzuschreiben.**

Beispiel

Ein Industriebetrieb gibt zur Finanzierung notwendiger Erweiterungsinvestitionen eine **Anleihe** mit einem Nennwert von 10 Millionen € aus. **Ausgabekurs 96 %** = 9.600.000,00 €; **Rückzahlungskurs 102 %** = 10.200.000,00 €. **Rückzahlung nach zehn Jahren.**

Buchung bei Ausgabe der Anleihe	Soll	Haben
❶ 2800 Bank	9.600.000,00	
2930 Disagio	600.000,00	
an 4100 Anleiheschulden		10.200.000,00

Buchung zum 31. Dezember	Soll	Haben
❷ Planmäßige Abschreibung des Disagios und Rückzahlungsagios: 600.000 : 10 = 60.000,00 € jährlich.		
7590 Sonstige zinsähnliche Aufwendungen	60.000,00	
an 2930 Disagio		60.000,00

Die übrigen Verbindlichkeiten, wie **Verbindlichkeiten a. LL, sonstige Verbindlichkeiten, Bankschulden u. a.,** werden in der Schlussbilanz mit ihrem **Nennwert** (**Nominalwert**) angesetzt.

Zusammenfassung

- **Zum Schluss des Geschäftsjahres** ist für jeden einzelnen Vermögens- und Schuldposten der richtige **Wertansatz in Inventar und Bilanz** zu ermitteln.
- **Abnutzbare Anlagegüter** werden **planmäßig** (z. B. linear) abgeschrieben. Außergewöhnliche Wertminderungen bedingen bei **allen** Anlagegütern **außerplanmäßige** Abschreibungen.
- Bei der Bewertung von **gleichartigen Vorräten** an Roh-, Hilfs- und Betriebsstoffen, Fertigteilen und Handelswaren darf ein **Durchschnittswert** angesetzt werden, der mit dem Tageswert zum Bilanzstichtag zu vergleichen ist (Strenges Niederstwertprinzip).
- **Forderungen** sind mit ihrem **wahrscheinlichen Wert** anzusetzen. Bei **zweifelhaften** Forderungen ist der **Verlust** der Nettoforderung zu **schätzen** und zu buchen. Uneinbringliche Forderungen sind **abzuschreiben.** Die **Umsatzsteuer** darf nur bei **tatsächlichem** Forderungsausfall **berichtigt** werden.

- **Schulden** sind in Inventar und Bilanz mit ihrem **höchsten Wert** anzusetzen.
- **Handelsrechtliche Bewertungsvorschriften** bewirken **zum Schutz der Unternehmenseigner und Gläubiger** eine **vorsichtige Bewertung** des Vermögens und der Schulden. Sie tragen zur **Erhaltung des Eigenkapitals als Haftungssubstanz** gegenüber den Gläubigern bei.
- Das **Prinzip der Vorsicht** findet seinen **Ausdruck im Anschaffungswert-, Niederstwert- und Höchstwertprinzip.** Diese Bewertungsgrundsätze sorgen dafür, dass einerseits **nicht realisierte Gewinne** nicht ausgewiesen werden und somit im Unternehmen als **stille Reserven** verbleiben, andererseits aber **nicht realisierte Verluste** ausgewiesen werden müssen. Ausnahmen: § 256a HGB: Valutaforderungen und -verbindlichkeiten sind zum aktuellen Devisenkassamittelkurs zu bewerten, sofern sie eine Restlaufzeit bis zu einem Jahr haben. Dabei kann es zum Ausweis nicht realisierter Gewinne kommen.
- Die **ungleiche** Behandlung von nicht realisierten Gewinnen und Verlusten wird als **Imparitätsprinzip** bezeichnet.
- Der **Grundsatz der Maßgeblichkeit** besagt, dass die **handelsrechtliche** Bewertung **für die steuerliche** Gewinnermittlung **maßgebend (verbindlich)** ist, sofern das Steuerrecht nicht eine andere Bewertung vorschreibt. Zu beachten ist: Steuerliche Wahlrechte dürfen unabhängig von handelsrechtlichen Wertansätzen ausgeübt werden.
- **Am Bilanzstichtag** sind **Fremdwährungsverbindlichkeiten** grundsätzlich zum **höheren Erfüllungsbetrag** in der Bilanz anzusetzen (Höchstwertprinzip):
  - Devisenkassamittelkurs zum Bilanzstichtag < Devisenkassamittelkurs zum Anschaffungszeitpunkt: Ansatz zum **Kurs am Bilanzstichtag**
  - Devisenkassamittelkurs zum Bilanzstichtag > Devisenkassamittelkurs zum Anschaffungszeitpunkt: Ansatz zum **Kurs am Anschaffungstag**
- **Ausnahme:** Fremdwährungsverbindlichkeiten mit einer Restlaufzeit **bis zu einem Jahr** werden **ohne Beachtung des Imparitätsprinzips** zum Devisenkassamittelkurs am Bilanzstichtag bewertet.
- Das **Höchstwertprinzip** ist Ausdruck kaufmännischer Vorsicht.
- Bei **Hypotheken- und Anleiheschulden** werden **Abgeld** (Damnum bzw. Disagio) und **Aufgeld** (Rückzahlungsagio) auf dem Konto 2930 Disagio **gesondert** erfasst und durch planmäßige **Abschreibungen** (Konto 7590) **auf die entsprechende Laufzeit verteilt.**

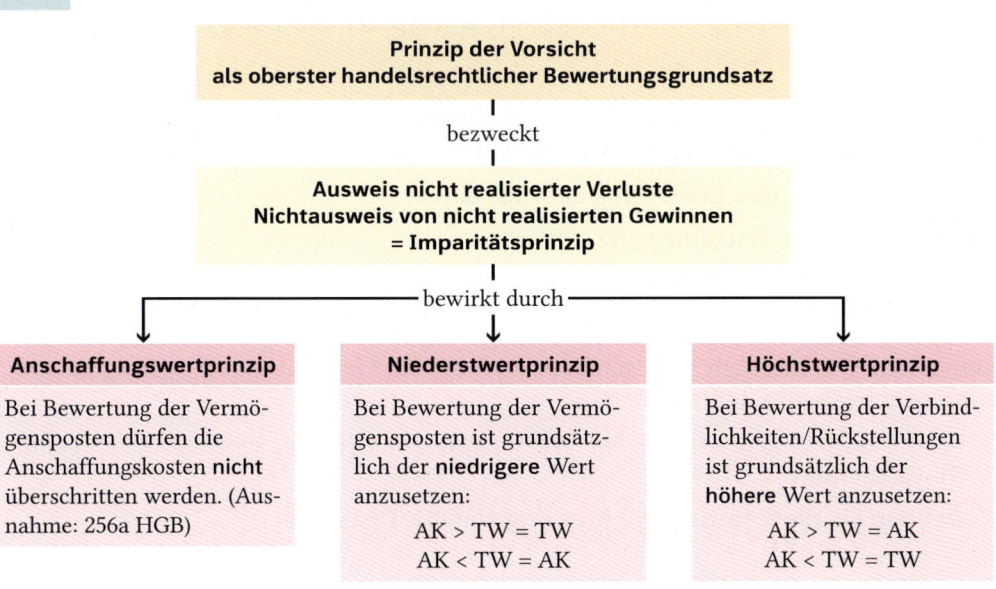

1.3.7 Diverse Übungen zur Bewertung in der Jahresbilanz

Aufgabe 389

Die Anschaffungskosten von im Oktober gekauften Fertigteilen betrugen 150,00 € je Stück. Am Bilanzstichtag beträgt der Markt- bzw. Tageswert 170,00 €. Der Lagerbestand beträgt zum 31. Dezember 100 Stück.

1. Ermitteln Sie den Wertansatz des Lagerbestands im Inventar und in der Bilanz.

2. Begründen Sie Ihre Bewertung.

Aufgabe 390

Die Anschaffungskosten einer Handelsware betragen 220,00 € je Stück. Am Bilanzstichtag 31. Dezember beträgt der Wiederbeschaffungswert 180,00 €. Von dieser Ware sind am 31. Dezember lt. Inventur noch 150 Stück vorhanden.

1. Ermitteln Sie zum Bilanzstichtag den Wertansatz für Inventar und Bilanz.

2. Begründen Sie Ihre Bewertungsentscheidung.

Aufgabe 391

Die Textilfabrik L. Lang OHG erwarb ein Grundstück im Wert von 120.000,00 € gegen Banküberweisung. An das Finanzamt wurden 3,5 % Grunderwerbsteuer überwiesen. Die Rechnung des Notars lautet über 1.500,00 € + Umsatzsteuer und wird durch Banküberweisung beglichen. Die Kosten für die Eintragung in das Grundbuch betragen 800,00 €. Die Zahlung erfolgt durch Banküberweisung.

Fünf Jahre nach Anschaffung hat das Grundstück einen Marktwert von 150.000,00 €.

1. Ermitteln Sie die Anschaffungskosten (siehe S. 72 f.) des Grundstücks.

2. Wie lautet Ihre Bewertungsentscheidung im fünften Jahr nach Anschaffung des Grundstücks? Begründen Sie diese.

Aufgabe 392

Das Elektrowerk Blitz KG erwarb vor zehn Jahren ein Grundstück zu 180.000,00 € Anschaffungskosten. Wegen Schadstoffbelastung hat das Grundstück lt. Gutachten heute nur noch einen Verkehrswert von 120.000,00 €.

Entscheiden Sie über die Bewertung des Grundstücks und begründen Sie diese.

Aufgabe 393

Das Metallwerk Thomas Berg e. K. hat am 10. Januar .. einen Lkw erworben. Die Anschaffungskosten betragen 100.000,00 €. Betriebsgewöhnliche Nutzungsdauer: acht Jahre. Der Lkw wird zum 31. Dezember linear abgeschrieben.

Wie hoch sind die fortgeführten Anschaffungskosten am Ende des dritten Nutzungsjahres?

Aufgabe 394

Am 15. Januar des vierten Nutzungsjahres hat der Lkw (siehe vorhergehende Aufgabe) durch Unfall einen Totalschaden. Der Schrottwert beträgt 6.000,00 €.

1. Begründen Sie Ihre Bewertung zum 15. Januar.

2. Nennen Sie den Buchungssatz.

Aufgabe 395

Ein Industriebetrieb importiert am 10. Dezember .. Rohstoffe aus den USA. Die Rechnung lautet über 15.000,00 US-$. Zahlungsziel vier Wochen. Der Devisenkassamittelkurs beträgt am 10. Dezember 1,1580 US-$/€. Am Bilanzstichtag ist der Umrechnungskurs 1,1450 US-$/€.

1. Nennen und begründen Sie den Wertansatz der Währungsverbindlichkeit zum 31. Dezember.

2. Nennen Sie die erforderliche Buchung zum 31. Dezember.

In einem Industrieunternehmen beträgt der Lagerbestand einer bestimmten Handelsware 400 Stück. Die Anschaffungskosten wurden mit 60,00 €/Stück ermittelt. Zum Bilanzstichtag lautet der Wiederbeschaffungswert 70,00 €/Stück. Der Buchhalter bewertet den Schlussbestand mit 400 · 70,00 = 28.000,00 € Bilanzansatz.

Aufgabe 396

1. Nehmen Sie zur Bewertungsentscheidung des Buchhalters Stellung.
2. Ermitteln Sie den Bilanzansatz.

In einem Möbelwerk ergab die körperliche Inventur der Hilfsstoffgruppe Kleber f 12 einen Bestand von 2 000 kg zum Bilanzstichtag. Da der Bestand aus verschiedenen Lieferungen mit unterschiedlichen Preisen stammt, müssen für die Bewertung die durchschnittlichen Anschaffungskosten ermittelt werden:

Aufgabe 397

1. Januar	Anfangsbestand	800 kg zu je 8,00 €
10. April	Zugang	500 kg zu je 7,50 €
15. August	Zugang	900 kg zu je 7,30 €
12. Oktober	Zugang	1 200 kg zu je 7,00 €

1. Ermitteln Sie die durchschnittlichen Anschaffungskosten des Endbestands.
2. Bewerten Sie den Schlussbestand, wenn der Wiederbeschaffungswert am 31. Dezember a) 8,20 € je kg und b) 6,00 € je kg beträgt.
3. Begründen Sie Ihre Bewertungsentscheidung in den Fällen 2. a) und 2. b).
4. Ermitteln Sie den Wertansatz a) nach der Fifo- und b) nach der Lifo-Methode.

Zur kurzfristigen Anlage wurden am 20. Februar .. 20 Ulrica-Aktien zu je 390,00 € Anschaffungskosten erworben. Zum Abschlussstichtag 31. Dezember beträgt der Stückkurs der Aktien a) 325,00 € und b) 420,00 €.

Aufgabe 398

Begründen Sie Ihre Bewertungsentscheidung zum 31. Dezember.

Die Textilwerke-GmbH hat zu Beginn des Geschäftsjahres 2010 eine Maschine zu 200.000,00 € Anschaffungskosten erworben. In ihrer Handelsbilanz zum 31. Dezember wurde die Maschine linear mit 10 % abgeschrieben. In der dem Finanzamt eingereichten Steuerbilanz wurde die Maschine mit dem steuerlichen Höchstsatz degressiv abgeschrieben.

Aufgabe 399

1. Ermitteln Sie den Wertansatz der Maschine a) für die Handelsbilanz und b) für die Steuerbilanz.
2. In welchen Fällen ist es einem Unternehmen erlaubt, unterschiedliche Wertansätze für die Handels- und die Steuerbilanz zu wählen?

Im Konto „4400 Verbindlichkeiten a. LL" ist eine Fremdwährungsverbindlichkeit von 20.000,00 US-$ zum Devisenkassamittelkurs von 1,1550 US-$/€ enthalten. Zum Bilanzstichtag beträgt der Devisenkassamittelkurs a) 1,1725 US-$/€ und b) 1,1495 US-$/€. Die Restlaufzeit beträgt zwei Wochen.

Aufgabe 400

1. Ermitteln und begründen Sie den Bilanzansatz in den Fällen a) und b).
2. Nennen Sie gegebenenfalls auch die Buchung zum 31. Dezember und die Auswirkung auf den Jahresgewinn.

Vervollständigen Sie folgende Aussagen:

Aufgabe 401

1. Nicht durch Umsatz realisierte Gewinne entstehen, wenn der ••• am Bilanzstichtag ••• ist als die Anschaffungskosten.
2. Nicht durch Umsatz realisierte Verluste ergeben sich, wenn der Tageswert am Bilanzstichtag ••• ist als die •••.
3. Die handelsrechtlichen Bewertungsprinzipien sorgen dafür, dass keine nicht realisierten ••• ausgewiesen werden, wohl aber nicht realisierte •••. Dies gilt nicht bei ••• und bei •••.

4. Wenn grundsätzlich keine nicht realisierten Gewinne gebucht werden dürfen, können sie auch nicht an die Unternehmenseigner ••• werden. Dadurch bleibt das Eigenkapital zum Schutz der ••• •••.

5. Die handelsrechtlichen Bewertungsvorschriften bezwecken also eine ••• Bewertung der Vermögens- und Schuldposten. Man spricht deshalb auch vom Prinzip der •••.

6. Die handelsrechtliche Bewertung ist ••• für die steuerliche Gewinnermittlung, es sei denn, dass steuerliche Vorschriften etwas anderes •••.

7. Die steuerlichen Bewertungsvorschriften sollen aus Gründen der Steuer••• eine ••• Gewinnermittlung sicherstellen.

8. Die ungleiche Behandlung von nicht realisierten Gewinnen und Verlusten wird als •••prinzip bezeichnet.

Aufgabe 402

Kauf eines Betriebsgrundstücks für 300.000,00 €. Die Grunderwerbsteuer beträgt 5 %. Der Makler stellt 9.000,00 € + USt in Rechnung. Für ein Entwässerungsgutachten für das Grundstück wurden 2.000,00 € + USt gezahlt. Der Anschluss des Grundstücks an den Kanal verursachte Kosten in Höhe von 3.000,00 € + USt.

Der Notar berechnet 1.500,00 € + USt. Die Grundbuchkosten betragen 450,00 €.

Alle Zahlungen erfolgen durch Banküberweisung.

Zur Finanzierung des Grundstücks musste bei der Sparkasse ein Hypothekendarlehen über 200.000,00 € bei 100 % iger Auszahlung und 6 % Zinsen aufgenommen werden. Die Zinsen sind halbjährlich im Voraus zu zahlen.

1. Ermitteln Sie die Anschaffungskosten des Grundstücks.

2. Begründen Sie, welche Kosten im vorliegenden Fall nicht zu den Anschaffungskosten rechnen.

3. Buchen Sie die Anschaffung des Grundstücks aufgrund der o. g. Rechnungen.

4. Nennen Sie den Buchungssatz zur Aufnahme des Darlehens.

5. Buchen Sie die Darlehenszinsen bei Zahlung am 1. Oktober. Welche Buchung ist zum 31. Dezember erforderlich?

6. Zu welchem Wert dürfen nicht abnutzbare Anlagegüter zum Bilanzstichtag höchstens angesetzt werden?

Aufgabe 403

Die Anschaffungskosten einer Maschine betrugen im Februar 50.000,00 €. Nutzungsdauer zehn Jahre; Jahresabschreibung linear 5.000,00 €. Somit beträgt der Buchwert der Maschine zum 31. Dezember des zweiten Nutzungsjahres 40.000,00 €. Durch technischen Fortschritt ist der Wert der Maschine am Ende des dritten Jahres nachhaltig auf 30.000,00 € gesunken.

1. Ermitteln und begründen Sie den Wertansatz der Maschine zum 31. Dezember des dritten Jahres.

2. Wie errechnet sich die Abschreibung für die Restnutzungsdauer?

Aufgabe 404

1. Nennen Sie die Zielsetzung der handels- und steuerrechtlichen Bewertung.

2. Was beinhaltet das Prinzip der Einzelbewertung?

3. In welchen Bewertungsprinzipien findet das Prinzip der Vorsicht Anwendung?

4. § 252 HGB (siehe Anhang) enthält die allgemeinen Bewertungsgrundsätze. Welcher Grundsatz ist Ihrer Meinung nach der wichtigste? Begründen Sie.

5. Der Forderungsbestand beträgt zum Jahresschluss brutto 357.000,00 €.

   a) Berechnen und buchen Sie eine Pauschalwertberichtigung von 3 %.

   b) Schließen Sie die Konten 2400 und 3680 zum Schlussbilanzkonto ab.

   c) Wie lauten die Buchungen, wenn im Folgeabschluss die Pauschalwertberichtigung ca) 7.500,00 € und cb) 11.000,00 € beträgt?

Am 10. Februar .. wird über das Vermögen unseres Kunden Jörg Käfer e. K. das Insolvenzverfahren beantragt. Unsere Forderung beträgt 9.520,00 € (8.000,00 € netto + 1.520,00 € USt). Am 12. März .. wird der Antrag auf Eröffnung des Insolvenzverfahrens mangels Masse, also wegen fehlender Deckung der Verfahrenskosten, abgewiesen.

Aufgabe 405

1. Wie lautet die Buchung zum 10. Februar ..?

2. Nennen und begründen Sie die Buchung zum 12. März ..

Am 24. Mai .. erfahren wir, dass unsere Kundin Christiane Schmelz e. Kffr. den Antrag auf Eröffnung des Insolvenzverfahrens beim zuständigen Amtsgericht gestellt hat. Unsere Forderung beträgt einschließlich Umsatzsteuer 26.775,00 €. Am 20. Juni .. wurde der Insolvenzantrag mangels Masse abgewiesen.

Aufgabe 406

1. Nennen Sie die Buchung zum 24. Mai .. Begründen Sie Ihre Buchung.

2. Ermitteln Sie die im Bruttoforderungsbetrag enthaltene Umsatzsteuer.

3. Wie lautet die Buchung zum 20. Juni ..?

Am 18. Juni .. wird über das Vermögen unseres Kunden Andreas Heider e. K. das Insolvenzverfahren beantragt. Unsere Forderung beträgt 19.040,00 € einschließlich Umsatzsteuer. In der Gläubigerversammlung wird am 28. Juli .. eine Erstattungsquote von 65 % vereinbart. Die Zahlung erfolgt durch Banküberweisung am 20. August ..

Aufgabe 407

1. Buchen Sie zum 18. Juni ..

2. Ermitteln Sie a) den Überweisungsbetrag, b) den endgültigen Forderungsausfall und c) die Umsatzsteuerberichtigung.

3. Buchen Sie den Teilausfall der Forderung.

Unser Kunde Paul Ehrlich e. K. zahlt auf eine im Vorjahr voll abgeschriebene Forderung unerwartet 3.808,00 € durch Banküberweisung.

Nennen und begründen Sie die Buchung.

Aufgabe 408

Nennen Sie die Buchungssätze zu folgenden Geschäftsfällen:

Aufgabe 409

1. Über das Vermögen unseres Kunden Dreilich GmbH wird das Insolvenzverfahren eröffnet. Unsere Forderung beträgt einschließlich Umsatzsteuer 33.796,00 €.

2. Die Erstattungsquote im Fall 1 beträgt nach Abschluss des Insolvenzverfahrens 20 %. Die Zahlung erfolgt durch Banküberweisung.

3. Auf eine im Vorjahr voll abgeschriebene Forderung gehen wider Erwarten 690,20 € ein.

4. Bei den Jahresabschlussarbeiten wird festgestellt, dass die Forderung an den Kunden Rainer Dirksen e. K., der sich erkennbar in finanziellen Schwierigkeiten befindet, in Höhe von 11.900,00 € brutto voraussichtlich zu 50 % als verloren anzusehen ist.

5. Eine zweifelhafte Forderung in Höhe von 17.850,00 € ist uneinbringlich.

1. Die Forderungen lassen sich in drei Gruppen einteilen. **Nennen Sie diese.**

Aufgabe 410

2. Begründen Sie die Notwendigkeit einer buchhalterischen Trennung der zweifelhaften von den einwandfreien Forderungen.

3. Warum darf bei einem geschätzten Forderungsausfall zum 31. Dezember die Umsatzsteuer noch nicht berichtigt werden? Begründen Sie.

4. Wann gilt eine Forderung als uneinbringlich?

5. Was versteht man unter einem „speziellen Ausfall- bzw. Kreditrisiko"?

6. Was versteht man unter Einzelbewertung und Pauschalbewertung der Forderungen aus Lieferungen und Leistungen zum Jahresschluss?

Aufgabe 411

Kauf eines Geschäfts-Pkw am 1. Oktober. Der Lieferant stellt in Rechnung:

Listenpreis 30.000,00 €, 5 % Sonderrabatt auf den Listenpreis, Sonderzubehör 800,00 €, Überführungskosten 500,00 €, Nummernschilder 40,00 €, Zulassungskosten 60,00 €, 19 % Umsatzsteuer.

Außerdem werden gezahlt: Kfz-Steuer für ein Jahr 240,00 €,
Kfz-Versicherung für sechs Monate 360,00 €.

Alle Zahlungen erfolgen zu Lasten des Bankkontos.

1. Ermitteln Sie die Anschaffungskosten.

2. Erstellen Sie die Rechnung der Lieferfirma.

3. Buchen Sie aufgrund der Eingangsrechnung.

4. Buchen Sie den Rechnungsausgleich und die Abbuchung der Kfz-Steuer und der Kfz-Versicherung zum 1. Oktober.

5. Die Nutzungsdauer des Pkw beträgt sechs Jahre (lineare Abschreibung). **Wie hoch ist der Abschreibungsbetrag zum Abschlussstichtag 31. Dezember? Beachten Sie den Anschaffungszeitpunkt.**

6. Ermitteln Sie den Wertansatz zum 31. Dezember. Wie bezeichnet man den Wert, der sich bei abnutzbaren Anlagegütern nach Vornahme der Abschreibungen ergibt?

7. **Wie lauten die Buchungen zum Jahresabschluss**
   a) für die planmäßige Abschreibung und
   b) für die zeitliche Abgrenzung der Kfz-Steuer und Kfz-Versicherung?

Aufgabe 412

Die Baustoff-GmbH hat am 15. Januar 2010 eine Förderanlage erworben. Der Listenpreis beträgt 80.000,00 €. Der Lieferant gewährt hierauf 10 % Rabatt.

In Rechnung gestellt werden ferner: Transportkosten 2.000,00 €, Fundamentierungskosten 2.500,00 €, Montagekosten 3.500,00 €, + Umsatzsteuer.

Der Rechnungsbetrag wird mit 2 % Skonto durch Banküberweisung beglichen.

Zur Finanzierung der Anlage wurde ein Darlehen von 60.000,00 € aufgenommen. Die Zinsen für das laufende Geschäftsjahr wurden mit 3.600,00 € im Voraus überwiesen.

1. Ermitteln Sie die Anschaffungskosten der Förderanlage.

2. Erstellen Sie die Rechnung des Lieferanten.

3. Buchen Sie den Eingang der Rechnung.

4. Nennen Sie die Buchung für den Rechnungsausgleich.

5. Die Förderanlage hat eine Nutzungsdauer von zehn Jahren. **Ermitteln Sie a) den niedrigsten und b) den höchstmöglichen Abschreibungsbetrag zum 31. Dezember 2010.**

6. Nennen Sie den Wertansatz für den Fall 5. a) und 5. b).

7. **Für welchen Wertansatz würden Sie sich entscheiden, wenn das Unternehmen zum 31. Dezember 2010 a) mit Verlust und b) mit hohem Gewinn abschließt? Begründen Sie.**

Aufgabe 413

Das Metallwerk Thomas Berg e. K. verkauft am 10. Oktober einen Geschäftswagen, der betrieblich nicht mehr genutzt wird, gegen Banküberweisung für

a) 30.464,00 € (25.600,00 € netto + 4.864,00 € Umsatzsteuer),

b) 23.800,00 € (20.000,00 € netto + 3.800,00 € Umsatzsteuer),

c) 35.700,00 € (30.000,00 € netto + 5.700,00 € Umsatzsteuer).

Der Buchwert dieses Wagens betrug am 1. Januar des Veräußerungsjahres 38.400,00 €. Er wird linear mit jährlich 19.200,00 € abgeschrieben.

Ermitteln Sie die zeitanteilige Abschreibung.[1] Wie lauten die Buchungen?

---

1 Der Abgangsmonat soll nicht mehr planmäßig abgeschrieben werden.

Jahresabschluss der Kapitalgesellschaften

Publizitäts- und Prüfungspflicht

Der Jahresabschluss von Kapitalgesellschaften und **bestimmten Personenhandels-gesellschaften** (z. B. GmbH & Co. KG) besteht aus drei Teilen, die nach § 264 HGB eine **Einheit** bilden (→ Faltblatt im Anhang des Lehrbuches):

- **Bilanz** (§ 266 HGB)
- **Gewinn- und Verlustrechnung** (§ 275 HGB)
- **Anhang** (§ 284 ff. HGB)

Der Anhang ist gleichwertiger **Bestandteil des Jahresabschlusses** und soll die Posten der **Bilanz und der Gewinn- und Verlustrechnung näher erläutern** und **ergänzen**. Die **Bewertungs- und Abschreibungsmethoden** sind dabei ebenso darzustellen wie die **Beteiligungen** an anderen Unternehmen, die **Verbindlichkeiten** mit einer **Restlaufzeit von über fünf Jahren**, die Bezüge der Geschäftsführer und Mitglieder des Vorstands sowie des Aufsichtsrats, die durchschnittliche **Zahl der Arbeitnehmer** u. a. m.

Außer dem Jahresabschluss ist noch ein Lagebericht gemäß § 289 HGB zu erstellen. Der Lagebericht ist **kein Bestandteil** des Jahresabschlusses. Er soll zusätzliche **Informationen über den Geschäftsverlauf** im Abschlussjahr und die wirtschaftliche und finanzielle Lage der Gesellschaft am Bilanzstichtag darstellen, wie z. B. **Höhe des Absatzes** im Inland und Ausland, **Personalentwicklung, Liquiditätslage** u. a. Außerdem muss die **voraussichtliche Entwicklung** des Unternehmens erörtert werden.

Kapitalmarktorientierte Kapitalgesellschaften[1] (§ 264d HGB) haben nach § 264 [1] Satz 2 HGB den Jahresabschluss um **Kapitalflussrechnung** und **Eigenkapitalspiegel** zu erweitern. Die Kapitalflussrechnung zeigt Auswirkungen von Geschäftsfällen sowie Investitions- und Finanzierungsvorgängen auf die Liquidität, der Eigenkapitalspiegel verdeutlicht die Eigenkapitalveränderungen des Geschäftsjahres.

Kapitalgesellschaften und **bestimmte Personenhandelsgesellschaften** sind grundsätzlich **verpflichtet**, den **Jahresabschluss** und den **Lagebericht** durch unabhängige Abschlussprüfer **prüfen** zu lassen und zu **veröffentlichen**. Zum **Schutz** kleiner Unternehmen **vor Konkurrenzeinblick** richten sich die **Prüfungspflicht** sowie **die Art und der Umfang der Publizität** nach der **Größe** der Gesellschaft. **Für die Zuordnung** der Unternehmen zu einer Größenklasse **müssen zwei der drei Schwellenwerte** an zwei aufeinander folgenden Bilanzstichtagen **zutreffen:**[2]

1.4

1.4.1

Bestandteile des Jahresabschlusses

Anhang

Lagebericht

Veröffentlichung und Prüfung des Jahresabschlusses

Schwellenwerte	Bilanzsumme	Umsatzerlöse	Beschäftigte[3]
Kleinstgesellschaften	bis 350.000,00 €	bis 700.000,00 €	bis 10
Kleine Gesellschaften	bis 6.000.000,00 €	bis 12.000.000,00 €	bis 50
Mittelgroße Gesellschaften	bis 20.000.000,00 €	bis 40.000.000,00 €	bis 250
Große Gesellschaften	über 20.000.000,00 €	über 40.000.000,00 €	über 250

Die nachfolgende Tabelle zeigt die Veröffentlichung der Jahresabschlussbestandteile und des Lageberichts im elektronischen Bundesanzeiger (eBAnz) sowie die Prüfungspflicht.

Kapitalgesell-schaften	Offenlegung (§§ 325, 326 HGB)					Prüfung (§ 316 HGB)
	Jahresabschluss			Lage-bericht	Publizität	
	Bilanz	GuV	Anhang			
Kleinst	x	–	–	–	eBAnz[4]	–
Kleine	x	–	x	–	eBAnz	–
Mittelgroße	x	x	x	x	eBAnz	x
Große	x	x	x	x	eBAnz	x

1 Kapitalmarktorientiert sind Kapitalgesellschaften und bestimmte Personenhandelsgesellschaften, wenn die von ihnen ausgegebenen Wertpapiere (z. B. Aktien, Anleihen) an der Börse gehandelt werden.
2 Kapitalmarktorientierte Gesellschaften gelten stets als große Gesellschaften (§ 267 [3] HGB).
3 Im Jahresdurchschnitt.
4 Wahlweise darf die Bilanz bei dem Betreiber des eBAnz nur hinterlegt statt veröffentlicht werden.

1.4.2 Gliederung der Bilanz nach § 266 HGB

Umfang der Bilanzgliederung

Kapitalgesellschaften haben die Jahresbilanz nach § 266 HGB zu gliedern. Die Gliederungstiefe richtet sich **nach der Größe** der Kapitalgesellschaft.

- **Große und mittelgroße Kapitalgesellschaften** müssen ihre Bilanzen unter Berücksichtigung des in § 266 [2, 3] HGB ausgewiesenen **vollständigen Gliederungsschemas**[1] aufstellen. Die Veröffentlichung erfolgt bei großen Kapitalgesellschaften ebenfalls in dieser detaillierten Darstellung der Bilanzposten und ermöglicht somit einen **tiefen Einblick in die Vermögens- und Finanzlage** des Unternehmens. Mittelgroße Gesellschaften können ihre Bilanzen in der für kleine Kapitalgesellschaften möglichen **Kurzform** veröffentlichen, wenn sie in der Bilanz oder im Anhang bestimmte Posten zusätzlich angeben, wie z. B. Grundstücke und Gebäude, Technische Anlagen und Maschinen, Beteiligungen, Anleihen, Verbindlichkeiten gegenüber Kreditinstituten u. a. m. (§ 327 HGB).

- **Kleine Kapitalgesellschaften** brauchen nur eine **verkürzte Bilanz** (siehe unten) aufzustellen und zu veröffentlichen, in der die mit **Buchstaben und römischen Zahlen** bezeichneten Posten des Gliederungsschemas aufgeführt sind (§ 266 [1] HGB). Durch Straffung der Bilanzposten sind diese Bilanzen für Außenstehende nur **von geringem Aussagewert.**

- **Kleinstkapitalgesellschaften** sind ebenfalls nur zur Aufstellung und Veröffentlichung einer verkürzten Bilanz verpflichtet, die aus den mit Buchstaben bezeichneten Posten des Gliederungsschemas besteht. Statt einer Veröffentlichung ist auch die dauerhafte Hinterlegung der Bilanz bei dem Betreiber des elektronischen Bundesanzeigers möglich.

Aktiva	Bilanzschema kleiner Kapitalgesellschaften	Passiva

A. Anlagevermögen
   I.   Immaterielle Vermögensgegenstände
   II. Sachanlagen
   III. Finanzanlagen
B. Umlaufvermögen
   I.   Vorräte
   II. Forderungen und sonstige Vermögens-
       gegenstände
   III. Wertpapiere
   IV. Flüssige Mittel
C. Rechnungsabgrenzungsposten
D. Aktive latente Steuern
E. Aktiver Unterschiedsbetrag aus der Ver-
   mögensverrechnung
		A. Eigenkapital
		   I. Gezeichnetes Kapital
		   II. Kapitalrücklage
		   III. Gewinnrücklagen
		   IV. Gewinn-/Verlustvortrag
		   V. Jahresüberschuss/Jahresfehlbetrag
		B. Rückstellungen
		C. Verbindlichkeiten
		D. Rechnungsabgrenzungsposten
		E. Passive latente Steuern

Zusätzliche Angaben bei zu veröffentlichenden Bilanzen

Bei der Veröffentlichung von Bilanzen ist zusätzlich noch Folgendes zu beachten:

- Zu jedem Bilanzposten ist der entsprechende **Vorjahresbetrag** anzugeben.

- In der Bilanz muss der Betrag der **Forderungen mit einer Restlaufzeit** von **mehr als einem Jahr** sowie der **Verbindlichkeiten** mit einer Restlaufzeit **bis zu einem Jahr** angegeben werden. Das verbessert den **Einblick in die Liquiditätslage** des Unternehmens.

- **Im Anhang** sind **Eventualverbindlichkeiten** beispielsweise aus Bürgschaften oder Gewährleistungsverträgen anzugeben (§§ 251, 268 [7] HGB).

---

1 Siehe S. 421 und im Anhang des Lehrbuches auf der Rückseite des Kontenrahmens.

Gliederung der Jahresbilanz

Aktiva   nach § 266 [2, 3] Handelsgesetzbuch   Passiva

A. Anlagevermögen	**A. Eigenkapital**
I. Immaterielle Vermögensgegenstände	I. Gezeichnetes Kapital
1. Selbst geschaffene gewerbliche Schutzrechte und ähnliche Rechte und Werte	II. Kapitalrücklage
2. entgeltlich erworbene Konzessionen, gewerbliche Schutzrechte und ähnliche Rechte und Werte sowie Lizenzen an solchen Rechten und Werten	III. Gewinnrücklagen
	1. gesetzliche Rücklage
	2. Rücklage für Anteile an einem herrschenden oder mehrheitlich beteiligten Unternehmen
3. Geschäfts- oder Firmenwert	3. satzungsmäßige Rücklagen
4. geleistete Anzahlungen	4. andere Gewinnrücklagen
II. Sachanlagen	IV. Gewinnvortrag/Verlustvortrag
1. Grundstücke, grundstücksgleiche Rechte und Bauten einschließlich der Bauten auf fremden Grundstücken	V. Jahresüberschuss/Jahresfehlbetrag
	B. Rückstellungen
2. technische Anlagen und Maschinen	1. Rückstellungen für Pensionen und ähnliche Verpflichtungen
3. andere Anlagen, Betriebs- und Geschäftsausstattung	2. Steuerrückstellungen
4. geleistete Anzahlungen und Anlagen im Bau	3. sonstige Rückstellungen
III. Finanzanlagen	**C. Verbindlichkeiten**
1. Anteile an verbundenen Unternehmen	1. Anleihen, davon konvertibel
2. Ausleihungen an verbundene Unternehmen	2. Verbindlichkeiten gegenüber Kreditinstituten
3. Beteiligungen	3. erhaltene Anzahlungen auf Bestellungen
4. Ausleihungen an Unternehmen, mit denen ein Beteiligungsverhältnis besteht	4. Verbindlichkeiten aus Lieferungen und Leistungen
5. Wertpapiere des Anlagevermögens	5. Verbindlichkeiten aus der Annahme gezogener Wechsel und der Ausstellung eigener Wechsel
6. sonstige Ausleihungen	
B. Umlaufvermögen	6. Verbindlichkeiten gegenüber verbundenen Unternehmen
I. Vorräte	7. Verbindlichkeiten gegenüber Unternehmen, mit denen ein Beteiligungsverhältnis besteht
1. Roh-, Hilfs- und Betriebsstoffe	
2. unfertige Erzeugnisse, unfertige Leistungen	8. sonstige Verbindlichkeiten, davon aus Steuern davon im Rahmen der sozialen Sicherheit
3. fertige Erzeugnisse und Waren	
4. geleistete Anzahlungen	**D. Rechnungsabgrenzungsposten**
II. Forderungen und sonstige Vermögensgegenstände	**E. Passive latente Steuern**
1. Forderungen aus Lieferungen und Leistungen	
2. Forderungen gegen verbundene Unternehmen	
3. Forderungen gegen Unternehmen, mit denen ein Beteiligungsverhältnis besteht	
4. sonstige Vermögensgegenstände	
III. Wertpapiere	
1. Anteile an verbundenen Unternehmen	
2. sonstige Wertpapiere	
IV. Kassenbestand, Bundesbankguthaben, Guthaben bei Kreditinstituten und Schecks	
C. Rechnungsabgrenzungsposten	
D. Aktive latente Steuern	
E. Aktiver Unterschiedsbetrag aus der Vermögensverrechnung	

1.4.3 Ausweis des Eigenkapitals in der Bilanz

Alle Posten des Eigenkapitals einer Kapitalgesellschaft werden in der Bilanz zu einer Gruppe „A. Eigenkapital" zusammengefasst.

Beispiel

Darstellung des Eigenkapitals in der Bilanz der X-GmbH für das
Berichtsjahr: Verlustvortrag und Jahres**überschuss** (Jahresgewinn)
Vorjahr: Gewinnvortrag und Jahres**fehlbetrag** (Jahresverlust)

Bilanz X-GmbH			Passiva	
	Berichtsjahr		**Vorjahr**	
A. Eigenkapital				
I. Gezeichnetes Kapital	800.000,00		800.000,00	
II. Kapitalrücklage	100.000,00		100.000,00	
III. Gewinnrücklage	250.000,00		250.000,00	
IV. Verlust-/Gewinnvortrag	150.000,00[1]		50.000,00	
V. Jahresüberschuss/-fehlbetrag	300.000,00	1.300.000,00	200.000,00	1.000.000,00

Gezeichnetes Kapital

Gezeichnetes Kapital ist das im Handelsregister eingetragene Kapital, auf das die **Haftung der Gesellschafter** beschränkt ist. Bei der **GmbH** ist es das **Stammkapital** (mindestens 25.000,00 €), bei der **AG** das **Grundkapital** (mindestens 50.000,00 €). Es ist auf der **Passivseite** der Bilanz **stets zum Nennwert** auszuweisen. **Nicht eingeforderte ausstehende Einlagen** auf das gezeichnete Kapital müssen nach § 272 [1] HGB von dem Posten „Gezeichnetes Kapital" **offen abgesetzt werden,** wobei der verbleibende Betrag als „Eingefordertes Kapital" zu **passivieren** ist. **Ein eingeforderter, aber noch nicht eingezahlter Betrag** ist unter den Forderungen gesondert auszuweisen.

Beispiel

Bilanzausweis der „Ausstehenden Einlagen"

Aktiva	Bilanz der Y-GmbH	Passiva
A. Anlagevermögen		A. Eigenkapital
B. Umlaufvermögen		I. Gezeichnetes Kapital 2.000.000,00
II. Forderungen und sonst. Vermögensgegenst. ...		– nicht eingeforderte ausstehende Einlagen 400.000,00
4. Eingeforderte ausstehende Einlagen 1.200.000,00		= Eingefordertes Kapital .. 1.600.000,00

Der Gewinn-/Verlustvortrag ist der Gewinn- bzw. Verlust**rest des Vorjahres.**

Der Jahresüberschuss/Jahresfehlbetrag ist das in der Gewinn- und Verlustrechnung ermittelte **Ergebnis des Geschäftsjahres,** das in die Jahresbilanz einzustellen ist, sofern die Bilanz vor Verwendung des Jahresergebnisses (Gewinnverwendung bzw. Verlustdeckung) aufgestellt wird, was bei der GmbH die Regel ist.[2]

Rücklagen sind getrennt ausgewiesenes Eigenkapital, die es in der Regel nur bei Kapitalgesellschaften wegen des **konstanten** „Gezeichneten Kapitals" gibt. Nach § 272 [2, 3] HGB unterscheidet man **Kapital- und Gewinnrücklagen.**

Kapitalrücklagen

Kapitalrücklagen entstehen durch ein **Aufgeld (Agio),** das z. B. bei der Ausgabe von Anteilen (Stammanteile, Aktien) über den Nennwert erzielt wird, oder durch **Zuzahlungen** von Gesellschaftern für die Gewährung einer Vorzugsdividende.

Beispiel

Eine Aktiengesellschaft erhöht ihr „Gezeichnetes Kapital" durch Ausgabe junger Aktien: Nennwert 10.000.000,00 €, Ausgabekurs 150 % = 15.000.000,00 € (Bank). Das Agio ist der Kapitalrücklage zuzuführen.

---

1 200.000,00 € Jahresfehlbetrag des Vorjahres – 50.000,00 € Gewinnvortrag des Vorjahres = 150.000,00 € Verlustvortrag des Berichtsjahres

2 Die Bilanz kann auch nach teilweiser oder vollständiger Verwendung des Jahresergebnisses gemäß § 268 [1] HGB aufgestellt werden.

Buchung	Soll	Haben
2800 Bank	15.000.000,00	
an 3000 Gezeichnetes Kapital		10.000.000,00
an 3100 Kapitalrücklagen		5.000.000,00

Beispiel

Gewinnrücklagen werden **aus dem versteuerten Jahresgewinn** (15 % Körperschaftsteuer zuzüglich 5,5 % Solidaritätszuschlag) durch Einbehaltung bzw. Nichtausschüttung von Gewinnanteilen gebildet (§ 272 [3] HGB). Man unterscheidet vor allem **gesetzliche, satzungsmäßige und andere (freie) Gewinnrücklagen:**

Gewinnrücklagen

- **Gesetzliche Rücklagen** müssen **Aktiengesellschaften zur Deckung von Verlusten bilden.** Nach § 150 AktG sind jährlich 5 % des um einen Verlustvortrag geminderten Jahresüberschusses in die gesetzliche Rücklage einzustellen, bis die **gesetzliche Rücklage und die Kapitalrücklage zusammen mindestens 10 %** oder den in der Satzung bestimmten höheren Anteil **des Grundkapitals** erreichen. Solange die gesetzliche und die Kapitalrücklage die **Mindesthöhe** nicht übersteigen, müssen ein Gewinnvortrag aus dem Vorjahr und freie Rücklagen zur Verlustdeckung herangezogen werden. Bei der **GmbH** gibt es eine vergleichbare Vorschrift nur für so genannte Unternehmergesellschaften, deren gezeichnetes Kapital weniger als 25.000,00 € beträgt. Diese müssen 25 % des um einen Verlustvortrag geminderten Jahresüberschusses in eine gesetzliche Rücklage einstellen, bis die Gesellschaft ihr Stammkapital auf mindestens 25.000,00 € erhöht hat (§ 5a GmbHG).

- **Satzungsmäßige oder auf Gesellschaftsvertrag beruhende Rücklagen.**

- **Andere (freie) Gewinnrücklagen** können bei der Aktiengesellschaft und bei der GmbH aus dem Teil des Jahresüberschusses gebildet werden, der nicht für die Zuführung zu der gesetzlichen und/oder satzungsmäßigen Rücklage verwendet wurde (§ 58 AktG; § 29 GmbHG)[1]. Sie können **für beliebige Zwecke verwendet** werden, z. B. zur Finanzierung von Investitionen. Da Gewinnrücklagen aus nicht ausgeschütteten Gewinnen gebildet werden, dienen sie der **Selbstfinanzierung** und der **Stärkung der Eigenkapitalbasis** des Unternehmens.

In einer Aktiengesellschaft werden aus dem Jahresüberschuss 60.000,00 € der gesetzlichen Rücklage und 140.000,00 € den anderen (freien) Rücklagen zugeführt.

Beispiel

Buchung (vereinfacht)	Soll	Haben
8020 Gewinn- und Verlustkonto	200.000,00	
an 3210 Gesetzliche Rücklage		60.000,00
an 3240 Andere Gewinnrücklagen		140.000,00

Kapital- und Gewinnrücklagen werden in der Bilanz **offen** als **gesonderte** Eigenkapitalposten **ausgewiesen.** Man spricht von „offenen" Rücklagen.

Offene Rücklagen

Stille Rücklagen (stille Reserven) sind im Gegensatz zu den offenen Rücklagen aus der Bilanz nicht zu ersehen. Sie **entstehen** in der Regel **durch Unterbewertung der Vermögenswerte** (z. B. durch überhöhte Abschreibungen) oder durch **Überbewertung von Rückstellungen.** Stille Reserven sind auch in den Erinnerungswerten von 1,00 € enthalten. Die gesetzlichen Bewertungsvorschriften engen allerdings den Spielraum zur Bildung stiller Reserven ein. Die **Vollabschreibung geringwertiger Wirtschaftsgüter** (AK/HK bis 800,00 € netto) im Jahr ihrer Anschaffung oder Herstellung ist z. B. eine gesetzlich erlaubte Möglichkeit zur Bildung von stillen Reserven. Da Wirtschaftsgüter höchstens zu ihren Anschaffungs- bzw. Herstellungskosten aktiviert werden dürfen, entstehen zwangsläufig stille Reserven, wenn die **Preise am Markt (Tageswert) steigen.** Beträgt z. B. der Wiederbeschaffungspreis eines Grundstücks 280,00 € je m², das 1950 mit umgerechnet 10,00 € je m² angeschafft und bilanziert worden ist, so ist die stille Reserve 270,00 € je m². Auch langfristige **Fremdwährungsverbindlichkeiten** enthalten oft stille Reserven.

Stille Rücklagen

1 Bei der AG können bis zu 50 % des ggfs. um die Zuführung zur gesetzlichen Rücklage und einen Verlustvortrag verminderten Jahresüberschusses durch Vorstand und Aufsichtsrat, darüber hinausgehende Beträge durch die Hauptversammlung, in die anderen Gewinnrücklagen eingestellt werden.

1.4.4 Gliederung der Gewinn- und Verlustrechnung nach § 275 HGB

Aufstellung der GuV-Rechnung

Kapitalgesellschaften müssen ihre Gewinn- und Verlustrechnung nach § 275 HGB in **Staffelform** unter Angabe der **Vorjahresbeträge** aufstellen. Die Staffelform ermöglicht einen schnellen **Überblick über Entstehung und Zusammensetzung des Jahresergebnisses.**

Für ein Industrieunternehmen ergibt sich aus dem Gliederungsschema des Gesamtkostenverfahrens[1] (§ 275 [2] HGB) folgender **kurz gefasster Aufbau** der Erfolgsrechnung:

1	Umsatzerlöse
2	± Bestandsveränderungen
3	+ aktivierte Eigenleistungen
4	+ sonstige betriebliche Erträge
5	− Materialaufwand
	= Rohergebnis
6	− Personalaufwand
7	− Abschreibungen
8	− sonstige betriebliche Aufwendungen
9–11	+ Erträge aus dem Finanzbereich
12–13	− Aufwendungen aus dem Finanzbereich
14	− Steuern vom Einkommen und vom Ertrag
15	= Ergebnis nach Steuern
16	− sonstige Steuern
17	= Jahresüberschuss/Jahresfehlbetrag

Kleine und mittelgroße Kapitalgesellschaften dürfen in der Erfolgsrechnung die **Posten 1 bis 5 als Rohergebnis zusammenfassen. Kleinstkapitalgesellschaften** können ein auf **acht Posten** reduziertes Gliederungsschema für ihre Gewinn- und Verlustrechnung anwenden (§ 275 [5] HGB).

Zusammen-fassung

- Der **Jahresabschluss von Kapitalgesellschaften** besteht aus **drei Teilen,** nämlich der **Bilanz,** der **Gewinn- und Verlustrechnung** und dem **Anhang.** Darüber hinaus ist ein **Lagebericht** zu erstellen. Es bestehen **größenabhängige Erleichterungen** für kleine und Kleinstkapitalgesellschaften.

- Art und Umfang der **Prüfung, Gliederung und Offenlegung** des Jahresabschlusses **richtet sich nach der Größe** des Unternehmens.

- Kapitalgesellschaften müssen das **gezeichnete Kapital** in der Bilanz zum **Nennwert** ausweisen. **Rücklagen, Gewinne und Verluste** sind in der Bilanz **offen** auszuweisen.

- **Kapitalrücklagen** entstehen durch Zuzahlungen der Gesellschafter bzw. Aktionäre. **Gewinnrücklagen** werden aus dem versteuerten Gewinn gebildet.

- **Stille Rücklagen** (Reserven) entstehen durch Unterbewertung von Aktivposten und Überbewertung bestimmter Passivposten. Sie sind aus der Bilanz nicht zu ersehen.

- **Rücklagen** stellen **Eigenkapital** dar, **Rückstellungen** dagegen **Fremdkapital.**

---

1 Siehe Anhang des Lehrbuches (Rückseite des Kontenrahmens).

Gliederung der Gewinn- und Verlustrechnung – Gesamtkostenverfahren (§ 275 [2] HGB)

1. Umsatzerlöse
2. Erhöhung oder Verminderung des Bestands an fertigen und unfertigen Erzeugnissen
3. Andere aktivierte Eigenleistungen (z. B. selbst erstellte Anlagen)
4. Sonstige betriebliche Erträge (z. B. Buchgewinne, Erträge aus der Auflösung von Rückstellungen u. a.)
5. Materialaufwand
   a) Aufwendungen für Roh-, Hilfs- und Betriebsstoffe und für bezogene Waren
   b) Aufwendungen für bezogene Leistungen
6. Personalaufwand
   a) Löhne und Gehälter
   b) Soziale Abgaben und Aufwendungen für Altersversorgung und für Unterstützung, davon für Altersversorgung
7. Abschreibungen
   a) auf immaterielle Vermögensgegenstände des Anlagevermögens und Sachanlagen
   b) auf Vermögensgegenstände des Umlaufvermögens, soweit diese die in der Kapitalgesellschaft üblichen Abschreibungen überschreiten
8. Sonstige betriebliche Aufwendungen (z. B. Raumkosten, Buchverluste u. a.)
9. Erträge aus Beteiligungen[1]
10. Erträge aus anderen Wertpapieren und Ausleihungen des Finanzanlagevermögens[1]
11. Sonstige Zinsen und ähnliche Erträge[1]
12. Abschreibungen auf Finanzanlagen und auf Wertpapiere des Umlaufvermögens
13. Zinsen und ähnliche Aufwendungen
14. Steuern vom Einkommen und vom Ertrag (Körperschaft-, Gewerbesteuer[2])
15. Ergebnis nach Steuern (= Saldo aus 1-14)
16. Sonstige Steuern (z. B. Grund-, Kfz-Steuer u. a.)
17. Jahresüberschuss/Jahresfehlbetrag

Erläuterungen (siehe auch Rückseite des Kontenrahmens):

Der Posten **1 Umsatzerlöse** (§ 277 [1] HGB) enthält die Erlöse aus dem Verkauf von eigenen Produkten und Waren, der Erbringung von Dienstleistungen, der Vermietung oder Verpachtung von Produkten sowie Nebenerlöse wie Mieterträge aus Immobilien, Verkäufe von RHB, Lizenzerträge u. a. nach Abzug von Erlösschmälerungen, Umsatzsteuer und sonstigen mit dem Umsatz verbundenen Steuern (z. B. Verbrauchsteuern).

Die Posten **2–4** sowie **5–8** beinhalten die übrigen **betrieblichen Erträge** und **Aufwendungen** der Kapitalgesellschaft.

Die Posten **4/8** sind **Sammelposten** für alle nicht gesondert auszuweisenden Erträge und Aufwendungen (siehe nebenstehende Beispiele). Dazu gehören auch Beträge von außergewöhnlicher Größenordnung oder Bedeutung (früher: außerordentliche Erträge und außerordentliche Aufwendungen).[3]

Die Posten **9–13** sind Erträge und Aufwendungen des **Finanzbereichs**.

In der Regel weisen Bilanz und Gewinn- und Verlustrechnung als Jahresergebnis einen **Jahresüberschuss oder Jahresfehlbetrag aus.** Die Verwendung des Jahresergebnisses erfolgt dann im **nächsten** Geschäftsjahr. Wird jedoch die **Bilanz nach teilweiser Verwendung des Jahresüberschusses** durch Einstellungen in die Gewinnrücklagen aufgestellt, so tritt an die Stelle der Posten „Jahresüberschuss" und „Gewinn-/Verlustvortrag" der Posten **„Bilanzgewinn":**

Beispiel

Jahresüberschuss	420.000,00 €
+ Gewinnvortrag des Vorjahres............................	30.000,00 €
– Einstellung in Gewinnrücklagen	300.000,00 €
= **Bilanzgewinn**	150.000,00 €

Zusammenfassung

Große und mittelgroße Kapitalgesellschaften müssen die Gewinn- und Verlustrechnung **in Staffelform** veröffentlichen. Klein- und Mittelbetriebe dürfen **die Posten 1 bis 5** als Rohergebnis (§ 276 HGB) **zusammenfassen.**

---

1 In der Vorspalte ist jeweils anzugeben: ... davon aus (an) verbundene(n) Unternehmen ...
2 Siehe Fußnote auf S. 77.
3 Im Anhang sind Erträge und Aufwendungen von außergewöhnlicher Größenordnung oder Bedeutung anzugeben sowie die Erträge und Aufwendungen zu erläutern, die einem anderen Geschäftsjahr zuzurechnen sind (§ 285 Nr. 31 und 32 HGB).

Aufgabe 414

Das Schlussbilanzkonto der mittelgroßen Stahlbau-GmbH (über 50 Arbeitnehmer) weist zum 31. Dezember folgende Zahlen aus:

S		8010 Schlussbilanzkonto		H
0510	Bebaute Grundstücke	410.000,00	3000 Gezeichnetes Kapital	3.200.000,00
0530	Betriebsgebäude	2.400.000,00	3200 Gewinnrücklagen	450.000,00
0700	Technische Anlagen und Maschinen	1.380.000,00	3400 Jahresüberschuss	360.000,00
0870	Geschäftsausstattung	390.000,00	3900 Sonst. Rückstellungen	70.000,00
1500	Wertpapiere des Anlagevermögens	120.000,00	4250 Langfristige Bankverbind-lichkeiten	1.730.000,00
2000	Rohstoffe	360.000,00	4400 Verbindlichkeiten a. LL	230.000,00
2020	Hilfsstoffe	130.000,00	4800 Umsatzsteuer	50.000,00
2200	Fertige Erzeugnisse	310.000,00	4900 Pass. Rechnungsabgrenzung	10.000,00
2400	Forderungen a. LL	207.000,00		
2800	Bank	243.000,00		
2850	Postbank	90.000,00		
2880	Kasse	45.000,00		
2900	Akt. Rechnungsabgrenzung	15.000,00		
		6.100.000,00		**6.100.000,00**

1. Erstellen Sie die Bilanz nach dem Gliederungsschema auf Seite 421.
2. Wie hoch ist das Eigenkapital zum 31. Dezember?
3. Inwieweit deckt das Eigenkapital das Anlagevermögen?

Aufgabe 415

Das Gewinn- und Verlustkonto der o. g. Stahlbau-GmbH weist zum 31. Dezember folgende Zahlen aus:

S		8020 Gewinn- und Verlustkonto		H
6000	Aufw. für Rohstoffe	2.100.000,00	5000 Umsatzerlöse für eig. Erz.	4.800.000,00
6020	Aufw. für Hilfsstoffe	260.000,00	5081 Mieterträge[1]	116.000,00
6160	Fremdinstandhaltung	140.000,00	5200 Bestandsveränderungen	450.000,00
6200	Löhne	940.000,00	5710 Zinserträge	78.000,00
6300	Gehälter	456.000,00		
6400	Arbeitgeberanteil zur SV	224.000,00		
6520	Abschreibungen auf SA	184.000,00		
6700	Mietaufwendungen	16.000,00		
6800	Büromaterial, Telekommu-nikation, Porto	84.000,00		
6870	Werbung	126.000,00		
7000	Betriebliche Steuern	174.000,00		
7510	Zinsaufwendungen	86.000,00		
7710	Körperschaftsteuer	294.000,00		
3400	Jahresüberschuss	360.000,00		
		5.444.000,00		**5.444.000,00**

1. Erstellen Sie die Gewinn- und Verlustrechnung in Staffelform nach dem Schema des Gesamtkostenverfahrens auf Seite 425 und ermitteln Sie das Rohergebnis, das Ergebnis der gewöhnlichen Geschäftstätigkeit und den Jahresüberschuss.
2. Richten Sie für den Abschluss des Gewinn- und Verlustkontos das Konto „3400 Jahresüberschuss/Jahresfehlbetrag" ein. Wie lautet im vorliegenden Fall die Abschlussbuchung des Gewinn- und Verlustkontos?
3. Nennen Sie die Abschlussbuchung für das Konto „3400".
4. Ermitteln Sie die Rentabilität des durchschnittlichen Eigenkapitals.

---

1 Mieterträge sind nach § 277 [1] HGB in der Gewinn- und Verlustrechnung unter den Umsatzerlösen auszuweisen.

Die Druckpapier-GmbH weist zum 31. Dezember .. folgende Daten aus:

Saldenbilanz zum 31. Dezember ..	Soll	Haben
0700 Technische Anlagen und Maschinen	720.000,00	–
0840 Fuhrpark	65.000,00	–
0870 Geschäftsausstattung	70.000,00	–
1500 Wertpapiere des Anlagevermögens	145.000,00	–
2000 Rohstoffe	950.000,00	–
2020 Hilfsstoffe	280.000,00	–
2030 Betriebsstoffe	68.000,00	–
2200 Fertige Erzeugnisse	352.000,00	–
2400 Forderungen a. LL	360.000,00	–
2800 Bank	250.000,00	–
2880 Kasse	28.000,00	–
2900 Aktive Rechnungsabgrenzung	12.000,00	–
3000 Gezeichnetes Kapital	–	1.300.000,00
3200 Gewinnrücklagen	–	350.000,00
3390 Gewinnvortrag	–	10.000,00
3400 Jahresüberschuss	–	330.000,00
3900 Sonstige Rückstellungen	–	50.000,00
4250 Langfristige Bankverbindlichkeiten	–	670.000,00
4400 Verbindlichkeiten a. LL	–	575.000,00
4900 Passive Rechnungsabgrenzung	–	15.000,00
5000 Umsatzerlöse für eigene Erzeugnisse	–	8.000.000,00
5081 Mieterträge[1]	–	10.000,00
5200 Bestandsveränderungen	–	160.000,00
5430 Andere sonstige betriebliche Erträge	–	70.000,00
5710 Zinserträge	–	30.000,00
6000 Aufwendungen für Rohstoffe	5.570.000,00	–
6020 Aufwendungen für Hilfsstoffe	540.000,00	–
6030 Aufwendungen für Betriebsstoffe	110.000,00	–
6200 Löhne	540.000,00	–
6300 Gehälter	190.000,00	–
6400 Arbeitgeberanteil zur Sozialversicherung	90.000,00	–
6500 Abschreibungen auf Anlagevermögen	290.000,00	–
6800 Bürokosten	180.000,00	–
6870 Werbung	65.000,00	–
6940 Sonstige Aufwendungen	60.000,00	–
7000 Betriebliche Steuern	80.000,00	–
7510 Zinsaufwendungen	75.000,00	–
7700 Steuern vom Einkommen und Ertrag	150.000,00	–
8020 GuV-Konto (Saldo = Jahresüberschuss)	330.000,00	–
	11.570.000,00	11.570.000,00

1. Erstellen Sie die Bilanz gemäß § 266 HGB.

2. Erstellen Sie die Gewinn- und Verlustrechnung in Staffelform nach dem Schema des Gesamtkostenverfahrens auf Seite 425, indem Sie bestimmte Aufwands- und Ertragsposten zusammenfassen und folgende Zwischenergebnisse ausweisen:

   a) Rohergebnis,

   b) Ergebnis nach Steuern,

   c) Jahresüberschuss.

3. Wie hoch ist das gesamte Eigenkapital des Unternehmens zum 31. Dezember?

4. Beurteilen Sie die Kapitalausstattung des Unternehmens, indem Sie das Verhältnis zwischen Eigen- und Fremdkapital ermitteln.

---

1 Siehe Fußnote auf Seite 426.

1.4.5 Der Anlagenspiegel (Anlagengitter) als Bestandteil des Jahresabschlusses der Kapitalgesellschaften

§ 284 [3] HGB Mittelgroße und große Kapitalgesellschaften (siehe S. 419) sind verpflichtet, die Entwicklung der einzelnen Posten des Anlagevermögens im Anhang des Jahresabschlusses in einer gesonderten Aufgliederung, dem Anlagenspiegel oder Anlagengitter, darzustellen. Darin sind ausgehend von den gesamten Anschaffungs- und Herstellungskosten die Zugänge einschließlich der Zuschreibungen, Abgänge und Umbuchungen des Geschäftsjahrs sowie die Abschreibungen gesondert aufzuführen. Bei den Abschreibungen sind neben Höhe zu Beginn und Ende des Geschäftsjahrs, die im Geschäftsjahr vorgenommenen Abschreibungen, Änderungen im Zusammenhang mit Zu- und Abgängen sowie Umbuchungen anzugeben.

Situation

Das Anlagenverzeichnis der Metallbau-GmbH weist in dem Bilanzposten „Technische Anlagen und Maschinen" im Geschäftsjahr .. folgende Zahlen aus:

Anschaffungskosten aller technischen Anlagen und Maschinen zum 1. Jan. ..	4.000 T€
Anschaffung einer CNC-Drehmaschine im 1. Halbjahr .. : Anschaffungskosten	300 T€
Kumulierte (angesammelte) Abschreibungen bis zum 31. Dez. des Vorjahres	2.400 T€
Abschreibungen des Berichtsjahres zum 31. Dez. ..	430 T€
Buchwert zum 31. Dez. des Vorjahres	1.600 T€

Anlagenspiegel in T€ zum 31. Dezember .. (verkürzt)[1]

Anlage-posten	Anschaffungs-/Herstellungskosten (AK/HK)					Abschreibungen					Restbuchwerte	
	AK/HK 1.1.	Zugänge zu AK/HK	Abgänge zu AK/HK	Umbuchungen zu AK/HK	AK/HK 31.12.	Kumul. Abschreibungen 1.1.	Abschreibungen Gj.	Abgänge	Umbuchungen	Kumul. Abschreibungen 31.12.	Buchwert 31.12. Gj.	Buchwert 31.12. Vj.
		+	–	+/–	=		+	–	+/–	=	5-10	1-6
0	**1**	**2**	**3**	**4**	**5**	**6**	**7**	**8**	**9**	**10**	**11**	**12**
TA u. Masch.	4.000	300	–	–	4.300	2.400	430	–	–	2.830	1.470	1.600

	Spalten	Erläuterung der Spalten des Anlagenspiegels
1	AK/HK 1.1.	Ausweis der ursprünglichen (historischen) Anschaffungs- bzw. Herstellungskosten aller zum 1. Januar vorhandenen Anlagegegenstände der entsprechenden Bilanzposten.
2	Zugänge zu AK/HK	Im Berichtsjahr angeschaffte bzw. hergestellte Anlagegüter bewertet zu AK/HK sowie Zuschreibungen aufgrund von Wertaufholungen, z. B. bei Korrektur einer außerplanmäßigen Abschreibung. Diese Zugänge erhöhen im nächsten Geschäftsjahr die gesamten AK/HK der Spalte 1.
3	Abgänge zu AK/HK	Anlagenabgänge durch Verkauf, Entnahmen oder Verschrottung bewertet zu AK/HK. Die Abgänge vermindern im folgenden Geschäftsjahr die gesamten AK/HK der Spalte 1.
4	Umbuchungen zu AK/HK	Umbuchungen zwischen einzelnen Posten des Anlagevermögens, z. B. von „Anlagen im Bau" zu „Gebäude".
5	AK/HK 31.12.	Summe der gesamten Anschaffungs-/Herstellungskosten am Ende des Geschäftsjahrs: Anschaffungs-/Herstellungskosten 1.1. .... 4.000 T€ + Zugänge .... 300 T€ – Abgänge .... – +/– Umbuchungen .... – **= Anschaffungs-/Herstellungskosten 31.12.** .... **4.300 T€**
6/10	Kumul. Abschreibungen 1.1. bzw. 31.12.	Gesamte (kumulierte) Abschreibungen der Vorjahre zu Beginn des Geschäftsjahrs (1.1.) bzw. zum Ende des Geschäftsjahrs (31.12.).
7	Abschreibungen Gj.	Summe der im Geschäftsjahr vorgenommenen Abschreibungen (GuV-Ausweis).
8	Abgänge	Verminderung der gesamten Abschreibungen durch Anlagenabgänge. Während Spalte 3 die AK/HK der Abgänge zeigt, enthält Spalte 8 die auf diese Anlagen bis zum Abgangszeitpunkt vorgenommenen Abschreibungen.
9	Umbuchungen	Abschreibungen der umgebuchten Anlagegegenstände (siehe Spalte 4).
11	Buchwert 31.12.Gj.	Bilanzansatz des abgelaufenen Geschäftsjahrs, der sich aus den AK/HK 31.12. (Spalte 5) abzüglich der kumulierten Abschreibungen 31.12 (Spalte 10) berechnet.
12	Buchwert 31.12.Vj.	Bilanzansatz des Vorjahrs, der sich aus den AK/HK 1.1. (Spalte 1) abzüglich der kumulierten Abschreibungen 1.1. (Spalte 6) ergibt.

---

1 Das vollständige Schema des Anlagenspiegels gemäß § 284 [3] HGB enthält der Anhang des Lehrbuches.

Der Anlagenspiegel enthält wichtige Daten zur Beurteilung des Unternehmens. Er weist die Investitionen des Berichtsjahres (300 T€) und die Jahresabschreibungen (430 T€) aus. Die Anlageninvestitionen wurden mehr als voll durch Abschreibungen finanziert, wenn man unterstellt, dass die in die Verkaufspreise der Erzeugnisse einkalkulierten Abschreibungen über die Umsatzerlöse in das Unternehmen zurückgeflossen sind:

Auswertung des Anlagenspiegels

$$\text{Investitionsfinanzierung durch Abschreibungen} = \frac{\text{Jahresabschreibungen}}{\text{Anlageninvestitionen}} = 1{,}4333 = 143{,}33 \text{ \%}$$

Zusammenfassung

- **Der Anlagenspiegel zeigt die Entwicklung der Bilanzposten des Anlagevermögens,** und zwar von den ursprünglichen Anschaffungs-/Herstellungskosten über die Zu- und Abgänge, Zuschreibungen sowie kumulierten Abschreibungen bis zum Buchwert am Schluss des Geschäftsjahres. **Kapitalgesellschaften** müssen ihn **im Anhang** ausweisen (§ 284 [3] HGB).

- Der Anlagenspiegel **gewährt Einblick in die Abschreibungs- und Investitionspolitik** des Unternehmens. Das Verhältnis Anschaffungs-/Herstellungskosten : Buchwert der Anlagen deutet auf Alter und technischen Standard hin.

Aufgabe 417

1. Die o. g. Metallbau-GmbH besteht im 7. Jahr. Im Gründungsjahr wurden die „TA und Maschinen" für 4.000 T€ AK/HK erworben. Die kumulierten linearen Abschreibungen betragen am Schluss des 6. Geschäftsjahres 2.400 T€. **Wie hoch waren die jährlichen Abschreibungen?**
2. Zu Beginn des 7. Geschäftsjahres wurden in der Metallbau-GmbH für 300 T€ Maschinen angeschafft. **Mit welchem Betrag werden im Anlagenspiegel (Schema auf S. 428) des 8. Jahres die gesamten AK/HK in Spalte 1 ausgewiesen?**

Aufgabe 418

Erstellen Sie den Anlagenspiegel der Metallbau-GmbH für das 8. Jahr nach dem Schema auf S. 428:
1. Übernahme aus dem Vorjahr in Spalte 1: 4.000 T€ + ? = ?
2. Übernahme in Spalte 12: Buchwert des Vorjahres: ? T€.
3. Abschreibungen im 8. Geschäftsjahr: 410 T€.
4. Verkauf einer Maschine. Der Anschaffungswert betrug 200 T€, der Buchwert im Verkaufszeitpunkt 60 T€. **Wie hoch sind die bis zum Verkauf entstandenen (kumulierten) Abschreibungen der Maschine? Tragen Sie diese in Spalte 8 „Abgänge" ein.**
5. Ermitteln Sie die kumulierten Abschreibungen zum 31. Dezember des 8. Jahres. Übernehmen Sie dazu zunächst die kumulierten Abschreibungen 31.12. (Spalte 10) aus dem Schema auf S. 428 in die Spalte 6 „Kumul. Abschreibungen 1.1."
6. Ermitteln Sie den Buchwert der „TA und Maschinen" zum 31. Dezember des 8. Jahres.
7. Um welchen Wert vermindern sich die AK/HK des folgenden 9. Jahres?

Aufgabe 419

Das Anlagenverzeichnis der Textilwerke-GmbH weist zu „TA und Maschinen" aus:
1. Anschaffungskosten zu Beginn des Geschäftsjahres .... 850 T€
2. Kumulierte Abschreibungen zum Schluss des Vorjahres .... 340 T€
3. Anschaffung einer Maschine im Geschäftsjahr, netto .... 250 T€
4. Abschreibungen des Geschäftsjahres .... 95 T€
Erstellen Sie den Anlagenspiegel. Finanzieren die Abschreibungen die Investition?

Aufgabe 420

Erstellen Sie für die o. g. Textilwerke den Anlagenspiegel für das Folgejahr:
1. Eine nicht mehr benötigte Stoffzuschneidemaschine wird für netto 30 T€ verkauft. Anschaffungskosten: 200 T€. Bisherige Abschreibungen: 180 T€.
2. Die Abschreibungen des Geschäftsjahres betragen 85 T€.

2 Analyse und Auswertung des Jahresabschlusses

Betriebswirtschaftliche Auswertung des Jahresabschlusse

Aus dem Jahresabschluss lassen sich wertvolle Erkenntnisse über die Vermögens-, Finanzund Ertragslage des Unternehmens gewinnen, wenn man die Abschlusszahlen u. a. mithilfe von **Kennzahlen** auswertet. **Die betriebswirtschaftliche Auswertung des Jahresabschlusses umfasst** die **Aufbereitung (Bilanzanalyse)** und die **Beurteilung (Bilanzkritik)** des Zahlenmaterials.

Die Auswertung eines Jahresabschlusses wird durch einen **Zeitvergleich** und einen **Betriebsvergleich** aussagekräftiger:

■ **Zeitvergleich:** Der aktuelle Jahresabschluss wird mit den Jahresabschlüssen der Vorjahre verglichen, sodass die betriebseigene Entwicklung erkennbar wird.

■ **Betriebsvergleich:** Der Jahresabschluss wird mit den Zahlen branchengleicher Unternehmen verglichen, sodass die Stellung des Unternehmens innerhalb seiner Branche beurteilt werden kann.

2.1 Die Auswertung der Bilanz

2.1.1 Die Aufbereitung der Bilanz (Bilanzanalyse)

Umgliederung der Bilanzposten

Die Bilanzen müssen zunächst für eine kritische Beurteilung entsprechend aufbereitet werden. Die zahlreichen Bilanzposten sind daher nach bestimmten Gesichtspunkten umzugliedern und gruppenmäßig zusammenzufassen. Die Vermögensseite umfasst die beiden Hauptgruppen „Anlagevermögen" und „Umlaufvermögen", die Kapitalseite „Eigenkapital" und „Fremdkapital". Das Umlaufvermögen ist nach der **Flüssigkeit** in die Gruppen „Vorräte", „Forderungen" und „Flüssige Mittel" zu gliedern. Die Posten des Fremdkapitals sind nach der **Fälligkeit** in „Langfristiges Fremdkapital" und „Kurzfristiges Fremdkapital" zu ordnen. Wertberichtigungen sind vorab mit dem entsprechenden Aktivposten zu saldieren. Aktive Rechnungsabgrenzungsposten werden den Forderungen, passive Rechnungsabgrenzungsposten den kurzfristigen Verbindlichkeiten zugeordnet.

Bilanzstruktur

Die Bilanzstruktur ist das **Ergebnis der Aufbereitung** der Bilanzposten. Sie lässt bereits deutlich den **Vermögens- und Kapitalaufbau** des Unternehmens erkennen:

Vermögen	Bilanzstruktur	Kapital
I. Anlagevermögen		I. Eigenkapital
II. Umlaufvermögen 1. Vorräte 2. Forderungen 3. Flüssige Mittel		II. Fremdkapital 1. langfristig 2. kurzfristig
Wie ist das Kapital angelegt?		Woher stammt das Kapital?

Zur besseren **Vergleichbarkeit** und Überschaubarkeit stellt man die **Bilanzstruktur** nicht nur in absoluten Zahlen, sondern auch in **Prozentzahlen** dar, wobei die **Bilanzsumme die Basis** (≙ **100 %**) bildet. Damit wird auf einen Blick erkennbar, welches Gewicht die einzelnen Hauptgruppen innerhalb des Gesamtvermögens (Aktiva) und Gesamtkapitals (Passiva) haben. Vermögens- und Kapitalstruktur werden dadurch noch anschaulicher dargestellt.

Die Bilanzen des Metallwerks Thomas Berg, Stuttgart, lauten für die beiden letzten Geschäftsjahre:

Aktiva	Berichtsjahr T€	Vorjahr T€	Passiva	Berichtsjahr T€	Vorjahr T€
Grundstücke und Bauten .	4.025	3.500	Eigenkapital 1. Jan.	6.130	5.800
TA und Maschinen	2.130	1.600	– Entnahmen	160	120
BuG-Ausstattung	665	560		5.970	5.680
Roh-, Hilfs- und			+ Einlagen	850	–
Betriebsstoffe	650	520		6.820	5.680
Unfertige Erzeugnisse	586	760	+ Jahresgewinn	1.240	450
Fertige Erzeugnisse	979	1.100	Eigenkapital 31. Dez.	8.060	6.130
Forderungen a. LL	1.380	850	Pensionsrückstellungen	410	320
Kassenbestand	29	30	Langfristige Bank-		
Bankguthaben	1.956	1.250	verbindlichkeiten	2.378	1.175
			Verbindlichkeiten a. LL	1.552	1.035
			Sonstige kurzfristige		
			Verbindlichkeiten	–	1.510
	12.400	10.170		12.400	10.170

Anmerkung: Der Gewinn verbleibt zur Stärkung der Eigenkapitalbasis im Unternehmen.

Die Aufbereitung der Bilanzen erfolgt nach folgendem Schema:

Aktiva	Berichtsjahr (B) T€	%	Vorjahr (V) T€	%	Zu- oder Abnahme T€
Anlagevermögen	6.820	55	5.660	56	+ 1.160
Vorräte	2.215	18	2.380	23	– 165
Forderungen a. LL	1.380	11	850	8	+ 530
Flüssige Mittel	1.985	16	1.280	13	+ 705
Umlaufvermögen	5.580	45	4.510	44	+ 1.070
Gesamtvermögen	12.400	100	10.170	100	+ 2.230

Passiva	Berichtsjahr (B) T€	%	Vorjahr (V) T€	%	Zu- oder Abnahme T€
Eigenkapital	8.060	65	6.130	60	+ 1.930
Pensionsrückstellungen	410	3	320	3	+ 90
Langfr. Bankverbindlichk.	2.378	19	1.175	12	+ 1.203
Langfr. Fremdkapital	2.788	22	1.495	15	+ 1.293
Verbindlichkeiten a. LL	1.552	13	1.035	10	+ 517
Sonstige Verbindlichkeiten	–	–	1.510	15	– 1.510
Kurzfr. Fremdkapital	1.552	13	2.545	25	– 993
Gesamtkapital	12.400	100	10.170	100	+ 2.230

Die Beurteilung der Bilanz (Bilanzkritik) 2.1.2

Die aufbereiteten Bilanzen enthalten bereits die wichtigsten Kennzahlen und Angaben zur **Beurteilung** der Kapitalausstattung (Finanzierung), der Anlagenfinanzierung (Investition), des Vermögensaufbaus (Konstitution) und der Zahlungsfhigkeit (Liquidität) des Unternehmens. Mithilfe dieser Kennzahlen lassen sich Lage und Entwicklung des Unternehmens beurteilen.

2.1.2.1 Beurteilung der Kapitalausstattung (Finanzierung)

Grad der Unabhängigkeit

Bei der Beurteilung der **Kapitalausstattung oder Finanzierung** geht es vor allem um die Frage, ob das Unternehmen überwiegend mit **eigenem oder fremdem Kapital** arbeitet. In der Regel kann die Finanzierung eines Unternehmens als günstig bezeichnet werden, wenn das **Eigenkapital als Haftungs- bzw. Schutzkapital** das Fremdkapital überwiegt; denn je höher der Anteil des Eigenkapitals am Gesamtkapital, umso **sicherer** ist die Lage des Unternehmens in Krisenzeiten und umso **unabhängiger** ist das Unternehmen **gegenüber** seinen **Gläubigern.** Der Anteil des Eigenkapitals am Gesamtkapital ist daher zugleich Ausdruck des Grades der finanziellen Unabhängigkeit des Unternehmens.

Grad der Verschuldung

Dieser kommt durch den Anteil des Fremdkapitals am Gesamtkapital zum Ausdruck. Ein im Verhältnis zum Eigenkapital zu hohes Fremdkapital bedeutet eine erhebliche **Einengung der Selbstständigkeit des Unternehmens,** da mit jeder weiteren Kreditaufnahme stets der Nachweis der Kreditverwendung und ständige Kontrollen durch Gläubiger verbunden sind. Ist der Anteil an kurzfristigen Schulden sehr hoch, so wird die **Liquidität (Zahlungsfähigkeit)** des Unternehmens stark eingeschränkt. Die **Zusammensetzung des Fremdkapitals** (lang- und kurzfristig) ist daher eine wichtige Frage bei der Beurteilung der Finanzierung eines Unternehmens.

Beispiel

Kennzahlen der Finanzierung (Kapitalstruktur) in Prozent			B	V
1 Grad der finanziellen Unabhängigkeit	=	$\dfrac{\text{Eigenkapital}}{\text{Gesamtkapital}}$	0,65 = 65 %	0,60 = 60 %
2 Verschuldungsgrad	=	$\dfrac{\text{Fremdkapital}}{\text{Eigenkapital}}$	0,54 = 54 %	0,66 = 66 %
3 Anteil des langfristigen Fremdkapitals	=	$\dfrac{\text{lgfr. Fremdkapital}}{\text{Gesamtkapital}}$	0,22 = 22 %	0,15 = 15 %
4 Anteil des kurzfristigen Fremdkapitals	=	$\dfrac{\text{kfr. Fremdkapital}}{\text{Gesamtkapital}}$	0,13 = 13 %	0,25 = 25 %

Beurteilung

Die Kennzahlen zeigen deutlich, dass sich im Berichtsjahr der **Grad der finanziellen Unabhängigkeit von 60 % auf 65 %** und damit entsprechend der **Verschuldungsgrad von 66 % auf 54 %** verbessert haben. Die beachtliche Steigerung des Eigenkapitals ist auf eine **Kapitaleinlage** des Unternehmers in Höhe von **850 T€** sowie auf den im Berichtsjahr erwirtschafteten hohen **Jahresgewinn von 1.240 T€** zurückzuführen. Erfreulicherweise konnte dadurch der Anteil des Fremdkapitals und somit der Einfluss der Gläubiger erheblich vermindert werden. Der **Rückgang des kurzfristigen Fremdkapitals von 25 % auf 13 %** ist im Hinblick auf die Liquidität des Unternehmens besonders positiv zu beurteilen. Der hohe Abbau der kurzfristigen Fremdmittel ist vor allem auf eine **Umschuldung** zurückzuführen, also auf eine Umwandlung kurzfristiger in langfristige Schulden. So steht einer Abnahme an kurzfristigen Fremdmitteln in Höhe von 993 T€ eine Zunahme der langfristigen Schulden in Höhe von 1.203 T€ gegenüber (vgl. aufbereitete Bilanzen auf Seite 421).

Die Unternehmensleitung hat im Berichtsjahr sinnvolle Maßnahmen durchgeführt, um die Finanzierung des Unternehmens noch krisenfester zu gestalten.

Zusammenfassung

- **Je größer das Eigenkapital** im Verhältnis zum Fremdkapital ist, desto solider und **krisenfester ist die Finanzierung** und desto geringer sind die Zinsbelastung und die Abhängigkeit gegenüber Gläubigern.

Beurteilung der Anlagendeckung (Investierung)

Die Finanzierung (Deckung) des Anlagevermögens durch

- **Eigenkapital** → Deckungsgrad I
  und durch

- **langfristiges Kapital** (Eigenkapital und langfristiges Fremdkapital) → Deckungsgrad II

ist zugleich ein wichtiger **Maßstab zur Beurteilung der Kapitalausstattung** des Unternehmens schlechthin. Da **Anlagegegenstände** in der Regel langfristig gebundenes Vermögen darstellen, müssen sie durch **entsprechend langfristiges Kapital** finanziert werden. Damit wird sichergestellt, dass im Krisenfalle keine Anlagegüter veräußert werden müssen, um den Tilgungsverpflichtungen termingerecht nachzukommen. Deshalb sollen Wirtschaftsgüter des Anlagevermögens grundsätzlich **nicht kurzfristig** finanziert werden. Die Anlagenfinanzierung kann somit als sehr gut bezeichnet werden, wenn das Anlagevermögen voll durch Eigenkapital (**Deckungsgrad I**) gedeckt ist. Reicht das Eigenkapital jedoch nicht zur Finanzierung des Anlagevermögens aus, so darf zusätzlich nur langfristiges Fremdkapital herangezogen werden. Der **Deckungsgrad II** muss mindestens 100 % betragen, wenn eine volle Deckung durch langfristiges Kapital gegeben sein soll.

Kennzahlen der Anlagendeckung (Investierung) in Prozent		Berichtsjahr	Vorjahr
1 Deckungsgrad I =	$\dfrac{\text{Eigenkapital}}{\text{Anlagevermögen}}$	1,18 = 118 %	1,08 = 108 %
2 Deckungsgrad II =	$\dfrac{\text{Langfristiges Kapital}}{\text{Anlagevermögen}}$	1,59 = 159 %	1,35 = 135 %

Beispiel

Beurteilung

Die Anlagendeckung durch Eigenkapital (Deckungsgrad I) war bereits im Vorjahr gut. Sie konnte im Berichtsjahr durch die bereits erwähnte **Erhöhung des Eigenkapitals** noch wesentlich verbessert werden. **Nicht nur das Anlagevermögen, sondern auch über die Hälfte des Vorratsvermögens werden** nunmehr **durch eigene Mittel finanziert.** Besonders erfreulich ist auch die Tatsache, dass die erheblichen **Anschaffungen (Investitionen)** im Anlagevermögen in Höhe von 1.160 T€ **ebenfalls** in vollem Umfang **durch Eigenkapital finanziert** wurden.

Die Anlagendeckung durch langfristiges Kapital (Deckungsgrad II) ist in den beiden Vergleichsjahren ausgezeichnet. Besonders im Berichtsjahr wird der größte Teil des Umlaufvermögens **langfristig** finanziert, was sich auf die Liquidität des Unternehmens zwangsläufig günstig auswirken muss. Die für das Berichtsjahr als **sehr gut beurteilte Finanzierung wird durch die Anlagendeckung I und II voll bestätigt.**

Zusammenfassung

- **Die Anlagendeckung** ist zugleich **Maßstab** zur Beurteilung der Finanzierung (Kapitalausstattung) des Unternehmens.

- Das Anlagevermögen und der eiserne Bestand an Vorräten sollten stets durch entsprechend **langfristiges** Kapital (Eigen- und langfristiges Fremdkapital) finanziert sein.

2.1.2.3 Beurteilung der Vermögensstruktur (Konstitution)

Kennzahlen der
Vermögensstruktur

Die Vermögensstruktur zeigt sich im Verhältnis zwischen Anlage- und Umlaufvermögen. Dieses Verhältnis ist weitgehend abhängig von der Branche, der das Unternehmen angehört, sowie vom Ausmaß der Ausstattung und Automatisierung. So sind beispielsweise Unternehmen der Grundstoff- und Schwerindustrie mit einem Anlagenanteil von 60–70 % besonders anlagenintensiv, im Gegensatz zu Handelsunternehmen, in denen in der Regel das Umlaufvermögen deutlich überwiegt.

Das Anlagevermögen verursacht erhebliche fixe (feste) Kosten wie Abschreibungen, Instandhaltungen u. a., die unabhängig von der Beschäftigungs- und Absatzlage, also auch in Krisenzeiten, anfallen und ständig die Erfolgsrechnung als Aufwand belasten. Je niedriger das Anlagevermögen im Verhältnis zum Umlaufvermögen ist, desto geringer ist die Belastung mit festen Kosten und desto besser kann sich ein Unternehmen den veränderten Marktverhältnissen anpassen.

Das Umlaufvermögen besteht in der Regel aus Vorräten an Roh-, Hilfs- und Betriebsstoffen sowie Fremdbauteilen, unfertigen und fertigen Erzeugnissen und Forderungen sowie flüssigen Mitteln. Vergleicht man die Posten mit den Umsatzerlösen, lassen sich wertvolle Erkenntnisse über die Absatzlage des Unternehmens erzielen. Ein erhöhter Bestand an Forderungen bedeutet Absatzsteigerung, wenn zugleich die Umsatzerlöse entsprechend gestiegen sind. Eine Veränderung der Vorräte und flüssigen Mittel sollte daher auch im Zusammenhang mit den Umsatzerlösen gesehen werden.

Beispiel

Kennzahlen der Vermögensstruktur in Prozent			Berichtsjahr	Vorjahr
1 Anlagenintensität	$=$	$\dfrac{AV}{Gesamtvermögen}$	0,55 = 55 %	0,56 = 56 %
2 Umlaufintensität	$=$	$\dfrac{UV}{Gesamtvermögen}$	0,45 = 45 %	0,44 = 44 %
3 Vorratsquote	$=$	$\dfrac{Vorräte}{Gesamtvermögen}$	0,18 = 18 %	0,23 = 23 %
4 Forderungsquote	$=$	$\dfrac{Forderungen}{Gesamtvermögen}$	0,11 = 11 %	0,08 = 8 %
5 Anteil der flüssigen Mittel	$=$	$\dfrac{Flüssige\ Mittel}{Gesamtvermögen}$	0,16 = 16 %	0,13 = 13 %

Angaben lt. GuV-Rechnung	Berichtsjahr	Vorjahr
Umsatzerlöse	10.320 T€	7.500 T€

Beurteilung

Die Kennzahlen der Vermögensstruktur zeigen deutlich die positive Entwicklung des Unternehmens im Vergleichszeitraum. Die Steigerung des Anlagevermögens ist auf Neuanschaffungen in Höhe von 1.160 T€ zurückzuführen, die zu einer Kapazitätserweiterung führten, worauf auch die gestiegenen Umsatzerlöse hinweisen. Auch der Abbau der Vorräte und die Erhöhung der Forderungen sowie der flüssigen Mittel stehen offensichtlich im Zusammenhang mit einer erheblichen Absatzsteigerung.

Zusammenfassung

- Das Verhältnis zwischen Anlage- und Umlaufvermögen wird weitgehend von der Branche und dem Grad der Ausstattung des Unternehmens bestimmt.
- Vorräte und Forderungen sind mit den Umsatzerlösen zu vergleichen.

Beurteilung der Zahlungsfähigkeit (Liquidität)

2.1.2.4

Ermittlung der Liquidität

Liquidität ist die Zahlungsfähigkeit eines Unternehmens, die sich aus dem **Verhältnis der flüssigen (liquiden) Mittel zu den fälligen kurzfristigen Verbindlichkeiten** erkennen lässt. Es muss deshalb untersucht werden, ob das Unternehmen in der Lage sein wird, die **fälligen** Verbindlichkeiten **fristgerecht** zu begleichen.

Aufgrund der Bilanzzahlen kann die **Liquidität** eines Unternehmens natürlich **nur** überschlägig ermittelt werden, da wichtige Angaben aus den Bilanzen nicht hervorgehen, wie **Fälligkeiten** der Verbindlichkeiten und Forderungen, **laufende Zahlungen** für Steuern, Mieten u. a. m. Dennoch lassen sich verschiedene Stufen oder Grade der Zahlungsfähigkeit des Unternehmens aus den Abschlusszahlen errechnen.

Kennzahlen der Liquidität

Diese Kennzahlen berücksichtigen jeweils den Grad der Zahlungsfähigkeit. Die **Liquidität I (1. Grades)**, auch **Barliquidität** genannt, setzt die flüssigen Mittel (Kasse, Guthaben bei Kreditinstituten, börsenfähige Wertpapiere des Umlaufvermögens) ins Verhältnis zu den kurzfristigen Fremdmitteln. Die **Liquidität II (2. Grades)**, auch **einzugsbedingte Liquidität** genannt, berücksichtigt zusätzlich die Forderungen. Die **umsatzbedingte Liquidität III (3. Grades)** setzt schließlich das gesamte Umlaufvermögen zum kurzfristigen Fremdkapital in Beziehung. Nach einer **Erfahrungsregel** sollte mindestens die **Liquidität II** bereits eine **volle Deckung der kurzfristigen Schulden** bringen. Die **Liquidität III** müsste nach einer amerikanischen Faustregel zu einer **zweifachen Deckung (200 %)** führen.

Beispiel

Liquiditätskennzahlen in Prozent			Berichtsjahr	Vorjahr
1 Liquidität I	=	$\dfrac{\text{flüssige Mittel}}{\text{kurzfristiges Fremdkapital}}$	1,28 = 128 %	0,50 = 50 %
2 Liquidität II	=	$\dfrac{\text{(flüssige Mittel + Forderungen)}}{\text{kurzfristiges Fremdkapital}}$	2,17 = 217 %	0,84 = 84 %
3 Liquidität III	=	$\dfrac{\text{Umlaufvermögen}}{\text{kurzfristiges Fremdkapital}}$	3,60 = 360 %	1,77 = 177 %

Beurteilung

Die Liquiditätslage des Unternehmens hat sich im Berichtsjahr gegenüber dem Vorjahr ganz entschieden verbessert. Selbst unter Berücksichtigung der Forderungen konnte im Vorjahr keine volle Deckung der kurzfristigen Verbindlichkeiten erreicht werden. Im Berichtsjahr führte dagegen die Liquidität II bereits zu einer erheblichen Überdeckung. Die Liquidität 3. Grades zeigt im Berichtsjahr deutlich die ausgezeichnete finanzielle Lage des Unternehmens. Das Umlaufvermögen ist über dreimal so groß wie die kurzfristigen Fremdmittel. Diese äußerst positive Entwicklung der Zahlungsfähigkeit ist einerseits auf die bereits erwähnte Kapitalerhöhung sowie Umschuldung und andererseits vor allem auch auf die erhebliche Absatzsteigerung zurückzuführen. Diese von der Unternehmensleitung getroffenen **Maßnahmen dienten** nicht zuletzt der **Stärkung der Liquidität.**

Zusammenfassung

- Je mehr die flüssigen Mittel 1., 2. und 3. Grades die kurzfristigen Verbindlichkeiten decken, desto **liquider** und damit **sicherer** ist das Unternehmen.
- Für die fälligen **Schulden** müssen stets **Zahlungsmittel bereitstehen**, denn **Zahlungsunfähigkeit** führt entweder zur **zwangsweisen Auflösung des Unternehmens** im Rahmen eines **gerichtlichen Insolvenzverfahrens** oder in einen **außergerichtlichen Vergleich** (§ 17 Insolvenzordnung [InsO]).
- Nach einer **Erfahrungsregel** gilt die Zahlungsfähigkeit als gesichert, wenn das Umlaufvermögen doppelt so groß ist wie das kurzfristige Fremdkapital.

Aufgabe 421

1. Welche Möglichkeiten hat der Unternehmer, die Finanzierung (Kapitalausstattung des Unternehmens) zu verbessern?

2. Ein Unternehmer hat einen sehr großen Teil des Anlagevermögens mit einem kurzfristigen Bankkredit finanziert. **Wie beurteilen Sie das?**

3. Wodurch wird die Vermögensstruktur (AV : UV) bestimmt?

4. Welche Gefahr liegt in einem a) zu geringen und b) zu großen Anlagevermögen?

5. Welche Gefahr liegt in einem a) zu geringen und b) zu hohen Umlaufvermögen?

Aufgabe 422

1. Welche Möglichkeiten hat der Unternehmer, die Liquidität zu verbessern?

2. Der Bestand an sofort greifbaren flüssigen Mitteln ist im Verhältnis zu hoch. **Was empfehlen Sie dem Unternehmer?**

3. Vermittelt die Bilanz ein eindeutiges Bild der Zahlungsfähigkeit?

4. Beurteilen Sie die folgenden Bilanzstrukturen:

Bilanz 1	
Anlagevermögen 40 %	Eigenkapital 50 %
Umlaufvermögen 60 %	Fremdkapital 50 %

Bilanz 2	
Anlagevermögen 40 %	Eigenkapital 30 %
Umlaufvermögen 60 %	langfristiges Fremdkapital 10 % kurzfristiges Fremdkapital 60 %

Aufgabe 423

Nach der Aufbereitung zeigt die Bilanz eines Industrieunternehmens die folgende Vermögens- und Kapitalstruktur:

Vermögen	Aufbereitete Bilanz			Kapital	
	T€	%		T€	%
I. Anlagevermögen	2.400	30	I. Eigenkapital	4.800	60
II. Umlaufvermögen			II. Fremdkapital		
1. nicht flüssig .... (Vorräte)	3.300	} 70	1. langfristig .... (Hypotheken- und Darlehensschulden)	2.000	} 40
2. bedingt flüssig .... (Forderungen a. LL)	1.700		2. kurzfristig .... (Verbindlichk. a. LL u. a.)	1.200	
3. sofort flüssig .... (Kasse, Guthaben bei Kreditinstituten)	600				
	8.000	100		8.000	100

1. Beurteilen Sie auch unter Berücksichtigung von Branchen-Richtwerten ( )

   a) die Finanzierung oder Kapitalausstattung (35 : 65),

   b) den Vermögensaufbau (25 : 75),

   c) die Anlagenfinanzierung bzw. -deckung (Deckung I: 80 %; II: 120 %) sowie

   d) die Zahlungsfähigkeit (Liquidität) des Unternehmens.

2. Inwiefern erübrigt sich im vorliegenden Fall die Ermittlung des Deckungsgrades II im Rahmen der Beurteilung der Anlagenfinanzierung?

3. Welchen entscheidenden Vorteil bietet die Auswertung bei einem Bilanzvergleich (Zeit- oder Betriebsvergleich)?

Aktiva	Berichts-jahr	Vorjahr	Passiva	Berichts-jahr	Vorjahr
	T€	T€		T€	T€
I. Anlagevermögen			I. Eigenkapital	30.000	16.000
1. Gebäude	9.800	10.000	II. Fremdkapital		
2. TA und Maschinen	11.200	5.000	1. Hypotheken-		
3. And. Anl./BGA	1.600	2.000	schulden	6.500	6.800
II. Umlaufvermögen			2. Darlehens-		
1. Vorräte	14.000	12.500	schulden	8.800	5.200
2. Forderungen	9.000	7.500	3. Lieferanten-		
3. Kasse	200	100	schulden	4.700	12.000
4. Guthaben bei					
Kreditinstituten.....	4.200	2.900			
	50.000	40.000		50.000	40.000

1. Bereiten Sie obige Bilanzen der Textilfabrik M. Hein e. K. entsprechend dem Aufbereitungsschema auf Seite 421 auf und stellen Sie jeweils die Veränderungen der Vermögens- und Kapitalposten fest.

2. Ermitteln Sie die Kennzahlen zur Beurteilung der

 a) Finanzierung, b) Anlagendeckung, c) Liquidität, d) Vermögensstruktur.

3. Beurteilen Sie die Entwicklung des Unternehmens in den Vergleichsjahren aufgrund der Kennzahlen und versuchen Sie die Ursachen der Veränderungen offenzulegen. Stellen Sie sich dabei stets folgende Fragen:

 ■ Wie ist die Entwicklung in absoluten und relativen Zahlen?

 ■ Worauf könnte die positive oder negative Entwicklung zurückzuführen sein?

 ■ Welche Maßnahmen zur Verbesserung der Finanzierung, Anlagendeckung, Liquidität und Vermögensstruktur würden Sie der Unternehmensleitung gegebenenfalls empfehlen?

Aktiva	Berichts-jahr	Vorjahr	Passiva	Berichts-jahr	Vorjahr
	T€	T€		T€	T€
Gebäude	814	830	Eigenkapital 1. Jan.	1.260	1.130
TA und Maschinen	890	610	– Entnahmen	80	60
And. Anl./BGA	216	180		1.180	1.070
Roh- und Hilfsstoffe	650	560	+ Einlagen	300	–
Unfertige Erzeugnisse ...	160	340		1.480	1.070
Fertige Erzeugnisse	390	650	+ Gewinn	320	190
Forderungen a. LL	600	310	Eigenkapital 31. Dez.	1.800	1.260
Kasse	20	15	Rückstellungen	80	60
Bank	260	105	Hypothekenschulden	670	480
			Darlehensschulden	930	750
			Verbindlichkeiten a. LL .	520	1.050
	4.000	3.600		4.000	3.600

Anmerkungen: Der Jahresgewinn soll nicht entnommen werden. Die Rückstellungen sind je zur Hälfte lang- und kurzfristig. Die Umsatzerlöse betrugen im Berichtsjahr 7.800 T€, im Vorjahr 5.800 T€.

1. Bereiten Sie die oben stehenden Bilanzen der Elektromotorenfabrik Werner Baumann e. K. entsprechend dem Aufbereitungsschema auf.

2. Ermitteln und beurteilen Sie die Kennzahlen a) der Finanzierung, b) der Anlagendeckung, c) der Vermögensstruktur und d) der Liquidität.

3. Worauf führen Sie die hohen Vorräte im Vorjahr zurück?

4. Fassen Sie in einem Kurzbericht das Ergebnis Ihrer Auswertung zusammen.

2.2 Die Auswertung der Gewinn- und Verlustrechnung

2.2.1 Beurteilung der Rentabilität

Rentabilität als Erfolgsmaßstab

Die Rentabilität ist Maßstab für den Erfolg eines Unternehmens. Sie wird ermittelt, indem man den Jahresgewinn zum Eigenkapital oder Umsatz in eine prozentuale Beziehung setzt.

Der **Jahresgewinn** eines Personenunternehmens sollte Folgendes entgelten:

1. einen angemessenen **Unternehmerlohn**,
2. eine landesübliche **Verzinsung des Eigenkapitals** und
3. zusätzlich eine branchenübliche **Prämie für das Unternehmerrisiko.**

Bei **Einzelunternehmen und Personengesellschaften** muss der Jahresgewinn vorab noch um den **Unternehmerlohn** für den **mitarbeitenden Inhaber (Gesellschafter) gekürzt** werden. Nur so ist ein **Vergleich mit einer Kapitalgesellschaft** der gleichen Branche (z. B. GmbH) möglich, in der die Gehälter der geschäftsführenden Gesellschafter Aufwand (Betriebsausgabe) darstellen und somit den Gewinn schmälern. Die Höhe des Unternehmerlohns bemisst sich nach dem Gehalt eines leitenden Angestellten in vergleichbarer Position.

Beispiel

Metallwerk Thomas Berg e. K.	Berichtsjahr	Vorjahr
Jahresgewinn (vgl. Bilanzen S. 421)[1]	1.240 T€	450 T€
– Unternehmerlohn	120 T€	120 T€
= Unternehmergewinn	1.120 T€	330 T€

2.2.1.1 Eigenkapitalrentabilität (Unternehmerrentabilität)

Die Rentabilität des Eigenkapitals wird ermittelt, indem man den Unternehmergewinn (UG) zum Eigenkapital (Ø aus AB + SB: siehe Bilanzen, S. 421) ins Verhältnis setzt.

Beispiel

Metallwerk Thomas Berg e. K.	Berichtsjahr	Vorjahr
Eigenkapitalrentabilität $= \dfrac{UG}{\varnothing\ Eigenkapital}$	$\dfrac{1.120}{7.095} = 0{,}158 = 15{,}8\,\%$	$\dfrac{330}{5.965} = 0{,}055 = 5{,}5\,\%$

Risikoprämie

Vergleicht man die Eigenkapitalrentabilität mit dem landesüblichen Zinssatz für langfristig angelegte Gelder (im Beispiel 5 %), so ist der **Überschuss** der Eigenkapitalverzinsung eine Prämie für das allgemeine Risiko des Unternehmers.

Beispiel

Metallwerk Thomas Berg e. K.	Berichtsjahr	Vorjahr
Eigenkapitalrentabilität	15,8 %	5,5 %
– landesüblicher Zinssatz für langfristiges Kapital	5,0 %	5,0 %
= Risikoprämie für Unternehmerwagnis	10,8 %	0,5 %

Beurteilung der Erfolgslage

Der Jahresgewinn des Metallwerks Thomas Berg ist von absolut 450 T€ im Vorjahr auf 1.240 T€ im Berichtsjahr, also um 790 T€ oder 176 %, gestiegen. Diese beachtliche Gewinnsteigerung bewirkte eine erfreuliche Steigerung der Rentabilität des Eigenkapitals von 5,5 % auf 15,8 %. Im Berichtsjahr wurde außer der landesüblichen Verzinsung eine hohe Risikoprämie von 10,8 % erwirtschaftet.

---

1 Der Jahresgewinn enthält keine außerordentlichen Aufwendungen und Erträge.

Gesamtkapitalrentabilität (Unternehmungsrentabilität)

2.2.1.2

Unternehmungs-rentabilität

Der Gewinn wird mit dem Gesamtkapital der Unternehmung erzielt. Will man die Rentabilität des Gesamtkapitals (**Eigen- und Fremdkapital**) ermitteln, muss man die für das Fremdkapital gezahlten **Zinsen** dem Unternehmergewinn wieder hinzurechnen, da diese als **Aufwand** den Gewinn gemindert haben.

$$\text{Gesamtkapitalrentabilität} = \frac{\text{Unternehmergewinn} + \text{Zinsen}}{\varnothing \text{ Gesamtkapital}}$$

Beispiel

Metallwerk Thomas Berg e. K.	Berichtsjahr	Vorjahr
Gesamtkapital am 1. Januar	10.170 T€	9.800 T€[1]
Gesamtkapital am 31. Dezember	12.400 T€	10.170 T€
Durchschnittliches Gesamtkapital (GK)	11.285 T€	9.985 T€
Unternehmergewinn (UG)	1.120 T€	330 T€
Zinsen lt. GuV-Rechnung (Z)	144 T€	71 T€[2]
Gesamtkapitalrentabilität $= \dfrac{(UG + Z)}{\varnothing \; GK}$	$\dfrac{(1.120 + 144)}{11.285}$ $= 0,112 = 11,2\,\%$	$\dfrac{(330 + 71)}{9.985}$ $= 0,04 = 4,0\,\%$
Eigenkapitalrentabilität	15,8 %	5,5 %

Beurteilung

Die Gesamtkapitalrentabilität gibt Aufschluss darüber, ob sich die Aufnahme von Fremdkapital gelohnt hat. Das ist stets der Fall, wenn der **Fremdkapitalzins niedriger ist als die Gesamtkapitalrentabilität** oder – anders ausgedrückt –, wenn die **Rentabilität des Eigenkapitals größer ist als die des Gesamtkapitals.** Das Unternehmen muss daher bestrebt sein, **möglichst zinsniedriges Fremdkapital aufzunehmen.** In beiden Vergleichsjahren übersteigt die Eigenkapitalrentabilität die Gesamtkapitalrentabilität, wobei sich das Ergebnis im Berichtsjahr deutlich verbessert hat.

Umsatzrentabilität (Umsatzverdienstrate)

2.2.1.3

Umsatzverdienstrate

Setzt man den Unternehmergewinn zu den Umsatzerlösen in Beziehung, erfährt man, wie viel Prozent der Umsatzerlöse als Gewinn dem Unternehmen zugeflossen sind. Oder: wie viel Euro je 100,00 € Umsatz verdient wurden.

Beispiel

Metallwerk Thomas Berg e. K.	Berichtsjahr	Vorjahr
Umsatzrentabilität $= \dfrac{\text{Unternehmergewinn}}{\text{Umsatzerlöse}}$	$\dfrac{1.120}{10.320} = 0,109 = 10,9\,\%$	$\dfrac{330}{7.500} = 0,044 = 4,4\,\%$

Beurteilung

Die sehr positive Entwicklung des Unternehmens zeigt sich auch deutlich in der Umsatzrentabilität, die sich im Vergleichszeitraum mehr als verdoppelt hat. Im Berichtsjahr wurden somit 10,90 € je 100,00 € Umsatz gegenüber 4,40 € im Vorjahr verdient. Das bedeutete eine erhebliche Steigerung der Ertragskraft des Unternehmens.

---

1 Bestand vom 1. Januar des Vorjahres.   2 Angenommene Zinsen im Vorjahr.

Aufgabe 426

Zahlen (T€) der Chemiewerke Lang KG	Berichtsjahr	Vorjahr
Eigenkapital zum 1. Januar	1.260	1.130
Eigenkapital zum 31. Dezember	1.800	1.260
Jahresgewinn	320	190
Unternehmerlohn	60	60
Umsatzerlöse	7.800	5.800

1. Ermitteln Sie a) das durchschnittliche Eigenkapital und
   b) den Unternehmergewinn.
2. Berechnen Sie a) die Rentabilität des Eigenkapitals und
   b) die Risikoprämie bei landesüblichen Zinsen von 4,5 %.
3. Berechnen Sie die Umsatzrentabilität in Prozent.
4. Beurteilen Sie die Erfolgslage des Unternehmens im Vergleichszeitraum.

Aufgabe 427

Zahlen (T€) der Textilwerke Hay OHG	1. Jahr	2. Jahr	3. Jahr
Eigenkapital zum 1. Januar	2.400	2.600	3.400
Eigenkapital zum 31. Dezember	2.600	3.400	4.600
Jahresgewinn	520	660	790
Unternehmerlohn	72	72	72
Umsatzerlöse	12.880	15.200	18.100

1. Ermitteln Sie a) das Durchschnittskapital und b) den Unternehmergewinn.
2. Berechnen Sie a) die Eigenkapitalrendite und b) die Risikoprämie bei einer unterstellten landesüblichen Verzinsung von 5,5 %.
3. Wie viel Euro je 100,00 € Umsatz wurden jeweils verdient?
4. Fassen Sie die Ergebnisse Ihrer Auswertung in einem Kurzbericht zusammen.

Aufgabe 428

Den Jahresabschlüssen eines Industrieunternehmens entnehmen wir folgende Zahlen:

Jahresabschlusszahlen (T€)	1. Jahr	2. Jahr	3. Jahr
Durchschnittliches Eigenkapital	2.500	3.000	4.000
Durchschnittliches Gesamtkapital	4.000	6.000	6.500
Jahresgewinn	550	750	880
Unternehmerlohn	100	100	100
Zinsaufwendungen	90	200	180
Umsatzerlöse	13.860	16.200	19.100

1. Berechnen Sie die Rentabilität des
   a) Eigenkapitals, b) Gesamtkapitals, c) Umsatzes.
2. Beurteilen Sie die Entwicklung der Rentabilitätskennzahlen.
3. Worüber gibt die Gesamtkapitalrentabilität Auskunft?
4. Inwiefern ist bei Rentabilitätsberechnungen vom bereinigten Jahresgewinn auszugehen?
5. Was sollte der Jahresgewinn eines Personenunternehmens im Einzelnen abdecken?
6. Welcher Zusammenhang besteht zwischen Wirtschaftszweig und Risikoprämie?

D

Cashflow-Analyse

Messziffer für die Selbstfinanzierungskraft des Unternehmens ist der **Cashflow** (Kassenzufluss). Er gibt an, welche im Geschäftsjahr **selbst erwirtschafteten** Mittel dem Unternehmen frei **zur Verfügung stehen für**

- die Finanzierung von Investitionen,

- die Schuldentilgung und

- die Gewinnausschüttung (Dividende).

2.2.2

Ermittlung des Cashflows

Jahresgewinn
+ Abschreibungen auf Anlagen
+ Zuführungen zu Pensionsrückstellungen[1]
= Cashflow

Zum Cashflow zählen außer dem Jahresgewinn auch alle **nicht zahlungswirksamen Aufwendungen des Geschäftsjahres,** wie z. B. insbesondere die Abschreibungen und Zuführungen zu Pensionsrückstellungen.

Der Cashflow lässt somit erkennen, in welchem Umfang sich ein Unternehmen **aus eigener Kraft finanziert.** Setzt man die selbst erwirtschafteten Mittel zu den Umsatzerlösen in Beziehung, wird erkennbar, wie viel Prozent der Umsatzerlöse frei für Investitionszwecke, Schuldentilgung und Gewinnausschüttung zur Verfügung stehen:

Aussagefähigkeit

$$\text{Cashflow-Umsatzverdienstrate} = \frac{\text{Cashflow}}{\text{Umsatzerlöse}}$$

Metallwerk Thomas Berg e. K.	Berichtsjahr	Vorjahr
Unternehmergewinn	1.120 T€	330 T€
+ Abschreibungen auf Anlagen lt. GuV........	550 T€	380 T€
+ Zuführungen zu Pensionsrückstellungen ..	90 T€	60 T€
= Cashflow	1.760 T€	770 T€
Umsatzerlöse lt. GuV-Rechnung	10.320 T€	7.500 T€
Cashflow-Umsatzverdienstrate	$\frac{1.760}{10.320} = 0,17 = 17\%$	$\frac{770}{7.500} = 0,103 = 10,3\%$

Beispiel

Im Berichtsjahr stehen somit dem Metallwerk Thomas Berg 17 % der Umsatzerlöse gegenüber 10,3 % im Vorjahr an selbst erwirtschafteten Finanzierungsmitteln frei zur Verfügung. Oder: 17,00 € bzw. 10,30 € je 100,00 € Umsatz. Das ist vor allem auf den Anstieg des Gewinns und der Abschreibungen zurückzuführen.

Beurteilung

> - Die **Cashflow-Umsatzverdienstrate** gibt an, wie viel Prozent der Umsatzerlöse dem Unternehmen zur Investitionsfinanzierung, Schuldentilgung und Gewinnausschüttung frei zur Verfügung stehen. Sie ist **Maßstab für die Ertrags- und Selbstfinanzierungskraft** des Unternehmens.

Zusammenfassung

Die Sani GmbH, Arzneimittelwerk, stellt folgende Zahlen zur Verfügung:

Aufgabe 429

Jahresabschlusszahlen in T€	1. Jahr	2. Jahr	3. Jahr
Jahresgewinn	560	620	680
Abschreibungen	150	180	200
Umsatzerlöse	8.400	9.300	10.500

1. Ermitteln Sie den Cashflow und die Cashflow-Umsatzverdienstrate.

2. Inwiefern ist der Cashflow aussagefähiger als Rentabilitätskennzahlen?

3. Worauf führen Sie die Erhöhung der Abschreibungen zurück?

---

1 Rückstellungen stellen zwar juristisch Fremdkapital, wirtschaftlich jedoch eigenkapitalähnliche Mittel dar, da sie dem Unternehmen langfristig und zinslos zur Verfügung stehen.

2.2.3 Beurteilung der Umschlagskennzahlen

Maßstab der Wirtschaftlichkeit

Umschlagskennzahlen sind ein Maßstab zur Beurteilung und Kontrolle der Wirtschaftlichkeit des Betriebsprozesses, also des **Verhältnisses der betriebsbedingten Erträge** (= **Leistungen**) zu den **betriebsbedingten Aufwendungen** (= **Kosten**). Sie werden ermittelt, indem man bestimmte Posten der Bilanz (**Werkstoffbestände, Forderungen a. LL, Kapital**) zum **Materialaufwand** bzw. zu den **Umsatzerlösen** in Beziehung setzt.

2.2.3.1 Lagerumschlag der Werkstoffbestände

Lagerumschlagshäufigkeit

Die Lagerumschlagshäufigkeit der Werkstoffbestände errechnet sich aus dem Verhältnis von **Materialaufwand** zum **Durchschnittsbestand der Roh-, Hilfs- und Betriebsstoffe** (RHB). Sie gibt an, **wie oft** in einem Jahr der durchschnittliche Lagerbestand umgesetzt, d. h. verarbeitet (verbraucht) und ersetzt wurde:

$$\text{Lagerumschlagshäufigkeit} = \frac{\text{Materialaufwand}}{\text{Ø Lagerbestand an RHB}}$$

Durchschnittliche Lagerdauer

Die durchschnittliche Lagerdauer ergibt sich, indem man das Jahr mit 360 Tagen ansetzt und durch die Umschlagshäufigkeit dividiert:

$$\text{Durchschnittliche Lagerdauer} = \frac{360}{\text{Lagerumschlagshäufigkeit}}$$

Aus den Angaben des Metallwerks Thomas Berg ergeben sich folgende Ergebnisse. Für das Vorjahr wurde das entsprechende Vergleichsjahr vorgeschaltet:

Beispiel

Metallwerk Thomas Berg e. K.	Berichtsjahr	Vorjahr
RHB-Bestand zum 1. Januar	520 T€	470 T€[1]
RHB-Bestand zum 31. Dezember.....................	650 T€	520 T€
Materialaufwand lt. GuV-Rechnung	5.265 T€	2.970 T€[2]
Durchschn. Lagerbestand an RHB	$\frac{520+650}{2} = 585$	$\frac{470+520}{2} = 495$
Lagerumschlagshäufigkeit	$\frac{5.265}{585} = 9\text{-mal}$	$\frac{2.970}{495} = 6\text{-mal}$
Durchschnittliche Lagerdauer	$\frac{360}{9} = 40 \text{ Tage}$	$\frac{360}{6} = 60 \text{ Tage}$

Beurteilung

Lagerumschlagshäufigkeit und -dauer haben sich im Berichtsjahr ganz entscheidend verbessert. Die **hohe** Umschlagshäufigkeit trägt dazu bei, dass der **Kapitaleinsatz geringer** wird, da **in kürzeren Abständen** (40 statt 60 Tage) immer wieder **Kapital zurückfließt.** Dadurch werden **Zinsen und Lagerkosten geringer,** was sich positiv auf die Wirtschaftlichkeit, den Gewinn und die Rentabilität auswirkt.

Zusammenfassung

- Je höher die Umschlagshäufigkeit des Lagerbestandes ist, desto
  - kürzer ist die Lagerdauer,
  - geringer sind der Kapitaleinsatz und das Lagerrisiko,
  - geringer sind die Kosten für die Lagerhaltung (Zinsen, Schwund, Verwaltungskosten),
  - höher ist die Wirtschaftlichkeit und desto
  - höher ist letztlich der Gewinn und damit die Rentabilität.

---

1 Bestand vom 1. Januar des Vorjahres.　　　　2 Angenommener Materialaufwand im Vorjahr.

Umschlag der Forderungen a. LL

Die Kennzahlen des Forderungsumschlags sind zugleich ein Maßstab zur Beurteilung der Liquidität eines Unternehmens:

$$\text{Umschlagshäufigkeit der Forderungen} = \frac{\text{Umsatzerlöse}}{\text{Ø Forderungsbestand}}$$

Daraus ergibt sich die **Laufzeit** der Forderungen, d. h. die von den Kunden durchschnittlich in Anspruch genommene **Kreditdauer (Zahlungsziel)**:

$$\text{Durchschnittliche Kreditdauer} = \frac{360}{\text{Umschlagshäufigkeit der Forderungen}}$$

Metallwerk Thomas Berg e. K.	Berichtsjahr	Vorjahr
Forderungsbestand zum 1. Januar	850 T€	1.100 T€[1]
Forderungsbestand zum 31. Dezember	1.380 T€	850 T€
Durchschnittl. Forderungsbestand	$\frac{850 + 1.380}{2} = 1.115$	$\frac{1.100 + 850}{2} = 975$
Umsatzerlöse lt. GuV-Rechnung	10.320	7.500
Umschlagshäufigkeit	10.320 : 1.115 = **9,3-mal**	7.500 : 975 = **7,7-mal**
Durchschnittliche Kreditdauer	360 : 9,3 = **39 Tage**	360 : 7,7 = **47 Tage**

Im Berichtsjahr nahmen die Kunden durchschnittlich ein Zahlungsziel von 39 Tagen gegenüber 47 Tagen im Vorjahr in Anspruch. Unterstellt man ein übliches Zahlungsziel von 30 Tagen, so wird es weder im Vor- noch im Berichtsjahr erreicht.

- **Je rascher** der **Forderungsumschlag, desto**
  - kürzer ist die durchschnittliche Kreditdauer,
  - besser ist die eigene Liquidität,
  - geringer sind Zinsbelastung und Wagnis (Kosten),
  - höher sind Wirtschaftlichkeit und Rentabilität.

Umschlag des Eigen- und Gesamtkapitals

Zur Ermittlung der Kapitalumschlagshäufigkeit wird der Umsatz mit dem durchschnittlichen Eigen- oder Gesamtkapital (Eigen- und Fremdkapital) in Beziehung gesetzt:

$$\text{Umschlagshäufigkeit des Eigenkapitals} = \frac{\text{Umsatzerlöse}}{\text{Ø Eigenkapital}}$$

$$\text{Umschlagshäufigkeit des Gesamtkapitals} = \frac{\text{Umsatzerlöse}}{\text{Ø Gesamtkapital}}$$

$$\text{Durchschnittliche Kapitalumschlagsdauer} = \frac{360}{\text{Kapitalumschlagshäufigkeit}}$$

Die **Kapitalumschlagshäufigkeit** gibt an, **wie oft** das **eingesetzte Kapital** in Form von Erlösen **zurückgeflossen** ist. Je rascher der Umschlagsprozess vor sich geht, desto geringer ist der erforderliche Kapitaleinsatz. **Bei hoher Kapitalumschlagshäufigkeit** kann man deshalb mit einem verhältnismäßig **niedrigen Kapitaleinsatz** zu einer entsprechend **hohen Rendite** und infolge des raschen Kapitalrückflusses zu einer **günstigen Liquidität** gelangen.

2.2.3.2
Umschlagshäufigkeit der Forderungen

Durchschnittliche Kreditdauer

Beispiel

Beurteilung

Zusammenfassung

2.2.3.3
Kapitalumschlagszahlen

---
1 Bestand vom 1. Januar des Vorjahres.

Beispiel

Metallwerk Thomas Berg e. K.	Berichtsjahr	Vorjahr
Durchschnittliches Eigenkapital	7.095 T€	5.965 T€
Umsatzerlöse lt. GuV-Rechnung	10.320 T€	7.500 T€
EK-Umschlagshäufigkeit	10.320 : 7.095 = 1,45-mal	7.500 : 5.965 = 1,26-mal
EK-Umschlagsdauer	360 : 1,45 = 248 Tage	360 : 1,26 = 286 Tage

Beurteilung Die Kapitalumschlagszahlen des Metallwerks Thomas Berg kennzeichnen ebenfalls die positive Entwicklung des Unternehmens im Berichtsjahr.

Zusammen-fassung

- **Je höher** die **Kapitalumschlagshäufigkeit** ist, **desto**
  – rascher fließt das Kapital über die Erlöse zurück,
  – geringer ist der erforderliche Kapitaleinsatz,
  – höher ist die Rentabilität,
  – günstiger ist die Liquidität des Unternehmens.

Aufgabe 430

Die Jahresabschlüsse eines Industriebetriebs weisen folgende Zahlen aus:

	1. Jahr	2. Jahr	3. Jahr
Werkstoffbestand zum 1. Januar	160.000,00	240.000,00	280.000,00
Werkstoffbestand zum 31. Dezember	240.000,00	280.000,00	200.000,00
Materialaufwand	1.600.000,00	2.340.000,00	2.880.000,00

1. Berechnen Sie jeweils a) den Durchschnittsbestand, b) die Lagerumschlagshäufigkeit und c) die Lagerdauer. Beurteilen Sie die Entwicklung.
2. Begründen Sie, inwiefern die Lagerumschlagshäufigkeit Kapitalbedarf, Kosten und damit die Rentabilität des Unternehmens beeinflusst.

Aufgabe 431

Die Jahresabschlüsse eines Industriebetriebs weisen folgende Zahlen aus:

Forderungen	1. Jahr	2. Jahr	3. Jahr
Anfangsbestand	450.000,00	580.000,00	800.000,00
Schlussbestand	580.000,00	800.000,00	1.200.000,00
Umsatzerlöse	5.150.000,00	8.280.000,00	12.000.000,00

1. Berechnen Sie für die einzelnen Jahre a) den durchschnittlichen Forderungsbestand, b) die Umschlagshäufigkeit der Forderungen, c) die durchschnittliche Laufzeit (Kreditdauer) der Außenstände.
2. Erklären Sie den Zusammenhang zwischen der Umschlagshäufigkeit der Außenstände und der Liquidität, Wirtschaftlichkeit und Rentabilität.
3. Wie beurteilen Sie die Entwicklung? Welche Schlüsse ziehen Sie daraus?

Aufgabe 432

Kapitalstruktur eines Industrieunternehmens (Durchschnittswerte):

Kapital (Mittelwerte)	1. Jahr	2. Jahr	3. Jahr
Eigenkapital	2.000.000,00	2.500.000,00	2.500.000,00
Fremdkapital	1.000.000,00	1.500.000,00	600.000,00
Umsatzerlöse	15.000.000,00	16.400.000,00	13.200.000,00

1. Ermitteln Sie a) die Kapitalumschlagshäufigkeit des Eigen- und Gesamtkapitals und b) die Kapitalumschlagsdauer des Eigen- und Gesamtkapitals.
2. Wie beurteilen Sie die Entwicklung im Beispiel?

Return on Investment (ROI)

2.2.4

Über die **Rendite des eingesetzten Eigen- bzw. Gesamtkapitals** erfolgt jeweils der **Rückfluss des investierten Kapitals.** Erweitert man beispielsweise die Formel der Eigenkapitalrentabilität des Metallwerks Thomas Berg e. K. (siehe S. 438)

$$\text{Eigenkapitalrentabilität} = \frac{\text{Unternehmergewinn}}{\varnothing \text{ Eigenkapital}} = \frac{1.120}{7.095} = 0{,}158 = 15{,}8\,\%$$

jeweils im Zähler und Nenner um die **Umsatzerlöse** (10.320 T€), erhält man eine besonders aussagekräftige Kennzahl, den **„Return on Investment (ROI)",** der nicht nur die **gleiche** Kapitalrendite als **Rückfluss** des investierten Eigenkapitals ausweist, sondern zugleich auch die **Ursachen für eine Verbesserung oder Verschlechterung dieser Rendite,** nämlich die **Umsatzrentabilität** (siehe S. 439) und/oder die **Kapitalumschlagshäufigkeit** (siehe S. 443 f.):

$$\text{ROI} = \frac{\text{Unternehmergewinn}}{\text{Umsatzlöse}} \cdot \frac{\text{Umsatzlöse}}{\varnothing \text{ Eigenkapital}} = \frac{1.120}{10.320} \cdot \frac{10.320}{7.095} = 0{,}158 = 15{,}8\,\%$$

$$\text{ROI} = \text{Umsatzrentabilität} \cdot \text{Kapitalumschlagshäufigkeit} = 10{,}9\,\% \cdot 1{,}45 = 15{,}8\,\%$$

Die Umsatzrentabilität und die Umschlagshäufigkeit des Kapitals sind **beeinflussbare Steuerungskomponenten** für die Kapitalrendite, wie die ROI-Ermittlung anhand der Zahlen des Metallwerks Thomas Berg e. K. (siehe S. 438 f.) deutlich macht:

Ermittlung der ROI-Kennzahl

Jahr	Unternehmergewinn (UG)	Ø Eigenkapital (EK)	EK-Rendite
Berichtsjahr	1.120 T€	7.095 T€	15,8 %
Vorjahr	330 T€	5.965 T€	5,5 %

Jahr	Umsatzerlöse	UG	Ø EK	Umsatzrentabilität · EK-Umschlag = ROI			
Berichtsjahr	10.320 T€	1.120 T€	7.095 T€	10,9 %	·	1,45	= 15,8 %
Vorjahr	7.500 T€	330 T€	5.965 T€	4,4 %	·	1,26	= 5,5 %

Das Beispiel zeigt, dass **Eigenkapitalrentabilität und ROI** im Ergebnis in beiden Vergleichsjahren **zahlenmäßig übereinstimmen.** Beide Kennzahlen haben sich im Berichtsjahr um 10,3 Prozentpunkte verbessert. Die Ermittlung des ROI macht deutlich, dass die Steigerung der Rendite insbesondere auf den Anstieg der Umsatzrentabilität von 4,4 % im Vorjahr auf 10,9 % im Berichtsjahr, also um 6,5 %, zurückzuführen ist. Die Kapitalumschlagshäufigkeit war an dem guten Ergebnis nur geringfügig beteiligt.

Beurteilung

- Der **Rückfluss des investierten Kapitals** (Eigen- bzw. Gesamtkapital) erfolgt **über die** entsprechende **Kapitalrentabilität.**
- **Umsatzrentabilität** und **Kapitalumschlag beeinflussen** die Höhe der **Kapitalrendite.**
- Die **ROI-Kennzahl** ist das **Produkt aus Umsatzrentabilität und Kapitalumschlagshäufigkeit** und **legt** damit die **Ursachen einer Steigerung bzw. Verschlechterung der Kapitalrendite** (Eigen- bzw. Gesamtkapitalrentabilität) **offen.**

Zusammenfassung

1. **Ermitteln Sie anhand der Zahlen im Lehrbuch (S. 439) den Gesamtgewinn des Metallwerks Berg, die Gesamtkapitalrendite, die Umsatzrendite sowie den Gesamtkapitalumschlag und den ROI für das investierte Gesamtkapital.** Beurteilen Sie die Entwicklung in den Vergleichsjahren.

2. **Wie lassen sich a) Umsatzrentabilität und b) Kapitalumschlagshäufigkeit erhöhen?**

Aufgabe **433**

2.3 Zusammenfassende Aufgaben zur betriebswirtschaftlichen Auswertung des Jahresabschlusses

Aufgabe 434

Die bereits teilweise aufbereiteten **Bilanzen der Textilwerke GmbH** lauten:

Aktiva	Berichts-jahr	Vorjahr	Passiva	Berichts-jahr	Vorjahr
	T€	T€		T€	T€
Sachanlagen	1.660	1.420	Gezeichn. Kapital	1.400	1.000
Finanzanlagen	260	200	Gewinnrücklagen	400	260
Vorräte	1.200	1.550	Bilanzgewinn	110	30
Forderungen a. LL	600	310	Rückstellungen	80	60
Flüssige Mittel	280	120	langfr. Verbindlichk.	1.600	1.230
			kurzfr. Verbindlichk.	410	1.020
	4.000	3.600		4.000	3.600

Anmerkungen zur Bilanzaufbereitung: Der Jahresabschluss wurde unter Berücksichtigung einer teilweisen Verwendung des Jahresüberschusses durch Zuführung zu der Gewinnrücklage aufgestellt:

Jahresüberschuss – Einstellung in die Gewinnrücklage = Bilanzgewinn

Der Bilanzgewinn soll in voller Höhe als Dividende an die Gesellschafter ausgeschüttet werden. Die Rückstellungen sind je zur Hälfte kurz- und langfristig.

Erfolgsrechnungen der Textilwerke GmbH	Berichtsjahr		Vorjahr	
	T€	T€	T€	T€
1. Umsatzerlöse		8.200		5.500
2. Bestandserhöhung an Erzeugnissen		+ 280		+ 20
3. Sonstige betriebliche Erträge		+ 75		+ 53
4. Materialaufwand	5.168		3.036	
5. Personalaufwand	2.550		1.892	
6. Abschreibungen	260		170	
7. Sonstige betriebliche Aufwendungen	180	– 8.158	160	– 5.258
8. Zinserträge	12		4	
9. Zinsaufwendungen	130	– 118	180	– 176
10. Steuern		– 29		– 19
11. Jahresüberschuss		250		120
12. Einstellung in andere Gewinnrücklagen		140		90
13. Bilanzgewinn		110		30

1. Bereiten Sie die Bilanzen nach dem Schema auf Seite 421 auf.
2. Ermitteln Sie die Kennzahlen der a) Finanzierung, b) Investierung, c) Vermögensstruktur und d) Liquidität und beurteilen Sie diese vor allem im Hinblick auf die Entwicklung des Unternehmens.
3. Ermitteln und beurteilen Sie a) die Rentabilität des Eigenkapitals (Durchschnittswert) und b) die Umsatzrentabilität. Eigenkapital zu Beginn des Vorjahres: 1.120,00 €.
4. Ermitteln Sie a) die Umschlagshäufigkeit und b) die Umschlagsdauer des durchschnittlichen Werkstoffvorrats (Berichtsjahr: 110.000,00 €, Vorjahr: 740.000,00 €, Vor- Vorjahr 20.000,00 €).
5. Ermitteln Sie a) den Cashflow und b) die Cashflow-Umsatzverdienstrate. Die Zuführungen zu den langfristigen Rückstellungen betragen im Berichtsjahr 10.000,00 € und im Vorjahr 8.000,00 €. Ermitteln und beurteilen Sie die ROI-Kennzahl.
6. Erstellen Sie einen kurzen Auswertungsbericht, der die Entwicklung des Unternehmens in den beiden Vergleichsjahren deutlich macht.

Die bereits teilweise aufbereiteten **Bilanzen der Maschinenbau AG** lauten:

Aktiva	Berichts-jahr	Vorjahr	Passiva	Berichts-jahr	Vorjahr
	T€	T€		T€	T€
Anlagevermögen			**Eigenkapital**		
Sachanlagen	4.190	3.977	Gezeichnetes Kapital	2.000	2.000
Finanzanlagen	162	153	Gesetzliche Rücklage	400	400
Umlaufvermögen			And. Gewinnrücklagen	880	980
Vorräte			Bilanzgewinn	230	410
Roh- und Hilfsstoffe	2.270	1.920	**Rückstellungen**		
Unfertige Erzeugnisse	1.780	1.810	Pensionsrückstellungen	970	790
Fertige Erzeugnisse .	1.208	391	Sonst. Rückstellungen	580	610
Forderungen a. LL	1.355	1.570	**Langfr. Verbindlichk.**	1.320	1.360
Sonst. Forderungen ...	100	280	**Kurzfr. Verbindlichk. .**		
Flüssige Mittel	110	102	Verbindlichkeiten a. LL	2.800	2.390
ARA	15	17	Bankschulden	1.060	450
			Sonst. Verbindlichkeiten	940	810
			PRA	10	20
	11.190	10.220		11.190	10.220

Anmerkungen zur Aufbereitung der Bilanzen: Pensionsrückstellungen gelten als langfristig. Sonstige Rückstellungen sind je zur Hälfte als lang- und kurzfristig anzusehen. Im Vorjahr wurde eine Dividende von 15 %, im Berichtsjahr von 11 % vom Aktienkapital ausgeschüttet. Die aktive und passive Rechnungsabgrenzung wird den Forderungen bzw. den kurzfristigen Verbindlichkeiten zugeordnet.

Angaben lt. GuV-Rechnung	Berichtsjahr	Vorjahr
Umsatzerlöse	17.210 T€	18.720 T€
Abschreibungen	390 T€	468 T€
Zuführungen zu langfristigen Rückstellungen	180 T€	150 T€
Jahresüberschuss	20 T€	320 T€
+ Gewinnvortrag	110 T€	90 T€
	130 T€	410 T€
+ Entnahmen aus Rücklagen	100 T€	–
= Bilanzgewinn	230 T€	410 T€

1. Bereiten Sie die Bilanzen auf und beurteilen Sie die Entwicklung des Unternehmens aufgrund der Kennzahlen der

   a) Finanzierung, b) Investierung, c) Konstitution und d) Liquidität.

2. Berechnen Sie

   a) die Rentabilität des Eigenkapitals sowie b) die Umsatzrentabilität.

   Zu Beginn des Vorjahres hatte das Unternehmen ein Eigenkapital von 3.680.000,00 €.

3. Ermitteln Sie

   a) den Cashflow, b) die Cashflow-Umsatzverdienstrate, c) die ROI-Kennzahl.

4. Die Nettoinvestitionen (= Zugänge – Abgänge) im Sachanlagevermögen betragen im Berichtsjahr 603.000,00 € und im Vorjahr 325.000,00 €. **Beurteilen Sie die Finanzierung der Nettoinvestitionen durch Abschreibungen.**

5. Weshalb ist die Dividendenausschüttung im Berichtsjahr wirtschaftlich nicht vertretbar?

Aufgabe 436

Der Geschäftsbericht eines Chemieunternehmens enthält folgende Fünfjahresübersicht:

Zahlen in Millionen €	1. Jahr	2. Jahr	3. Jahr	4. Jahr	5. Jahr
Vermögen					
Sachanlagen	2.390	2.270	2.373	2.559	2.608
Finanzanlagen	2.028	2.421	2.524	2.503	2.713
Anlagevermögen	4.418	4.691	4.897	5.062	5.321
Vorräte	860	818	861	1.365	1.212
Forderungen	1.270	1.156	1.528	1.727	1.481
Flüssige Mittel	569	599	686	678	413
Umlaufvermögen	2.699	2.573	3.075	3.770	3.106
Summe	7.117	7.264	7.972	8.832	8.427
Kapital					
Gezeichnetes Kapital	1.513	1.526	1.541	1.641	1.723
Rücklagen	1.809	1.836	1.929	1.991	2.081
Einbehaltener Gewinn	2	50	55	80	40
Eigenkapital	3.324	3.412	3.525	3.712	3.844
Rückstellungen	608	799	872	1.481	1.554
Langfristige Verbindlichkeiten	2.184	1.963	1.740	1.377	1.334
Kurzfristige Verbindlichkeiten	774	861	1.589	1.983	1.462
Bilanzgewinn (Dividende)	227	229	246	279	233
Fremdkapital	3.793	3.852	4.447	5.120	4.583
Summe	7.117	7.264	7.972	8.832	8.427
Umsatzerlöse	5.200	5.921	6.905	10.157	8.394
Jahresüberschuss	229	277	301	359	273
Sachanlageninvestitionen (netto)	315	385	620	784	625
Abschreibungen	525	505	517	597	576

1. Stellen Sie die Bilanzstruktur in Prozent für jedes Jahr dar. Die Rückstellungen sind je zur Hälfte lang- bzw. kurzfristig.

2. Beurteilen Sie im Rahmen der Fünfjahresübersicht die Entwicklung der Finanzierung, Investierung und Vermögensstruktur. Worauf führen Sie die einschneidenden Veränderungen zurück?

3. Beurteilen Sie die Finanzierung der Sachanlageninvestitionen durch Abschreibungen.

4. Worauf führen Sie die im Verhältnis sehr hohen Finanzanlagen des zu beurteilenden Chemieunternehmens zurück?

5. Nehmen Sie Stellung zur Entwicklung der Umsatzerlöse im Vergleichszeitraum. Hat sich die Steigerung der Erlöse auf den Gewinn ausgewirkt?

   Ermitteln Sie hierzu die Umsatzrentabilität in den einzelnen Jahren.

6. Ermitteln Sie den Cashflow für jedes Jahr und erläutern Sie die Entwicklung. Berechnen Sie auch die Cashflow-Umsatzverdienstrate (ohne Zuführungen zu langfristigen Rückstellungen).

7. Wie beurteilen Sie den Grad der Selbstfinanzierung (Verhältnis der Rücklagen zum Gezeichneten Kapital)?

8. Berechnen Sie die Dividende in Prozent vom Aktienkapital.

Empfehlung Besorgen Sie sich von bekannten Aktiengesellschaften jeweils den aktuellen Geschäftsbericht, der auch oft in Klassensätzen abgegeben wird. Bereiten Sie die Bilanzen und Gewinn- und Verlustrechnungen für das Berichts- und Vorjahr auf und werten Sie diese – wie im vorliegenden Lehrbuch beschrieben – betriebswirtschaftlich aus.

Beleggeschäftsgang 2

In der **Finanzbuchhaltung** der **Büromöbelwerke Werner Peters e. K.,** Stauffenberg-allee 22–30, 01099 Dresden, werden folgende Bücher geführt:

- **Grundbuch** (Journal) für die laufenden Buchungen, die vorbereitenden Abschluss-buchungen und die Abschlussbuchungen.

- **Hauptbuch** für die Sachkonten: Bestandskonten, Erfolgskonten, Abschlusskonten.

- **Kontokorrentbuch** für die Personenkonten: Kundenkonten, Lieferantenkonten.

- **Bilanzbuch** für die Aufnahme des ordnungsmäßig gegliederten Jahresabschlusses: Jahresbilanz und Gewinn- und Verlustrechnung mit Unterschrift.

Bankverbindungen: Sparkasse Dresden, Konto-Nr. 218 305 081, BLZ 850 551 42
Deutsche Bank AG Dresden, Konto-Nr. 81 234, BLZ 870 700 00

Die Sachkonten weisen zum 27. Dezember .. folgende Salden aus:

Kontenplan und vorläufige Saldenbilanz	Soll	Haben
0700 Technische Anlagen und Maschinen	912.280,00	–
0800 Andere Anlagen/Betriebs- und Geschäftsausstattung ..	230.000,00	–
2000 Rohstoffe	85.000,00	–
2020 Hilfsstoffe	12.000,00	–
2100 Unfertige Erzeugnisse	25.000,00	–
2200 Fertige Erzeugnisse	30.000,00	–
2400 Forderungen a. LL	119.000,00	–
2600 Vorsteuer	71.460,00	–
2640 SV-Vorauszahlung	–	–
2650 Forderungen an Mitarbeiter	5.800,00	–
2800 Bank	221.600,00	–
2880 Kasse	18.540,00	–
2900 Aktive Rechnungsabgrenzung	–	–
3000 Eigenkapital	–	720.000,00
3001 Privat	93.400,00	–
3900 Sonstige Rückstellungen	–	45.400,00
4250 Darlehensschulden	–	283.200,00
4400 Verbindlichkeiten a. LL	–	160.412,00
4800 Umsatzsteuer	–	259.768,00
4830 FB-Verbindlichkeiten	–	–
4890 Sonstige Verbindlichkeiten	–	45.600,00
5000 Umsatzerlöse für eigene Erzeugnisse	–	1.385.000,00
5001 Erlösberichtigungen für eigene Erzeugnisse	22.600,00	–
5200 Bestandsveränderungen	–	–
5420 Entnahme v. G. u. s. L.	–	4.800,00
6000 Aufwendungen für Rohstoffe	364.800,00	–
6001 Bezugskosten für Rohstoffe	12.400,00	–
6002 Nachlässe für Rohstoffe	–	8.700,00
6020 Aufwendungen für Hilfsstoffe	78.000,00	–
6160 Fremdinstandhaltung	16.600,00	–
6200 Löhne	152.000,00	–
6300 Gehälter	90.400,00	–
6400 Soziale Abgaben	44.600,00	–
6520 Abschreibungen auf Sachanlagen	–	–
6700 Mietaufwendungen	260.000,00	–
6750 Kosten des Geldverkehrs	300,00	–
6800 Büromaterial	5.500,00	–
6820 Portokosten	3.400,00	–
6830 Kosten der Telekommunikation	6.200,00	–
7510 Zinsaufwendungen	32.000,00	–
Abschlusskonten: 8010 SBK und 8020 GuV	2.912.880,00	2.912.880,00

Offene-Posten-Listen

Die Personenkonten weisen zum 27. Dezember .. im Einzelnen die unten stehenden **offenen Posten** (= unbezahlte Rechnungen) und **Salden** aus:

Kundenkonten (Debitoren)		Offene Posten – Kunden			
Konto-Nr.	Kunden	Datum	Rechnungs-Nr.	Betrag	Salden
10 001	Karlsmann AG Sandstraße 4–10 70199 Stuttgart	..-12-10 ..-12-16 ..-12-18	1298 1305 1313	14.875,00 833,00 8.092,00	23.800,00
10 002	Gruppe OHG Amselweg 14 76149 Karlsruhe	..-12-21 ..-12-23	1315[1] 1317[1]	11.900,00 41.650,00	53.550,00
10 003	Heinrichs OHG Hohe Straße 44–46 21073 Hamburg	..-12-21 ..-12-23	1316[1] 1318[1]	5.950,00 11.900,00	17.850,00
10 004	Hilgendorf KG Kölner Straße 50–54 51379 Leverkusen	..-12-12 ..-12-21	1301 1314	2.380,00 11.900,00	14.280,00
10 005	Busch OHG Nibelungenring 10–12 04279 Leipzig	..-12-10 ..-12-17	1299 1312	2.142,00 7.378,00	9.520,00
Saldensumme der Kundenkonten (Abstimmung mit Konto 2400)					**119.000,00**

1 Den Firmen Gruppe OHG und Heinrichs OHG werden 2 % Skonto gewährt.

Lieferantenkonten (Kreditoren)		Offene Posten – Lieferanten			
Konto-Nr.	Lieferanten	Datum	Rechnungs-Nr.	Betrag	Salden
60 001	Chromstahl GmbH Hüttenstraße 2–16 45143 Essen	..-12-23	4567	29.750,00	29.750,00
60 002	Chem. Werke GmbH Grüner Weg 44–50 51375 Leverkusen	..-12-09 ..-12-21	5500 5567	21.420,00 20.230,00	41.650,00
60 003	Schneider KG Neue Landstraße 10–16 30655 Hannover	..-12-15	8765	38.080,00	38.080,00
60 004	Holzwerke GmbH Postfach 12 15 01662 Meißen	..-12-20 ..-12-23	7654[1] 7660[1]	17.850,00 33.082,00	50.932,00
60 005	Jutta Kolberg e. Kffr. Feldstraße 48 01109 Dresden	–	–	–	–
Saldensumme der Lieferantenkonten (Abstimmung mit Konto 4400)					**160.412,00**

1 Rechnungen der Holzwerke GmbH werden unter Abzug von 2 % Skonto beglichen.

Die Belege auf den folgenden Seiten stellen die Geschäftsfälle der Büromöbelwerke Werner Peters e. K. vom 27. Dezember .. bis zum 31. Dezember .. dar. Die **Werkstoffeinkäufe** werden **direkt als Aufwand** gebucht (Just-in-time-Verfahren).

Beleggeschäftsfälle

1 **Abschreibungen** auf €

– Technische Anlagen und Maschinen 85.000,00

– Andere Anlagen/Betriebs- und Geschäftsausstattung 35.000,00

Abschlussangaben

2 **Bestandsveränderungen lt. Inventur**

– Mehrbestand an Rohstoffen 25.000,00

– Minderbestand an Hilfsstoffen 2.000,00

– Minderbestand an unfertigen Erzeugnissen 5.000,00

– Mehrbestand an fertigen Erzeugnissen 25.000,00

3 **Zeitliche Abgrenzungen**

– Die Furnierpresse muss im Januar nächsten Jahres dringend überholt werden. Der Kostenvoranschlag beträgt 15.000,00 €.

– Die Geschäftsmiete für Januar nächsten Jahres in Höhe von 20.000,00 € wurde bereits am 23. Dezember .. von den Büromöbelwerken überwiesen.

– Die Darlehenszinsen für das zweite Halbjahr in Höhe von 12.000,00 € werden erst Anfang Januar nächsten Jahres bezahlt.

4 Im Übrigen entsprechen die Buchwerte der Inventur zum 31. Dezember ..

1. Führen Sie die Vorkontierung der Belege zunächst nach folgendem Erfassungsschema durch. Das erleichtert die EDV-mäßige Eingabe der Buchungsdaten:

Aufgaben

Sollkonto	Belegnummer	Belegdatum	Habenkonto	Betrag	Steuerart V bzw. M	%-Satz	OP-Nr.	B-Text

2. Installieren Sie das entsprechende Finanzbuchhaltungsprogramm (z. B. Sage, Lexware u. a.) auf die Festplatte.

3. Geben Sie die Stammdaten ein und buchen Sie die Salden der Sach- und Personenkonten über das Hilfs- bzw. Gegenkonto „8050 Saldenvorträge".

4. Geben Sie nun die Buchungsdaten der Aufgabe 1 in den Computer ein.

5. Erstellen Sie das Journal, die Bilanz und die Gewinn- und Verlustrechnung.

6. Ermitteln und beurteilen Sie die Rendite des Eigenkapitals, indem Sie vom Jahresgewinn für die Tätigkeit des Unternehmers Werner Peters zunächst einen Unternehmerlohn von 120.000,00 € abziehen und danach den Restgewinn zum durchschnittlichen Eigenkapital ins Verhältnis setzen.

Beleg 1

Beleg 2

Beleg 3

Büromöbelwerke Werner Peters e. K.

Stauffenbergallee 22–30
01099 Dresden
Telefon 051 4401-0
Telefax 051 441012
E-Mail bueromoebelwerke@peters-wvd.de
Internet www.peters-wvd.de
USt-IdNr. DE 245 344 789
Steuer-Nr. 065 216 33685

Büromöbelwerke W. Peters e. K., Postfach 10 15 26, 01097 Dresden

Büroausstattungsgroßhandel
Heinrichs OHG
Hohe Straße 44 - 46
21073 Hamburg

Bitte bei Zahlung angeben:		
Rechnung-Nr.:	Kunden-Nr.:	**Datum**
1 319	10 003	..-12-27

Rechnung

Die Lieferung erfolgte am: 21. Dez. ..

Wir danken für Ihren Auftrag und berechnen Ihnen wie folgt:

Menge	Bezeichnung	Einzelpreis	Betrag in €
30	Schreibtisch ST 4 501	375,00	11.250,00
30	Anstelltisch ST 4 502	140,00	4.200,00
20	Aktenschrank SL 4 432	225,00	4.500,00
	Warenwert		19.950,00
	Umsatzsteuer 19 %		3.790,50
	Rechnungsbetrag		23.740,50

Bankverbindungen:
Sparkasse Dresden, Konto-Nr. 218 305 081, BLZ 850 551 42
IBAN: DE12 8505 5142 0218 3050 81
BIC: OSDDDE81

Deutsche Bank AG, Konto-Nr. 81 234, BLZ 870 700 00
IBAN: DE15 8707 0000 0000 0812 34
BIC: DEUTDEDB870

Beleg 4

Vereinigte Holzwerke GmbH
Meißen

Holzwerke GmbH · Postfach 12 15 · 01662 Meißen

Büromöbelwerke
Werner Peters e. K.
Postfach 10 15 26
01097 Dresden

Eingang: ..-12-28

Ihre Bestellung Nr./ Tag/Zeich.	Unsere Auftrags-Nr./Zeich.	Zeit der Leistung/ Liefertag	Datum
..-12-23	RS 4 500 y	..-12-26	..-12-27

Rechnung Nr.
7 668

USt-IdNr. DE 156 387 298
Steuer-Nr. 065 213 45678

Wir sandten für Ihre Rechnung und auf Ihre Gefahr:

Artikel-Nr.	Gegenstand	Menge und Einheit	Preis je Einheit €	Betrag €
SP 521	Spanplatten, natur	300	40,00	12.000,00
SP 522	Spanplatten, Nussbaum	240	80,00	19.200,00
SP 528	Spanplatten, weiß	400	25,00	10.000,00
	Warenwert			41.200,00
	+ 19 % Umsatzsteuer			7.828,00
				49.028,00

Zahlungsbedingungen: 10 Tage 2 % Skonto
30 Tage rein netto

Telefon 03521 54234
Telefax 03521 55238

E-Mail vertrieb@holzwerke-wvd.de
Internet www.holzwerke-wvd.de

Bankverbindung: Deutsche Bank Meißen, Konto-Nr. 100 869 752, BLZ 870 700 00
IBAN: DE21 8707 0000 0100 8697 52
BIC: DEUTDE8C894

Beleg 5

Kontoauszug　　　　　　　　　　　　　　　　**Dresdener Mittelstandsbank AG**

Konto-Nr.	Datum	Ausz.-Nr.	Blatt	Buchungstag	PN-Nr.	Wert	Umsatz
218 305 081	..-12-27	69	1				

```
GUTSCHRIFT                                    12-27   3659   12-27    5.831,00 H
HEINRICHS OHG, HAMBURG
RE 1 316 VOM 21. DEZ. .. 5.950,00
- 2 % SKONTO               119,00
(KONTO 10 003)
```

BÜROMÖBELWERKE
WERNER PETERS E. K.
STAUFFENBERGALLEE 22 - 30
01099 DRESDEN

Alter Saldo
H　221.600,00 EUR

Neuer Saldo
H　227.431,00 EUR

(Kontierungsstempel: Konto / Soll / Haben / Gebucht:)

Beleg 6

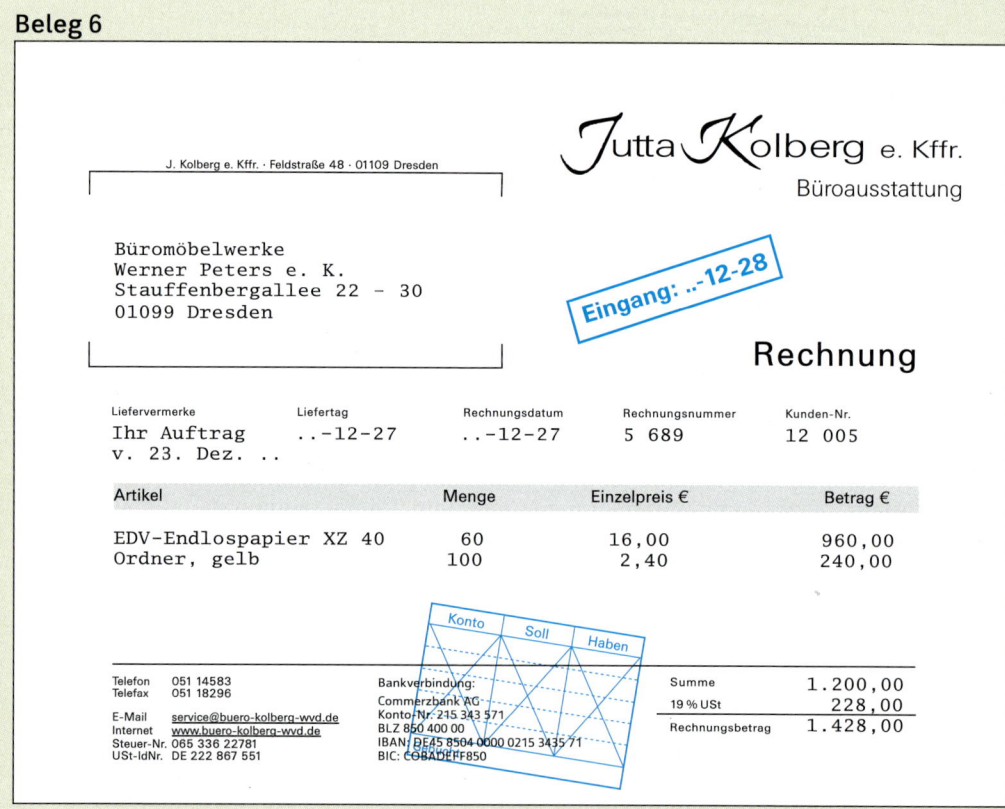

Jutta Kolberg e. Kffr.
Büroausstattung

J. Kolberg e. Kffr. · Feldstraße 48 · 01109 Dresden

Büromöbelwerke
Werner Peters e. K.
Stauffenbergallee 22 - 30
01099 Dresden

(Stempel:) Eingang: ..-12-28

Rechnung

Liefervermerke	Liefertag	Rechnungsdatum	Rechnungsnummer	Kunden-Nr.
Ihr Auftrag v. 23. Dez. ..	..-12-27	..-12-27	5 689	12 005

Artikel	Menge	Einzelpreis €	Betrag €
EDV-Endlospapier XZ 40	60	16,00	960,00
Ordner, gelb	100	2,40	240,00

(Kontierungsstempel: Konto / Soll / Haben)

Telefon　051 14583
Telefax　051 18296

E-Mail　service@buero-kolberg-wvd.de
Internet　www.buero-kolberg-wvd.de
Steuer-Nr. 065 336 22781
USt-IdNr. DE 222 867 551

Bankverbindung:
Commerzbank AG
Konto-Nr. 215 343 571
BLZ 850 400 00
IBAN: DE45 8504 0000 0215 3435 71
BIC: COBADEFF850

Summe	1.200,00
19 % USt	228,00
Rechnungsbetrag	1.428,00

Beleg 7

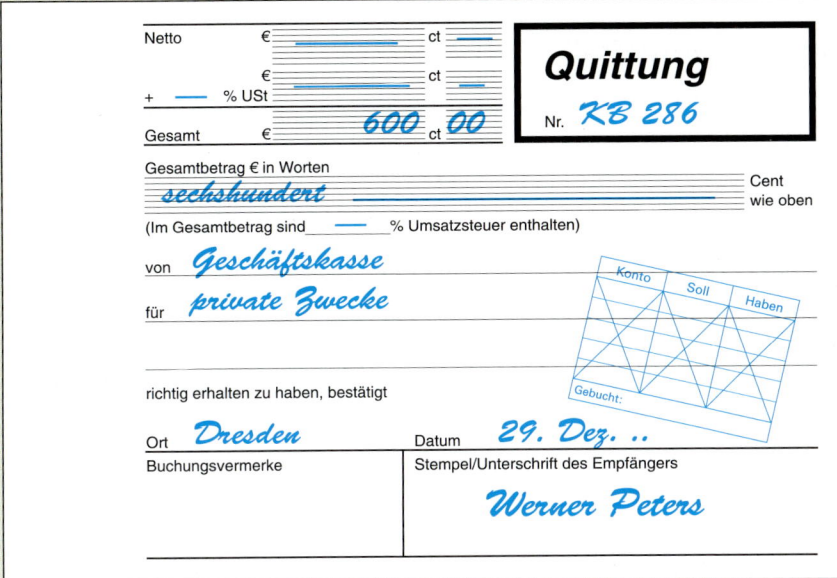

Netto € _____ ct _____
€ _____ ct _____
+ _____ % USt

Quittung
Nr. *KB 286*

Gesamt € *600* ct *00*

Gesamtbetrag € in Worten
sechshundert _____ Cent wie oben

(Im Gesamtbetrag sind _____ % Umsatzsteuer enthalten)

von *Geschäftskasse*

für *private Zwecke*

Konto | Soll | Haben
Gebucht:

richtig erhalten zu haben, bestätigt

Ort *Dresden* Datum *29. Dez. ..*
Buchungsvermerke

Stempel/Unterschrift des Empfängers
Werner Peters

Beleg 8

Büromöbelwerke Werner Peters e. K.

Büromöbelwerke W. Peters e. K., Postfach 10 15 26, 01097 Dresden

Stauffenbergallee 22–30
01099 Dresden
Telefon 051 4401-0
Telefax 051 441012
E-Mail bueromoebelwerke@peters-wvd.de
Internet www.peters-wvd.de
USt-IdNr. DE 245 344 789
Steuer-Nr. 065 216 33685

Büroausstattungsgroßhandel
Heinrichs OHG
Hohe Straße 44 – 46
21073 Hamburg

Ihre Nachricht vom	Unser Zeichen		Rechnung-Nr.:	Kunden-Nr.:	Datum
..-12-27	B/K		1 318	10 003	..-12-30

Ihre Mängelrüge

Sehr geehrte Damen und Herren,

auf die von Ihnen zu Recht beanstandete Lieferung vom 23. Dez. ..
(Rechnung-Nr. 1 318) erhalten Sie nachträglich einen

Preisnachlass von netto .... 800,00 €
+ 19 % Umsatzsteuer .... 152,00 €
952,00 €

Wir bitten um gleich lautende Buchung.

Mit freundlichen Grüßen

Büromöbelwerke
Werner Peters e. K.

ppa.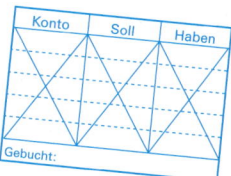

Konto | Soll | Haben
Gebucht:

Beleg 9

Deutsche Telefongesellschaft AG

Deutsche Telefongesellschaft AG
90426 Nürnberg

DV 12 0,70

Datum	: ..-12-22
Seite	: **1 von 4**

Kundennummer	: **398 100 6725**
Rechnungsnummer	: **913 685 3071**
Ihr Buchungskonto	: **476 020 3775**

Büromöbelwerke
Werner Peters e. K.
Stauffenbergallee 22–30
01099 Dresden

Infos zur Rechnung : **www.telefonag.de/
hilfe-rechnung**

Info-Telefon : **0800 4440004**

Rechnung für Dezember 20..

Leistungen	Beträge in EUR	
monatliche Beträge	33,36	
nutzungsabhängige Beträge		937,40
Beträge von Drittanbietern		4,24
Summe	975,00	
19 % Umsatzsteuer	185,25	

Rechnungsbetrag — 1.160,25

Der Rechnungsbetrag wird ab dem 7. Tag
nach Zugang dieser Rechnung von Ihrem Konto
IBAN: DE12 6606 1307 0218 3050 81, BIC: MIBADE1307 abgebucht.

Weitere Informationen finden Sie auf der Rückseite.

Kontoauszug zu den Belegen 9–11

Kontoauszug — **Dresdener Mittelstandsbank AG**

Konto-Nr.	Datum	Ausz.-Nr.	Blatt	Buchungstag	PN-Nr.	Wert	Umsatz
218 305 081	..-12-30	70	1				

```
LASTSCHRIFT TELEFONRECHNUNG          12-30   3211   12-28    1.160,25 S
ÜBERWEISUNG                          12-30   3659   12-30   21.420,00 S
CHEMISCHE WERKE, LEVERKUSEN (Belegbuchung 10)
RE 5500 VOM 9. DEZ. .. (KONTO 60 002)
ÜBERWEISUNG                          12-30   3426   12-30      450,00 S
DR. MED. K. SEIBOLDT, DRESDEN (Belegbuchung 11)
RE VOM 18. DEZ. ..


BÜROMÖBELWERKE
WERNER PETERS E. K.
STAUFFENBERGALLEE 22 - 30
01099 DRESDEN
```

Alter Saldo
H 227.431,00 EUR

Neuer Saldo
H 204.400,75 EUR

zu Beleg 11

€uro-Überweisung

Dresdener Mittelstandsbank AG

Nur für Überweisungen in Deutschland, in andere
EU-/EWR-Staaten und in die Schweiz in Euro.
Bitte Meldepflicht gemäß Außenwirtschaftsverordnung beachten!

€URO-ÜBERWEISUNG (SEPA)

Angaben zum Begünstigten: Name, Vorname/Firma (max. 27 Stellen, bei maschineller Beschriftung max. 35 Stellen)

`Dr. med. Seiboldt, Dresden`

IBAN

`DE62870700000121245416`

BIC des Kreditinstituts (8 oder 11 Stellen)

`DEUTDEDB870`

Betrag: Euro, Cent

`450,00`

Kunden-Referenznummer - Verwendungszweck, ggf. Name und Anschrift des Überweisenden - (nur für Begünstigten)

`Rechnung vom 18. Dez...`

noch Verwendungszweck (insgesamt max. 2 Zeilen à 27 Stellen, bei maschineller Beschriftung max. 2 Zeilen à 35 Stellen)

`Behandlung Tochter Stefanie`

Angaben zum Kontoinhaber: Name, Vorname/Firma, Ort (max. 27 Stellen, keine Straßen- oder Postfachangaben)

`Büromöbelwerke W. Peters`

IBAN

`DE 13066061307218305081`   16

Datum	Unterschrift(en)
..-12-28	*Werner Peters*

Beleg 12

 Chemische Werke GmbH

Chemische Werke GmbH, Grüner Weg 44 - 50, 51375 Leverkusen

Büromöbelwerke
Werner Peters e. K.
Stauffenbergallee 22 - 30
01099 Dresden

Eingang: ..-12-28

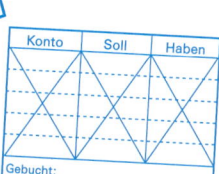

Auftrag vom	Lieferdatum	Rechnungsdatum	Rechnungsnummer	Kundennummer
..-12-20	..-12-22	..-12-27	5 582	14 009

Artikelbezeichnung	Menge	Einzelpreis €	Betrag €
Kleber KZ 4 000	40	110,00	4.400,00
Farbe FL 3 800	30	40,00	1.200,00
			5.600,00
		+ 19 % USt	1.064,00
		Rechnungsbetrag	6.664,00

Telefon: 0214 22867-0
Telefax: 0214 22867-35
E-Mail: vertrieb@chemiwe-wvd.de
Internet: www.chemiwe-wvd.de

Bankverbindung:
Postbank Köln
Konto-Nr. 2638 45-578
BLZ 370 100 50
IBAN: DE47 3701 0050 0263 8455 78
BIC: PBNKDEFF370

USt-IdNr. DE 223 459 886
Steuer-Nr. 065 321 41138

Beleg 13

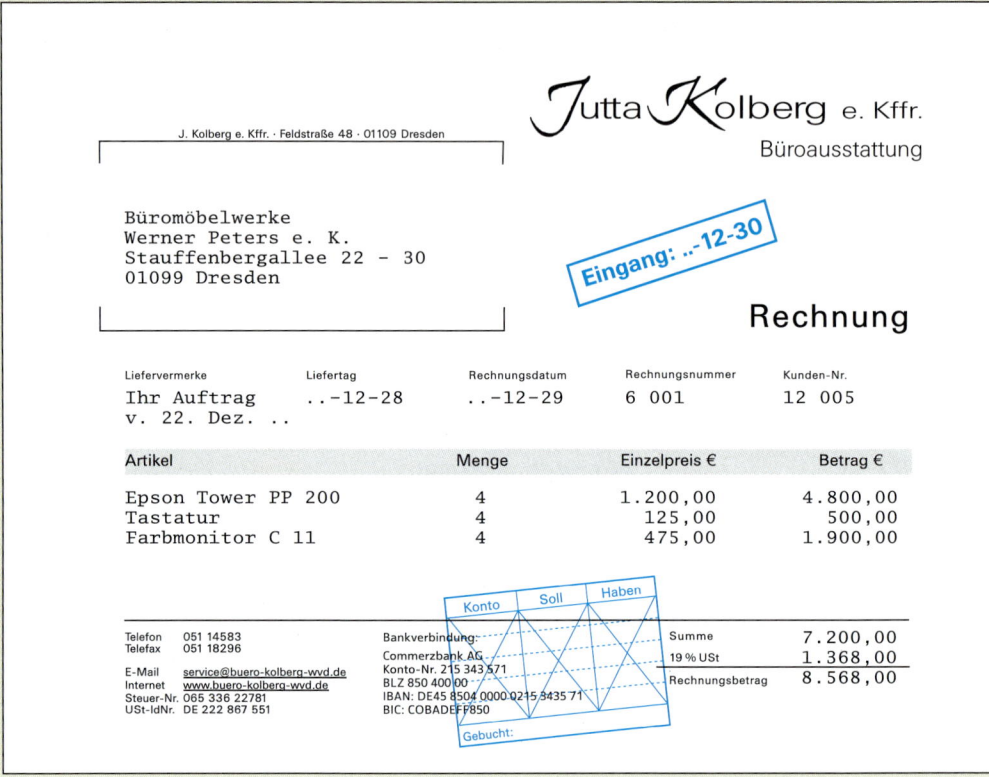

Beleg 14

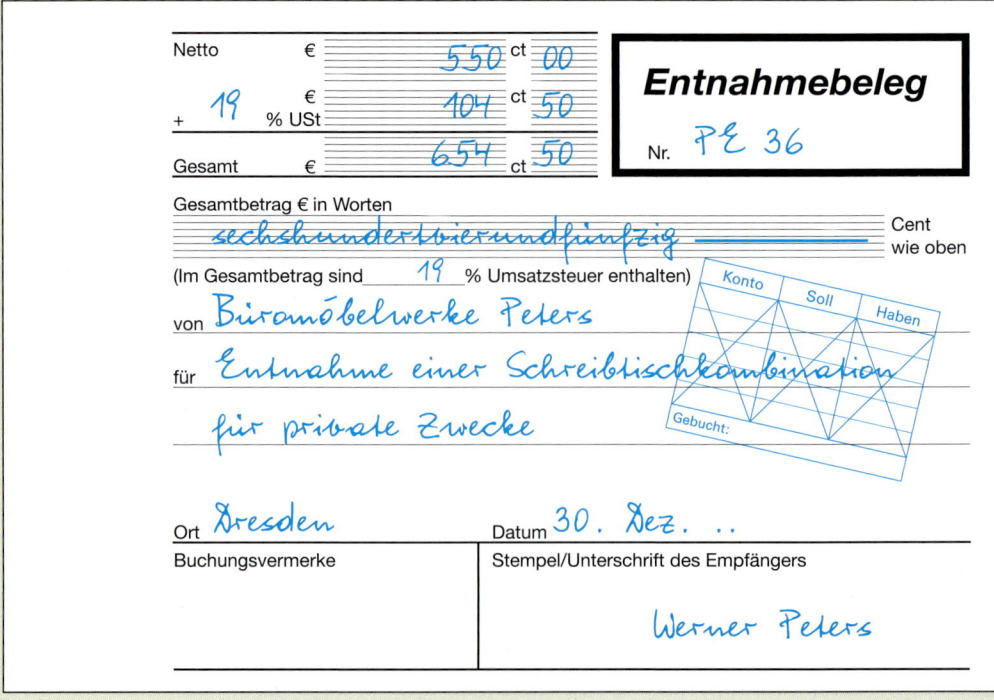

Belege 15 und 16

Buchungsanweisung		Datum: ..–12–31		Beleg-Nr.	
Betreff: Gehaltsabrechnung				Gebucht: ..–12–30 Datum: Dezember	
		Soll		Haben	
Buchungstext		Konto	Betrag	Konto	Betrag

	Buchungstext	Soll Konto	Soll Betrag	Haben Konto	Haben Betrag
15	SV-Bankeinzug .... 6.646,00 Bruttogehälter ...... 20.203,00 Abzüge: Lohn- und Kirchenst. 3.203,00 SV-Beiträge......... 3.338,00 Vorschüsse......... 2.300,00 Auszahlung (Bank).... 11.362,00				
16	Arbeitgeberanteil.... 3.308,00				

Kontoauszug zu den Belegen 15–18 (siehe Fußnoten)

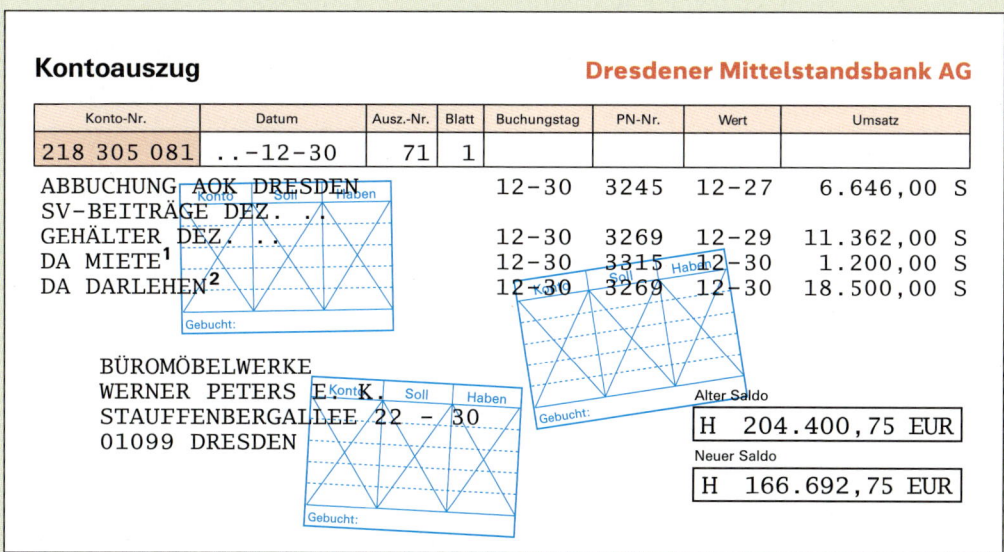

Kontoauszug — **Dresdener Mittelstandsbank AG**

Konto-Nr.	Datum	Ausz.-Nr.	Blatt	Buchungstag	PN-Nr.	Wert	Umsatz
218 305 081	..–12–30	71	1				

ABBUCHUNG AOK DRESDEN — 12–30 — 3245 — 12–27 — 6.646,00 S
SV-BEITRÄGE DEZ. ..
GEHÄLTER DEZ. .. — 12–30 — 3269 — 12–29 — 11.362,00 S
DA MIETE[1] — 12–30 — 3315 — 12–30 — 1.200,00 S
DA DARLEHEN[2] — 12–30 — 3269 — 12–30 — 18.500,00 S

BÜROMÖBELWERKE
WERNER PETERS
STAUFFENBERGALLEE 22 – 30
01099 DRESDEN

Alter Saldo: H 204.400,75 EUR
Neuer Saldo: H 166.692,75 EUR

---

1 Beleg 17: DA = Dauerauftrag für die Wohnungsmiete des Geschäftsinhabers
2 Beleg 18: DA = Dauerauftrag für Darlehenstilgung

Beleg 19

Büromöbelwerke Werner Peters e. K.

Stauffenbergallee 22–30
01099 Dresden
Telefon 051 4401-0
Telefax 051 441012
E-Mail bueromoebelwerke@peters-wvd.de
Internet www.peters-wvd.de
USt-IdNr. DE 245 344 789
Steuer-Nr. 065 316 33685

Büromöbelwerke W. Peters e. K., Postfach 10 15 26, 01097 Dresden

Möbelgroßhandel
Hilgendorf KG
Kölner Str. 50 - 54
51379 Leverkusen

Bitte bei Zahlung angeben:		
Rechnung-Nr.:	Kunden-Nr.:	**Datum**
1 320	10 004	..-12-29

Rechnung

Die Lieferung erfolgte am: 27. Dez. ..

Wir danken für Ihren Auftrag und berechnen Ihnen wie folgt:

Menge	Bezeichnung	Einzelpreis	Betrag in €
2	Chefzimmer SL 405	18.200,00	36.400,00
8	Konferenztisch KS 380	1.200,00	9.600,00
64	Stuhl St 602	112,50	7.200,00

Warenwert	53.200,00
Umsatzsteuer 19 %	10.108,00
Rechnungsbetrag	63.308,00

Bankverbindungen:
Sparkasse Dresden, Konto-Nr. 218 305 081, BLZ 850 551 42   Deutsche Bank AG, Konto-Nr. 81 234, BLZ 870 700 00
IBAN: DE12 8505 5142 0218 3050 81   IBAN: DE15 8707 0000 0000 0812 34
BIC: 0SDDDEB1   BIC: DEUTDEDB870

Beleg 20

Kontoauszug

Dresdener Mittelstandsbank AG

Konto-Nr.	Datum	Ausz.-Nr.	Blatt	Buchungstag	PN-Nr.	Wert	Umsatz
218 305 081	..-12-31	72	1				

```
GUTSCHRIFT                          12-31   3315   12-31   11.662,00 H
GRUPPE OHG, KARLSRUHE
RE 1 315 VOM 21. DEZ. ..   11.900,00
- 2 % SKONTO                 238,00
(KONTO 10 002)
```

BÜROMÖBELWERKE
WERNER PETERS E. K.   Alter Saldo
STAUFFENBERGALLEE 22 - 30
01099 DRESDEN

H 166.692,75 EUR

Neuer Saldo

H 178.354,75 EUR

Belege 21, 22 und 23

Kontoauszug **Dresdener Mittelstandsbank AG**

Konto-Nr.	Datum	Ausz.-Nr.	Blatt	Buchungstag	PN-Nr.	Wert	Umsatz
218 305 081	..−12−31	73	1				

ÜBERWEISUNG   12−31   3269   12−31   17.493,00 S
VEREINIGTE HOLZWERKE GMBH, MEISSEN **(Belegbuchung 21)**
RE 7 654 VOM 20. DEZ. .. 17.850,00
− 2 % SKONTO   357,00
(KONTO 60 004)
EINZAHLUNG **(Belegbuchung 22)**   12−31   3311   12−31   1.500,00 H
KONTOGEBÜHREN **(Belegbuchung 23)**   12−31   3315   12−31   72,00 S

Konto | Soll | Haben

Gebucht:

BÜROMÖBELWERKE
WERNER PETERS E. K.
STAUFFENBERGALLEE 22 − 30
01099 DRESDEN

Konto | Soll | Haben

Gebucht:

Konto | Soll | Haben

Gebucht:

Alter Saldo
H   178.354,75 EUR

Neuer Saldo
H   162.289,75 EUR

zu Beleg 22

Dresdener Mittelstandsbank AG

Empfangsbescheinigung
über Bar-Einzahlung auf eigenes Konto

Kontonummer
218 305 081

Kontoinhaber
Büromöbelwerke Werner Peters e. K.

Betrag: Euro, Cent
1.500,00------

..−12−31   1.500,00

Dresdener Mittelstandsbank AG

Für den Einzahlungstag und den Betrag ist der Maschinendruck maßgebend.

Beleg 24

Buchungsanweisung		Datum: . . –12–31		Beleg-Nr.	
Betreff: Abschreibungen auf Sachanlagen lt. Anlagenkartei				Gebucht: Datum:	
Buchungstext		Soll		Haben	
		Konto	Betrag	Konto	Betrag
Abschreibungen auf SA					
– TA und Maschinen					
– Andere Anlagen/BGA					

Belege 25–33

Buchungsanweisung		Datum: . . –12–31		Beleg-Nr.	
Betreff: Umbuchungen/Vorbereitende Abschlussbuchungen				Gebucht: Datum:	
Buchungstext		Soll		Haben	
		Konto	Betrag	Konto	Betrag
25	2600 Vorsteuerübertragung				
26	3001 Privatentnahmen				
27	5001 Erlösberichtigungen				
28	6001 Bezugskosten für Rohstoffe . .				
29	6002 Nachlässe für Rohstoffe				
30	2000 Mehrbestand an Rohstoffen . . .				
31	2020 Minderbestand an Hilfsst				
32	2100 Minderbestand an unf. Erz . . .				
33	2200 Mehrbestand an fert. Erz				

Belege 34–36

Buchungsanweisung		Datum: . . –12–31		Beleg-Nr.	
Betreff: Zeitliche Abgrenzungen				Gebucht: Datum:	
Buchungstext		Soll		Haben	
		Konto	Betrag	Konto	Betrag
34	Rückstellung für Reparatur der Furnierpresse lt. Kostenvoranschlag: 15.000,00 €				
35	Unsere Mietvorauszahlung für Januar n. J.: 20.000,00 €				
36	Fällige Darlehenszinsen werden im Januar n. J. gezahlt: 12.000,00 €				

Grundlagen der Statistik

1

Vorbemerkung

Im vorliegenden Lehrbuch werden sachlich zusammengehörende Kapitel geschlossen behandelt. Aus diesem Grunde wurden wesentliche Gebiete der Betriebsstatistik bereits in den vorhergehenden Kapiteln dargestellt. So finden sich z. B. die Kennzahlen zur Rentabilität und Wirtschaftlichkeit im Kapitel „ C, 3.6.2 Auswertung der Ergebnistabelle" auf Seite 225. Die Aufbereitung und Auswertung von Bilanzen sowie Gewinn- und Verlustrechnungen sind im Kapitel „D, 2 Analyse und Auswertung des Jahresabschlusses", S. 430 f., enthalten. Die Grundzüge der Kostenstatistik sind in das Kapitel „C Kosten- und Leistungsrechnung", S. 197 f., eingearbeitet.

In den folgenden Abschnitten werden Aufgaben, Grundlagen und Sachgebiete der Betriebsstatistik kurz dargestellt.

Aufgaben der Statistik

Die Statistik im Industriebetrieb befasst sich mit dem **Sammeln, Aufbereiten** und **Auswerten von Größen** (= benannten Zahlen), die für die **Überwachung des Betriebsgeschehens** sowie für die **Vorbereitung unternehmerischer Entscheidungen** wichtig sind. Hierzu

- stellt die Statistik aus den Ist-Zahlen der Vergangenheit Ergebnisse fest und wertet sie aus. Sie ist damit die **Grundlage für Dispositionen.**

- vergleicht die Statistik die ermittelten Ist-Zahlen mit vorgegebenen Soll- oder Planzahlen. Sie ist damit die **Grundlage der Betriebskontrolle.**

Grundlagen der Statistik

Grundlagen der Statistik sind innerbetrieblich und außerbetrieblich anfallende Größen, die aufgrund einer vorgegebenen Zielsetzung nach bestimmten Merkmalen geordnet und mithilfe statistischer Methoden aufbereitet werden. Gegenstand statistischer Betrachtungen sind nicht Einzelerscheinungen, sondern **häufig wiederkehrende Ereignisse,** die sich entweder auf einen bestimmten Zeitpunkt oder einen bestimmten Zeitraum beziehen:

Sachgebiete der Statistik

Zeitpunktbezogene Statistik (Bestandsrechnung)	Zeitraumbezogene Statistik (Bewegungsrechnung)
■ Bilanzanalyse ■ Analyse der GuV-Rechnung ■ Lagerstatistik	■ Beschaffungsstatistik ■ Absatzstatistik ■ Kostenstatistik

Die wesentlichen Sachgebiete der Statistik sind in der obigen Aufstellung genannt. Sie können je nach der Zielsetzung auf andere Bereiche ausgedehnt werden, z. B. Personalstatistik, Werbeanalyse, Investitionsanalyse u. a.

Zusammenfassung

- Die **Betriebsstatistik** ist eine Vergleichsrechnung. Sie stellt Zahlenwerte des Rechnungswesens für die **Überwachung des Betriebsgeschehens** und für die **Vorbereitung unternehmerischer Entscheidungen** zur Verfügung.

- Die Statistik geht von innerbetrieblich und außerbetrieblich anfallenden Größen aus. **Sie fasst gleichartige Größen zusammen und ordnet sie nach bestimmten Merkmalen.**

Die Vorgehensweise der Statistik wird in folgender Übersicht verdeutlicht:

1 Sammeln und Ordnen der Größen

aus innerbetrieblichen Quellen		aus außerbetrieblichen Quellen	
Interne Erhebung	**Aufbereitung vorhandener Zahlen**	**Betriebswirtschaftliche Statistik**	**Volkswirtschaftliche Statistik**
Ausnahmsweise können betriebsinterne Erhebungen durch Beobachtung und Befragung für statistische Zwecke durchgeführt werden.	In der Regel werden die für andere Zwecke gesammelten Größen der Betriebsstatistik zugeführt. Quellen sind: – Buchführung, – Kosten- und Leistungsrechnung, – Betriebsabteilungen.	Das für überbetriebliche Statistiken erstellte Material wird für Betriebszwecke verwendet: – Statistik der Fachverbände, – Statistik der IHK, – Statistik der Fachzeitungen.	Volkswirtschaftliche Statistiken werden für betriebsinterne Vergleiche herangezogen: – Statistische Jahrbücher, – Monatsberichte der Deutschen Bundesbank, – Statistische Beihefte der Deutschen Bundesbank.

2 Aufbereiten der Größen

durch Mittelwerte (= repräsentativer Wert einer Zahlenreihe)		durch Verhältniszahlen (= Beziehung zwischen zwei Größen)			durch Trend (= dynamischer Mittelwert)
Arithmetisches Mittel	**Gewogenes arithmetisches Mittel**	**Gliederungszahlen**	**Beziehungszahlen**	**Indexzahlen**	Positive oder negative Entwicklungsrichtung von Zahlenreihen im Zeitablauf. **Beispiel:** – Umsatzentwicklung.
Einfacher Durchschnitt **Beispiele:** – durchschnittl. Kapital, – durchschnittl. Lagerbestand.	Gewogener Durchschnitt **Beispiele:** – Verteilung der Handlungskosten im BAB, – Verrechnungspreise.	= Verhältnis einer Teilgröße zur Gesamtgröße. **Beispiele:** – Kennzahlen zur Finanzierung, – Kennzahlen zum Vermögensaufbau.	= Verhältniszahlen zwischen unterschiedlichen Größen. **Beispiele:** – Kennzahlen zur Investierung, Liquidität, Rentabilität, – Zuschlagssätze für Handlungskosten und Gewinn.	= Verhältniszahlen zwischen gleichen Größen im Zeitablauf. **Beispiele:** – Kennzahlen zur Preis- und Absatzentwicklung.	

3 Veranschaulichen der Größen

tabellarisch	grafisch		
Statistische Tabelle (z. B. BAB, Bilanz)	**Kurvendiagramm** (vgl. Kostenverläufe)	**Histogramm** = Darstellung in Balkenform	**Sonstige Diagramme:** Block-, Kreisdiagramm

4 Auswerten der Größen

durch zeitpunktbezogene Analyse (= inner- und zwischenbetrieblicher Vergleich)	durch zeitraumbezogene Analyse (= Vergleich der Größen im Zeitablauf)	
– Bilanzanalyse – Analyse der Gewinn- und Verlustrechnung	– Bewegungsbilanz – Absatzanalyse	– Kostenanalyse – Personalanalyse

Statistische Tabellen

Die Finanzbuchhaltung sowie die Kosten- und Leistungsrechnung stellen die wichtigsten innerbetrieblichen Quellen dar, aus denen die Betriebsstatistik ihre Zahlen gewinnt. Die dort erfassten Größen, z. B. die in der Kontenklasse 5 gebuchten Einzelumsätze, eignen sich in der Regel nicht für Auswertungen zur Betriebskontrolle und zur Vorbereitung unternehmerischer Entscheidungen, da sie in **großer Häufigkeit** auftreten und deswegen **unübersichtlich** sind.

Typische und markante Erscheinungen lassen sich erst durch **Zusammenfassung gleichartiger Größen** (z. B. Umsätze je Monat) und durch **Ordnung nach bestimmten Merkmalen** (z. B. Umsätze nach Artikelgruppen) erkennen. Das Ergebnis der so zusammengefassten und geordneten Zahlen ist die **statistische Tabelle**.

Das Metallwerk Berg hat im Jahr .. bei den einzelnen Gehäusetypen folgende auf 1.000,00 € gerundete Monatsumsätze erzielt.

Beispiel

Tabelle: Umsätze nach Gehäusetypen und Monaten für das Jahr ..

Monate	Gehäuse				Summe
	Typ G I	Typ G II	Typ G III	Typ G IV	
Januar	710.000	642.000	430.000	640.000	2.422.000
Februar	740.000	636.000	415.000	560.000	2.351.000
März	635.000	612.000	440.000	530.000	2.217.000
April	648.000	603.000	480.000	510.000	2.241.000
Mai	630.000	584.000	545.000	475.000	2.234.000
Juni	680.000	618.000	624.000	460.000	2.382.000
Juli	620.000	615.000	650.000	480.000	2.365.000
August	570.000	590.000	683.000	510.000	2.353.000
September	604.000	628.000	702.000	558.000	2.492.000
Oktober	610.000	645.000	648.000	540.000	2.443.000
November	633.000	683.000	535.000	580.000	2.431.000
Dezember	785.000	714.000	490.000	620.000	2.609.000
Summe je Gehäusetyp	7.865.000	7.570.000	6.642.000	6.463.000	28.540.000

Eine statistische Tabelle ist durch die Zahlenanordnung in Spalten und Zeilen gekennzeichnet. Der Inhalt der Spalten (im Beispiel: Umsätze der einzelnen Gehäusetypen in den jeweiligen Monaten) wird durch den sog. **Tabellenkopf** erläutert. Der Inhalt der Zeilen (im Beispiel: monatliche Umsätze der einzelnen Gehäusetypen) wird durch die sog. **Vorspalte** benannt. Der Platz, der für die einzelne Tabelleneintragung (im Beispiel: Monatsumsatz) vorgesehen ist, heißt **Tabellenfach** oder **Tabellenfeld**.

Statistische Tabellen

Überschrift				
Kopf zur Vorspalte	Tabellenkopf			
	1	2	3	4
Vorspalte 1	Tabellenfeld			
2				
3				
4				

Zeilen

Spalten

Anforderungen an statistische Tabellen

Ihre Aufgabe erfüllen Tabellen nur dann, wenn bei ihrer Erstellung die folgenden wesentlichen Gesichtspunkte beachtet werden:

- klare Überschriften im Tabellenkopf und in der Vorspalte,
- möglichst wenige Einteilungsmerkmale, damit die Übersichtlichkeit gewahrt bleibt,
- zweckmäßiger Aufbau, damit das Lesen der Tabelle erleichtert wird.

Auswertung statistischer Tabellen

Anhand der Tabelle im Beispiel auf Seite 465 lassen sich zwei grundsätzliche Auswertungen vornehmen:

Dynamische Betrachtung (zeitraumbezogen). Hierbei wird die Umsatzentwicklung der einzelnen Erzeugnisgruppen im Ablauf der Monate Januar bis Dezember analysiert.

Beispiel

Beim Gehäusetyp G IV ist der Umsatz in den Sommermonaten rückläufig und in den Wintermonaten ansteigend. Dies kann – sofern Vergleichszahlen aus den Vorjahren herangezogen werden – auf eine **saisonale Schwankung** hindeuten.

Statische Betrachtung (zeitpunktbezogen). Hierbei steht der Umsatzvergleich einzelner Erzeugnisgruppen in bestimmten Monaten im Vordergrund.

Beispiel

Im Monat Januar ist die Umsatzhöhe der einzelnen Gehäusetypen im Vergleich zueinander sehr verschieden von der Umsatzhöhe im Monat Juli, obwohl der Gesamtumsatz nahezu gleich hoch ist. Der Anteil eines Typs am Gesamtumsatz ist u. a. ein Hinweis auf seine Bedeutung für das Sortiment.

Zusammenfassung

- Grundlage statistischen Arbeitens bildet das sog. **Urmaterial,** das zunächst nach bestimmten Gesichtspunkten zusammengefasst, geordnet und zu einer **statistischen Tabelle** verdichtet wird.
- Statistische Tabellen sind nach **Tabellenkopf** und **Vorspalte** übersichtlich gestaltet.

Aufgabe 438

Der mengenmäßige Lagerumschlag für fünf Baustoffe belief sich bei einem Baustoffhersteller in zwei aufeinander folgenden Jahren auf:

	Vorjahr	Berichtsjahr
Zement	38 000 t	50 500 t
Kalk	22 200 t	18 700 t
Fertigputz	14 500 t	20 400 t
Fertigmörtel	9 700 t	12 300 t
Fugenmörtel	3 600 t	4 600 t

1. Stellen Sie eine Tabelle mit den Umschlagszahlen der beiden Jahre und den Abweichungen bei den einzelnen Baustoffen auf.

2. Erläutern Sie die Veränderungen bei den einzelnen Baustoffen.

Statistische Zahlen

Statistische Tabellen geben das Urmaterial in verdichteter Form wieder. Sie schaffen Ordnung und Übersicht, lassen aber keine gezielte und vertiefte Auswertung zu. Erst durch die **Verknüpfung statistischer Größen** gewinnt man aussagefähige Zahlen.

Beispiele

1 Der Betriebsabrechnungsbogen (vgl. S. 235 f.) gibt zunächst nur die auf die einzelnen Kostenstellen verteilten Gemeinkosten an. Die für die Kalkulation wichtigen Zuschlagssätze sind statistische Zahlen, die aus der Verknüpfung von jeweils zwei unterschiedlichen statistischen Größen berechnet werden.

2 Der Unternehmer ist nicht nur an einer Umsatzstatistik (vgl. S. 465) interessiert. Er möchte auch etwas über die durchschnittlichen Umsätze, die Prozentanteile der einzelnen Gehäusetypen am Gesamtumsatz, die Umsatzentwicklung u. Ä. wissen.

Diese Zusatzinformationen gewinnt man aus statistischen Zahlen.

Solche Verknüpfungen lassen sich nach der jeweiligen **Zielsetzung der Auswertung** recht unterschiedlich vornehmen:

- Steht der **Vergleich** einzelner Größen mit einem „Repräsentanten" im Vordergrund der Betrachtung, so werden **Mittelwerte** als statistische Zahlen herangezogen.
- Steht die **Beziehung** zweier Größen zueinander im Vordergrund der Betrachtung, so eignen sich **Verhältniszahlen** als statistische Zahlen.
- Soll mithilfe der Statistik die **Entwicklung** abgeschätzt werden, so eignet sich der **Trend** als statistische Zahl.

Mittelwerte

Eine wichtige Gruppe statistischer Zahlen stellen die **Mittelwerte** dar. Mittelwerte werden als **charakteristische Stellvertreter** für viele gleiche Einzelerscheinungen verwendet.

Beispiel

Soll eine Aussage über die monatliche Umsatzhöhe eines Gehäusetyps getroffen werden, so ist es in der Regel nicht erforderlich, die einzelnen Monatsumsätze aufzuzählen. Es genügt, stellvertretend für zwölf Einzelumsätze den „mittleren" Umsatz zu bestimmen.

Arithmetisches Mittel (Einfacher Durchschnitt)

Beispiel

Um den Lagerumschlag der Fertigerzeugnisse beurteilen zu können, benötigt man u. a. den durchschnittlichen Lagerbestand. Die Lagerkartei weist folgende Lagerbestände aus:

Datum	Lagerbestand in €	Datum	Lagerbestand in €
1. Jan.	1.940.000,00	30. Juni	1.710.000,00
31. Jan.	2.050.000,00	31. Juli	1.380.000,00
28. Febr.	2.030.000,00	31. Aug.	1.450.000,00
31. März	1.960.000,00	30. Sept.	1.520.000,00
30. April	1.850.000,00	31. Okt.	1.280.000,00
31. Mai	1.620.000,00	30. Nov.	1.490.000,00
		31. Dez.	1.300.000,00

1 Ein Mittelwert, der die Schwankungen des Lagerbestandes während des ganzen Jahres berücksichtigt, ergibt sich, wenn der Inventurbestand vom 1. Januar und die zwölf Monatsendbestände addiert und durch die Anzahl der Posten (= 13) dividiert werden:

durchschnittlicher Lagerbestand
$$\bar{x} = \frac{1.940.000,00 \,€ + 2.050.000,00 \,€ + ... + 1.300.000,00 \,€}{13}$$

$$\bar{x} = \frac{21.580.000,00 \,€}{13} = 1.660.000,00 \,€$$

2 Sofern nur die Inventurwerte am 1. Januar und am 31. Dezember vorliegen, lässt sich der durchschnittliche Lagerbestand vereinfacht so berechnen:

durchschnittlicher Lagerbestand
$$\bar{x} = \frac{1.940.000,00 \,€ + 1.300.000,00 \,€}{2} = \frac{3.240.000,00 \,€}{2} = 1.620.000,00 \,€$$

In diesem Mittelwert sind die während des Jahres auftretenden Schwankungen der Lagerbestände nicht berücksichtigt. Er weicht deshalb vom zuvor berechneten Wert ab.

3.1.2 Gewogenes arithmetisches Mittel (Gewogener Durchschnitt)

Beispiel

Der Lagerbestand an Platinen beträgt am 1. Januar .. 50 000 Stück zu 4,90 € je Stück (Bezugspreis). Am 15. März .. werden 20 000 Stück zum Bezugspreis von 5,40 € je Stück auf Lager genommen.

Für die Kalkulation ist der durchschnittliche Bezugspreis der gelagerten Platinen zu berechnen.

Bestand in Stück		Wert in €
50 000 Stück zu je 4,90 € + 20 000 Stück zu je 5,40 €		245.000,00 108.000,00
= 70 000 Stück	~	353.000,00
1 Stück	~	$\frac{353.000,00}{70\,000 \text{ Stück}} = 5,04 \,€/\text{Stück}$

Zusammenfassung

- **Statistische Zahlen** ergeben sich aus der mathematischen Verknüpfung geeigneter statistischer Größen. Sie sind die Grundlage für Auswertungen.

- **Mittelwerte** sind charakteristische Stellvertreter für mehrere gleichartige statistische Größen.

- Das **arithmetische Mittel** (einfacher Durchschnitt) ergibt sich aus der Gleichung

$$\bar{x} = \frac{\text{Summe der Einzelgrößen}}{\text{Anzahl der Einzelgrößen}} \quad \text{oder} \quad \bar{x} = \frac{a_1 + a_2 + a_3 + ... + a_n}{n}$$

- Das **gewogene arithmetische Mittel** (gewogener Durchschnitt) ergibt sich aus der Gleichung

$$\bar{x} = \frac{\text{gewogene Summe der Einzelgrößen}}{\text{Anzahl der Einzelgrößen}} \quad \text{oder}$$

$$\bar{x} = \frac{a_1 \cdot b_1 + a_2 \cdot b_2 + ... + a_n \cdot b_n}{a_1 + a_2 + ... + a_n}$$

1. Welche Anforderungen werden an eine statistische Tabelle gestellt?

2. Nennen Sie die wichtigsten Aufgaben der Betriebsstatistik.

3. Unterscheiden Sie Gliederungszahlen, Beziehungszahlen und Indexzahlen voneinander.

Aufgabe 439

Ein kleines Industrieunternehmen hat in den ersten sechs Monaten des vergangenen Jahres folgenden Personalbestand in den Bereichen Verwaltung, Produktion und Verkauf/Lager gehabt:

Aufgabe 440

	Verwaltung	Produktion	Verkauf/Lager
Januar	12	40	8
Februar	12	38	8
März	10	35	7
April	10	36	7
Mai	14	41	8
Juni	14	44	10

1. Erstellen Sie eine aussagefähige Tabelle.

2. Berechnen Sie, wie viel Arbeitnehmer durchschnittlich in den einzelnen Abteilungen und insgesamt beschäftigt waren.

Nachstehend sind die durchschnittlichen Bruttomonatsverdienste von Arbeitnehmern in ausgewählten Wirtschaftsbereichen dargestellt:

Aufgabe 441

Wirtschaftsbereiche	Durchschnittlicher Bruttoverdienst
Energiewirtschaft	3.041,00 €
Bergbau	3.033,00 €
Produktionsgüterindustrie	3.004,00 €
Baugewerbe	2.630,00 €
Banken/Versicherungen	2.555,00 €
Handel	2.054,00 €
Land- und Forstwirtschaft	1.879,00 €

1. Berechnen Sie den Durchschnittsverdienst der Arbeitnehmer.

2. Wie viel Prozent liegt der Verdienst im Handel unter dem Durchschnitt?

Ein Textilhersteller will seinen Kunden folgende Restposten zu einem einheitlichen Preis anbieten:

Aufgabe 442

2 500 Damenblusen, bisheriger Verkaufspreis 22,00 € je Bluse,

3 000 Damenblusen, bisheriger Verkaufspreis 26,00 € je Bluse,

1 800 Damenblusen, bisheriger Verkaufspreis 28,00 € je Bluse,

1 200 Damenblusen, bisheriger Verkaufspreis 32,00 € je Bluse.

Berechnen Sie den einheitlichen Verkaufspreis.

Ein Baustoffhersteller belieferte im 1. Halbjahr .. einen Großabnehmer mit Zement:

Aufgabe 443

Januar: 3 500 t zu 14,80 €/100 kg,

März: 3 800 t zu 14,90 €/100 kg,

April: 4 200 t zu 14,60 €/100 kg,

Mai: 3 200 t zu 15,10 €/100 kg.

Berechnen Sie den durchschnittlichen Verkaufspreis je 100 kg.

3.2 Verhältniszahlen

Verhältniszahlen entstehen, wenn zwei **gleich benannte** oder **ungleiche Größen** zu **Quotienten** verbunden werden. Vielfach drückt man die Quotienten als **Prozentzahlen** aus. Durch dieses Vorgehen werden statistische Größen **vergleichbar** gemacht. Sie lassen somit **Entwicklungen erkennen** und **ermöglichen Beurteilungen**.

Beispiele

1 Die auf den Seiten 432 f. dargestellten **Bilanzkennzahlen** sind Verhältniszahlen, durch die die Struktur der Bilanz verdeutlicht wird (= **Gliederungszahlen**).

2 Auf der Seite 225 werden **Kennzahlen zur Rentabilität und Wirtschaftlichkeit** aufgeführt. Durch sie lässt sich der Betriebsprozess kontrollieren. Sie entstehen aus dem Verhältnis von jeweils zwei unterschiedlichen Größen (= **Beziehungszahlen**).

3 Soll die **Umsatzentwicklung** über mehrere Jahre verdeutlicht werden, so bildet man Verhältniszahlen aus den Umsätzen der einzelnen Jahre in Bezug auf den Umsatz des ersten Jahres (= **Indexzahlen,** vgl. S. 473).

Zusammenfassung

- Durch **Verhältniszahlen** werden statistische Größen aufgegliedert, zueinander in Beziehung gesetzt oder in ihrer Entwicklung durchschaubar gemacht.
- Die in der **Analyse und Kritik des Jahresabschlusses** verwendeten **Kennzahlen** sind üblicherweise Verhältniszahlen.

3.2.1 Gliederungszahlen

Gliederungszahlen sind **Bruchzahlen aus gleichartigen Größen**. Die Aufteilung einer Gesamtgröße in mehrere Teilgrößen ist in der Regel wenig aussagekräftig. Erst durch die Berechnung der Brüche, die die Teilgrößen mit der Gesamtgröße bilden, werden die Größen vergleichbar. Es ist üblich, die Gliederungszahlen als **Prozentzahlen** anzugeben.

Beispiel

Aus den Zahlen der Tabelle (vgl. S. 465) soll berechnet werden, mit wie viel Prozent die Umsätze der einzelnen Gehäusetypen am gesamten Jahresumsatz (= 100 %) beteiligt sind.

Gehäusetypen	Prozentanteil am Jahresumsatz	
Typ G I	$\dfrac{7.865.000,00\ € \cdot 100\ \%}{28.540.000,00\ €}$	$\approx 27,6\ \%$
Typ G II	$\dfrac{7.570.000,00\ € \cdot 100\ \%}{28.540.000,00\ €}$	$\approx 26,5\ \%$
Typ G III	$\dfrac{6.642.000,00\ € \cdot 100\ \%}{28.540.000,00\ €}$	$\approx 23,3\ \%$
Typ G IV	$\dfrac{6.463.000,00\ € \cdot 100\ \%}{28.540.000,00\ €}$	$\approx 22,6\ \%$

Statische Betrachtung

Die ermittelten Prozentzahlen zeigen, dass zum Jahresende die Umsatzanteile der einzelnen Gehäusetypen in einem bestimmten Umfang voneinander abweichen. So liegen z. B. zwischen dem umsatzschwächsten und dem umsatzstärksten Gehäusetyp fünf Prozentpunkte Unterschied.

Aus der Tabelle (S. 465) lässt sich zusätzlich zu der vorherigen statischen Betrachtung der Umsatzanteile einzelner Gehäusetypen am Gesamtumsatz auch eine dynamische Betrachtung ableiten, wenn man die **Umsatzanteile einzelner Monate am Jahresumsatz** berechnet. Dies kann sowohl für einzelne Gehäusetypen als auch für den Gesamtumsatz geschehen. Weiterhin lassen sich die **Prozentanteile von Monat zu Monat „fortschreiben"**, d. h., man summiert die Prozentanteile von Monat zu Monat.

Prozentanteile in dynamischer Betrachtung

Für die beiden Gehäusetypen G III und G IV werden die Prozentanteile der Monatsumsätze am jeweiligen Jahresumsatz und die summierten Prozentanteile berechnet:

Beispiel

Prozentanteile der Monatsumsätze am Jahresumsatz bei Gehäusetyp G III

	Jan.	Febr.	März	April	Mai	Juni	Juli	Aug.	Sept.	Okt.	Nov.	Dez.	Summe
%-Anteile	6,5	6,3	6,6	7,2	8,2	9,4	9,8	10,3	10,6	9,6	8,1	7,4	100
Summierte %-Anteile	6,5	12,8	19,4	26,6	34,8	44,2	54,0	64,3	74,9	84,5	92,6	100	–

Prozentanteile der Monatsumsätze am Jahresumsatz bei Gehäusetyp G IV

	Jan.	Febr.	März	April	Mai	Juni	Juli	Aug.	Sept.	Okt.	Nov.	Dez.	Summe
%-Anteile	9,9	8,7	8,2	7,9	7,3	7,1	7,4	7,9	8,6	8,4	9,0	9,6	100
Summierte %-Anteile	9,9	18,6	26,8	34,7	42,0	49,1	56,5	64,4	73,0	81,4	90,4	100	–

Die dynamische Betrachtung zeigt, wie stark sich die Umsatzanteile von Monat zu Monat verändern. Sie weist auf umsatzstarke und umsatzschwache Monate hin. Die summierten Prozentanteile lassen erkennen, ob z. B. bereits innerhalb der ersten sechs Monate die Hälfte (= 50 %) des Jahresumsatzes erzielt wird. Der Gehäusetyp G III ist in den ersten drei Monaten mit 19,4 % und in den ersten sechs Monaten mit 44,2 % recht umsatzschwach, hat aber innerhalb der ersten neun Monate mit 74,9 % genau ¾ des Jahresumsatzes erreicht.

Auswertung

■ **Gliederungszahlen** sind Bruchzahlen. Sie geben die Anteile mehrerer Teilgrößen an einer Gesamtgröße an und werden vielfach als Prozentzahlen geschrieben.

$$\text{Gliederungszahl} = \frac{\text{Teilgröße}}{\text{Gesamtgröße}}$$

$$\text{Gliederungszahl in \%} = \frac{\text{Teilgröße} \cdot 100\,\%}{\text{Gesamtgröße}}$$

Zusammenfassung

Aktiva	Aufbereitete Bilanz				Passiva	
Anlagevermögen	24.500.000,00	? %	Eigenkapital	29.200.000,00	? %
Umlaufvermögen	39.400.000,00	? %	Fremdkapital	34.700.000,00	? %
Gesamtvermögen	63.900.000,00	100 %	Gesamtkapital	63.900.000,00	100 %

Aufgabe 444

1. **Wie hoch sind die prozentualen Anteile des Anlage- und Umlaufvermögens am Gesamtvermögen und des Eigen- und Fremdkapitals am Gesamtkapital?**

2. **Welche Schlussfolgerungen ziehen Sie daraus?**

3.2.2 Beziehungszahlen

Beziehungszahlen sind Bruchzahlen, die aus der **sinnvollen Verknüpfung unterschiedlicher Größen** entstehen. Beziehungszahlen helfen Betriebsabläufe und Arbeitsweisen zu kontrollieren und die Ergebnisse betrieblicher Tätigkeiten zu vergleichen. Typische Beispiele für Beziehungszahlen sind Kennzahlen zur Wirtschaftlichkeit und Produktivität (vgl. S. 225) sowie **Kalkulationszuschlagssätze.**

Beispiel

In einem Industrieunternehmen wird über mehrere Jahre die Produktivität der Mitarbeiter einer Abteilung anhand folgender Zahlen kontrolliert:

	1. Jahr	2. Jahr	3. Jahr	4. Jahr
Produktionswert (HK) in T€	4.620	4.850	4.980	5.190
Anzahl der Mitarbeiter	20	20	19	21

	1. Jahr	2. Jahr	3. Jahr	4. Jahr
Produktionswert in € je Mitarbeiter	$\frac{4.620.000,00}{20}$ = 231.000,00	$\frac{4.850.000,00}{20}$ = 242.500,00	$\frac{4.980.000,00}{19}$ ≈ 262.105,00	$\frac{5.190.000,00}{21}$ ≈ 247.143,00

Auswertung

Die Produktivität nimmt in den ersten drei Jahren stetig zu. Es gelingt dem Unternehmen sogar, im 3. Jahr bei verringertem Personalbestand den Umsatz zu erhöhen. Im 4. Jahr wird die Einstellung von zwei weiteren Mitarbeitern erforderlich, was im Vergleich mit dem 3. Jahr zu einem (vorübergehenden) Rückgang der Produktivität führt. Verglichen mit dem 2. Jahr ist dennoch eine Steigerung der Produktivität feststellbar.

Zusammenfassung

- **Beziehungszahlen** sind Bruchzahlen, die aus der sinnvollen Verknüpfung unterschiedlicher wirtschaftlicher Größen entstehen.
- Beziehungszahlen finden insbesondere als **betriebliche Kennzahlen** Verwendung.

Aufgabe 445

In einem Industrieunternehmen werden für drei Erzeugnisgruppen folgende Zahlen ermittelt:

	Erz.-Gr. I	Erz.-Gr. II	Erz.-Gr. III	gesamt
Einzelkosten in €	2.400.000,00	3.550.000,00	1.600.000,00	?
Gemeinkosten in €	1.020.000,00	1.633.000,00	816.000,00	?
Umsatzerlöse in €	3.847.500,00	5.908.620,00	2.319.360,00	?
Personalbestand	–	–	–	45

Bestimmen Sie folgende Kennzahlen: Umsatzrentabilität der einzelnen Erzeugnisgruppen und insgesamt, Wirtschaftlichkeit der einzelnen Erzeugnisgruppen und insgesamt sowie die Produktivität. Erläutern Sie die Ergebnisse.

Aufgabe 446

In einem Industrieunternehmen wird die Wirtschaftlichkeit von Kleinaufträgen unter 5.000,00 € untersucht. Folgende Zahlen liegen vor:

	1. Quartal	2. Quartal	3. Quartal	4. Quartal	gesamt
Kosten	420.000,00	445.000,00	470.000,00	430.000,00	?
Umsatzerlöse	430.500,00	456.125,00	441.800,00	421.400,00	?

Berechnen Sie die Wirtschaftlichkeit in den einzelnen Quartalen und insgesamt. Erläutern Sie die Ergebnisse.

Indexzahlen

Die Veränderung einer Größe im Verlauf mehrerer Monate oder Jahre wird durch Indexzahlen ausgedrückt.

Eine Möglichkeit, die Entwicklung einer Größe zu veranschaulichen, geht von der Überlegung aus, **das erste Jahr als Basisjahr** ($\hat{=}$ 100 %) **zu setzen** und die Größen der folgenden Jahre auf das Basisjahr zu beziehen.

Indexzahlen erleichtern die **Interpretation,** z. B. der Umsatzentwicklung: Ein Index **größer als 100 %** bedeutet immer eine **Umsatzsteigerung,** ein Index **kleiner als 100 %** einen **Umsatzrückgang** – jeweils bezogen auf das Basisjahr. Zudem gibt der Index eine vergleichbare Zahl für die Umsatzsteigerung oder den Umsatzrückgang an. Der Index **150 % nach sieben Jahren** (vgl. Beispiel) lässt auf eine **Umsatzsteigerung um 50 % innerhalb von sieben Jahren** schließen.

Indexzahlen finden in **volkswirtschaftlichen Statistiken** sehr häufig Anwendung, so z. B. als Index der Lebenshaltungskosten, als Index der industriellen Erzeugerpreise, der Großhandelsverkaufspreise, als Index der Wertpapierkurse u. a.

Aus den nachfolgenden Umsatzzahlen ist die Entwicklung des Gesamtumsatzes über sieben Jahre mithilfe von Indexzahlen darzustellen.

Beispiel

Indexzahlen zur Umsatzentwicklung für die Jahre .. bis ..

Jahr	Jahresumsatz in €	Indexzahlen (1. Jahr = Basisjahr)	Berechnung der Indexzahlen
1.	19.020.000,00	100,0 %	
2.	18.790.000,00	98,8 %	
3.	20.020.000,00	105,3 %	
4.	22.260.000,00	117,0 %	$\dfrac{\text{Umsatz des jeweiligen Jahres} \cdot 100\,\%}{\text{Umsatz des Basisjahres}}$
5.	24.450.000,00	128,5 %	
6.	26.415.000,00	138,9 %	
7.	28.540.000,00	150,0 %	

Gegenüber dem Basisjahr zeigt sich nach anfänglicher Schwankung eine von Jahr zu Jahr recht gleichmäßige Umsatzzunahme.

Auswertung

Beachten Sie, dass die hier gezeigte Indexberechnung stark vereinfacht wurde; sie berücksichtigt keine Preis- und Mengenänderungen.

- **Indexzahlen** geben die Entwicklung von Preisen, Mengen, Umsätzen u. a. im Zeitablauf bezüglich eines Basisjahres an.

Zusammen-fassung

Stellen Sie für vier Geschäftsjahre die Indexzahlen der Umsatzentwicklung in den drei Zweigbetrieben fest (Basisjahr 01; auf volle Zahlen runden).

Aufgabe 447

Umsätze der Zweigbetriebe in €

Jahr	Köln	Bonn	Düsseldorf
01	3.400.000,00	3.200.000,00	1.900.000,00
02	3.600.000,00	2.900.000,00	2.100.000,00
03	3.900.000,00	3.000.000,00	2.300.000,00
04	3.750.000,00	3.050.000,00	2.420.000,00

4 Darstellungsformen für statistische Zahlen

Statistische Größen und Zahlen lassen sich darstellen in

- statistischen Tabellen (vgl. S. 465),
- statistischen Diagrammen.

Statistisches Diagramm

Das statistische Diagramm hat gegenüber der statistischen Tabelle den Vorteil, anschaulich und schnell zu informieren. Der Nachteil gegenüber der Tabelle besteht darin, dass die genauen Daten nicht abgelesen werden können.

Diagrammformen

Unter den verschiedenen Diagrammformen kommen in der Statistik häufig vor:

- das **Kurvendiagramm**,
- das **Balkendiagramm** (Histogramm),
- das **Kreisdiagramm**.

Zusammenfassung

- Statistische Diagramme dienen der **anschaulichen** und **schnellen** Information.

4.1 Kurvendiagramm

Beispiel

Die Umsatzentwicklung für den Gehäusetyp G III und den Gehäusetyp G IV soll in je einem Kurvendiagramm dargestellt werden. Aus den Zahlen der Tabelle (S. 465) ergibt sich das folgende Bild:

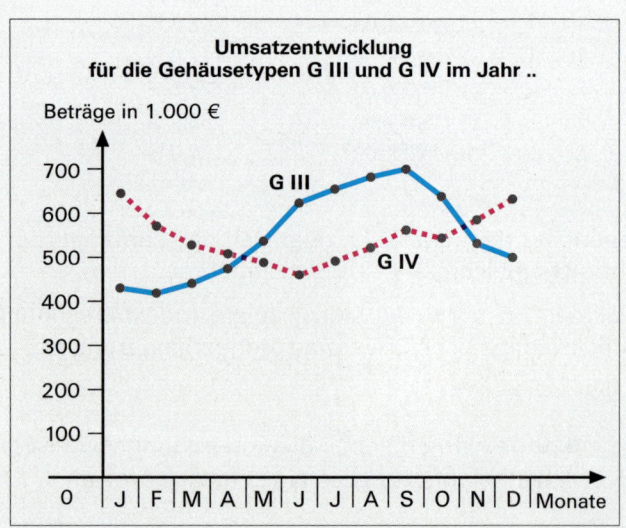

Kurvendiagramm

Solche Diagramme werden aus zwei senkrecht zueinander stehenden Achsen (= Koordinatensystem) entwickelt. Üblicherweise teilt man die waagerechte Achse in Zeitabschnitte ein (hier: Monate des Jahres), die senkrechte Achse in passende Mengen- oder Werteinheiten (hier: Umsätze in Euro). In den Schnittpunkten der senkrecht verlängerten Zeitabstände mit den jeweils zugehörigen waagerecht verlängerten Werteinheiten liegen die Punkte der zu entwickelnden Kurve. Bei der Festlegung der Punkte ist zu beachten, dass die Monatsumsätze jeweils **über die Mitte der ihnen zugeordneten Zeitintervalle** zu zeichnen sind: Der Januarumsatz bei Gehäusetyp G IV in Höhe von 640.000,00 € ist also in die Mitte des für den Monat Januar festgelegten Abschnittes bei „640.000" zu zeichnen. Im Kurvendiagramm ist es üblich, die einzelnen Punkte **geradlinig** zu verbinden.

Die jahreszeitliche Umsatzschwankung wird im Kurvendiagramm besonders deutlich.

Bewegen sich die auf der senkrechten Achse abzutragenden Zahlen auf einem hohen Niveau und/oder in einer begrenzten Streuungsbreite, so kann die senkrechte Achse in ihrem **unteren Bereich** verkürzt werden.

Die auf Seite 473 berechneten Indexzahlen sind in einem Kurvendiagramm darzustellen.

Beispiel

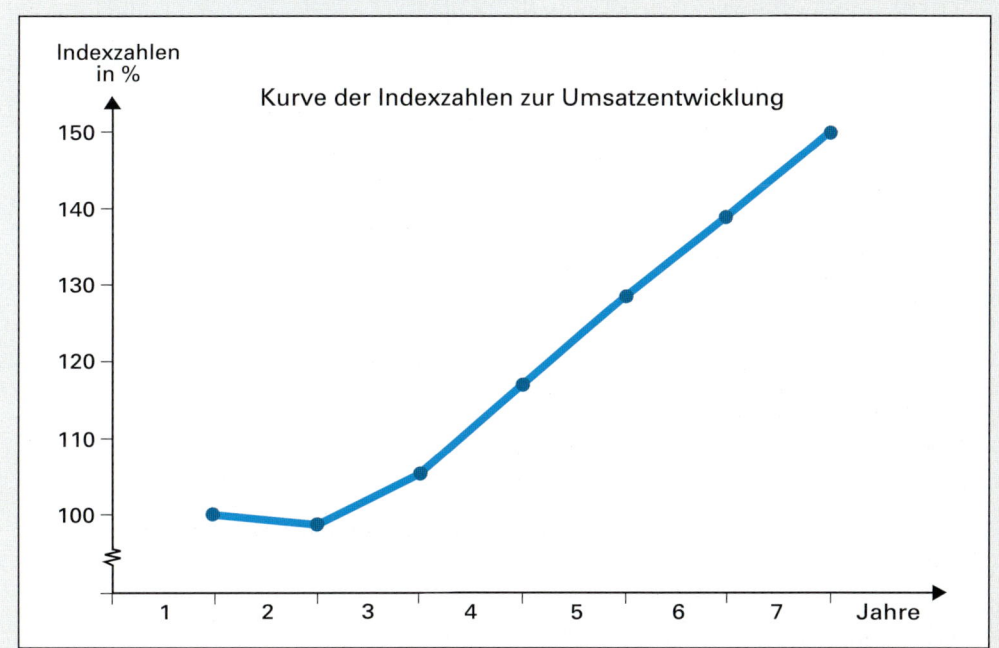

In den vergangenen sechs Jahren konnten von einem Erzeugnis folgende Mengen abgesetzt werden:

Aufgabe 448

Jahr	01	02	03	04	05	06
Stück	50 000	70 000	82 000	80 000	75 000	85 000

Die Entwicklung des Absatzes ist in einem Kurvendiagramm darzustellen.

Für die einzelnen Monate des abgelaufenen Geschäftsjahres liegen für ein Erzeugnis folgende Umsätze in € vor:

Aufgabe 449

Januar	1.100.000,00	Mai	1.160.000,00	September	1.110.000,00
Februar	980.000,00	Juni	1.180.000,00	Oktober	890.000,00
März	1.120.000,00	Juli	1.150.000,00	November	870.000,00
April	1.140.000,00	August	1.150.000,00	Dezember	980.000,00

Stellen Sie ein Kurvendiagramm auf, aus dem der Umsatzverlauf deutlich wird.

4.2 Balkendiagramm (Histogramm)

Beispiel

Die Umsatzentwicklung für den Gehäusetyp G IV soll in einem Balkendiagramm (Histogramm) dargestellt werden. Grundlage hierfür sind die Umsatzzahlen aus der Tabelle von Seite 465.

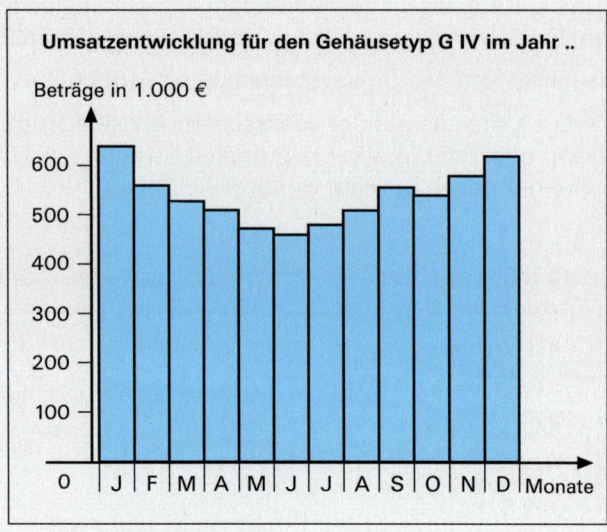

Balkendiagramm

Die Umsatzentwicklung lässt sich außer im Kurvendiagramm auch in einem aus Rechtecken gebildeten Balkendiagramm darstellen. Ein Balkendiagramm wird **Histogramm** genannt, wenn die einzelnen Rechtecke **unmittelbar aneinander anschließen** und die Rechteckflächen **proportional** zu den darzustellenden Größen (hier: Monatsumsätze in Euro) stehen. Hierzu wird die Balkenbreite gleich 1 gesetzt. Die Balkenhöhe entspricht der darzustellenden Größe.

Aufgabe 450

1. Erstellen Sie ein Histogramm für die Umsatzentwicklung des Gehäusetyps G I aus der Tabelle von Seite 465.

2. Stellen Sie die Monatsumsätze der Gehäusetypen G II und G III für das Jahr .. jeweils in Histogrammen dar und interpretieren Sie die Umsatzentwicklung (vgl. Tabelle S. 465).

Aufgabe 451

Aus der Ergebnistabelle einer Unternehmung sind für das zweite Halbjahr .. die Kosten und die Nettoumsatzerlöse für ein Erzeugnis entnommen worden:

	Kosten	Nettoumsatzerlöse
Juli	1.500.000,00 €	1.567.500,00 €
August	1.650.000,00 €	1.725.900,00 €
September	1.500.000,00 €	1.575.000,00 €
Oktober	1.700.000,00 €	1.759.500,00 €
November	1.750.000,00 €	1.855.000,00 €
Dezember	1.600.000,00 €	1.680.000,00 €

1. Stellen Sie die Kosten und die Umsatzerlöse in einem gemeinsamen Histogramm dar und interpretieren Sie die Ergebnisse.

2. Errechnen Sie die prozentualen Veränderungen der Kosten und der Umsatzerlöse und stellen Sie beide Zahlenreihen in getrennten Histogrammen dar.

3. Berechnen Sie die Wirtschaftlichkeitskennzahlen.

Kreisdiagramm

Diese Diagrammform wird zur Darstellung von **Gliederungszahlen** eingesetzt. Jede Teilgröße wird durch einen Kreissektor (Kreisausschnitt) dargestellt. Die gesamte Kreisfläche ($\triangleq 360^{\circ}$) entspricht der Gesamtgröße. Für die Teilgrößen sind über die Winkelgrade die entsprechenden **Kreissektoren** zu ermitteln. Grundsätzlich werden die statistischen Zahlen in die jeweiligen Sektoren eingetragen.

4.3

Kreisdiagramm

Ein Industrieunternehmen hat folgende Kundenstruktur:

Großhandel	1 000 Kunden,
Industrie	500 Kunden,
Handwerk	300 Kunden,
Sonstige	200 Kunden.

Berechnung der Winkelgrade:

$$2\,000 \text{ Kunden} = 360^{\circ}$$
$$1 \text{ Kunde} = 360^{\circ} : \quad 2\,000 = 0{,}18^{\circ}$$
$$1\,000 \text{ Kunden} = 0{,}18^{\circ} \cdot \quad 1\,000 = 180^{\circ}$$
$$500 \text{ Kunden} = 0{,}18^{\circ} \cdot \quad 500 = 90^{\circ}$$
$$300 \text{ Kunden} = 0{,}18^{\circ} \cdot \quad 300 = 54^{\circ}$$
$$200 \text{ Kunden} = 0{,}18^{\circ} \cdot \quad 200 = 36^{\circ}$$

Das Kreisdiagramm ist zu erstellen.

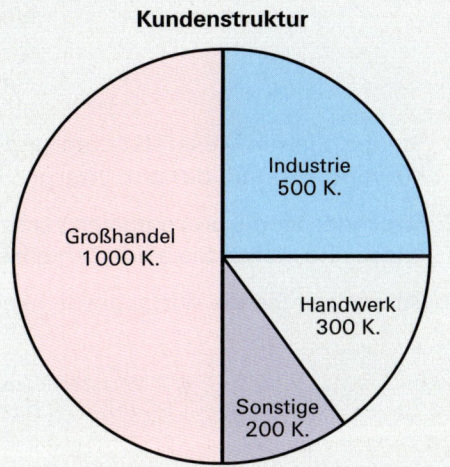

Kundenstruktur

Beispiel

Der Gesamtumsatz von 20 Mio. € setzte sich im letzten Geschäftsjahr wie folgt zusammen: Erzeugnisgruppe I: 4 Mio. €, Erzeugnisgruppe II: 6 Mio. €, Erzeugnisgruppe III: 3 Mio. €, Erzeugnisgruppe IV: 7 Mio. €.
Stellen Sie das Kreisdiagramm auf.

Aufgabe 452

Im Monat Dezember hat ein Industriebetrieb in den fünf Erzeugnisgruppen A bis E folgende Umsatzerlöse erzielt:

Aufgabe 453

Erzeugnisgruppe A:	1.440.000,00 €
Erzeugnisgruppe B:	1.080.000,00 €
Erzeugnisgruppe C:	2.160.000,00 €
Erzeugnisgruppe D:	900.000,00 €
Erzeugnisgruppe E:	1.620.000,00 €
insgesamt	7.200.000,00 €

1. Rechnen Sie die Umsatzzahlen in Prozentzahlen um (Gesamtumsatz $\triangleq$ 100 %).

2. Erstellen Sie mithilfe der Prozentzahlen ein Kreisdiagramm. Es gilt die Beziehung $360^{\circ} \triangleq 100$ %.

3. Stellen Sie die Umsätze in einem Histogramm dar. (Maßstab für die senkrechte Achse: 1 cm $\triangleq$ 100.000,00 €.)

4. Erläutern Sie, warum das Kreisdiagramm in diesem Fall eine höhere Aussagekraft besitzt als das Histogramm.

Aufgabe 454

In einem Industriebetrieb werden für mehrere Jahre die Gesamtkosten und die Umsatzerlöse ermittelt und statistisch ausgewertet:

	Gesamtkosten	Umsatzerlöse
1. Jahr	26.500.000,00 €	27.560.000,00 €
2. Jahr	29.000.000,00 €	30.015.000,00 €
3. Jahr	27.500.000,00 €	26.675.000,00 €
4. Jahr	31.000.000,00 €	37.200.000,00 €
5. Jahr	34.000.000,00 €	40.120.000,00 €
6. Jahr	32.500.000,00 €	33.475.000,00 €
7. Jahr	36.000.000,00 €	36.900.000,00 €

1. Stellen Sie die Gesamtkosten und die Umsatzerlöse in einem gemeinsamen Kurvendiagramm dar und interpretieren Sie den Verlauf der Kurven.

2. Errechnen Sie die prozentualen Veränderungen der Gesamtkosten und der Umsatzerlöse und stellen Sie beide Zahlenreihen in getrennten Kurvendiagrammen dar.

3. Berechnen Sie die Wirtschaftlichkeitskennzahlen nach der Gleichung

$$\text{Wirtschaftlichkeit} = \frac{\text{Umsatzerlöse}}{\text{Gesamtkosten}}$$

und stellen Sie diese in einem Kurvendiagramm dar.

Aufgabe 455

In einem Industriebetrieb haben sich die Kosten und die Umsätze in den vergangenen Monaten wie folgt entwickelt:

	Erzeugnisgruppe A		Erzeugnisgruppe B		insgesamt	
	Kosten	Umsätze	Kosten	Umsätze	Kosten	Umsätze
März	560.000,00	575.000,00	200.000,00	210.000,00	760.000,00	785.000,00
April	550.000,00	570.000,00	226.000,00	240.000,00	776.000,00	810.000,00
Mai	510.000,00	525.000,00	167.000,00	175.000,00	677.000,00	700.000,00
Juni	451.000,00	465.000,00	132.000,00	140.000,00	583.000,00	605.000,00
Juli	580.000,00	595.000,00	200.000,00	210.000,00	780.000,00	805.000,00
August	600.000,00	625.000,00	260.000,00	270.000,00	860.000,00	895.000,00
Sept.	670.000,00	700.000,00	270.000,00	290.000,00	940.000,00	990.000,00
Okt.	625.000,00	650.000,00	305.000,00	320.000,00	930.000,00	970.000,00

1. Stellen Sie die Kosten und die Umsätze jeder Warengruppe in Histogrammen dar.

2. Errechnen Sie die Prozentveränderungen der Kosten und der Umsätze und stellen Sie diese Zahlenreihen in Kurvendiagrammen dar.

3. Berechnen Sie die Indexzahlen zur Entwicklung der Kosten und der Umsätze und stellen Sie diese Zahlenreihen in Kurvendiagrammen dar.

Aufgabe 456

1. Erstellen Sie aus den Jahresumsätzen der vier Gehäusetypen von der Tabelle auf Seite 465 ein Kreisdiagramm.

2. Stellen Sie die Umsätze auch in einem geeigneten Histogramm dar.

3. Vergleichen Sie beide Darstellungen hinsichtlich ihres Aussagewertes.

HGB-Bilanzrecht

F

Wesentliche Änderungen des HGB-Bilanzrechts durch BilRUG im Überblick

1

Mit dem **Gesetz zur Umsetzung der Bilanzrichtlinie 2013/34/EU (Bilanzrichtlinie-Umsetzungsgesetz - BilRUG)**, das am 23. Juli 2015 in Kraft getreten ist, sind nach der umfangreichen Reform des HGB-Bilanzrechts durch das Bilanzrechtsmodernisierungsgesetz[1] (BilMoG) aus dem Jahr 2009 sowie das Kleinstkapitalgesellschaften-Bilanzrechtsänderungsgesetz[1] (MicroBilG) aus dem Jahr 2012 erneut Änderungen bei den Rechnungslegungsvorschriften des HGB vorgenommen worden.

Die **Hauptziele** des BilRUG sind

- die Entlastung kleiner und mittelgroßer Unternehmen,

- die Harmonisierung von Abschlüssen, um eine bessere Vergleichbarkeit der Jahres- und Konzernabschlüsse von Kapitalgesellschaften und bestimmten Personenhandelsgesellschaften innerhalb der EU zu erreichen,

- die Festlegung von Transparenzanforderungen für Unternehmen im Rohstoffsektor sowie

- die Klärung von Zweifelsfragen und die Beseitigung redaktioneller Versehen aus früheren bilanzrechtlichen Änderungen, z. B. dem MicroBilG.

Das Bilanzrichtlinie-Umsetzungsgesetz ist **erstmals anwendbar für Geschäftsjahre, die nach dem 31. Dezember 2015 beginnen.**

§§ HGB	Auswahl wichtiger BilRUG-bedingter Vorschriften
§ 255 [1]	Die **Definition der Anschaffungskosten** wird im Satz 3 wie folgt präzisiert: „Anschaffungspreisminderungen, **die dem Vermögensgegenstand einzeln zugeordnet werden können**, sind abzusetzen."
§ 267	Die **Schwellenwerte Bilanzsumme und Umsatzerlöse für die Bestimmung der Größenklasse** sind angehoben worden. Kapitalgesellschaften und Personenhandelsgesellschaften ohne natürliche Person als Vollhafter (bestimmte Personenhandelsgesellschaften) gelten als kleine Gesellschaften, wenn sie 6 Mio. € Bilanzsumme und 12 Mio. € Umsatzerlöse nicht überschreiten. Für mittelgroße Gesellschaften gelten 20 Mio. € Bilanzsumme und 40 Mio. € Umsatzerlöse als Obergrenzen.
§ 268 [7]	Kapitalgesellschaften und bestimmte Personenhandelsgesellschaften weisen **nicht bilanzierte finanzielle Verpflichtungen, Garantien oder Eventualverbindlichkeiten künftig zwingend im Anhang** und nicht mehr unter der Bilanz aus.
§ 275	Im **Gliederungsschema der Gewinn- und Verlustrechnung** nach dem Gesamtkostenverfahren und nach dem Umsatzkostenverfahren entfällt der gesonderte Ausweis des Ergebnisses der gewöhnlichen Geschäftstätigkeit, der außerordentlichen Posten sowie des außerordentlichen Ergebnisses. Als Zwischensumme wird das **Ergebnis nach Steuern** eingefügt.
§ 277	**Umsatzerlöse** beinhalten nun Erlöse aus dem Verkauf und der Vermietung oder Verpachtung von Produkten sowie aus der Erbringung von Dienstleistungen. Das Kriterium der gewöhnlichen Geschäftstätigkeit entfällt für den Ausweis als Umsatzerlöse, so dass künftig auch geschäftsuntypische Erträge, wie z. B. Erlöse aus der Vermietung und Verpachtung von Grundstücken, aus dem Betreiben von Kantinen, aus Schrottverkäufen, aus Verkäufen von RHB, dazu gehören.
§ 284 [3]	Der **Anlagenspiegel** ist künftig zwingend in den Anhang aufzunehmen. Das Wahlrecht des Ausweises in der Bilanz oder im Anhang ist durch das Aufheben des § 268 [2] entfallen.
§ 285	Als **zusätzliche Angaben im Anhang** wurden aufgenommen die Erläuterungen zu Erträgen und Aufwendungen von außergewöhnlicher Größenordnung oder außergewöhnlicher Bedeutung (Nr. 30), zu Aufwendungen und Erträgen, die einem anderen Geschäftsjahr zuzurechnen sind (Nr. 31), zu Vorgängen von besonderer Bedeutung nach dem Abschlussstichtag (Nr. 33) sowie zur Ergebnisverwendung (Nr. 34).

---

1 Einen Überblick zu den wesentlichen Änderungen des HGB-Bilanzrechts durch das BilMoG und das MicroBilG finden Sie unter www.schmolke-deitermann.de.

§ 288 [1] Die **größenabhängigen Erleichterungen für die Anhangangaben** kleiner Gesellschaften wurden erweitert. Nicht mehr aufgeführt werden müssen z. B. der Anlagenspiegel, der Personalaufwand bei Anwendung des Umsatzkostenverfahrens, die Mitglieder der Geschäftsleitung und des Aufsichtsrats, der Anteilsbesitz, die Ergebnisverwendung usw.

2 HGB-Rechnungslegungsvorschriften

Das Handelsgesetzbuch enthält in seinem Dritten Buch „Handelsbücher" eine geschlossene Darstellung der handelsrechtlichen Rechnungslegungsvorschriften. Sie gliedern sich (siehe auch S. 10) in sechs Abschnitte:

- ■ 1. Abschnitt: **Vorschriften für alle Kaufleute:** §§ 238 – 263 HGB
- ■ 2. Abschnitt: **Vorschriften für Kapitalgesellschaften und bestimmte Personenhandelsgesellschaften:** §§ 264 – 335c HGB
- ■ 3. Abschnitt: **Vorschriften für eingetragene Genossenschaften:** §§ 336 – 339 HGB
- ■ 4. Abschnitt: **Vorschriften für Unternehmen bestimmter Geschäftszweige:** §§ 340 – 341y HGB
- ■ 5. und 6. Abschnitt: **Privates Rechnungslegungsgremium; Rechnungslegungsbeirat; Prüfstelle für Rechnungslegung:** §§ 342 – 342e HGB

Wesentliche Vorschriften des ersten und zweiten Abschnitts, die im Lehrbuch in den entsprechenden Kapiteln zugrunde gelegt und auf den folgenden Seiten **zusammengestellt** werden, sollen den Lernerfolg mit dem Lehrbuch rechtlich noch vertiefen.[1]

Erster Abschnitt: Vorschriften für alle Kaufleute

§ 238 Buchführungspflicht

(1) Jeder Kaufmann ist verpflichtet, Bücher zu führen und in diesen seine Handelsgeschäfte und die Lage seines Vermögens nach den Grundsätzen ordnungsmäßiger Buchführung ersichtlich zu machen. Die Buchführung muss so beschaffen sein, dass sie einem sachverständigen Dritten innerhalb angemessener Zeit einen Überblick über die Geschäftsvorfälle und über die Lage des Unternehmens vermitteln kann. Die Geschäftsvorfälle müssen sich in ihrer Entstehung und Abwicklung verfolgen lassen.

(2) Der Kaufmann ist verpflichtet, eine mit der Urschrift übereinstimmende Wiedergabe der abgesandten Handelsbriefe (Kopie, Abdruck, Abschrift oder sonstige Wiedergabe des Wortlauts auf einem Schrift-, Bild- oder anderen Datenträger) zurückzubehalten.

§ 239 Führung der Handelsbücher

(1) Bei der Führung der Handelsbücher und bei den sonst erforderlichen Aufzeichnungen hat sich der Kaufmann einer lebenden Sprache zu bedienen. Werden Abkürzungen, Ziffern, Buchstaben oder Symbole verwendet, muss im Einzelfall deren Bedeutung eindeutig festliegen.

(2) Die Eintragungen in Büchern und die sonst erforderlichen Aufzeichnungen müssen vollständig, richtig, zeitgerecht und geordnet vorgenommen werden.

(3) Eine Eintragung oder eine Aufzeichnung darf nicht in einer Weise verändert werden, dass der ursprüngliche Inhalt nicht mehr feststellbar ist. Auch solche Veränderungen dürfen nicht vorgenommen werden, deren Beschaffenheit es ungewiss lässt, ob sie ursprünglich oder erst später gemacht worden sind.

(4) Die Handelsbücher und die sonst erforderlichen Aufzeichnungen können auch in der geordneten Ablage von Belegen bestehen oder auf Datenträgern geführt werden, soweit diese Formen der Buchführung einschließlich des dabei angewandten Verfahrens den Grundsätzen ordnungsmäßiger Buchführung entsprechen. Bei der Führung der Handelsbücher und der sonst erforderlichen Aufzeichnungen auf Datenträgern muss insbesondere sichergestellt sein, dass die Daten während der Dauer der Aufbewahrungsfrist verfügbar sind und jederzeit innerhalb angemessener Frist lesbar gemacht werden können. Absätze 1 bis 3 gelten sinngemäß.

---

1 Einige Vorschriften können aus Platzgründen nur gekürzt wiedergegeben werden. Empfehlung: Handelsgesetzbuch, Beck-Texte im dtv.

§ 240 Inventar

(1) Jeder Kaufmann hat zu Beginn seines Handelsgewerbes seine Grundstücke, seine Forderungen und Schulden, den Betrag seines baren Geldes sowie seine sonstigen Vermögensgegenstände genau zu verzeichnen und dabei den Wert der einzelnen Vermögensgegenstände und Schulden anzugeben.

(2) Er hat demnächst für den Schluss eines jeden Geschäftsjahrs ein solches Inventar aufzustellen. Die Dauer des Geschäftsjahrs darf zwölf Monate nicht überschreiten. Die Aufstellung des Inventars ist innerhalb der einem ordnungsmäßigen Geschäftsgang entsprechenden Zeit zu bewirken.

[...]

(4) Gleichartige Vermögensgegenstände des Vorratsvermögens sowie andere gleichartige oder annähernd gleichwertige bewegliche Vermögensgegenstände und Schulden können jeweils zu einer Gruppe zusammengefasst und mit dem gewogenen Durchschnittswert angesetzt werden.

§ 241 Inventurvereinfachungsverfahren

(1) Bei der Aufstellung des Inventars darf der Bestand der Vermögensgegenstände nach Art, Menge und Wert auch mithilfe anerkannter mathematisch-statistischer Methoden aufgrund von Stichproben ermittelt werden. Das Verfahren muss den Grundsätzen ordnungsmäßiger Buchführung entsprechen. Der Aussagewert des auf diese Weise aufgestellten Inventars muss dem Aussagewert eines aufgrund einer körperlichen Bestandsaufnahme aufgestellten Inventars gleichkommen.

(2) Bei der Aufstellung des Inventars für den Schluss eines Geschäftsjahrs bedarf es einer körperlichen Bestandsaufnahme der Vermögensgegenstände für diesen Zeitpunkt nicht, soweit durch Anwendung eines den Grundsätzen ordnungsmäßiger Buchführung entsprechenden anderen Verfahrens gesichert ist, dass der Bestand der Vermögensgegenstände nach Art, Menge und Wert auch ohne die körperliche Bestandsaufnahme für diesen Zeitpunkt festgestellt werden kann.

(3) In dem Inventar für den Schluss eines Geschäftsjahrs brauchen Vermögensgegenstände nicht verzeichnet zu werden, wenn

1. der Kaufmann ihren Bestand aufgrund einer körperlichen Bestandsaufnahme oder aufgrund eines nach Absatz 2 zulässigen anderen Verfahrens nach Art, Menge und Wert in einem besonderen Inventar verzeichnet hat, das für einen Tag innerhalb der letzten drei Monate vor oder der ersten beiden Monate nach dem Schluss des Geschäftsjahrs aufgestellt ist, und

2. aufgrund des besonderen Inventars durch Anwendung eines den Grundsätzen ordnungsmäßiger Buchführung entsprechenden Fortschreibungs- oder Rückrechnungsverfahrens gesichert ist, dass der am Schluss des Geschäftsjahrs vorhandene Bestand der Vermögensgegenstände für diesen Zeitpunkt ordnungsgemäß bewertet werden kann.

§ 241a Befreiung von der Pflicht zur Buchführung und Erstellung eines Inventars

Einzelkaufleute, die an den Abschlussstichtagen von zwei aufeinander folgenden Geschäftsjahren nicht mehr als jeweils 600.000,00 Euro Umsatzerlöse und jeweils 60.000,00 Euro Jahresüberschuss aufweisen, brauchen die §§ 238 bis 241 nicht anzuwenden. Im Fall der Neugründung treten die Rechtsfolgen schon ein, wenn die Werte des Satzes 1 am ersten Abschlussstichtag nach der Neugründung nicht überschritten werden.

§ 242 Pflicht zur Aufstellung der Eröffnungsbilanz und des Jahresabschlusses

(1) Der Kaufmann hat zu Beginn seines Handelsgewerbes und für den Schluss eines jeden Geschäftsjahrs einen das Verhältnis seines Vermögens und seiner Schulden darstellenden Abschluss (Eröffnungsbilanz, Bilanz) aufzustellen. Auf die Eröffnungsbilanz sind die für den Jahresabschluss geltenden Vorschriften entsprechend anzuwenden, soweit sie sich auf die Bilanz beziehen.

(2) Er hat für den Schluss eines jeden Geschäftsjahrs eine Gegenüberstellung der Aufwendungen und Erträge des Geschäftsjahrs (Gewinn- und Verlustrechnung) aufzustellen.

(3) Die Bilanz und die Gewinn- und Verlustrechnung bilden den Jahresabschluss.

(4) Die Absätze 1 bis 3 sind auf Einzelkaufleute im Sinn des § 241a nicht anzuwenden. Im Fall der Neugründung treten die Rechtsfolgen nach Satz 1 schon ein, wenn die Werte des § 241a Satz 1 am ersten Abschlussstichtag nach der Neugründung nicht überschritten werden.

§ 243 Aufstellungsgrundsatz

(1) Der Jahresabschluss ist nach den Grundsätzen ordnungsmäßiger Buchführung aufzustellen.

(2) Er muss klar und übersichtlich sein.

(3) Der Jahresabschluss ist innerhalb der einem ordnungsmäßigen Geschäftsgang entsprechenden Zeit aufzustellen.

§ 244 Sprache. Währungseinheit

Der Jahresabschluss ist in deutscher Sprache und in Euro aufzustellen.

§ 245 Unterzeichnung

Der Jahresabschluss ist vom Kaufmann unter Angabe des Datums zu unterzeichnen. Sind mehrere persönlich haftende Gesellschafter vorhanden, so haben sie alle zu unterzeichnen.

§ 246 Vollständigkeit. Verrechnungsverbot

(1) Der Jahresabschluss hat sämtliche Vermögensgegenstände, Schulden, Rechnungsabgrenzungsposten sowie Aufwendungen und Erträge zu enthalten, soweit gesetzlich nichts anderes bestimmt ist. [...]

(2) Posten der Aktivseite dürfen nicht mit Posten der Passivseite, Aufwendungen nicht mit Erträgen, Grundstücksrechte nicht mit Grundstückslasten verrechnet werden. [...]

§ 247 Inhalt der Bilanz

(1) In der Bilanz sind das Anlage- und das Umlaufvermögen, das Eigenkapital, die Schulden sowie die Rechnungsabgrenzungsposten gesondert auszuweisen und hinreichend aufzugliedern.

(2) Beim Anlagevermögen sind nur die Gegenstände auszuweisen, die bestimmt sind, dauernd dem Geschäftsbetrieb zu dienen.

§ 249 Rückstellungen

(1) Rückstellungen sind für ungewisse Verbindlichkeiten und für drohende Verluste aus schwebenden Geschäften zu bilden. Ferner sind Rückstellungen zu bilden für

1. im Geschäftsjahr unterlassene Aufwendungen für Instandhaltung, die im folgenden Geschäftsjahr innerhalb von drei Monaten [...] nachgeholt werden,

2. Gewährleistungen, die ohne rechtliche Verpflichtung erbracht werden.

(2) Für andere als die in Absatz 1 bezeichneten Zwecke dürfen Rückstellungen nicht gebildet werden. Rückstellungen dürfen nur aufgelöst werden, soweit der Grund hierfür entfallen ist.

§ 250 Rechnungsabgrenzungsposten

(1) Als Rechnungsabgrenzungsposten sind auf der Aktivseite Ausgaben vor dem Abschlussstichtag auszuweisen, soweit sie Aufwand für eine bestimmte Zeit nach diesem Tag darstellen.

(2) Auf der Passivseite sind als Rechnungsabgrenzungsposten Einnahmen vor dem Abschlussstichtag auszuweisen, soweit sie Ertrag für eine bestimmte Zeit nach diesem Tag darstellen.

(3) Ist der Erfüllungsbetrag einer Verbindlichkeit höher als der Ausgabebetrag, so darf der Unterschiedsbetrag in den Rechnungsabgrenzungsposten auf der Aktivseite aufgenommen werden. Der Unterschiedsbetrag ist durch planmäßige jährliche Abschreibungen zu tilgen, die auf die gesamte Laufzeit der Verbindlichkeit verteilt werden können.

§ 251 Haftungsverhältnisse

Unter der Bilanz sind, sofern sie nicht auf der Passivseite auszuweisen sind, Verbindlichkeiten aus der Begebung und Übertragung von Wechseln, aus Bürgschaften, Wechsel- und Scheckbürgschaften und aus Gewährleistungsverträgen sowie Haftungsverhältnisse aus der Bestellung von Sicherheiten für fremde Verbindlichkeiten zu vermerken; sie dürfen in einem Betrag angegeben werden. [...]

§ 252 Allgemeine Bewertungsgrundsätze

(1) Bei der Bewertung der im Jahresabschluss ausgewiesenen Vermögensgegenstände und Schulden gilt insbesondere Folgendes:

1. Die Wertansätze in der Eröffnungsbilanz des Geschäftsjahrs müssen mit denen der Schlussbilanz des vorhergehenden Geschäftsjahrs übereinstimmen.
2. Bei der Bewertung ist von der Fortführung der Unternehmenstätigkeit auszugehen, sofern dem nicht tatsächliche oder rechtliche Gegebenheiten entgegenstehen.
3. Die Vermögensgegenstände und Schulden sind zum Abschlussstichtag einzeln zu bewerten.
4. Es ist vorsichtig zu bewerten, namentlich sind alle vorhersehbaren Risiken und Verluste, die bis zum Abschlussstichtag entstanden sind, zu berücksichtigen, selbst wenn diese erst zwischen dem Abschlussstichtag und dem Tag der Aufstellung des Jahresabschlusses bekannt geworden sind; Gewinne sind nur zu berücksichtigen, wenn sie am Abschlussstichtag realisiert sind.
5. Aufwendungen und Erträge des Geschäftsjahrs sind unabhängig von den Zeitpunkten der entsprechenden Zahlungen im Jahresabschluss zu berücksichtigen.
6. Die auf den vorhergehenden Jahresabschluss angewandten Bewertungsmethoden sollen beibehalten werden.

(2) Von den Grundsätzen des Absatzes 1 darf nur in begründeten Ausnahmefällen abgewichen werden.

§ 253 Zugangs- und Folgebewertung

(1) Vermögensgegenstände sind höchstens mit den Anschaffungs- oder Herstellungskosten, vermindert um die Abschreibungen nach den Absätzen 3 bis 5, anzusetzen. Verbindlichkeiten sind zu ihrem Erfüllungsbetrag und Rückstellungen in Höhe des nach vernünftiger kaufmännischer Beurteilung notwendigen Erfüllungsbetrages anzusetzen. [...]

(2) Rückstellungen mit einer Restlaufzeit von mehr als einem Jahr sind abzuzinsen mit dem ihrer Restlaufzeit entsprechenden durchschnittlichen Marktzinssatz, der sich im Falle von Rückstellungen für Altersversorgungsverpflichtungen aus den vergangenen zehn Geschäftsjahren und im Falle sonstiger Rückstellungen aus den vergangenen sieben Geschäftsjahren ergibt. Abweichend von Satz 1 dürfen Rückstellungen für Altersversorgungsverpflichtungen oder vergleichbare langfristig fällige Verpflichtungen pauschal mit dem durchschnittlichen Marktzinssatz abgezinst werden, der sich bei einer angenommenen Restlaufzeit von 15 Jahren ergibt. [...] Der nach den Sätzen 1 und 2 anzuwendende Abzinsungszinssatz wird von der Deutschen Bundesbank nach Maßgabe einer Rechtsverordnung ermittelt und monatlich bekannt gegeben. [...]

(3) Bei Vermögensgegenständen des Anlagevermögens, deren Nutzung zeitlich begrenzt ist, sind die Anschaffungs- oder die Herstellungskosten um planmäßige Abschreibungen zu vermindern. Der Plan muss die Anschaffungs- oder Herstellungskosten auf die Geschäftsjahre verteilen, in denen der Vermögensgegenstand voraussichtlich genutzt werden kann. [...]

Ohne Rücksicht darauf, ob ihre Nutzung zeitlich begrenzt ist, sind bei Vermögensgegenständen des Anlagevermögens bei voraussichtlich dauernder Wertminderung außerplanmäßige Abschreibungen vorzunehmen, um diese mit dem niedrigeren Wert anzusetzen, der ihnen am Abschlussstichtag beizulegen ist. Bei Finanzanlagen können außerplanmäßige Abschreibungen auch bei voraussichtlich nicht dauernder Wertminderung vorgenommen werden.

(4) Bei Vermögensgegenständen des Umlaufvermögens sind Abschreibungen vorzunehmen, um diese mit einem niedrigeren Wert anzusetzen, der sich aus einem Börsen- oder Marktpreis am Abschlussstichtag ergibt. Ist ein Börsen- oder Marktpreis nicht festzustellen und übersteigen die Anschaffungs- oder Herstellungskosten den Wert, der den Vermögensgegenständen am Abschlussstichtag beizulegen ist, so ist auf diesen Wert abzuschreiben.

(5) Ein niedrigerer Wertansatz nach Absatz 3 Satz 5 oder 6 und Absatz 4 darf nicht beibehalten werden, wenn die Gründe dafür nicht mehr bestehen. Ein niedrigerer Wertansatz eines entgeltlich erworbenen Geschäfts- oder Firmenwertes ist beizubehalten.

§ 255 Bewertungsmaßstäbe

(1) Anschaffungskosten sind die Aufwendungen, die geleistet werden, um einen Vermögensgegenstand zu erwerben und ihn in einen betriebsbereiten Zustand zu

versetzen, soweit sie dem Vermögensgegenstand einzeln zugeordnet werden können. Zu den Anschaffungskosten gehören auch die Nebenkosten sowie die nachträglichen Anschaffungskosten. Anschaffungspreisminderungen, die dem Vermögensgegenstand einzeln zugeordnet werden können, sind abzusetzen.

(2) Herstellungskosten sind die Aufwendungen, die durch den Verbrauch von Gütern und die Inanspruchnahme von Diensten für die Herstellung eines Vermögensgegenstands, seine Erweiterung oder für eine über seinen ursprünglichen Zustand hinausgehende wesentliche Verbesserung entstehen. Dazu gehören die Materialkosten, die Fertigungskosten und die Sonderkosten der Fertigung sowie angemessene Teile der Materialgemeinkosten, der Fertigungsgemeinkosten und des Werteverzehrs des Anlagevermögens, soweit dieser durch die Fertigung veranlasst ist. Bei der Berechnung der Herstellungskosten dürfen angemessene Teile der Kosten der allgemeinen Verwaltung sowie angemessene Aufwendungen für soziale Einrichtungen des Betriebs, für freiwillige soziale Leistungen und für die betriebliche Altersversorgung einbezogen werden, soweit diese auf den Zeitraum der Herstellung entfallen. Forschungs- und Vertriebskosten dürfen nicht einbezogen werden.

(2a) Herstellungskosten eines selbst geschaffenen immateriellen Vermögensgegenstands des Anlagevermögens sind die bei dessen Entwicklung anfallenden Aufwendungen nach Absatz 2. Entwicklung ist die Anwendung von Forschungsergebnissen oder von anderem Wissen für die Neuentwicklung von Gütern oder Verfahren oder die Weiterentwicklung von Gütern oder Verfahren mittels wesentlicher Änderungen. Forschung ist die eigenständige und planmäßige Suche nach neuen wissenschaftlichen oder technischen Erkenntnissen oder Erfahrungen allgemeiner Art, über deren technische Verwertbarkeit und wirtschaftliche Erfolgsaussichten grundsätzlich keine Aussagen gemacht werden können. Können Forschung und Entwicklung nicht verlässlich voneinander unterschieden werden, ist eine Aktivierung ausgeschlossen.

(3) Zinsen für Fremdkapital gehören nicht zu den Herstellungskosten. Zinsen für Fremdkapital, das zur Finanzierung der Herstellung eines Vermögensgegenstands verwendet wird, dürfen angesetzt werden, soweit sie auf den Zeitraum der Herstellung entfallen; in diesem Falle gelten sie als Herstellungskosten des Vermögensgegenstands.

(4) Der beizulegende Zeitwert entspricht dem Marktpreis. [...]

§ 256 Bewertungsvereinfachungsverfahren

Soweit es den Grundsätzen ordnungsmäßiger Buchführung entspricht, kann für den Wertansatz gleichartiger Vermögensgegenstände des Vorratsvermögens unterstellt werden, dass die zuerst oder dass die zuletzt angeschafften oder hergestellten Vermögensgegenstände zuerst verbraucht oder veräußert worden sind. § 240 Abs. 3 und 4 ist auch auf den Jahresabschluss anwendbar.

§ 256a Währungsumrechnung

Auf fremde Währung lautende Vermögensgegenstände und Verbindlichkeiten sind zum Devisenkassamittelkurs am Abschlussstichtag umzurechnen. Bei einer Restlaufzeit von einem Jahr oder weniger sind § 253 Abs. 1 Satz 1 und § 252 Abs. 1 Nr. 4 Halbsatz 2 nicht anzuwenden.

§ 257 Aufbewahrung von Unterlagen. Aufbewahrungsfristen

(1) Jeder Kaufmann ist verpflichtet, die folgenden Unterlagen geordnet aufzubewahren:
1. Handelsbücher, Inventare, Eröffnungsbilanzen, Jahresabschlüsse, Einzelabschlüsse nach § 325 Abs. 2a, Lageberichte, Konzernabschlüsse, Konzernlageberichte sowie die zu ihrem Verständnis erforderlichen Arbeitsanweisungen und sonstigen Organisationsunterlagen,
2. die empfangenen Handelsbriefe,
3. Wiedergaben der abgesandten Handelsbriefe,
4. Belege für Buchungen in den von ihm nach § 238 Abs. 1 zu führenden Büchern (Buchungsbelege).

(2) Handelsbriefe sind nur Schriftstücke, die ein Handelsgeschäft betreffen.

(3) Mit Ausnahme der Eröffnungsbilanzen und Abschlüsse können die in Absatz 1 aufgeführten Unterlagen auch als Wiedergabe auf einem Bildträger oder auf anderen Datenträgern aufbewahrt werden, wenn dies den Grundsätzen ordnungsmäßiger Buchführung entspricht und sichergestellt ist, dass die Wiedergabe oder die Daten

1. mit den empfangenen Handelsbriefen und den Buchungsbelegen bildlich und mit den anderen Unterlagen inhaltlich übereinstimmen, wenn sie lesbar gemacht werden,

2. während der Dauer der Aufbewahrungsfrist verfügbar sind und jederzeit innerhalb angemessener Frist lesbar gemacht werden können.
Sind Unterlagen aufgrund des § 239 Abs. 4 Satz 1 auf Datenträgern hergestellt worden, können statt des Datenträgers die Daten auch ausgedruckt aufbewahrt werden; die ausgedruckten Unterlagen können auch nach Satz 1 aufbewahrt werden.

(4) Die in Absatz 1 Nr. 1 und 4 aufgeführten Unterlagen sind zehn Jahre, die sonstigen in Absatz 1 aufgeführten Unterlagen sechs Jahre aufzubewahren.

(5) Die Aufbewahrungsfrist beginnt mit dem Schluss des Kalenderjahrs, in dem die letzte Eintragung in das Handelsbuch gemacht, das Inventar aufgestellt, die Eröffnungsbilanz oder der Jahresabschluss festgestellt, der Einzelabschluss nach § 325 Abs. 2a oder der Konzernabschluss aufgestellt, der Handelsbrief empfangen oder abgesandt worden oder der Buchungsbeleg entstanden ist.

Zweiter Abschnitt: Ergänzende Vorschriften für Kapitalgesellschaften sowie bestimmte Personenhandelsgesellschaften

§ 264 Pflicht zur Aufstellung; Befreiung

(1) Die gesetzlichen Vertreter einer Kapitalgesellschaft haben den Jahresabschluss (§ 242) um einen Anhang zu erweitern, der mit der Bilanz und der Gewinn- und Verlustrechnung eine Einheit bildet, sowie einen Lagebericht aufzustellen. Die gesetzlichen Vertreter einer kapitalmarktorientierten Kapitalgesellschaft, die nicht zur Aufstellung eines Konzernabschlusses verpflichtet ist, haben den Jahresabschluss um eine Kapitalflussrechnung und einen Eigenkapitalspiegel zu erweitern, die mit der Bilanz, Gewinn- und Verlustrechnung und dem Anhang eine Einheit bilden; sie können den Jahresabschluss um eine Segmentberichterstattung erweitern. Der Jahresabschluss und der Lagebericht sind von den gesetzlichen Vertretern in den ersten drei Monaten des Geschäftsjahrs für das vergangene Geschäftsjahr aufzustellen. Kleine Kapitalgesellschaften (§ 267 Abs. 1) brauchen den Lagebericht nicht aufzustellen; sie dürfen den Jahresabschluss auch später aufstellen, wenn dies einem ordnungsgemäßen Geschäftsgang entspricht; jedoch innerhalb der ersten sechs Monate des Geschäftsjahrs. Kleinstkapitalgesellschaften (§ 267a) brauchen den Jahresabschluss nicht um einen Anhang zu erweitern, wenn sie

1. die in § 268 Absatz 7 genannten Angaben,

2. die in § 285 Nummer 9 Buchstabe c genannten Angaben und

3. im Falle einer Aktiengesellschaft die in § 160 Absatz 3 Satz 2 des Aktiengesetzes genannten Angaben unter der Bilanz angeben. [...]

(2) Der Jahresabschluss der Kapitalgesellschaft hat unter Beachtung der Grundsätze ordnungsmäßiger Buchführung ein den tatsächlichen Verhältnissen entsprechendes Bild der Vermögens-, Finanz- und Ertragslage der Kapitalgesellschaft zu vermitteln. Führen besondere Umstände dazu, dass der Jahresabschluss ein den tatsächlichen Verhältnissen entsprechendes Bild im Sinne des Satzes 1 nicht vermittelt, so sind im Anhang zusätzliche Angaben zu machen. Macht eine Kleinstkapitalgesellschaft von der Erleichterung nach Absatz 1 Satz 5 Gebrauch, sind nach Satz 2 erforderliche zusätzliche Angaben unter der Bilanz zu machen. Es wird vermutet, dass ein unter Berücksichtigung der Erleichterungen für Kleinstkapitalgesellschaften aufgestellter Jahresabschluss den Erfordernissen des Satzes 1 entspricht. [...]

§ 265 Allgemeine Grundsätze für die Gliederung

(1) Die Form der Darstellung, insbesondere die Gliederung der aufeinander folgenden Bilanzen und Gewinn- und Verlustrechnungen, ist beizubehalten, soweit nicht in Ausnahmefällen wegen besonderer Umstände Abweichungen erforderlich sind. Die Abweichungen sind im Anhang anzugeben und zu begründen.

(2) In der Bilanz sowie in der Gewinn- und Verlustrechnung ist zu jedem Posten der entsprechende Betrag des vorhergehenden Geschäftsjahrs anzugeben. [...]
(5) Eine weitere Untergliederung der Posten und Zwischensummen ist zulässig; dabei ist jedoch die vorgeschriebene Gliederung zu beachten. Neue Posten und Zwischensummen dürfen hinzugefügt werden, wenn ihr Inhalt nicht von einem vorgeschriebenen Posten gedeckt wird.

§ 266 Gliederung der Bilanz

(1) Die Bilanz ist in Kontoform aufzustellen. Dabei haben mittelgroße und große Kapitalgesellschaften (§ 267 Abs. 2, 3) auf der Aktivseite die in Absatz 2 und auf der Passivseite die in Ab-satz 3 bezeichneten Posten gesondert und in der vorgeschriebenen Reihenfolge auszuweisen. Kleine Kapitalgesellschaften (§ 267 Abs. 1) brauchen nur eine verkürzte Bilanz aufzustellen, in die nur die in den Absätzen 2 und 3 mit Buchstaben und römischen Zahlen bezeichneten Posten gesondert und in der vorgeschriebenen Reihenfolge aufgenommen werden. Kleinstkapitalgesellschaften (§ 267a) brauchen nur eine verkürzte Bilanz aufzustellen, in die nur die in den Absätzen 2 und 3 mit Buchstaben bezeichneten Posten gesondert und in der vorgeschriebenen Reihenfolge aufgenommen werden.

(2) Gliederung der Aktivseite
(3) Gliederung der Passivseite } siehe Rückseite des Kontenrahmens (Faltblatt).

§ 267 Umschreibung der Größenklassen

(1) Kleine Kapitalgesellschaften sind solche, die mindestens zwei der drei nachstehenden Merkmale nicht überschreiten:
1. 6.000.000,00 € Bilanzsumme nach Abzug eines auf der Aktivseite ausgewiesenen Fehlbetrags (§ 268 Abs. 3).
2. 12.000.000,00 € Umsatzerlöse in den zwölf Monaten vor dem Abschlussstichtag.
3. Im Jahresdurchschnitt fünfzig Arbeitnehmer.

(2) Mittelgroße Kapitalgesellschaften sind solche, die mindestens zwei der drei in Absatz 1 bezeichneten Merkmale überschreiten und jeweils mindestens zwei der drei nachstehenden Merkmale nicht überschreiten:
1. 20.000.000,00 € Bilanzsumme nach Abzug eines auf der Aktivseite ausgewiesenen Fehlbetrags (§ 268 Abs. 3).
2. 40.000.000,00 € Umsatzerlöse in den zwölf Monaten vor dem Abschlussstichtag.
3. Im Jahresdurchschnitt zweihundertfünfzig Arbeitnehmer.

(3) Große Kapitalgesellschaften sind solche, die mindestens zwei der drei in Absatz 2 bezeichneten Merkmale überschreiten. Eine Kapitalgesellschaft im Sinn des § 264d gilt stets als große.

(4) Die Rechtsfolgen der Merkmale nach den Absätzen 1 bis 3 Satz 1 treten nur ein, wenn sie an den Abschlussstichtagen von zwei aufeinander folgenden Geschäftsjahren über- oder unterschritten werden. Im Falle der Umwandlung oder Neugründung treten die Rechtsfolgen schon ein, wenn die Voraussetzungen des Absatzes 1, 2 oder 3 am ersten Abschlussstichtag nach der Umwandlung oder Neugründung vorliegen. [...]

(4a) Die Bilanzsumme setzt sich aus den Posten zusammen, die in den Buchstaben A bis E des § 266 Absatz 2 aufgeführt sind. Ein auf der Aktivseite ausgewiesener Fehlbetrag (§ 268 Absatz 3) wird nicht in die Bilanzsumme einbezogen.

(5) Als durchschnittliche Zahl der Arbeitnehmer gilt der vierte Teil der Summe aus den Zahlen der jeweils am 31. März, 30. Juni, 30. September und 31. Dezember beschäftigten Arbeitnehmer einschließlich der im Ausland beschäftigten Arbeitnehmer, jedoch ohne die zu ihrer Berufsausbildung Beschäftigten.

[...]

§ 267a Kleinstkapitalgesellschaften

(1) Kleinstkapitalgesellschaften sind kleine Kapitalgesellschaften, die mindestens zwei der drei nachstehenden Merkmale nicht überschreiten:

1. 350.000,00 € Bilanzsumme
2. 700.000,00 € Umsatzerlöse in den zwölf Monaten vor dem Abschlussstichtag;
3. im Jahresdurchschnitt zehn Arbeitnehmer.

§ 267 Absatz 4 bis 6 gilt entsprechend.

(1a) In dem Jahresabschluss sind die Firma, der Sitz, das Registergericht und die Nummer, unter der die Gesellschaft in das Handelsregister eingetragen ist, anzugeben. Befindet sich die Gesellschaft in Liquidation oder Abwicklung, ist auch diese Tatsache anzugeben.

(2) Die in diesem Gesetz für kleine Kapitalgesellschaften (§ 267 Absatz 1) vorgesehenen besonderen Regelungen gelten für Kleinstkapitalgesellschaften entsprechend, soweit nichts anderes geregelt ist. [...]

§ 268 Vorschriften zu einzelnen Posten der Bilanz. Bilanzvermerke

(1) Die Bilanz darf auch unter Berücksichtigung der vollständigen oder teilweisen Verwendung des Jahresergebnisses aufgestellt werden. Wird die Bilanz unter Berücksichtigung der teilweisen Verwendung des Jahresergebnisses aufgestellt, so tritt an die Stelle der Posten „Jahresüberschuss/Jahresfehlbetrag" und „Gewinnvortrag/Verlustvortrag" der Posten „Bilanzgewinn/Bilanzverlust"; ein vorhandener Gewinn- oder Verlustvortrag ist in den Posten „Bilanzgewinn/Bilanzverlust" einzubeziehen und in der Bilanz gesondert anzugeben. Die Angabe kann auch im Anhang gemacht werden.

(3) Ist das Eigenkapital durch Verluste aufgebraucht und ergibt sich ein Überschuss der Passivposten über die Aktivposten, so ist dieser Betrag am Schluss der Bilanz auf der Aktivseite gesondert unter der Bezeichnung „Nicht durch Eigenkapital gedeckter Fehlbetrag" auszuweisen.

(4) Der Betrag der Forderungen mit einer Restlaufzeit von mehr als einem Jahr und der Betrag der Verbindlichkeiten mit einer Restlaufzeit von mehr als einem Jahr ist bei jedem gesondert ausgewiesenen Posten zu vermerken. Werden unter dem Posten „sonstige Vermögensgegenstände" Beträge für Vermögensgegenstände ausgewiesen, die erst nach dem Abschlussstichtag rechtlich entstehen, so müssen Beträge, die einen größeren Umfang haben, im Anhang erläutert werden.

(5) Der Betrag der Verbindlichkeiten mit einer Restlaufzeit bis zu einem Jahr und der Betrag der Verbindlichkeiten mit einer Restlaufzeit von mehr als einem Jahr sind bei jedem gesondert ausgewiesenen Posten zu vermerken. Erhaltene Anzahlungen auf Bestellungen sind, soweit Anzahlungen auf Vorräte nicht von dem Posten „Vorräte" offen abgesetzt werden, unter den Verbindlichkeiten gesondert auszuweisen. Sind unter dem Posten „Verbindlichkeiten" Beträge für Verbindlichkeiten ausgewiesen, die erst nach dem Abschlussstichtag rechtlich entstehen, so müssen Beträge, die einen größeren Umfang haben, im Anhang erläutert werden.

(6) Ein nach § 250 Abs. 3 in den Rechnungsabgrenzungsposten auf der Aktivseite aufgenommener Unterschiedsbetrag ist in der Bilanz gesondert auszuweisen oder im Anhang anzugeben.

(7) Für die in § 251 bezeichneten Haftungsverhältnisse sind

1. die Angaben zu nicht auf der Passivseite auszuweisenden Verbindlichkeiten und Haftungsverhältnissen im Anhang zu machen,
2. dabei die Haftungsverhältnisse jeweils gesondert unter Angabe der gewährten Pfandrechte und sonstigen Sicherheiten anzugeben und
3. dabei Verpflichtungen betreffend die Altersversorgung und Verpflichtungen gegenüber verbundenen oder assoziierten Unternehmen jeweils gesondert zu vermerken.

[...]

§ 270 Bildung bestimmter Posten

(2) Wird die Bilanz unter Berücksichtigung der vollständigen oder teilweisen Verwendung des Jahresergebnisses aufgestellt, so sind Entnahmen aus Gewinnrücklagen sowie Einstellungen in Gewinnrücklagen, die nach Gesetz, Gesellschaftsvertrag oder Satzung vorzunehmen sind oder aufgrund solcher Vorschriften beschlossen worden sind, bereits bei der Aufstellung der Bilanz zu berücksichtigen.

§ 271 Beteiligungen. Verbundene Unternehmen

(1) Beteiligungen sind Anteile an anderen Unternehmen, die bestimmt sind, dem eigenen Geschäftsbetrieb durch Herstellung einer dauernden Verbindung zu jenen Unternehmen zu dienen. Dabei ist es unerheblich, ob die Anteile in Wertpapieren verbrieft sind oder nicht. Als Beteiligung gelten im Zweifel Anteile an einer Kapitalgesellschaft, die insgesamt den fünften Teil des Nennkapitals dieser Gesellschaft überschreiten. [...]

§ 272 Eigenkapital

(1) Gezeichnetes Kapital ist das Kapital, auf das die Haftung der Gesellschafter für die Verbindlichkeiten der Kapitalgesellschaft gegenüber den Gläubigern beschränkt ist. Es ist mit dem Nennbetrag anzusetzen. Die nicht eingeforderten ausstehenden Einlagen auf das gezeichnete Kapital sind von dem Posten „Gezeichnetes Kapital" offen abzusetzen; der verbleibende Betrag ist als Posten „Eingefordertes Kapital" in der Hauptspalte der Passivseite auszuweisen; der eingeforderte, aber noch nicht eingezahlte Betrag ist unter den Forderungen gesondert auszuweisen und entsprechend zu bezeichnen.

(2) Als Kapitalrücklage sind auszuweisen

1. der Betrag, der bei der Ausgabe von Anteilen einschließlich von Bezugsanteilen über den Nennbetrag oder, falls ein Nennbetrag nicht vorhanden ist, über den rechnerischen Wert hinaus erzielt wird;
2. der Betrag, der bei der Ausgabe von Schuldverschreibungen für Wandlungsrechte und Optionsrechte zum Erwerb von Anteilen erzielt wird;
3. der Betrag von Zuzahlungen, die Gesellschafter gegen Gewährung eines Vorzugs für ihre Anteile leisten;
4. der Betrag von anderen Zuzahlungen, die Gesellschafter in das Eigenkapital leisten.

(3) Als Gewinnrücklagen dürfen nur Beträge ausgewiesen werden, die im Geschäftsjahr oder in einem früheren Geschäftsjahr aus dem Ergebnis gebildet worden sind. Dazu gehören aus dem Ergebnis zu bildende gesetzliche oder auf Gesellschaftsvertrag oder Satzung beruhende Rücklagen und andere Gewinnrücklagen.

(4) Für Anteile an einem herrschenden oder mit Mehrheit beteiligten Unternehmen ist eine Rücklage zu bilden. In die Rücklage ist ein Betrag einzustellen, der dem auf der Aktivseite der Bilanz für die Anteile an dem herrschenden oder mit Mehrheit beteiligten Unternehmen angesetzten Betrag entspricht. Die Rücklage, die bereits bei der Aufstellung der Bilanz zu bilden ist, darf aus vorhandenen frei verfügbaren Rücklagen gebildet werden. Die Rücklage ist aufzulösen, soweit die Anteile an dem herrschenden oder mit Mehrheit beteiligten Unternehmen veräußert, ausgegeben oder eingezogen werden oder auf der Aktivseite ein niedrigerer Betrag angesetzt wird. [...]

§ 275 Gliederung der Gewinn- und Verlustrechnung

(1) Die Gewinn- und Verlustrechnung ist in Staffelform nach dem Gesamtkostenverfahren oder dem Umsatzkostenverfahren aufzustellen. Dabei sind die in Absatz 2 oder 3 bezeichneten Posten in der angegebenen Reihenfolge gesondert auszuweisen.

(2) Gliederung nach dem Gesamtkostenverfahren ⎫ siehe Rückseite des Kontenrahmens
(3) Gliederung nach dem Umsatzkostenverfahren ⎰ (Faltblatt).

(4) Veränderungen der Kapital- und Gewinnrücklagen dürfen in der Gewinn- und Verlustrechnung erst nach dem Posten „Jahresüberschuss/Jahresfehlbetrag" ausgewiesen werden.

(5) Kleinstkapitalgesellschaften (§ 267a) können anstelle der Staffelungen nach den Absätzen 2 und 3 die Gewinn- und Verlustrechnung wie folgt darstellen:

1. Umsatzerlöse,
2. sonstige Erträge,
3. Materialaufwand,
4. Personalaufwand,
5. Abschreibungen,
6. sonstige Aufwendungen,
7. Steuern,
8. Jahresüberschuss/Jahresfehlbetrag.

§ 276 Größenabhängige Erleichterungen

Kleine und mittelgroße Kapitalgesellschaften (§ 267 Abs. 1, 2) dürfen die Posten § 275 Abs. 2 Nr. 1 bis 5 oder Abs. 3 Nr. 1 bis 3 und 6 zu einem Posten unter der Bezeichnung „Rohergebnis" zusammenfassen. [...]

§ 284 Anhang: Erläuterung der Bilanz und der Gewinn- und Verlustrechnung

(1) In den Anhang sind diejenigen Angaben aufzunehmen, die zu den einzelnen Posten der Bilanz oder derGewinn- und Verlustrechnung vorgeschrieben sind; sie sind in der Reihenfolge der einzelnen Posten der Bilanz und der Gewinn- und Verlustrechnung darzustellen. Im Anhang sind auch die Angaben zu machen, die in Ausübung eines Wahlrechts nicht in die Bilanz oder in die Gewinn- und Verlustrechnung aufgenommen wurden.

(2) Im Anhang müssen

1. die auf die Posten der Bilanz und der Gewinn- und Verlustrechnung angewandten Bilanzierungs- und Bewertungsmethoden angegeben werden;
2. Abweichungen von Bilanzierungs- und Bewertungsmethoden angegeben und begründet werden; deren Einfluss auf die Vermögens-, Finanz- und Ertragslage ist gesondert darzustellen; [...]
4. Angaben über die Einbeziehung von Zinsen für Fremdkapital in die Herstellungskosten gemacht werden.

(3) Im Anhang ist die Entwicklung der einzelnen Posten des Anlagevermögens in einer gesonderten Aufgliederung darzustellen. Dabei sind, ausgehend von den gesamten Anschaffungs- und Herstellungskosten, die Zugänge, Abgänge, Umbuchungen und Zuschreibungen des Geschäftsjahrs sowie die Abschreibungen gesondert aufzuführen. Zu den Abschreibungen sind gesondert folgende Angaben zu machen:

1. die Abschreibungen in ihrer gesamten Höhe zu Beginn und Ende des Geschäftsjahrs,
2. die im Laufe des Geschäftsjahrs vorgenommenen Abschreibungen und
3. Änderungen in den Abschreibungen in ihrer gesamten Höhe im Zusammenhang mit Zu- und Abgängen sowie Umbuchungen im Laufe des Geschäftsjahrs.

Sind in die Herstellungskosten Zinsen für Fremdkapital einbezogen worden, ist für jeden Posten des Anlagevermögens anzugeben, welcher Betrag an Zinsen im Geschäftsjahr aktiviert worden ist.

§ 285 Sonstige Pflichtangaben im Anhang

Ferner sind im Anhang anzugeben:

1. zu den in der Bilanz ausgewiesenen Verbindlichkeiten
   a) der Gesamtbetrag der Verbindlichkeiten mit einer Restlaufzeit von mehr als fünf Jahren,
   b) der Gesamtbetrag der Verbindlichkeiten, die durch Pfandrechte oder ähnliche Rechte gesichert sind, unter Angabe von Art und Form der Sicherheiten;
8. bei Anwendung des Umsatzkostenverfahrens (§ 275 Abs. 3)
   a) der Materialaufwand des Geschäftsjahrs, gegliedert nach § 275 Abs. 2 Nr. 5,
   b) der Personalaufwand des Geschäftsjahrs, gegliedert nach § 275 Abs. 2 Nr. 6;
9. für die Mitglieder des Geschäftsführungsorgans, eines Aufsichtsrats, eines Beirats oder einer ähnlichen Einrichtung jeweils für jede Personengruppe
   a) die für die Tätigkeit im Geschäftsjahr gewährten Gesamtbezüge (Gehälter, Gewinnbeteiligungen, Bezugsrechte und sonstige aktienbasierte Vergütungen, Aufwandsentschädigungen, Versicherungsentgelte, Provisionen und Nebenleistungen jeder Art). [...]
10. alle Mitglieder des Geschäftsführungsorgans und eines Aufsichtsrats mit dem Familiennamen und mindestens einem ausgeschriebenen Vornamen. [...] Der Vorsitzende eines Aufsichtsrats, seine Stellvertreter und ein etwaiger Vorsitzender des Geschäftsführungsorgans sind als solche zu bezeichnen;
11. Name und Sitz anderer Unternehmen, von denen die Kapitalgesellschaft oder eine für Rechnung der Kapitalgesellschaft handelnde Person mindestens den fünften Teil der Anteile besitzt; [...]

12. Rückstellungen, die in der Bilanz unter dem Posten „sonstige Rückstellungen" nicht gesondert ausgewiesen werden, sind zu erläutern, wenn sie einen nicht unerheblichen Umfang haben. [...]

§ 289 Inhalt des Lageberichts

(1) Im Lagebericht sind zumindest der Geschäftsverlauf [...] und die Lage der Kapitalgesellschaft so darzustellen, dass ein den tatsächlichen Verhältnissen entsprechendes Bild vermittelt wird. [...] Ferner ist im Lagebericht die voraussichtliche Entwicklung mit ihren wesentlichen Chancen und Risiken zu beurteilen und zu erläutern; zugrunde liegende Annahmen sind anzugeben. [...]

(2) Im Lagebericht ist einzugehen auf:
1. a) die Risikomanagementziele und -methoden der Gesellschaft [...], sowie
   b) die Preisänderungs-, Ausfall- und Liquiditätsrisiken sowie die Risiken aus Zahlungsstromschwankungen, denen die Gesellschaft ausgesetzt ist,

   jeweils in Bezug auf die Verwendung von Finanzinstrumenten durch die Gesellschaft und sofern dies für die Beurteilung der Lage oder der voraussichtlichen Entwicklung von Belang ist;
2. den Bereich Forschung und Entwicklung;
3. bestehende Zweigniederlassungen der Gesellschaft; [...]

§ 316 Pflicht zur Prüfung

(1) Der Jahresabschluss und der Lagebericht von Kapitalgesellschaften, die nicht kleine im Sinne des § 267 Abs. 1 sind, sind durch einen Abschlussprüfer zu prüfen. Hat keine Prüfung stattgefunden, so kann der Jahresabschluss nicht festgestellt werden. [...]

§ 318 Bestellung und Abberufung des Abschlussprüfers

(1) Der Abschlussprüfer des Jahresabschlusses wird von den Gesellschaftern gewählt; den Abschlussprüfer des Konzernabschlusses wählen die Gesellschafter des Mutterunternehmens. [...]

§ 322 Bestätigungsvermerk

(1) Der Abschlussprüfer hat das Ergebnis der Prüfung in einem Bestätigungsvermerk zum Jahresabschluss oder zum Konzernabschluss zusammenzufassen. Der Bestätigungsvermerk hat Gegenstand, Art und Umfang der Prüfung zu beschreiben und dabei die angewandten Rechnungslegungs- und Prüfungsgrundsätze anzugeben; er hat ferner eine Beurteilung des Prüfungsergebnisses zu enthalten. [...]

(2) Die Beurteilung des Prüfungsergebnisses muss zweifelsfrei ergeben, ob
1. ein uneingeschränkter Bestätigungsvermerk erteilt,
2. ein eingeschränkter Bestätigungsvermerk erteilt,
3. der Bestätigungsvermerk aufgrund von Einwendungen versagt oder
4. der Bestätigungsvermerk deshalb versagt wird, weil der Abschlussprüfer nicht in der Lage ist, ein Prüfungsurteil abzugeben.

Die Beurteilung des Prüfungsergebnisses soll allgemein verständlich und problemorientiert unter Berücksichtigung des Umstandes erfolgen, dass die gesetzlichen Vertreter den Abschluss zu verantworten haben. Auf Risiken, die den Fortbestand des Unternehmens oder eines Konzernunternehmens gefährden, ist gesondert einzugehen. [...]

(3) In einem uneingeschränkten Bestätigungsvermerk (Absatz 2 Satz 1 Nr. 1) hat der Abschlussprüfer zu erklären, dass die von ihm nach § 317 durchgeführte Prüfung zu keinen Einwendungen geführt hat und dass der von den gesetzlichen Vertretern der Gesellschaft aufgestellte Jahres- oder Konzernabschluss aufgrund der bei der Prüfung gewonnenen Erkenntnisse des Abschlussprüfers nach seiner Beurteilung den gesetzlichen Vorschriften entspricht und unter Beachtung der Grundsätze ordnungsmäßiger Buchführung oder sonstiger maßgeblicher Rechnungslegungsgrundsätze ein den tatsächlichen Verhältnissen entsprechendes Bild der Vermögens-, Finanz- und Ertragslage des Unternehmens oder des Konzerns vermittelt. [...]

(4) Sind Einwendungen zu erheben, so hat der Abschlussprüfer seine Erklärung nach Absatz 3 Satz 1 einzuschränken (Absatz 2 Satz 1 Nr. 2) oder zu versagen (Absatz 2 Satz 1 Nr. 3). [...]

§ 325 Offenlegung

(1) Die gesetzlichen Vertreter von Kapitalgesellschaften haben für diese den Jahresabschluss beim Betreiber des elektronischen Bundesanzeigers elektronisch einzureichen. Er ist unverzüglich nach seiner Vorlage an die Gesellschafter, jedoch spätestens vor Ablauf des zwölften Monats des dem Abschlussstichtag nachfolgenden Geschäftsjahrs, mit dem Bestätigungsvermerk oder dem Vermerk über dessen Versagung einzureichen. Gleichzeitig sind der Lagebericht, der Bericht des Aufsichtsrats, die nach § 161 des Aktiengesetzes vorgeschriebene Erklärung und, soweit sich dies aus dem eingereichten Jahresabschluss nicht ergibt, der Vorschlag für die Verwendung des Ergebnisses und der Beschluss über seine Verwendung unter Angabe des Jahresüberschusses oder Jahresfehlbetrags elektronisch einzureichen. [...]

§ 326 Größenabhängige Erleichterungen für kleine Kapitalgesellschaften und Kleinstkapitalgesellschaften bei der Offenlegung

(1) Auf kleine Kapitalgesellschaften (§ 267 Abs. 1) ist § 325 Abs. 1 mit der Maßgabe anzuwenden, dass die gesetzlichen Vertreter nur die Bilanz und den Anhang einzureichen haben. Der Anhang braucht die die Gewinn- und Verlustrechnung betreffenden Angaben nicht zu enthalten.

(2) Die gesetzlichen Vertreter von Kleinstkapitalgesellschaften (§ 267a) können ihre sich aus § 325 Absatz 1 bis 2 ergebenden Pflichten auch dadurch erfüllen, dass sie die Bilanz in elektronischer Form zur dauerhaften Hinterlegung beim Betreiber des Bundesanzeigers einreichen und einen Hinterlegungsauftrag erteilen. [...]

§ 327 Größenabhängige Erleichterungen für mittelgroße Kapitalgesellschaften bei der Offenlegung

Auf mittelgroße Kapitalgesellschaften (§ 267 Abs. 2) ist § 325 Abs. 1 mit der Maßgabe anzuwenden, dass [...]

1. die Bilanz nur in der für kleine Kapitalgesellschaften nach § 266 Abs. 1 Satz 3 vorgeschriebenen Form beim Betreiber des elektronischen Bundesanzeigers einreichen müssen. In der Bilanz oder im Anhang sind jedoch die folgenden Posten des § 266 Abs. 2 und 3 zusätzlich gesondert anzugeben:
Auf der Aktivseite[1]:
Geschäfts- oder Firmenwert; Grundstücke, grundstücksgleiche Rechte und Bauten einschließlich der Bauten auf fremden Grundstücken; technische Anlagen und Maschinen; Betriebs- und Geschäftsausstattung; geleistete Anzahlungen und Anlagen im Bau; Anteile an verbundenen Unternehmen; Ausleihungen an verbundene Unternehmen; Beteiligungen; Ausleihungen an beteiligte Unternehmen.
Auf der Passivseite[1]:
Verbindlichkeiten gegenüber Kreditinstituten; Verbindlichkeiten gegenüber verbundenen Unternehmen; Verbindlichkeiten gegenüber Unternehmen, mit denen ein Beteiligungsverhältnis besteht.

---

1 gekürzt

Die Buchungen aufgrund der o. g. Situation lauten:

❶ Buchung des Warenanfangsbestands	Soll	Haben
2280 Waren	2.080,00	
an 8000 Eröffnungsbilanzkonto		2.080,00

❷ Buchung des Wareneinkaufs	Soll	Haben
2280 Waren	10.000,00	
2281 Bezugskosten für Waren	400,00	
2600 Vorsteuer	1.976,00	
an 4400 Verbindlichkeiten a. LL		12.376,00

❸ Umbuchung des Bezugskostenkontos	Soll	Haben
2280 Waren	400,00	
an 2281 Bezugskosten für Waren		400,00

❹ Buchung des Warenverkaufs	Soll	Haben
2400 Forderungen a. LL	15.624,82	
an 5100 Umsatzerlöse für Waren		13.130,10
an 4800 Umsatzsteuer		2.494,72

❺ Buchung des Warenschlussbestands	Soll	Haben
8010 Schlussbilanzkonto	3.120,00	
an 2280 Waren		3.120,00

❻ Buchung des Wareneinsatzes	Soll	Haben
6080 Aufwendungen für Waren	9.360,00	
an 2280 Waren		9.360,00

❼ Abschluss des Kontos „Aufwendungen für Waren"	Soll	Haben
8020 Gewinn- und Verlustkonto	9.360,00	
an 6080 Aufwendungen für Waren		9.360,00

❽ Abschluss des Kontos „Umsatzerlöse für Waren"	Soll	Haben
5100 Umsatzerlöse für Waren	13.130,10	
an 8020 Gewinn- und Verlustkonto		13.130,10

S	2280 Waren		H
❶ 8000	2.080,00	❺ 8010	3.120,00
❷ 4400	10.000,00	❻ 6080	9.360,00
❸ 2281	400,00		
	12.480,00		12.480,00

S	6080 Aufwendungen für Waren		H
❻ 2280	9.360,00	❼ 8020	9.360,00

S	5100 Umsatzerlöse für Waren		H
❽ 8020	13.130,10	❹ 2400	13.130,10

S	2281 Bezugskosten für Waren		H
❷ 4400	400,00	❸ 2280	400,00

S	8020 Gewinn- und Verlustkonto		H
❼ 6080	9.360,00	❽ 5100	13.130,10

S	8000 Eröffnungsbilanzkonto		H
		❶ 2280	2.080,00

S	8010 Schlussbilanzkonto		H
❺ 2280	3.120,00		

3.2.1.2.1.2 Buchungen bei aufwandsorientierter Beschaffung

Bei **aufwandsorientierter** Beschaffung werden die **Einkäufe** von Handelswaren direkt auf dem Aufwandskonto erfasst:

6080 Aufwendungen für Waren.

Das **Bestandskonto „2280 Waren"** weist dann in der Regel nur drei Posten aus, und zwar den Anfangsbestand an Waren, den Schlussbestand lt. Inventur und die **Bestandsveränderung** als Saldo. Die Bestandsveränderung wird am Ende der Rechnungsperiode **auf das Konto „6080 Aufwendungen für Waren" umgebucht,** um den tatsächlichen Wareneinsatz (Warenaufwand) zu ermitteln (siehe auch S. 145 f.).

❶ Buchung des Warenanfangsbestands	Soll	Haben
2280 Waren	2.080,00	
an 8000 Eröffnungsbilanzkonto		2.080,00

❷ Buchung des Wareneinkaufs	Soll	Haben
6080 Aufwendungen für Waren	10.000,00	
6081 Bezugskosten für Waren	400,00	
2600 Vorsteuer	1.976,00	
an 4400 Verbindlichkeiten a. LL		12.376,00

❸ Umbuchung des Bezugskostenkontos	Soll	Haben
6080 Aufwendungen für Waren	400,00	
an 6081 Bezugskosten für Waren		400,00

❹ Buchung des Warenverkaufs	Soll	Haben
2400 Forderungen a. LL	15.624,82	
an 5100 Umsatzerlöse für Waren		13.130,10
an 4800 Umsatzsteuer		2.494,72

❺ Buchung des Warenschlussbestands	Soll	Haben
8010 Schlussbilanzkonto	3.120,00	
an 2280 Waren		3.120,00

❻ Umbuchung der Bestandsveränderung	Soll	Haben
2280 Waren	1.040,00	
an 6080 Aufwendungen für Waren		1.040,00

❼ Abschluss des Kontos „Aufwendungen für Waren"	Soll	Haben
8020 Gewinn- und Verlustkonto	9.360,00	
an 6080 Aufwendungen für Waren		9.360,00

❽ Abschluss des Kontos „Umsatzerlöse für Waren"	Soll	Haben
5100 Umsatzerlöse für Waren	13.130,10	
an 8020 Gewinn- und Verlustkonto		13.130,10

S	6080 Aufwendungen für Waren		H
❷ 4400	10.000,00	❻ 2280	1.040,00
❸ 6081	400,00	❼ 8020	9.360,00
	10.400,00		10.400,00

S	2280 Waren		H
❶ 8000	2.080,00	❺ 8010	3.120,00
❻ 6080	1.040,00		
	3.120,00		3.120,00

S	6081 Bezugskosten für Waren		H
❷ 4400	400,00	❸ 6080	400,00

S	5100 Umsatzerlöse für Waren		H
❽ 8020	13.130,10	❹ 2400	13.130,10

S	8020 Gewinn- und Verlustkonto		H
❼ 6080	9.360,00	❽ 5100	13.130,10

S	8010 Schlussbilanzkonto		H
❺ 2280	3.120,00		

Kalkulation des Verkaufspreises bei Handelswaren　　　　　3.2.1.2.2

In der Eingangsrechnung auf Seite 160 beträgt der Warenwert einschließlich der Bezugskosten für 1 000 Sets netto 10.400,00 €. Der **Bezugspreis für ein Set** beträgt demnach **10,40 €** (10.400,00 € : 1 000). Für die Büromöbelfabrik ist der Verkauf von Schreibtischsets ein Zusatzgeschäft. Der Leiter der Verkaufsabteilung beauftragt eine Sachbearbeiterin, den Verkaufspreis der Sets zu kalkulieren. Im Unternehmen wird mit einem **Handlungskostenzuschlag von 25 %** und einem **Gewinnzuschlag von 10 %** gerechnet.

Mit dem Handlungskostenzuschlag werden alle Kosten (z. B. Personalkosten, Miete, Werbung, Reisekosten u. a.) anteilig der jeweiligen Ware zugerechnet. Bei Zahlung innerhalb von zehn Tagen werden **2 % Skonto** gewährt. **10 % Mengenrabatt** erhalten Kunden bei Abnahme von mindestens 100 Sets.

Wie hoch ist der Angebotspreis für ein Set?

Situation

Aus den vorstehenden Angaben ergibt sich folgende **Verkaufskalkulation:**

Bezugspreis für ein Schreibtischset	10,40 €
+ 25 % Handlungskosten	2,60 €
= Selbstkostenpreis	13,00 €
+ 10 % Gewinn	1,30 €
= Barverkaufspreis	14,30 €
+ 2 % Kundenskonto	0,29 €
= Zielverkaufspreis	14,59 €
+ 10 % Kundenrabatt	1,62 €
= Angebots- bzw. Verkaufspreis	16,21 €

Der **Verkaufspreis von 16,21 €** je Set wurde in der **Ausgangsrechnung auf Seite 160** berücksichtigt.

Erläuterungen zur obigen Kalkulation:

Die Handlungskosten werden vom Bezugspreis errechnet und zum Bezugspreis addiert. Als Summe ergibt sich der **Selbstkostenpreis.**　　**Handlungskosten**

Der anteilige Gewinn wird vom **Selbstkostenpreis** berechnet und zu diesem Preis addiert. Das Ergebnis ist der **Barverkaufspreis,** der unbedingt erzielt werden muss.　　**Gewinn**

Der Barverkaufspreis wird um die beim Verkauf gewährten „Vergünstigungen" erhöht. In den Barverkaufspreis wird deshalb zunächst der Zuschlag für **Kundenskonto** eingerechnet, der dem Kunden bei Zahlung innerhalb von zehn Tagen gewährt wird. Nimmt der Kunde mehr als zehn Tage Zahlungsziel in Anspruch, muss er den um Skonto höheren Betrag (**Zielverkaufspreis oder Rechnungspreis**) zahlen. Skonto ist ein **Zinszuschlag,** den der Verkäufer dafür verlangt, dass er dem Kunden ein längeres Zahlungsziel einräumt. Für den Kunden entspricht also beim Skontoabzug der **Rechnungspreis 100 %** und der **Barverkaufspreis** ist der um 2 % verminderte Betrag (= 98 %). Der Barverkaufspreis muss demnach mit 98 % angesetzt werden:　　**Kundenskonto**

$$
\begin{array}{ll}
98\ \%\ \text{Barverkaufspreis} \ \hat{=}\ 14,30\ € \\
2\ \%\ \text{Skonto} \qquad\quad \hat{=}\ \ \text{x}\quad €
\end{array}
\qquad\qquad
\text{x}\ € = \frac{14,30\ € \cdot 2\ \%}{98\ \%} = 0,29\ €
$$

Der Kundenrabatt (Mengenrabatt) wird **vom Angebotspreis** (= 100 %) berechnet. Deshalb ist der **Zielverkaufspreis** entsprechend **90 %:**　　**Kundenrabatt**

$$
\begin{array}{ll}
90\ \%\ \text{Zielverkaufspreis} \ \hat{=}\ 14,59\ € \\
10\ \%\ \text{Rabatt} \qquad\quad \hat{=}\ \ \text{x}\quad €
\end{array}
\qquad\qquad
\text{x}\ € = \frac{14,59\ € \cdot 10\ \%}{90\ \%} = 1,62\ €
$$

Zusammenfassung

- **Handelswaren** werden in Industriebetrieben zur Ergänzung des Verkaufsprogramms eingekauft und **ohne Be- oder Verarbeitung verkauft**.

- Bei **bestandsorientierter** Beschaffung wird der **Wareneinkauf** auf dem Bestandskonto „**2280 Waren**" erfasst. Der **Wareneinsatz (Warenaufwand)** wird **durch Inventur** ermittelt und auf das Konto „6080 Aufwendungen für Waren" umgebucht:

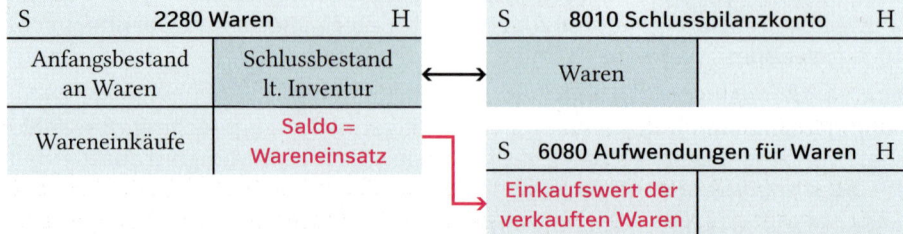

- Bei **aufwandsorientierter** Beschaffung werden die **Einkäufe** der Handelswaren direkt auf dem Aufwandskonto „**6080 Aufwendungen für Waren**" erfasst. Um den Wareneinsatz zu ermitteln, wird die **Bestandsveränderung** des Kontos „2280" auf das Konto „6080" **umgebucht**:

- **Warenrücksendungen an Lieferanten** werden **direkt im Haben** der Konten „2280" bzw. „6080" gebucht. **Für Bezugskosten und Nachlässe** werden **Unterkonten** eingerichtet: 2281, 2282 bzw. 6081, 6082.

- **Warenrücksendungen der Kunden** werden **direkt im Soll** des Kontos „5100 Umsatzerlöse für Waren" gebucht. **Für Nachlässe** an Kunden wird das Unterkonto „5101 Erlösberichtigungen für Waren" eingerichtet.

- Kalkulationsschema zur **Berechnung des Warenverkaufspreises**:

Bezugspreis	€
+ % Handlungskosten	€
= **Selbstkostenpreis**	€
+ % Gewinn	€
= **Barverkaufspreis**	€
+ % Kundenskonto	€
= **Zielverkaufspreis**	€
+ % Kundenrabatt	€
= **Angebotspreis** (= Listenverkaufspreis)	€

Aufgabe 157

Buchen Sie die folgenden Geschäftsfälle 1. bestandsorientiert und 2. aufwandsorientiert auf den entsprechenden Konten unter Angabe der Buchungssätze.

	€
1. Anfangsbestand an Handelswaren	25.000,00
2. Zieleinkauf von Handelswaren, brutto	38.675,00
3. Zielverkauf von Handelswaren, brutto	49.742,00
4. Schlussbestand an Handelswaren lt. Inventur	37.300,00